杨宽著作集

战国史

杨宽 著

上海人民出版社

图一 战国前

图

◎ 周天子
◎ 诸侯中
● 诸侯中
○ 城
⨯ 关
――― 估计的诸
～～～ 诸侯之

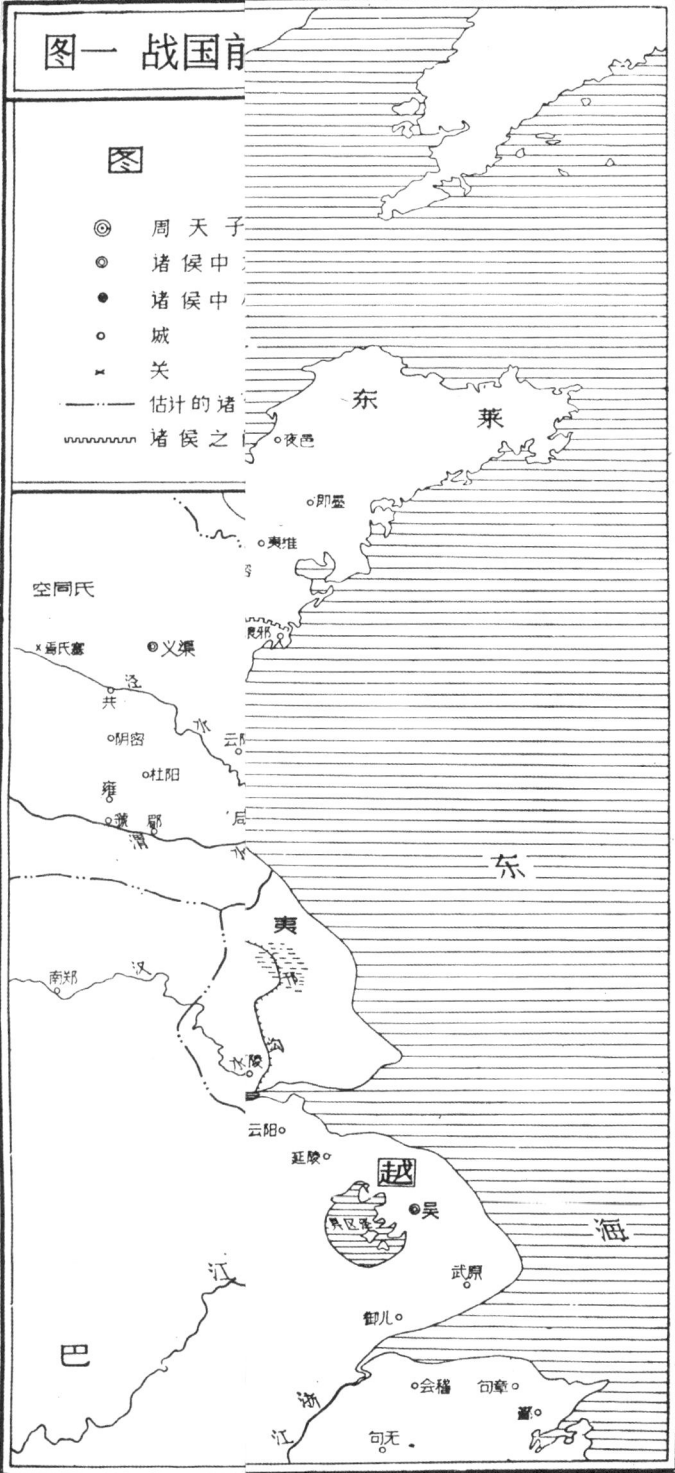

东莱

○夜邑
○即墨
○夷维
○良邪

空同氏
⨯禹氏塞　◎义渠
泾　共
水
○阴密　　云
○麋　○杜阳
○蓬　○郫　局

东夷

南郑　汉
水

云阳
延陵

越
○吴
界区泽

武原

御儿○

江
巴

浙江
○会稽　句章
句无　鄣○

阏与○
郤阳○
涉
路　水

魏

孟门⨯
阳

水
○怀
○荥阳
京○
新城
城　浊泽○
³韩
阳翟
襄城

阳○　高陵
○叶　○舞阳
合
象禾○

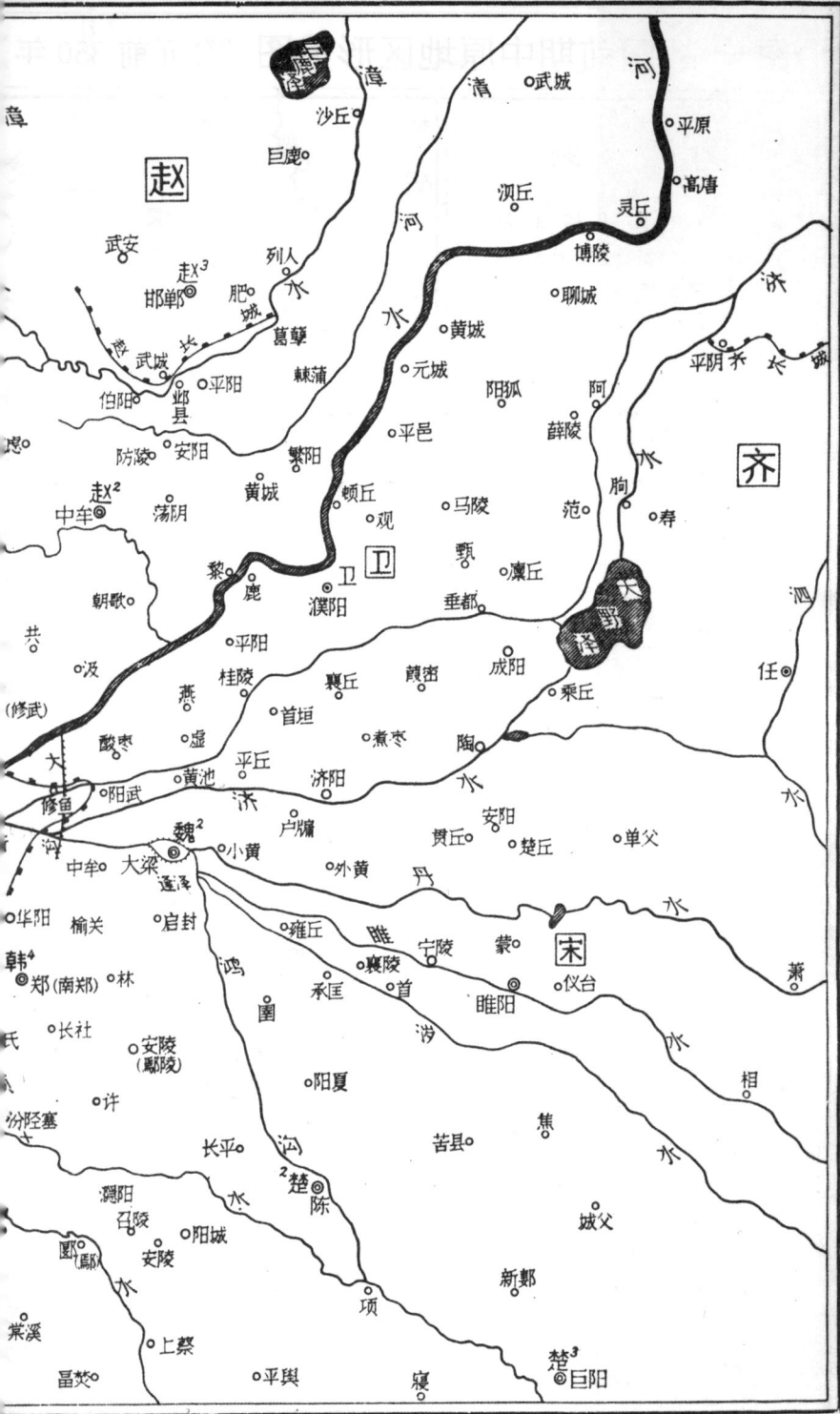

灵寿

漳　沙丘　清　武城　河

巨鹿　泃丘　灵丘　平原　高唐

赵

河　泲丘　博陵　济

武安　列人　黄城　元城　阳孤　聊城　阿　平阴齐　长城

邯郸　赵X3　肥　葛孽　水　薛陵　齐

武城　棘蒲　平邑　胸　范　寿

伯阳　邺县　平阳　繁阳　黄城　顿丘　观　马陵　甄　范　泗

防陵　安阳　垂都　廪丘　任

赵2　中牟　荡阴　黎　鹿　卫　濮阳　大野泽

朝歌

共　汲　平阳　桂陵　襄丘　葴密　成阳

(修武)　燕　虚　首垣　煮枣　乘丘

大　酸枣　黄池　平丘　济阳　陶　水

修鱼　阳武　济　户牖　贯丘　安阳　单父

中牟　魏2　小黄　外黄　楚丘

华阳　大梁　逢泽　雍丘　睢　宁陵　蒙　宋

榆关　启封　襄陵　首　丹　仪台　萧

韩4　郑(南郑)　林　鸿　承匡　睢阳

长社　围　涢　相

安陵(鄢陵)　阳夏

许　汾陉塞

长平　汜　苦县　焦　水

澶阳　召陵　楚2　陈　城父

圉　鄢　阳城　安陵　水　新郪

叶溪　项

冨焚　上蔡　平舆　寝　楚3　巨阳

出版说明

　　杨宽(1914—2005)，字宽正，上海青浦人。1936年毕业于光华大学国文学系，师从吕思勉、蒋维乔、钱基博等。1936年参与上海市立博物馆筹建工作，1946年任上海市立博物馆馆长兼光华大学历史系教授，1953年任复旦大学历史系教授，1959年调任上海社会科学院历史所副所长，1970年又调回复旦大学历史系工作。1984年赴美国迈阿密定居至逝世。历任上海市文物保管委员会主任秘书、古物整理处处长，上海博物馆副馆长，中国先秦史学会第一至第三届副理事长。

　　杨宽先生是我国著名的历史学家，治学涉及墨子、古史传说、西周史、战国史、科技史和制度史等诸多领域。先生少年时有志于学，高中时代已发表多篇有分量的论文，专注于墨学研究及先秦史料考辨。在"古史辨"运动后期，发表《中国上古史导论》，提出神话分化说，补充发展了顾颉刚的"层累造成说"，被顾颉刚、童书业誉为"古史辨派"的生力军和集"疑古"的古史学大成之人。日本著名历史学家贝冢茂树评价"从疑古派中出现了像杨宽先生这样的人物，在充分摄取释古派的方法和成果的同时，正积极开拓一个可以推动现代古史研究前进途径，可以称为'新释古派'的新境地"。稍后其学术兴趣由上古史转向战国史，潜居故乡青浦撰写《战国史料编年辑证》，为日后铸就《战国史》这一断代史经典奠定了基础。20 世纪 50 年代，开始探索中国古代冶铁技术发展史、西周的社会结构和礼制，著有《西周史》、《古史新探》；80 年代应日本学界邀请讲学，完成《中国古代陵寝制度史研究》、《中国古代都城制度史研究》姊妹篇。杨宽先生生平出版专著十余部，发表论文 360 余篇，取得了卓越的学术成果。

杨宽先生也是中国博物馆事业的先驱。他参与筹建了上海市博物馆，并长期担任上海市博物馆馆长，为上海博物馆的筹建、发展作出了不可磨灭的贡献；对保护国宝毛公鼎与阻止著名的山西浑源李峪村出土铜器盗运出口作出了巨大贡献。另外，杨宽先生还参与了修订《辞海》古代史条目、编绘《中国历史地图集》先秦部分、标点《宋史》等工作。

杨宽先生与上海人民出版社结缘始于 1955 年版《战国史》，自此以后，主要著作几乎皆由我社出版。先生生前已有计划，集中各种著述在我社出版《杨宽著作集》。如今，《杨宽著作集》由我社分批出版，不仅完成了先生遗愿，也可以使读者更为全面地认识杨宽先生的学术成就。

上海人民出版社

2016 年 7 月

目　录

前　言

关键性的重大变革和发展时期　二千二百年以前的战国时代，是中国历史上关键性的重大变革和发展时期，无论经济、政治、文化等各方面，都有着重大的变革和发展；而且这种变革和发展的影响十分深远，可以说直到今天。清代学者王夫之在《读通鉴论》中，称之为"古今一大变革之会"，是不错的。这时农业生产，由于铁工具的普遍使用，水利灌溉工程的开发，生产技术的进步，荒地的开垦，一年两熟制的推行，农田产量很有增加，使得五口到八口之家的小农得以成长。魏、秦等国先后推行按户籍"良民"身分授田的制度，规定一夫授田百亩，于是国家规模的自耕小农发展成为君主政权立国的基础。随着小农经济成为立国的基础，各国政权组织相应地发生变革，废弃了原来由各级贵族统治的制度，开始形成以将相为首脑的中央集权的君主政权，普遍地推行着郡县两级的地方行政组织。战国前期各国先后进行变法，都是为了进一步加强这种政治经济上的改革，维护和发展小农经济，奖励农民为国家努力"耕战"，由此富国强兵，从而谋求在兼并战争中取得胜利。战国时代这样以小农经济为基础而建立的中央集权体制，为秦汉以后历代王朝所沿用，影响深远到近代。

连年进行合纵连横的兼并战争时期 战国时代是七国连年进行合纵连横的兼并战争时期，战国这个时代名称就是由此而来。这时战争的性质和以前春秋时代不同，春秋时代战争主要是为了争霸，这时的战争主要是为了兼并土地。同时战争方式也有变化，春秋时代的军队以"国人"（贵族的下层）为主力，乘着马车作战，人数较少，并由国君或卿大夫鸣鼓指挥，胜负常由双方用排列的车阵作战来决定，一次大战的胜负常在一二天内就分晓。战国时代实行以郡县为单位的征兵制度，征发成年的农民作为主力，开始以步骑兵进行战斗，军队的人数大增。由于锋利的铁兵器的使用，特别是远射有力的"弩"的使用，已不能用车阵作战，于是广泛采用步骑兵的野战和包围战。作战的指挥开始成为一种专门技术，兵法开始讲求，专门指挥作战的将军和兵法家因而产生。这个变化开始于春秋晚期，春秋末年已出现著名的将军和杰出的兵法家。

战国时代主动出击的国家，为了谋求战争胜利，多方争取与国参与合作，常常使用合纵连横的策略，因而有纵横家的产生，纵横家往往从中起着特定的作用。所谓纵横家，不仅参与合纵连横的游说和决策，而且十分讲求胜利的策略和权变，甚至直接参与阴谋颠覆的间谍活动，他们和兵家一样十分重视使用间谍取胜。著名纵横家一次重要的连横或合纵行动的成功，往往造成兼并战争形势的重大变化，甚至造成七国之间强弱的变化。著名的纵横家张仪和苏秦就曾起着这样巨大的作用。

　　当战国前期秦连续攻魏,迫使魏献给河西之地之后,继续向河东进攻之时,张仪来到秦国,参与指挥攻魏的战役,迫使魏与秦连横而将上郡之地献给秦国。张仪因此被秦惠文君任以为相,造成秦、魏、韩和楚、齐对峙斗争的局势。这时秦正谋向中原开拓,已占有函谷关以东的曲沃(今河南三门峡西南)和占有武关以东的商於之地(商在今河南淅川西南。於即於中,在今河南西峡东,两地相连合称商於之地),成为秦伸向中原的两个矛头,对楚的威胁很大,楚因此派出"三大夫张九军"包围曲沃和於中。楚由于齐的帮助,一举先把曲沃攻下,计谋攻取商於之地。张仪为缓兵之计,准备调发大军反攻而歼灭来攻的楚的主力,假装被免去相职,出使到楚向楚怀王游说,声称秦所憎者为齐国,若楚与齐绝交,秦愿献商於之地六百里。楚王听信他欺骗的话,与齐绝交,派人接受所献之地,张仪回说只有六里,于是楚王大怒,发大军进攻。这时秦已发出大军分三路反攻,中路由魏章为将从商於之地反击,西路由甘茂为将向楚汉水流域进攻,东路由樗里疾为将进入韩、魏,和韩、魏一起反攻。结果秦中路大败楚军于商於之地东部的丹阳(今河南西峡西丹水以北地区),斩首八万,俘虏楚大小将官七十多人,接着中路和西路会合,攻取楚的汉中六百里地;同时东路帮助韩军打败了楚将景翠,帮助魏军大败齐军于濮水之上。从此楚就开始削弱了。

　　燕原是七国中较弱的,曾因内乱一度为齐宣王所攻破。赵在赵武灵王攻取中山和胡地、收编胡骑之后,开始成为强国,造成齐、秦、赵三强鼎立而争夺宋国土地的斗争形势。燕昭王想乘此时机报复齐过去破燕之仇,苏秦来到燕国,献计出使齐国为间谍,阴谋颠覆齐国。苏秦向燕昭王保证,他要做到"信如尾生",按密约行事,守信到死。

他奉命出使齐国,以助齐灭宋为饵,骗得信任而为相国。他发动五国合纵攻秦,以便齐乘机攻灭宋国,使齐在连年攻宋战争中打得筋疲力尽,大损实力。他同时又挑拨离间齐、赵之间的关系,使燕得与秦、赵结盟,发动五国合纵攻齐,于是乐毅被任为燕赵的"共相"和五国联军的统帅。乐毅先以赵相职司,统率赵燕之师会合秦军从赵的东边出击,大破齐的主力于济西;接着乐毅以燕相职司,独率燕军,从济西乘胜向东追击,长驱直入攻破齐都临淄。苏秦因此被齐以"反间"之罪车裂于市。司马迁评论苏秦说:"其术长于权变,而苏秦被反间而死,天下共笑之,讳学其术。"(《苏秦列传》末尾太史公曰)苏秦所讲的权变之术不是别的,就是"反间"之计,就是《孙子兵法·用间篇》所说的"死间"。《用间篇》是以殷的伊尹和周的太公望作"死间"的榜样的,山东临沂银雀山汉墓出土《孙子兵法》竹简,在"周之兴也,吕牙在殷"之下,增加了"燕之兴也,苏秦在齐",当为战国末年人所加。乐毅在破齐之后,留在齐五年,先后攻取七十多城。燕昭王死后,燕惠王改用骑劫代乐毅为将,齐将田单乘机收复失地而复国,但是齐就因此变成弱国了。

从分裂割据趋向统一的时期　战国时代又是从分裂割据趋向全国统一的时期。这时各个地区政治、经济、文化、学术的发展水平,是不平衡的,中原地区比较先进,边缘地区比较落后。同时在政治上存在着各自为政的分裂割据,不仅七大国(魏、韩、赵、齐、楚、秦、燕)各自割据一方而相互兼并,而且还有中山、宋、卫、邹、鲁等小国存在,有所谓"泗上十二诸侯"。但是总的发展趋势,无论经济、政治、文化等方面,都从分裂割据的状态逐渐趋向统一。经济方面由于国际间贸易的发展,水陆交通的频繁,彼此的联系已较密切,荀子讲"王者之法"，已经指出"通流财物粟米，无有滞留，使相归移也（"归"读作"馈"），四海之内若一家"（《荀子·王制篇》）。政治方面由于各国先后变法改革，创建了以将相为首脑的官僚制度，确立了中央集权的政治体制，推行了郡县制的地方行政组织，公布和执行了制定的法律，颁布了度量衡制而定期校验，使得各国政治结构和设施趋向一致。当时各国有作为的国君，为了进行变法改革，奋发图强，纷纷招徕英才，礼贤下士，著名的学者和杰出的英才常常得到国君的尊重或重用。一个平民出身的文人学士，经过学习和从师，经过推荐或游说，往往一席话经国君赏识，便能得到重用，甚至一跃而为执政大臣，因此从师和游说成为进入仕途的主要门径，著书立说和聚徒讲学以及周游列国到处游说成为一时风尚。在文人学士这样广泛交流活动的影响下，各地文化的发展也趋向一致。应用文字在广泛使用中，已形成工整和草率两种字体，成为后来篆书和隶书并用的起源。度量衡器在广泛使用中，所用单位的长度、容量、重量也逐渐趋向统一。所有这些，成为后来秦朝实施"书同文、车同轨"以及统一度量衡制的先导。

战国时代连年不断的兼并战争，造成人民极大的灾难，因此广大人民迫切要求早日完成统一，著名的各派学者纷纷提出完成统一的办法。他们把完成统一称为建成王业，因为"王"是中原地区最高统治者的称号，夏、商、周三代的君主都称为"王"。到战国时代原来的周王已虚有其名，早已不能号令天下了，因此当时强国之君很想取而代之。战国初期魏国变法成功而强盛起来，魏惠王就第一个自称为"王"而企图号令天下。魏惠王先曾率小国之君所谓十二诸侯朝见周显王，由于商鞅前往游说，认为统率十二诸侯朝见周天子"不足以王

天下"，于是召开逢泽之会，穿着王服，乘着"夏车"，自称"夏王"，要求
小国君主把他看作天子来朝见。不久魏国在秦、齐两国夹击中失败，
于是魏惠王听从惠施的计策，"变服折节"而朝见齐威王于徐州（今山
东滕县东南），推尊齐威王为"王"，同时齐威王也追认魏惠王的自称
为"王"，这就是所谓齐魏"徐州相王"。等到秦惠文君用张仪连横的
策略成功，秦惠文君就自称为"王"，迫使韩、魏之君前来朝见，并且承
认韩、魏之君的称王。接着公孙衍为了合纵抗秦，发起魏、韩、赵、燕、
中山五国同时称王而互相尊重，即所谓"五国相王"。共同称"王"就
成为合纵或连横的一种手段。等到战国中期在秦、齐、赵三强鼎立而
争夺宋地的斗争中，秦相魏冉图谋采用齐、秦连横的策略，联合五国
一举灭赵而瓜分，因为此时"王"号已不尊贵，魏冉致送"东帝"的称号
给齐湣王，同时秦昭王在宜阳自立为"西帝"。"帝"原是上帝的称号，
这时上帝的神话已演变出黄帝的传说，齐君已把黄帝称为自己的"高
祖"，"帝"在古史传说中已成为德行比"王"高一级的称号，因此魏冉
要用"帝"号作为最高统治者的称号，成为后来秦始皇自称"皇帝"的
先声。

百家争鸣、英才辈出的时期　战国时代又是文化学术百家争鸣、
英才辈出的时期。随着社会经济和政治上重大变革和发展的需要，
相应地文化学术界出现了九流（儒、墨、道、名、法、阴阳、农、纵横、杂
家）、十家（九流加小说家）。他们分别站在不同的立场，从各个方面
提出了不同的建国方略和完成统一的办法。包括维护和发展小农经
济的措施，奖励农民努力为国家"耕战"的政策，谋求富国强兵的设
施。他们著书立说，聚徒讲学，向君主游说，相互辩论，因而出现百家
争鸣的热潮。由于他们著书传授，积极栽培，一时各派的英才辈出，

影响深远。

　　农家之学着重于生产技艺,对农业的发展起一定的作用。法家之学顺应战国初期各国变法的需要而产生,对各国的富强起很大的作用。纵横家顺应合纵连横的外交活动和兼并战争的需要,从中起着特定的作用。兵家讲究使用"义兵"从而除暴救民,还讲运用灵活的战略和兵法取胜,对于完成统一战争的胜利,是很有作用的。道家之学是总结过去列国兴衰的历史经验和教训而产生的,有助于国家保持强盛和防止衰亡。儒家之学讲究修身治国,主张用"王道"、"仁政"来治理国家和完成统一。墨家主张用"兼爱"来解决小农的"三患"(饥、寒、劳),从而谋求国家的富强。阴阳家重视解释事物发展的规律,讲究制定历法和时令,有利于农业生产的发展。名家对宇宙万物的构成加以分析和解释。后期墨家和后期名家对于物质构成和运动曾展开辩论。小说家认为讲故事和小说,借此可以生动地表达自己的学说,如甘茂、范雎等人入秦游说,都从讲故事入手。所有九流十家都曾在当时起过不同的作用。

　　秦之所以能完成统一大业,法家、纵横家、兵家、杂家和间谍从中起了很大的作用。商鞅的变法,集了法家之学的大成,取得了"后来居上"的效果,奠定了秦富强的基础。张仪为秦连横成功,"拔三川之地,西并巴、蜀,北收上郡,南取汉中",进一步奠定了秦富强的基础。到战国中期,在秦、齐、赵三强鼎立而争夺宋地的斗争中,由于苏秦作为燕的间谍,阴谋颠覆齐国的行动成功,使得秦相魏冉乘机与赵、燕结盟,发动五国合纵攻齐,结果由乐毅出任赵、燕"共相"和五国联军统帅而攻破齐国,使得秦的大敌齐国从此削弱了。接着范雎为秦相,提出了"远交近攻"和"毋独攻其地而攻其人"的战略,对秦此后完成统一起着很大作用。秦将白起是杰出的兵法家,在伊阙、鄢郢、华阳、长平等四大战役中,先后残杀了韩、魏、楚、赵四国一百万以上的兵力,取得了许多战略要地和广大领土,对秦完成统一起着重大作用。杂家吕不韦招徕各派学者,编著成《吕氏春秋》,主张综合各派学说的长处,鼓吹用"义兵"完成统一,有助于秦完成统一的大业。王翦"少而好兵",也是优秀的兵法家,为秦始皇所重用,终于建立了灭赵、灭燕和灭楚的战功,为秦完成统一。秦之所以能如此成功,一方面是由于重用外来的英才,如商鞅和吕不韦是卫国人,张仪和范雎是魏国人,秦历代执政大臣除秦昭王时的樗里疾和魏冉以外,大多是外来的客卿。另一方面是由于从行伍中依军功选拔将才,正如《韩非子·显学篇》所说"猛将必发于卒伍"。同时也还由于使用间谍的成功。秦始皇采取尉缭使用间谍取胜的计谋,由李斯主持其事,派遣间谍收买六国的"豪臣","离其君臣之计",从而各个加以击破,先后灭亡其国。秦先收买韩的南阳假守腾成功,使腾投献南阳给秦,再由腾攻破韩国而俘虏韩王。接着秦收买赵王宠臣郭开成功,使郭开诬告赵名将李牧、司马尚谋反而处死李牧;赵王要重新起用出走在大梁的名将廉颇,派使者前往看廉颇是否尚可用,郭开又多与使者金,使回报老态而不能用,因此秦得以攻破赵国。后来秦的攻灭齐国,也是由于齐相后胜多受秦间谍的金玉,既不助五国抗秦,又不作抵抗准备所致。当时兵家和纵横家都是主张同时使用间谍取胜的。

　　秦在兼并六国过程中既多使用残暴手段,继而又施用暴政以加强统治,因而秦虽快速完成统一,却不久即亡。由于齐急谋扩张而衰落,秦又因猛用暴力而短命,于是主张休养生息的黄老之学,得在汉初流行一时而被重用。

科学技术上重大的创造和发展时期　特别应该重视的，这时又是科学技术上重大的创造和发展时期。中国是世界上最早发明生铁（即铸铁）冶铸技术的国家，春秋晚期已能冶炼生铁，铸造铁器，这个发明要比欧洲早一千九百年。中国又是世界上最早发明生铁柔化处理技术的国家，春秋、战国之际已能把硬脆的生铁加以柔化处理，使变成可锻铸铁（即韧性铸铁），用来制造铁工具，使农业生产大为发展，小农经济开始成为立国的基础。这个发明又比西方早二千三百年。与此同时又创造了独特的炼钢技术，已有高水平的技师，使用固体渗碳制钢技术，炼制钢材而锻造成著名的宝剑如干将、莫邪、太阿之类。这种冶金技术的创造和发展，大有助于生产的高度发展。这时经济和文化的高度发展，很明显是和生产的高度发展相关的。

这时不仅有关"生产"的科学技术（包括农家之学）有高度发展，有关"生命"的科学技术也有突出成就。这时生理卫生学已有发展，认为养生之道，必须使"精气"在身体中运行流通，疾病是由于"精气"运行有阻塞。同时在疾病的治疗护理中，对于作为"精气"运行通道的"经脉"的路线和循行方向，逐渐认识确实，"经脉"学说的理论到这时已基本形成。"经脉"学说是中国医学基本理论的重要组成部分，特别是针灸疗法、推拿疗法和气功疗法，都是以经脉学说为基础的，着重治疗发生疾病的"经脉"及其穴位，促使"精气"运行流通而除去病源。

这时科学技术，无论天文历法、医学卫生、炼钢铸铁技术，都有重大的创造和发展，而且影响广泛而深远，普及到东方各国。同时九流十家的学说影响也广泛而深远，可以说直到今天。

以上所说战国时代是关键性的重大变革和发展时期,是连年进行合纵连横的战争时期,是从分裂割据趋向统一的时期,是百家争鸣、英才辈出的时期,是科学技术上重大的创造和发展时期,都是当时历史发展过程中的主要特点,其中有着丰富的历史经验和深刻的历史教训,值得我们今日认真地分析和深入地探讨。

第一章 绪 论

一 战国史的重要性

中国上古历史有所谓"三代",就是夏、商、周三个朝代。夏朝是古史传说中第一个开始实行君主世袭统治的朝代。大约在公元前十六世纪,商族在东方兴起,商的首领汤打败了夏王桀,在中原黄河流域创建了强大的商朝。到公元前十一世纪,周族又在西北的渭水流域兴起,周的首领武王(名发)联合了西南的许多部族打败了商王纣,创建了周朝,建都于镐京(今陕西西安西南)。周公东征胜利之后,更建设了东都成周(即洛邑,在今河南洛阳),并推行大规模分封制,分封了许多诸侯。历史上称为西周时代。公元前七七一年周幽王被申、缯(即曾)两个诸侯国联合犬戎所杀,继立的周平王在中原晋、郑等诸侯国的支持下,迁都到洛邑。历史上称为东周时代。从此统一的周朝瓦解,周王徒有"天子"的虚名,因而出现了齐、晋、秦、楚等大国争夺中原霸主的形势,不断发生争霸的大战。历史上又把这段历史称为春秋时代。春秋这个时代名称,是从当时鲁国编年史《春秋》这部书来的。鲁国《春秋》的编年,起于公元前七二二年(鲁隐公元年),终于公元前四八一年(鲁哀公十四年)。但是春秋时代的终年,历史家依据实际情况有不同的看法。战国时代,是指春秋时代之后,七大强国相互兼并,直到秦完成统一的这段历史。

连年进行兼并战争的时代特征 "战国"这个名称,战国时代已经有了,原来不是时代的名称,而是指当时连年进行兼并战争的七大强国魏、赵、韩、齐、楚、秦、燕而言。当西汉初年司马迁著《史记》时,所用战国这个名词的意义没有变化,他是用"六国"或"六国时"作为春秋之后的时代名称的,他所作《六国年表》就是战国时代的年表,他说:"余于是因《秦记》,踵《春秋》之后,起周元王,表六国时事。"东汉初年班固著《汉书》时,依然常用"六国时"作为这个时代的名称,见于《汉书·艺文志》。所谓"六国",原是指秦以外的东方六国而言,把秦排除在外,当是沿用东方人敌视秦的习惯,显然是不确切的。把"战国"作为时代名称,起于西汉末年刘向汇编的《战国策》,这是确切的,因为连年进行兼并战争正是这个时代的特征。①

春秋时代战争的主要目的在于争霸,战国时代战争的主要目的在于兼并。春秋、战国之交,正是这两种目的不同的战争的过渡时

---

① "战国"这名词在战国时已经有了。例如《尉缭子·兵教下篇》说:"今战国相攻,大伐有德。"《兵令上篇》又说:"战国则以立威抗敌相图,而不能废兵也。"《战国策·秦策四》载顿弱说:"山东战国有六。"《楚策二》载昭常对楚顷襄王说:"今去东地五百里,是去战国之半也。"《赵策三》载赵奢说:"今取古之为万国者,分以为战国七。"《燕策一》载苏代说:"凡天下之战国七,而燕处弱焉。"可知当时七大强国都有"战国"的称呼。到汉代初年,"战国"这个名词的意义还没有变化,例如《史记·平准书》说:"自是之后,天下争于战国。"到西汉末期刘向编辑《战国策》一书时,才开始把"战国"作为特定的历史时代的名称。

期。春秋末年东南的越族兴起，越王勾践打败吴王夫差之后，就兼并吴国，接着迁都琅邪（今山东胶南西南琅邪台），北上争霸中原。公元前四六八年（鲁哀公二十七年）越王遣使到鲁国，约定鲁、邾两国之间的疆界，这是因为鲁侵犯邾的疆界，越王以霸主地位迫使鲁国君臣服从（《左传》）。越王勾践就是春秋时代的最后一个霸主。与此同时，齐、晋、楚、越四国正在进行兼并的战争。墨子就曾说这四国"以攻伐并兼为政于天下"（《墨子·节葬下篇》），又说这四国"今以并国之故，四分天下而有之"（《墨子·非攻下篇》）。当时南方的楚、越，兼并的主要目标是附近的小国。例如莒这个小国（在今山东安邱、诸城、沂水、莒、日照等地间），先为越和齐两大国从东西"夹削其壤地"（《墨子·非攻中篇》），后来为楚所灭。蔡（今安徽寿县以北）、杞（今山东安邱东北）也为楚所灭。越还曾攻灭滕（今山东滕县西南）和郯（今山东郯城西南）两小国。

当春秋末年，中原晋、齐两国的权力实际上已掌握在强大的卿大夫手中。晋国强大的卿大夫共有六个，即赵氏、魏氏、韩氏、知氏、范氏和中行氏。其中知氏最强。先由知氏联合赵、韩、魏三氏战胜范氏和中行氏而瓜分其地，接着知氏统率韩、魏二氏围攻赵氏于晋阳（今山西太原西南），三年未能攻克，后来韩、魏二氏反过来和赵氏联合，夹攻知氏而三分其地。从此晋国为赵、韩、魏三氏所瓜分，即所谓"三家分晋"。当时晋国国君虽还存在，实际上已被赵、韩、魏三家所控制。晋出公就是因为反对三家瓜分知氏而被驱逐，出奔到楚的。到晋幽公时，只有绛（今山西侯马西北）、曲沃（今山西闻喜西北）等邑，反而要朝见三家之君（《史记·晋世家》）。此后晋君所居都邑常被三家所夺走。公元前三四九年赵氏夺取晋君所居端氏（今山西沁水东

北),把晋君赶到屯留(今山西屯留南),屯留早已为韩所占有,晋君因
而为韩大夫所杀,于是名义上的晋君绝灭。①

与此同时,齐国卿大夫田氏(即陈氏)逐步取得齐的政权。公元
前四八一年陈恒(即田常)杀死右相监止,并杀了齐简公,从此田氏出
任相国,"专齐之政"。陈恒传了三代,到田太公(即田和)时,齐康公
被迁到海边,以一城之地作为食邑。公元前三八六年田太公得到周
天子正式承认,立为诸侯,沿用齐的国号。公元前三七九年齐灵公去
世,吕氏的齐君从此绝灭。这就是所谓"田氏代齐"。

自从中原地区赵、韩、魏"三家分晋","田氏代齐",再加上原有的
秦、楚、燕三国,于是七强并立而相互兼并的形势出现,直到秦完成统
一为止。

春秋、战国之交是"古今一大变革之会" 从春秋末年起,连同整
个战国时代,是中国历史上重大的变革时期,这是过去历史学家早已
认识到的。王夫之在其名著《读通鉴论》中,称之为"古今一大变革之
会",确是至理名言(《读通鉴论·叙论四》)。他指出:春秋以前"其富
者必为贵者",惟独贵者才能富有,等到郡县制度逐渐推广,富贵的情
况就发生重大变化(《读通鉴论》卷五"汉哀帝"条)。顾炎武在其名著
《日知录》中早已指出:春秋时代还在讲究周礼,尊重周王,注重祭祀,
讲究宗姓氏族;列国间朝聘会盟,常常赋诵《诗经》,有死丧事故要赴
告别国,供史官记录。所有贵族重视的礼制,到战国时代都不讲求

---

① 《赵世家》载赵肃侯元年(公元前三四九年)"夺晋君端氏,徙处屯留"。《韩世
家》载韩昭侯十年(当作十四年,公元前三四九年)"韩姬杀其君悼公"。《索隐》云:"《纪
年》姬作玘,并音羊之反,姬是韩大夫。"可知此年赵夺取晋君的端氏,把晋君徙至屯留。
屯留早已为韩取得,《水经·浊漳水注》引《纪年》云:"梁惠成王十二年,郑(即韩)取屯
留、尚子、涅。"晋悼公不为韩所容,为韩大夫所杀。晋悼公谥为"悼",当即因被杀之故。

了,因而出现"邦无定交、士无定主"的局势,这是周末的风俗大变(《日知录》卷十三"周末风俗"条)。所有这些分析,限于他们的认识,固然是浮面的,但是春秋、战国之交确是"古今一大变革之会",从此废去了自古以来贵族统治用的礼制,开始了走向秦汉以后"大一统"的历史进程。

这期间各国统治者所以要在经济、政治、文化等方面进行重大的改革,无非是为了争取广大人民的支持,谋求富国强兵,从而取得兼并战争的不断胜利。这种谋求富国强兵的变革,春秋末年晋国的六卿已经开始。从新出土竹简《孙子兵法·吴问篇》所载孙武对答吴王阖闾的谈话中,就可以看到,当时晋国六卿已经废弃原有的井田制,不同程度地放宽了田亩制度,分别采用了不同税率的实行按亩征税制度。其中赵氏采用最大的亩制,以二百四十步为亩,同时免除征收地税,孙武认为赵氏这样的经济改革,足以"富民",由此可以得到人民的支持,因而能够在六卿相互兼并的战争中不断取得胜利,从而"晋国归焉"。晋国六卿这种土地制度的改革,成为春秋、战国之交大变革的开端,影响十分深远,此后战国初期魏国李悝的变法,秦国商鞅的变法,就是晋国六卿所推行改革的进一步发展。公元前四五三年困守晋阳的赵氏,得到韩、魏的帮助而反攻知氏,得胜而共灭知氏,三分其地。赵襄子的相国张孟谈接着就推行"广封疆,发千百(即阡陌)"的改革(《战国策·赵策一》,"千"字原作"五",从日本横田惟孝《战国策正解》改正)。所谓"广封疆,发阡陌",就是推广"二百四十步为亩"的大亩制。此后商鞅变法,"为田开阡陌封疆而赋税平"(《史记·商君列传》),"改制二百四十步为亩"(《通典·州郡典·雍州风俗》),就是沿用赵氏所用的大亩制而加以推广。

　　概括说来，当春秋、战国之交，经济、政治、文化等方面，有着一系列的大变革和新发展如下：

　　（一）由于生产工具和生产技术的改进，农业生产得以提高，农民耕作"百亩之田"可以养活五到九人（《孟子·万章上篇》），使得"五口"到"八口"之家的小农，成为农业生产的主力。由于农民不肯尽力耕作井田制中的"公田"，使得统治者不得不废除"公田"上的"助法"（或称"籍法"），改为按亩征税的制度。公元前五九四年鲁国"初税亩"，公元前四〇八年秦国"初租禾"，都是推行按田亩征取租税的制度。于是田亩的租税成为君主政权的主要财源，小农经济成为君主政权的立国基础。

　　（二）随着农业生产的发展，社会分工的扩大，商品交换的推广，手工业跟着进步。既有与小农生产相结合的家内手工业，又有个体经营的小手工业，更有豪民所经营的盐铁大手工业，还有各种官营手工业。随着山泽的开发，四方物产的交流，铸造货币的流通，手工业和商业集中的城市兴起，富商大贾因而出现，于是统治者征收各种工商业的税增多，成为君主政权另一个重要财源。

　　（三）随着经济的改革，政权机构也相应发生变革。原来贵族使用家臣来统治的体制逐渐废弃，开始出现推行俸禄制度和年终考核的"上计"制度的官僚组织。大体上，俸禄制度是从工商业的雇佣劳动中发展出来的，年终考核的"上计"制度是从买卖交易和借贷"合契券"的办法中发展出来的。从此国君可以任意选拔和雇用合适人才充任官僚，管理政治，这样就便于集中权力，创建中央集权的君主专制政体。随着小农经济的发展，成为立国的基础，农民成为作战主力，实行按年龄征兵的制度。郡县不仅是地方行政组织，而且成为征兵的地区单位,"郡守"成为一郡行政兼武官之长。从此战争规模扩大,战争方式改变,由"车战"变为步骑兵的野战,开始讲究兵法,产生了专门指挥作战的将军和军事家。君主政权既设有相国作为"百官之长",又设有统军作战的将军。

(四)随着经济和政治的改革,文化和学术也相应发生变革。原来由贵族掌握的文化,由官府主管的学术,开始推向民间。原来保持有"六艺"才能的"士"大为活跃,孔子开始聚徒讲学。战国初期魏文侯进行变法,开创了"布衣卿相"之局和"礼贤下士"之风。从此杰出的学者都聚徒讲学和著书立说,出现了"百家争鸣"的思潮,有所谓"九流十家"。所谓"九流十家",实际上就是站在不同的立场,为维护和发展这种国家规模的小农经济,提出了不同的建国方略。同时所有文学艺术汲取了民间的养料,有了蓬勃的新发展。所有科学如天文、历法、地理、医学、数学以及科学思想,都有光辉的成就,对此后传统学术文化的发展有着深远的影响。

大变革体现了中国历史的发展规律 实事求是地进行分析,中国从古到今的历史发展规律,很明显不同于欧洲的历史,既没有经历古代希腊、罗马那样的典型的奴隶制,也没有经历欧洲中世纪那样的领主封建制。春秋、战国之交是"古今一大变革之会",贵族统治下的井田制的瓦解,按亩征税制度的推行,是个开始变革的关键。从古文献看来,西周、春秋时代的井田制,就其本质来说,很明显是贵族统治下所保留的农村公社土地制度,既有共同耕作"公田"的"助法",又有一"夫"受田百亩的规定,为了使得"财均力平",还有"三年一换土易居"的办法。春秋、战国之交各国先后取消了共同耕作的"公田"的"助法",推行按亩征税的制度,从此主要的农业生产者,是耕作"百亩之田"、纳"什一之税"的"五口"到"八口"之家的小农。从魏国李悝变法,直到秦国商鞅变法,无非是推行奖励这种小农努力"耕战"的政策,于是小农经济成为主要的生产方式,成为君主政权立国的基础。秦、魏等国都普遍推行按良民的户籍授给田宅的制度,云梦出土的《秦律》中的《田律》和《魏户律》(《为吏之道》的附录)都有明文公布。由此可见杜佑《通典》所说商鞅变法实行按户授田之制,"百亩给一夫",确是事实。

早在二千三四百年前的战国时代,中国中原地区已普遍推行这样国家规模的小农经济的生产方式,这是由于当时先进的生产工具和生产技术所造成的结果。早在春秋晚期中国已发明了铸铁(即生铁)冶炼技术,这个发明比欧洲早一千九百年。早在春秋、战国之际中国又发明了铸铁柔化技术,能够制造可锻铸铁(即韧性铸铁)的工具,这个发明又比欧洲要早二千多年。正是由于这两种冶铁技术的重要发明,使得战国中期以后,铁农具能够普遍使用于农业生产,使得耕作技术飞跃地进步,"深耕易耨"的耕作方法普遍推行("易耨"指快速的耘田),牛耕得以推广,水利工程得以开发,灌溉方法得以改进,荒地加强开垦,农业生产得以提高,一年两熟制得以推行,使得农民耕作"百亩之田",可以养活五人到九人,从而"五口"到"八口"之家的小农,成为农业生产的主要担当者,于是国家规模的小农经济可以成为立国的基础。

应该看到,中国历史早有高度发展的经历,这是由于作为生产力重要因素的科学技术,有着与西方不同的发展的经历。过去我们探讨东西方文化的不同,着重于精神文明的差别,其实物质文明更有重大的不同,科学技术的发展很不相同。中国整个冶铁技术发展历史,与西方根本不同,有着独特的先进发展道路。一般说来,冶铁技术的发展,前后有两个阶段,早期用"低温固体还原法"(也称为"块炼法"),因为炼炉小,温度低,只能炼出海绵状的小铁块。由于产量少,加工锻炼费时,所制铁器不可能普遍使用于农业生产。后来经过技术革新,炼炉扩大,炉温提高,发明了冶炼铸铁技术,铁的产量增多。但是铸铁性脆,还不能用来制造需要强度和韧性的农具,必须经过加工锻炼。西方冶铁技术发明很早,远在公元前十四世纪,埃及和两河流域等地已能用"块炼法"炼制铁器,然而进步非常缓慢,直到中世纪中期的十四世纪,由于水力鼓风炉的采用,才使得冶炼铸铁技术得到推广。中国发明冶铁技术较迟,目前考古发掘中出土最早铁器是西周时代的,但是进步迅速,真是"后来居上"。早在公元前六世纪的春秋晚期已能冶铸白口生铁,用来铸造铁器。这是因为商周时代已有高明的冶铸青铜器的技术,使用着有鼓风设备的大型熔铜炉,冶铁技术得以在这个基础上加以发展和革新,于是在春秋晚期就发明了冶炼铸铁技术。这个发明要比欧洲早一千九百年,是值得我们重视的。紧接着,在公元前五世纪的春秋、战国之际,又进一步创造了铸铁柔化处理技术,用来制造耐用的韧性铸铁农具,从而使得铁农具得以广泛使用。这个发明又要比西方早二千多年,又是值得我们特别注意的。

战国史对今后的深远影响 战国时代各国先后实行按户授田的制度,造成国家规模的小农经济的生产方式。当时七大强国的总人口不过两千万,除了地处中原的魏、韩等国人口密度较高外,大多地广人稀,荒地很多,因而君主政权可以推行这种按户授田的制度。当时各国统治者曾先后扩大井田制的亩制,但是每户授田的亩数,依然沿用井田制以"百亩"为定额,因为"百亩之田"正适合于一户农民耕作的能力,用来维持一家生计的需要。按"八口"之家耕作一百亩田来计算,每人平均十二亩半,战国的尺度较短,亩制也和后世不同,折算起来,当时一百亩田相当于后世的三十一点二亩,十二亩半大约相当于后世的四亩。清代学者洪亮吉在《意言》的《生计篇》中讲到:"率计一岁一人之食,约得四亩。"(《卷施阁文甲集》卷一)可知直到清代,小农经济的生产力水平还是差不多。这种小农接受国家所分配的"份地"耕作而上交租税,并有定期服兵役和劳役的责任,但是性质上根本不同于欧洲领主封建制下的农奴,因为他们是编入户籍的"良民",具有后世自耕农的特点,除规定的服役以外,生产工作和生活是自主的,并且拥有住屋、家畜、生产工具以及生产和生活上必需的财物,能够自己安排生产和生活。大多数是《秦律》上称为"士伍"(即编伍的"士卒")的无爵庶民,但可以接受君主赏赐的低级爵位而成为有爵者。如果彼此有争夺财物和争夺军功的纠纷,可以经过诉讼而按法律解决。《秦律》的案例中就有对"争牛"和"夺首"(争夺斩得敌人首级的军功)的判决,说明他们的财物和所得功勋,是可以得到国家法律保障的。正因为他们不是农奴,能够比较自由安排生产和生活,能够拥有所需的财物,能够在一定程度上得到法律的保障,因而生产的积极性比较高,从而造成社会经济的繁荣,使得这种小农经济的生产方式具有强大的生命力而长期留存,从此成为二千多年君主政权的经济基础。正因为如此,秦汉以后历代统一的王朝,所有政治和经济的重要制度,都是沿袭战国时代的成就而有所发展,同时文化和学术也是继承战国时代的趋势而有所变革。战国时代九流十家的思想,对后世有着深远影响。

　　特别要指出的是,当战国时代,这种小农经济的生产方式是先进的,所有保护和发展这种小农经济的经济制度和政治制度是进步的,因而能够促使社会繁荣、人口增长和文化发达。但是秦汉以后,二千多年来,历代统一王朝始终保持着这种小农经济的生产方式,沿用着战国的制度,就不免要转化为落后,造成人口、资源、粮食供应之间的矛盾。如果人口增长而资源不足,地主豪族进行土地兼并,统治者加重赋税徭役,小农经济衰落破坏,引发饥荒,造成农民流亡,就不免要引起社会动乱,激发农民起义。二千多年来中国历史上多次出现"一治一乱"和大起大落的周期性的大循环,都是以小农经济的稳定繁荣和衰落破坏作为关键的。每当王朝初期,总是推行保护和发展小农经济的政策,使社会繁荣,人口增长。每当王朝末期,总是由于人祸天灾,造成小农经济的衰落破坏。周期性的全国大动乱和朝代的兴亡,在大循环中起着调节作用,从而长期保持小农经济作为主要生产方式和立国的经济基础,造成社会经济始终停滞于落后的小农经济,从十六世纪以后中国就日益落后于西方了。

二　战国史料的整理和考订

　　战国主要史料的特点　我们要进行战国史的研究,存在着一定的困难,需要加以克服。因为现存的战国时代的史料,残缺分散,年代紊乱,真伪混杂。既不像春秋时代的历史有一部完整的编年史《左传》可以凭信,更不像秦汉以后每个朝代有着完整的历史记载。战国史料所以会如此残缺分散,有个特殊原因,就是秦始皇的"焚书"所造成。秦始皇"烧天下《诗》、《书》(指《诗经》、《尚书》),诸侯史记尤甚,为其有所刺讥也"(《史记·六国年表序》)。由于《诗经》、《尚书》和先秦诸子,民间多有收藏,秦不能尽烧,后来还能重新发现。而东方六国的史官记载,只藏在官府,一经焚毁也就完了。当司马迁著《太史公书》(即《史记》)时,号称"天下遗文古事靡不毕集于太史公",可是战国主要史料只有《秦记》和纵横家书。因为秦原来文化比较落后,秦史官所记的《秦记》比较简略,"不载日月,其文略不具",于是《史记》的战国部分记述,就有不少残缺和错乱,特别是所记东方六国的史事,不但有残缺,而且年代有很多紊乱。顾炎武早已指出,春秋、战国之间是历史上转变剧烈的时期,然而"史文阙(缺)轶(佚),考古者为之茫昧"(《日知录》卷十三"周末风俗"条)。

司马迁所作《史记》,所凭战国主要史料,除《秦记》以外,惟有纵横家书,就是司马迁所说:"战国之权变亦颇有可采者。"当秦、汉之际和西汉初年,纵横家游说和献策的风气依然盛行。所谓"纵横长短之术",如蒯通、主父偃等人正递相传授,因而纵横家书的各种选本仍多流传,不为"秦火"所烧尽,汉初皇家书库和民间都有收藏。西汉末年刘向编辑《战国策》,就是依据当时皇家书库所藏纵横家书的六种选本:《国策》、《国事》、《短长》、《事语》、《长书》、《修书》。一九七三年长沙马王堆汉墓出土的一种帛书的选本二十七章(现定名为《战国纵横家书》),就是民间所藏的一种选本。而且蒯通等人为了传授其"纵横长短之术",也有选编的选本流传,《汉书·蒯通传》称:"通论战国时之权变,亦自序其说,凡八十一首,号曰《隽永》。"

在战国时代连年不断的相互兼并的战争中,盛行合纵连横的相互斗争方式,因而纵横家成为当时九流十家中最盛行的流派,常常充当秦、齐等强国的相国等高官,主谋合纵连横而谋求在战争中得胜的策略,往往一次重大的合纵连横的决策和行动,造成兼并战争形势的重大变化。纵横家实质上就是为强国君主主持外交和谋求对外兼并战争胜利的谋士,刘向把编辑的战国纵横家书定名为《战国策》,就是由于"战国时游士辅所用国为之策谋"(刘向《校战国策书录》)①。纵横家所讲究的"策谋",就是所谓"纵横长短之术"。《史记·六国年表序》说,"三家分晋"、"田氏代齐"之后,"六国之盛自此始。务在强兵并敌,谋诈用而纵衡短长之说起"。所谓"纵横",就是指外交和兼并战争的合纵连横。所谓"短长",也是指谋求外交和兼并战争胜利策略的短长,而自称为策谋最长的,因而汉初皇家书库所藏纵横家书的选本,有称为《国策》的,有称为《短长》的,更有称为《长书》或《修书》的。"修"就是"长"的意思。蒯通所编纵横家书称为《隽永》,颜师古《注》说:"隽,肥肉也。永,长也。言其所论甘美而义深长也。"纵横家一贯重视计谋策略的作用,认为"计者事之本也,听者存亡之机"(《战国策·秦策二》),或者说:"夫听者事之候也,计者存亡之机也。"(《史记·淮阴侯列传》所载蒯通语)他们认为得计而听从,便可建成"王"业。他们常言道:"计听知顺逆,虽王可也。"(《战国纵横家书》第二十四章,《战国策·秦策二》相同,惟"顺"作"覆")纵横家以为"外事,大可以王,小可以安"(《韩非子·五蠹篇》);"从(纵)成必霸,横成必王"(《韩非子·忠孝篇》)。所谓"王",就是完成统一,从而建立统一的王朝。

由于纵横家重视计谋、策略和权变,纵横家书所搜辑汇集的掌故以及历史经验教训,不限于合纵连横的游说和决策,包括有许多谋求

---

① 王国维《简牍检署考》说:"窃疑周、秦间游士甚重此书,以策书之,故名曰《策》。其札一长一短,故谓之《短长》。比尺籍短书,其简独长,故谓之《长书》、《修书》。"又说刘向"以策为策谋之策,盖已非此书命名本义"。此说似若有据,实为谬说。《国策》之"策"原指策谋,"短长"亦指策谋之短长,故"短长"与"纵横"常连称为"纵衡短长之说"或"长短纵横之术"。

对外兼并战争胜利的计策,兼及法家与兵家谋求胜利的故事和游说辞。如《战国策·赵策三》长篇记述赵武灵王推行"胡服骑射"时的争论和经过,其所持理论为法家主张,兼有"兵技巧家"讲求改革战斗技艺的性质。又如今本《战国策》末章(姚宏据苏辙《古史》所引而收辑的),记秦将白起长篇回答秦昭王的言论,阐明所以能攻克楚都鄢郢,大破韩、魏联军于伊阙的原因,"皆计利形势、自然之理,何神之有哉?"这是"兵形势家"的见解。由此可见,《战国策》中确实保存了许多战国的重要史料。

但是《战国策》主要是纵横家所编选的游说故事和游说辞,原是供游士作为榜样而揣摩和学习的。许多游说辞是用作练习游说的脚本的,许多献策的信札也是供游士模仿的。当战国末年和秦、汉之际,有些纵横家夸大游士合纵连横的作用,有伪托著名纵横家和将相所作的游说辞和书札的,甚至虚构合纵或连横的故事,这是必须认真加以鉴别的。

《竹书纪年》和校正《史记》东方六国纪年的考订 《史记·六国年表》所载东方六国君主的世次年代,有很多错乱,西晋初年汲县魏墓出土的竹简中,有一部魏国的编年史,叙述夏、商、西周、春秋的晋国和战国的魏国史事,到魏襄王二十年(公元前二九九年)为止,整理者定名为《竹书纪年》。此中所记战国史事,不但可以补充《史记》的不足,而且能够用来纠正《史记》所载东方六国纪年的错乱。不幸原书宋代已经散失,今本《竹书纪年》出于后人重编,有许多错误。清代以来学者曾依据宋以前人所引用的《古本竹书纪年》加以编辑考订,尚不免有脱误。历来学者依据《古本竹书纪年》来纠正《史记》所载六国纪年的错误,取得了很多成绩,但是考订还不够完善,有待于我们作进一步的细密考订。

　　用《古本竹书纪年》来纠正《史记》中六国纪年的错乱，魏惠王的年世是个关键问题。《史记》称魏惠王三十六年卒，惠王子襄王十六年卒，襄王子哀王二十三年卒。前人根据《古本竹书纪年》（以下简称《纪年》），认为魏惠王三十六年没有死，只是改元又称一年，又十六年而死。只要把《史记》中魏襄王的年世改作魏惠王改元后的年世，把魏哀王的年世改作魏襄王的年世，问题就解决了。可是实际上，问题并没有根本解决。我们把《纪年》和《史记》所载魏武侯和魏惠王时的大事加以对勘，便发现两书所记大事的年代都相差一年或两年，而年代相同的一件也没有。相差两年都是战争，战争是可以连续两年的，但是像秦封商君和鲁、卫、宋、郑四国之君来魏朝见，是不可能跨年度的。特别要指出，《史记·六国年表》记秦献公十六年（公元前三六九年）日蚀，此年按《史记》是魏惠王二年，而《纪年》（《开元占经》卷一〇一所引）称秦惠王元年"昼晦"，"昼晦"就是日蚀。查公元前三六九年西历四月十一日确是日有环食。据此可知《史记》魏惠王纪元误上了一年，该是魏惠王于三十六年改元又称一年，未逾年改元，惠王未改元前实只三十五年，《史记》误以惠王三十六卒，于是惠王改元以前的年世误多一年，因而惠王纪元误上了一年，连带魏文侯、魏武侯纪元都误上了一年。虽然只有一年之差，但是对于改正《史记》中东方六国纪年的错误，牵连很大。

　　《史记》所载田齐君主世系和年代的错误是较多的，我们可以据《田世家·索隐》、《魏世家·索隐》、《孟尝君列传·索隐》等所引《竹书纪年》加以校正。《庄子·胠箧篇》谓"田成子（即田常）弑齐君，十二世有齐国"，而《史记》所载，田常以后，经襄子盘、庄子白、太公和、桓公午、威王因齐、宣王辟彊（疆）、湣王地、襄王法章，到王建被灭，只有十世。以《纪年》和《史记》比勘，可知庄子白以后脱去悼子一世，太公和（即田和）以后又脱去侯剡一世。《史记》谓桓公"六年卒"，而《田世家·索隐》说：《纪年》"梁惠王十三年，当齐桓公十八年后威王始见"，可知《史记》所说桓公六年卒，"六"为"十八"二字之误。《史记》从田和以后，既脱去侯剡一世九年，又误桓公十八年为六年，短少十二年，以致误把威王的年世移前二十一年，同时把宣王和湣王的年世都依次移前，于是《史记》所载历史事件，都和齐威王、宣王、湣王的年世不相符合。最显著的例子是，《孟子》和《战国策》等书都说齐宣王乘燕王哙传位给相国子之后所引起的内乱，派遣匡章统率大军攻破燕国，而《史记·六国年表》把此事记在周赧王元年，即齐湣王十年，可知《史记》所记宣王和湣王的年世必然有误。据《孟尝君列传·索隐》所引《纪年》，梁惠王后元十五年齐威王薨，可知齐宣王元年在周慎靓王二年（公元前三一九年），周赧王元年（公元前三一四年）齐伐破燕，正当齐宣王六年，正和《孟子》、《战国策》等书所记相合。

合纵连横史料的去伪存真　纵横家的缺点，偏面强调依靠外交活动造成合纵或连横的有利形势，过分夸大计谋策略的作用，苏秦和张仪是推行合纵或连横的策略得到成功的代表人物，向来为纵横家所推崇，作为揣摩学习的榜样，因而两人的游说辞和献策书信，成为传诵的范本，于是后人伪托的作品为适应这个需要而出现。他们把苏秦和张仪说成一纵一横而同时对立的人物，其实张仪是秦惠王的相国，苏秦是齐湣王的相国，两人并不同时对立。当时和张仪的连横对立的，是公孙衍的合纵。

《汉书·艺文志》的纵横家，著录有《苏子》三十一篇和《张子》十篇,《苏子》居于首位而篇数最多。《战国策》所载纵横家的游说辞和书信,也以苏秦最多,就是因为其中夹杂有许多伪作。司马迁早已看到这点,曾说:"世言苏秦多异,异时事有类之者皆附之苏秦。"(《史记·苏秦列传》)可惜司马迁未能去伪存真,反而以伪为真,所作《苏秦列传》即依据大量伪作而成,并夸称"苏秦为纵约长,并相六国",使"秦不敢窥函谷关十五年"。宋代黄震《黄氏日钞》已指出,此"乃游士夸谈,本无其事"。近代法国汉学家马伯乐(Henri Maspero),著有《苏秦的小说》一文(刊于越南河内远东法国学校二十五周年纪念刊《亚洲研究》,《北平图书馆馆刊》七卷六号有冯承钧译文),以为《苏秦列传》年代错乱,不符事实,可以说是"一种理想的小说"。其实不是小说,这是战国后期纵横家所伪托,用来夸大苏秦合纵的计谋的。今本《战国策》中所载张仪、苏秦游说的史料,真伪参半。一九七三年长沙马王堆汉墓出土帛书《战国纵横家书》,其中第一部分提供了苏秦为燕反间和发动合纵攻秦的可信史料,我们可以据此鉴别《史记》和《战国策》中所有苏秦史料的真伪。①

---

① 《秦策一》载苏秦对秦惠王说:"大王之国,西有巴、蜀、汉中之利,北有胡貉、代马之用,南有巫山、黔中之限,东有淆、函之固。"秦昭王三十年秦国才取得巫郡、黔中郡,秦惠王时怎能"有巫山、黔中之限"?《燕策一》载苏秦对燕文侯说:"燕东有朝鲜辽东,北有林胡楼烦,西有云中九原。"但燕国在东北有这样辽阔的疆域,该在战国后期秦开大破东胡之后。至于云中、九原是赵地,不是燕国所能有的。《齐策一》载苏秦游说齐宣王,说齐宣王有意"西面事秦",是不合当时的形势的。宋代黄震《黄氏日钞》就曾说:"前辈谓苏秦约从,秦兵十五年不敢窥山东,乃游士夸谈,本无其事。"近人辨这事的更多。近年马王堆墓帛书《战国纵横家书》的出土,更明确地可以证明《史记·苏秦列传》所载苏秦长篇游说辞出于后人伪造,《战国策》中所有苏秦的史料也是真伪参半。可看唐兰《司马迁所没有见过的珍贵史料》、杨宽《马王堆帛书战国纵横家书的史料价值》和马雍《帛书战国纵横家书各篇年代和历史背景》,收入马王堆汉墓帛书整理小组编《战国纵横家书》中。

乐毅破齐史料的去伪存真 自从赵兼并中山和略取胡地之后，形成齐、秦、赵三强鼎立斗争的局势。秦昭王十九年到二十三年间（公元前二八八到前二八四年），是三强相互争夺宋地而激烈斗争的时期。秦昭王十九年秦相魏冉约定齐、秦两君并称为"帝"，并约五国合纵攻赵，以便兼并赵国而三分其地。二月后，齐湣王听从苏秦计谋，放弃帝号，转而与赵合作，发动五国攻秦，结果迫使秦废帝号，并归还了一些所侵赵、魏的城邑。齐就乘此时机攻灭宋国，激起了赵、魏等国的反对。秦于是主谋发动合纵伐齐，与赵合作而拉拢燕国，推举燕相乐毅兼为赵相，并为五国联军统帅而攻齐。秦昭王二十二年秦将蒙骜伐取齐河东九城，作为合纵攻齐的先声，于是乐毅以赵相名义，统率联军由赵东边攻取齐济西的灵丘（今山东高唐南），次年乐毅率联军大败齐军于济西，齐将触子败走。接着乐毅以燕相名义，独率燕师乘胜长驱直入，打败齐守军于秦周（在齐国都临淄西门雍门之西），齐将达子战死，于是临淄失守，齐湣王出奔。从此乐毅留守于齐五年，先后攻下齐七十多城。乐毅所以能够一举攻破齐国，主要有两个原因，首先由于乐毅兼为赵、燕两国的"共相"，先以赵相名义率联军从赵出击，击溃了齐的主力军，因而能独率燕师乘胜长驱直入。其次由于齐湣王中了苏秦的反间计，苏秦原是燕昭王派入齐国的间谍，得到齐湣王重用而出任相国。苏秦在齐发动五国攻秦，是为了使齐可以乘机攻灭宋国，更是为了使齐连年攻宋而国力大损，并使齐赵的关系恶化，以便燕能够借助于秦赵联合进攻而乘机攻破齐国。

乐毅破齐是当时运用合纵策略所得最成功的结果，因而乐毅成为纵横家所竭力推崇的人物。可惜后来燕昭王去世，继位的燕惠王对乐毅猜忌，改用骑劫代替乐毅，乐毅因而出走赵国，于是乐毅又成为纵横家所非常叹惜的人物。正因为如此,既有夸大乐毅运用合纵策略成效的纵横家作品流传,甚至还有伪托乐毅所作《报燕惠王书》传世。

《战国策·燕策一》和《史记·燕世家》,说燕昭王即位招贤,尊郭隗为师,于是乐毅自魏往,邹衍自齐往,剧辛自赵往,经二十八年而殷富,士卒乐战,于是乐毅"与秦、楚、三晋合谋伐齐",因而大破齐国。昭王即位招贤而尊郭隗为师,当是事实,但是所说乐毅与邹衍、剧辛都因此入燕,燕因而得以破齐,是后来游士出身的纵横家为游士张目而虚构伪托的。剧辛为燕将在战国末年,邹衍和剧辛为同僚,都不可能于燕昭王即位时入燕。乐毅入燕在赵武灵王因内乱而饿死之后,已在燕昭王十七年以后。而且乐毅并非游士出身,原为魏国名将乐羊之后,曾为赵的大臣,早在齐宣王因燕内乱而伐破燕国的时候,乐毅就曾为赵武灵王主谋联合楚、魏而伐齐存燕(《战国策·赵策三》),赵王因而派遣乐池护送流亡在韩的燕公子职入燕立为国君,便是燕昭王。后来乐毅在赵武灵王死后,去赵入魏,再作为魏的使者入燕,因而得到燕昭王的重用。

不仅燕昭王即位招贤而乐毅前往之说出于游士所伪托,甚至所谓乐毅《报燕惠王书》也出于游士的伪作。此书称乐毅向燕昭王献策,主张约结赵国,再联合楚、魏,"四国攻之,齐可大破",因而出使于赵,回来就起兵击齐。其实乐毅统率的是秦、赵、韩、魏、燕五国之兵,《史记·秦本纪》和《赵世家》记载明确,楚不在其内。而且联合出兵之前,秦、赵两国之君会见在先,并由秦将蒙骜首先攻取齐河东九城,作为合纵进攻之先声。五国合纵攻齐,是出于秦的主谋,就是苏秦献书赵王所谓秦"以齐为饵,先出声于天下"(《史记》《赵策一》)。此书所说作战经过："以天之道，先王之灵，河北之地随先王举而有之济上，济上之军奉令击齐，大胜之，轻卒锐兵长驱至国。"以为乐毅先攻克齐与燕接境的河北，接着攻占济上，再由济上长驱攻入齐的国都的。其实燕师并未直接南下攻取齐的河北，而是追随赵军经赵东边南下，会合五国之师大败齐的主力于济西。接着乐毅就独率燕师从济西乘胜向东追击，在秦周又得胜而攻克临淄。乐毅破齐，主要经历两次战斗，即在济西大败齐将触子，又在秦周得胜而齐将达子战死。事见《吕氏春秋·权勋篇》和《战国策·齐策六》。《吕氏春秋·贵直篇》讲到齐湣王的失败，也说："此触子之所以去之也，达子之所以死之也。"由此可见，乐毅《报燕惠王书》出于游士为夸张乐毅单独主谋合纵破齐而伪托，只是因为作者讲究文章笔法，文采华丽，很能感人，为世传诵。司马迁说："始齐之蒯通及主父偃读乐毅之《报燕王书》，未尝不废书而泣也。"其实此书所说不符合历史事实。

《资治通鉴》所载乐毅破齐经过的虚假　《资治通鉴》所载乐毅破齐经过比较详细，不见于《史记》、《战国策》以及先秦诸子的，更是出于后人伪托。《通鉴》信从燕昭王即位"乐毅自魏往，剧辛自赵往"之说，记在周赧王三年（公元前三一二年）。又在周赧王三十一年记乐毅身率燕师长驱逐北，剧辛和乐毅有争论，剧辛主张"宜及时攻取其边城以自益"，深入无益，而乐毅主张乘胜深入，"其民必叛，祸乱内作，则齐可图也"。等到乐毅深入，"齐人果大乱失度，湣王出走"，乐毅因而得入临淄。这是为了夸大乐毅有先见之明，预见齐将内乱而深入得胜的。其实这段剧辛和乐毅的争论出于虚构，剧辛并不和乐毅同时。《通鉴》又记赵将庞煖攻杀剧辛在秦始皇五年，即赵悼襄王三年（公元前二四二年），是依据《赵世家》的。若按《通鉴》所记，剧辛为燕将前后有七十年之久,若剧辛年二十入赵,试问九十岁还能指挥作战么?

《通鉴》又称乐毅在齐"禁止侵掠,宽其赋敛,除其暴令",后人因此谓:"此孟子所以教齐者,齐王不能用之于燕,而乐毅能用之于齐。"(《大事记》引延平陈氏之说)这是把乐毅说得如孟子所说的"王者之师"。《通鉴》又说乐毅入临淄以后,分兵四路出击,"左军渡胶东、东莱,前军循泰山以东至海,略琅邪,右军循河、济,屯阿、鄄以连魏师,后军旁北海以抚千乘",因而"六月之间下齐七十余城,皆为郡县"。这与《史记·乐毅列传》所说"乐毅留徇齐五岁,下齐七十余城"不合。黄式三《周季编略》评论说:"《稽古录》于周赧王三十五年书乐毅徇齐地,数岁下齐七十余城,是司马氏后知其误而不能追改《通鉴》也。"其实《通鉴》所载燕军分四路出击,全出虚构。《通鉴》于周赧王三十六年载:"乐毅乃并右军、前军以围莒,左军、后军围即墨。"以为原来分向四方出击的四路大军,又分别从远处调来会合,以围攻莒和即墨,更不可信。至于《通鉴》称:乐毅在齐,"祀桓公、管仲于郊,表贤者之间,封王蠋之墓。齐人食邑于燕者二十余君,有爵位于蓟者百有余人",是不可能有的事。整个战国时代燕之封君可考者不过数人,怎么可能齐人食邑于燕者二十余君?所有这些,都是后人夸饰乐毅为"王者之师"而虚构的。相传周武王克商,"释箕子之囚,封比干之墓,表商容之间,封纣子武庚禄父"(《史记·殷本纪》)。可见后人有以乐毅破齐比之周武王克商的,因而仿造出这些政绩来。看来所有这些伪托的乐毅政绩,符合于《通鉴》作者的所谓"治道",因而被采纳了。

《通鉴》记述乐毅攻莒和即墨一年不克,就解围而令曰:"城中民出者勿获,困者赈之,使即旧业,以镇新民。"结果三年犹未攻下。有人进谗言于燕昭王,说乐毅要"久仗兵威"而"南面称王",燕昭王于是杀谗言者,宣称"齐国固乐君所有",派遣相国到齐,"立乐毅为齐王",乐毅誓死不受,由是齐人服其义,诸侯畏其信。此事不见于《史记》、《战国策》及先秦文献,也该出于后人伪托。司马光所作《通鉴》战国和秦八卷,是作为样本先呈献宋英宗的,想不到竟如此辑录杜撰历史以符合作者宗旨!

载有战国史料的著作 由于战国史料的分散残缺,年代错乱,真伪混杂,我们必须广为搜辑,细密地加以整理和考订。载有战国史料的著作,主要有下列四十二部书:

(一)《史记》 汉司马迁著。我国第一部纪传体的通史。其中"本纪"、"世家"是帝王和诸侯的编年大事记,"列传"是大臣和其他历史人物的传记,"书"是记载典章制度的,另有"年表"。有关战国部分的,主要有《秦本纪》、《秦始皇本纪》、《六国年表》、《天官书》、《河渠书》、《齐世家》、《鲁世家》、《燕世家》、《卫世家》、《宋世家》、《晋世家》、《楚世家》、《越世家》、《郑世家》、《赵世家》、《魏世家》、《韩世家》、《田世家》、《老子庄子申不害韩非列传》、《吴起列传》、《仲尼弟子列传》、《商君列传》、《苏秦列传》、《张仪陈轸犀首列传》、《樗里子甘茂甘罗列传》、《穰侯列传》、《白起王翦列传》、《孟轲淳于髡慎到驺奭荀卿列传》、《孟尝君列传》、《平原君虞卿列传》、《信陵君列传》、《春申君列传》、《范雎蔡泽列传》、《乐毅列传》、《廉颇蔺相如赵奢李牧列传》、《田单列传》、《鲁仲连列传》、《屈原列传》、《吕不韦列传》、《刺客列传》、《李斯列传》、《蒙恬列传》、《扁鹊列传》、《匈奴列传》、《西南夷列传》、《滑稽列传》、《货殖列传》等。清代梁玉绳著《史记志疑》,张文虎著《校刊史记集解索隐正义札记》,对此有校订。近代日本泷川龟太郎著《史记会注考证》汇集有前人所有的校订成果。

（二）《汉书》 汉班固著。西汉一代的纪传体史书。其中述及战国史事的，主要有《百官公卿表》、《刑法志》、《食货志》、《天文志》、《地理志》、《沟洫志》、《艺文志》、《西南夷列传》等篇，可以补《史记》的不足。清代王先谦著有《汉书补注》。

（三）《后汉书》 南朝宋范晔著。东汉一代的纪传体史书。其中述及战国史事的，主要有《西羌传》、《南蛮传》等记述四方少数民族的历史，可以补《史记》的不足。清代王先谦著有《后汉书集解》。

（四）《战国策》 西汉刘向汇编的战国纵横家的著作。东汉高诱作注，宋代已有散失，曾巩增补重编，今本出于南宋姚宏校补，据云访得晋代孔衍《春秋后语》订补。南宋鲍彪又改编而作新注，吴师道继作补正，成为另一注本。清代于鬯有注未刊，日本关修龄著《战国策高注补正》，横田惟孝著《战国策正解》。近代金正炜著《战国策补释》。近年诸祖耿著有《战国策集注汇考》。可供参考。何建章所著《战国策注释》，又收辑有于鬯、关修龄与横田惟孝的校注。

（五）《战国纵横家书》 一九七三年长沙马王堆汉墓出土帛书的一种。共二十七章，其中十六章是久已失传的佚书。全书分三部分，第一部分十四章（只有两章著录过），是苏秦的书信和谈话，提供了有关他的可信史料，可以由此辨别《战国策》有关史料的真伪，并纠正《史记·苏秦列传》的错误。

（六）《古本竹书纪年》 战国初期魏国史官所作编年体的史书，到魏襄王二十年为止。其中战国部分不仅可补《史记》的不足，还可用以纠正《六国年表》所记魏、齐等国的年代错乱。原书在宋代已经散失，今本《竹书纪年》出于后人重编，其中有不少错误。清代朱右曾首先从《史记》的《索隐》、《集解》和《水经注》等书所引，编成《汲冢纪年存真》。王国维相继作《今本竹书纪年疏证》和《古本竹书纪年辑校》,于是这种从古书中辑出的《竹书纪年》佚文称为"古本",现存《竹书纪年》则被称为"今本"。近年范祥雍对王国维的"辑校"加以订补,著成一书;方诗铭、王修龄更重新辑录佚文,直录原文而不相合并,并加疏证,著成《古本竹书纪年辑证》。但是从朱右曾以来所辑《古本竹书纪年》,尚不免有沿袭今本的失误①。

(七)《编年记》 一九七六年湖北云梦睡虎地秦墓出土竹简,释文见《文物》一九七六年第六期。记事起于秦昭王元年(公元前三〇六年),终于秦始皇三十年(公元前二一七年),共九十年,具有墓主喜的年谱性质。其中虽记墓主的重要经历及其亲属生卒,但多数记载,是有关秦进行统一战争的大事,是研究战国末年和秦代历史的重要资料,可以补《史记》的不足,纠正一些《史记》记载的错误和混乱。

(八)云梦出土《秦律》 一九七六年湖北云梦睡虎地秦墓出土有写在竹简上的《秦律》五种。其中一种《法律答问》以"秦"与"夏"对称,谈到"欲去夏"、"欲去秦属"、"诸侯客即来使入秦,当以玉问王"等

---

① 例如公元前三三四年(周显王三十五年)魏惠王和齐威王"会徐州相王",因而次年楚威王"破齐于徐州"。《史记·越世家》记楚威王"大败越"而杀越王无彊,与"北破齐于徐州"同时。《索隐》引《纪年》来比勘,谓"按《纪年》粤子无颛薨后十年楚威王伐徐州,无楚败越杀无彊之语"。《索隐》所引《纪年》"楚伐徐州",当即指楚威王破齐于徐州。《索隐》又说"无楚败越杀无彊之语",是说《纪年》并不记楚灭越杀无彊与楚伐徐州同时。《今本纪年》记周显王二十二年"楚伐徐州",是依据《越世家·索隐》所引《纪年》所载越的世代年数推算,推定无颛死后十年是周显王二十二年。《今本纪年》又于周显王三十六年记"楚围齐于徐州,遂伐於越,杀无彊",又是依据《六国年表》所记楚围徐州之年和《越世家》的,于是《今本纪年》既有楚威王伐徐州,又有前十二年的楚宣王伐徐州。朱右曾同样依据《越世家·索隐》所引《纪年》所载越王年世,定"楚伐徐州"在魏惠王二十四年即周显王二十二年,以为与楚威王伐徐州为"两事"。后来辑《古本纪年》的都沿袭此误,于是《古本纪年》只有楚宣王伐徐州,反而没有楚威王伐徐州了。其实《越世家·索隐》所引《纪年》越王年世有脱误,不能据以推定"楚伐徐州"的年代。

等,当写成于秦完成统一以前。这不仅是研究秦国法律的重要资料,而且是深入分析研究秦国社会历史的重要资料。五种《秦律》的释文,见《文物》一九七六年第七期和第八期。

(九)《世本》　先秦贵族的家谱,其中有战国时天子和诸侯的世系。宋代散失,清代有各种辑本。一九五七年商务印书馆合印成《世本八种》,其中以雷学淇、茆泮林两种辑本较佳。

(十)《华阳国志》　晋代常璩著。记述西南地区远古到东晋的史事,其中述及战国史事,可补《史记》的不足。

(十一)《逸周书》　战国时代兵家所编辑。其中少数确是《周书》的逸篇性质,宣扬周武王武功以及武王、周公的文治的。多数是战国人模拟的作品,又有假托的故事,如《王会篇》所记四方少数民族贡献特产给周成王,反映了战国时代少数民族的情况。清代朱右曾著有《逸周书集训校释》,唐大沛著有《逸周书分编句释》,何秋涛著有《王会篇笺释》。近年有黄怀信等编辑《逸周书汇校集注》。

(十二)《资治通鉴》　宋司马光编著。记事起于周威烈王二十三年(公元前四〇三年)周威烈王列魏、赵、韩为诸侯,并追叙"三家分晋"之事,卷一至卷七记述战国史事,这是首次对战国史事作编年的考订,有些考订是正确的。其中有后人伪托的故事,如所记乐毅破齐的经过,并不可信。也有由于对史料理解错误而记述失真的,如所记周显王二十年"秦商鞅更为赋税法行之",即是一例①。

---

①　《史记·秦本纪》载:秦孝公十四年(公元前三四八年)"初为赋"。《索隐》引谯周曰:"初为军赋也。"董说《七国考》卷二解释为"口赋",是对的。云梦出土的竹简《秦律》,称为"户赋",是指按户按丁征收的军赋。这是商鞅新创的征赋办法,《资治通鉴》把它解释为"更为赋税法",是一种错误的理解。

（十三）《墨子》 这是一部墨家论文和墨子言行录的汇编。其中《尚贤》、《尚同》、《兼爱》、《非攻》、《节用》、《节葬》、《天志》、《明鬼》、《非乐》、《非命》等篇的著作年代较早,约在春秋战国间。《耕柱》、《贵义》、《公孟》、《鲁问》等篇都记墨子言行,《法仪》、《七患》、《辞过》等篇都记墨子的议论,时代也是较早的。《经上》、《经说上》、《经下》、《经说下》、《大取》、《小取》等篇,文字较简要,谈的问题方面较广,是后期墨家的作品。《备城门》以下诸篇,讲的是守城的防御战术,该是战国后期墨子弟子禽滑釐一派后学讲守城战术的著作。①

（十四）《孙子兵法》 春秋末年孙武著。一九七二年山东临沂银雀山汉墓出土竹简有《孙子兵法》,发现《吴问》、《地形二》、《黄帝伐赤帝》等不见于今本的重要佚文。《吴问篇》讲到了晋国六卿改革田亩制和税制的情况。《用间篇》"周之兴也,吕牙在殷"之下,有战国时人所加"燕之兴也,苏秦在齐"。

（十五）《孙膑兵法》 一九七二年山东临沂银雀山汉墓出土竹简,释文见银雀山汉墓竹简整理小组编《孙膑兵法》,这是一部久已失

---

① 近人朱希祖曾著《墨子备城门以下二十篇系汉人伪书说》一文(载《古史辨》第四册),列举《号令篇》所载官名有执盾、中涓、曹、令、丞、尉、太守以及刑赏有城旦、复,《杂守篇》所载官名有城门司马、城门侯、都司空等,认为这是汉代制度,因而断定《备城门》以下诸篇都是汉人伪作。但是,我们认为战国时已有太守(《赵策一》)、令、丞(《商君列传》)、尉(《白起列传》)等官职,"复"的赏赐在战国时也早已有了,例如《荀子·议兵篇》说魏国考选武卒,"中试则复其户,利其田宅"。《商君列传》载商鞅的变法令说:"大小僇力本业,耕织致粟帛多者,复其身。"这些并非汉代才有的制度。战国各国制度很多不同,已不可详考,我们不能因其中有少数官名不曾见于战国书中,便断言是伪作。墨子主张非攻和讲究守城战术和防御之器械。他曾亲自赶往楚都,"止楚攻宋",曾说:他的弟子禽滑釐等三百多人已持守御之器守在宋城上。《备城门》以下诸篇当是禽滑釐一派墨者讲究守城战术的著作,《战国策·齐策六》载鲁仲连给燕将书说:"今公又以弊聊之民,距全齐之兵,期年不解,是墨翟之守也。"这几篇虽非墨子当时的著作,必是战国后期墨家论述"墨翟之守"的。

传的古书。其中有记述孙膑在桂陵之战中取胜的专篇,又有他和齐威王、陈忌(即田忌)的问答,更有他阐述军事理论的著作。

(十六)《六韬》　战国前期兵权谋家假托西周初年太公望所著,曾收入宋人所编《武经七书》中。一九七二年银雀山汉墓出土有《六韬》残简,与《孙子兵法》、《孙膑兵法》、《尉缭子》竹简同墓出土,可知确为先秦古籍。从其所载内容看来,所用兵器有"强弩"和"八石弩",重视战车、战骑陷阵袭击的作用,当著作于战国前期。《汉书·艺文志》著录书中,未见《六韬》而另有《太公》一书(共二百三十七篇,著录于道家著作中),《六韬》当为《太公》的一种选本。这是假托周文王访得渔夫太公望立以为"师",太公进献"伐灭"殷商的阴谋奇计的故事,从而阐明伐灭敌国的种种谋略的。此书主张伐灭敌国,要在"武攻"之前,先作"文伐"。所谓"文伐"是指不使用武力而采用促使敌国政权分裂瓦解和敌国君主腐化堕落的谋略,要因顺敌国君主谋求强大扩张的欲望,"养之使强,益之使张,太强必折,太张必缺"。苏秦所读的《太公阴符之谋》,当即《太公》一书。苏秦为燕间谍而入齐阴谋伐破齐国的策略,当即由此发展而来。《六韬》共六卷六十篇,分为《文韬》、《武韬》、《龙韬》、《虎韬》、《豹韬》、《犬韬》,与各卷内容不相符合,疑出后人追加。

(十七)《老子》　旧说以为春秋后期老聃所著,但根据全书内容来看,当是战国初期道家的著作。对战国中期以后的道家和法家有很大影响。

(十八)《列子》　道家列子及其后学所著,原为八篇,经永嘉之乱,残存《杨朱》、《说符》二篇,后由张湛的父辈搜辑残篇补充成八篇,由张湛作注。此中混杂有后人作品,但全书并非出于伪作,确保存有列子主要学说。

（十九）《尹文子》　道家尹文所作，原为一篇，《汉书·艺文志》著录于名家，今传本分为二篇，即《大道》上下两篇。

（二十）《孟子》　这是儒家孟轲的言行录。孟子在宋王偃称王时，曾到宋国，又曾游历邹、滕、鲁等国，晚年到魏，曾和梁惠王谈论，接着一度为齐宣王的客卿，正当齐乘燕内乱而攻破燕国的时候，从其谈论中可见这个事件的经过。

（二十一）《庄子》　这是道家庄周及其后学的论文集。其中内篇《逍遥游》、《齐物论》、《养生主》、《人间世》、《德充符》、《大宗师》、《应帝王》七篇，传统看法认为是庄周所著，其余为后学所著。末篇《天下篇》总论古代学术源流，是一篇重要论著。

（二十二）《经法》和《十大经》等　一九七三年长沙马王堆汉墓出土帛书，写在《老子》乙本卷前的有《经法》和《十大经》等四种，是久已失传的战国中期黄老学派著作。

（二十三）《荀子》　这是儒家荀况及其后学的著作。荀子在齐湣王时，曾进言于齐相孟尝君，见于《强国篇》；又曾入秦，见秦昭王和秦相范雎，发表长篇大论，见于《儒效篇》和《强国篇》。接着又曾与临武君议论兵法于赵孝成王前，见于《议兵篇》。李斯曾从荀子"学帝王之术"，荀子有对答李斯的长篇议论，见于《议兵篇》。

（二十四）《韩非子》　这是法家韩非及其后学著作的汇编。其中有关韩非的记载，有《存韩》、《问田》等篇。也有纵横家的游说辞混入书中的，如《初见秦篇》。又《说林》上下篇、《内储说》上下篇、《外储说》左上、左下、右上、右下四篇以及《十过》等篇，汇集春秋战国故事作为立论依据，可作为研究历史的资料。

（二十五）《吕氏春秋》 这是秦始皇的相国吕不韦会集宾客综合各家学说汇编而成,准备作为完成统一和新创王朝的指导思想的。书中保存有阴阳五行家、法家、农家、道家、兵家等各派学说的资料,议论常引征战国史事,有史料价值。

（二十六）《公孙龙子》 战国后期名家公孙龙的著作。

（二十七）《商君书》 法家卫鞅（即商君）的后学编著,当是战国晚期的著作。《更法篇》记载商鞅刚入秦时和旧贵族之间的辩论,其中有袭用赵武灵王推行胡服的言论,当出于商鞅后学的增饰。《境内篇》记载商鞅变法后奖励军功的"二十等爵"制度;《垦令篇》记述怎样采取措施来奖励垦荒;《徕民篇》主张招徕三晋人民来秦垦荒,是推行于战国后期的,其中述及秦、赵两国的长平大战,这说明成书当在公元前二六〇年以后。整部书大体上是总结秦国商鞅变法以后的统治经验的。

（二十八）《管子》 这书的内容很杂,著作的时代也不一致。其中多数是战国中后期齐国法家假托管仲议论的著作。《韩非子》说:"今境内之民皆言治,藏商、管之法者家有之。"（《五蠹篇》）可知韩非时《商君书》、《管子》两书已很流行。但这书中杂有道家、兵家、阴阳家、农家、货殖家的著作,也还杂有不少秦、汉时代的作品。

（二十九）《尉缭子》 《汉书·艺文志》载兵形势家有《尉缭》三十一篇,杂家有《尉缭》二十九篇。现存《尉缭子》二十四篇,收入宋人《武经七书》中。唐代《群书治要》选录有节本四篇。一九七二年山东临沂银雀山汉墓中,与《孙子兵法》、《孙膑兵法》同时出土有《尉缭子》残简六篇,基本上都和现存《尉缭子》一致。可知现存《尉缭子》当即《汉书·艺文志》兵形势家著录的《尉缭》。

（三十）《鹖冠子》　鹖冠子是战国末年楚人，因隐居山中常戴武冠（鹖羽装饰的冠）而得名。《汉书·艺文志》著录《鹖冠子》一篇，唐代韩愈所见有十六篇，今本三卷十九篇。其中有其弟子赵将庞煖论兵法的，当是后人采取庞煖著作附编进去的。《汉书·艺文志》兵权谋家著录有《庞煖》三篇。

（三十一）《易系辞传》　《易传》原为孔子讲授《易经》的弟子记录。《易系辞传》是其中重要的一篇，当是战国初期《易传》传授到楚国之后，楚国的经师加以发挥补充而写成，因而这是儒家的学说，融合有道家的理论并有所改革和发展。

（三十二）《大戴礼记》　西汉戴德依据孔门七十子后学所辑有关"礼"的"记"选编而成。其中有《曾子》十篇，是曾子言论的汇编，当即采自《汉书·艺文志》儒家类著录的《曾子》十八篇。其中又有《孔子三朝记》七篇，记孔子三次朝见鲁哀公而发表"治国"的意见，出于七十子后学的追记，当即采自《汉书·艺文志》《论语》类著录的《孔子三朝记》七篇。

（三十三）《礼记》　又称《小戴礼》。西汉戴圣依据孔门七十子后学所辑有关"礼"的"记"选编而成。其中《月令篇》当采自七十子后学中"阴阳明堂"一派著作，分十二个月记述自然界气候变化以及相应适宜的行政工作，后为《吕氏春秋·十二纪》采用为首篇。其中有《中庸》二篇，乃子思所作（《史记·孔子世家》）。又有《大学》一篇，引有曾子的话，当为曾子后学所作。

（三十四）《周礼》　战国时儒家编辑的政典，分述国家各级官职的职掌及与之相关的典章制度，杂采春秋、战国时代的政治制度，加以理想化、系统化后编成。全书按天地四时，分为"六官"。西汉初期因《冬官》散失，采用《考工记》来补充。《考工记》大体上是战国初期齐国的著作①。

（三十五）《禹贡》　《尚书》中的一篇。是战国中期以后假托夏禹治水的地理著作，是我国最早一部有科学价值的全国性的地理志。分全国为九州，分别叙述了山川、薮泽、土壤、物产、交通、贡赋，代表了当时中原的地理知识水平。清代胡渭著《禹贡锥指》，对此有较详的校释。

（三十六）《山海经》　我国最早记述山川、物产、民俗和文化的全国性地理志。分《五藏山经》、《海外经》、《海内经》和《大荒经》四大部分。《五藏山经》写作于战国晚期，《海外经》、《大荒经》也是战国末年作品，《海内经》是西汉早期所作。其中保存了远古的神话传说以及民俗，矿物记录是世界上最早的有关文献。清代郝懿行著有《山海经笺疏》。

（三十七）《素问》　我国现存的最古医学理论著作。主要部分大概是战国末期编成的②。

（三十八）《楚辞》　屈原及其后学的文学创作，西汉刘向编辑成集，东汉王逸为作章句。全书以屈原作品为主，其余各篇也都承袭其风格，具有楚国地方文学的特殊情调以及方言声韵，描写楚地的风土

---

①　顾炎武《日知录》卷三十二"胡"条，认为北狄名胡始于战国，《考工记》说"胡无弓车"，"以此知《考工记》亦必七国以后之人所增益矣"。江永《周礼疑义举要》认为《考工记》讲到"秦无庐"、"郑之刀"，讲到齐鲁间水，用齐方言，是"东周后齐人所作也"。郭沫若《考工记的年代与国别》（收入《开明书店廿年纪念文集》），认为是春秋后期齐国人的著作。从其分工细密和工艺进步来看，当作于战国初期。

②　江永《群经补义春秋》部分讲到"医和言六气"时，认为："《灵枢》、《素问》疑是周、秦间医之圣者为之，托之黄帝、岐伯"。近人也都认为《素问》是战国时代作品。

物产,歌颂楚地的神话传说。其中以《离骚》、《九歌》、《天问》、《招魂》等篇最为世人所传诵。

(三十九)《说苑》和《新序》 两书都是西汉刘向编著。分类编辑先秦至汉初史事和传说,用以阐明儒家政治观点和伦理道德。其中所记战国史事有史料价值。近年赵善诒著《说苑疏证》和《新序疏证》,附录有与诸书互见的资料,便于参考。

(四十)《韩诗外传》 汉景帝时韩婴编著。韩婴著有《韩诗内外传》,《内传》在两宋之间失传。这本《外传》都是先讲一故事,而后引《诗经》以证。所讲故事与诸书有出入,有史料价值。近年许维遹著《韩诗外传集释》。

(四十一)《水经注》 北魏郦道元著。此书以注解前人所作《水经》的方式,分别叙述我国各条主要水道的源流分合、经历地点及其有关历史。书中多处引用《竹书纪年》等书,说明某些地点有关战国历史的情况,也还述及楚方城、魏长城、齐长城、燕长城以及秦郑国渠的经历情况,都是研究当时历史的资料。其中有些重要史料,可以补《史记》等书所不及的。例如《沔水注》谈到秦将白起攻楚的别都鄢时,采用引水灌城的进攻方式,使楚的军民沉死数十万。杨守敬、熊会贞合著《水经注疏》并绘《水经注图》,可资参考。

(四十二)《古史》 宋苏辙著。重编的先秦传记体史书。保存有少数宋代以后散失的史料,例如《白起传》中有长篇记述白起对答秦昭王的话,是白起反对秦进攻邯郸的意见,前人已作为《战国策》的佚文,附录于《战国策》后。

战国史料的编年整理和考订 由于战国史料的分散残缺,年代紊乱,真伪混杂,研究者对此作编年的整理和考订,是非常必要的。

《资治通鉴》的前七卷可说是首次对此作编年的整理和考订,其中有些见解是正确的。例如《通鉴》不取《魏世家》"武侯卒,子罃立,是为惠王"之说,主张魏罃与公中缓争立,杀公中缓而立,这是正确的论断①。此后南宋吕祖谦《大事记》、清代林春溥《战国纪年》和黄式三《周季编略》,继续做了这样的工作。《大事记》起于周敬王三十九年,即鲁哀公十四年(公元前四八一年),这是为上接《春秋》的编年记载,终于汉武帝征和二年(公元前九〇年)。书中列举作者所认定的大事,很简略,其中略有考订和阐释,见于所附《解题》。《战国纪年》起于周贞王元年(公元前四六八年),只是把作者所认为重要史料按年作了排比,略有考订。《周季编略》也起于周贞王元年,综合搜辑《史记》、《战国策》以及先秦诸子的战国史料加以排比编辑,并注有出处,较为完备。作者黄式三对此终身用力很多,其子黄以周还曾校阅改订,黄以周因此著《史越世家补并辨》一文,收入《儆季杂著》的《史说》部分,考定楚灭越在楚怀王二十二年,并把这个结论编入《周季编略》。这是可信的。

总的说来,所有这些编年的战国史书,限于作者所处时代和认识水平,有下列三方面的缺点:

---

① 《魏世家》称:"武侯卒,子罃立,是为惠王。惠王元年,初,武侯卒也,子罃与公中(仲)缓争为太子",韩、赵"合军并兵以伐魏,战于浊泽,魏氏大败,魏君围。"后因韩赵不和,韩退兵。太史公因而评论"故曰:君终无适子,其国可破也"。《资治通鉴》则云:"魏武侯薨,不立太子,子罃与公中缓争立,国内乱",又谓韩退兵,"罃遂杀公中缓而立,是为惠王。"两相比勘,当以《通鉴》为是。《魏世家》谓"武侯卒,子罃立,是为惠王",和下文所述不合。《水经·浊漳水注》引《纪年》云:"梁惠成王元年邺师败邯郸师于平阳。""邺师"当指魏罃之师,"邯郸师"即指赵国之师。《魏世家》载公孙颀曰:"今魏罃得王错,挟上党,固半国也。"邺与上党相近,盖魏罃据有邺而与公中缓争立,又挟有上党。韩既退兵,邺师又打败赵国之师,因而战胜公中缓,杀死公中缓而自立为君,未逾年而改元。《通鉴》称"罃遂杀公中缓而立",是正确的。

（一）未能全面改正错乱的纪年　关于魏惠王和襄王的年世，《通鉴》等书都已按《古本纪年》加以改正。但是对于齐威王、宣王和湣王的年世，《通鉴》等书就未按《古本纪年》改正。《通鉴》只是把威王加多十年，把宣王移后十年，而《大事记》又把宣王延长十年，把湣王缩短十年（《周季编略》从《大事记》），目的只求齐宣王破燕的年代能和《孟子》等书相合，这是勉强的凑合，并无根据。至于其他国家的年代错误也未能纠正。

（二）未能作"去伪存真"的鉴别　《通鉴》、《大事记》等书依据《史记》，把苏秦合纵六国的游说，记在周显王三十五到三十六年间（公元前三三四到前三三三年）；又把张仪为秦连横五国的游说，记在周赧王四年（公元前三一一年）。所有游说辞的内容都和当时斗争形势不合。周显王三十五、六年魏惠王和齐威王"会徐州相王"，因而楚威王伐破齐于徐州。在这样的形势下，不可能有合纵六国攻秦的事，而且苏秦还不可能参与其事。其实苏秦为齐相，和李兑约五国合纵攻秦，是在齐湣王十四年（公元前二八七年）。张仪对楚、赵两王的游说辞中，讲到了苏秦被齐王"车裂于市"，这是齐湣王十七年的事，张仪怎能在二十多年前已知道呢？所谓苏秦和张仪一纵一横的对立斗争，原是出于后世游说之士所伪托，《通鉴》不仅记载了《史记》上已有伪托的纵横家游说辞，而且还收录有后人进一步伪造的纵横家的史迹，如我们前面已经指出的所谓乐毅破齐的经过，出于后来学者的伪托。如此真伪混杂，尤其是大量长篇伪作的混入，就掩盖了历史发展的真相。

（三）未能全面搜辑史料加以考订　《周季编略》虽然搜辑史料较完备，但还不够全面。特别是重要历史事件和改革设施，当时人有议论，或者在论著中引以为历史经验和教训的，未曾全面收辑，就不便于剖析历史事件的真相和改革设施的效果。

　　前人依据《古本纪年》来纠正《史记·六国年表》错误的,有雷学淇《考订竹书纪年》和《竹书纪年义证》、朱右曾《汲冢纪年存真》、王国维《古本竹书纪年辑校》、钱穆《先秦诸子系年》、陈梦家《六国纪年》(原刊一九四八和一九四九年《燕京学报》三十四、三十六、三十七期,合订本于一九五五年由学习生活出版社出版)。雷学淇是清代学者中考订和注释《纪年》最有成绩的,其中有纠正《史记》年代错乱的见解。所著《竹书纪年义证》原来只有抄本流传,四十年代才有修绠堂铅印本。《先秦诸子系年》是钱穆早年最用力的名著,主要是考辨先秦诸子活动的年代的。他为了正确断定年代,依据《古本纪年》详细纠正了《六国年表》的错误,不仅作了许多“考辨”,还把结论列为《通表》。“考辨”中曾考定战国时代重要战役和重大历史事件的年代,从而阐释战国年间形势的变化。也还附带考证了一些重要的史实,如《战国时宋都彭城证》、《淳于髡为人家奴考》等,都有高明的见解。因此这部著作,实际上是对战国史的考订,作出了重要贡献,对史学界有较大的影响。

　　一九四六到一九四九年间,我曾先后发表《战国史事丛考》三十篇,其中《梁惠王的年世》一文,因《古本竹书纪年》和《史记》所载魏武侯和魏惠王时的大事都相差一年或两年(相差两年的都是战争),推定《史记》魏文侯、武侯和惠王的纪元都误上了一年。魏惠王三十六年改元又称一年,未改元前实只三十五年,《史记》误以为三十六年卒,因而误多了一年。钱穆因此发表《关于梁惠王在位年岁之商榷》一文,对此表示异议,并对相差一年的事加以解释,认为有的《史记》错误,有的前人引用《纪年》不确,并说:“此等相错,古书多有,实难深论。"接着我又再写《再论梁惠王的年世》一文,作了进一步的探讨和阐释,证明两书记载确实相差一年,并举出两书所记日蚀相差一年①,作为明证。

　　一九四八和一九四九年间,陈梦家发表《六国纪年》,专门根据《古本纪年》来考订《史记》年代的错误,同我一样断定《史记》魏文侯、武侯、惠王的纪元误上一年,但是他依然认为惠王未改元前有三十六年,因而把惠王后元和襄王纪元移后一年。我认为,这样的判断是没有确实的根据的。我们以《纪年》和《史记》所载魏惠王时的纪事比勘,相差一年的有五件,相差两年的两件,都是战争,战争可能连续两年的,年代相同的一件也没有,而且所记日蚀也相差一年,所记秦封商君也相差一年。《史记》惠王纪元误上一年是很明显的。我们再以两书所载惠王改元以后和襄王时的纪事比勘,年代是一致的。陈梦家所提出的三条相差一年的证据,都是不确实的,《史记》记载这三件事本来就有出入,他片面地选取了部分不正确的记载来和《纪年》比勘,这样得来的结论是不可信的②。根据《纪年》,齐威王死于魏惠王

---

　　①　拙作《梁惠王的年世》,刊于《东南日报·文史周刊》第六期(一九四六年八月八日),钱穆《关于梁惠王在位年岁之商榷》刊于《文史周刊》第十期(九月五日)。拙作《再论梁惠王的年世》刊于《文史周刊》第十四期(十月三日)。

　　②　《史记·魏世家》载魏哀王八年"伐卫"(《六国年表》作"围卫"),《索隐》引《纪年》云:"八年,翟章伐卫。"《魏世家》载魏哀王十六年"秦拔我蒲反、阳晋、封陵"(《六国年表》同),《索隐》引《纪年》作"晋阳、封谷"。足以证明《史记》和《纪年》魏襄王的纪元是一致的。楚先后两次围雍氏,一次在周赧王三年,即魏襄王七年,据《史记·韩世家·集解》引徐广说,《纪年》和《史记·秦本纪》、《田世家》是相同的;一次在周赧王十五年,即魏襄王十九年,据《史记·韩世家·集解》引徐广说,《纪年》和《史记·韩世家》又是一致的。

　　至于陈梦家所提出《纪年》和《史记》所载梁惠王后元、魏襄王纪元相差一年的三条证据,都是片面地选取了部分《史记》的材料来和《纪年》对比,这样得来的结论是不可信的。现在列举如下:(一)《纪年》载梁惠王后元十三年四月"齐威王封田婴于(续下页注)

后元十五年,陈梦家因而连带地把齐威王的卒年和齐宣王元年都移后一年,也是不正确的。

战国典章制度的分类编纂和考订 春秋、战国之交是经济制度和政治制度重大变革的时期,此后秦、汉统一王朝所用的制度,大体上都开创于战国时代,因而对战国时代制度作分类编纂和考订,也是研究战国史的一项必要工作。当时由于经济的发展和改革,田亩制度、租税制度、货币制度和户籍制度有着一系列的变化。随着政治和军事上的改革,中央集权的君主政体产生,文武分职的官僚制度确立,层层控制的郡县制度推行,统一的法律颁布,统一的度量衡制公布,爵秩的等级制度规定,新的封君制度创设。当时七大强国所进行的改革,时代有先后,进度又有不同,同时各国原有不同的条件,因而七国的制度大体相同,又各自有其特点,需要分别加以编纂和考订。

明清之际董说著《七国考》,搜集七国的制度方面史料作了分类编纂,可惜是一部草创而未完成的手稿,所分十四门类很是杂乱,春秋时事混杂了十分之三,所引史料有出于伪书和小说书的,《四库全书总目提要》已经指出:"其所援引,如刘向《列仙传》、张华《感应类从

(续上页注②)薛"(《史记·孟尝君列传·索隐》引),陈先生举出《史记·六国年表》齐湣王三年(相当于梁惠王后元十四年)"封田婴于薛"来比较,但是《史记·孟尝君列传》说:湣王"即位三年而封田婴于薛",所谓"即位三年",除去即位之年,从其改元起算,正当《六国年表》的齐湣王二年,这就和《纪年》相合了。(二)《纪年》载梁襄王九年五月"张仪卒"(《史记·张仪列传·索隐》引),陈先生举出《史记·六国年表》魏哀王十年"张仪死"来比较,但是就在《六国年表》秦表中记载秦武王元年"张仪魏章皆死于魏",秦武王元年正当魏襄王九年,与《纪年》正相合。(三)《纪年》载魏襄王十二年"秦公孙爰率师伐我,围皮氏"(《水经·汾水注》引),陈先生举出《史记·六国年表》魏哀王十三年"秦击皮氏,未拔而解"来比较,但是《史记·魏世家》把这事记在魏哀王十二年,字句也相同,正和《纪年》相合。该是这个战役前后经历两年,因而记载有出入。陈先生所举出的三条证据既然都是片面的,那么,《六国纪年》中魏惠王后元和魏襄王元年一律比《史记》移后一年的说法,当然不能成立了。

志》、《子华子》、《符子》、王嘉《拾遗记》之类，或文士之寓言，或小说之杂记，皆据为典要。"而且所引古书有出于董说伪托的，例如卷十二"魏刑法"有《法经》条文，引自所谓桓谭《新论》，就是出于董说本人伪造①。近年缪文远作成《七国考订补》，订正了其中许多错乱，并依据原有体例加以补充，这对于读者和研究者，都是有帮助的。可惜原书的体例杂乱，没有能够全面地把制度方面的史料加以搜集而分类编纂，不能适合今天研究的需要，因此重新编辑一部新的《战国会要》还是必要的。

战国地理的考证和地图的编绘　战国时代各国连年进行兼并战争，由于合纵连横的关系，战斗形势常有变化。各国的疆域常有变迁。因此当我们研讨战争形势的时候，很需要参考有关地理的考证和新绘的地图。

关于战国时代的地名，清代学者从事这方面考证的，有张琦《战国策释地》（收入《史学丛书》）、程恩泽、狄子奇《国策地名考》（收入《粤雅堂丛书》）和顾观光《七国地理考》等。其中以顾氏所搜集的较

---

① 一九五九年捷克斯洛伐克鲍格洛（Timoteus Pokora）发表《李悝法经的一个双重伪造问题》，载于《东方文献》（Archiv Orientalni）二十七期，认为桓谭《新论》早已失传，《七国考》所引出于董说伪造。文章发表前，曾寄来文稿征求意见，我支持他这个主张。因为《七国考》所载《法经》条文分为正律、杂律、减律，与《晋书·刑法志》所说不合。所引杂律分为淫禁、狡童、城禁、嬉禁、徒禁、金禁，也与《晋书·刑法志》所说有出入。所引"徒禁"说："群相居一日以上则问，三日、四日、五日则诛"，不合情理，不能执行。所引"金禁"说："丞相受金，左右伏诛，犀首以下受金则诛。金自镒以下，罚不诛也。"考魏文侯时，魏没有丞相这个官名，秦武王"初置丞相"之后，才见丞相官名，或用作相国的通称。犀首是公孙衍的称号，有人解释为官名是错误的。《七国考》卷一"魏职官"中误以丞相与犀首为魏的官名，据此可见《七国考》所引《法经》条文就是出于董说伪造。董说《七国考·自序》称："尝读秦书至十族之法及魏李悝《法经》，不寒而栗也，作《刑法》第十二。"更是出于董说作伪而故弄玄虚。详细的考辨，见于拙作第二版《战国史》的后记。

为全面，程、狄两氏考证较详，还都不够完善。程、狄两氏有对"诸国姓氏地"的考证，把各国大臣的姓氏都列为地名（如苏秦的苏之类）加以考证，显然是错误的。杨守敬所编《战国疆域图》（收入《历代舆地图》中），基本上依据程、狄两氏的著作编绘的，实质上只是《战国策》的地名图，也还沿袭了程、狄两氏的"诸国姓氏地"的错误。近人钟凤年写的《战国各国疆域变迁考》，陆续发表于《禹贡》半月刊，没有编辑成书出版。一九七〇到一九七一年间，我调到复旦大学历史系的历史地理研究室，和钱林书合作编绘《中国历史地图集》第一册，到一九八二年正式出版。其中战国地图是在清代学者已有成绩的基础上加以补充改正，而设计重新编绘的。战国中期（公元前三五〇年左右）的《诸侯形势图》，以及各国的郡和封君的封邑的分布，大体依据我的初版《战国史》编绘的。

考古发现的新史料　由于原有战国史料的分散残缺，年代错乱，真伪混杂，考古发现的新史料因此显得特别重要，不仅可以补充原有史料的不足，而且可以纠正原有史料的错乱，并用作鉴别真伪的标本。前面我们已经指出西晋出土的《竹书纪年》的重要性。北宋时期由于金石学的兴起，开始重视古代石刻和铜器铭文的搜集、著录和研究，因而唐初发现的《石鼓文》得到重视，从凤翔迁到了京师。并且在嘉祐、治平年间，先后在凤翔（秦的旧都雍所在）和朝那湫（祭祀湫渊水神的所在）等地，发现了《秦诅楚文》石刻三块，得到苏轼、欧阳修等文人学士的重视，加以著录和考释。原石和原拓南宋已不见，现在只有南宋的《绛帖》和《汝帖》所载以及《元至正中吴刊本》，近人容庚曾依据《绛帖》和《汝帖》编入《古石刻零拾》，并作了考释。郭沫若又依据《元至正中吴刊本》，另作《诅楚文考释》（收入《郭沫若全集》第九卷

《考古编》）。这是秦王使宗祝在巫咸、大沈厥湫等神前,咒诅楚王,请神加祸于楚王从而"克剂楚师"的。宗祝这个官,是宗庙的巫祝,具有巫师性质。巫咸是巫师的祖师,据说能沟通人间和天堂而上通于天神的。大沈厥湫是湫渊的水神,据说如同河伯一样,能作祟而为地宫的主宰。据此可见,当时秦国和宋国一样,流行着在战前由巫师咒诅敌人君主的巫术。容庚断定这是秦惠王更元十二年(公元前三一三年)秦相张仪欺骗楚王献商於之地后,楚大举发兵攻秦时,秦王使宗祝咒诅楚王的作品①。这确是一篇很重要的史料。

一九四二年九月湖南长沙东郊子弹库楚墓中,被盗掘出土的《楚帛书》(或称《楚缯书》),现在陈列于美国华盛顿赛克勒美术馆。摹本最早见于一九四四年蔡季襄所著的《晚周缯书考证》。一九六六年大都会博物馆用航空摄影的红外线胶片摄制照片,使许多模糊字迹重新显现。许多学者对此作了考释。帛书略近长方形,四周分别绘有四季十二月的彩色神像,每月神像旁边,记有神名和此月所适宜或禁忌的大事,四角画有青、赤、白、黑四色树枝叶,可知这是一种简单的

---

① 郭沫若以为《诅楚文》的《亚驼文》出于宋人仿刻,是可能的。《绛帖》和《汝帖》都未收《亚驼文》。陈炜湛《诅楚文献疑》(《古文字研究》第十四辑),不理解这种巫师咒诅之辞的性质,以为《诅楚文》三石全出唐宋间人伪作,证据不足。陈氏谓文字可疑,字体是小篆而不是战国文字,其实战国时已有二种字体,铜器铭文和石刻文字属于工整一体,正是小篆的起源。铜器刻辞和应用器物上文字以及竹简、帛书属于草率一体,又是隶书的起源。《诅楚文》石刻就是工整一体,如巫咸的"巫"字作"毌",写法正与甲骨文、金文相同。近人就是依据《诅楚文》而认识甲骨文和金文这个"巫"字的。陈氏又谓情理可疑,史实可疑,其实这是巫师在"巫术"中咒诅之辞,原是不讲情理的。巫师咒诅敌国君王"倍(背)盟犯诅",也是把过去史书所载亡国君主的罪状强加给敌国君王的。陈氏又谓词语可疑,多因袭前人。其实这是巫师的咒诅之辞,唐宋间文人是不可能捏造的。苏轼有诗云:"刳胎杀无罪,亲族遭围绊,计其所称诉,何啻桀、纣乱。"就是不理解《诅楚文》性质而说的。详拙作《秦诅楚文所表演的诅的巫术》,刊于《文学遗产》一九九五年第六期。

月历，主张按阴阳五行家"天人感应"之说来行事的。这和《吕氏春秋·十二纪》(即《礼记·月令篇》)相比，性质相近而富于神话色彩。帛书中部有两段文字，一段八行，另一段十三行。八行一段先讲雹虐(伏戏)使四神轮流主管一年"四时"(即四季)，再讲炎帝命令祝融，使四神下降，奠定天地，主管"四时"变换和日月昼夜运行，是创世神话。十三行一段主要讲日月运行不当，四时气候失常，要造成天灾，如果不敬百神，祭祀不庄重，上帝就要使四时和日月的运行紊乱。可见中间这两段文字是和四周所载四时、十二月神像相配合的。这是楚国阴阳五行家的作品，和《尚书·吕刑》《山海经·大荒西经》所载重黎(即祝融)奉命开天辟地、主管日月运行的神话是一脉相承的。

一九四八年陕西鄠县出土的《秦封右庶长歜宗邑瓦书》，是先刻字于干坯，再经高温窑烧成，字划涂朱，瓦面光滑。原藏西安段绍嘉，今藏陕西师范大学图书馆。首先由陈直作简要考释(《西北大学学报》一九五七年第一期)。这是秦惠文君四年(公元前三三四年)策封宗邑的文件，指派官吏送至宗邑所在，经过相应仪式而埋藏于地下，有似后世的土地凭证。瓦书载"四年周天子使卿大夫辰来致文武之酢"，即《秦本纪》所记秦惠文君"四年天子致文武胙"，《六国年表》同。

一九八〇年四川青川战国墓出土木牍，是秦武王二年(公元前三〇九年)命丞相甘茂及内史匽"更修为田律"。木牍载"二年十一月己酉朔王命丞相戊、内史匽□□更修为田律"，戊即甘茂，"戊"与"茂"通，《韩策一》和《说苑·杂言篇》正作甘戊。据《秦本纪》，此年"初置丞相"，甘茂为右丞相，正与木牍相合。这是具体说明秦的田亩制度的重要史料。

近年在湖北、湖南两省考古发掘战国墓中，时常发现竹简，大多是遣册(死者的随葬品记录),从此发现楚国有许多文献不载的封君,如从随县擂鼓墩两墓和江陵拍马山一墓的简文中,发现了十一个楚惠王时的封君,又从荆门仓山二号墓的简文中,发现了二十三个楚怀王时的封君。由此可见楚国封君之多,而且越封越多。

铜器铭文的史料价值 战国铜器铭文,大多是简短的刻款,作为史料没有像西周、春秋时代铭文那样重要,但也有不少可以补充文献的不足。现在列举其中比较重要的如下:

(一)楚熊章镈 北宋曾出土于安陆(今湖北安陆),见薛尚功《历代钟鼎彝器款识法帖》著录。一九七八年湖北随县擂鼓墩曾侯墓又出土一件,铭文记载楚惠王于五十六年(公元前四三三年)曾制作曾侯宗庙所用礼器送往西阳(今河南光山西南)祭奠,可知当时曾国建都西阳,因为按当时礼制,君主宗庙设在国都。

(二)屬氏编钟 共十四枚,三十年代出土于河南洛阳金村,现藏加拿大皇家安大略博物馆与日本泉屋博物馆。铭文记载周威烈王二十二年(公元前四〇四年)韩将屬羌"征秦迮齐,入长城,先会于平阴",即《古本纪年》所载"晋烈公十三年王命韩景子、赵烈子、翟员伐齐入长城"。也就是《吕氏春秋·下贤篇》所说:"魏文侯东胜齐于长城,虏齐侯献诸天子,天子赏文侯以上闻。"这年三晋伐齐大胜而入齐长城,迫使齐侯一同朝见周威烈王,请求"王命"于次年立三晋为诸侯。

(三)陈侯午敦 共两件。十年陈侯午敦原为容庚所藏,现藏华南师范学院,《商周金文录遗》著录。十四年陈侯午敦,《攈古录金文》著录,现藏中国历史博物馆。《史记·田世家》称桓公午六年卒,《古本纪年》谓十八年卒。据上述两器,可知《纪年》为是,《史记》"六"字乃"十八"二字的形误。

（四）齐量三件　子禾子釜、陈纯釜、左关铜三件，一八五七年山东胶县灵山卫出土，吴大澂《愙斋集古录》等书著录，上海博物馆编印有《齐量》一册。现在子禾子釜藏于中国历史博物馆，陈纯釜和左关铜藏于上海博物馆。子禾子即田和子。依据铭文可以看到齐国量器制造和管理制度，实测容量可知田齐的釜相当于别国的斛，田齐的铜相当于别国的斗。

（五）商鞅方升　亦名商鞅量。原藏合肥龚心铭（字景张），龚氏后迁居浦口汤泉，著录于《浦口汤泉小志》。此后《秦金石刻辞》等书著录。现藏上海博物馆。柄左面刻有秦孝公十八年铭文，柄之对面刻有重泉（今陕西蒲城），盖分发至重泉应用。底面刻有秦始皇二十六年诏，柄右面刻有"临"字，盖又发至临应用，临地不详。

（六）曾侯乙编钟　共六十四件，分三层悬挂于钟架。一九七八年随县擂鼓墩曾侯乙墓中出土，现藏湖北省博物馆。每钟标有音名，可以敲出两个乐音，能配合演奏。铭文还记有曾国与楚、周、齐、晋等国律名和阶名的相互对应关系。

（七）鄂君启节　一九五七年安徽寿县丘家花园出土四枚，一九六〇年又发现一枚，现藏中国历史博物馆和安徽省博物馆。其中有车节和舟节，是楚怀王六年（公元前三二三年），授予封君鄂君启水陆两路商品运输中关卡免税的通行证。

（八）中山王𰯼鼎和中山王𰯼方壶　一九七八年河北平山三汲（即中山都城灵寿所在）中山王墓中出土。现藏河北文物管理处。鼎的铭文述及齐宣王破燕时，中山相邦司马赒攻燕，取得"方数百里，列城数十"。可补文献记载的不足。壶的铭文讲中山王𰯼"皇祖文、武，桓祖成考"，可以考见中山王的世系。参以《赵世家》记赵献侯十年"中山武公初立"，《索隐》引《纪年》云："中山武公居顾，桓公迁灵寿，为赵武灵王所灭。"可知武公是魏文侯所灭中山之君，居于顾（今河北定县），桓公为复国之君而居于灵寿。

（九）战国兵器刻辞　战国时各国兵器，流行刻有监造长官和工师、工匠姓名以及置用地名，不仅可用以探索兵器的监造管理制度，而且有助于研究当时战争形势。例如一九八三年广州象岗越南王墓出土秦戟，刻辞称"王四年相邦张义、庶长□操之造"。"王四年"是秦惠王更元四年（公元前三二一年），张义即文献上的张仪，庶长操即《六国年表》惠王七年平定义渠内乱的庶长操。文献称张仪为秦相，因连横成功，在惠王更元三年出任魏相，因而免去秦相，据此可知张仪因连横成功而为魏相，实际上仍兼秦相，以便进一步推行连横策略。此戟刻有置用地名钖，在今陕西白河东，正当南郑（今汉中）东北。南郑一带原为秦、蜀争夺的地方，这时已为秦占有。秦庶长屯兵于钖，正是为此后攻取楚的汉中作准备。

第二章　春秋战国间农业生产的发展

一　冶铁技术的进步和铁制生产工具的广泛使用

春秋战国之交农业生产有着飞跃的发展，这是由于农业生产工具和生产技术有着突出的进步。农业生产工具所以能够突出进步，是由于冶铁技术的两个重大发明，就是铸铁（即生铁）冶炼技术的发明和铸铁柔化技术的发明。正是由于这两个重大发明，使得铁农具很快很广泛使用于农业生产，促使农业生产技术突飞猛进，生产量有很大的提高。

冶铁鼓风炉的重大进步　中国铸铁冶炼技术所以能够比欧洲早一千九百年发明，并且很早推广应用，主要由于继承和发展了青铜冶铸技术，并运用了长期累积的丰富经验。远在商代和西周时代，青铜冶铸技术已有很高水平，商代已能铸造大型青铜器如"司母戊大方鼎"，西周已能铸造大型青铜器如"大盂鼎"、"大克鼎"等。春秋时代已使用高大的圆锥形炼铜竖炉，高达一点二到一点五米左右，炉缸有一或两个鼓风口,有着鼓风设备,因而到春秋后期,冶铁鼓风炉有重大的进步,已能铸造大型铁器用来颁布成文的刑法。公元前五一三年,晋国曾在国都征收"一鼓铁"的军赋①,把成文的刑法(即当时所谓"刑书")铸在铁鼎上颁布(《左传》昭公二十九年)。

我国古代冶铁技术的发展,有着自己独创的发展道路。这时冶铁技术的进步是和冶铁鼓风炉的改进分不开的。由于冶铁手工业积累了经验,扩大了炼炉,加强了鼓风设备,使得炼炉的温度有了进一步的提高,也就改进了冶铁技术。当时冶铁炼炉上的鼓风设备是一种特制的有弹性的大皮囊,这种大皮囊的形式和当时一种盛物的叫做"橐"的皮囊相类似,两端比较紧括,中部鼓起,好似骆驼峰。在这个大皮囊上有把手,用手拿把手来鼓动,就可把空气中的氧不断地压送到炼炉鼓风管中,以促进炼炉中木炭的燃烧,从而提高炼炉的温度。②这时冶铁的炼炉叫做"鑪"。鼓风的大皮囊因为形式像橐,就称为"橐"③。那个炼炉的鼓风管的装置,因为和一种称为"籥"的管乐器差不多,就称为"籥"。这种鼓风设备也总称为"橐籥"。

---

① "一鼓铁",《孔子家语·正论篇》作"一鼓钟",宋代卢文弨《钟山札记》,都认为"铁"是"钟"字之误。但是,《左传正义》引服虔注说:"取晋一鼓铁以铸之。"杜预注又说:"令晋国各出功力,共鼓石为铁,计今一鼓而已。"可见服虔、杜预所见《左传》原本都作"一鼓铁"。《孔子家语》一书,清代学者都认为出于王肃伪作,抄袭古书每多增损改易,是不足信据的。

② 冶铁技术的进步,主要在于改进炼炉和提高炼炉的温度。要使炼炉的温度进一步提高,非要扩大和改进鼓风的设备不可。由于冶铁必须有优良的鼓风设备这一特点,因而冶铁往往被称为"鼓铸"或"采石鼓铸"了。唐代孔颖达《左传正义》解释"一鼓铁"说:"冶石为铁,用橐扇火,动橐谓之鼓,今时俗语犹然。"

③ 橐的形式,据黄以周《释橐》说:"橐之制与冶家所鼓炉橐相似,两端紧括,洞其旁以为口,受籥吹垂,以消铜铁,故《老子》谓之橐籥,亦谓之排橐。"又说:"卧其橐如驼峰,故谓之橐驼。"(《儆季杂著·史说略》)

《老子》的作者曾把宇宙整个空间比作这种鼓风设备,说:"天地之间,其犹橐籥乎? 虚而不屈,动而愈出。"(《老子》第五章)这种鼓风设备很富于弹性,在空虚的时候是鼓起来的,愈是鼓动它,空气也就愈吹出来,确是"虚而不屈,动而愈出"的。这种鼓风设备曾沿用相当长的时间,后世称为"排橐",或称为"冶橐"(《说文解字》"𤏳"字解说)、"排囊"(《后汉书·杨璇传》)、"鼓橐"(《一切经音义》卷八)、"鼓鞴"(《一切经音义》卷十三),也简称为"排"、"橐"、"鞴"、"鞴",这四个字都是同音通用的。

当时橐是牛皮做的,《墨子》曾说"橐以牛皮"(《备穴篇》)。每个炼炉上所使用的橐不止一个,越是大的炼炉,所使用的橐就越多。《墨子》曾说"灶用四橐"(《备穴篇》),这就说明当时炉灶所用的橐确是有好多个的。据《吴越春秋》说,吴王阖闾铸造"干将"、"莫邪"两把宝剑时,曾使用"童男童女三百人鼓橐装炭",然后"金铁乃濡,遂以成剑"(《吴越春秋·阖闾内传》)。在这个铸造两把剑的炼炉上,参加"鼓橐装炭"的多到三百人,这说明当时炼炉上所使用的橐是不少的。大概这时炼炉上由于装置了几个入风管,送进去的氧气比较充分,大大提高了温度,改进了冶铁技术。"籥"原是由一排竹管编成的一种管乐器,甲骨文和金文中的"籥"字和"龢"字所从的"龠"字,都像一排竹管编成的样子,当时鼓风管称为"籥",可能由于当时炼炉使用多管鼓风的缘故。[①]

---

①　近人李恒德《中国历史上的钢铁冶金技术》(《自然科学》第一卷第七期),认为:"顾名思义,所谓'排'可能是好几个风箱并在一起的,或是一个炉中有一排入风管。"这个说法是可能成立的。据日本下原重仲在一七八四年写成的《铁山必要记事》所附的炼炉草图,有一种鼓风炉,炉身不高大,由于有一排入风管,送进氧气比较充分,能冶炼出生铁来。

同时,由于开矿技术的进步和炼炉鼓风技术的进步,在当时的战争中不但使用了地道战术,而且把鼓风设备作为抵御地道战术的防御武器,用鼓风设备把烟压送到敌方地道中去窒息敌人。①

铸铁冶炼技术的发明 鼓风方法的革新,是提高冶铁技术的关键之一。惟有革新了鼓风方法,才有可能把炼炉造得高大,使炼炉的温度提高,从而加速冶炼的过程和提高铁的生产量。在中国古代,由于冶铁鼓风炉的进步,很早就发明了冶炼"铸铁"(即生铁)的技术。这个发明要比欧洲早一千九百年。

本来,早期的冶铁方法是很简陋的。炼炉很小,构造十分简单,冶铁时把矿石和木炭一层夹一层的从炉子上面加进去,生了火,用一两个囊来鼓风。由于炼炉狭小,使用的囊不多,压送入炉的空气又不够充分,因此,炭火的温度就不够高,炉中的矿石就不可能充分熔化,被还原的(即去了氧的)铁从炉中出来时,是海绵状态的熟铁块。这种表面粗糙、夹有渣滓的熟铁块,需要经过相当时期的锻打,才有可能得到较纯的铁块。这种早期的冶铁法,有人称为"块炼法"。在欧

---

① 《墨子·备城门篇》《备突篇》《备穴篇》中,都有用"炉囊"来作为地道战术中重要防御武器的记载。主要谈的是:凡是遇到敌人从地下掘地洞向城里进攻,必须察知其掘洞之所在,掘洞前往迎接它,使有一孔通敌方,烧炉灶,用"囊"来鼓动,把烟压送到敌方去。这是战国时代普遍应用的一种防御战术,所以《韩非子·八说篇》说:"干城拒冲,不若埋穴伏囊。"("囊"字旧误作"橐",从王先慎《集解》据《荀子》杨倞注校正)《墨子·备城门》以下诸篇,虽是战国后期墨家论述"墨翟之守"的,但是这种地道战术和用炉囊作为防御武器的战术,在墨子时早已有了。《墨子·节用上篇》说:"且大人惟毋兴师,以攻伐邻国,……有与侵就偊囊攻城野战死者,不可胜数。"孙诒让《墨子间诂》说:"'有'读为'又','侵就'未详,'囊'以举火攻城之具,见《备穴篇》。……疑此'偊'亦当为'伏'之讹。"这种地道战术和用"炉囊"作为防御武器的战术的产生,就是由于开矿业和冶铁手工业发达而来的。《墨子·备穴篇》曾说:在从事这种战斗中,"必令明习囊事者,勿令离灶口。"所谓"明习囊事者",也就是熟练地操作冶铁鼓风设备的冶铁手工业工人。

洲,曾经长期运用这种"块炼
法"来炼铁,到十四世纪使用
了水力鼓风炉,才发明铸铁冶
炼技术。

我国早在春秋晚期,就发
明了铸铁冶炼技术。从近来
考古发掘出土的春秋战国之
际铁器来看,有用"块炼法"制
造的,也有用铸铁铸造的,更
有把铸铁件经过加热退火柔
化处理而成为展性铸铁的①。
从炼得铸铁,铸成器件,进而
采用加热退火的方法,对铸铁
件加以柔化处理,必须有一个
试验改进的过程。由此可以
断定,我国铸铁冶炼技术的发
明,应该更要早些。至少到春
秋晚期,中原地区这种铸铁冶

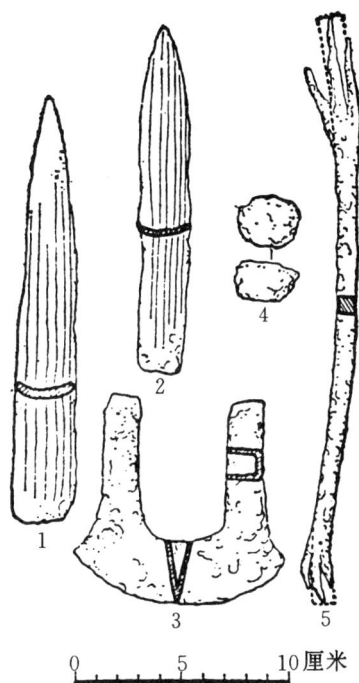

图三　春秋末期铁器

1. 长沙龙洞坡楚墓出土铁削。
2. 常德德山十二号楚墓出土铁削。
3. 长沙识字岭三一四号楚墓出土铁锄。
4. 六合程桥一号吴墓出土铁块。
5. 六合程桥二号吴墓出土铁条。

炼技术已经比较成熟,我们从公元前五一三年晋国铸刑鼎这件事,就

———————————

① 例如江苏六合程桥镇春秋晚期吴国墓葬出土的铁条,是由块炼铁锻打而成;而同一地点出土的春秋晚期铁丸,根据金相分析是由铸铁铸造的。湖南长沙识字岭春秋晚期楚国墓葬出土的小铁锄,器形与一九五七年出土并经鉴定为展性铸铁的战国锄完全相同,应该属于同类产品。河南洛阳水泥制品厂战国早期灰坑中出土的铁锛,经检验是用白口铁铸成,并经过加热退火柔化处理,成为展性铸铁。见李众《中国封建社会前期钢铁冶炼技术发展的探讨》(《考古学报》一九七五年第二期)。

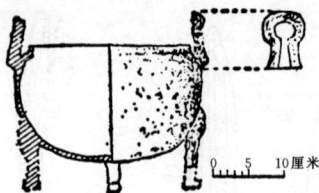

图四 春秋战国之际铁鼎

一九七五年湖南长沙长窑十五号
墓出土。

可以了解这一点。我们知道,要把刑书铸在铁鼎上,不是件简单的事。即使这部刑书的文字不多,总该有些条文,要把这些条文铸到铁鼎上,这个"铸型"不会太小,所需流动状态的铸铁也不会太少,否则的话,就不可能铸成功。毫无疑问,中国古代由于改进了炼炉的鼓风方法,提高了炼炉的温度,很早就发明冶炼铸铁的技术,使炼出的铁成为液体,从而加速了冶铁过程,提高了铁的生产率。这对于冶铁业的发展和铁工具的推广使用是具有决定意义的。

到战国中晚期,冶炼铸铁和铸造铁器已开始分工,新郑郑韩古城的内仓、西平酒店村和登封告城镇,都已发现战国铸铁遗址。告城镇发现了熔铁炉底及炉衬残片,还发现有拐头的陶鼓风管以及木炭屑,可见当时熔铁炉和炼铁炉同样以木炭为燃料。①

近来考古发掘出土的战国以迄汉魏铁农具,大多数是铸铁制造的;在同时的手工业工具中,铸铁件也占很大比例。一九七七年七月长沙窑岭春秋战国之际楚墓出土铁鼎,口径二十三厘米(相当于当时一尺),高二十一厘米,腹深二十六厘米,出土时重三千二百五十克(相当于当时十三斤),金相鉴定表明含有少量石墨,基体为铸铁。②

---

① 详《文物》一九七七年十二期中国历史博物馆考古调查组等《河南登封阳城遗址的调查与铸铁遗址的发掘》。到了汉代,阳城地区冶铸铁器手工业又有很大发展,告成镇的东北和东南都发现有汉代冶铁遗址。汉武帝实行盐铁官营后,阳城设有"铁官",见《汉书·地理志》。

② 铁鼎深圆腹,圜底,扁棱形腿,具有春秋铜鼎遗风。经中南矿冶学院炼钢教研组金相检验,确定为铸造生铁件,其中含有少量石墨,基体为亚共晶铸铁组织,含碳量接近百分之四点三。见长沙铁路车站建设工程文物发掘队《长沙新发现春秋晚期的钢剑和铁器》,《文物》一九七八年第十期。

　　铸铁铸造工艺的进步　由于继承和发展了青铜铸造工艺的优良传统,这时铸铁的铸造工艺很快发展到相当的高水平。铸范有陶制的,更有铁制的。并已由单合范发展为复合范。单合范是一种较原始的铸型,一面是立体的铸型,把它合在一块平板上浇注,铸成的工具或钱币一面是平的。复合范是多块铸范用"子口"拼合,箍紧后浇注,用这种方法就可以铸造大而复杂的工具和器物。一九五三年河北兴隆燕国冶铁遗址出土大批铁质铸范,包括六角梯形锄范、双镰范、镬范、斧范、双凿范、车具范等,大多数是复合范,构造复杂,制作精美,说明这时铸铁的铸造工艺已达到相当完美的程度。从六角梯形锄范使用铁内芯来形成锄柄孔的办法(即通过锄范壁插入一根铁芯子)来看,说明当时冶铁手工业工人已掌握了相当熟练的操作技术。与此同时,在兴隆一带也发现了与这些铸范的形式基本相同的铁斧、铁锄等。此外在今河北、山东等省所发现的铁工具和车具,从其形制和金相组织来看也有不少是用金属型铸成的。铁范本身是白口生铁的铸件,又是铸造铁器的模具。这样用铁范来铸造铁器,可使铸件形状稳定而精致,并可连续使用,不致像一般陶范那样用一次就要毁坏,其生产效率就可以提高很多。

　　铸铁柔化技术的发明　战国时代开始广泛使用铸铁的工具,但是早期的铸铁,是质脆而硬的白口铁,很容易折断,不耐用。因此,当时劳动人民从生产实践中创造了两种柔化铸铁的技术:

　　一种方法是铸铁件的可锻化热处理,经过氧化脱碳并析出部分石墨,使成为白心可锻铸铁。到战国晚期,出现了黑心可锻铸铁,是经过长时间加热退火而成,韧性比白心可锻铸铁高。

　　另一种方法是经过加热氧化,对铸铁进行脱碳处理。在脱碳不

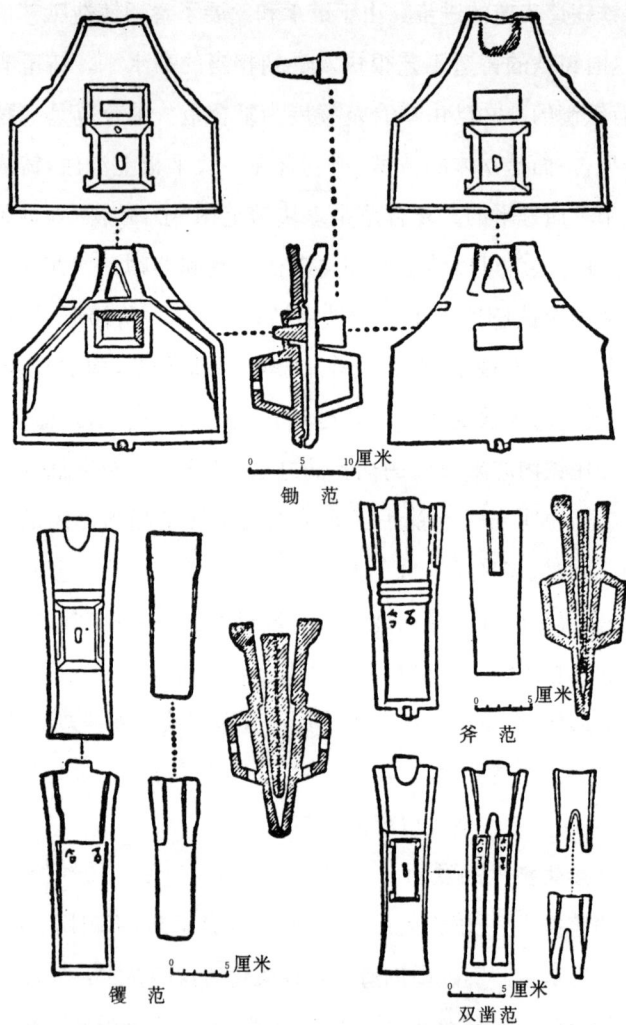

厘米
锄 范

厘米
斧 范

厘米
镢 范

厘米
双凿范

图五　兴隆发现的战国生产工具铸范

　　上图计有锄范、镢范、斧范、双凿范等四种,采自《考古通讯》一九五六年第一期郑绍宗《热河兴隆发现的战国生产工具铸范》一文。从这里,可以看到这些铸范的具体结构及其铸造工具的方法。

完全时，铸件外层已成为钢，内层还是铸铁，成为一种钢和铁同存于同一工具中的复合组织；在脱碳较完全时，白口组织消失，铸件组织全部由铁变成钢，但还保存有铸件的特点（具有缩孔、气眼等特征）。①

当时还利用控制退火办法，创造了表面为低碳纯铁、中心为硬度高的体质复合铸件，使用中把表面层磨损，露出中间层作为刃口，解决了某些工具要求有坚硬锋利耐磨的刃口而又具有韧性的矛盾，这种方法在战国后期，北起燕赵、南达楚国的范围内广泛使用，大大提高了铁工具的功能。②

我国铸铁柔化技术的发明要比外国早二千多年。欧洲到十八世纪才有白心可锻铸铁，十九世纪美国才开始熔制黑心可锻铸铁。我国这个铸铁柔化技术的发明，对于当时铁工具的广泛使用，对于促进当时社会生产力的发展，具有重大作用。

渗碳制钢技术的发明　楚、韩两国铁兵器的锋利是非常著名的，到汉代谈到剑，还是以"墨阳、莫邪"连称（《淮南子·修务篇》），以"棠溪、墨阳"连称，还有"强楚劲韩"的称号（《盐铁论·论勇篇》）。《荀子》说楚国"宛钜、铁铊，惨如蜂虿"（《议兵篇》），以前注释家认为"钜"即是"大刚"（《史记·礼书·集解》引徐广说、《荀子》杨倞注）。"铊"

---

①　河北石家庄战国村落遗址出土的铁斧和河南辉县出土的战国铁镈，经鉴定，是经过脱碳处理成为一种钢和铁共存于同一工具中的复合组织。湖南长沙出土的战国铁镈，经鉴定，是以铁素体和珠光体为基体的黑心可锻铸铁。见华觉明《中国古代钢铁冶炼技术》，《金属学报》第十二卷第二期。

②　湖北大冶铜绿山和河北燕下都遗址出土的两件六角锄，经查考，就是属于这样性质。见李众《中国封建社会前期钢铁冶炼技术发展的探讨》，《考古学报》一九七五年第二期。

即矛的别称，这是说宛地所制钢铁的矛特别锋利。战国时代著作的《禹贡》，说梁州（约当今四川省）贡物有"璆、铁、银、镂"，以前注释家都认为"镂"是一种可作刻镂工具的"刚铁"（《说文解字》、《史记·夏本纪·集解》引郑玄说、《汉书·地理志》颜师古注）。

渗碳制钢技术，远在春秋晚期已经发明，南方楚国已经应用。一九七六年长沙杨家山春秋后期墓葬中，发现一口钢剑，长三十八点四厘米，宽二到二点六厘米，脊厚零点七厘米。经取样分析，是用含碳量百分之零点五左右的中碳钢制成。从剑身断面上用放大镜可以看到反复锻打的层次，中部由七至九层叠打而成。[①]近年对燕下都出土的部分剑、戟和矛检查表明，战国后期燕国也已采用渗碳制钢技术，把"块炼铁"放在炽热的木炭中长时间加热，使表面渗碳，经过锻打，成为渗碳钢片，再把渗碳钢片对折，然后多层折叠起来锻打，制成兵器或工具，接着更用淬火和正火等热处理方法，改进钢材的性能。当时已经懂得根据不同器件所要求的不同性能，对钢材进行不同的处理方法。[②]这种渗碳制钢技术的创造，适应了当时社会大变革中发展

---

① 钢剑是一九七六年四月长沙杨家山的长杨六十五号墓出土。从墓葬形制、陶器器形、纹饰与陶器的组合（有陶鬲、陶钵和陶罐），推断为春秋晚期墓葬。从剑端取样，经中南矿冶学院炼钢教研组金相检验，断定原件相当于含有百分之零点五左右碳的钢，经高温回火的处理。见长沙铁路车站建设工程文物发掘队《长沙新发现春秋晚期的钢剑和铁器》，《文物》一九七八年第十期。

② 近年对燕下都四十四号墓有些剑、戟、矛作了检查，证明这些器件所用的铁没有经过液态，是用较纯铁矿石还原而成，即系"块炼铁"。有些剑、镞铤和矛是用"块炼铁"渗碳制成的低碳钢件，碳的分布都不均匀。有些剑是用大约四、五片经过对折的渗碳钢片叠打而成，由于没有高温加热进行均匀化处理，或反复锻打，钢片表面为高碳层，中间为低碳层。有些剑和戟都是经过淬火的，因各部分含碳不均匀，淬火后形成不同的组织。见李众《中国封建社会前期钢铁冶炼技术发展的探讨》，《考古学报》一九七五年第二期。

生产的需要和战争的需要,对于革新生产技术和扩大社会生产,改变战争的方式,起了重要的作用。

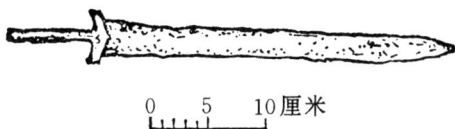

0　　5　　10厘米

图六　春秋晚期钢剑

一九七六年湖南长沙长杨六十五号墓出土。见《文物》一九七八年第十期。

固体渗碳制钢技术的发明和宝剑的制作　　李斯在《谏逐客书》中讲到秦王有六件"宝",不是秦国所生产的。其中一"宝"就是太阿之剑。太阿之剑,据《越绝书》说是春秋末年吴国冶炼技师欧冶子和莫邪所炼制的三把宝剑之一。《吴越春秋》又讲到吴国冶炼技师干将开采了"铁精"和"金英"冶炼宝剑,三月没有成功;他的妻子莫邪"断发剪爪",投入冶炼炉中,因此"金铁乃濡,遂以成剑",炼制成干将、莫邪两把宝剑。这个炼制宝剑的故事带有神话传说性质。清代学者王念孙早就指出,"干将"和"莫邪"本是刀剑锋利的形容词,传说中变成了宝剑的名称,后来又演变为冶炼技师的名字(《广雅疏证·释器篇》)。但是传说中所说的带有神秘色彩的冶炼技术,确是有一定的事实为依据。冶炼史专家丁格兰(F.R.Tegengren)认为,所谓投入"断发剪爪",实质上就是加入相当的"磷"质,起了催化的作用(丁格兰《中国铁矿志》第二编《中国之铁业》)。这个推断是有科学的根据的。长期流传在河南、湖北、江苏等地的"焖钢"冶炼法,把熟铁块放在陶制或铁制容器中,除了按一定的配方加入渗碳剂之外,也还使用含有磷质的骨粉作为主要催化剂,然后密封加热,使之渗碳而炼成钢材。河北满城一号汉墓出土的刘胜佩剑和错金书刀,经过分析,都表明含磷较高,错金书刀的刃部中间还有含钙磷的较大夹杂物,估计曾用含有磷质的东西作为渗碳催化剂。《吴越春秋》所说"铁精"当是质量较精的熟铁块,所说"金英"当是含碳较多的渗碳剂,所谓"断发剪爪"是指含有磷质的头发指甲之类东西,用作催化剂。所谓"金铁乃濡",是说"金英"的碳分不断地渗入到"铁精"中,"濡"具有相互渗透的意思。估计秦王所佩太阿之剑,就是用这样冶炼而成的优质钢材锻制的(参见杨宽《中国古代冶铁技术发展史》下编第一章第一节)。

铁矿的开发　这时人们在采矿中也已积累了一些经验,据说"山上有赭者,其下有铁,此山之见荣也"(《管子·地数篇》),所谓"荣",具有矿苗的意义,所谓"赭"是一种赤铁矿性质的碎块,就是《山海经·北山经》少阳之山的"美赭",《本草纲目》称为"代赭",俗称铁朱,是和赤铁矿伴存的(章鸿钊《石雅》)。

据《山海经·五藏山经》的记载,有明确地点的产铁的山共有三十七处,分布于今陕西省、山西省、河南省和湖北省,即在战国时代秦、魏、赵、韩、楚等国统治地区,其中在韩、楚、秦三国统治地区的较多。①

---

　　①　《山海经·五藏山经》所载产铁的山共有三十七处。在《西山经》中共有下列八处:一、符禺之山"其阴多铁",在今陕西华阴北;二、英山"其阴多铁",在今陕西华县北;三、竹山"其阴多铁",在今陕西渭南东南;四、秦(秦)冒之山"其阴多铁",在今陕西延安;五、龙首之山"其阴多铁",在今陕西西安北;六、西皇之山"其阴多铁";七、鸟山"其阴多铁";八、孟(孟)山"其阴多铁"。在《北山经》中共有下列六处:一、虢(号)山"其阴多铁";二、潘侯之山"其阴多铁";三、白马之山"其阴多铁",在今山西孟县东北;四、维龙之山"其阴多铁",在白马之山南三百里;五、柘山"其阴有铁",在维龙之山南一百七十里;六、乾山"其阴多铁"。在《中山经》中共有二十三处:一、湊山"其阴多铁",在今山西蒲县南;二、泰威之山有枭谷,"其中多铁";三、密山"其阴多铁",在今河南新安;四、橐(续下页注)

从今湖北大冶铜绿山发现的战国铜矿井遗址看来，当时已有效地采取了竖井、斜井、斜巷、平巷相结合的开拓方式，创造了分层充填的上行采矿方法。竖井深达五十多米，用作交通孔道，可把矿石和地

图七　湖北大冶铜绿山战国铜矿井遗址的外观速写

采自铜绿山考古发掘队《湖北铜绿山春秋战国古矿井遗址发掘简报》，载《文物》一九七五年第二期。

(续上页注①)山"其阴多铁"，在今河南陕县西；五、夸父之山"其阴多铁"，在今河南灵宝东南；六、少室之山"其下多铁"，少室即今嵩山西部，在今河南登封北；七、役山"多铁"，在今河南新郑西；八、大騩之山"其阴多铁"，在今河南密县；九、荆山"其阴多铁"，在今湖北南漳西；十、铜山"其上多金、银、铁"；十一、玉山"其下多碧、铁"；十二、岐山"其下多铁"，在今陕西岐山；十三、騩山"其阴多铁"；十四、虎尾之山"其阴多铁"；十五、又原之山"其阴多铁"；十六、帝囷之山"其阴多铁"，约在今河南泌阳、南阳之间；十七、兔床之山"其阳多铁"，约在今河南嵩县、南阳之间；十八、鲜山"其阴多铁"；十九、求山"其阴多铁"；二十、丙山"多黄金、铜、铁"；二十一、风伯之山"多铁"；二十二、洞庭之山"其下多银、铁"，在今洞庭湖旁；二十三、暴山"多文石、铁"，在洞庭之山东南一百八十里。以上所有今地的考释，依据郝懿行《山海经笺疏》。

下水提出地面,把井架支护木送到井下,用辘轳、大绳和木钩等工具提运。斜巷从矿层面斜穿到底部,主要是为了探测矿藏。平巷沿水平方向开拓,是为了开掘矿石。人们把竖井分成多层,从矿层底部由下而上地逐层开拓平巷,每层平巷装有辘轳,可以逐层把矿石提升出地面。他们在井下将采得的矿石进行初步分选,以贫矿、碎石和泥土充填废巷,借以保证提运出的大都是富矿,并减轻井下运输和提升的工作量。在通风方面,创造了利用井口高低不同所产生的气压差,形成自然风流;并采用关闭已废弃巷道的办法来控制风流,使流向采掘的方向,保证风流能达最深的工作面。在排水方面,把水引向井下积水坑,再用辘轳吊挂水桶提升出地面。这一切,说明了战国时代开矿技术已是相当进步。①

各国冶铁手工业地点   战国时代,各国都已有重要的冶铁手工业地点。魏国的冶铁手工业是比较发达的。西汉时宛地经营冶铁手工业的孔氏,其祖先原是梁人,以"铁冶为业"的(《史记·货殖列传》),足见魏国必有重要的冶铁手工业地点②。秦国在卫鞅变法后,据说"盐铁之利二十倍于古"(《汉书·食货志》载董仲舒语),司马迁的第四代祖司马昌曾做秦的"主铁官"(《史记·太史公自序》),云梦出土《秦律》述及"右采铁、左采铁"的官,可见秦也必有重要冶铁地点。③

---

① 参看铜绿山考古发掘队《湖北铜绿山春秋战国古矿井遗址发掘简报》,《文物》一九七五年第二期。

② 据《汉书·地理志》,河东郡的安邑、皮氏、绛都设铁官,都在魏的境内,安邑曾是魏的旧都,可能战国时已有冶铁业。

③ 据《汉书·地理志》,京兆尹的郑设有铁官。郑在今陕西华县。据《山海经·西山经》,英山"其阴多铁",英山在今华县北。可能郑在战国时已有冶铁业。

至于赵国，其国都邯郸（今属河北）就是个重要的冶铁手工业地点，不仅邯郸人郭纵以冶铁成业，财富和"王者"相等，就是西汉初年临邛（今四川邛崃）经营冶铁手工业的卓氏，其祖先也本是赵人，"用铁冶富"的（《史记·货殖列传》）。因为邯郸西北地区就有丰富的"邯郸式"的铁矿。齐国的国都临淄（今山东临淄北）也是个重要的冶铁手工业地点，近年在临淄故城中发现了冶铁作坊六处，其中最大一处面积约四十多万平方米。因为淄河两岸有许多"朱崖式"的铁矿。直到今天，朱崖式和邯郸式两种类型的铁矿在铁矿床类型中仍占有重要的地位。

楚国最著名的冶铁手工业地点是宛（今河南南阳），有所谓"宛钜、铁钝（即铁矛）"（《荀子·议兵篇》）。韩国的国都新郑，有官营冶铁手工业作坊。近年在新郑故城内的仓城村发现了许多镢、镈、刀等陶质内外范，同时发现有同样形式的铁器，当为官营冶铁手工业作坊的遗址。韩国的阳城（今河南登封东南告成镇）也有冶铁手工业作坊，近年在告成镇发现了战国时代的熔铁炉底、炉壁及炉衬的残块，陶制和泥制鼓风管的残片、木炭屑，和锄、镢、斧、铲、镰、削、刀、箭杆、矛、带钩等陶范。这该是铸造农业生产工具为主的冶铁手工业作坊。当时阳城所以能够成为冶铸铁器的重要手工业地点，是和附近少室山"其下多铁"（《山海经·中次七经》）分不开的①。韩国的冶铁手工业地点是最多的，其著名的锋利剑戟出产在冥山、棠溪、墨阳、合膊、

---

① 详《文物》一九七七年第十二期中国历史博物馆考古调查组等《河南登封阳城遗址的调查与铸铁遗址的发掘》。到了汉代，阳城地区冶铸铁器手工业又有很大发展，告成镇的东北和东南都发现有汉代冶铁遗址。汉武帝实行盐铁官营后，阳城设有铁官，见《汉书·地理志》。

邓师、宛冯、龙渊、太阿等地。冥山在今河南信阳东南,棠溪在今河南舞阳西南,合膊和龙渊都在今河南西平西,宛冯就是指宛,一度为韩占有;邓师就是指邓,在今河南孟县东南。燕国的燕下都(今河北易县)也是个重要冶铁地点,在它的遗址内发现冶铁作坊三处,总面积达三十万平方米。燕国在今河北兴隆也有官营冶铁手工业地点。近年在兴隆发现了战国时代铸造工具的铁范八十七件,其中十多件铸有"右廪"二字,知为官营冶铁手工业产品①。

铁工具的广泛使用　由于冶铁技术的创造和发明、铁矿的开发和冶铁手工业的逐渐发展,到战国中期以后各种农业和手工业的工具已普遍用铁制。《管子》的作者认为必须有铁工具,"然后成为农","然后成为车","然后成为女"(《轻重乙篇》),"不尔而成事者,天下无有"(《海王篇》)。在战国中期有个"为神农之言者"许行,主张君民并耕而食,孟子曾为此问他的弟子陈相道:"许子以釜甑爨,以铁耕乎?"(《孟子·滕文公上篇》)也就是问:许行用釜甑来蒸煮么?用铁制农具来耕田么?可知当时中原地区"铁耕"确已非常普遍,如果有人不用"铁耕",已成为出乎常情的事了。从近年考古发掘出土的工具来看,春秋晚期和战国初期,南方的吴、楚地区和中原的三晋、两周地区已有铁工具,农具有铲、锛、臿、镢等,手工具有削、凿、斧、锤等,但是还不能排除青铜工具和木石工具的使用;到战国中期,北起辽宁,南到广东,东自山东,西到四川、陕西,都已广泛使用铁器,铁农具已排

---

①　这铁范所铸二字,字体是战国时代的,同时伴存出土物有战国陶片和燕国铜币"明刀"等,足证其为战国时代燕国遗物。离它二十里地方又发现了两处古代冶铁场,在它附近的石屋中有七个直径一尺多的铜饼,其上刻有隶书"西卅"、"东四十五"、"东五十八",有的刻着"二年",可能为西汉初年之物。在它的附近有不少绳纹陶片、半圆形瓦当、明刀,这两处冶铁场可能也是创始于战国的。

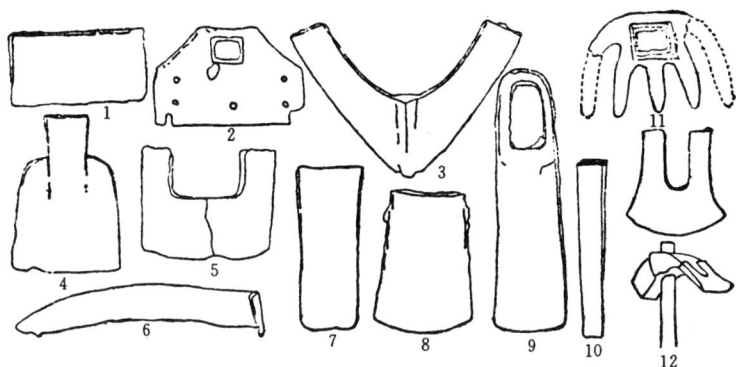

图八　战国铁工具

1.一字形臿　2.六角梯形锄　3.V字形犁　4.臿　5.凹字形臿　6.镰　7.9.钁
8.斧　10.凿　11.五齿耙　12.凹字形铲刃锄及安把方式

斧木、石农具而取得主导地位。铁农具有一字形臿、凹字形臿、空首
布式锄、凹字形铲刃锄、六角梯形方銎锄、五齿耙、钁、镢、V字形铁口
犁、镰等,铁工具有銎斧、片斧、刀削、凿等,铁兵器有剑、戟、矛、镞(或
铁铤铜镞)等,其他铁器有铁鼎、铁带钩等。铁器的广泛使用,便利了
砍伐树林、兴修水利、开垦荒地和深耕细作,促进了农业生产的发展。

　　近年在长江下游地区,如江苏、安徽、浙江等地发现有青铜篾纹
镰,时代从春秋末年到战国中期,说明这一带青铜小农具还流行到战
国中期。

二　水利灌溉事业的发展

　　春秋战国间,各国已很注意水利的兴修,或者沿河建筑堤防,
或者开凿运河。运河的开凿,水利工程的修建,不但便利交通,而
且有利于农业生产的发展。当时各国政府继承过去政权的办法,

把水利的兴修作为国家公共职务,设有"司空"等官职来管理(《荀子·王制篇》)。

堤防的普遍建筑 我国堤防的建筑起源很早,到春秋时代,黄河、济水等大河流旁已筑有部分堤防,例如黄河旁边周地有名堤上(今河南洛阳西南)的,济水旁边齐地有名防门(今山东平阴东北)的。战国时代堤防的建筑,比以前更普遍了,建筑的工程比以前更完固了。他们对于防止堤防的溃决,已有重要的经验,或者说"巨防容蝼,而漂邑杀人"(《吕氏春秋·慎小篇》);或者说"千丈之堤,以蝼蚁之穴溃"(《韩非子·喻老篇》)。魏国魏惠王时有个著名的大臣白圭(名丹),他不仅是个投机取巧的大商人,而且是个防止堤防溃决的专家。据说他经常巡视堤防,"塞其(蝼蚁的)穴"(《韩非子·喻老篇》),因为蚂蚁(特别是白蚁)在堤防作巢穴,经历一二十年后,巢穴扩大,堤防有空腔,就会被大水溃决,必须经常进行检查,挖塞所有的蝼蚁巢穴。白圭自己也曾夸言:"丹之治水也,愈于禹。"(《孟子·告子下篇》)

战国时代所建筑的堤防,规模也较前为大,在许多大河流上都已建筑有比较长的堤防。但是,战国时代已形成了七大国割据并列的局面,大国建筑大规模的堤防只是为了本国的利益,所谓"盖堤防之作,近起战国,壅防百川,各以自利"。当时齐和赵魏是以黄河为界的,赵魏两国的地势较高,齐国的地势低下,黄河泛滥时齐国所遭受的灾害就较严重,因而齐国首先沿着黄河建筑了一条离河二十五里地的长堤防,以防止黄河的泛滥。自从齐国沿黄河筑了长堤防,"河水东抵齐堤,则西迄赵魏",使得黄河泛滥的水流冲向赵魏两国去,于是赵魏两国也沿着黄河建筑了一条离河二十五里地长堤防。从此,在黄河两岸,堤防间五十里宽阔地带,河水也就时来时去。当时黄河两岸,据说河水"时至而去,则填淤肥美,民耕田之。或久无害,稍筑室宅,遂成聚落。大水时至,漂没,则更起堤防以自救,稍去其城郭,排水泽而居之"(《汉书·沟洫志》载贾让奏言)。

战国时代各国大规模的建筑堤防,虽然"各以自利",不免产生像孟子批评白圭"以邻国为壑"那样的弊害,但是对于本国人民生命财产的保障,对于农业生产的发展,是起了一定的作用的。因为堤防可以防止水灾,保护农业生产,还可以与水争地,开辟耕地。

《管子·度地篇》载有筑堤方法:"今甲士作堤大水之旁,大其下,小其上,随水而行。地有不生草者,必为之囊。大者为之堤,小者为之防。夹水四周("周"原误作"道"),禾稼不伤。岁埤增之,树以荆棘,以固其地。杂之以柏杨,以备决水,民得其饶,是谓流膏。"这是一段有韵的经验之谈,被假托为管仲所说的。很明显这是春秋战国期间齐国沿黄河筑堤的经验。所说"地有不生草者,必为之囊",是说遇到不生草的沙滩,筑堤防就得把泥土装在麻袋里堆积,用以防止堤防的泥土流失。所说"夹水四周,禾稼不伤",是说堤防以内的耕田,四周要掘有水道间隔,使庄稼不受积水的伤害。因为黄河夹带泥沙,河底不断积泥而升高,因而堤防要逐年增高,即所谓"岁埤增之"。堤上还要种植荆棘,夹种柏杨,使堤防牢固而不被冲决。《度地篇》还讲到了常年保养堤防的方法,冬天要巡视,春天待农暇加以修补;遇大雨要设法防护,见到水的冲击要加固挡住。因为"浊水蒙壤,自塞其行","岁高其堤,所以不没。春冬取土于中,秋夏取土于外,浊水入之不能败"。所说"浊水"即指黄河之水,春冬雨季河水旱浅,可以从河中取土筑堤,使河底加深,堤防加高;等到秋夏河水上涨,浊水流入就不致造成祸害。这可以说是齐国长期治理黄河的主要经验。

特别值得我们提出的，就是当时所有沿大河的农民作了极艰苦的防泛工作，像我们前面所举的黄河沿岸农民就是例子。在这样艰苦的斗争中，在"起堤防"和"排水泽"方面，都取得了相当丰富的经验，使得水利工程的建筑技术不断提高。

运河的开凿和水利工程的兴办　公元前四八六年，吴国曾在邗(今江苏扬州西北)筑城，在长江淮河间开凿运河，称为邗沟。从今扬州向东北穿凿到射阳湖(在今江苏淮安东南)，再经射阳湖到末口(在今淮安北五里)入淮(《汉书·地理志》江都县注、《左传》哀公九年杜预注)。这是运河最早开凿的一段。公元前四八二年，吴国又从淮河继续开一条运河通到宋鲁两国间，北面通沂水，西面通济水(《国语·吴语》)。这条运河该即《禹贡》和《汉书·地理志》的菏水，它沟通了济水和泗水，而泗水下流注入淮水，越淮水可以和邗沟相连接。这样就把长江水系和黄河水系连结了起来。春秋末年吴国开凿这些运河，固然为了便于争霸，有其政治上军事上的目的，但客观上也便利了交通和农业灌溉。

到战国时代，各诸侯国就开始专为农业灌溉而开凿运河。魏国在魏文侯时，邺(今河北磁县东南邺镇)县令西门豹曾兴建"引漳水溉邺"的水利工程，开了十二条渠，利用灌溉冲洗，使得含有过多的盐碱成分的"恶田"变为能种稻粱的良田，成为改良土壤的典范①。魏国有个大湖泊叫圃田(在今河南中牟西)，是古代著名的大湖泊之一。

---

① 《史记·河渠书》曾说："西门豹引漳水溉邺，以富魏之河内。"褚少孙所补《史记·滑稽列传》说："西门豹即发民凿十二渠，引河水灌民田，田皆溉。"《吕氏春秋·乐成篇》则说这个工程是魏襄王时邺令史起修建的。建成之后，"民大得其利，相与歌之曰：'邺有圣令时为史公，决漳水灌邺旁，终古斥卤生之稻粱。'"

公元前三六〇年(魏惠王十年),魏国曾在黄河、圃田间开凿了一条大沟(运河),使黄河的水流入圃田,又从圃田开凿运河。公元前三三九年(魏惠王三十一年),魏国又从大梁的北郭开凿大沟(运河)来引圃田的水(《水经·渠水注》引《竹书纪年》),这是魏迁都大梁以后,在大梁周围开始兴修水利,就是鸿沟最早开凿的一段。鸿沟是战国时代陆续开凿成功的,是当时中原大规模的水利工程。鸿沟的主干,从今河南荥阳以北,和济水一起分黄河的水东流,经过魏都大梁(今河南开封)折而向东南流,经过陈的旧都(今河南淮阳),在今沈丘附近注入颍水,而颍水下流注入淮水。这样就沟通了黄河和淮水的交通。另有丹水成为鸿沟的分支,从大梁东流直到彭城(今江苏徐州)注入泗水。又有睢水从大梁以南从鸿沟分出东南流,经过宋都睢阳(今河南商丘东南),经今安徽宿县、江苏睢宁以北,注入泗水。更有涉水也从大梁以南从鸿沟分出东南流,经过蕲(今宿县南)而注入淮水。这些河流的设计开凿疏通,显示了当时水利工程技术水平的进步。它充分利用了这片平原东南比较低下的地势,构成了济、汝、淮、泗之间一套水道交通网。这是战国前期魏国大兴水利的结果,既便利中原地区的交通,又利于发展农业生产和商业交换。此外,其他中原诸侯国所开凿的运河也很多。①

这时不仅中原和南方地区,从关中到巴蜀,比较大型的水利工程也兴办起来了。公元前三六〇年,魏国瑕阳(今山西临猗西)人曾从

---

① 《史记·河渠书》说:"自是之后,荥阳下引河东南为鸿沟,以通宋、郑、陈、蔡、曹、卫,与济、汝、淮、泗会。于楚,西方则通渠汉水、云梦之野,东方则通鸿沟江、淮之间。于吴则通渠三江、五湖。于齐则通菑、济之间。"这些沟渠都是春秋战国时代各国先后所开凿的。

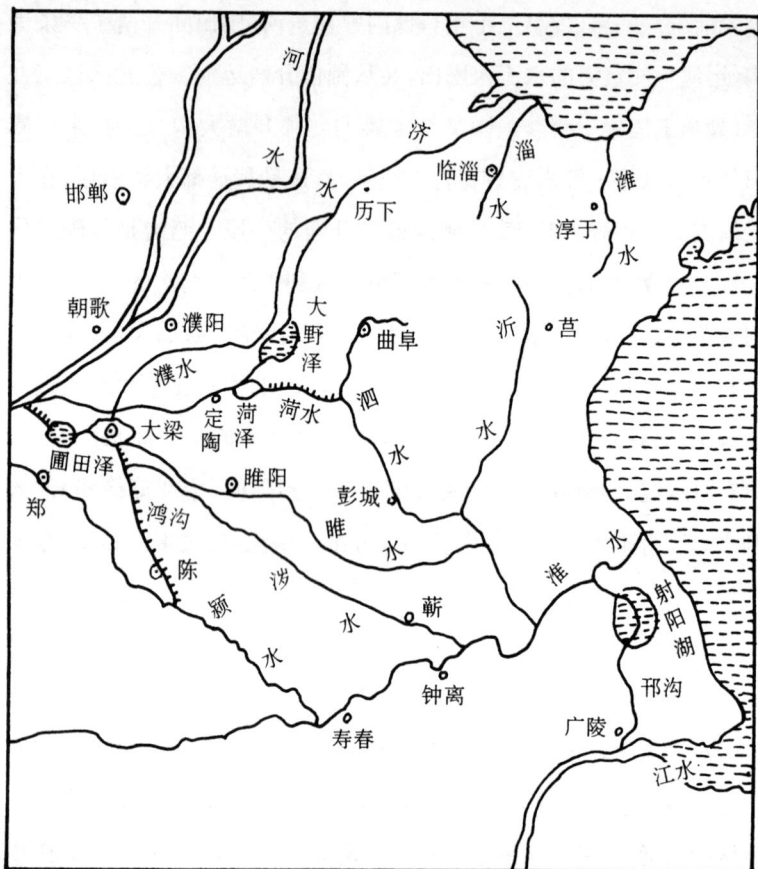

图九 邗沟、菏水、鸿沟位置图

岷山（即蒙山，在今四川芦山北）开导羌地的青衣水，使东和沫水（今
大渡河）相合，到今四川乐山入于岷江（《水经·青衣水注》引《竹书纪
年》）。这是受到魏国兴修水利的影响，蜀国聘请魏国水利专家前往
进行水利建设，因而魏国史官特为记载。

最著名的水利工程，要算是岷江水利工程了。岷江沿途高山深

谷,水流湍急,每年夏秋,水量骤增,灌县以下常要泛滥成灾。秦昭王时,蜀郡守李冰①,是个杰出的水利专家,他总结了过去治水的经验,因势利导,兴修了这个把水害改变成为水利的工程。相传在李冰主持下,在今灌县西边的岷江中凿开了与虎头山相连的离堆,在离堆上游修筑了分水堤和湃水坝,把岷江分为郫江(即内江)和检江(即外江)两支,并筑有水门调节两江水量②,从此把岷江的水流分散,既可免除泛滥的水灾,又便利了航运和灌溉,使成都平原成为"天府之国"。由于堤岸修筑在沙和卵石冲积很深的河床上,不容易修筑永久性的堤岸,于是因地制宜,创造了用竹笼装满卵石、累叠成分水堤的方法,使堤岸能够经受洪水冲击的考验。③这个"穿二江成都中"的水利工程(《史记·河渠书》、《华阳国志·蜀志》、《水经·江水注》),就是目前都江堰水利工程的开端,二千二百多年以来一直有着巨大的灌溉效益。

　　其次要数到秦的郑国渠了。在秦始皇统一六国前,韩国企图减轻秦国的军事压力,派了水工名叫郑国的,进说秦国使用人力,修建引泾水灌溉的水利工程。从仲山(今陕西泾阳西北)引泾水向西到瓠口(即焦穫泽)作为渠口,利用西北微高、东南略低的地形,沿北山南

---

　　①　据《史记正义》引《风俗通》,李冰为秦昭王时人;而《华阳国志》卷三《蜀志》认为李冰是秦孝文王时人;《水经·江水注》从《风俗通》之说。据《史记·河渠书》和《华阳国志》,李冰尚有"解沫水之害"的水利工程;据《华阳国志》,李冰更有疏通文井江(即今邛水)和洛水的工程。

　　②　宋人《堤堰志》说:"蜀守李冰凿离堆、虎头,于江中设鼻七十余丈,……指水一十二座,大小钓鱼护岸一百八十余丈,横潴洪流,以分岷江之水。"见《蜀中广记》、《灌江备考》等书所引。

　　③　据《元和郡县志》记载:犍尾堰(即都江堰)"李冰作之以防江决,破竹作笼,圆径三尺,长十丈,以石实之,累而壅水。"

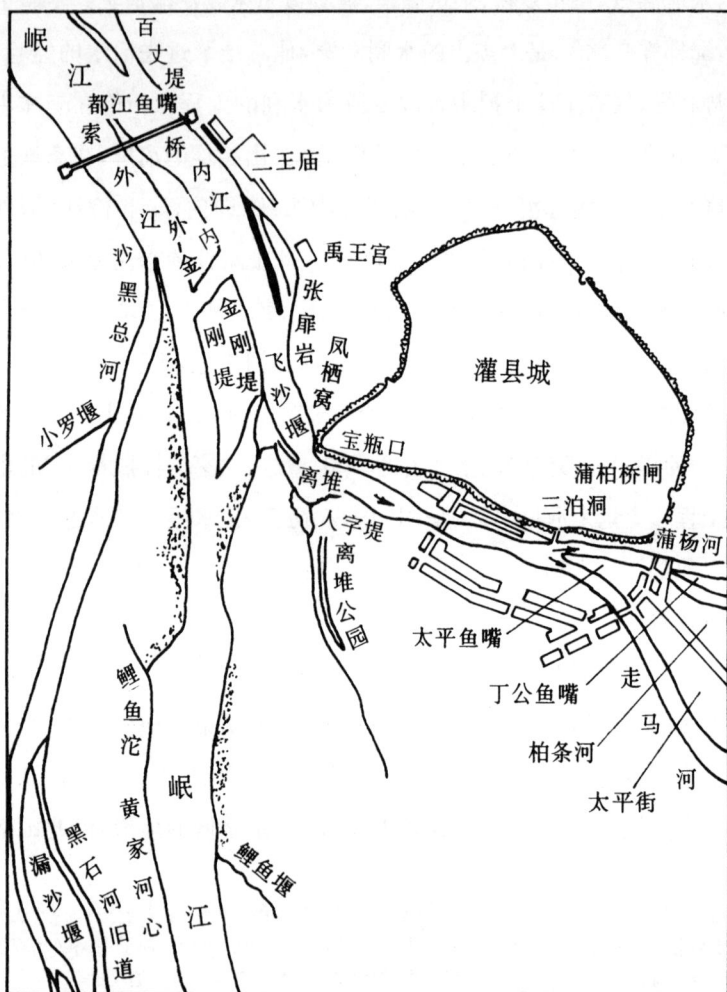

图十　都江堰图

　　这是四川省灌县都江堰的水利工程图。目前都江堰的水利工程，是以灌县西北岷江中的都江鱼嘴为起点的。都江鱼嘴是用竹篾编成竹笼，里面装满巨大的鹅卵石，一层层堆砌筑成的。它把岷江水流分成两支，使水害改变成了水利。

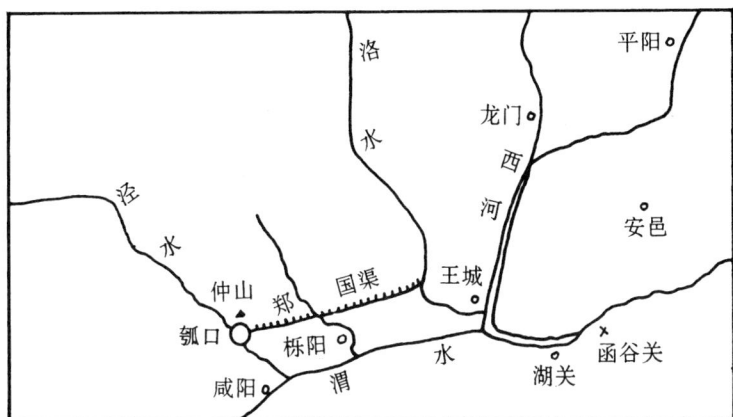

图十一　郑国渠位置图

麓引水向东伸展,经今三原、富平等县,穿过许多纵流的小河,从今大荔东南[①],注入洛水(即北洛水),称为郑国渠。这样把许多纵流的小河如冶谷水、清水等截断,引向灌溉总渠中,小河的水就成为灌溉的水源(详见《水经·沮水注》)。郑国渠全长三百多里,灌溉田亩四万余顷。相传人们利用泾水含沙而有肥效的特点,在一段平坦河床下游,利用木料筑成圆廪,填进巨石,成为"石囷",用大量"石囷"排列成堰骨[②],使泾水到此减低流速,沉淀部分粗沙,引进细沙入渠,既可用

---

①　郑国渠故道久已淤塞,关于它的流经路线,存在不同的说法。杨守敬《嬴秦郡县图》和《前汉地理图》所画郑国渠,从今泾阳、三原、高陵以北,转而折向东北,过蒲城、白水以西,从白水县以北进入洛水。这是不符合地理形势的。蒲城、白水地势远比泾阳、三原、高陵为高,渠水不可能由低处流向高处。《史记集解》引徐广说:"出冯翊怀德县。"怀德县在今大荔东南。这样渠水由西北流向东南,是比较合理的。

②　《重修泾阳县志·水利志》说:郑国"来至秦北山之下,视泾河巨石磷磷,约三四里许,泾水流注其中,湛以作堰。于是立石囷以壅水,每行用一百余囷,凡一百二十行,借天生众石之力,以为堰骨;又恃三四里许众石之多,以堰势,故泾水至此不甚激,亦不甚浊"。

来灌溉,又可冲压、降低耕土层中的盐碱含量,收到改良土壤的效果,从而使每亩(相当于今零点七四亩)增产到一钟,即六石四斗(每斗相当于今二升)。从此关中成为沃野,常获丰收。

战国前期的魏国和战国后期的秦国,开凿运河,兴修水利,主要用以灌溉农田,同时也有助于促进水上运输,这对生产的发展有很大的作用。魏国在战国初期、秦国在战国后期所以会富强,这也是原因之一。

运河开凿工程技术的进步　春秋战国间运河开凿工程的发展,是和当时开凿运河工程技术的进步分不开的。这时运河开凿工程技术的进步,一方面由于冶铁技术的进步,出现了比较锋利的铁工具。这些铁工具既然提高了开凿河道的工作效率,也便利了开凿技术的改进,不仅可以大规模地挖掘泥土,开凿运河,而且可以把阻碍水流的小山的岩石凿平。一方面由于农民在水田的水利灌溉上取得了不少的治水经验,并且已经创造了调节水利的方法。

春秋战国间著作的《考工记》,曾经列举出当时农田大小沟渠不同的名目,有所谓"浍"(大沟)、"洫"(中沟)、"遂"(小沟)、"畎"(田间小沟)等(《考工记·匠人》)。人们不仅知道修筑沟渠和堤防都必须依据地势,而且懂得采取一再改变水流方向的方法,可以增加水速,把静水输送到远地;水流方向改变,增加水速,水的冲击力量加强,可以利用这个原理作深渊。①这时运用沟渠来调节水利的方法已相当进步,人们不但注意水的流通、水的蓄藏,还注意及时地调节水量。

---

①　《考工记》:"凡行奠水,磬折以参伍。"郑注引郑司农云:"'奠'读为'停',谓行停水沟,形当如磬,直行三,折以五,以引水者疾焉。"《考工记》:"欲为渊,则句于短。"郑注:"大曲则流转,流转则其下成渊。"

《荀子》曾经指出"司空"这个官职的具体任务就是"修堤梁,通沟浍,行水潦,安水藏,以时决塞",要做到"岁虽有凶败水旱,使民有所耕耘"(《荀子·王制篇》)。当时对于农田水利的调节是采用了这样的方法:用潴(池塘)来蓄水,用防(堤防)来防泛滥,用沟来流通水,用遂来均匀各块田间的水,用列(即畎)来留住必要的水,用浍来泻去多余的水,即所谓"以猪(潴)蓄水,以防止水,以沟荡水,以遂均水,以列舍水,以浍写(泻)水"(《周礼·稻人》)。这些水田的水利工程和调节水利的方法,大规模地运用起来,也就发展了大规模的运河开凿工程技术。这时运河开凿工程的技术,和堤防建筑工程的技术一样,是人民由于生产和生活上的需要而创造出来的。

这时运河开凿工程的技术,总的说来,不外乎下列四项:

第一,利用附近原有的湖泊作为水库。从春秋末年起一直到战国时代,多数运河的开凿都利用附近原有的湖泊作为水库。吴国所开凿的邗沟,是利用射阳湖作为其水库的。吴国所开凿的菏水,又是利用菏泽作为水库的。魏国所开凿的鸿沟,是利用圃田泽作为其水库的。秦国所开凿的郑国渠,是利用焦穫泽作为其水库的。这样的利用附近原有的湖泊作为水库来开凿的方法,在不能用人力大规模兴建水库前,应该是水利工程中比较进步的方法。

第二,调节水量的"水门"的建设。《华阳国志》载李冰所建设的都江堰水利工程,"旱则引水浸润,雨则杜塞水门"。这类水门的建设,在当时已很普遍。当时所开凿的运河和湖泊的接连处,都设有水门来"安水藏,以时决塞"。所以《荀子》把"安水藏,以时决塞"作为"司空之事"。当汉代汴渠决口时,据说其"水门故处皆在河中"(《后汉书·王景传》),可知鸿沟原来也是设有水门的。水门的建设,对于水量的调节起着重大的作用,这也是治水工程中的一大进步。

第三,在中流作"堰"方法的运用。李冰在兴建都江堰工程时,曾经在今灌县西的岷江中流建筑大堰,扼住了岷江的咽喉,使水分向左右流,即《华阳国志》所谓"壅江作堋",《水经·江水注》所谓"壅江作堋,堋有左右口,谓之湔堋"。就是现在都江堰的内外金刚堤,使岷江经此分为内江、外江,从而提高水位,并使内外江水量相当稳定。还设有内外江纵横的"马槎",用以控制内外江的水量。当时采用这种"中流作堰"方法的,不止都江堰一处,所有沟渠工程常常采用这个方法。孟子曾说,"今夫水,……激而行之,可使在山"(《孟子·告子上篇》),正是由于当时治水有作堰"激而行之"的方法,孟子才会这样说的。而且作堰的方法,能够因地制宜,都江堰用竹笼装满卵石筑分水堤,郑国渠用"石囷"列成堰骨,取材不同,方法一致。

第四,淤灌压碱方法的创造。郑国引用泾水作渠,"用注填阏之水,溉泽卤之地"(《汉书·沟洫志》)[1]。就是利用"石囷"作堰,使泾水流速变慢,沉淀部分粗沙,引进具有肥效的细沙入渠,用来灌溉含有盐碱的耕土,可以起冲压、降低耕土中盐碱含量,改良土壤和增加肥力的作用。

三 粮食作物、桑、麻以及漆园、果园的分布

主要粮食作物的种类 这时主要的粮食作物有五六种至九种,有"五谷"、"六谷"、"九谷"等称谓("五谷"见《论语·微子篇》、《孟子》

---

[1] 《汉书·沟洫志》颜注:"注,引也。'阏'读与'淤'同,……填阏,谓壅泥也。言引淤浊之水,灌碱卤之田,更令肥美。"

的《滕文公篇》、《告子篇》、《吕氏春秋·审时篇》、《周礼·食医》等，"六谷"见《周礼·膳夫》，"九谷"见《周礼》的《大宰》、《仓人》）。据《礼记·月令篇》和《吕氏春秋·十二纪》，主要的粮食作物是麦、菽、稷、麻、黍五种；据《吕氏春秋·审时篇》是禾、黍、稻、麻、菽、麦六种，大体上是和西周春秋时代差不多的。现在我们分别说明如下：

（一）稷和禾　稷就是小米，是五谷中最主要的一种，即所谓"五谷之长"（《说文解字》"稷"字解说），耐干寒，生长期短，高原瘠地也可种植，它主要产在华北大平原和黄土高原，是北方人民的主要粮食。古时或称为粟，其中比较精良的称为粱。禾是一般粮食作物的总名称，有时也专指稷而言。

（二）黍　黍就是黍子，去皮后叫黄米。当时在北方的粮食作物中，其重要性仅次于稷。前人对黍、稷的认识很不一致，近人已分辨清楚。详见日本天野元之助《中国黍稷粟粱考》（收入《中国农业史研究》一书）和邹树文《诗经黍稷辨》（收入《农史研究集刊》第二册）。

（三）稻　稻的生长，需要气候温暖，雨水多，宜于种植长江流域，是南方人民的主要粮食。稻米质量差的是赤米（《国语·吴语》）。稻在北方生产较少，较为珍贵，古人往往以稻粱连称。

（四）麦　麦有大麦、小麦之分，大麦也称为麰（《孟子·告子下篇》）。小麦有春小麦、冬小麦之分：春小麦在春季播种，到秋季收获；冬小麦在仲秋播种，到孟夏收获。西周晚年周的王畿种的还是春小麦①，冬小麦在春秋时代逐步推广，春秋初期周的温（今河南温县西

---

① 《诗经·豳风·七月》说："九月筑场圃，十月纳禾稼：黍稷重（后熟者）穋（先熟者），禾麻菽麦。"麦和黍稷等一起在十月收获，可知西周晚期周的王畿还是种的春小麦。

南)已种冬小麦,春秋中期在今山西汾水流域的晋国也已种冬小麦,春秋后期在今河南东南部的陈国也已种冬小麦①,到战国时代,冬小麦就在黄河流域和长江流域普遍种植。

(五)菽　菽就是豆。在战国以前,豆都称为菽。豆的名称是战国时代才开始应用的,但还用得不够普遍。菽有大菽、小菽之分(《吕氏春秋·审时篇》),大菽就是今天所谓大豆,又称为荏菽或戎菽。戎菽是东北少数族山戎所栽培出来的一个大豆品种,春秋初期传入中原地区而广泛播种。②

(六)麻　麻也是古人的一种粮食。《礼记·月令篇》说:孟秋、仲秋之月"食麻与犬"。所食的麻当是一种麻所结的实,即所谓麻子,古时也称为蕡或苴。

上述六种农作物,是这时人民的主要粮食。古人把这些粮食煮饭来吃,或炒成干粮,在行军和远行时调和了水浆来吃。这种干粮古人称为糗,携带时往往装在竹筐里。调和糗来吃的水浆往往装在瓦壶里,即所谓"箪食壶浆"(《孟子·梁惠王下篇》)。用米麦磨粉制饼,也是春秋战国间才开始的。据说,碨(磨)就是春秋战国间公输般发明的(《太平御览》卷七六二引《世本》、《说文解字》"碨"字解说)。而饼字也最早见于《墨子·耕柱篇》。战国时代著作的

---

① 《左传》隐公三年记载:四月郑国军队"取温之麦"。这个记载用的是夏历,夏历四月正是冬小麦成熟时节。《左传》成公十年记载:六月"晋侯欲麦,使甸人献麦"。《左传》哀公十七年记载:六月楚国军队"取陈麦"。这两个记载用的是周历,周历六月正是夏历四月。《左传》杂采各诸侯国史料编成,因而记载有用周历的,也有用夏历的。

② 《逸周书·王会篇》记载山戎向周成王贡献特产戎菽,而《管子·戒篇》说:齐桓公"北伐山戎,出冬葱与戎菽,布之天下。"李长年《中国文献上的大豆栽培和利用》(《农业遗产研究》第一册)认为很可能中原地区原以产黑豆为主,黄豆原产山戎地区,与今日陕西、山西产黑豆为主而东北产黄豆为主的情况有些吻合。

《周礼》，又谈到"糗饵"和"粉粢"，说明这时已开始磨粉和用粉制成食品①。

这时大豆是人民的主要粮食。《墨子》《孟子》都把菽粟连称，把菽看得比粟还重要②。因为大豆可以春夏两季播种，在不同气候和不同土壤条件下都可生长，抗旱力强，并可以利用高地山沟和其他空隙地方播种，产量较多。汉代《氾胜之书》说："大豆保岁易为，宜古之所以备凶年也。"（《齐民要术》卷二《大豆》引）一般穷苦人民都以大豆做饭，豆叶作羹③，"民之所食，大抵豆饭藿羹"（《战国策·韩策一》）。春秋时人已经把贵族称为"肉食者"，而把一般人民称为"藿食者"（《说苑·善说篇》）。

土壤的分辨和田地的等级　农作物收成的高下，和土壤的好坏有密切的关系。战国时人已经注意到土壤的分辨了，当时土壤已有壤、埴、坟、垆、黎、涂泥等名称，壤又分为黄白两种，坟分黑白赤等种，说明当时人们已能从土壤的色泽、性质和肥沃度等方面去认识和区别。战国时代著作的《禹贡》，曾列举各地区土壤的情况和田地的等级如下：

（一）冀州（在黄河的曲绕之内地区，有今山西、河南黄河以北及河北西北部、内蒙古自治区东南角），土是白壤，田是中中等。白

---

① 近人有认为西汉以前没有磨的，也有认为先秦没有粉食，饼字初见于西汉末年扬雄《方言》。这是错误的。《墨子·耕柱篇》记墨子对鲁阳文君说："今有一人于此，……食不可胜食也，见人之作饼，则还然窃之，……其有窃疾乎？"

② 《墨子·尚贤中篇》说："贤者之治邑也，蚤（早）出莫（暮）入，耕种树艺，聚菽粟，是以菽粟多而民足乎食。"《孟子·尽心上篇》说："圣人治天下，使有菽粟如水火。菽粟如水火，而民焉有不仁者乎？"

③ 《广雅·释草》说："豆角谓之荚，其叶谓之藿。"

壤是指含有盐分而质地疏松的土壤,即指今河北、山西平原的盐渍土。

(二)兖州(在济水和黄河间地区,有今山东西北部、河北南部、东部),土是黑坟,田是中下等。黑坟是指黑色腐殖质多的土壤,可能是指一种灰棕壤。

(三)青州(在泰山以东地区,有今山东东北部),土是白坟和海滨广斥,田是上下等。这里的白壤是指腐殖较多而润湿的灰壤,海滨广斥是指沿海的盐渍土。

(四)徐州(在泰山和淮水间地区,有今江苏、安徽北部和山东南部),土是赤埴坟,田是上中等。赤埴坟是指带有粘性的棕壤。

(五)扬州(在淮河以南地区,即长江下游平原,有今浙江、江西、福建等省及江苏安徽等省的南部、湖北的东部),土是涂泥,田是下下等。涂泥是指粘质湿土。

(六)荆州(从荆山南到衡山南的地区,即长江中游平原,有今湖南及湖北东南部、四川南端、贵州东部),土是涂泥,田是下中等。

(七)豫州(从黄河以南到荆山以北的地区,有今河南黄河以南地、山东西部和湖北北部),土是壤和下土坟垆,田是中上等。这里的"壤"是指石灰性冲积土,"下土"指底层,"下土坟垆"可能指分布于石灰性冲积土底层的深灰粘土和石灰结核。

(八)梁州(在华山以西和长江以北地区,有今四川、湖北西部,陕西、甘肃南部),土是青黎,田是下上等。青黎是指色黑而疏松有团粒组织的土壤,即指今成都平原的深灰色无石灰性冲积土。

(九)雍州(在黄河以东地区,有今陕西中部北部,甘肃、宁夏两省及内蒙古自治区南部),土是黄壤,田是上上等。黄壤是指今陕西一带的淡栗钙土。①

《禹贡》对各个地区土壤的叙述，大体符合今天分布的情况。从这里，可知黄壤属上上等，白壤属中中等，白坟属上下等，黑坟属中下等。另有赤埴坟属上中等，青黎属下上等，涂泥属下中等或下下等。从这里，又可知所谓九州的田的等次，雍州属上上，徐州属上中，青州属上下，豫州属中上，冀州属中中，兖州属中下，梁州属下上，荆州属下中，扬州属下下。其中值得我们注意的是：那时长江流域的梁州、荆州、扬州的田都是列入下等的，这当是由于当时长江流域大部分地区地广人稀，水利没有很好的治理，田地未经过很好的开垦种植的缘故。

战国时代七大强国中，最初以魏为最强。魏国地跨《禹贡》的冀州和豫州，土地属于中中和中上等，主要占有河东（今山西黄河以东的西南部）、河内（今河南黄河以北、太行山东南地区）和河南（今河南黄河以南地区）的一部。司马迁把河东、河内、河南称为"三河"，认为"三河在天下之中"，"土地小狭，民人众"，"故其俗纤俭习事"（《史记·货殖列传》），这是农业生产发达、人口众多的富庶地区。战国中期以后，以秦、齐两国最强，秦国地处《禹贡》的雍州，土地属上上等，主要占有渭河中下游，正如司马迁所说："关中自汧（今陕西陇县南）、雍（今陕西凤翔西南）以东，至河华（华山），膏壤沃野千里，自虞夏之贡，以为上田。"（《史记·货殖列传》）齐国地处《禹贡》的青州，土地属上下等，仅次于雍州和徐州，司马迁说："齐带山海，膏壤千里。"（《史记·货殖列传》）赵国地处《禹贡》的冀州，农业生产不如秦、齐、魏等

①　参考万国鼎《中国古代对于土壤种类及其分布知识》，《南京农学院学报》一九五六年第一期。

国。韩国所处的上党和河南西部多山地,农业生产较差,只有河南的中部地区农业很有发展。嵩山以东,河水、汝水之间,中年亩产二石(《管子·治国篇》),是当时亩产量最高的地区。楚国地处《禹贡》的荆州和扬州,列入下中和下下等。其实不能一概而论,在荆州和扬州有些地区农业是发达的。楚怀王时,齐使者游说越王说:"雠、庞、长沙,楚之粟也。"(《史记·越世家》,原误作"楚威王之时")庞在今湖南衡阳东①,长沙即今长沙,雠也该在湘水流域。这是说湘水流域是楚国的粮仓。说明至迟到战国后期湘水流域已成为农业发达的地区。

《禹贡》把梁州列入土地下上等,也是不能一概而论的。地处梁州的蜀国,原来就有农业基础,并重视水利。等到秦兼并巴蜀之后,特别是建都江堰以后,蜀就成为"天府之国"。

至于《禹贡》所说土地属上中等的徐州,战国时分属鲁、宋、楚等国。鲁国地处泗水、洙水流域,农业是比较发达的。宋国的经济是比较繁荣的。宋国所以能成为小国中较强的,自然条件的优越也该是因素之一。

各种粮食作物的分布 由于我国领土广大,有多种多样的自然条件,因而各种粮食作物的分布情况,自古以来就不相同。战国时代五种主要粮食作物的分布情况,据《周礼·职方氏》说是这样的:

一、扬州"其谷宜稻"。

二、荆州"其谷宜稻"。

三、豫州"其谷宜五种",即黍、稷、菽、麦、稻。

---

① 《史记集解》引徐广说"庞"一作"宠",当即后来汉代长沙国的酃县所在。"庞"、"宠"都从"龙"得声,和"酃"是一声之转。酃县在今湖南衡阳市东。

四、青州"其谷宜稻、麦"。

五、兖州"其谷宜四种",即黍、稷、稻、麦。

六、雍州"其谷宜黍、稷"。

七、幽州(跨今辽宁、河北)"其谷宜三种",即黍、稷、稻。

八、冀州"其谷宜黍、稷"。

九、并州(今河北北部、山西北部)"其谷宜五种",即黍、稷、菽、麦、稻。

这里所说某州宜什么,只是说某州比较普遍适宜播种某种粮食作物,是指它的一般情况。这里说宜于种黍稷的有豫、兖、雍、冀、幽、并六州,占全国三分之二地区,包括整个黄河流域。宜于种麦的只有豫、兖、并三州,宜于种菽的只有豫、并两州。其实这几种粮食作物,并不以这几州为限。菽的生长对于土壤气候的要求不严格,是可以比较广泛地种植的。

这时扬州、荆州"宜稻",可知当时长江中下游平原已是普遍的产稻地区,和今天的情况相同。豫州、青州、兖州、幽州、并州也还兼"宜稻",可知当时北方产稻区域远较现在为广。《吕氏春秋·乐成篇》载:魏襄王时邺令史起兴建了"引漳水灌邺"的水利工程后,人民歌颂说:"终古斥卤生稻、粱。""斥卤"即"舄卤",即今所谓盐碱地。可知这时属于所谓冀州范围的漳水流域建设灌溉工程之后,也还可以成为产稻之区。《战国策·东周策》说"东周欲为稻,西周不下水",可知这时洛阳一带也是产稻之区。在战国时,洛阳所以能成为经济比较繁荣的地区,成为商业大都市,其自然条件优越,也当是因素之一。

为什么战国时代北方的产稻区域要比后世广阔呢? 主要由于水利灌溉事业的发展。后来北方产稻地区不断缩小,则是因为经常发生战乱,水利工程失修,水旱灾害不断侵袭的缘故。

当时魏所建都的大梁,和韩所建都的新郑一带,都是农业发达之区,生产黍、稷、稻、麦的。至于韩所有上党和河南西部山区,只产麦和豆。所谓"韩地险恶山居,五谷所生,非麦而豆"(《战国策·韩策一》)。

蚕桑事业的发展及麻的分布　丝和麻,是古人衣着的主要原料,在农业生产中占有重要地位。从《诗经》三百篇来看,春秋前期以前,蚕桑事业的分布已很广泛,在今陕西中部的秦、豳,在今山西西南角的唐、魏,在今河南东北部的卫、鄘,在今河南中部的郑,在今山东西南部的曹,在今山东西南部的鲁,都有蚕桑事业。特别是卫国比较兴盛。到战国时代,蚕桑事业更有发展。《禹贡》关于兖州特别提到"桑土既蚕",兖州正是卫国所在地区。《禹贡》还讲到徐州、豫州的贡品中有丝织品,青州的贡品中有檿丝(柞蚕丝)。《周礼·职方氏》又说豫州利于产丝。孟轲游说魏惠王,也说到"五亩之宅,树之以桑,五十者可以衣帛矣"(《孟子·梁惠王上篇》),就是因为这里蚕丝业发达。宋国以有桑林著称,蚕丝事业也很兴盛。东北的燕国和赵的代地,也还有蚕桑事业,司马迁就曾称道"燕代田畜而事蚕"(《史记·货殖列传》)。战国时代蚕桑事业特别发展的,当推在今山东的齐、鲁两国,齐国阿(今山东阳谷东)地所产的缟尤其著名,鲁国出产的缟也是有名的。

黄河流域的蚕桑事业是早就兴盛的。长江流域的蚕桑事业是在春秋、战国之际逐渐发展起来的。《禹贡》只说到荆州的贡品有丝织品,而没有说到扬州有丝织品。其实扬州地区也是有丝织品的。公元前五一八年楚国边邑卑梁(今安徽天长西北)的女子和吴国女子争桑,引起了两国战争,吴占了楚的钟离(今安徽凤阳东北。见《吕氏春

秋·察微篇》、《史记·十二诸侯年表》及《楚世家》、《吴世家》)。说明
当时淮水以南这一带地区蚕桑业已较发展。从近年湖北、湖南楚墓
中出土丝织品来看,品种繁多,工艺精细,可知当时洞庭湖南北地区
的蚕桑业和丝织业都很发达,种桑养蚕和缫丝织帛的水平都很高超。

　　当时桑树已有高、矮两种。高大的一种,需要人爬到桠枝上去采
桑(见故宫博物院藏桑猎宴乐壶的采桑图);低矮的一种,人只要立在
地上就可采摘(见河南辉县琉璃阁出土采桑纹壶盖)。后一种就是后
世所谓"地桑"。这是第一年种桑椹,待桑树长到和成熟的黍一样高
时,齐地面割掉,第二年桑树便从根上重新长出新枝。这样不仅便于
采桑和管理,而且枝叶肥,产量高。战国时代这种"地桑"的栽培和推
广,适应了当时蚕桑事业蓬勃发展的需要。

图十二　战国铜器上的采桑图(摹本)

左图摹自故宫博物院藏桑猎宴乐壶,右图摹自河南辉县琉璃阁出土采桑纹壶盖
(《山彪镇与琉璃阁》图版一〇四)。

　　古代麻的分布是比较广的,而以东方地区比较兴盛。据《禹贡》
记载,青州有枲,豫州有枲和纻。枲和纻都是麻的一种。《周礼·职
方氏》也说豫州利于种枲。东方齐鲁一带直到汉代还是盛产桑麻之
地。《禹贡》还谈到青豫二州有绤,这是细的葛布。葛是一种野生的
蔓草,不像农作物需要种植。

漆园和果园的经营 栽培漆树在我国有悠久历史。《诗经·鄘风·定之方中》就讲到种植漆树及其他树木,以供制作琴瑟之用;《唐风·山有枢》谈到"山有漆",《秦风·车邻》又谈到"阪有漆",说明中原的卫国、西北的晋国和西面的秦国,在春秋前期都有漆树的栽培。战国时代随着经济的发展,漆器需要的增多,中原地区漆树的栽培大为推广。《禹贡》说兖州"厥贡漆丝",豫州"厥贡漆枲絺纻",在兖豫两州的贡品中都以漆居首位。因为这时对漆的需要十分殷切,他们用大量精美漆器来代替青铜器使用。楚国西部种植有连片的漆林①,近年从楚墓中出土的漆器,种类繁多,应用极广,包括家具、卧具、容器、饰物、玩物、妆具、乐器、兵器、葬具以及镇墓兽等,甚至陶器、铜器也附饰有漆。

这时民间已有较多的漆园,因此各国政府已开始对漆园征税。《周礼·地官·载师》说:"凡任地,国宅无征,园廛二十而一,近郊十一,远郊二十而三,甸稍县都皆无过十二,唯其漆林之征,二十而五。"一般"园廛"只征收"二十而一"的税,只有漆园的税较重,要征收其收获的四分之一,该是由于漆园获利较多的缘故。同时统治者还有直接经营漆园的。例如庄周"尝为蒙漆园吏"(《史记·老子韩非列传》)。这个蒙(今河南商丘东北)的漆园当是宋国政府所经营的,所谓"漆园吏"当即管理漆园的官吏。《秦律杂抄》规定,当漆园评比为下等时,漆园主管和当地县令、丞和佐,都要处罚。可知秦国设有不少官管漆园。当时不仅漆器是市上的商品,而且漆已和丝一样成为市场上一种主要的流通商品。"乐观时变"的投机大商人白圭,就采

----

① 参见曹金柱《中国古代的漆树地理分布》,《陕西生漆》一九七九年第三期。

用"岁熟取谷,予之丝、漆"的办法,把漆、丝和主要农产品谷子同样作为囤积投机的对象。

战国时代随着经济生活的进步,果园也已成为一种重要生产事业。《禹贡》记载扬州"厥包橘、柚"。属于长江下游及东方沿海的扬州地区以出产橘、柚著名。《考工记》说:"橘逾淮而北为枳。"当时淮水以南产橘,而淮水以北产枳。实际上,当时荆州地区同样以出产橘、柚著名。纵横家所编造的苏秦对赵王的游说辞:"大王诚能听臣,……楚必致橘、柚云梦之地。"(《战国策·赵策一》。《史记·苏秦列传》作"楚必致橘、柚之园")可知云梦泽(今洞庭湖以北地区)一带有很多"橘、柚之园",是楚国的一种重要生产事业。《吕氏春秋·本味篇》讲到"果之美者","江浦之橘,云梦之柚"。正因为长江流域的橘和云梦泽的柚,是当时水果中最美味的,运销到中原地区,因而这种果园特别受到重视,得到了发展。

这时果树的栽培,南方主要是橘、柚,北方主要是枣、栗。纵横家所编造苏秦对燕君的游说辞,说燕"北有枣、栗之利,民虽不由田作,枣、栗之实足食于民矣"(《战国策·燕策一》,《史记·苏秦列传》同)。可知这时燕国种植枣、栗的园林很多,所出产的枣子、栗子是很丰硕的。

四　农业生产技术的进步和农业产量的提高

荒地的开垦　春秋战国间,铁工具的使用,对于荒野的开垦起了巨大的作用。

古时荒芜的土地很多。在西周东周之交,郑国迁到今郑州附近时,是"斩之蓬蒿藜藿而共处之"的。当姜戎被秦所逐而徙居晋国赐给的他们"南鄙"(南边地方)时,他们也是"除翦其荆棘,驱其狐狸豺狼"才居住的。自从铁工具应用以后,对于除翦荆棘和芟夷蓬蒿、藜藋当然便利得多。本来中原地区宋郑两国间还是有"隙地"的,到春秋后期也就陆续开垦,在这里建立了六个邑(《左传》哀公十二年)。

牛耕的推广和耕作技术的进步 原来中原地区使用称为耒耜的脚踏耕具。耕作的人用手把着耒耜的柄,用脚踏着刃部,把锋刃刺入土中,向外挑拨,才能把一块土掘起来。垦耕就是把土一块块地挨次掘起来,耕作的人需要掘一块土,退一步。这种一步步后退而间歇的垦耕方法,用力多而效果差。自从春秋后期,农民推行了用牛拖犁来垦耕的方法①,垦耕就变为连续向前的运动,用力少而效果好。

从山西浑源出土的牛尊来看,春秋后期晋国的牛都已穿有鼻环,说明牛已被牵引来从事劳动。战国时称牛鼻环为"桊",《吕氏春秋·重己篇》说:"使五尺竖子引其桊。而牛恣所以之,顺也。"古人的名和字往往有相连关系,孔丘的学生司马耕字子牛,冉耕字伯牛,可知当时牛耕已较普遍。春秋晚年晋国的范氏、中行氏在国内兼并战争失败后,逃到齐国,使得子孙变为农民,有人说,这样"令其子孙将耕于齐",好比"宗庙之牺为畎亩之勤"(《国语·晋语九》),就是说好比养在宗庙里祭祀用的牺牲放到田亩里耕作。这也足以证明春秋晚期牛耕已较普遍。战国时代已开始使用两牛牵引的犁②。从河南辉县固

①　新石器时代遗址曾出土石犁(内蒙古昭乌达盟阿鲁科尔沁旗博勒庙区和浙江杭州水田坂遗址都曾出土),可知新石器时代有些地区已用畜力耕作。近人或者根据甲骨文"犁"字初文的象形,认为商代已有牛耕,但是论据还不足。

②　《管子·乘马篇》说:"距国门之外,穷四竟之内,丈夫二犁,童五尺一犁,以为三日之功。正月令农始作服于公田。"日本天野元之助《中国农业史研究》第三编《农具编》有"牛耕具的发达"一节,据此推定战国已使用两牛牵引一犁的方法。

图十三　牛　尊

　　一九二三年山西浑源李峪村晋墓出土,《浑源彝器图》《中国古青铜选·上海博物馆藏青铜器》著录,现藏上海博物馆。高三十三点七厘米。牛鼻穿有鼻环。背上有三个圆孔,每个圆孔上安放有镀(锅子),是温酒用的。

围村和河北易县燕下都遗址出土的铁口犁来看,犁头全体如 V 字形,前端尖锐,后端宽阔,锐端有直棱,能加强刺土力;但是这种犁比较窄小而轻,还没有翻转土块的犁壁,因此它只能起破土划沟作用,不能翻土起垄,但是比起依靠人力用耒耜来垦耕,是耕作技术上的一次重要改革。燕下都遗址发现的五齿耙,既可以用来挖土,又可以用来翻土起垄,作为垦耕的工具。各地考古发掘中发现的这个时期的小铁锄较多,式样有凹字形、六角梯形、空首布式等种,适应着中耕除草的各种需要。总的说来,这时耕作技术进步了。用当时的话来说,叫做"深耕易耨"(《孟子·梁惠王上篇》)。"易"是快速的意思,"易耨"也或称为"疾耨"。《管子·度地篇》说:"大暑至,万物荣华,利以疾耨,杀草薉。""疾耨"也或称为"熟耘"。《韩非子·外储说左上篇》说:"耕者且深,耨者熟耘也。"

灌溉方法的改进 这时灌溉的方法也有了改进。在春秋战国间，中原地区已普遍采用桔槔来灌溉，代替过去抱着汲瓶来灌溉的原始方法①。桔槔也称为"桥"，是用两根直木组织成的，一根直木竖立在河边或井边；另一根直木用绳横挂在竖立直木的顶上，在这根横挂的木上，一端系着大石块，一端系着长绳，挂上汲瓶或水桶，利用杠杆的原理来汲水。要汲水时，把长绳一拉，让汲瓶或水桶浸入河中或井中汲水；把绳一放，由于一端结有石块，汲瓶或水桶就升上来了。《庄子》记载春秋末年子贡的话，说桔槔"引之则俯，舍之则仰"（《天运篇》）；还记载颜渊的话，说："凿木为机，后重前轻，挈水若抽，数（速）如泆汤。"（《天地篇》）这些话都说明桔槔利用杠杆原理来汲水的情况。《淮南子》曾说：用耒耜、耰、耡来耕田和用桔槔来灌溉，比过去削树木来耕田和抱汲瓶来灌溉，"民逸而利多"（《氾论篇》）。的确，使用桔槔等灌溉工具，在一定程度上是可以减少劳力而便利农耕的。

施肥技术的进步 对于肥料的使用，这时也注意了。孟子在论定租制（当时所谓"贡"）的弊害时，曾说当时农民遇到荒年，"粪其田而不足，则必取盈焉"（《孟子·滕文公上篇》），足以说明当时农耕已普遍施肥。《荀子·富国篇》说："掩地表亩，刺草殖谷，多粪肥田，是农夫众庶之事也。"这是说，在翻地修好田埂、除草种下谷物以后，施肥是重要的工作。这时农民已从生产过程中认识到野草、树叶在土

---

① 关于桔槔，文献上记载有两个故事。《庄子·天地篇》说：子贡南游楚国，在回到晋国路过汉水北岸时，见一个农民正在"抱瓮而出灌"，"搰搰然用力甚多而见功寡"；子贡就劝他采用桔槔的灌溉方法，说可以"一日浸百畦"。《说苑·反质篇》说：卫国有五个农夫一同"负缶入井灌韭"，一天只能灌一区；邓析路过看见了，就教他们改用"桥"（即桔槔），说可以"终日溉韭百区不倦"。这两个故事虽然都是寓言性质，但是故事发生的时间都在春秋后期，该不是偶然的巧合。

中腐烂可以作为肥料。《荀子·致士篇》说:"树落则粪本。"《礼记·月令篇》说季夏之月,"土润溽(溽)暑,大雨时行,烧薙行水,利以杀草,如以热汤,可以粪田畴,可以美土疆。"这是说,每逢六月,把野草割来焚烧或是用水灌上,使之腐烂,可用作肥料,改良土壤。对积肥、施肥的重视,这也是提高农业产量的一个重要因素。欧洲要到第十世纪和第十一世纪,才开始讲究施肥。

当时农民也认识到病虫害的严重性。《商君书·农战篇》说:"今夫螟、螣、蚼蠋,春生秋死,一出而民数年不食。"螟是蛀食稻心的虫,螣是食苗叶的小青虫,蚼蠋是一种像蚕的害虫。因此农民已很注意消灭虫害,扑杀害虫。《吕氏春秋·不屈篇》说:"蝗螟,农夫得而杀之,奚故?为其害稼也。"

农业产量的提高 随着铁农具的应用、牛耕的推行、耕作技术的进步、灌溉工具的改进和肥料的使用,农业产量自然也有了提高。据魏文侯相国李悝的估计,战国初期魏国农民的生产量,一亩田可以生产粟一石半,上熟可以四倍,即生产六石;中熟可以三倍,即生产四石半;下熟可以二倍,即生产三石;小饥可收一石,中饥可以收七斗,大饥只能收三斗(《汉书·食货志》)。战国一亩约当今三分之一亩,战国一石约当今五分之一石,即二斗。①如果折算起来,可知战国时合

---

① 据唐代李淳风所作《隋书·律历志》,周尺是和刘歆铜斛尺相同的。所谓刘歆铜斛即是新嘉量。据刘复《故宫所存新嘉量之较量及推算》,新嘉量一升等于零点二零零六三四九二公升,约当今五分之一升。它所用的尺等于零点二三零三八八六四公尺,约当清代营造尺七寸二分。又据唐兰《商鞅量与商鞅量尺》和马承源《商鞅方升和战国量制》,商鞅量的容量和所用尺度完全和新嘉量相同。近年考古发掘出土战国时代的尺较多,其长度基本上也和商鞅量所用尺度相合。战国时六尺为步,百步为亩,一亩共三千六百平方尺,约合清代营造尺一千八百六十六平方尺。唐代以来五尺为步,二百四十步为亩,一亩共六千平方尺,可知战国一亩约合今百分之三十一点二亩,战国百亩约合今三十一点二亩。

如今的三分之一亩，普通已可生产粟合如今的三斗，最好年成可以四倍，即生产粟一石二斗。李悝又曾主张"尽地力之教"，认为勤谨耕作的每亩可多生产三斗，不勤谨耕作的每亩要减产三斗(《汉书·食货志》)，勤耕的和不勤耕的，每亩田的收获量就有六斗粟之差。如果折算起来，那时合如今的一亩，勤耕的比不勤耕的可多生产三斗六升粟。

当时各个地区由于地理条件和生产水平不同，产量是有差别的。李悝所说"岁收亩一石半"，当指魏都安邑所在河东地区而言。《管子·治国篇》说："嵩山之东，河、汝之间，蚤(早)生而晚杀，五谷之熟也，四种而五获(谓四时皆种，五谷皆获)，中年亩二石，一夫粟二百石。"是指嵩山以东河南中部而言。《管子》是齐的作品，而举嵩山以东为例，可知当时齐的亩产量低于二石。一九七三年山东临沂银雀山汉墓出土竹简《田法》，所说"中田小亩二十斗，中岁也。上田亩二十七斗，下田亩十三斗，太上与太下相复以为率"，当是《田法》著作较迟，山东地区农业进步的结果。

战国时代各个地区农业生产的发展是不平衡的。大体上边远地区和土壤较差的地区比较落后，也还保留着轮流休耕的办法，例如邺在引漳水利工程未兴修前，由于土质较差，就实行着轮流休耕制①。《吕氏春秋·任地篇》说："劳者欲息，息者欲劳。""劳"就是用来耕作；"息"就是轮到休耕，以便恢复地力，改良土质。中原有水利灌溉和土质较好的地区，农业生产就比较进步，逐渐推行一年两熟制。

---

① 《吕氏春秋·乐成篇》记载引漳灌邺的故事，邺令史起说："魏氏之行田也以百亩，邺独二百亩，是田恶也。"

　　一年两熟制的推广　春秋时期冬小麦在中原地区逐渐推广,这在农业生产技术上是个重大进步。因为种冬小麦的地区,夏收之后,又可播种秋收的其他谷类作物,一年两熟制就可以推行了。西周春秋之际,劳动人民栽培出了冬小麦品种,到春秋初期,成周(今河南洛阳白马寺东)地区开始实行一年两熟制。公元前七二〇年四月郑国掠取了周的温(今河南温县西南)地的麦,同年秋天又掠取了成周的"禾",说明这时周的王畿内已实行一年两熟制。到战国时代,一年两熟制就普遍推广。《礼记·月令》就记载孟夏之月"升麦",孟秋之月"登谷"。《孟子》曾说牟麦(大麦)到日至(夏至)时都成熟(《告子上篇》);又说七、八月(夏正五、六月)间干旱,苗(粟苗)就会枯槁(《梁惠王上篇》)。这样大麦收割后,粟苗又生长着,可知当时齐国已推行一年两熟制。《吕氏春秋·任地篇》还说:"今兹美禾,来兹美麦。"这是说今年丰收了美禾,接着又种麦,来年又丰收了美麦。《荀子·富国篇》又说:"今是土之生五谷也,人善治之,则亩数盆(古量器名),一岁而再获之。"一年两熟制的推广,就大大提高了单位面积的年产量。

　　由于农业产量的提高,由于一年两熟制的推行,耕种"百亩之田"的收成,"上农夫食九人,上次食八人,中食七人,中次食六人,下食五人"(《孟子·万章下篇》)。《吕氏春秋·上农篇》也说:"上田夫食九人,下田夫食五人,可以益,可以损,一人治之,十人食之,六畜皆在其中矣。"这就使得"五口之家"或"八口之家"的小农生产,可以成为社会经济的基础,这种小农经济可以成为当时各国君主政权作为立国的基础。

五　农本理论的产生、管理农业政策的实施和农业科学的兴起

　　农本理论的产生　随着小农经济的发展,小农经济成为各国君

主政权立国的基础,保护和发展小农经济成为首要的政治任务,相应地,政治家和思想家就提出了以农为"本业"的主张。

战国早期的墨家,已经指出农业生产既可以提供人民衣食,又可以充足国家财用,因此"食不可不务也,地不可不力也,用不可不节也"。墨子说:"以时生财,固本而用财,则财足。"(《墨子・七患篇》)所谓"固本"的"本",就是指"以时生财"。这种"固本"主张,可以说是农本理论的萌芽。

战国初期法家李悝在魏国变法,为了富国强兵,实行"尽地力之教",就是一种体现以农为本业的政策措施。战国中期法家卫鞅在秦国变法,就明确以"耕织"为"本业"而以手工业商业为"末利",并采取政策措施来奖励"本业"而抑制"末利"。卫鞅一派法家编著的《商君书》,就发挥了农本理论。他们认为人民务农除了提供人民粮食和为国家积累财富以外,还有利于对外取得战争胜利,对内巩固统治。因为农业不但可以为战争提供军需品,而且农民就是战斗的主力。他们说:"事本抟(专),则民喜农而乐战。"(《商君书・壹言篇》)他们还认为人民务农则"朴"(朴实),"朴则安居而恶出","朴则畏令"(《商君书・算地篇》),可以使"奸不生"(《商君书・农战篇》)。

战国晚期儒家荀子提出了人力战胜自然的见解,更加积极主张"强本节用"。他说:"强本而节用,则天不能贫";"本荒而用侈,则天不能使之富。"还认为"本事不理",和"政令不明,举错(措)不时"同样是人祸(《荀子・天论篇》)。他强调说:"臣下职(守职),莫游食,务本节用财无极。"(《荀子・成相篇》)就是说,努力农业生产,节约开支,就能使得国家积累起无穷的财富。

战国末年的农家,和法家同样反对"民舍本而事末",认为人民务农不仅是为了"地利"，还可以"贵其志"。他们着重指出人民务农对地主政权有三点好处：一是"朴则易用"，就是朴实而易于使用，可以依靠他们守战；二是"重则少私义"，就是稳重而少发表私见，便于使他们守法而努力生产；三是"其产复则重徙"，就是财产累赘而难于迁移，可以使他们死守一处而没有二心（《吕氏春秋·上农篇》）。

十分清楚，所有法家、儒家和农家的农本理论，都是为了发展经济，巩固统治，增强国力，谋求富国强兵，从而在兼并战争中得胜。

管理农业生产的政策　战国时代各国为了促进经济发展，已实施一些管理农业、林业、渔业、畜牧、狩猎等生产的政策。阴阳五行家所设计的十二个月行事历——《礼记·月令》（《吕氏春秋·十二纪》同），就有比较详细的叙述。我们以《秦律》的《田律》与《月令》作比较，可以看到《秦律》也有类似《月令》那样保护生产的禁止或限止的规定，可知《月令》的种种规定不是毫无根据的，就是汇集当时各国这方面的规定而制订的。

《秦律·田律》	《礼记·月令》
春二月，毋敢伐材木山林，及雍（壅）堤水……	孟春之月，禁止伐木，毋覆巢，毋杀孩虫胎夭飞鸟，毋麛毋卵。 仲春之月，毋竭川泽，毋漉波池，无焚山林。 季春之月，修利堤防，道达沟渎，开通道路，毋有障塞。
夏月，毋敢夜草为灰、取生荔、麛、䴢、穀，毋毒鱼鳖、置穽（阱）罔（网），到七月而纵之。惟不幸死而伐绾（棺）亭（椁）者，是不用时。	孟夏之月，驱兽毋害五谷，毋大田猎。 仲夏之月，令民毋艾蓝以染，毋烧灰，毋暴（曝）布。 季夏之月，树木方盛，乃命虞人入山行木，毋有斩伐。

《秦律》和《月令》都规定：在春夏两季禁止进入山林伐木，禁止捕捉初生鸟兽，不准竭泽而渔，不准用毒药捕捉鱼鳖，不准堵塞水道流

通，不准烧野草灰等等，从而保护林业、渔业、畜牧、狩猎等生产。《月令》还规定孟春之月要命令田官"善相丘陵阪险原隰，土地所宜，五谷所殖"；孟夏之月要命令野虞"劳农劝民，毋或失时"；命令司徒"巡行县鄙，命农勉作，毋休于都"；季夏之月为了防止妨害农事，规定"不可以兴土功"，"不可以起兵动众，毋举大事"；孟秋之月命令百官"始收敛，完堤防，谨壅塞，以备水潦"；仲秋之月命令官吏"趣民收敛"，"多积聚"；孟冬之月"劳农以休息之"；季冬之月"命农计耦耕事，修耒耜，具田器"。这一系列的规定，就是当时政府管理农业生产的主要措施。《秦律》的《田律》还规定：由于雨水而农田受害和受益的，由于旱灾、暴风雨、水潦、螽虫以及其他原因而造成庄稼损害的，都必须把受益和受害面积于八月上报，近县派人步行上报，远县用邮（传递文书的驿站）上报。这样的规定，是为了及时了解全国农业生产的实际情况，为年终征收地税和"上计"作好准备。

《秦律》的《仓律》还有对每亩农田施播种子数量的规定："种稻、麻，亩用二斗大半斗；禾、麦，亩一斗；黍、荅（小豆），亩大半斗；叔（菽，大豆），亩半斗。"这个每亩下种量的规定，除了豆类以外，远较西汉《氾胜之书》为高①。

农业科学的兴起　战国时代农业有了显著的进步，开创了我国农业上精耕细作的优良传统，使农业生产达到一个较高的水平。随着农业技术的进步，从事研究农业技术的科学也就兴起，这就是所谓农家之学。据《汉书·艺文志》农家类，这时已有专门讲究农家之学

---

① 《氾胜之书》说："稻地美，用种亩四升。"麦，"区种，凡种一亩，用子二升"。种黍，"一亩三升"。种大豆，"土和无块，亩五升；土不和，则益之"。种小豆，"亩五升"。见万国鼎《氾胜之书辑释》，中华书局一九五七年版。

的专门著作《神农》二十篇和《野老》十篇。据颜师古注,《神农》是战国时诸子"道耕农事,托之神农"。《野老》是战国时齐、楚间人著作。可惜这些书已散失。《吕氏春秋》中有《上农》、《任地》、《辩土》、《审时》四篇,就保存了当时农家之学的一部分。《任地篇》一开头就假借周族祖先后稷名义,提出了十个问题,包括使用土地、整地做畦、灭草保墒、中耕除草等方面,可能这四篇就来源于一部假托后稷的农书。

农家之学很注意到土性的分辨、土壤的改造和保养。《禹贡》和《周礼·草人》曾列举各种不同的土壤,说明战国时代人们已开始对土壤进行研究。他们主张先分辨土性,挑选适宜种植在某种土壤里的农作物来播种,从而适当地改造土壤。他们注意到土壤的质地、结构、含水量等各方面的保养,一共有五个方面:"力者欲柔,柔者欲力;息者欲劳,劳者欲息;棘者欲肥,肥者欲棘;急者欲缓,缓者欲急;湿者欲燥,燥者欲湿。"(《吕氏春秋·任地篇》)"力者欲柔,柔者欲力",是说土壤结构粘重板结难于垦耕的要使它疏松,太疏松不能持水保肥的要使它结实。"息者欲劳,劳者欲息",是说休闲过的田地要耕种,耕种久的田地要休闲,休闲是为了改良土壤、恢复地力。"棘者欲肥,肥者欲棘",是说地力瘦薄的要增施肥料,施肥过多而引起所谓"华而不实"现象的要适当降低肥力。"急者欲缓,缓者欲急",是土壤质地粗散、失水太快的要使它细密,细密得很难透水的要使它松散。"湿者欲燥,燥者欲湿",是说地势低而过分潮湿的要使它干燥,地势高而过分干燥的要使它潮润。这样从五个方面讲究对土壤的保养,是比较全面的,该是总结当时生产经验的结果。他们还注意到对不同土壤的耕作的先后程序,认为必须先耕垆土,因为垆土性质粘重,水分一经散失,便坚硬无法耕种;然后再耕弱土,因为弱土松散,迟耕也还来得及。

农家之学还注意到耕作及时和产量、质量的关系。《吕氏春秋·审时篇》专门分析了六种主要农作物——禾(稷)、黍、稻、麻、菽(豆)、麦耕作"得时"、"先时"、"后时"三种情况,从其生长、收获、品味三个方面加以比较,用来说明掌握耕作时节的重要性。例如耕作"得时"的小麦,生长发育好,植株粗壮,穗子大,色泽深,麦粒重,虫害少,皮薄而出粉率高,品味香,吃了耐饥有益;"先时"的小麦,苗生太早,容易受病虫害的侵袭;"后时"的小麦,苗生得脆弱,穗结得稀疏,色泽也不好。他们根据实际观察的结果,强调耕作必须及时,这是符合科学道理的。

农家之学更十分重视栽培技术。这时已创造了畦种法。就是把低地做成高垄和低沟,利用沟间排水,利用高垄播种作物,这叫做"下田弃亩"。同样地把高地做成高垄和低沟,利用沟间播种,利用高垄挡风保墒,这叫做"上田弃亩"。为了给农作物的生长发育创造优良条件,他们对开沟作垄、除草、播种、匀苗等方面都有严格要求。他们认为垄要广而平,沟要小而深;苗必须种得排列成行,不能"既种而无行";要"衡(横)行必得,纵(直)行必术,正其行,通其风";苗要种得不密不疏,出苗以后培根要细碎而均匀。要多耕多锄,除去害草,还要除去妨害大苗生长的小苗。肥地留苗要密些,薄地留苗要稀些,匀苗、定苗的距离必须根据地力肥薄而定。因为"肥而扶疏则多秕,硗而专居则多死"(《吕氏春秋·辩土篇》)。肥地种得稀疏,就会增加无效分蘖;薄地过于密植,常因水分、肥分供应不上而夭折。所有这些栽培技术,都是从农业生产实践中总结经验得来的,都是符合农业科学的理论的。

值得重视的是，农家之学不是单纯地讲究农业生产技术，而是已经开始把农业科学知识系统化和理论化。他们说："上田弃亩，下田弃畎。五耕五耨，必审以尽。其深殖之度，阴土必得，大草不生，又无螟蜮。"(《吕氏春秋·任地篇》)所谓"其深殖之度，阴土必得"，就是说深耕一定要到达表土下层水墒部分，才有利于农作物生长；下文说"大草不生，又无螟蜮"，说明他们已认识到通过深耕可以收到消灭杂草和病虫害的效果。他们又说："故亩欲广以平，畎欲小以深；下得阴，上得阳，然后咸生。"(《吕氏春秋·辩土篇》)所谓"下得阴"，是指农作物从地下吸取水分和肥分；所谓"上得阳"，是指农作物从天上吸取阳光；所谓"然后咸生"，就是说只有通过"下得阴，上得阳"的作用，才能使农作物生长发育。在这里他们用阴阳学说作为农业科学的理论依据，具有朴素唯物论的观点。

这时已经重视选择优良品种。鼓吹贸易致富的白圭曾以"长斗石，取上种"，和"欲长钱，取下谷"相提并论(《史记·货殖列传》)。"长斗石"是说增长粮食的产量，"取上种"是说必须选取上等品种。这说明至少到战国中期，人们已经认识到优良品种对提高粮食产量起着重要作用。

第三章　春秋战国间手工业和商品经济的发展

一　手工业生产技术的进步

春秋战国间,主要手工业如冶金、木工、漆工、陶工、皮革工、煮盐、纺织等,都有长足的进步。

青铜铸造技术的进步　冶金手工业主要的是冶铁手工业和青铜手工业。这时青铜手工业的冶铸技术也在突飞猛进。

由于冶铜积累了许多经验,关于各种青铜器在冶铸时所需铜和锡配合的分量,已有一个简单的比例。战国时代赵国青铜兵器铭文中,常常有"某某执齐"的记载,"执齐"就是掌握铜、锡配合的比例。《考工记》说:"钟鼎之齐"所需铜和锡的比例是六比一,也就是铜占百分之八十五点七一,锡占百分之十四点二九;"斧斤之齐"所需铜和锡的比例是五比一,也就是铜占百分之八十三点三三,锡占百分之十六点六七;"戈戟之齐"所需铜和锡的比例是四比一,也就是铜占百分之八十,锡占百分之二十;"大刃之齐"所需铜和锡的比例是三比一,也就是铜占百分之七十五,锡占百分之二十五;"削、杀矢之齐"所需铜和锡的比例是五比二,也就是铜占百分之七十一点四三,锡占百分之二十八点五七;"鉴燧之齐"所需铜和锡的比例是一比一,也就是铜和锡各占百分之五十。《考工记》这样规定各类青铜器的铜锡合金的比例,是很合乎合金的学理的。大凡青铜中锡的成分占百分之十七到二十的最为坚韧,超过这个分量就要逐渐减弱。《考工记》规定"斧斤之齐"含锡百分之十六点六七,"戈戟之齐"含锡百分之二十,因为斧、斤、戈、戟等工具和武器都是需要坚韧的。大凡青铜中锡的成分占百分之三十到四十的,硬度最高,超过这个分量就要减低。《考工记》规定"大刃之齐"含锡百分之二十五,"削、杀矢之齐"含锡百分之二十八点五七,因为这类武器都是需要硬度较高的。大凡青铜中锡的分量增多,光泽就会从赤铜色转变为赤黄色,再转变为橙黄色,更转变为淡黄色,含锡量占百分之三十到四十,就呈灰白色。《考工记》规定"钟鼎之齐"含锡百分之十四点二九,一方面为了能敲出美妙的声音,一方面为了使它能呈现橙黄色,比较美观。《考工记》规定"鉴燧之齐"含锡百分之五十,因为反光的铜镜不需要坚硬,而需要白色光泽。

战国时代人们已经认识到铜、锡合金的原理。《吕氏春秋·别类篇》说:"金(铜)柔锡柔,合两柔则为刚。"当时人们已从实践中认识到加锡到铜中可使硬度增加,而太硬的兵器又容易折断,特别是剑一类较长的兵器必须做到"坚且牣(韧)"。《吕氏春秋·别类篇》又说:"白所以为坚也,黄所以为牣也,黄白杂则坚且牣,良剑也。"近年考古发掘得到战国青铜剑,往往脊部的青铜含锡少,有的呈赤色,像嵌合赤铜一条。含锡少则质柔而韧,不易折断。刃部含锡较多,质硬而刚,适合刃部的需要。例如长沙出土的一件楚国青铜剑，其脊部铜、锡比例是七十八比十（即八比一），而刃部则为七十四比十八（即八比二）。

《考工记》谈冶铸青铜合金时，曾说：在铜和锡的"黑浊之气"完后，接着就有"黄白之气"；在"黄白之气"完后，接着就有"青白之气"；在"青白之气"完后，就有"青气"出来，到这时才可以铸器。这也是合乎冶金的学理的。因为铜、锡混合熔融时，首先便有挥发性的不纯物气化，即所谓"黑浊之气"。等到温度上升，比铜熔点低的锡就有一部分熔融气化，出现"黄白之气"。温度再上升，铜的青焰色也有几分混入，便有所谓"青白之气"；等到铜完全熔融，就只剩"青气"了。等到"青气"出现，青铜合金也就基本上冶铸成功。《荀子》也说过：青铜器

图十四　尊与盘　随州擂鼓墩曾侯乙墓出土

的制作，主要在于"刑（型）范正，金（铜）锡美，工冶巧，火齐得"（《强国篇》）。这时对于铸范的制作、合金原料的选择、冶铸的技巧、火候的调节，都已很讲究了。

一九七八年湖北随县擂鼓墩曾侯乙墓出土的青铜器群，可以说，代表着当时青铜铸造技术的高峰，主要表现有下列三点：（一）合范法（复合陶范合铸法）的熟练使用。如曾侯乙墓所出整套编钟大小不同，形制纹饰极其繁复，都能用合范法合铸成功，其中层甬钟的铸件，估计是用一百三十六块芯、范组成的。（二）铸接和焊接的适当使用。如曾侯乙墓所出建鼓座，大小龙群穿插纠结地蟠绕着座体，构成十分繁复生动的立体形象，估计是用二十二件铸件及十四件接头，适当地采用铸接和焊接的方法加以联结，并接合在座体上面。（三）"熔模铸造法"的精巧使用。如曾侯乙墓所出尊和盘（尊在盘中），尊唇和盘口布满着精细而镂空的立体蟠螭纹和蟠虺纹，内部由多层铜梗联结而支承，只有用"熔模铸造法"才能铸成。研究者对此有两种不同估计，或者认为使用"失蜡法"，是用蜡（主要是蜂蜡）作为熔模的[①]；或者认为使用"漏铅法"，是用铅作为熔模的[②]。一九七九年河南淅川下寺的楚墓中出土的铜禁，所饰镂空的多层云纹，与曾侯乙墓所出尊和盘的蟠螭纹结构相似，同样是用"熔模铸造法"的，时代要比曾侯乙墓早一百多年，说明这种铸造法至少在春秋后期已经使用，因而到战国前期已很成熟了。

[①]　华觉民、郭德维《曾侯乙墓青铜器群的铸焊技术和失蜡法》，《文物》一九七九年第七期。

[②]　朱志伟《曾侯乙墓编钟及尊、尊座铸造方法新探——兼论先秦青铜铸造工艺》，收入张正明主编《楚史论丛初集》，湖北人民出版社一九八四年版。

青铜工艺技术的创造 这时青铜工艺技术不断有着新的创造。首先是"金银错"技术的创造,就是在铜器表面上镶嵌金银丝,构成文字或图案。错金的工艺,早在春秋中期已经发生,在楚、越、宋、蔡等南方诸侯国的兵器上,每多有错金的美术字,笔画作鸟形,即所谓"鸟书"。到战国早期,才在精美的铜礼器上施以大片的金银错图案,到战国中期,这种工艺的精致程度就达到了高峰,不仅施用于兵器、礼器和用器上,还施用于车器、符节、玺印、铜镜、带钩、铁带钩和漆器的

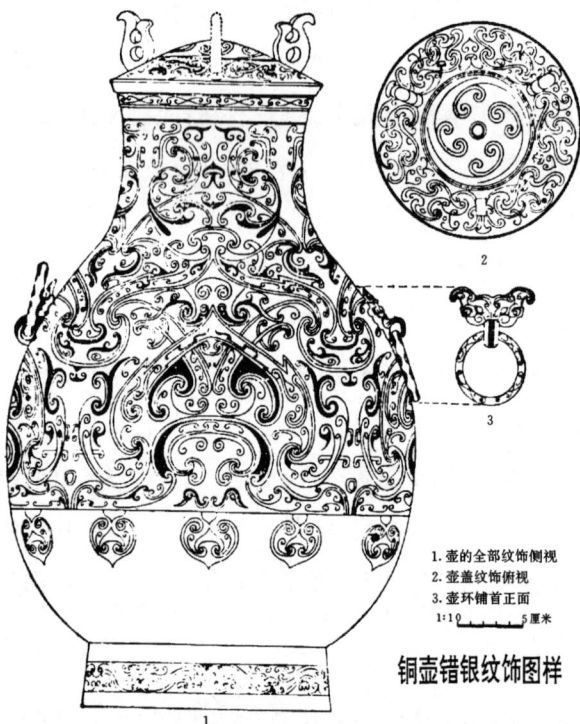

1. 壶的全部纹饰侧视
2. 壶盖纹饰俯视
3. 壶环铺首正面

1:10 ⊢——————⊣ 5厘米

铜壶错银纹饰图样

图十五 错银铜壶

重庆涪陵战国末年墓葬出土。

图十六　金银错龙纹铜镜（摹绘）

传一九三一年河南洛阳金村韩墓出土。采自杨宗荣编《战国绘画资料》，中国古典艺术出版社一九五七年版。

铜扣上。同时有镶嵌红铜工艺技术的创造，就是用红铜薄片镶嵌在铜器表面上，构成各种图案。这种工艺在春秋中期已有较高水平，到战国初期比较流行。此外包金、鎏金、嵌玉、镶珠、镶嵌松绿石等工艺也有发展。镶嵌松绿石的工艺，在殷和西周的兵器上出现过，但是施用到大件铜器上，也是战国中期以后发展起来的。

春秋战国之际的铜礼器上，往往铸有大幅的浅凹或浅凸的平雕

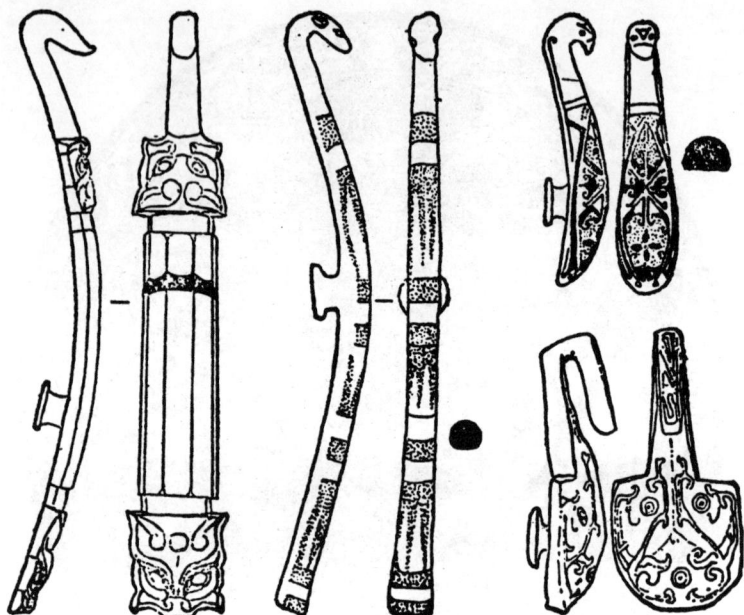

图十七　战国青铜带钩

画像。战国中期以后这种工艺便不大流行。同时有一种细如发丝的
刻镂画像工艺发展起来，大都施于较薄的壶、杯、鉴和奁上。这种工
艺都是为表现整幅图画，多数是描写水陆攻战、车马狩猎、宴乐、射
礼、采桑等活动的。

　　这时铜器上金银错和刻镂画像工艺的产生和进步，是和冶铁炼
钢技术的进步分不开的。制造金银错铜器，大多数是在作范时，先在
母范上预刻凹槽，待器铸成后再在凹槽内镶嵌金银。少数精细的金
银错纹饰和铭文，金银丝细如毫发，则是铸成器形后，用钢刀刻成凹
线，再嵌入金银丝的。至于细如发丝的刻镂画像，当然是用钢刀刻镂
成的。

图十八　错银犀牛形铜带钩

带钩是束腰皮带上的钩,原为"胡服"所用,称为鲜卑或师比、胥纰、犀毗等等。战国时中原各诸侯国进行军事改革,讲究骑射,逐渐改用"胡服"作武装,带钩也渐盛行。其制一端曲首,背有圆钮。多数用青铜制作,也有铁制的。精致的铸有各种图案花纹,有整个作动物形的。此件四川广汉出土,作犀牛形,并有错银图案。犀牛是当时西南特产。

附带要指出,这时出现有槌制的薄胎的红铜器,大都是盛水器,常有用针刺刻的图画,多为宫殿建筑、宴乐歌舞,也有神话色彩的人物或鸟兽。

战国早期的铜礼器形制轻薄灵巧,花纹细致飞舞,多用印模在铸范上反复印成。到战国后期,大部分铜礼器往往只有简单的图案构成花纹带,或者只有局部地方施有简单花纹。同时日常用的服饰制品,特别是铜镜和带钩迅速发展起来。

战国时代铜镜的铸造分两个系统,北方系统的比较厚重,洛阳金村出土铜镜有金银错图像和嵌玉、嵌琉璃的精品。南方系统特别是楚镜比较轻薄,多山字纹和蟠螭纹的,曾流行到西汉初期。这时期腰

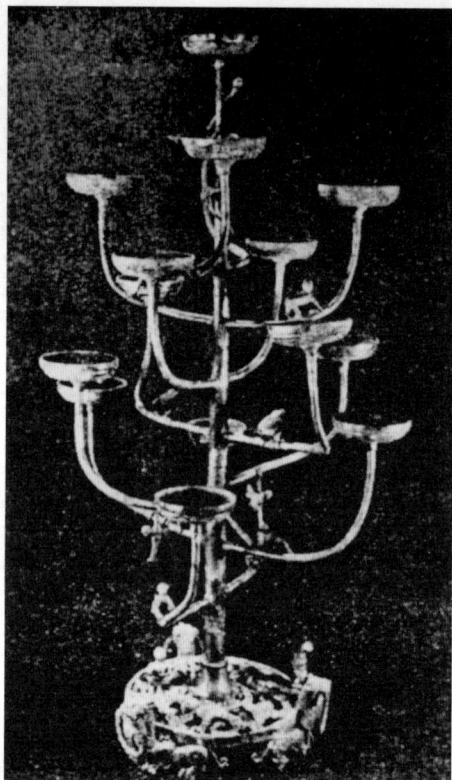

图十九　十五连盏铜灯

一九七八年河北平山中山王墓出土。高八十四点五厘米。由大小八节连接构成。每节都有榫铆，榫口各异，移动时便于拆卸和安装。灯枝上有群猴游戏，并有金乌啼鸣。底盘上有两个上身裸露、下穿短裳的男子，正在向上抛食物引弄猴子。

带上使用的带钩，形制很多，有棒形、竹节形、琴面形、兽形和圆形小带钩等。同时实用的铜器制作也有进步，例如河北平山中山王墓中出土的十五连盏铜灯，就制作很精巧。

建筑技术的进步　这时木工方面，除了斧、凿、锥等铁工具以外，还有画方形用的矩（曲尺），画圆形用的规（圆规），弹直线用的绳，测量垂直线用的县（悬），测量水平线用的水（《墨子·法仪篇》、《考工记》）。同时已发明了一种矫正木料曲直的工具，叫做檃栝或榜檠，可以把木料经过蒸煮，放在檃栝中，经过一定的时间把曲木压直，或者把直木压曲，使它合乎制作上的需要（《荀子》的《性恶篇》、《大略篇》，《韩非子》的《显学篇》、《外储说右下篇》）。他们主要的业务是建筑房屋、制造车舟等交通工具和建筑坟墓。

　　春秋战国间，房屋的建筑，已有茅屋（草屋）、瓦屋之分（《考工记》）。这时富贵人家的房屋往往用石基石础、木柱木架，上盖瓦顶。古人在土台上造屋叫"楼"，到战国时，开始有两层的楼房。据说"平原君家楼临民家"，美人居楼上，见到"民有躄者槃散行汲"而"大笑之"，这种可以住人的楼，当即如今日之楼①。这时有两层的楼房出现，说明建筑技术有了较大的进步。战国铜钫（故宫博物院藏）上的建筑图案，屋下有高基，上为木结构，屋分两间，有立柱三根。每间各有一门，门扉双扇。柱顶有斗拱承枋，枋上更有斗拱作平坐。上层楼

图二十　战国铜钫（故宫博物院藏）上的宫室图

---

　　①　金鹗《求古录礼说》卷三《楼考》，认为"今之楼则始于汉"，引汉武帝时公玉带所上《黄帝明堂图》为证。吕思勉先生《先秦史》据《史记·平原君列传》以为始于战国，今从之。

没有柱的表现，只有两门。上层楼的平坐似有栏杆，平坐两端作向下斜垂线，用来代表屋檐，说明当时平坐直压在腰檐上。战国宴射椭杯（上海博物馆藏）上的建筑图案，是架空的阁，阁基有三个支柱，两旁有阶梯五级，阁的两边有立柱，柱顶有斗拱承枋，阁顶有檐伸出很长。根据河北易县燕下都故城宫殿建筑的遗址来看，建筑时先挖坑，再填土打夯，然后挖出间次，留出墙壁，挖好柱窝。房屋的结构，是面阔三间，进深两间。其梁架部分大概用的木材。房顶先铺芦苇，再涂草泥土，在草泥土上又涂厚一厘米的"三合土"，然后盖瓦。[①]从已经发掘的秦咸阳宫第一号遗址来看，宫殿建筑在较高的大夯土台基上。宫殿四周设有回廊，宫殿之间有复道相连结。有的墙是在夯土台壁上补砌土墼，有的墙全用土墼筑成，并有壁柱用来巩固土墙。据推测，宫室之内设有大柱，用以承托屋盖的大梁。[②]可见当时建筑技术已有相当水平，后代建筑技术就是在这个基础上发展起来的。

这时大规模的建筑，已有简单的平面设计图。河北平山中山王墓出土的金银错铜版《兆域图》，是一幅中山王陵园建筑的平面设计图。图上错有中山王的诏书：命令相邦司马赒制定这幅图，规定了各种建筑的阔狭大小规划，违法者死罪不赦，不执行者罪及子孙；图一式两份，一份从葬，一份藏于王府。出土的就是从葬的一份。这幅设计图上，四周有三道长方形的围墙，外面一道叫"中宫垣"，中间一道叫"内宫垣"，里面围住坟墓封土的一道叫"丘阪"。三道围墙之间都有规定的距离。在"丘阪"以内设计建筑五个"堂"，"堂"就是建筑在

---

① 见河北省文化局文物工作队《河北易县燕下都故城勘察和试掘》，《考古学报》一九六五年第一期。

② 见陶复《咸阳宫第一号遗址复原问题的初步探讨》，《文物》一九七六年第十一期。

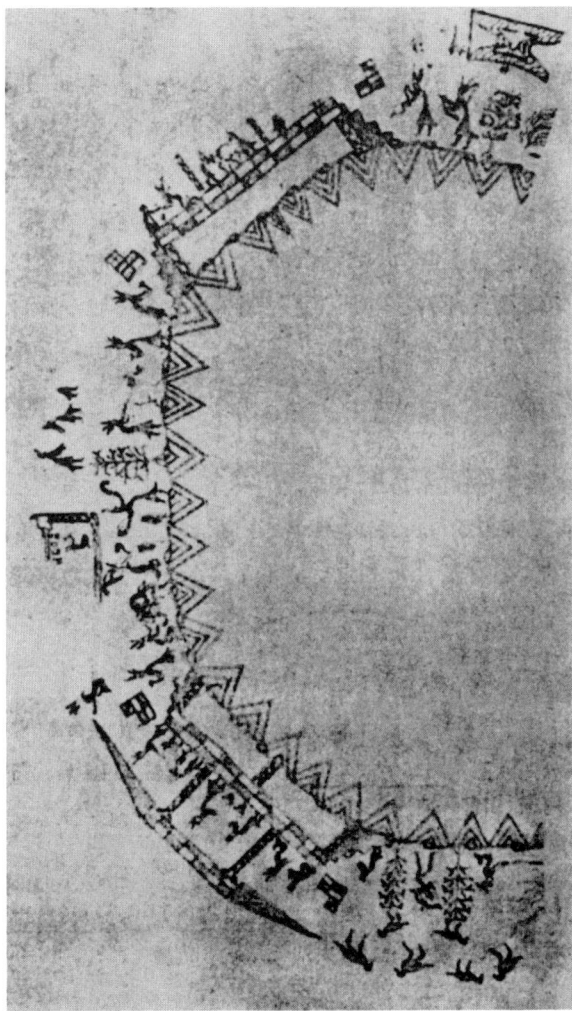

图二十一 刻纹燕射画像椭杯内部周围画像（摹本）

画像以两座建筑为中心，两座建筑中都在举行酒会，右方建筑的右边正在用箭靶练习射箭，左方建筑的左边正在林中射鸟，两座建筑的中间正在舞蹈，并用编钟和鼓伴奏。摹本为上海博物馆所提供。

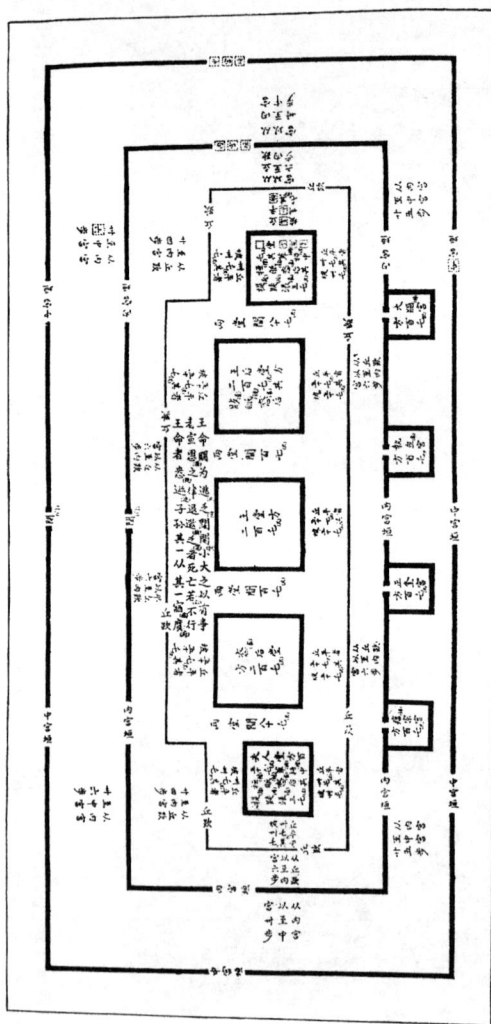

图二十二　中山王《兆域图》铜版释文

这块金银镶错的中山王《兆域图》铜版，一九七八年河北平山中山王墓出土。图上用金银镶错的字，标明四周宫垣和内部五个享堂的位置，阔狭大小以及彼此间的距离。这是一幅中山王陵园建筑的平面设计图。图上并错镶有中山王的诏书："王命賙为逃（兆）乏（窆）阔陿（狭）小大之刲，有事者宣恩（致）乏（窆）之。律退退（敓）乏（窆）者，忠（连）子孙。不行王命者，忠（殃）建（殃），死无若（赦）。其一从，其一臧（藏）廥（府）。"释文采自河北省文物研究所《譻墓》，文物出版社一九九六年版，第一○九页。

封土上的"寝"。中心的是王堂,王堂的两侧是王后堂和哀后堂(王后指今后,哀后指先死的后),王堂、王后堂、哀后堂都"方二百尺"。在王后堂的右侧是"□(字不清)堂",在哀后堂的左侧是夫人堂。□堂和夫人堂都"方百五十尺"。这五座"堂"的中间也都规定有一定距离。现在发掘的中山一号和二号墓,都有覆斗形封土,封土下部有平台彼此相连,封土半腰都有一圈方形的回廊建筑,一号墓保存较好,以外檐面积计算约为五十二米见方,和《兆域图》所记王堂方二百尺面积相近。由此可见当时国王陵园的建筑规模。

这时富贵人家的棺椁往往选取七围八围的楸、柏、桑来制作(《庄子·人间世篇》),坟墓里往往有棺椁数重,外面一层层地堆积着石块、木炭(《吕氏春秋·节丧篇》)。在安徽寿县和河南汲县战国墓的发掘中,都曾发现木椁外堆积着深厚的石子层和木炭层。战国时棺的制作,底和壁已运用套榫(梯形榫)来镶拢。战国时的车,车辐已多到三十辐到三十四辐。这些都说明当时木工技术已相当进步。

煮盐业的发达　春秋时代,齐国的海盐煮造业和晋国河东池盐煮造业都已兴盛。当时河东的盐池称为盬(《说文解字》"盬"字解说),已被视为"国之宝"(《左传》成公六年)。到战国时代,齐燕两国的海盐煮造业更加发达,所谓"齐有渠展之盐,燕有辽东之煮"(《管子·地数篇》)[①]。海盐的产量比较多,流通范围比较广,所以《禹贡》说青州"贡盐",而《周礼·职方氏》又说幽州"其利鱼盐"。魏国的河

[①]　前人对渠展,有不同的解释,尹知章注认为是"沛水(即济水)所流入海之处"。张佩纶认为"勃"有"展"义,渠展是勃海的别名(见《管子集校》引)。钱文霈又认为"展"是"养"字之误,渠展即《汉书·地理志》琅邪郡长广县西的奚养泽(见《钱苏斋述学》所收《管子地数篇释》引)。

东池盐煮造业也更发达,猗顿便是由经营池盐而成巨富的(见《史记·货殖列传》)。同时,在秦并蜀以后,李冰做蜀郡守时,广都(今四川双流东南籍田镇一带)的井盐已开始开发。①

酿酒技术的进步 这时酿酒技术已很进步。《礼记·月令篇》于仲冬之月说:"乃命大酋,秫稻必齐,麹糵必时,湛炽必洁,水泉必香,陶器必良,火齐(剂)必得。兼用六物,大酋监之,无有差贷。"这六个"必",就是对当时酿酒技术的经验总结。酒是用秫稻做的,首先要挑选好秫稻。用麹来造酒,是我国古代酿酒技术上的重要发明,它能把糖化和酒化两个过程结合起来进行。因为麹既富有糖化力的丝状菌毛霉,又有促成酒化的酵母。糵是发芽糖化的谷粒,古时曾用作酿酒原料。酒是用麹糵酿造的,所以要"麹糵必时"。因为毛霉和酵母菌是很敏感的低级生物,污染就会影响菌类活动,或者滋生杂菌,所以要"湛炽必洁,水泉必香,陶器必良"。温度的控制也很重要,酵母活动最适当的温度是摄氏三十度左右,因此需要"火齐必得"。

制陶技术的进步 这时制陶技术也是有进步的。陶器有红褐色或灰色而有绳纹的,有灰陶素面的,也有红色彩绘的,更有黑色暗花的,比较精美。这时瓦已广泛使用,已有筒瓦、板瓦以及脊瓦,瓦当有各种不同的纹饰,同时陶水管和陶井圈也已成为重要建筑材料。

皮革业的进步 这时皮革手工业也是有进步的。除一般皮革器用牛皮、羊皮以外,甲(武装)有用犀皮、兕皮以及鲛鱼皮制的。人们制作皮革器,先把皮革椎击坚硬,刮除皮里面的不洁物,然后裁割并

---

① 《华阳国志》卷三《蜀志》说:李冰"又识齐水脉,穿广都盐井诸陂池,蜀于是有养生之饶焉。"《水经注》卷三三《江水注》也说:"江水东径广都县,⋯⋯李冰识察水脉,穿县盐井。"

钻小孔加以缝制。缝的线要藏在皮革里,使不易损坏;皮革稍加洗濯,使成茶白色;并且要搽上油脂,使其柔滑(《考工记》)。这都说明当时皮革手工业的技术已比较进步。

总的说来,由于手工业生产技术的提高,战国时代手工业品的质量都有显著的提高。我们从战国时代墓葬中所发现的陪葬品看来,比起春秋中期以前的手工业品,面貌确是不同。

手工业技术知识的积累和《考工记》的成书 值得注意的是,随着手工业的发展,特别是官营手工业的发展,就有阐述各种手工业工艺制作的专门著作出现。现在保存在《周礼》一书后面的《考工记》,就是当时记述齐国官营手工业各个工种的设计规范和制造工艺的文献。从它所使用的度量衡和方言等方面来看,是齐国人的记载。从它的内容来看,并不是出于一人一时的手笔。各部分记载的格局并不一致,有些部分前后重复,该是当时各个工种的制作工艺和操作经验,经人整理后加以编集而成。从它的思想倾向以及它所反映的手工业分工比较细密、工艺比较进步来看,编成当在战国初期。

《考工记》说"国有六职",第一是"王公",职务是"坐而论道",指的是地主阶级政权的最高统治集团,也就是《墨子》经常指责的"王公大人"。第二是"士大夫",职务是"作而行之",指的是君主政权的各级官吏,包括知识分子在内,因为当时知识分子都是"学而优则仕"的。第三是"百工",是指各种手工业者。第四是"商旅",是指商人。第五是"农夫",第六是"妇功",就是指男耕女织的农民。这样把工、商、农夫、农妇和王公、士大夫并列为"国之六职",说明作者对工人、商人和农夫、农妇的重视,这和战国时代的社会结构是相合的。它说:"天有时,地有气,材有美,工有巧,合此四者,然后可以为良。"它把天时、地气、材美和工巧，看作制成精工产品的四个条件。它把掌握天时看得这样重要，这是因为天时气候的变化会影响到制成品的质量。它把地气看得这样重要，主要是由于某些地方出产的某种原材料质量比较好，或是有制造某种工艺的优良传统。它说："郑之刀，宋之斤，鲁之削，吴粤（越）之剑，迁乎其地而不能为良，地气然也。"

《考工记》所记述手工业的分工是比较细密的。攻木之工有七种，攻皮之工有五种，设色之工有五种，刮摩之工（玉石工）有五种，搏埴之工（陶工）有二种。它分别记述各种生产工具、兵器、交通工具、饮食用器、乐器以及各种建筑物的设计规范和制造工艺。这是当时一部有关手工业制造的科学技术知识的汇编。手工业工匠在生产实践中发展了数学、力学和声学等方面的知识，并且把这种知识具体地应用于手工业制造（参看本书第十一章第一节）。这部著作不但在我国工程技术发展史上占有重要地位，其内容的丰富，某些部分叙述的完整性和科学性，在当时的世界上是找不到第二部的。可惜其中有些部分如《段氏》、《韦氏》、《裘氏》等已经散失，只留下一个名目了。[1]

二　手工业的进一步发展

战国时代的手工业，有和小农业相结合的家内手工业，有单独经营的个体手工业，有各国政府的官营手工业，也有民营的某些大手工业。

---

[1]　清代学者戴震著有《考工记图》，程瑶田著有《考工创物小记》，都曾对《考工记》中的名物制度进行注解或考证，并绘图说明。近人王燮山有《考工记及其中的力学知识》和《考工记中的声学知识》两文（《物理通报》一九五九年第五期），杜正国有《考工记中的力学和声学知识》（《物理通报》一九六五年第六期），对《考工记》中的技术知识作了新的阐释。

　　与小农结合的家内手工业普遍存在　这时有些地区还沿袭着过去"村社"集体劳动的习俗,保留有妇女集体纺织的方式,例如秦丞相甘茂曾经讲过当时楚国江上"贫人女与富人女会绩"的故事(《史记·甘茂列传》),但是,从整个社会来看,这时农民的家内手工业已是当时主要的手工业。"男耕女织"已成为农村中普遍的现象,养蚕、缫丝、治麻葛、纺织布帛,是每家农妇的经常工作(《墨子》的《非乐上篇》、《非命下篇》)。卫鞅在秦所下的变法令,对农民的耕和织是同样奖励的。各诸侯国向农民征收地租,也有"粟米之征"和"布缕之征"(《孟子·尽心下篇》)。这时家内手工业生产出来的布帛,已有小部分带有商品性质,所以农妇所织的布帛和其他织物也已有一定的规格。据说吴起使其妻织"组",因为"幅狭于度",就把她赶走了(《韩非子·外储说右上篇》)。此外,农民的家内手工业还编织草鞋、结网等,《吕氏春秋》曾把"织葩屦,结置网"和"力耕耘,事五谷"相提并论(《尊师篇》)。

　　个体经营的小手工业普遍存在　这时个体经营的手工业,已有车工、皮革工、陶工、冶金工、木工等(《墨子·节用中篇》、《孟子·滕文公上下篇》)。他们把制成品放在"肆"上出卖,即所谓"百工居肆"(《论语·子张篇》)。这些个体手工业者,当时或称为"百工",或称为"工肆之人"(《墨子·尚贤上篇》)。《孟子》曾说:如果不是"通功易事",就会使得"农有余粟,女有余布";如果有无相通,梓匠(木工)、轮舆(车工)便能得食。又说:农夫"以粟易械器",陶(陶工)冶(冶金工)"以其械器易粟","百工之事,固不可耕且为也"(《滕文公篇》)。足以说明这时个体手工业者和农民之间的关系已很密切,所有农民所用的铁器、陶器、木器和车辆,都是依靠这些个体手工业者供给的;而个体手工业者也是主要依靠出卖制成品给农民以维持生活的。所以《韩非子》说："舆人（车工）成舆，则欲人之富贵；匠人成棺，则欲人之夭死也。"（《亡征篇》）又说：工人造恶劣的器械，"侔农夫之利"（《五蠹篇》）。这时个体手工业者数量一定不少，生产品也一定很多。

这些个体手工业者有时也被官府所雇用，在楚国铜器铭文中常见有所谓"铸客"的，该是这种被雇用的个体手工业者。楚国铜器上常有"铸客为某某为之"的铭刻：

铸客为王后六室为之。

铸客为王后七府为之。

铸客为大后脰官为之。

铸客为集脰为之。

铸客为御跮为之。

这种铭刻和官营手工业任用"冶师"铸造的铜器铭刻不同。"王后六室"和"王后七府"当是王后所属的官府，"大后脰官"当是太后所属的官府，"集脰"和"御跮"也该是官府名称。①

官营手工业的规模　战国时各诸侯国中央和郡县一级地方政权，都拥有各种官营手工业的作坊，并有一定的管理监造制度。根据已发现的兵器铭刻来看，秦和三晋的官营手工业的制造，一般分为造者、主造者和监造者三级。秦国兵器的制造，由工师、丞、士上造、工大人等主造，中央一级由相邦（即相国）监造，郡一级由郡守监造，而直接制造者叫做"工"，"工"是具有自由身分的工匠，其中也包括有鬼

---

①　朱德熙、裘锡圭《战国文字研究（六种）》（《考古学报》一九七二年第一期），认为"脰"即"厨"字，太后脰官即太后厨官；集脰即集厨，是楚王室厨官名称；"跮"当读"遷"，御遷是楚王御用的驿传。

薪、城旦等刑徒，也有服兵役的更卒。秦国漆器的制作，大体上也采用同样的管理监造制度。①三晋兵器的制造，主要由中央或县的武库所属作坊制造，由工师、冶尹、左右校等主造，中央一级由相邦、守相、邦司寇、大攻（工）尹等监造，县一级由令、司寇监造，而直接制造者叫做"冶"。司寇原是掌管刑法的官，三晋官营手工业常用司寇来监造，说明所属工匠中必然也和秦一样使用着刑徒。齐国官营手工业同样有三级监造的制度，除直接生产者外，由"立（莅）事"者监造，工师主造。例如陈纯釜的制造，立事者陈犹，左关工师发，敦者陈纯。楚国官营手工业的情况稍有不同，所制造的铜器一般只刻上"冶师"以及"差（佐）"的姓名，没有直接制造者的名字。这种三级管理监造制度，后来为秦汉王朝继续采用。汉代铜器和漆器的制造，也分为"造"、"主"、"省"三级，"省"或称为"监"、"临"、"监省"、"监作"。

这时的府库，不仅是官府储藏财物的场所，而且有附属的作坊，成为主管官营手工业的机构。不但国君所属的大府或少府，设各种作坊制造国君和宗室所需用的各种器物服饰，中央政府和各级地方政府的府库也都设有相关的各种作坊。出土的战国时代铜器和银器，常有"中府"和"少府"的刻铭。韩国的强弓劲弩就有以"少府"为名的（《战国策·韩策一》）。三晋的兵器都由武库制造，主要设在各国的国都，韩有武、左、右等库，魏有左、右、上等库。地方也设有库，有左、右、上、下等名目。这类府库所属作坊，都有一定数量的职官和

① 一九七五年内蒙古勿尔图沟以北上塔基墓地出土铜戈，铭文作："十二年上郡守寿造，漆垣工师豪，工更长（张）猗。"所谓"工更"的"更"，当即服役的更卒。四十年代传长沙出土漆奁铭文："廿九年六月己丑，乍告，吏丞向，右工师象，工大人台。"工大人为秦官名，此器当是秦占领长沙后官工的制作。

工技人员。从赵国兵器铭刻常常署名工师某、冶尹某"执齐（剂）"看来，主造的工师、冶尹该有一定的技术能力，参与技术设计。从《礼记·月令篇》所载季春之月和孟冬之月命令工师办理的事看来，工师还负有审核库藏原料、监督工匠操作、检查产品质量和上报劳动成果的责任。审核库藏铜、铁、皮革、筋、角、齿（象牙）、羽、箭杆、脂胶、丹、漆等原料，必须"毋或不良"；监督工匠操作，要做到"百工咸理"，"毋悖于时"；检查产品质量，必须"案度程"，"必功致为上"。这时官营手工业作坊的产品，所以都要"物勒工名"，刻上制造者姓名，为的是"以考其诚"，如果"功有不当，必行其罪，以穷其情"。

秦国官营手工业中经常使用刑徒和服兵役的更卒，其他各国的情况也大体相同。例如齐国陶器铭文，陶工在自己籍贯、姓氏之前有称"王卒左敀"或"王卒右敀"的，说明这些陶工是以"王卒"的身分参与制陶官营手工业的。

当时各国都有各种重要官营手工业的地点。根据秦国由相邦监造的戈来看，其冶铸地点有雍（今陕西凤翔东）、栎阳（今陕西临潼北）、咸阳（今陕西咸阳东北）等，都是秦国曾经建都的地方。根据秦国上郡守监造的戈来看，其铸地有高奴（今陕西延安东北）和漆垣（或简称漆，今陕西铜川西北）。从三晋制造铜币的地点和铸造兵器的地点来看，多数制造兵器的地点也制造铜币，是当时冶铸手工业的中心。例如魏国的梁（今河南开封）、宁（今河南获嘉）、共（今河南辉县）、阴晋（今陕西华阴东）、宅阳（今河南郑州北）等等，赵的邯郸（今河北邯郸）、武平（今河北霸县北）、兹氏（今山西汾阳东南）等，韩的郑（今河南新郑）、新城（今河南伊川西南）、阳人（今河南临汝西北）、彘（今山西霍县）等。

豪民所经营的大手工业　至于这种民营的大手工业，主要是冶铁业和煮盐业。《管子·轻重乙篇》的作者曾说：官营的冶铁手工业如果强迫"徒隶"去做，要"逃亡而不守"，如果征发人民去干，又要"下疾怨上，边竟（境）有兵，则怀宿怨而不战"，因而只有用抽十分之三的税的办法来让"民"去经营。但是这种"民"决不是一般的农民和工商业者，而是一种豪民。这种情况一直到汉代初期还是如此，所谓"非豪民不能通其利"（《盐铁论·禁耕篇》）。战国时代经营池盐成巨富的猗顿，经营冶铁成巨富的郭纵，其经营的手工业一定有相当的规模，必然都是豪民性质的。赵国人卓氏，"用铁冶富"，在秦破赵以后，被迫流徙到临邛（今四川邛崃），魏国人孔氏，经营冶铁业，当秦伐魏时，迁到南阳（今河南南阳附近），后来继续经营冶铁业成为巨富（《史记·货殖列传》）。这些人在没有被徙之前，也应该属于豪民性质。

这时豪民所使用的劳动力，"大抵尽收放流人民"（《盐铁论·复古篇》），也还有奴隶性质的"僮"。豪民所开发的矿山和海池，大体上向官府租借而缴纳一定的租金。董仲舒说：卫鞅变法以后，"又颛（专）川泽之利，管山林之饶"，"盐铁之利二十倍于古"，"汉兴循而未改"。所说"盐铁之利二十倍于古"，该是由于盐铁业发达，经营盐铁业的豪民缴纳的租金很多。所说"汉兴循而未改"，是说汉代初年还是沿用这种办法。例如汉文帝把铜铁矿赐给邓通，邓通把它租借给卓王孙，"岁取千匹"作为租金，由卓王孙加以经营，因而卓王孙"货累巨万亿"，而邓通所铸钱也遍布天下（《华阳国志》卷三《蜀志》临邛县条）。看来战国时代以经营盐铁业成为巨富的豪民，是和卓王孙差不多的。

三　商业的发展和富商大贾的出现

春秋战国间，随着农业和手工业生产的发展，社会分工的日益细密，商品经济的比重就一天天加大。这是早期封建社会中产生的一种商品经济，在整个经济当中不起决定的作用。

四方土特产的交流　这时由于人民对山林薮泽的大量开发，四方的土特产已开始大量的交流：

（一）南方的土特产主要为木材、矿产、海产和鸟兽。楚国出产的木材有长松、文梓、楩、枏、豫章等，出产的野兽有犀、兕、麋、鹿（以上出产在云梦泽，见《墨子·公输篇》，云梦在今洞庭湖以北地区）、象（《战国策·楚策三》）。还有羽、翮（大鸟羽）、齿（象牙）、革（犀、兕的皮）等产品（《荀子·王制篇》）。矿产有黄金（《战国策·楚策三》）、铜、锡等。据说："荆（楚）南之地，丽水之中生金"①，已有很多人在那里淘金，政府已有"采金之禁"，曾处死了很多人（《韩非子·内储说上篇》）。这时南方出产的铜、锡是很著名的，《考工记》曾说："吴粤（越）之金、锡"，李斯《谏逐客书》也提到"江南金、锡"。水产有鱼、鳖、鼋、鼍，出产在长江汉水中（《墨子·公输篇》）。还有珠、玑等出产（《战国策·楚策三》）。蜀地出产的矿产，著名的有曾青（碳酸铜）、丹砂（硫化汞）等（《荀子·王制篇》），即李斯《谏逐客书》所提到的"西蜀丹、青"。这是当时两种最贵重的矿物质颜料，其中尤以丹砂为贵重。南

---

①　丽江，顾观光《七国地理考》以为即今云南金沙江。按《山海经·南山经》说："招摇之山临于西海之上，多桂，……丽麜之水出焉，而西注流于海。"《山海经·大荒东经》又有招摇山，"融水出焉"。《吕氏春秋·本味篇》"招摇之桂"，高注："招摇，山名，在桂阳。"由此推断，丽麜水当即漓水，招摇山当即阳海山（今广西兴安南海洋山），丽江亦当即漓水。

方的水果以橘、柚最著名。

（二）东方的土特产主要为海产和织物。海产主要为鱼、盐,织物除普通布帛外,有所谓紫、绤等(《荀子·王制篇》)。紫是一种紫色的丝织品,绤是一种粗的麻织品。

（三）西方的土特产主要为矿产和鸟兽,有皮革、文旄(《荀子·王制篇》)和铁、池盐等。旄是牦牛尾。

（四）北方的土特产主要为家畜和果树。家畜主要为犬、马(《荀子·王制篇》)、橐驼(《战国策·楚策一》)。果树主要为枣、栗(《战国策·燕策一》)。

上述战国时代四方土特产的情况,基本上已和汉代差不多。①

战国时代著作的《禹贡》,其中所谈到的各州贡品,实际上也就是战国时代各个地区的土特产。我们现在分叙于下:

（一）兖州有漆、丝、织文(染织品)。

（二）青州有丝、檿丝(檿是柞树,檿丝即柞蚕丝)、枲(麻皮)、绤(细的麻织品)、盐、各种海产物、松、铅、怪石等。

（三）徐州有蠙珠(蚌中的珠)、鱼、磬石、桐、染色的羽毛、玄纤缟(黑色细的丝织品)等。

（四）扬州有金三品(金、银、铜)、锡、瑶琨(美玉)、篠簜(竹竿)、齿、革、羽毛、草雨衣、织贝(染织品)、橘、柚等。

（五）荆州有金三品、杶、幹(柘幹)、栝、柏、砺砥(磨石)、砮(作箭

---

① 《史记·货殖列传》记述汉代各地物产的情况说:"夫山西饶材、竹、穀(木名)、纑(山中纻)、旄、玉、石,山东多鱼、盐、漆、丝、声色,江南出枏、梓、薑、桂、金、锡、连(铅)、丹砂、犀、瑇瑁、珠、玑、齿、革,龙门、碣石北多马、牛、羊、旃(毡)、裘、筋、角,铜铁则千里往往山出棋置,此其大较也。"

头用的砮石)、丹(丹砂)、箘、簬(竹名)、楛、菁茅(有毛刺的茅)、玄纁(黑色浅赤色丝织品)、玑组(穿珠的丝带)等。

(六) 豫州有漆、枲、绨、纻(粗麻)、纤纩(细的丝棉)、磬石等。

(七) 梁州有璆(美玉)、铁、银、镂(钢铁)、砮、磬、熊、罴、狐狸等。

(八) 雍州有球、琳、琅玕等玉石。

《周礼·职方氏》又说：兖州青州"其利蒲、鱼"，扬州"其利金(铜)、锡、竹箭"，荆州"其利丹、锡、齿、革"，豫州"其利林、漆、丝、枲"，雍州"其利玉、石"，幽州"其利鱼、盐"，冀州"其利松、柏"，并州"其利布、帛"。这些记述，和我们前面所叙述的四方土特产的情况，大体上相同。

商业和交通的发展 春秋战国间由于生产力的提高，农业和手工业生产的发展，商业也发达起来。当时商业和手工业的经营者，一般可以取得十分之二的利润。据说"周人之俗，治产业，力工商，逐什二以为务"(《史记·苏秦列传》)。地主、官僚为了满足自己的欲望，和商业市场有很多联系；他们剥削所得的多余农副业产品，也需要通过市场换取大量的奢侈品，这时贩卖奢侈品的利润是最多的。大商人吕不韦的父亲就曾说：珠玉买卖的利润，可有百倍之多(《战国策·秦策五》)。同时，由于社会分工日益细密，农民除了粮食、布匹、菜蔬以外，农具和若干实用物品都需要向市场购置，农民的"余粟"、"余布"已投入交换的领域，手工业者制造出来的农具、陶器、木器、车辆、皮革器也都投入交换的领域。在这样"以粟易械器"和"以械器易粟"的过程中(见《孟子·滕文公上篇》)，商人为了"市贾(价)倍蓰"，也就不顾"关梁之难、盗贼之危"，而奔走四方了(《墨子·贵义篇》)。

由于各个诸侯国和各个地区间商品交换上的需要，交通工具有了进步。战国中期的造船技术已达到相当的水平。航行于岷江、长江中的舫船(两船相并而组成的大船),能够载运五十人和足够吃三个月的粮食,顺流而下,"一日行三百余里"(《战国策·楚策一》、《史记·张仪列传》)。同时车辆制造技术更有进步,《考工记》的《轮人》已经要求车轮的制造做到"虽有重任,毂不折"。墨翟曾说他制造的车辖,可以"任五十石之重"(《墨子·鲁问篇》)。秦国为了解决从汉中到蜀地交通上的困难,在范雎为秦相期间,已经修筑起架空的栈道,有所谓"栈道千里,通于蜀汉"(《战国策·秦策三》、《史记·蔡泽列传》)。桥梁架设的技术也有进步。公元前二八九年(秦昭王十八年)秦将司马错攻魏的垣、河雍,"决桥取之"(《史记·秦本纪》)。河雍即河阳(今河南孟县西),在黄河北岸,正与黄河南岸的孟津相对。当时河雍和孟津间已架设浮桥,这就是历史上黄河的第一座浮桥,当司马错攻取河雍时,是冲决河桥而取得的。这就是后世富平津的河阳桥的起源。公元前二五七年(秦昭王五十年)秦"初作河桥"(《史记·秦本纪》),用来便利河西和河东的交通,这又是后世蒲津桥的起源。春秋晚期秦后子出奔到晋,"享晋侯,造舟于河,十里舍车,自雍及绛。归取酬币,终事八反"(《左传》昭公元年)。但这不是常设的浮桥。黄河上常设浮桥,是从战国中期开始的,这是商业和交通重大发展的结果。公元前二四〇年(赵悼襄王五年)赵国派"庆舍将东阳、河外师守河梁"(《史记·赵世家·正义》:"河梁,桥也")。这是赵国在黄河中游设置的浮桥,用以便利东阳和河外的交通的。

这时南方水上交通很有发展。在今太湖、鄱阳湖、洞庭湖的周围,水道纵横,水上交通四通八达。岷江、长江、汉水以及湘水、资水、沅水、澧水的交通,都很通畅。同时,由于邗沟和鸿沟等南北向的运

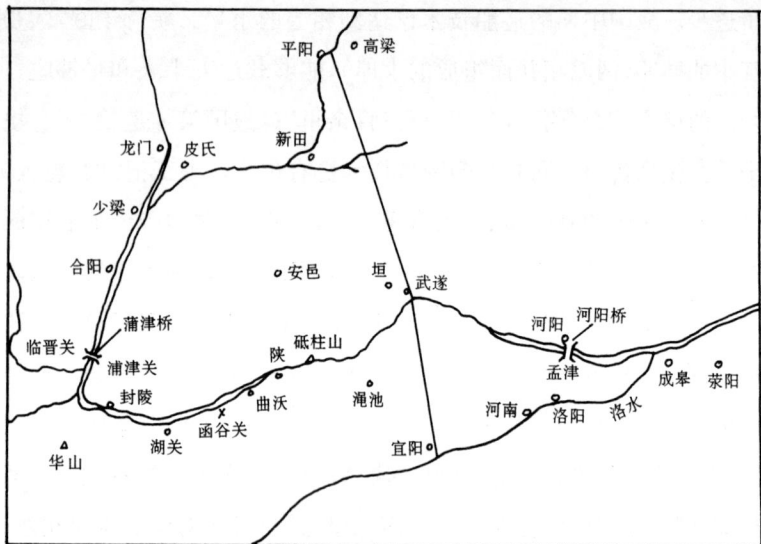

图二十三　蒲津桥、河阳桥与武遂(通道)位置图

河的开凿,南方和北方之间的水上交通也大有发展。中原地区的陆路交通,这时也有很大发展,在魏、赵、齐等国之间有着许多交错的交通大道,当时通称为"午道"①。"午道"并不是指一条交通大道,而是指许多条交错的交通大道。"午"这个字,就是一纵一横而交错的意思。

当时韩国有一条南北交通要道叫武遂(在今山西垣曲东南),靠

------

① 《战国策·赵策二》载策士所造苏秦游说辞说:"秦攻齐,则楚绝其后,韩守成皋,魏塞午道。"《史记·苏秦列传》同。《赵策二》又载策士所造张仪游说辞说:"今秦发三将军,一军塞午道,告齐,使兴师渡清河。"《史记·张仪列传》同。《索隐》说:"此午道当在赵之东,齐之西也。午道,地名也。郑玄云:一纵一横为午,谓交道也。"《史记·楚世家》载顷襄王十八年楚人有以弋射说楚王道:"朝射东莒,夕发浿丘,夜加即墨,顾据午道,则长城之东收,而太山之北举矣。"《索隐》说:"午道当在齐西界,一从一横为午道。"由此可见,午道是魏、赵、齐三国之间交错的交通大道。

黄河北岸。"遂"当读作"隧",武遂是穿凿山岭地带而成,用以贯通韩国黄河南北两区,并具有关塞的性质。由此北上可以直达韩的故都平阳(今山西临汾西南),南下渡黄河可以直达韩的大县宜阳。①

从成皋沿黄河到函谷关,有一条交通大道,当时人通称为"成皋之路"(《战国策·秦策三》),东方各国合纵攻秦常常由此进军。在秦国,从汉中越过七盘岭进入蜀地,有一条通道叫做石牛道,也叫牛金道。在三晋地区,通过井陉(今河北井陉西)、轵道(今河南济源西北)、孟门(今河南辉县西)、天门(今山西晋城南天井关),有许多条通道沟通太行山两侧地区。在楚国,从南阳盆地东出伏牛山隘口,有一条通向中原的大道,叫做"夏路"(《战国纵横家书》二十四、《史记·越世家》)。根据鄂君启节铭文,从伏牛山隘口的方城(今河南叶县西南保安)东南向有一条车道,经过象禾(今河南泌阳北象河关)、畐焚(今河南遂平)、繁阳(今河南新蔡北),到达下蔡(今安徽凤台)和居巢(今安徽寿县东南);水路通过汉水进入长江,东向经过鄂(今湖北武汉东南)、彭蚌(今湖北湖口东,"蚌"通"蠡"),到达松阳(今安徽枞阳);进入泸江,到达爰陵(今安徽宣城);向南经过湘水西南向,可以到达郴阳(今广西全州北);经潕水(今耒水)南向,可以到达鄙(今湖南永兴)。

_____

① 《史记·秦本纪》载秦武王四年(公元前三〇七年)"拔宜阳,斩首六万,涉河,城武遂"。《韩世家》载韩襄王六年(公元前三〇六年)"秦复与我武遂",九年"秦复取我武遂",十六年"秦与我河外及武遂"。韩釐王六年(公元前二九〇年)"与秦武遂地二百里"。《楚世家》记楚臣昭雎谓楚怀王曰:"秦破韩宜阳,而韩犹复事秦者,以先王墓在平阳,而秦之武遂去之七十里,以故畏秦。"又云:"然存韩者楚也。韩已得武遂于秦,以河山为塞,所报德莫如楚厚,臣以为其事王必疾。"秦一再攻取韩的武遂,就是因为这是韩贯通南北的要道和关塞所在,以此要挟韩屈从。韩釐王十六年孟尝君合纵,齐合韩、魏之师攻入秦的函谷关,迫使秦以河外及武遂归还韩,又以河外及封陵归还魏,因为武遂和封陵是韩、魏两国防守的要塞和交通要道。韩釐王六年"与秦武遂地二百里",就是被迫将这条二百里的交通要道全部给秦。

当时无论陆路或水路,运输物资的数量是很大的。鄂君启节铭文说:"屯三舟为一舿(舸),五十舿(舸)。"就是说水上运输,集三舟合为一舸,以"五十舸"即一百五十舟为限。鄂君启节铭文又说:"女(如)马,女(如)牛,女(如)慝(特),屯十台(以)堂(当)一车;女(如)檐(担)徒,屯二十檐(担)台(以)堂(当)一车;台(以)毁于五十乘之中。"这是规定陆上运输以车五十乘为限。如果用马牛等牲畜来驮载货物,则集十匹以当一车;如果用肩挑者(担徒)来挑担,则集二十担以当一车。所谓"以毁于五十乘之中",就是说必须把牲畜驮载的和用人肩挑的折算好,从规定的五十乘中扣除。这样在运输的通行证上明文规定陆路以五十辆车为限,水路以一百五十只船为限,说明战国中期以后官僚和商人陆运或水运的物资,数量已经很大了。

垄断市场的大商人的出现 春秋战国之际由于商品交换的发展,商人垄断市场的情况开始出现了。孟子说:"有贱丈夫焉,必求垄断而登之,以左右望,而罔(网)市利。"(《孟子·公孙丑下篇》)就是说:在旷野的集市上,有商人登到横断的高岗上,即所谓"垄断"上,临高望远,左顾右盼,见利就网罗,于是把市利全网罗了。这就是"垄断"一词的来历。这样在集市上进行"垄断",实际上网罗不到大利的。当时富商大贾网罗大利的主要方法,就是囤积居奇,掌握时机。当时依靠囤积居奇、垄断市场而成为大商人的已经不少,著名的有范蠡、端木赐等人。

范蠡,楚国人,越王勾践的谋臣,帮助越国奋发图强,灭亡吴国,建立霸业。后来离越入齐,又从齐到达当时居于交通中心的商业城市陶邑,从事经商,号称陶朱公。他采用计然的贸易理论,"候时转物,逐什一之利"(《史记·越世家》),"十九年之中三致千金",子孙又继续加以经营,家产富到"巨万"(《史记·货殖列传》)。

端木赐,字子贡,卫国人。孔子弟子,善于辞令,曾游说齐、吴等国,促使吴救鲁伐齐。孔子说他很有经商的本领,"亿(臆)则屡中"(《论语·先进篇》),就是说猜测商情往往猜中。他经商于曹、鲁两国之间,"与时转货资",很是发财,"家累千金"(《史记·仲尼弟子列传》),成为孔门七十子中最富的一个。他"连驷结骑",带着礼品,聘问各国,"国君无不分庭与之抗礼"(《史记·货殖列传》)。

当时商人采用这种囤积居奇、掌握时机的经商方法,已较普遍。《战国策·赵策三》载希写对建信君说:"夫良商不与人争买卖之价,而谨司时。时贱而买,虽贵已贱矣;时贵而卖,虽贱已贵矣。"这样讲究囤积居奇和掌握时机,只有在商品经济比较活跃的情况下才可能出现,同时也必须是富商大贾有大本钱才可能这样做的。因而"长袖善舞,多钱善贾",已成为当时流行的"鄙谚"(《韩非子·五蠹篇》)。

到战国晚期,投机的商人更为活跃,吕不韦就是当时著名的投机大商人。他原是个"家累千金"的"阳翟(今河南禹县)大贾",但是他不满足于做商业的投机,要把商业上的投机方法运用到政治上来,认为做珠玉生意盈利有"百倍",而"立国家之主"可以盈利"无数"(《战国策·秦策五》)。因而他到赵的国都邯郸经商,结识了作为"质子"留在那里的秦公子异人(即子楚),就认为"奇货可居"(《史记·吕不韦列传》)。后来吕不韦的政治投机居然成功,异人被接回立为太子,接着继承王位,便是秦庄襄王。吕不韦因此出任秦的相国,封为文信侯,并取得了"仲父"尊号,一度掌握着秦的大权。

各种巨富的产生　战国时代的巨富,一种是依靠囤积投机起家的,如前面所举的范蠡、端木赐之类。一种是由经营大手工业起家的,如上一章中所举的猗顿、郭纵之类。这类经营大手工业起家的巨富,同时也还有兼营商业的。《尸子·治天下篇》说:"智之道,莫如因贤。譬之犹相马而借伯乐也,相玉而借猗顿也,亦必不过矣。"说明猗顿不但由于经营河东的池盐而成巨富,而且兼营贩卖珠宝的商业,因而有高明的"相玉"技能。《淮南子·氾论篇》也说:"玉工眩玉之似碧卢者,唯猗顿不失其情。"碧卢是一种美玉的名称。这是说:只有猗顿才能辨别美玉的真伪。这些巨富的财富是能和诸侯国国君的财富相比的。《韩非子》就曾把"上有天子、诸侯之势尊"和"下有猗顿、陶朱、卜祝①之富"相提并论(《解老篇》)。到秦始皇时,更有开发丹穴和从事畜牧成巨富的。据说,巴郡有寡妇名叫清的,曾因开发丹穴内的丹砂发大财。又有乌氏(今宁夏固原东南)人名倮的,他买了精美的丝织品献给游牧部族的戎王,戎王偿还了他大量的家畜,因而由畜牧成为巨富。秦国为了奖励起见,曾"令倮比封君,以时与列臣朝请",曾为寡妇清建筑女怀清台(《史记·货殖列传》)。这时少数巨富的产生,说明当时商业的发展,高利贷的发展,加快了财富的集中,加剧了财富的不平等,促使社会上贫富悬殊的现象越来越严重。

四　城市的兴起及其发展

人口的增加　在春秋中期以前,各国人口是比较稀少的,没有开垦的荒地还是很多,甚至在中原地区宋、郑两国之间还有"隙地"。由于生产力的提高、生产的发展,人民生活得到一定程度的改善,人口

---

①　卜祝,有人认为是"木叔"的音转,即指子贡的后裔端木叔。《列子·杨朱篇》载:"卫端木叔,子贡之世也,藉其先资,家累万金。"

逐渐增加,荒地陆续开垦,新的邑也就不断增加。到战国时代,许多中原国家人口的密度就有了显著的提高。据说,齐国的情况是"邻邑相望"(《庄子·胠箧篇》),"鸡鸣狗吠之声相闻,而达乎四境"(《孟子·公孙丑上篇》)。魏国的情况是"庐田庑舍,曾无刍牧牛马之地。人民之众,车马之多,日夜行不休,已无异于三军之众"(《战国策·魏策三》)。

　　春秋战国间,各诸侯国为了达到其国力富强的目的,也已注意到人口增加的问题。墨子就曾说:当时王公大人都要求"国家之富"、"刑政之治"和"人民之众"(《墨子·尚贤上篇》)。春秋末年越王勾践有所谓"十年生聚,十年教训"。战国初期魏惠王也曾忧虑其邻国之民不减少而本国之民不加多(见《孟子·梁惠王上篇》)。当时各诸侯国也曾采取一些新措施,例如魏国在魏文侯时,相国李悝曾开创平籴办法,认为"籴甚贵伤民,甚贱伤农。民伤则离散,农伤则国贫"(《汉书·食货志》)。魏惠王也曾想方设法控制灾区人口,所谓"河内凶则移其民于河东,移其粟于河内;河东凶亦然"(《孟子·梁惠王上篇》)。当时中原地区七国的总人口大约不过二千万左右。[①]

　　城市人口的增加　春秋时代,都邑的人口是不多的。一般诸侯国的国都周围不过九百丈,卿大夫的都邑只有国都的三分之一、五分之一甚至九分之一大(见《左传》隐公元年)。一般的邑住户不过千室,最少的只有十室,普通的是百室。可是到战国时代情况就不同了。古时,"城虽大,无过三百丈者,人虽众,无过三千家者",而现在

---

　　① 《续汉书·郡国志一》刘昭注引《帝王世纪》:"然考苏〔秦〕、张〔仪〕之说,计秦及山东六国,戎卒尚存五百余万,推民口数,当尚千余万。"这个估计太低。

呢,"千丈之城、万家之邑相望也"(《战国策·赵策三》赵奢语)。"三里之城、七里之郭"(《墨子·非攻中篇》、《孟子·公孙丑下篇》),已普遍出现。"万家之县"、"万家之邑"也已到处存在。春秋战国间,晋国知氏迫使魏氏、韩氏共同进围赵的晋阳时,韩康子、魏宣子都被迫送"万家之邑"给知伯;而知过也曾劝知伯和魏、韩相约,在破赵后封其谋臣赵葭、段规以"万家之县"(《战国策·赵策一》、《韩非子·十过篇》)。同时,"万家之都"这个名称,在战国时代也常见了(《战国策·赵策四》虞卿说赵王语、《韩策二》冷向说韩咎语)。从这里,可知战国时代都市的人口确有显著的增加。

城郭的发展 自从西周初期周公创建东都成周(今河南洛阳),开创小城连结大郭的布局,"筑城以卫君,造郭以居民"(《太平御览》卷一九三引《吴越春秋》,今本失载),这种方式不仅成为此后建设都城的准则,而且成为设置所有城邑的原则。自从郡县制度推行,所有郡城和县城也都是小城连结大郭的布局。随着商品经济的发展,居民生活上的需要,"城"和"郭"中常设有"市","郭"中的"市"就有一定的规模和设施。例如《战国策》说赵的上党郡有十七县(《秦策一》),而《史记》又说上党有城市之邑十七(《赵世家》)。《考工记》说:匠人建筑国都"面朝后市",所以要规定国都的建筑前面为朝廷而后面为市,也就是这个缘故。这个"面朝后市"的国都建设的规范,一直是被后世所遵循的。

春秋战国间,由于农业和手工业生产的发展,由于商品经济的发展,城市也随着发展起来。这时城市人口的增多,一方面是由于人口的增加,一方面是由于农村人口不断向城市集中。有些大城市就不止三里,户口也不止万家。一般说来,当时郡城的规模要比县城大一倍以上,国都的规模又要比郡城大一倍以上。例如韩的大县宜阳(今河南宜阳西南),是上党、南阳两郡间贸易的要道,商业比较繁盛。据说宜阳"城方八里,材士十万,粟支数年"(《战国策·东周策》),因而秦国丞相甘茂说:宜阳"名为县,其实郡也"(《战国策·秦策二》、《史记·甘茂列传》)。

在各国的国都中,以齐国都临淄(今山东临淄北)规模为最大,也最繁华。有人曾这样描写临淄的繁荣情况:临淄城中共有七万户人家,每家有三男子,就有二十一万男子。居民都很富裕。城市中的娱乐,有吹竽、鼓瑟、击筑、弹琴等音乐活动,有斗鸡、走犬、六博、蹹鞠(踢球)等娱乐活动。马路上来往车辆很拥挤,常常车轮和车轮相撞;来往的行人也是肩膀碰着肩膀。人们的袵(衣襟)连起来可以合成帷(围帐),人们的袂(衣袖)举起来可以合成幕,大家一挥汗就好像下雨一般。人们都"家敦而富,志高而扬"(《战国策·齐策一》、《史记·苏秦列传》)。这是多么热闹的一个商业城市呵!临淄城中最热闹的街道叫做庄,是一条直贯外城南北的"六轨之道"。这条街道附近最热闹的市区叫做岳,在北门以内,是市肆和工商业者聚集之所。所谓"庄岳之间",是战国时代齐国人口最密集而最繁华的地方。①

---

① 临淄城中称为庄的街道和称为岳的里,春秋时已有。《左传》襄公二十八年载陈桓子曰:"得庆氏之木百车于庄。"杜注:"庆封时有此木,积于六轨之道。"又载:庆封"还伐北门,克之;入伐内宫(指宫城),弗克;反陈于岳,请战,弗许。"杜注:"岳,里名。"可知岳在北门以内,内宫之北。《左传》昭公十年载:"五月庚辰,战于稷,栾、高败,又败诸庄。国人追之,又败诸鹿门。"可知庄可通东南的鹿门,庄当为直贯外城南北的大道。到战国时代,庄和岳一带极为繁荣。《孟子·滕文公下篇》记孟子对戴不胜说:"有楚大夫于此,欲其子之齐语也,则使齐人傅诸? 使楚人傅诸?"戴不胜对答说:"使齐人傅之。"孟子又说:"一齐人傅之,众楚人咻之,虽日挞而求其齐也,不可得矣。引而置之庄岳之间数年,虽日挞而求其楚,亦不可得矣。"说明当时"庄岳之间",是齐国人口最密集而最繁华的地方。

楚国的国都郢(今湖北江陵西北纪南城)也很是热闹。有人这样描写郢的繁荣情况:来往的车辆是车轮碰车轮,行人是肩碰肩,在市中道路上你推我,我挤你,早上穿的新衣服,到晚上就挤破了。①

商业城市的兴起 这时的黄河流域和长江流域,已有大的商业城市兴起。据《盐铁论》说:"燕之涿(今河北涿县)、蓟(今北京西南),赵之邯郸(今河北邯郸),魏之温(今河南温县西南)、轵(今河南济源东南轵城),韩之荥阳(今河南荥阳东北),齐之临淄,楚之宛(今河南南阳)、陈(今河南淮阳),郑之阳翟(今河南禹县),三川之二周(指洛阳、巩二城),富冠海内,皆为天下名都。"(《通有篇》)这些"名都"都该是战国时代兴起的重要城市。此外如齐的即墨(今山东平度东南)、安阳(今山东阳谷东北)②、薛(今山东滕县东南),赵的蔺(今山西离石西)、离石(今山西离石),魏的大梁(今河南开封)、安邑(今山西夏县西北禹王村),韩的郑(今河南新郑)、屯留(今山西屯留南)、长子(今山西长子西南),楚的寿春(今安徽寿县),越的吴(今江苏苏州),

① 《北堂书钞》卷一二九衣冠部和《太平御览》卷七七六引桓谭《新论》说:"楚之郢都,车毂击,民肩摩,市路相排突,号为朝衣鲜而暮衣弊。"

② 安阳是齐国著名的商业大城市,铸有刀币,但是它的所在地址不见文献记载。《史记·项羽本纪》载,秦将章邯围赵于巨鹿,楚怀王命宋义往救,宋义率大军行至安阳,留四十六日不进,并遣其子宋襄相齐,送之至无盐,饮酒高会而归,项羽因杀宋义而引兵渡河(黄河),持三日粮,与秦兵决战,九战,绝秦军甬道而大破之。《索隐》据《后魏书·地形志》"己氏有安阳城,隋改己氏为楚丘",以此安阳在楚丘西北,即在今山东曹县东。考古钱者以为此即齐之安阳。《正义》对此说存疑,认为楚丘"向巨鹿甚远,不能数绝章邯甬道,持三日粮至也"。不仅如此,若安阳在今曹县东,距无盐(今山东东平东)约有三百里,宋义不能远离大军送子到无盐,更不能于当天归来。我认为,楚丘一带当时为宋地,不可能是齐的安阳。齐的安阳当在东阿(今山东阳谷东北阿城镇)的西北,亦即在阿泽之阳,因称安阳。古"安""阿"同音通用,犹如赵的阿邑或称安邑。项羽由此引兵渡河至巨鹿,持三日粮可以到达。齐的工商业以丝织品为最盛,阿缟是最著名的,此地正当齐西北水陆交通要道,因而成为齐西边的最大商业城市。

宋的陶邑（也称定陶，今山东定陶西北），卫的濮阳（今河南濮阳南），秦的雍（今陕西凤翔南）、咸阳（今陕西咸阳东北）、栎阳（今陕西临潼北栎阳镇），也都是当时有名的大城市。其中如邯郸、宛都是冶铁手工业的著名地点，安邑是煮造池盐业的著名地点，安邑、大梁、郑、洛阳、河南、陈、寿春、濮阳、雍、咸阳、吴等城，都曾是各诸侯国国都的所在地。

在这些商业城市中，宋的陶邑最为重要。它北临济水，东北有菏水沟通泗水，自从鸿沟开凿以后，济、汝、淮、泗之间构成水道交通网，陶邑正处于这个交通网的中间。陆路交通也是发达的。由此向东北是商业发达的卫国，向东是鲁国和齐国，向西是魏国和韩国。因为它地处中原地区水陆交通的中心，"诸侯四通"，就成为"货物所交易"的"天下之中"。这里手工业和商业都很发达，人口众多，范蠡就曾在陶邑"三致千金"。直到汉初，包括定陶在内的济阴郡还是个人口众多的地区。济阴郡是汉代在中原的一个小郡，只有九个县，人口有一百三十八万多（《汉书·地理志》）。

卫都濮阳同样是个繁荣城市，当时人常以陶、卫并称。鲁仲连给燕将的信，就曾说："请裂地定封，富比陶卫。"（《战国策·齐策六》）濮阳地处濮水以北，交通便利，是三晋和齐货物集散的重要地点。洛阳也是商业发达、人口众多的城市，后来吕不韦把河南洛阳作为食邑，民户有十万户。韩的旧都阳翟也是著名的商业城市，吕不韦曾经是阳翟大贾。直到汉代，这里还是户口众多的地方，有"户四万一千六百五十，口十万九千"（《汉书·地理志》）。

都城的规模扩大　当时各诸侯国的国都，都有小城和大郭连结着。大郭是各级官吏和一般人民的居住区，还有集中经营手工业和商业的市区。小城是国君和贵族的住所,也就是宫城,宫殿都建筑在高大的夯土台基上,居高临下,成为全城的制高点,象征着中央集权的政治体制。在宫殿区内或宫殿区外,有大量官营的手工业作坊,主要铸造各种铁兵器、青铜兵器、铜币、青铜用器和铁工具等。这样,各诸侯国国都就成为一国政治、经济、文化的中心。例如齐国国都临淄,建筑在淄河西岸,大郭南北约四公里半,东西约四公里。小城在其西南角,周围约五公里,宫殿筑在小城西北部的夯土台基上。市区在大城的西部和小城以北,符合《考工记》"面朝后市"的规定。在小城的南部有冶铁、冶铜和铸钱的作坊,在大郭的北部也分布有不少冶铁和制骨的作坊。①韩国国都新郑,大郭南北最长处约四点四公里,东西最宽处约二点八公里,分布有冶铁、冶铜、制骨、制玉等作坊。小城在大郭的西北角,南北最长处约二点八公里,东西约二点四公里。赵国国都邯郸的布局,大体上和临淄相似。小城在大郭的西南角,俗称赵王城,由东、西、北三个小城组成,都有巨大的宫殿建筑遗址,尤以西城为密集。魏国都城大梁(今河南开封),至今尚未发现遗址。从文献看来,小城设在大郭西北,魏王游乐的梁囿即在西北郊,秦多次进攻大梁,先攻入梁囿中,所谓"秦七攻魏,五入囿中。"(《战国策·魏策三》和《史记·魏世家》)。燕国的国都之一武阳(即燕下都,今河北易县东南),分东西两城,东西城之间有河道隔开,西城可能是战国晚期适应战争需要而扩建的郭。东城中部偏北处有东西向的城垣,把东城分隔为南北两部。在这中隔城垣的南北两侧,就是宫殿区,占有整个东城北半部的东半段。在宫殿区的西半部和南侧,围绕有密

---

① 见群力《临淄齐国故城勘探纪要》,《文物》一九七二年第五期。

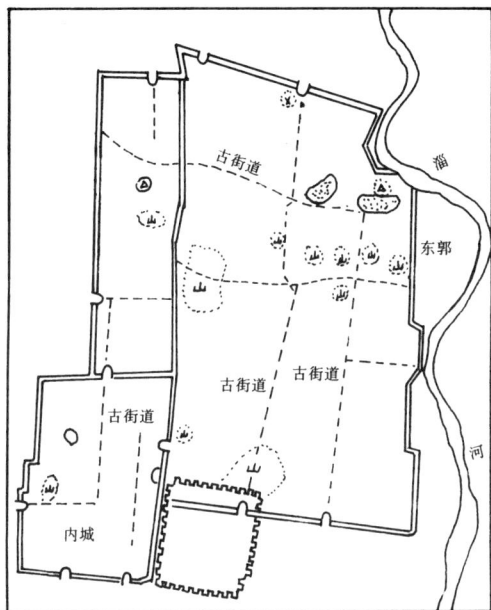

齐都临淄遗址图

郑韩都城遗址图

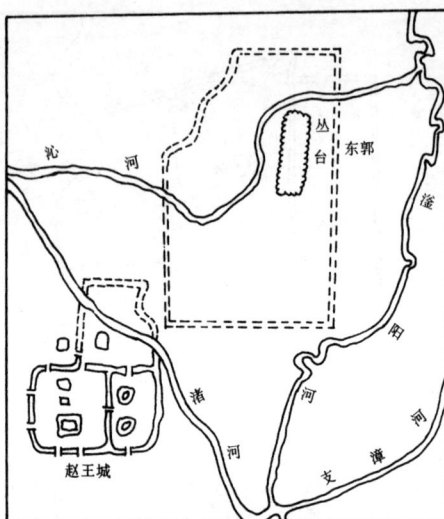

赵都邯郸遗址图

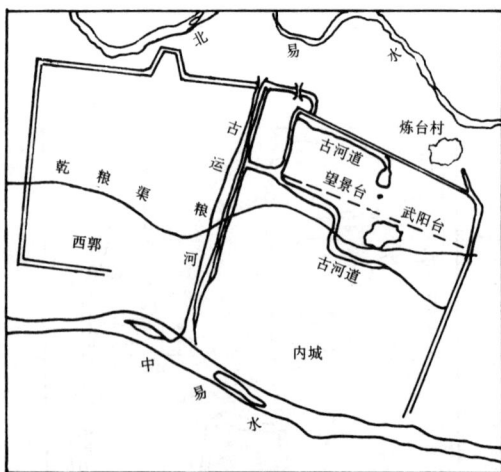

燕下都武阳遗址图

图例：🐾 铸铁遗址 🐾 铸铜遗址 ⊛ 铸钱遗址 ⊗ 制骨遗址 〰〰 现有城墙

图二十四　齐、韩、赵、燕四国都城遗址图

集的手工业作坊,主要是冶铁、铁兵器、铸钱、制骨、制陶的作坊。人民居住区则分布于离宫殿区稍远的西南部。墓葬区在城址的西北角。①

　　根据燕下都遗址的勘探和试掘,城垣采用穿棍、穿绳和夹板夯筑的筑法。由于城垣很厚,不可能一次夯成,需要由里向外,或由外向里,逐段加宽夯筑。大体上用两块木板上下排列,用绳从两端揽紧,然后夯筑。夯完一层之后,再筑一层。宫殿区有三座大型的主体建筑,前后排列。从这些主体建筑和其他建筑组群的布局,可以看出宫殿结构复杂而庞大,建筑物宏伟而豪华。当时建筑已有排水设备,地下有衔接的陶管下水道;露出地面的陶水管有作蛙头形的。

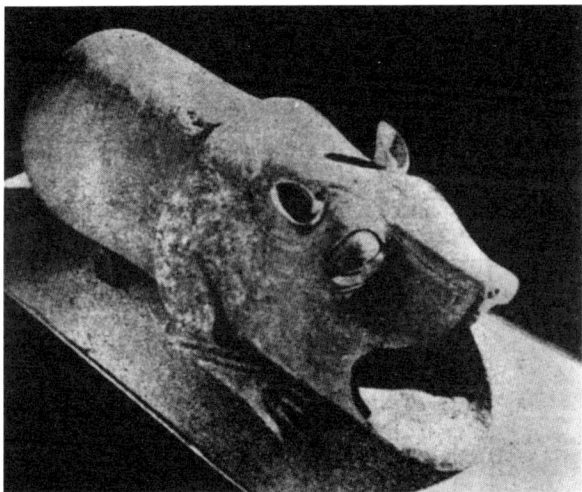

图二十五　蛙头形陶水道管出口部分

　　一九五八年河北易县燕下都遗址出土。这是当时地下铺设的陶水道管的出口部分。蛙头形长一百二十厘米,口径纵三十六点五厘米、横三十四厘米。

---

　　①　见河北省文化局文物工作队《河北易县燕下都故城勘察和试掘》,《考古学报》一九六五年第一期。

在每个国都的宫城中,都有规模宏大的宫庭。例如秦孝公从雍迁都到咸阳,就曾模仿鲁、卫等国的宫庭规模,"筑冀阙宫庭于咸阳"(《史记·商君列传》)。而且有的国都不止一个宫庭,例如秦国有咸阳南宫①。赵国有信宫、东宫(《史记·赵世家》赵武灵王十九年、二十七年),赵武灵王就曾在这里上朝。齐国有雪宫,那是国君游乐的处所(《孟子·梁惠王下篇》)。在其他的都市,各诸侯国国君也往往建筑有游乐的宫庭,例如秦国在雍有秦孝公所建的橐泉宫、秦昭王所建的棫阳宫,在陈仓(今陕西宝鸡东)有秦昭王所建的羽阳宫,在美阳(今陕西武功西北)有宣太后所建的高泉宫,在虢(今陕西宝鸡东虢镇)有宣太后所建的虢宫,在鄠(今陕西鄠县北)有秦孝文王所建的萯阳宫(《汉书·地理志》)。韩国在成皋、荥阳有鸿台之宫(《战国策·韩策一》、《史记·张仪列传》)。赵国在沙丘(今河北巨鹿东南)有沙丘宫(《史记·赵世家》)。

在国都中,除了宫城中有国君的宗庙、宫庭和国家机构的各部门官署以外,又有国君宗族和各级官吏的住宅。那些大官的住宅也都是高门大屋。例如齐宣王曾招揽大批文学游说之士,对于淳于髡、田骈、接子、慎到、环渊等七十六人,都命为"列大夫",在稷下(临淄的稷门附近)"为开第康庄之衢,高门大屋尊宠之"(《史记·孟子荀卿列传》)。各诸侯国也有招待宾客的馆舍,例如蔺相如入秦,秦王曾留宿他在广成传舍(见《史记·蔺相如列传》)。那些养食客的亲贵大臣也都有招待食客的馆舍,而且这些馆舍是有等次的。例如平原君招待

---

① 《史记·秦始皇本纪》:十年"乃迎太后于雍而入咸阳,复居甘泉宫。"《集解》引徐广曰:"《表》云咸阳南宫。"《吕不韦列传·集解》引徐广语也说:"入南宫。"当以作"咸阳南宫"为是。按甘泉宫在甘泉,在咸阳以北三百里,建于秦始皇二十七年,见《三辅黄图》。

食客的馆舍有上舍、下舍之分,孟尝君招待食客的馆舍有传舍、幸舍、代舍之分,住幸舍的有鱼吃,住代舍的出入有车乘,因而食客也有鱼客、车客等名目。

当时诸侯国的郡城和县城,也有各级官署和各级官吏住宅,有各种官营手工业作坊,有集中的市区。

市的规模宏大　秦的都城雍(今陕西凤翔),从春秋时代一直沿用到战国初期。一九八六年在雍的东北部发现了战国时代市的遗址,四周有长方形的围墙,南北长一百五十米,东西宽一百八十米,四面围墙中间各有一座市门,建筑平面呈"凹"字形,入口处有大型空心砖作为踏步。整个市的面积近三万平方米。市的西边发现有南北向的四条大街,和东西向的大街交错成"井"字形。山东临沂银雀山出土的竹简中,有《市法》的残简,是战国时代著作,讲到"国市之法,外营方四百步",四百步合五百五十四米,规模要比雍的市大三倍。《市法》还讲到"为肆邪分列疏数"("邪"当读作"叙"),是说市肆有"列"的划分组织。所谓"列",就是要按商肆的性质加以划分。同时对商肆占地的大小,又按货物的贵贱有所规定,货贵的商肆不超过七尺,货贱的商肆不超过十尺,当指商肆的门面而言。《市法》更规定:"市啬夫使不能独利市。"就是不准市吏垄断市的利益。《韩非子·内储说上篇》记载有商(即宋)太宰如何监督管理市吏的故事。据说宋太宰派了家中仆人(少庶子)到市上去观察,看到市的南门外牛车很多,便召见市吏查问何以市门外多牛屎,市吏从此就惶恐小心对待自己的职守。

秦惠王时蜀守张若在成都建设城市,"市张列肆,与咸阳同制",还设置有盐铁市官(《华阳国志》卷三《蜀志》)。根据《秦律》来看,市上商店如同居民一样以五家为一"伍",设有"列伍长",协助官吏监督商人的经商活动。对于官营手工业作坊和官营商业的现金收入,还有一套严格的监督制度,规定经手人收到现金必须当场放入"钱缻"(储钱的容器)中,由"介者"从旁监督看他放进去,否则就要罚缴铠甲一件。

这时各大城市中已有世代居住的个体手工业者。例如宋国司城(以官名为氏)子罕所住的"宫"的南面,就住有"恃为鞔(皮履)以食三世"的工人,因为他家的墙突出到子罕的"宫"内,子罕想要他搬家,他说:如果搬了家,宋国求鞔的人就不知道我居住的处所,我将没有饭吃(《吕氏春秋·召类篇》)。在这些大城市里各种个体手工业者是很多的,冶金工、车工、皮革工、木工、漆工等都有住在城市里的,即所谓"百工居肆"。此外住在城市中的,还有杀狗的屠夫,即当时所谓"狗屠"的(见《史记·刺客列传》)。

这时市区内店铺林立,有"鬻金者之所"(《吕氏春秋·去宥篇》);也有"县(悬)帜甚高"①的"酤酒者"(《韩非子·外储说右上篇》);有出卖履的(《韩非子·外储说左上篇》);有"卖骏马者"(《战国策·燕策二》苏代语);有出卖兔的,所谓"积兔满市"(《吕氏春秋·慎势篇》);有贩卖茅草的,即所谓"贩茅者"(《韩非子·内储说下篇》);还有卖卜的,据说齐国公孙闬曾"使人操十金而往卜于市"(《战国策·齐策一》)。当时市上已什么都有出卖了,在繁荣的市里,清早就有许

---

① 《韩非子·外储说右上篇》说:"宋人有酤酒者,斗概甚平,遇客甚谨,为酒甚美,悬帜甚高,然而不售。"可知战国时代的酒家已挂着旗帜来招引顾客。这种招引顾客的旗帜,到唐宋时代称为望子,后来称为幌子。唐宋以后的诗人,在诗词里往往提到它,或称为青帘、酒帘、酒旗、彩帜。

多买客等候市门的开放。等到市门开放，就"侧肩争门而入"，为的是争取"所期物"（《史记·孟尝君列传》冯驩语）。

市中的工商业税以及争夺城市　这时诸侯国对于工商业已征收三种不同的税，有征收"廛"（屋基）的税，有征收"市"的营业税，又有征收通过"关"的税。当时诸侯国的财政收入，除了地租以外，工商业税也是很重要的部分。所以到战国中期，这些大城市也成为诸侯国争夺的目标之一，而且成为各国有权势的大臣争取作为封地的目标了。

宋国的定陶，是当时中原最繁荣的城市之一。在齐国灭宋前，齐、秦、赵三大强国都曾想夺取定陶，引起了激烈的斗争。不仅齐湣王要攻灭宋国，而且秦的穰侯魏冉和赵的奉阳君李兑都曾想攻取定陶作为自己的封地。由于争夺宋地，曾发生一系列合纵、连横的战争。苏秦曾劝说齐湣王废除东帝称号，发动合纵摈秦，以便乘机攻取宋国。在齐国灭宋后，由于齐国加强了对各国的威胁，又有五国联合攻齐和燕将乐毅攻破齐国的事变。在五国联合攻齐中，秦国首先攻取了定陶，把定陶作为魏冉的封地。等到魏冉被秦驱逐，忧郁死去以后，秦也就把定陶改建为郡，即所谓陶郡。等到秦国围攻赵都邯郸不克，魏信陵君魏无忌和楚春申君黄歇救赵，战胜了秦国，魏安釐王也就乘机攻了定陶，并且灭亡了卫国。从这一连串争夺定陶的事件中，很明显的可以看出：定陶是当时一个最富庶的商业城市，工商业税收比较多，便利于那些统治者搜括，因而各大国国君和亲贵大臣都想据为己有，把定陶作为争夺的目标了。

不仅像定陶这样富庶的商业城市是当时争夺的目标，就是那些由冶铁手工业发展起来的城市，也经常为各国所争夺。公元前三〇一年,齐相孟尝君田文曾联合韩魏攻楚。在这一战役中,三国联军大胜,杀死了楚的主将唐蔑,韩魏两国也就取得了楚的宛、叶以北地。韩魏两国所以要夺取宛、叶以北地,一方面由于这是"方城膏腴之地"(《战国策·秦策三》),一方面就是由于宛是著名的冶铁手工业地区和繁荣的商业城市。秦国在进行兼并战争中,对这些冶铁手工业地区当然也不肯放松。在公元前二九二年,秦便派司马错攻韩,取得了韩前次从楚那里夺得的宛。次年,秦又派司马错攻取了魏的轵和韩的邓。就在这年,秦把泾阳君公子市改封于宛,高陵君公子悝改封于邓。原来宛、邓两城是韩国南北两个冶铁手工业的重要地点,韩国著名的剑戟有出于宛冯邓师的,就是这两地的产品。这年秦国同时把泾阳君和高陵君改封于宛和邓,并不是偶然的事。这时,秦国宣太后专权,魏冉、公子市、公子悝、芈戎(华阳君)都为宣太后所宠幸,因而秦在兼并战争中夺得的最富庶的地方,便成为他们的封地了。魏冉所封的定陶,公子市所封的宛,公子悝所封的邓,芈戎所封的新城,都是当时工商业比较发达的地方。这四个封君所以会"私家富重于王室",就是这个原故。秦昭王在亲自掌握政权后,所以会听从范雎的话,把他们驱逐,也是这个原故。因为他们在这些富庶城市中肆意搜括,弄得"私家富重于王室",很难控制了。

从此可知,战国时代随着手工业和商业的发展,城市确已比较繁荣,而城市中的工商业,也就成为经济的一个重要组成部分了。

军市的兴起 特别需要一提的,是驻军附近的"军市"的兴起。纵横家苏秦对齐闵王的长篇游说辞:"士闻战,则输私财而富军市,输饮食而待死士。"(《战国策·齐策五》)说明当战争爆发时,驻军附近设有"军市",以便士兵购买日用消费品。至于各国边地长期驻军防守的地方,当然更设有经常的"军市"。据说"李牧为赵将,居边,军市之租,皆自用飨士,赏赐决于外"(《史记·冯唐列传》)。看来各国边地的"军市",由于驻军数量多,市场比较繁荣,"军市之租"(即市上的税收)也比较多,成为驻军将领的重要收入。李牧用它来赏赐士兵,很得士兵拥护。《商君书·垦令篇》规定:"令军市无有女子,而命其商人自给甲兵,使视军兴;又使军市无得私输粮者,则奸谋无所于伏。"又说:"盗粮者无所售,送粮者不私;轻堕之民不游军市,则农民不淫。"这样规定"军市"中不准藏有女子,不准私自贩卖粮食,不准轻堕之民游"军市",说明当时"军市"已比较热闹和繁荣。所有这些规定是为了防止"军市"发生种种流弊,防止"盗粮者"盗卖官府粮食,防止驻军和附近农民的生活腐化等等。

五　铸造货币的广泛流通和高利贷的横行

铜币的四种形式　春秋后期,已有铜铸货币的出现。公元前五二四年(周景王二十一年)曾铸"大钱"。在这以前早已有钱,而且有两种不同币值,或者"母权子而行",或者"子权母而行"。这时周景王铸"大钱",是为了"废轻而作重"(《国语·周语下》)。这种称为"钱"的铜币,是从称为"钱"(即铲)的农具转变来的。这种铜币又称为"布",又是"镈"(即锄)的假借字。十分清楚,铜币是模仿"钱"和"镈"等青铜农具形式铸造的。原始的"钱",古钱学家称为"空首布",或称"铲币"。所谓"空首",指首部有装柄的圆孔,如同铲的"銎"。春秋后期周的王城周围地区流行的空首布,有大型平肩、小型平肩和小型斜肩等三种,近年河南洛阳、伊川、新安、孟津、宜阳等地先后有多批出土,布上铸有十多个周的地名,大型和小型平肩布铸有"王"字的,当是王城所铸。春秋后期晋国太行山以北地区流行着耸肩尖足空首布,一九五四年山西侯马牛村古城南部曾出土十二枚。当为晋的都城所铸。传世这种布铸有甘丹地名,当为邯郸所铸。

战国铸造的铜币,主要有四种不同形式:一、布币,从空首布蜕变而来,主要流行于三晋(即魏、赵、韩三国),有圆肩、方足、圆跨的,有方肩、方足、圆跨的,有方肩、尖足、圆跨的,有方肩、方足、方跨的。二、刀币,从工具中的刀蜕变而来,主要流行于齐、燕、赵三国。齐刀形制较为长大,都是尖头,燕、赵形制较短小,方头或圆头。三、圆钱,钱作圆形,圆孔无郭,方孔的出现较迟。主要流行在东周、西周、秦以及赵、魏两国沿黄河地区。四、铜贝,形状像子安贝,该是沿袭古代用贝作货币的习惯而来,主要流行于楚国广大地区。商周墓葬中曾发现没有文字的铜贝或银贝,但尚不能认定是当时的实用货币。铜贝作货币当起于战国时代。

各国大商业城市所铸铜币 这时的大商业城市都曾铸造铜币,铜币上大都铸有地名。现在我们把比较可考的分国叙述于下:

(一)魏国 魏国所流行的布,主要形式是圆肩、方足、圆跨的。国都大梁、旧都安邑、蒲阪(今山西永济西)、晋阳(今山西永济西南)、共(今河南辉县)、山阳(今河南焦作东南)、虞(即吴,今山西平陆北)等城市所铸的,都是这种形式。其次是方肩、方足、圆跨的布,有阴晋(今陕西华阴东)所铸的。又有方肩、尖足、圆跨的布,有垣(今山西垣曲西南)、平周(今山西介休西)、皮氏(今山西河津东)、高都(今山西晋城)、宅阳(今河南郑州北)所铸的。

魏的布比较复杂,大小轻重不等,有的以釿为单位,有的以寽为单位。大体上一百釿等于一寽。大梁所铸的布,有"梁正尚(当)百尚

(当)寽”、“梁奇釿百尚(当)寽”、“梁半尚(当)二百尚(当)寽”、“梁奇釿五十尚(当)寽”四种。前两种是百枚当一寽,第三种是二百枚当一寽,第四种是五十枚当一寽。一寽的重量大约在一千四百克到一千六百克之间。安邑、梁、晋阳(铜币铭文作“晋易”)三城所铸有半釿、一釿、二釿三种,阴晋、虞二城所铸有半釿、一釿二种。垣所铸有“垣釿”一种,蒲阪(铜币铭文作“甫反”)所铸有一釿一种,共所铸有“共半釿”一种,垂所铸有“垂二釿”一种。山阳、平周、皮氏、高都、宅阳所铸没有单位名称和重量。幾所铸有“幾氏”“幾城”“幾釿”等种。据测定,上述以釿为单位的,一釿重十二到十五克,半釿重五到八克。上

图二十六　战国铜币(拓本)

　　左方是魏国的“梁正尚(当)百尚(当)寽”布和魏国的“共屯赤金”圆钱。中间是东周的“东周”空首布和赵国的“骜石”圆肩圆足布。右方是赵国的“甘丹”刀。

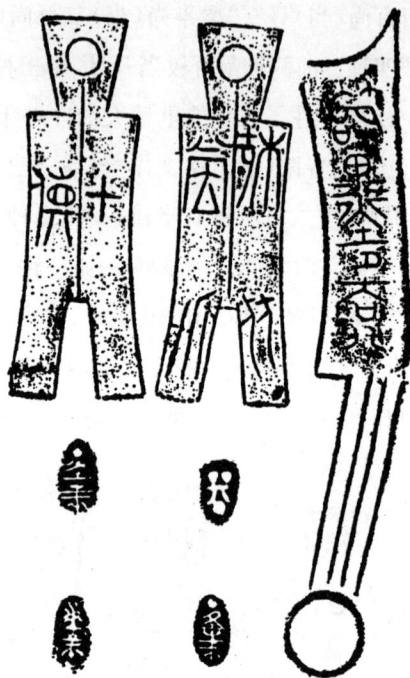

图二十七　战国铜币(拓本)

　　左方是楚国的"殊布当锊"布,背文作"十货"。下面是楚国的四种铜贝。右方是齐
国的"节墨之夻化"刀。

述以寽为单位的,两种"百当寽"布的重量都相当于一锊,可知"五十
当寽"、"百当寽"、"二百当寽"三种布实际上仍是半锊、一锊和二锊。

　　魏在沿黄河地区还有圆钱(圆孔无郭)流通,铸造的城市主要有
共、垣、长垣(今河南长垣东北)等城。共所铸圆钱有"共"、"共半锊"、
"共屯赤金"三种。垣所铸有"垣"一种。长垣所铸有"长垣一锊"、"长
睘一锊"二种。魏国还有无文铜贝流通,近年河南辉县琉璃阁和山西
侯马上马村都有出土。

（二）赵国　赵国所流通的布，主要形式是方肩、尖足、圆跨的。赵都邯郸（铜币铭文作"甘丹"）、晋阳（今山西太原）、蔺（铜币铭文作"閦"）、离石（铜币铭文作"磬石"）、武安（今河北武安西南）、中阳（今山西中阳）、武平（今河北霸县北）、安平（今河北安平）、中都（今山西平遥西南）所铸的，都是这种形式。晋阳、蔺、离石所铸也有圆肩、圆足的，大体上还是前一种形式的变化。还有一种安阳方足布，当为西安阳（今内蒙古乌拉特前旗东南公庙沟口）所铸①。

赵国还流行较小的刀币。有地名的，有邯郸（铭文作"甘丹"）、蔺（铭文作"閦"）、柏人（铭文作"白人"或"白"，在今河北临城东南）三种。以"化"（货）为单位，重量多数在十克以上。后来还铸有更小的刀币，有"晋阳新化"、"晋阳化"、"晋化"等种，重量七克左右。

赵国西部沿黄河地区也有圆钱（有郭）流通，有"蔺"、"离石"二种。蔺城有刀、布，又有圆钱。离石城有布和圆钱两种。可能圆钱铸造的时间较晚，是受了秦国圆钱的影响而铸造的。

（三）韩国　韩国所流通的布，主要形式是方肩、方足、方跨的。韩的旧都平阳（今山西临汾西北）、高都（今洛阳西南）、屯留、长子（铭文作"郼子"）、涅（今山西武乡西北）、卢氏（今河南卢氏）、邓（今河南孟县西）所铸的都是这种形式。卢氏所铸，也有空首的布，铭文除"卢氏"外，还有作"卢氏涅金"的。

（四）齐国　齐国所通行的主要是刀币。"齐厹（法）化（货）"、"齐建邦造厹（法）化"两种，当是齐都临淄所铸。临淄的宫城内就有

---

① 《文物》一九五九年第四期报道内蒙古包头出土安阳方足布钱范三件，可以证明铸这种布的安阳是西安阳。

铸造这种"齐夻(法)化"刀币的作坊。"节墨之夻(法)化"一种,当是即墨所铸。"安阳之夻(法)化"一种,当是安阳(今山东阳谷东北)所铸。另有"齐建邦迖(长)去(法)化"一种,较为少见,亦当为临淄所铸。重量都在五十克左右。另有一种明刀钱,背文有"齐化"、"莒□□"、"安阳□□"等字的,当是受燕国货币影响后所铸造的,时代大约较迟。

齐国晚期也铸方孔有郭的圆钱,有"賹六化"、"賹四化"、"賹二化"、"賹化"四种,当为賹(今山东寿光西南益城)所铸①。

(五)燕国 燕国主要流通的铜币,是方首有"明"字的刀,即所谓明刀。主要有两种:一种弧背,一种折背。另有一种平肩方足的半斫布,铸有地名襄平(今辽宁辽阳),曾出土于辽东半岛和朝鲜北部,当为战国晚期受三晋布币影响后所铸造的。"明刀"的"明"字,原作"ㄗ"或"ㄋ",当即"匽"字之省,前人误识为"明"。燕国铜器铭文都自称"匽"或"郾",而不作"燕"。燕国后来也行圆钱,方孔无郭的,有"匽四"、"匽化"两种;方孔有郭的,有"一化"一种,时代更晚。

(六)秦国 当西周、春秋之际,卫就曾以"布"为货币。《诗经·卫风·氓》说:"氓之蚩蚩,抱布贸丝,匪(非)来贸丝,来即我谋。"《毛传》:"布,币也。"秦原来经济比较落后,商品交换不发达,战国初期仍以一定尺寸布幅(麻布)作为货币使用。公元前三三六年(秦惠文君二年)"初行钱"(《史记·秦始皇本纪》、《六国年表》),开始铸钱流通,才用以代替"布"作货币。《秦律》的《金布律》规定"布袤八尺,幅广二

---

① 刘心源《奇觚室吉金文述》卷十四和卷四〇,因賹化布的钱范在山东潍坊出土,同时出土陶器的器底都有"益"字,断定这种钱币的铸地益当在今寿光西南的益城。

尺五寸"作为"布"的货币单位，又规定"钱十一当一布"，这是以新行的"钱"折合旧的"布"的币值的比例。《秦律》上有多处述及钱数都是十一的倍数，这是因为原来法律以"布"为货币，改用"钱"以后加以折算的结果。秦从"初行钱"这年以后，一切物价都已用钱计算。秦所通用的圆钱，主要是方孔无郭的"半两"。秦钱以"半两"为单位。

一九五五年洛阳王城遗址出土"文信"圆钱石范，传世古钱有"文信"圆钱，形制类似"半两"，当是秦相文信侯吕不韦封邑河南所铸。当时河南一带商业很发达。咸阳一带曾出土"长安"圆钱，当是秦王政之弟长安君成蟜所铸①。据此可知，战国末年秦专权的封君有铸钱的。

（七）西周和东周　洛阳曾出土圆孔有郭的"东周"和"西周"圆钱，当为东周君和西周君所铸。洛阳还曾出土"东周"小型空首布，亦当为东周君所铸。洛阳王城遗址南部瞿家屯以东发现战国时粮仓遗址，粮窑出土有"王"、"三川釿"、"东周"、安臧等文字的小型空首布和"安臧"圆钱②。可知当时洛阳一带所通用的货币，既有空首布，又有圆钱。

（八）楚国　楚国通行铜贝，也有布币，更流行黄金货币，币值单位为"釿"和"货"。

铜贝是楚国常用货币，流通量很大，所以历年出土很多。贝上文字很难识，"罕"是最多的一种，吴大澂释为"贝"字。宋代以来人们称它为"蚁鼻钱"或"鬼脸钱"。铜贝轻重不等，最轻的零点六克，最重的

---

① 关于"文信"圆钱，参见左丘《略谈四曲文钱》，《考古》一九五九年第十二期。关于"长安"圆钱，参见陈直《三辅黄图校正》，陕西人民出版社一九八〇年出版。

② 洛阳博物馆《洛阳战国粮仓试掘纪略》，《文物》一九八一年第十一期。

五点五至五点六克,一般为二点五至三点五克。

布币有"殊布当釿"一种,背文为"十货",江苏丹阳和浙江杭州曾有出土。另有"四布当釿"一种。据实测,"四布当釿"重七克半,"殊布当釿"重三十一到三十七克,四个"四布当釿"正和一个"殊布当釿"的重量差不多。而铜贝重量一般为两克半和三克半左右,可以推知"殊布当釿"背文"十货",就是指相当于十个铜贝。从此可知楚国货币的比值是:一个"殊布当釿"=四个"四布当釿"=十个铜贝①。

(九)中山　中山是战国时代中等国家,应该铸有钱币。传世古钱有一种"三孔布",圆首、圆肩和圆足,首和两足各有一个小圆孔,小的背文作"十二朱(铢)",大的作"一两",地名有上曲阳、下曲阳、南行唐、九门等,都是中山地名。近人推定为中山货币。②

大体说来,当时三晋和齐的钱币铸造权是属于中央政权和各大商业城市的地方政权的;秦、楚等国是统一由中央政权铸造的。秦国从公元前三三六年(秦惠文君二年)"初行钱"以后,就把铸造钱币的权集中到中央。《秦律》严禁民间私铸钱币,律文中就有搜捕盗铸钱币犯的例子。《秦律》还规定官府铸造的钱,不论好坏,一律通用,不准百姓挑选使用,也不准商店和官吏随意挑选。如果商店挑选使用,"列伍长"不向官吏报告的,或者官吏不加查究的,都有罪。到战国末年,专权的封君如文信侯吕不韦等,在其封邑铸钱发行,这是特例。

铜币的广泛流通　上面所讲的,是战国时代各国所通行的铜币的情况。春秋末年以后,铜币已在民间广泛流通。农民所生产的主

① 见李家浩《试论战国时期楚国的货币》,《考古》一九七三年第三期。
② 张守中《中山王舋器文字编》卷首张颔序,中华书局一九八一年版。

要农产品粟的价格已用货币来计算，一石粟价三十钱（见《汉书·食货志》李悝语），最低时二十钱，高涨时达到九十钱（《史记·货殖列传》引计然语），商人便从中垄断，尽可能地剥削农民。依据《秦律》的律文：禾（小米）价每石三十钱，菽（大豆）、麦的价格要比禾贱。小家畜大约每头二百五十钱左右。织物原料之一"枲"（供纤维用的大麻雄株），每斤三又三分之一钱（十八斤值六十钱）。布一幅，长八尺，阔二尺五寸，值十一钱；如果布幅长阔不合规格的不准在市上流通。根据战国初年魏相李悝估计，当时农民每年衣服费用是三百钱；而《秦律》规定官府对官奴发放衣服费用，冬衣每个成年人一百十钱，夏衣五十五钱，总共一百六十五钱，比农民每年衣服费用要低得多，说明奴隶的生活还要低于农民很多。至于比较富裕的人穿着丝帛制的衣服当然要贵得多，秦国一个参与统一战争的士兵的家信，曾向母亲要求给与五六百钱以备添置衣服（云梦睡虎地四号墓出土木牍）。战国时代临时的雇工已出现，钱布也已作为雇用"庸客"来耕田的工资（见《韩非子·外储说左上篇》）。当时雇佣劳动的最低工资是每日八钱。按《秦律》规定，赎罪而拿不出现钱的，借官府债而不能及时偿还的，都要到官府服劳役来抵偿，每劳役一天折合八钱，吃官家饭的折合六钱。由于货币的广泛流通，刀布也已和困窌里的粮食一样作为储蓄财富的手段（《荀子·荣辱篇》）。当时政府已征收一里一夫的布（《孟子·公孙丑上篇》），已有所谓"刀布之敛"了（《荀子·王霸篇》、《富国篇》）。《韩非子》曾说："征赋钱粟，以实仓库。"（《显学篇》）当时政府出通缉罪犯的赏格也已用钱。公元前二三八年（秦始皇九年），长信侯嫪毐作乱，秦王下令国中说："有生得毒者，赐钱百万，杀之五十万。"（《史记·秦始皇本纪》）至于商人，更利用钱币来进行不等价的交换,讲究怎样迅速流转资金,即计然所谓"财币欲其行如流水"(《史记·货殖列传》)。

钱币也已用作法律上的奖金、罚款和赎罪金,《秦律》把罚款叫做"赀布"、把赎"耐"、"黥"、"迁"(流放)等罪的钱叫做"赎耐"、"赎黥"、"赎迁"。《秦律》规定对盗窃犯判刑的轻重,所盗窃的钱多少是标准之一,盗取二百二十钱以下的和二百二十钱以上以及满六百六十钱的判刑不同。官营手工业作坊中的官奴损坏器物,也要按损坏器物的价值多少来处罚,值一钱的要鞭笞十下,值二十钱以上的就要"熟笞之"。

黄金的使用 随着商品经济的发展,到战国时代不但铜币已广泛流通,而且黄金也从这时开始使用,成为一般等价物,成为贵重的货币了。

图二十八 安徽阜南出土楚国"郢爯"金币拓本

近几年来安徽阜阳地区出土三批楚国"郢爯"金币,其中阜南三塔出土的三块完整的"郢爯",较为罕见,它们的重量在二百六十二克和二百八十克之间。这块打有十七个印,重二百六十二点八二五克。

战国时代使用黄金,每以斤、镒等重量单位来计算(镒重二十两,一说重二十四两)①,也有以金为单位的。楚国汝水、汉水流域多产黄金,《管子·国蓄篇》所说"金起于汝、汉",因此楚国使用黄金货币较多。楚国金币有两种:一种是饼金,安徽阜南三塔楚墓曾出碎块,湖北江陵望山楚墓中曾出土这种饼金的冥币(包金银的铅饼)。另一种是方形小金块,以"爯(稱)"为单位②,它是在扁平的方形金版上加钤印记,钤上十六、十九到二十多印记不等。含金量百分之九十以上,至少是百分之八十二。使用时按需要切成小块,按称量支付。钤印文字以"郢爯"为多,"陈爯"次之,"鄟爯"和"颍"少见,"覃金"只一见(安徽省博物馆所藏)。"郢爯"为楚国都所造,"陈爯"为楚顷襄王所徙国都(今河南淮阳)所造,"鄟爯"可能是楚国占有今山东郯城东北旧鄟国地后所造,"覃金"可能是楚国占有今山东郯城西南旧郯国地后所造。这种方形金块(少数有作圆形的),大体上重当时一斤,合今二百五十克左右③。河南扶沟古城村的曲洧古城曾出土刻有三晋文字的饼金,可知韩也有饼金④。

这时黄金大量集中在各国政府、贵族、官僚和少数富人手中。大商人经营珍贵的商品,都是以黄金论价的。据说,千里马、象床、宝

---

① 焦循《孟子正义》根据《孙子算经》、《五经算术》等书推算,认为镒是二十两。

② "爯"字,旧释为"爰"。

③ 长沙楚墓出土不少天平和砝码,砝码都是十枚为一套,其中最大一枚重二百五十一点三三克,代表楚一斤的重量。完整的金版,据实测,安徽阜南、六安出土五块金版,平均重二百六十八点八克;陕西咸阳出土八块"陈爯"金版,平均重二百四十八点三八克,大体上重一斤。参看安志敏《金版与饼金(楚汉金币及其相关问题)》,《考古学报》一九七三年第二期。

④ 黄盛璋《关于圆饼金币(金饼)若干问题新考》,《考古与文物》一九八四年第六期。黄盛璋《新出战国金银器铭文研究》,《古文字研究》第十三集,一九八六年。

剑、狐裘等物都是价值千金的(《战国策·燕策一》、《齐策三》、《西周策》,《史记·孟尝君列传》)。奴隶的买卖也有以金来计算的,据说,卫嗣君要赎回一个逃亡到魏国的胥靡(用绳索牵连着强制劳动的奴隶),出了百金还不成,要用"百金之地"的左氏(今山东曹县北)去赎买(见《战国策·卫策》,《韩非子·内储说上篇》作"五十金")。又据说,韩国有一个价贵的"美人",诸侯都不能买,秦国用了三千金买去(《战国策·韩策三》)。当时地主、官僚、贵族的地租收入,也有用黄金来计算的,例如温囿有"岁利八十金"(《战国策·西周策》)。而且由地租而产生出来的地价,也有用黄金来计算的了,例如赵将赵括就曾把国君所赏赐的金帛归藏于家,"日视便利田宅可买者买之"(《史记·赵奢列传》)。地主、商人的家产也往往用黄金来估计,有所谓"千金之家"(《庄子·列御寇篇》)、"万金之家"(《韩非子·八说篇》)。至于国君赏赐臣下,官僚间送礼或贿赂,"百金"、"金千斤"、"金千镒",更是常见的了。

因为黄金比较贵,使用时以斤、镒等重量单位来计算,当时已经有比较精密、专门用来称黄金的天平。《秦律》规定,一般衡器一斤相差三铢以上的要罚主管官吏一件盾,而称黄金的衡器一斤相差半铢的就要罚一件盾。

高利贷的横行 这时,由于商业的发展、货币的广泛流通,商业资本和高利贷资本对小农经济的侵蚀作用也发生了。商人一方面对农民作不等价的交换,从而盘剥农民,弄得"农民解冻而耕,暴(曝)背而耨,无积粟之实",而商人"无把铫推耨之劳,而有积粟之实"(《战国策·秦策四》顿弱说秦王语)。所以《荀子》认为"工商众则国贫"(《富国篇》),主张"省工贾,众农夫"(《君道篇》)。《韩非子》也认为工商之民"蓄积待时，而侔农夫之利"，主张"使其商工游食之民少"(《五蠹篇》)，反对"綦组、锦绣、刻画为末作者富"(《诡使篇》)。商人另一方面又趁农民穷困，进行高利贷剥削。社会上贫富悬殊的现象逐渐严重起来，那些富商大贾家产巨万，而一般穷困的人借债度日，即所谓"行贷而食人"(《荀子·儒效篇》)。

同样的，地主、官僚一方面向农民征收高额租税；另一方面也趁农民穷困放高利贷。孟轲在分析实物地租中定租制（即当时所谓"贡"）的弊害时，曾说：当时农民遇到荒年连再生产的肥料都不够，偏要按定额多少收租，农民终年勤劳连父母都养不活，"又称贷而益之"，迫使一家老小抛尸露骨于山沟之中(《孟子·滕文公上篇》)。所指的就是这种情况。齐湣王的相国孟尝君田文，就是一个大高利贷者，他曾在封邑薛地大放高利贷，一次就收到"息钱十万"(《史记·孟尝君列传》)。

按照《秦律》规定，官府的资金，官吏不能私自借用，"府中公金钱，私贷用之，与盗同罪"。还规定：百姓向官府借债到期不能归还的，如同缴不出赎罪金一样，必须到官府服劳役抵偿，每服役一天折合八钱；吃官家饭而服役的，每天折合六钱。

高利贷的横行，不但严重剥削贫苦农民，还引起农村经济的分解，造成大量的农民流亡，所谓"息愈多，急即以逃亡"(《史记·孟尝君列传》)。

券的普遍应用　这时在买卖中作为凭证的券已普遍应用。券有长短之分。大体上较大的买卖用较长的券，这种券叫做质；较小的买卖用较短的券，这种券叫做剂，所谓"大市以质，小市以剂"(《周礼·质人》)。如果事后发生争执或纠纷，官府也就根据质、剂来加以判断,所谓"听买卖以质剂"(《周礼·小宰》)。至于高利贷者放债,更普遍应用券了。无论买卖用的质、剂或放债用的债券,一般都是用竹木制的,他们先把买卖的合同或借据写在上面,然后剖分为二,由买主或债权人执右券,卖主或债务人执左券。买主或债权人便可操右券来责成卖主或债务人履行义务,即所谓"操右券以责"(《史记·平原君列传》)。债权人在讨债和索取利息时便可以命债务人前来"合券"(《史记·孟尝君列传》)。这种债券或称为傅(符)别。傅就是指合券,别就是指个别的右券或左券。《管子·问篇》说:"问邑之贫人债而食者几何家?""问人之贷粟米有别券者几何家?"所谓别券,就是指左券而言的。如果因债务问题发生争执或纠纷,官府也就根据傅别来判断,所谓"听称责(债)以傅别"(《周礼·大宰》)。

券这样普遍地应用,也是商品经济发展和货币广泛流通所产生的现象。

本章所说的商人垄断市场、城市繁荣、铸造货币广泛流通和高利贷横行等情况,都是战国以前不曾有过的。我们翻开记述春秋时代历史的《左传》来看,春秋时工商业者大都为贵族所御用,即所谓"工商食官",简直找不到货币的踪迹,列国君臣送礼、贿赂和赎罪,大抵用服饰、珠宝、丝帛、粮食、家畜或奴婢,而没有用黄金货币的,和战国时代动辄用黄金千斤、千镒的情况截然不同。

六 贸易理论的产生和商业政策的讲究

计然的贸易理论和商业政策 随着这时商品交换的发展、商业城市的兴起和富商大贾的出现,就有人适应时代需要,总结经商的经验,发展成为贸易致富的理论,并创立有关商业政策的学说。当时倡导贸易理论的著名人物有计然和白圭。

　　计然，一作计研、计倪或计砚，春秋末年越王勾践的谋臣①。他为了预测商情，找寻有关国计民生的年成好坏的规律。这时由于天文学的发展，已利用岁星（即木星）运行十二年一周的规律来纪年，并规定了十二个太岁（即太阴）的五行属性。计然认为农业生产年成的好坏，是跟岁星运行一样有规律。三年岁星属"金"的是"穰"年，即大丰年；三年岁星属"水"的是"毁"年，"毁"年的灾情是毁灭性的，即大荒年；三年岁星属"木"的是"康"年，即小丰年；三年岁星属"火"的是"旱"年，"旱"年灾情要比"毁"年轻些，即小荒年。概括说来，就是每十二年中，六年是丰年，六年是荒年，其中一年是大饥荒②。这样根

----

　　①　《史记·货殖列传》说："勾践困于会稽之上，乃用范蠡、计然。范蠡既雪会稽之耻，乃喟然而叹曰：计然之策七，越用其五而得意。"从来对计然有两种解释：一种认为是人名，《汉书古今人表》把计然列为第四等；一种以为是范蠡所著篇名，见《汉书·货殖传》颜注引蔡谟说。近人更有认为计然即越大夫文种的，见一九六二年五月九日《光明日报》所载赵捷民《计然即文种》。按篇名之说不足信。《太平御览》卷七四引《鲁连子》说："淄渑之沙，计兒（倪）不能数。"《汉书·叙传》说："研、桑心计于无垠。"研即计然，桑即桑弘羊，同以善于计算著称。《吴越春秋·勾践阴谋外传》作计研（同"研"），《越绝书·计倪内经》又作计倪。《史记集解》引《范子》说："计然者，葵丘濮上人，姓辛氏，字文子，其先晋国亡公子也。尝南游于越，范蠡师事之。"郑樵《通志·氏族略》"宰氏"注引《范蠡传》："范蠡师事计然，姓宰氏，字子文。"马国翰所辑《范子·计然序》又以为"辛氏"是"宰氏"之误，《汉书·艺文志》农家有《宰氏》十七篇，或即计然著作。按《越绝书·计倪内经》记载计然言论，与《史记·货殖列传》基本一致，当采自先秦古书。金德建《司马迁所见书考》（上海人民出版社一九六三年版）有《计然七策考》可参考。
　　②　《史记·货殖列传》引计然说："故岁在金，穰；水，毁；木，饥；火，旱。"又说："六岁穰，六岁旱，十二岁一大饥。"《史记·天官书》同。《论衡·明雩篇》引计然也说："太岁在子，水，毁；金，穰；木，饥；火，旱。"而《越绝书·计倪内经》说："大阴三岁处金则穰，三岁处水则毁，三岁处木则康，三岁处火则旱。"又说："天下六岁一穰，六岁一康，凡十二岁一饥。"《史记》、《论衡》所说"木饥"，《越绝书》作"处木则康"，从下文"六岁穰，六岁旱"来看，"木饥"当是"木康"之误。如果是"木饥"的话，就只有"三岁穰"了。《越绝书》所说"天下六岁一穰，六岁一康"，当是"天下六岁穰，六岁旱"之误。

据岁星运行的自然规律来推算年成的好坏,当然是不科学的。尽管当时由于生产技术水平低,年成好坏在很大程度上受到自然条件的影响,但是与岁星的运行无关。而且这种理论完全否定了人的主观能动作用。

计然的经济理论,可以用他的两句话概括:"时断则循,知(智)断则备。"①就是说,对天时变化的规律能够作出判断,就必须遵循;智慧能够依据客观规律对商情作出判断,就该预作储备。他把年成好坏说成是自然界循环的规律,当然是错误的,但是他提出的预作储备、以待贫乏的贸易原则,是不同于一般商人囤积居奇、牟取暴利的做法的。一般商人抢购市场上紧张商品加以囤积,以待价格飞涨而牟取暴利,这对国计民生是极其有害的。计然主张当某些物资货源充足而价格便宜时,预先大量收储,待市场上货源匮乏而价格上涨时抛售,例如当大水泛滥时预见到将来车的需要而预作储备,当大旱年成预见到将来舟的需要而预作储备。计然说:"旱则资舟,水则资车,物之理也。"(《史记·货殖列传》)这是总结了当时商人贸易的经验而提出的理论。同时越大夫文种也说:"臣闻之贾人,夏则资皮,冬则资绨,旱则资舟,水则资车,以待乏也。"(《国语·越语上》)。这种"待乏"的贸易原则,在货源充足时收储,货源匮乏时出售,对生产者和消费者都是有利的。

计然把这个"待乏"的贸易原则,运用到政治上,制定为经济政

---

① 《史记·货殖列传》记计然说:"知斗则修备,时用则知物。二者形,则万货之情可得而观已。"《越绝书·计倪内经》说:"时断则循,知断则备。知此二者,形于体万物之情,短长顺逆,可观而已。"《史记》所说"知斗则修备",义不可通,当以《越绝书》所说"知断则备"为是。《史记》"斗"字当是"断"字之误。

策,就成为"平粜法"。他认为粮价跌到每石二十钱时,就会"病农","农病则草不辟",破坏农业生产;粮价上涨到每石九十钱时,就会"病末(工商业)","末病则财不出",不利于手工业生产和商品流通。实行"平粜法",粮价跌时由国家以较高价格收购,粮价涨时由国家以较低价格出售,使粮价控制在每石三十钱到八十钱之间,就能使得"农末俱利"。这种平粜政策在供求关系上可以起到"齐物"(平衡物价)的作用,同时还可以保证市场的供应,不使物资匮乏。因此计然说:"平粜齐物,关市不乏,治国之道也。"(《史记·货殖列传》)

计然根据这个"待乏"的贸易原则,制定了一整套经商方法,主要有下列三项:

一、储藏的货物必须妥为保藏,勿使腐败损坏,叫做"务完物"。容易腐败的货物和食品,不能保存收藏。

二、收购和出售商品必须掌握适当时机,不能错过机会。他已经认识到物价贵贱是由于供求关系的有余和不足,因而必须从市场供销的有余和不足上判断物价贵贱变化的趋势。同时他还认识到物价涨跌有着相互转化的规律,"贵上极则反贱,贱下极则反贵",因而必须适当地掌握时机来收购或抛售。当某种货物价格涨到适当时机就应该把它看作粪土一样而大量抛出,当某种货物价格跌到适当时机就应该把它看作珠玉一样而大量收购,即所谓"贵出如粪土,贱取如珠玉"。而且他还主张不能过分等待高价,把货物留在手中不放,即所谓"无敢居贵"。因为过分等待高价,这会错过出售的适当时机。

三、商品和资金都必须周转迅速,即所谓"财币欲其行如流水","无息币"。因为加速商品和资金的周转,可以取得更多的商业利润。

计然把这种经商方法,称为"积著之理"。认为它不仅适用于商人,也还适用于当时各国政府。国家设立官市,在粮价贱时收购粮食,售出牲畜及其他货物;在粮价贵时出售粮食,收买田宅、牛马,积聚货物,这样既可以稳定粮价,国家又可获利十倍(《越绝书·计倪内经》)。

计然从供求关系的有余和不足判断物价贵贱变化趋势,确定了"待乏"的贸易原则,制定了经商方法和商业政策。虽然他不能正确认识经济规律,但是这种试图探索并遵循经济规律来办事的精神,还是难能可贵的。

白圭的贸易致富理论 白圭,名丹,周人,与惠施、孟轲同时①。曾为魏惠王的相国,以善于治水和筑堤防著称。主张减轻土地税率,二十而取一;讲究贸易致富理论,成为当时商人崇奉的祖师,所谓"天下言治生者祖白圭"(《史记·货殖列传》)。

白圭和计然一样认为年成好坏与岁星运行有关。这时天文学上已用十二地支作为太岁的简称,用来纪年。他说:"太阴(即太岁)在卯,穰;明岁衰恶。至午,旱;明岁美。至酉,穰;明岁衰恶。至子,大旱;明岁美,有水。至卯,积著率岁倍。"白圭所说年成好坏的循环规

---

① 《史记·货殖列传》说:"白圭,周人也。当魏文侯时李克(当作李悝)务尽地力,而白圭乐观时变。"《战国策·魏策二》有"白圭谓新城君",鲍注:"魏人,孟子称之。赵岐以为周人,非也。"鲍彪以为战国前后有两个白圭。吴师道《战国策补正》反驳鲍说,认为《货殖列传》引白圭的话,说他"治生"有如"商鞅行法","则其人在鞅后","首句特与李克对论,非言其世也。"又说:"《新序》记白圭战亡六城,为魏取中山,白圭显于中山,中山恶之于魏文侯,投以夜光之璧。则文侯时,又一白圭欤? 或因史所书而讹舛欤?"清代阎若璩《四书释地续》、梁玉绳《人表考》都认为前后有两个白圭,讲究"治生"的白圭当魏文侯时,而善于治水的白圭当魏惠王、魏昭王时。《吕氏春秋·听言》、《先识》、《不屈》、《应言》、《举难》、《知分》等篇记载白圭和惠施、孟尝君问答,《魏策二》所载白圭二事,都是后一个白圭。实际上白圭只有一人,当以吴师道之说为是。《史记·邹阳传》和《新序》所说白圭为魏取中山,"白圭"当为"乐羊"之误。

律比计然更为详细,在每十二年中,有"穰"年(大丰年)两年,"美"年(丰年)四年,"衰恶"年(坏年成)四年,"旱"年一年,"大旱"年一年。同计然一样认为六年丰年,六年荒年,其中一年大荒年。至于所谓"积著率岁倍",就是说掌握这个规律进行贸易,可以得到加倍的利润。为了便于理解,我们列为一表如下:

年次	1	2	3	4	5	6	7	8	9	10	11	12
岁星纪年	单阏	执徐	大荒落	敦牂	协洽	涒滩	作鄂	阉茂	大渊献	困敦	赤奋若	摄提
地支	卯	辰	巳	午	未	申	酉	戌	亥	子	丑	寅
年成	穰	衰	恶	旱	美		穰	衰	恶	大旱	美,有水	

　　白圭和计然一样讲究贸易致富,但是两人的重点有所不同。计然在讲求个人致富的同时,还制定经济政策,谋求平衡物价,充实财政,从而巩固国家统治。而白圭只讲求个人致富,追求商业利润。白圭和计然一样主张掌握贸易的时机,但是两人的贸易原则也有所不同。正因为计然要兼顾平衡物价和巩固国家统治,他的贸易原则是"待乏",主张在市上某种货源充足时收进,等到匮乏时售出,把货源的充足和匮乏作为买进卖出的时机。正因为白圭只讲求个人致富,他的贸易原则是"人弃我取,人取我与",把广大人民的"弃"与"取"作为买进卖出的时机。这样贱买贵卖的不等价交换,就可以从广大人民那里掠夺得大量财富。

　　白圭的贸易原则是"人弃我取,人取我与",因此他的经商方法就是囤积居奇。能预见到年成好坏,固然能大得其利。即使不管年成好坏,当五谷成熟时收进谷类农产品,而出售丝、漆等手工业品;当蚕茧成熟时收进帛、絮等手工业品,而出售谷类农业品;只要掌握时机,也能得到很多利润。白圭说："欲长钱，取下谷。"（《史记·货殖列传》）因为下等谷类是广大贫苦人民生活上最普遍的必需品，贸易上成交的数量最多，可以从中取得巨额利润。

白圭也和计然一样不但主张"时断"，还主张"知（智）断"。他主张经商要节约开支，刻苦耐劳，"趋时若猛兽鸷鸟之发"。自认为他的"治生"，"犹伊尹、吕尚之谋，孙、吴用兵，商鞅行法。"还说经商的要诀就是"智"、"勇"、"仁"、"强"四字，"智"就是要有权变，"勇"就是要有决断，"仁"就是要做到"人弃我取，人取我与"，"强"就是要能坚守时机。他说：如果做不到这四点，"虽欲学吾术，终不告矣"。白圭根据他贸易致富的理论，对"智"、"勇"、"仁"、"强"等道德观念，作出了这样新的解释，充分反映了当时商人贱买贵卖、巧取豪夺的本色。

农家和法家的抑商主张　当时商人的贱买贵卖，巧取豪夺，不但破坏广大农民的生产和生活，同时又妨碍小农经济的成长发展。因此当时的农家和法家都提出了重农抑商的主张。

与孟轲同时的农家代表许行，一方面鼓吹"贤者与民并耕而食"，反对统治者"厉民而以自养"；另一方面主张"市贾（价）不贰，国中无伪"，反对商人欺诈性质的买卖。他提出了等量商品等价交换的贸易原则，要求做到即使小孩到市上也"莫之或欺"（《孟子·滕文公上篇》）。这个贸易原则没有考虑到商品质量的差别和价格的关系，当然是行不通的。

与此同时，卫鞅一派的法家也提出了重农抑商的主张。他们为了富国强兵，奖励人民从事农业生产和参加战争，反对人民去当游士、商贾和手工业工人。认为如果听任游士可以"尊身"，商贾可以"富家"，技艺可以"糊口"，人民就会逃避耕战（《商君书·农战篇》）。

因此他们认为"能事本（农业）而禁末（工商业）者，富"（《商君书·壹言篇》）。这样重视发展农业生产是对的，当时的主要生产事业是农业，财富的累积必须依靠发展农业生产而不是依靠商品交换。但是这个主张有片面性，因为他们完全忽视了手工业的作用，看不到商品流通对生产的促进作用。卫鞅重农抑商的政策，就建立在这样的理论基础上的。关于卫鞅重农抑商的政策，我们将在本书第五章讲到卫鞅变法时再谈。

战国末年集大成的法家韩非，进一步发展了卫鞅一派法家的主张。韩非在鼓吹农业生产作用的同时，也肯定了正常的手工业和商业的作用。韩非在批驳儒家李克的言论中，不但多方面说明农业生产能够"入多"（增多收入），同时指出手工业为农业提供运输工具和生产工具，也能提高生产而使得"入多"；商业上互通有无，从事对外贸易，节俭而"不事玩好"，也能使得"入多"（《韩非子·难二篇》）。韩非肯定的是这种能够使得"入多"的手工业和商业，而反对制作奢侈品和粗劣品的手工业主以及采用欺诈手段剥削农民的商人。他说："其商工之民，修治苦窳之器，聚弗（费）靡之财，蓄积待时，而侔（牟）农夫之利"，因而是国家的"五蠹"之一（《韩非子·五蠹篇》）。这是说，一些投机取巧的工商业主，制作粗劣的器具，积聚大量奢侈品，囤积居奇，等待时机，从农民身上牟取暴利，这就损害农民的生活和生产，破坏小农经济，成为当时国家的蛀虫。因为当时各国政权是以小农经济为立国基础的。

第四章　春秋战国间社会
经济制度的变革

一　农田制度的变革

"国""野"对立的制度和井田制度　西周、春秋间,天子的王畿和
诸侯的封国,都有"国"和"野"对立的制度(或称乡遂制度)。国是指
都城及其周围地区,都城里主要住的是各级贵族;都城的近郊往往分
成若干"乡",住着贵族的下层,统称为"国人"。国人享有一定的政治
经济权利,国家有大事常常要征询他们的意见。同时他们耕种着平
均分配的"份地",有缴纳军赋(贡献军需品)和充当甲士的责任,成为
国家政治上和军事上的支柱。野也称"鄙"或"遂",是指广大农村地
区,主要住的是从事农业生产的平民,称为"庶人"或"野人"。当时的
农村中常常保留有"村社"的组织,用作劳动编组的形式。①

---

① 详见杨宽《试论西周春秋的乡遂制度和社会结构》,收入《古史新探》,中华书局
一九六五年版。

古代的井田制度由原始社会末期的村社制度演变而成。原始社会末期，随着私有制的出现，产生了以个体家庭为生产单位的村社组织。在村社中土地分为两部分：一部分为"公田"，由村社成员集体耕作，收获储藏起来用于祭祖、聚餐、救济等公共开支；另一部分为"私田"，按土地质量差别平均分配给各个家庭，由各家自己耕作，自己收获，用来维持全家生活。为了保持收入的均衡，私田每隔一年或几年重新分配和更换一次。公田上的集体耕作，由村社中的长老带头进行，每年春耕开始时由长老主持春耕仪式，先由长老做几下象征性的耕田动作，用来鼓励和组织村社成员全体耕作。当春秋中期以前，广大农村地区依然保留有村社的组织形式，保留有这种村社的土地制度，被各级贵族用作"分田制禄"的手段，成为所谓井田制。

我国古代确实存在这种整齐划分田地，按家分配份地的井田制。战国时代井田制已经破坏，但是战国早期的李悝、中期的孟子和后期的荀子，他们谈到农户耕田，总是说"百亩"。李悝说："今一夫挟五口，治田百亩"（《汉书·食货志》），《孟子》中常说到八口之家，五亩之宅，百亩之田，《荀子》也说："农分田而耕"，"百亩一守"（《荀子·王霸篇》），又说："家五亩宅，百亩田"（《荀子·大略篇》），几乎众口一词。这就是古代长期推行井田制、实行"一夫百亩"的份地分配的遗存。当时一尺合今零点二三米，六尺为步，步百为亩，百亩合今三十一点二亩。这样大的面积的田亩，正适合当时生产力情况下一家农户耕作，足以维持生活。

值得注意的是，中国古代的井田制和日耳曼人的马克公社一样，为了平均分配好坏的田地，有定期平均更换份地的制度。古代叫作"换土易居"，或称"趄田易居"（《说文解字》中对"趄"的解释）。《公羊传》宣公十五年何休《注》说:井田制实行"三年一换土易居,财均力平"。这是事实,得到了山东临沂银雀山出土竹简《田法》的证实。《田法》作"三年壹更赋田","赋"即授与之意,"一更赋田"就是说一律更换授与的田亩①。根据《田法》,平均分配份地,按每家人口数,分为上家、中家、下家,又按田亩的平均年产量,分为上田、中田、下田。十分明显,这种平均分配份地的办法,是从原始的村社制度蜕变而来。同时所有农户必须首先集体耕作于"公田",就是《夏小正》说:"初服于公田。古者有公田焉,古者先服公田而后服其田也。"孟子所谓"同养公田,公事毕然后敢治私事"。"公田"又称"籍田"。籍田的生产归各级贵族所有,按礼是用于祭祀的。"《礼》曰:诸侯耕助(籍),以供粢盛"(《孟子·滕文公下篇》所引)。每年春耕以前,统治者要举行"亲耕"的仪式,叫做"籍礼",规定籍礼完毕后,要进行广泛的巡查,并监督庶人耕作。"籍"原来应作"耤",原是耕作的意思。值得注意的是,西周金文"租"字写作"且"(见冞攸从鼎铭文),与"祖"作"且"相同。看来"且"原是指籍田上集体生产的粮食用来祭祀祖宗的,犹如海南岛黎族原始风俗,把集体生产出来的祭祖用的稻子,称为"稻公稻母"一样。这样的集体耕作称为"籍法",又称"助法"。"助"从"且"从"力",原是指"公田"上集体的协作劳动,为了提供祭祖用的粮食的。这时"公田"上的收获,实际已被各级贵族所占有,贵族依然把"用于祭祀"作为幌子。这种井田制是从原始村社的土地制度转变而来,很是明显。②

---

① 银雀山汉墓竹简整理小组《银雀山竹书守法、守令等十三篇》,《文物》一九八五年第四期。

② 详见杨宽《试论中国古代的井田制度和村社组织》和《籍礼新探》,收入《古史新探》,中华书局一九六五年版。

　　何休说"三年一换土易居",是按田的高下善恶而分为三品来分配的,"上田一岁一垦,中田二岁一垦,下田三岁一垦"。银雀山竹简《田法》说:"岁收,中田小亩亩廿斗,中岁也。上田亩廿七斗,下田亩十三斗,太上与太下相覆以为率。"按三等授田制的规定,上田不必休耕,中田每年要休耕三分之一,下田每年要休耕三分之二,因此平均授田,上田百亩,中田二百亩,下田三百亩,实际耕作都是百亩。但是上田岁收有二百七十石,中田岁收有二百石,下田岁收一百三十石,很不平均,因此必须"三年一换土易居"。

　　在这种井田制的基础上,依然保存有村社共同生活的习俗。《孟子》有所谓"乡里同井,出入相友,守望相助,疾病相扶持,则百姓亲睦"的记载。《逸周书·大聚篇》更有具体的描写:"饮食相约,兴弹相庸,耦耕俱耘。男女有婚,坟墓相连,民乃有亲。六畜有群,室屋既完,民乃归之。乡立巫医,具百药以备疾灾,畜百草以备五味。"所谓"兴弹",就是汉代流行的"弹劝",是指乡官组织和监督农业集体劳动的习俗。所谓"兴弹相庸,耦耕俱耘",就是《周礼》的里宰的"合耦于锄",指"公田"上的集体劳动。村社每年春季有祭社的群众集会,用以祈求丰年;收获以后又有腊祭的群众集会,用以庆祝丰收,都是男女老少一起欢乐的节日。

　　井田制的逐步瓦解和田地逐步私有化　西周后期井田制已开始瓦解,周宣王就不举行王畿的公田的籍礼,废止集体耕作的籍田,即所谓"不籍千亩"(《国语·周语上》)。到春秋时代,中原各诸侯国"民不肯尽力于公田"(《公羊传》宣公十五年何休注),例如春秋初期,齐国的"甫田"(大田)上已经野草丛生,《诗经·齐风·甫田》描写当时齐国"甫田"上"维莠(野草)骄骄","维莠桀桀","骄骄"和"桀桀",

都是形容野草丛生。陈国的情况同样如此,当周定王派单襄公去宋国,路过陈国的时候,看到那里"垦田若藝"("藝"是野草丛生的意思),"田在草间,功成而不收","野有庾积,场功未毕"(《国语·周语中》)。秦国经济发展迟缓,到战国时代农田上"公作"和"私作"还并存,《商君书·垦令篇》讲到:"农民不饥,行不饰则公作必疾,而私作不荒则农事必胜。"但是"公作"必然要被"私作"代替,《吕氏春秋·审分篇》说:"今以众地者,公作则迟,有所匿其力也;分地则速,无所匿其力也。"

井田制的瓦解,一方面表现为"公田不治","公田"上的农业生产逐渐没落;另一方面表现为井田以外开垦的私田不断增多。这种井田以外开垦的私田,性质就不同于井田制的所谓私田。公元前六四五年,秦在韩原(今山西河津东)大败晋军,晋惠公被秦军俘虏。晋国为了挽救战败的局势,采取了"作爰田"和"作州兵"两项措施。作爰田,就是承认国人已经开垦的私田为合法,承认他们为了开垦私田而新变动的田地疆界。①"州"是指国和野的中间地带②。原来国人都住在国中,野人都住在野里,这时为了开垦私田,有些国人和一部分野人就到州里去开垦荒地。作州兵就是既然承认民众在州里开垦荒田的合法性,又要他们同国人一样负担军赋,其目的就是使"甲兵益多"(《左传》僖公十五年、《国语·晋语三》)。晋国当时所以会采用这两种措施来挽救战败局势,就是因为在井田以外开垦的私田

---

① "爰田",《国语》作"辕田"。《国语》韦注引贾逵曰:"辕,易也,为易田之法,赏众以田。易者,易疆界也。"《左传》孔疏引服虔虞孔晁曰:"爰,易也。赏众以田,易其疆畔。"

② 《周礼·载师》郑注引《司马法》说:"王国百里为郊,二百里为州,三百里为野。"可知"州"是指"国"和"野"之间的中间地带。

数量不少,用这两种措施可以调动开垦私田的民众的力量,来增强晋国的实力。

　　春秋时代井田以外的郊野,已有私自开垦的小农存在。有些卿大夫在政治斗争中失败,他们的宗族有流亡到别国成为小农的。例如晋国的范氏和中行氏被赵氏战败后流亡齐国,其子孙就“耕于齐”(《国语·晋语九》)。又如楚国大夫伍奢次子伍员在其父被杀后出奔到吴,一度“耕于鄙”(《左传》昭公二十年)。个别失意的卿大夫也有参加雇佣劳动的。例如齐国崔杼杀死齐庄公,庄公的亲信申鲜虞出奔到鲁,曾“仆赁于野”(《左传》襄公二十七年),“仆赁”该是雇佣劳动。这些事实,表明当时小农已较多,否则这些出奔的卿大夫不可能插足其间。到春秋战国之际,这种小农经济就逐渐发展。例如鲁国的南边有个“鄙人”叫吴虑的,“冬陶夏耕,自比于舜”(《墨子·鲁问篇》),这个“自比于舜”而“冬陶夏耕”的“鄙人”,显然属于小农性质。

　　春秋时代居住在国都郊区“乡”间的“国人”是贵族的下层,属于“士”一级,具有自由公民的性质,有参与政治、教育、选拔的权利,有提供军赋和服兵役的责任。在实行井田制的时期,也平均分配得质量相同的一份耕地,平时从事于农业生产,战时就充当“甲士”,成为保卫国家的军队的主力。[①]春秋时期所有“国人”的耕地,首先私有化。公元前五六三年郑国执政子驷“为田洫”,整顿郊区井田的水利系统,使得司氏、堵氏、侯氏、子师氏都“丧田”,尉氏因为和子驷有矛

---

　　①　详见杨宽《试论西周春秋间的乡遂制度和社会结构》,收入《古史新探》,中华书局一九六五年版。

盾,联合四族起来作乱,杀死子驷等人。《春秋》把这些作乱的"国人"称为"盗",《左传》解释说:"书曰盗,言无大夫焉。"(《左传》襄公十年)由此可见当郑国的"国人"已把分配的耕地看作私有,执政者为了水利而整顿河道,使四族"国人"耕地受到损失,四族"国人"竟因此起来作乱。公元前五四三年郑国执政子产继续进行整顿,使"田有封洫,庐井有伍。大人之忠俭者,从而与之,泰侈者,因而毙之"。一年之后"国人"歌诵道:"取我衣冠而褚之,取我田畴而伍之,孰杀子产,吾其与之。"三年之后又歌诵道:"我有子弟,子产诲之;我有田畴,子产殖之。子产而死,谁其嗣之?"(《左传》襄公三十年)。《吕氏春秋·乐成篇》载有相同的歌诵,惟"褚"作"贮","伍"作"赋"。"贮"是征收财物税,"赋"是征收田税。"田畴"就是耕地(《一切经音义》引《仓颉篇》说:"畴,耕地也")。"殖"是说增加产量,子产整顿治理农田水利,"国人"最初认为侵犯了"我田畴"的所有权,增加了田税的负担。事实上,子产使农田水利得到很大改善,韩非曾把这和夏禹治水相提并论,并说是"开亩树桑"(《韩非子·显学篇》)。三年之后,农田产量增多,"国人"因而作歌大为称颂。

到春秋末年各国的"国人",大都已成为拥有耕地的小农。公元前四九四年,吴国要陈国人随同攻楚,陈怀公为此召见"国人",要求"国人"表态,凡是愿意从楚的站到右边,愿意从吴的站到左边,结果是"陈人从田,无田从党"(《左传》哀公元年)。就是说,"国人"有田的按照田亩所在的方位去站,没有田亩的按照族党所在的方向去站。说明这时陈国的国人首先重视的是他们所有的田地,同时也已有失去田地而成为"无田"的了。这说明到春秋晚期,"国人"正进一步分化,但是多数已成为拥有耕地的小农了。随着井田制的解体,"国人"

耕作的"份地"首先私有化，于是住屋和耕地开始买卖了。《韩非子·外储说左上篇》记载，春秋末年赵襄子因中牟令王登的推荐，"一日而见二中大夫，予之田宅，中牟之人弃其田耘、卖宅圃而随文学者邑之半"。中牟原是赵的国都所在，所谓"中牟之人"就是那里的"国人"，"国人"原为贵族下层"士"一级，受过"六艺"的教育，见到当时君主尊敬重用贤士，因而要"弃其田耘、卖宅圃而随文学"，"弃其田耘"和"卖宅圃"原是连带的事。看来所耕"份地"私有化是"国人"开创而推广的，耕地和住屋的买卖也是"国人"开始的。

　　总的看来，田地私有化，首先是原来井田制所分配的"私田"（即份地）的私有化，先从"国人"开始，后来推广到"野人"（即庶人）的。这种耕地的私有权，往往是执政者为争取民众力量支持而特别赐予的。前面讲到春秋中期晋国以"君命赏"而"作爰田"，就是为了"赏以悦众"。"爰田"或作"辕田"，"辕"当为"爰"的通假。从来对"爰田"有两种解释，一种认为这是废止了原来井田制"三年一换土易居"的定期更换耕地的办法，改为各自在三年中轮流休耕，即《汉书·食货志》所说："三岁更耕之，自爰其处。"实质上就是准许耕者长期占用耕地，包括轮流休耕的所谓"莱田"。另一种解释，认为"爰"就是"易"，指"易其疆畔"而言，便是开拓原有封疆阡陌，确认原有耕地和新开垦田地的私有权。《汉书·地理志》说："孝公用商君，制辕田，开阡陌，东雄诸侯。"可知秦国商君变法，"开阡陌封疆"，扩大田亩面积，就是"制辕田"。看来两种解释并不矛盾，"爰田"就是肯定耕者原有耕地和新开垦田地的私有权，包括轮流休耕的"莱田"在内，因为新开垦的田地必须轮流休耕，才能保持产量。

　　春秋末年晋国六卿首先分别改革田制，推行扩大的亩制，其中赵氏所用亩制最大,以二百四十步为亩。赵襄子相国张孟谈,"既固赵宗,广封疆,发千(阡)百(陌)"(《战国策·赵策一》,"千"原误作"五",从日本横田惟孝《战国策正解》改正)。所谓"广封疆,发阡陌",就是后来商鞅在秦变法所推行的"开阡陌封疆",以二百四十步为亩。秦始皇三十一年(公元前二一六年)"使黔首自实田"(《史记·秦始皇本纪·集解》引徐广说),命令全国有田的人上报实际数目,确认耕地的私有权。次年秦始皇在《碣石门刻石》中说:"惠被诸产,久并(并)来(莱)田,莫不安所。"就是对"使黔首自实田"的歌颂,这是说恩惠遍及许多产业,轮流休耕的"莱田"也可永久占有。这是在全国范围内确定了田地私有制,包括小农世代耕种的国家授给的"份地"在内。

田亩的租税制度的推行 《春秋》载鲁宣公十五年(公元前五九四年)"初税亩",就是开始按田亩的多少征收租税。《左传》解释说:"初税亩,非礼也。谷出不过藉,以丰财也。"《公羊传》解释说:"讥始履亩而税也。……古者什一而藉。"《榖梁传》也说:"古者什一,藉而不税。初税亩,非礼也。"三《传》都以为鲁国从这年开始用按亩征税的办法,代替原来井田制的"籍法",也就是废弃了"公田"和庶人在"公田"上的集体耕作。这是一种有进步意义的土地制度的改革。

到春秋后期,中原各国都已采用按亩征税的制度。例如"周人与范氏田,公孙尨税焉"(《左传》哀公二年)。又如"赵简主出,税吏请轻重"。简主曰:"勿轻勿重,重则利入于上,若轻则利归于民"(《韩非子·外储说右下篇》)。银雀山出土竹简《孙子兵法·吴问篇》列举当时晋国六卿所推行的不同亩制和税制,除了赵氏"公无税焉",其余五卿都是"伍税之",采用五分抽一的税制。

到春秋战国间,田地租税的征收已很普遍。《墨子》一书有两处提到租税。《辞过篇》认为"以其常正(征),收其租税,则民费而不病。民所苦者非此也,苦于厚作敛于百姓"。可知当时"租税"已经成为"常征","常征"有一定的税率,一般说来不是太沉重的。《贵义篇》又说:"今农夫入其利于大人,大人为酒醴粢盛,以祭上帝鬼神,岂曰贱人之所为而不享哉?"可知当时租税都是由"贱人""农夫"纳入的,作为统治者的王公大人还是声称征收租税,是用于祭祀的。

随着征收地税办法的推行,征收军赋的办法也开始改变。郑国在子产"作封洫"、对私田开始征税以后的第六年,即公元前五三八年,又"作丘赋"(《左传》昭公四年)。鲁国在"初税亩"以后的第五年,即公元前五九〇年,又"作丘甲"(《左传》成公元年)。"丘甲"和"丘赋"的性质相同。"丘"是地区单位。军赋原来是在井田范围内,按井田的数目来征收的。"丘赋"和"丘甲"就是改为按地区范围来征收,这样就对私田所有者开始征收军赋,其目的在于增加国家的军赋收入。这种征赋办法,也称为"丘役"。孙武说:"近于师者贵卖,贵卖则百姓竭,百姓竭则急于丘役。"(《孙子兵法·作战篇》)这是说百姓穷了就难于完成"丘役",说明"丘役"已是春秋晚期普遍采用的征赋办法。

秦国在中原各诸侯国中,经济发展是比较迟缓的,直到公元前四〇八年(秦简公七年)才实行"初租禾"(《史记·六国年表》)。"初租禾"和"初税亩"的性质相同,就是按照地主所有田地面积征收一定数量的谷子作为地税,这比鲁国"初税亩"要迟一百八十六年。这是秦国在对外战争步步失利的情况下采取的一种改变措施。这时魏国由于实行变法,国力富强,正不断攻取秦的河西地,就在"初租禾"的同年,秦的河西已完全失守,退守到洛水(北洛水),在洛水旁边修筑防御工程。这样才迫使秦国不得不进行改革,实行"初租禾",废止了井田制的"籍法",用以争取人民的支持。这是秦国进行经济改革的开端。

春秋战国之际,各国征收田亩的租税,大体上是十分之一或十分之二。鲁哀公曾说:"二吾犹不足。"当战国初期李悝变法时,已推行"什一之税","什一"是当时最低的田税。魏惠王的相国白圭,曾主张"二十而税一"。他问孟子:"吾欲二十而税一何如?"孟子认为这是"貉道",只有北方原始部族"貉"(同"貊")那样"无百官有司"才能够用(《孟子·告子下篇》)。

田亩的租税,原是耕种国家分配"份地"的庶人(农民)向政府缴纳的。由于土地的赏赐、特别是军功赏赐,或者由于土地买卖,造成官僚地主或一般地主,耕种地主所有田地的农民就必须向地主缴纳租税了。《商君书·垦令篇》说:"禄厚而税多,食口众者,败农者也。"就是指俸禄厚而收入田税多的官僚地主而言。同时地主就必须按照占有田亩数量,向政府缴纳法定的田税了。例如赵国平原君家不肯出田税,赵奢为赵田部吏,"以法治平原君用事者九人"。这是平原君家凭藉权势,不肯出田税,赵奢作为主管征收田税的田部吏,依法查办了平原君家的用事者。

魏、秦等国的身分制和授田制　战国时代魏、秦等国都有按户籍身分授田的制度。一九七五年湖北云梦睡虎地秦墓出土的竹简,载有这种授田制的法令。《魏户律》(《为吏之道》附录)记载:

"廿五年闰再十二月丙午朔辛亥,□(王)告相邦:民或弃邑居壄(野),入人孤寡,徼人妇女,非邦之故也。自今以来,叚(贾)门逆吕(旅),赘婿后父,勿令为户,勿鼠(予)田宇。三枼(世)之后,欲士(仕),士(仕)之,乃(仍)署其籍曰:故某虑(闾)赘婿某叟之乃(曾)孙。"

"廿五年"是魏安釐王二十五年(公元前二五二年)。这是把魏安釐王给相邦的命令,用作《魏户律》的条文。从这道命令,可知战国晚期由于农业生产的发展,田野的开发,原来住在都邑的庶民,有"弃邑居野",进入孤寡之家,做人家的赘婿的。魏国政府为了维护"邦之故"制,规定从今以后,做买卖的"贾门",经营"逆旅"的店主,招赘于人家的"赘婿",招赘给有儿子的寡妇的"后父",都作为身分低下的人,不准独立为户,不授予田地房宅基。按此规定,不属于这类身分低下的人,便可以立户,得到受田的权利。可知当时的授田制度,是根据户籍上所立的户,按户授给田地和宅基的。根据这条命令,这类身分低下的人,要三代以后才能改变身分。而且三代以后,改变了身分,要做官的,还得在官籍上写明是:"故某闾赘婿某叟之曾孙。"

同时魏安釐王还有一道给将军的命令,载在《魏奔命律》(《为吏之道》附录)内,谈到了派遣这类身分低下的人从军的规定:

"廿五年闰再十二月丙午朔辛亥,□(王)告将军:叚(贾)门逆閵(旅),赘婿后父,或衛(率)民不作,不治室屋,寡人弗欲,且杀之,不忍其宗族昆弟。今遣从军,将军勿恤视,享(烹)牛食士,赐之参饭而勿鼠(予)殽。攻城用其不足,将军以堙豪(壕)。"

这道命令指出,所有这些身分低下的人以及"率民不作,不治室屋"的人,原来都是要杀的,因为不忍连累他们的同族兄弟没有杀,现在派遣他们从军,将军不必怜惜。在烹牛赏给士兵吃的时候,只赏给吃三分之一斗的饭,不要给肉吃。在攻城的时候,哪里需要就派用他们到哪里,将军可以使用他们平填沟壑。说明这类身分低下的人从军,如同罪犯一样属于惩罚性质,在军队中待遇要比一般士兵低一等,在战斗中要担任攻城等艰巨的任务,在行军或防守中要担任平填沟壑等较苦的劳役。魏王这道给将军的命令和前一道给相邦的命令,是同时发出的,都是为了维护"邦之故"制,把这类人作为身分低下的人,作出了剥夺原有政治上和经济上的权利,并进一步加以惩罚的规定,包括不准在户籍上独立为户,不授予田宅在内。

魏律把这类身分低下的人,分为"贾门逆旅","赘婿后父"和"率民不作,不治室屋"三类。其实,经营"逆旅"的店主,就是"贾门"的一种,"后父"也就是"赘婿"的一种。这三类人,在秦国同样是身分低下而作为贬斥惩罚的对象的。秦国在商鞅变法以后,推行重农抑商政策。商鞅在变法令中规定:"事末利及怠而贫者,举以为收孥。"(《史记·商君列传》)所谓"事末利",就是魏律所说的"贾门"。《商君书·垦令篇》中就有不少限制商贾的规定,也还有"废逆旅"的主张,认为"废逆旅,则奸伪、躁心、私交、疑农之民不行,逆旅之民无所于食,则必农"。赘婿和后父,也是秦国惩罚的对象。《秦会稽刻石》上明确指出:"饬省宣义,有子而嫁,倍(背)死不贞。……夫为寄豭,杀之无罪,男秉义程。妻为逃嫁,子不得母,咸化廉清。"不但反对有儿子的妇女再嫁,规定改嫁的妇女,儿子不得承认是母亲;而且宣布对于寄居在妇女家中的"后父"杀之无罪。所谓"率民不作,不治室屋"者,就是《商君书》中主张极力排斥的不定居、不务农的"游食之民"。秦始皇三十三年"发诸尝逋亡人、赘婿、贾人略取陆梁地"(《史记·秦始皇本纪》),把"尝逋亡人、赘婿、贾人"作为谪发从军的对象,这与《魏奔命律》命令派遣这类身分低下的人从军是一致的。"赘婿"即是"赘婿后父"，"贾人"即是"贾门逆旅"，"尝逋亡人"就是"率民不作、不治室屋"者，也就是逃离原有户籍而出外游食之民，也即所谓"亡命"。汉文帝时，晁错上书讲到秦的谪戍："先发吏有谪及赘婿、贾人，后以尝有市籍者，又后以大父母、父母尝有市籍者，从入闾取其左。"（《汉书·晁错传》）汉代初年实行"七科谪"："吏有罪一，亡命二，赘婿三，贾人四，故有市籍五，父母有市籍六，大父母有市籍七。"（《汉书·武帝纪》颜注引张晏说）就是沿用秦的谪发制度。为什么谪发"有市籍者"，不但追溯到父母尝有市籍者，还要追溯到大父母（即祖父母）尝有市籍者呢？看来秦法又是和魏法相同的，这类身分低下的人，要三世以后才能改变身分，就是《魏户律》所说："三世之后，欲士（仕），士（仕）之。"所有这些身分低下的人，秦既然作为排斥和谪发的对象，当然也会和魏一样"勿令为户，勿予田宇"。

秦国从商鞅变法以后，与魏国同样实行按户籍身分的授田制，规定"百亩给一夫"（杜佑《通典·州郡典·雍州风俗》）。耕作者必须每年按授田之数上缴定量的租税，包括禾稼（粮食）、刍（饲料）和稾（禾秆）。《秦律》的《田律》规定："入顷（即一百亩）刍稾，以其受田之数，无垦不垦，顷入刍三石、稾二石。"《仓律》又规定："入禾稼、刍、稾，辄为廥籍，上内史。"规定所收入的粮食、饲料、禾秆进入仓库，必须登记簿籍，上报到内史（《秦律》当有每顷上缴一定数量的禾稼的规定，可惜所发现的《秦律》中没有述及）。由于这种按户籍身分的授田制的推行，自耕小农就在各国领域内普遍地存在，这种小农经济就成为各国君主政权的立国基础。

名田制度和地主的成长　名田制度是从军功赏田逐渐形成的。

春秋末年晋国已开始有军功赏田,公元前四九三年赵简子讨伐范氏、中行氏,誓师说:"克敌者上大夫受县,下大夫受郡,士田十万。"(《左传》哀公二年)"士田十万"是军功赏田的性质。公元前三六二年,魏将公孙痤战胜赵、韩,魏惠王赏以田百万,公孙痤辞谢,认为这是由于"吴起余教",于是魏王赏吴起的后代田二十万,巴宁、爨襄各田十万,并增赏给公孙痤田四十万,共赏田一百四十万(《战国策·魏策一》)。秦国商鞅变法,以爵位和田宅赏赐军功,规定"有军功者各以率受上爵","明尊卑爵秩等级,各以差次名田宅"(《史记·商君列传》)。所谓"以率受上爵",就是按军功的等级授与爵位和田宅。《商君书·境内篇》说:"能得甲首一者,赏爵一级,赏田一顷,益宅九亩。"所谓"名田宅",就是准许受赏者可以个人名义占有田宅。这种赏得的田宅是可以传给子孙的。秦将王翦在奉命出征前,多次向秦始皇请赏"田宅为子孙业"(《史记·王翦列传》)。这就是西汉名田制度的开端。①

以爵位和田宅赏赐军功,魏国早就实行。吴起为西河郡守,为攻克秦的小亭,曾悬赏"有能先登者,仕之国大夫,赐之上田、上宅"(《韩非子·内储说上篇》)。"国大夫",《吕氏春秋·慎小篇》作"长大夫",这是魏的爵位。商鞅在秦变法,以爵位和田宅赏赐军功,是从魏国那里学来的。名田制度可能魏国也早已开始推行了。

这时地主的成长,还由于田地开始买卖。名田制度既然确认赏得田宅得以个人名义占有,确认其私有而得传子孙,于是就可以公开

---

① 《史记·平准书》载汉武帝时,公卿建议"贾人有市籍及其家属皆无得名田",《索隐》:"谓贾人有市籍,不许以名占田也。"《汉书·食货志》载董仲舒进言:"限民名田。"

买卖了。董仲舒说:秦"用商鞅之法,改帝王之制,除井田,民得买卖"(《汉书·食货志》)。在商鞅的变法令中并没有规定"民得买卖",只是确认了名田制度,董仲舒所说"民得买卖",是指后果而言。长平之战时,赵起用赵括为将,赵括的母亲就曾指摘赵括说:"王所赐金帛,归藏于家,而日视便利田宅,可买者买之。"(《史记·赵奢列传》)这样随时可以挑选收买田地,说明当时田宅的买卖已较流行。战国末年纵横家编造的苏秦故事,说苏秦讲:"且使我有雒阳负郭田二顷,吾岂能佩六国相印乎?"(《史记·苏秦列传》)负郭田是比较好的。苏秦原是洛阳农民出身,他是说:如果他是有洛阳负郭田二顷的地主,就不会出来游说和谋求官职了。

二　各国政权的改组和改革

鲁的三分公室和四分公室　春秋后期各国有些卿大夫在变革田亩制度的同时,尽力夺取国家的政权。例如鲁国的三桓、晋国的六卿、齐国的田氏,都积极发展小农经济,招揽人才,争取群众,积聚力量,从而夺取政权。

鲁国的三桓,即季孙氏、叔孙氏和孟孙氏,首先在鲁国通过"三分公室"和"四分公室",取得了政权。公元前五六二年,三桓"三分公室",把公室的军队改编成三军,由一家统辖一军。季孙氏把一军的全部成员包括父兄子弟,连同其提供赋役的乡邑一起归属自己;叔孙氏使一军的子弟臣属自己,把父兄辈保留给国君,就是夺取了一军一半的所有权;而孟孙氏则使一军的子弟一半臣属自己,把一半子弟和父兄保留给国君,就是夺取了一军的四分之一的所有权(《左传》襄公十一年)。其中以季孙氏夺取权力比较全面,因而力量最强。过了二十五年,三家又进一步瓜分国君的权力,把三军改为两军,分成四股,实行"四分公室",由季孙氏分得两股,并掌握鲁国的大权;叔孙氏和孟孙氏各得一股,三家都采用了"尽征之"的办法(《左传》昭公五年)。这样,国君的主要权力就被瓜分了,经济上也只能靠三家的进贡来维持。公元前五一七年鲁昭公勾结贵族郈氏和子家氏,袭击季孙氏,被三桓联合击败,鲁昭公因此被赶走。子家氏说:"政自之(指季孙氏)出久矣,隐民多取食焉,为之徒者众矣。"(《左传》昭公二十五年)一方面是"鲁君失民矣",而另一方面季孙氏"隐民多取食焉"。"隐民"就是逃藏之民。公元前四六八年鲁哀公想借助越国力量来除去三桓,也被三桓逐走。到鲁悼公即位,"鲁如小侯,卑于三桓之家"(《史记·鲁世家》)。鲁哀公、悼公、元公三世的政权,都被季孙氏劫持,所谓"鲁之公室,三世劫于季氏"(《韩非子·难三篇》),直到鲁穆公时,公仪休为相,才重新成为"奉法循理"的政体,而季孙氏据有封邑费(今山东费县北),成为独立小国。

六卿分晋及其改革 春秋晚期,晋国的六卿赵氏、魏氏、韩氏、知氏、范氏和中行氏瓜分了晋国,取得了政权。晋平公时,范宣子执政,驱逐了栾盈,接着平定了栾盈潜回曲沃(今山西闻喜西北)发动的叛乱。后来韩宣子执政,"六卿以法诛公族祁氏、羊舌氏"(《史记·赵世家》)。接着魏献子执政,分祁氏地为七县,羊舌氏地为三县,进一步推行县制。公元前五一三年赵简子、中行寅"赋晋国一鼓铁,以铸刑鼎"(《左传》昭公二十九年),把范宣子所作刑书,铸造在铁鼎上公布,这是政治上的重大改革措施。

与此同时,晋国六卿进行了经济改革,各自废除了"步百为亩"的井田制,代之以扩大的田亩制和地税制。根据近年出土的竹简《孙子兵法·吴问篇》，范氏、中行氏采用最小亩制，以一百六十步为亩；知氏以一百八十步为亩；韩氏、魏氏采用大亩制，以二百步为亩；而赵氏采用最大亩制，以二百四十步为亩。同时，赵氏"公无税焉"，不按亩征税，其余五卿都"伍税之"，采用按五分抽一的税制。六卿这样不同程度地扩大亩制，破除"步百为亩"的井田制，势必推广开辟井田原来的封疆阡陌，这是废除井田制的一场深刻的经济改革。赵氏的亩制最大，又不征收地税，孙武认为可以"富民"，因而可以得到他们的支持。因此孙武认为实行最小亩制的范氏、中行氏先亡，其次知氏亡，再次韩氏、魏氏亡，只有赵氏得到成功，"晋国归焉"。后来社会历史的发展，正如他所预料的那样，只是韩氏、魏氏没有亡，而造成了"三家分晋"的局面。

田氏代齐　春秋后期齐卿田氏设法争取流亡的民众，逐步取得了政权。当齐景公时，赋敛严重，"民参（三）其力，二入于公，而衣食其一"。同时刑罚厉害，"国之诸市，屦贱踊贵"，因为受到刖刑的人多，受过刖刑的人所穿的鞋子（踊）就比一般鞋子要贵了。而田桓子采取了针锋相对的争取民众的措施，用大的"家量"（十斗为一釜）借出，而用小的"公量"（六斗四升为一釜）收回，同时在自己管辖区内控制物价，使得木料和鱼盐海产的价格不超过产地价格（《左传》昭公三年）。一方面是"公（指齐国国君）弃其民"，另一方面是民众归向田氏，"其爱之如父母而归之如流水"。田桓子利用"国人"对栾氏、高氏的"多怨"，联合鲍氏，打败消灭了栾氏和高氏。他又召回群公子，向公族讨好，齐景公赏给高唐（今山东高唐东北），于是田氏进一步强大了。接着田釐子（一作陈僖子，即田乞）继续争取民众支持，联合鲍氏和诸大夫，打败消灭了高氏、国氏和晏氏，并且杀死了高、国二氏所拥立的国君荼而拥立阳生(齐景公太子)为君,即齐悼公。从此"田乞为相,专齐政"(《史记·田世家》)。次年,因为鲍氏起来反对,鲍氏这家贵族也被消灭了。公元前四八五年,田乞又把悼公杀死①,立其子壬为君,即齐简公。

齐简公任用监止(一作阚止)为右相,"使为政",而让田成子(即田恒,一作田常)为左相,企图削弱田氏的权力。田成子继续用小斗进、大斗出的办法争取平民支持,民间就流传着"妪乎(呜乎)采芑(一种野菜),归乎田成子"的歌谣(《史记·田世家》)。同时,田成子还提拔人才,"上请爵禄而行之群臣",把布帛、牛肉分给士卒,优待士卒(《韩非子·二柄篇》)。公元前四八一年,田成子就打败监止,把监止捉住杀死。齐简公逃到舒州(今河北大城),也被田成子捉住杀死。从此由田成子为相,"专齐之政",取得了齐国的政权。

吴的兴起及其政治改革 在中原鲁、晋、齐等国新兴势力取得政权的同时,南方的吴、越等国的政权也发生了变革。

吴人原是周族的一支,西周初年迁到东南沿海建立国家,建都于吴(今江苏苏州)。春秋晚期吴国的冶铁技术有了较大发展,相传吴王阖闾曾用"三百人鼓橐装炭",用铁铸造"干将"、"莫邪"两把宝剑(《吴越春秋·阖闾内传》)。近年江苏六合程桥镇吴墓中出土铸铁铸造的铁丸和锻制的铁条,提供了实物的例证②。同时小农经济也开

---

① 《左传》哀公十年载:吴国攻齐,"齐人弑悼公赴于师"。所谓"齐人"实即田乞。《晏子春秋·谏上篇》说:"景公没,田氏杀君荼,立阳生,杀阳生,立简公,杀简公而取齐国。"

② 一九六四年七月南京博物院在程桥中学清理一号东周墓,出土遗物中有一个铁丸,同出土物有"攻敔"("敔"通"吴")铭文的编钟。一九七二年一月南京博物院又在程桥镇清理二号东周墓,出土一件锻制铁器,两端已残损,作铁条状。见《考古》一九六五年第三期和一九七四年第二期南京博物院的文章。

始发展,公元前五二二年伍员(即伍子胥)从楚出奔到吴,曾"与太子建之子胜(即白公胜)耕于野"(《史记·伍子胥列传》)①。后来吴王夫差说他父亲阖闾攻破楚国,开辟疆土,"譬如农夫作耦,以刈杀四方之蓬蒿"(《国语·吴语》),反映了当时农民向四方开垦荒地的情景。

公元前五一四年公子光乘吴伐楚失利的时机,派勇士专诸刺杀吴王僚,夺取政权,自立为王,他就是吴王阖闾。阖闾起用伍子胥为客卿,"立城郭,设守备,实仓廪,治兵库"(《吴越春秋·阖闾内传》);又起用孙武为将军,整顿和改革国政。孙武在对答阖闾的发问中,曾列举晋国六卿进行经济改革情况,并对他们今后的兴亡作出判断。阖闾十分赏识孙武的判断,并由此得出结论,认为"王者之道",是"厚爱其民者也"(《孙子兵法·吴问篇》)。所谓"王者之道",就是发展小农经济的政策。后来阖闾实行了这个"厚爱其民"的"王者之道"。他"食不二味(吃得与臣下一样),居不重席(坐单层的席),室不崇坛(不筑高坛),器不彤镂(不着红彩不雕刻),宫室不观(不造游玩的楼台),舟车不饰,衣服财用,择不取费(选取实用而防止浪费)",遇到天灾疾疫,访问孤寡而救济贫困,"勤恤其民,而与之劳逸"(《左传》哀公元年)。

吴国由于进行了政治改革,国力逐渐富强起来。吴王阖闾采用孙武提出的声东击西、轮番出战和迷惑、疲乏楚国的策略,不断削弱楚国。公元前五〇六年,吴国采用乘隙奇袭的战略,深入楚国腹地,直逼汉水,在柏举(今湖北麻城北)大败楚军,追击到清发水(今鳣水),等楚军半渡时发动进攻,把楚军打得落花流水。吴军乘胜继续

---

① 《左传》昭公二十年也说:伍员"耕于鄙"。

追击,顺利地攻入了楚都郢城。后来,由于秦兵来救,吴国又发生内乱,楚才得复国。吴便成为南方的强国。公元前四九六年,吴王阖闾在对越战争中受伤,不久病死,其子夫差继位。三年后,吴在夫椒(今太湖中洞庭西山)大败越兵,攻破越都会稽,迫使越国求和。接着吴王夫差就争霸中原。公元前四八五年吴派大夫徐承率水师从海上攻齐,不能得利;次年吴又"发九郡之兵"(《史记·仲尼弟子列传》),与鲁军联合,在艾陵(今山东淄博西南)大败齐军,杀死齐军主帅国书。从"发九郡之兵"这件事,可知这时吴国已推行郡县制,并已实行以郡县为单位的征兵制。公元前四八二年吴王夫差又亲率大军从水路北上,邀集晋定公和其他诸侯在黄池(今河南封丘西南)会盟,与晋争当盟主。

越的兴起及其政治改革　越国人民原是越族的一支,建都于会稽(今浙江绍兴)。越国从始祖无余起,传了十几代就衰亡了。后来有个夫谭的儿子叫允常的出来重建越国,开始称王①。公元前四九六年允常去世,勾践即位。越国在公元前四九四年被吴国征服,成为吴的属国,越王勾践入质于吴三年之久。勾践回国后,"省赋敛,劝农桑",卧薪尝胆,奋发图强,重用范蠡、计然、文种等人,改革内政,推行"舍其愆令,轻其征赋","裕其众庶"的政策,使得"其民殷众,以多甲兵"(《国语·吴语》)。所有"民"或"众庶",不但是农业生产的主要承担者,也是赋税、兵役的主要负担者。同时,越王勾践针对战败后壮丁不足的状况,下令奖励生育,并规定长子夭折的,"三年释其政"

―――――

① 《吴越春秋·越王无余外传》说:"无余传世十余,末君微劣,不能自立,转从众庶为编户之民,禹祀断绝。"又说后来无壬立为越君,无壬生无鳢,无鳢卒,"或为夫谭,夫谭生元常(当作"允常")"。这里说"或为夫谭",可知夫谭是另外兴起的一支越人。

（"政"通"征"，即免除三年赋税）；庶子早亡的，"三月释其政"。勾践还优礼士人，招揽各地人才，"四方之士来者，必庙礼之"（《国语·越语上》）。这样经过"十年生聚，而十年教训"（《左传》哀公元年），取得很大成就，"田野开辟，府仓实"（《国语·越语下》）。

　　公元前四八二年，越王勾践乘吴王夫差在黄池争当盟主、国内空虚的时机，分兵两路袭吴。一路由勾践自己统率，在泓上（今江苏苏州西）大败吴国留守部队，俘虏吴太子友，并乘胜攻占吴都。另一路由大夫范蠡、后庸统率水师从海道进入淮河，切断吴军从黄池撤退的归路。吴王夫差得到消息，在黄池勉强争得霸主后，匆匆回国，同越国讲和。过了四年，吴国发生天灾，越乘机再度伐吴，吴起兵应战，两军在竺泽（今江苏吴江附近）夹水列阵，越王勾践先派两翼佯渡，调动敌人，然后乘其空虚，中央突破，大败吴军。三年后越又大举攻吴，围困吴都达三年之久。公元前四七三年终于攻破吴都，迫使吴王夫差自杀。吴国也就灭亡。越王勾践接着引兵北上，大会诸侯于徐州（今山东滕县东南），号称霸主，把国都迁到琅邪（今山东胶南琅邪台西北）。到战国初期，越王翳又迁都吴。①

　　《史记·货殖列传》说："计然之策七，越用其五而得意。"又说：

---

　　①　《汉书·地理志》、《越绝书·外传记地传》和《吴越春秋·勾践伐吴外传》都说勾践迁都琅邪。近人有怀疑这个记载不可信的。据《墨子·非攻中篇》说，莒国"东者越人来削其壤地"，莒国在今山东莒县，而琅邪正在其东，可知越都琅邪之说是可信的。《左传》和《史记·鲁世家》记载鲁哀公二十七年（公元前四六八年）哀公要"以越伐鲁而去三桓"，八月哀公到公孙有陉氏，三桓攻公，公经卫、邹而到越，国人迎接公归来，卒于公孙有陉氏。蒙文通认为哀公辗转到越，又从越回鲁，前后不过四五月，足证哀公所往之越在琅邪而不在会稽。蒙文通又认为此后越攻灭滕、郯、缯等小国多在琅邪附近，都足证当时越都琅邪。见蒙文通《越史丛考》，人民出版社一九八三年版，第一二一至一二二页。

"修之十年,国富,厚赂战士。士赴矢石,如渴得饮。遂报强吴,观兵中国,称号五霸。"可知越国所以能够富强,主要由于采纳了计然之策进行了政治改革。究竟越王勾践用了计然的哪五策呢? 从《越绝书》的《计倪内经》来看,主要有下列五点:

(一) 任人唯贤,"有道者进"。计然认为国君必须"明其法术","守法度,任贤使能",才能使得"邦富兵强而不衰"。主张选拔"有道者"、"圣者"以及"后生"。他说:"圣主置臣,不以少长,有道者进,无道者退。愚者日以退,圣者日以长。"又说:"先生者未必能知,后生者未必不能明。"

(二) 赏罚分明,奖励忠谏。计然认为,国家所以会"邦贫兵弱致乱",往往由于国君执法不严,赏罚不明,弄得"谀者反有德,忠者反有刑"。主张对忠谏者要"赏其成事,传其验(经验)"。

(三) 实行"平粜"法,平衡谷价。计然认为,丰年时谷贱伤农,歉收时谷贵伤末,必须每石粟价"上不过八十〔钱〕,下不减三十〔钱〕",使得"农末俱利"。

(四) 流通物资,发展贸易。计然着眼于发展经济,主张流通国内外物资,调节不足和有余。他认为国君必须任贤使能,使得"转毂乎千里外,货可来也"。

(五) 蓄积"食钱布帛",防备灾荒。计然主张防备灾荒,必须"早知天地之反,为之预备";倘若"不先蓄积,士卒数饥,饥则易伤,重迟不可战"。

郑国的争夺政权 中原诸侯国除了晋、齐两大国经历过"六卿分晋"、"田氏代齐"及其政治改革的斗争以外,其他如郑、宋等国,也发生过争夺政权和政治改革。

战国初期,郑国曾发生争夺政权的事。郑哀公是被郑人杀死的,哀公之后是共公,共公之后是幽公,幽公是被韩所杀的。此后,缪公二十五年(公元前三九八年),"郑君杀其相子阳",二十七年"子阳之党共弑缪公"(《史记·郑世家》)。战国初期,郑国有三个国君被杀,从郑君杀其相子阳到子阳之党杀郑君,前后又经过了三年的分裂内战,所以韩非说:"郑子阳身杀,国分为三。"(《韩非子·说疑篇》)鲁阳文君又说:"郑人三世杀其君父,天加诛焉,使三年不全。"(《墨子·鲁问篇》)

这次郑国发生"子阳身杀,国分为三"的事件,据韩非说,其原因是郑国的贵族公孙申"思小利而忘法义,进则揜蔽贤良,以阴暗其主,退则挠乱百官而为祸难"(《说疑篇》)。显然,公孙申等贵族反对"法义",也反对"贤良",而子阳正是讲究"法义"的"贤良"的领袖人物,因而遭遇祸难了。《吕氏春秋·适威篇》说:"子阳极也,好严有过,而折弓者恐必死,遂应猘狗(疯狗)而弑子阳。"《淮南子·氾论训》也说:"郑子阳刚毅而好罚,其于罚也,执而无赦。舍人有折弓者,畏罪而恐诛,则因猘狗之惊,以杀子阳。"因为子阳极严厉地执行法令,"折弓者"犯了死罪,公孙申便乘机煽动"折弓者"趁疯狗扰乱的当儿把子阳杀死了。他的被杀,是出于贵族的谋害,因而引起了"子阳之党"的分裂和斗争。经过三年的分裂斗争,"子阳之党"取得了胜利,杀死了郑缪公。韩非曾把"太宰欣取郑"和"田成子取齐"、"司城子罕取宋"相提并论(《说疑篇》),太宰欣可能就是"子阳之党"的领袖。

郑国在三年内战中,"子阳之党"虽然取得胜利,但没有能够完成其政治改革,到公元前三七六年就被韩灭亡了。

秦献公的取得政权及其政治改革　秦国社会经济发展比较迟

缓，改革也迟缓，到公元前四〇八年"初租禾"，同时政权操纵在强大的贵族手里，国君的废立，常由庶长做主决定。庶长们常把流亡在外的秦公子迎接回来做国君，而把不称心的国君撤换或逼死。例如秦怀公是从晋国迎入的，又是遭庶长晁与大臣围困而自杀的。秦简公也是从晋国迎入的。

公元前三八五年，秦简公的孙子秦出子即位，年才两三岁，由他母亲和宦官掌权，结果"群贤不说（悦）自匿，百姓郁怨非上"。这时出奔在魏的公子连（一名师隰），由于二十多年长期生活在魏国，目睹魏国实行变法所取得的成就，就想回国"因（依靠）群臣与民"夺取政权。他先想从郑所之塞（今陕西华县东）进入秦国，被守塞的右主然拒绝了；接着跑到戎狄去，改从焉氏塞（即乌氏塞，今宁夏固原东南）入境，被庶长菌改迎入。秦出子的母亲就"令吏兴卒"前去讨伐，半路上"卒与吏"改变主意，反而去迎接新的国君（《吕氏春秋·当赏篇》）。公子连于是带着倒戈的军队回到雍，迫使秦出子母亲自杀，并把秦出子杀了。公子连即位，他就是秦献公。秦献公之所以能够取得政权，归根结蒂是由于得到了前此"不说自匿"的"群贤"与"郁怨非上"的"百姓"的支持。

秦献公开始进行政治改革。公元前三八四年，宣布"止从死"，废除了实行长达三世纪的杀人殉葬制度。这是对贵族特权的一种限制。公元前三七五年，"为户籍相伍"，把个体小农按五家为一伍的编制，编入国家的户籍。同时推行县制，先后把栎阳（今陕西临潼北）、蓝田（今陕西蓝田西）、蒲、善明氏建设为县，以加强中央集权和巩固边防。由于这一系列的改革，秦国在兼并战争中开始转败为胜。这样就为此后秦孝公任用卫鞅变法打下了基础。

戴氏代宋　至于宋国，也曾发生卿大夫夺取政权的事，不过时间比较迟些。韩非曾把"司城子罕取宋"和"田成子取齐"相提并论(《韩非子·说疑篇》、《二柄篇》、《人主篇》、《外储说右下篇》)，又曾把"戴氏夺子氏于宋"和"田氏夺吕氏于齐"相提并论(《忠孝篇》)。到后来被齐灭亡的宋国已经不是子氏而为戴氏，所以《吕氏春秋》论宋被齐灭亡说："此戴氏之所以绝也。"(《壅塞篇》)《史记·宋世家·索隐》引《竹书纪年》说："宋剔成肝废其君璧而自立。"这里所说的剔成肝，即司城子罕，司城子罕所废的君名璧，也就是《竹书纪年》所说的宋桓侯璧兵，璧兵也作辟兵或辟①。宋桓侯在公元前三五六年朝见过魏惠王(《史记·魏世家·索隐》引《竹书纪年》)，那末司城子罕逐杀桓侯的事，当在公元前三五六年以后。宋桓侯据说是很奢侈荒唐的，曾大兴土木，建筑苏宫(《太平御览》卷四八八引《庄子》)。司城子罕所以能夺得政权，据韩非说，是由于"宋君失刑而子罕用之"(《二柄篇》)，"宋君失其爪牙于子罕"(《人主篇》)，情况是和"田成子取齐"差不多的。由于戴氏夺取了宋国的政权，进行了政治改革，宋国也就逐渐富

①　剔成肝即司城子罕，"肝"、"罕"音同通用，"司"和"剔"是一声之转，"城"和"成"也声同通假。"司城"的音转为"剔成"，正同"司徒"或作"信都"、"申徒"、"胜屠"(《潜夫论·志氏姓》)。司城原是宋的官名，即司空，春秋时因避宋武公讳而改司空为司城。又《史记·宋世家·索隐》引《庄子》说："桓侯行，未出城门，其前驱称辟(避)，蒙人止之，以为狂也。"司马彪注："呼辟使人辟道，蒙人以桓侯名辟，而前驱呼辟，故为狂也。"《太平御览》卷七三九引《庄子》略同，今本《庄子》中已遗失这一段文字。从这里足证《竹书纪年》所说宋桓侯名璧或璧兵之说为是，而《史记·宋世家》作"辟公(谥号)辟兵(名)"，并不正确。《宋世家》说："辟兵三年卒，子剔成立。"竟把废君自立的事说成父子相传，因而戴氏取宋的这一事件便被湮没了。《韩非子·内储说下篇》说："戴驩为宋太宰，皇喜重于君，二人争事而相害也，皇喜遂杀宋君而夺其政。"梁履绳认为古人名喜的往往用罕为字，皇喜亦即司城子罕。这话是可信的，皇氏原也是戴公之后。苏时学也有相同说法。至于孙诒让《墨子间诂》中的《墨子传略》，认为司城子罕所杀的为战国初期的宋昭公，是不可信的。昭公只有出亡而复国之说，无被杀之事。

强起来,到宋君偃时也就要行"王政"(《孟子·滕文公下篇》),到公元前三一八年(宋君偃十一年)便和其他各国一样"自称为王",成为"五千乘之劲宋"了。

燕国的"禅让"事件 战国中期,燕国发生"禅让"君位的事,这也是具有政治改革性质的。

公元前三一六年(燕王哙五年),燕王哙把君位让给了相国子之。子之为相国时,办事果断,善于监督考核臣属①,得到燕王哙的赏识和重用。但是朝廷大臣都是贵族(即所谓"太子之人"),而子之所提拔的官吏(即所谓"子之之人")只是些小官吏,这时燕王哙把三百石俸禄以上大官的玺(官印)全部收回,另由子之任命(《韩非子·外储说右下篇》、《战国策·燕策一》)。燕王哙因年老不再过问政事,从此"国事皆决于子之"(《史记·燕世家》)。这对以太子平为首的贵族来说,是沉重的打击。公元前三一四年,太子平和将军市被便结党聚众,"围公宫,攻子之",连攻几个月没有成功,子之反攻,取得大胜,把太子平和将军市被都杀死了。②后来子之的失败,完全由于齐宣王的

---

① 《韩非子·内储说上篇》说:"子之相燕,坐而佯言曰:'走出门者何白马也?'左右皆言不见。有一人走追之,报曰:'有。'子之以此知左右之不诚信。"这故事和《韩非子》等书所载韩昭侯用术的故事很相像,足见他很讲究督责臣下之术。

② 《战国策·燕策一》和《史记·燕世家》说:"太子因要(结)党聚众,将军市被围公宫,攻子之,不克。将军市被及百姓反攻,太子平、将军市被死,以徇。"其中"将军市被及"五字为衍文。这时太子平已战死,《燕世家·索隐》引《竹书纪年》说"子之杀公子平",《燕世家·集解》、《索隐》引《六国年表》都作"君哙及太子、相子之皆死"。今本脱"太子"两字。《战国策·燕策一》说"燕人立公子平,是为燕昭王","公子平"当是"公子职"之误。《燕世家》更误作"燕人共立太子平,是为燕昭王"。《史记·赵世家》说:"〔赵武灵王〕十一年,王召公子职于韩,立以为燕王,使乐池送之。"《集解》引徐广说:《纪年》亦云尔。"《索隐》又说:"《纪年》之书,其说又同。"《六国年表·集解》引徐广说:"《纪年》云:赵立燕公子职。"可知《竹书纪年》记燕昭王是燕公子职而不是太子平,近年出土的燕国兵器有作"郾(燕)王戠(古'职'字)"的,足见燕昭王确是名职。

武装干涉。当时齐宣王派将军匡章带了"五都之兵"和"北地之众"，大举攻燕，五十天就把燕国攻破了。齐宣王在攻破燕国后，也就"禽（擒）子之而醢（作肉酱）其身"（《史记·燕世家·集解》引《竹书纪年》）。由于齐国军队非常残暴，燕国广大人民群起反抗，即所谓"燕人畔"（《孟子·公孙丑下篇》），迫使齐国不得不退兵。结果由赵武灵王把在韩国作人质的燕公子职护送回国即位，即燕昭王。燕王哙和子之想要通过禅让的办法来进行政治改革，显然是不可能的事。但是子之在平定太子平等人发动的贵族叛乱中，取得大胜，杀死太子平和将军市被，狠狠地打击了燕国贵族势力。接着齐宣王进行武装干涉，而在燕国人民群众强烈反抗下被迫退兵，这又磨砺了广大人民的斗志。这样就为后来燕昭王奋发图强，进行政治改革扫清了道路。

三　社会结构的变化

自耕小农的普遍存在　上面已经讲到，由于井田制的瓦解，所分配的"份地"（私田）私有化，原来的"国人"和"庶人"所耕"份地"先后私有化，都成为耕种百亩的自耕小农。再加上各国先后推行按户籍身分的授田制，于是自耕小农在战国时代就普遍地存在，成为君主政权立国的基础。

原来井田制分配给"国人"和"庶人"的"私田"都是百亩，因"私田"的私有化而成为自耕小农，于是"一夫百亩"成为战国通行的制度，魏、秦等国的授田制也以百亩为通例。《商君书·徕民篇》记载秦国的"制土分民之律"，地方百里，除去山泽、都邑、道路占地十分之四，共有农田十分之六，其中恶田十分之二，良田十分之四，可以用来"制土分民"，"以此食作夫五万"。依据《孟子·滕文公上篇》，"方里而井,井九百亩",以此推算地方百里共九百万亩,农田占十分之六,共五百四十万亩,以此分配给农夫五万人,每人可以分得一百零八亩,除去零数,正是"一夫百亩"的授田制。战国初期魏国李悝变法,"作尽地力之教,以为地方百里,提封九万顷,除山泽邑居三分之一,为田六百万亩"(《汉书·食货志》)。据此可知魏国同样实行这种"制土分民之律",所谓九万顷就是九百万亩,只是魏国所在土地的山泽占地较少,"山泽邑居"只占三分之一,因而农田有六百万亩,可以分配农夫六万人。魏国同样推行"一夫百亩"的授田制,李悝就说:"今一夫挟五口,治田百亩。"魏襄王时史起为邺令,曾说:"魏氏之行田也,以百亩。邺独二百亩,是田恶也。"(《吕氏春秋·乐成篇》、《汉书·沟洫志》)颜师古注:"以百亩,谓赋田之法一夫百亩。"据此可知魏国授田制,良田是一夫百亩,恶田是一夫二百亩,以便轮流休耕。《尉缭子·原官篇》说:"均地分,节赋敛,取与之度也。"("均地分",今本误作"均井田",今从临沂出土竹简改正)所谓"均地分",就是指这种平均分田给耕者的授田制。这种平均分田的授田制,很明显是沿袭井田制的成法。《周礼·地官·大司徒》讲到井田制的三等授田之法,"不易之田家百亩,一易之地家二百亩,再易之地家三百亩"。魏国推行按田地美恶分等授田之法,就是由此而来。

战国初期李悝在魏变法,估计农民生计,以"今一夫挟五口,治田百亩"作为典型,据估计,每年每亩收粟一石半(约当今三斗),共得粟一百五十石,除去"十一之税"十五石,余下一百三十五石,每月每人吃粟一石半,五人一年要吃九十石,余下四十五石,每石赏三十钱,共得一千三百五十钱,除了各种祭祀费用三百钱,余下一千零五十钱,衣着每人每年需用三百钱,五人共需一千五百钱,这样已短少四百五

十钱,不幸而遭遇疾病死丧,再加上君上的临时赋敛,更没有办法了
(《汉书·食货志》)。从这一笔农民收支细账看来,可知耕种授田百
亩的农民,确是自耕小农的性质,按常规只有"什一之税"的负担,就
是墨子所说:"以其常正(征),收其租税,则民费而不病。"(《墨子·辞
过篇》)。这样的授田制看来春秋末年晋国早已推行。《孙子兵法·
吴问篇》列举晋国六卿所实行的不同的亩制和税制,赵氏推行最大亩
制,以二百四十步为亩,并且不收税,其余五卿分别以一百六十步到
二百步为亩,采用五分抽一税制。这就是以不同的授田制争取民众
的归向。商鞅在秦变法,扩大亩制,以二百四十步为亩,实行"百亩给
一夫"的授田制,实际上就是推广了赵氏的授田制,只是商鞅增加了
农民赋税的负担。

小农经济成为立国的基础　正因为自耕小农的普遍存在,小农
经济成为当时各国的立国基础。自耕小农的生产成为各国政权的经
济基础,小农每年上缴的租税成为国家财政上的主要收入。战国初
期各国先后实行变法,都是为了维护当时普遍存在的小农经济,所推
行的改革政策,都是为了奖励和帮助小农发展生产,从而富国强兵,
以便在对外兼并战争中不断取得胜利。魏国李悝变法,作尽地力之
教,就在于提高田亩产量,同时推行平籴法,就在于维护小农经济。
秦国商鞅变法,重农抑商,奖励耕战,开拓亩制,征收户赋,都是为了
发展小农经济,富国强兵。因为当时各国政权都建立在小农经济的
基础上,自耕小农既是生产的主力,又是作战的主力。这种自耕小农
是编入户籍的良民,不同于身分低下的商人、赘婿,有按法接受分给
耕田的权利,除了缴纳法定赋税和定期服役以及战时服兵役以外,生
产和生活都是自主的,拥有住屋、家畜以及生产和生活上必需的财

物,《秦律》上称为"士伍",即编伍的士卒,无爵的庶民,可以接受君上的因功赏赐的低级爵位而成为有爵者。如果发生争夺财物和争夺军功的纠纷,可以经过诉讼而按法律解决。《秦律》的案例中,就有对"争牛"(争夺走失的耕牛)和"夺首"(争夺斩得敌人首级的军功)的判决,说明他们所有财物和所得功勋,可以得到国家法律一定的保障。因此能够比较自由地安排自己的生产和生活,能够拥有积蓄的财物,有生产的积极性,从而造成社会经济的繁荣,使得这种小农经济的生产方式,具有强大的生命力而长期留存。

战国时代的小农经济是得到较大的发展的,由于使用先进的生产工具和生产技术,由于自耕小农的生产积极性使得农业生产得到较大发展,同时各种小手工业适应小农生产和生活上的需要而有发展。大手工业如盐铁业同样是适应广大的小农需要而成长起来,而且商业也在小农出售多余的农业品和买进生产和生活上的必需品的基础上发展起来,于是造成社会经济繁荣的景象。

随着社会经济繁荣,各国所进行的经济上和政治上改革的需要,科学文化也得到蓬勃发展,学术界出现了"百家争鸣"的思潮。所谓"百家争鸣",实质上就是站在不同立场上,按照各自标榜的前进目标,为维护和发展这种国家规模的小农经济,提出了不同的建国方略。墨子所说"百姓""万民",即指"农夫"和"农妇",就是指自耕小农而言。墨子说:"今也农夫之所以蚤(早)出暮入,强乎耕稼树艺","曰彼以强必富,不强必贫"(《墨子·非命下篇》)。墨子一系列主张如天志、兼爱、尚贤、节用、非攻等,都是为了解决小农"饥"、"寒"、"劳"的"三患"和达到"国家之富"、"人民之众"和"刑政之治"的目标。孟子所说"黎民",也是指住"五亩之宅"、种"百亩之田"的自耕小农。孟子说："今也制民之产,仰不足以事父母,俯不足以畜妻子,乐岁终身苦,凶年不免于死亡。"(《孟子·梁惠王上篇》)孟子鼓吹实行"王道"、施行"仁政","省刑罚,薄税敛,深耕易耨",都是为了维护作为立国基础的小农经济。

战国时代由于连年战争,再加上统治者的残暴,这种自耕小农的负担是很沉重的。墨子指出除了"常征"和"常役"之外,还要"厚作敛于百姓,暴夺民衣食之财"(《墨子·辞过篇》)。孟子又说:"有布缕之征,粟米之征,力役之征。君子用其一,缓其二。用其二而民有殍,用其三则父子离。"(《孟子·尽心下篇》)。荀子也说有田野之税、刀布之敛、力役之征(《荀子·王霸篇》、《富国篇》)。秦国自从商鞅变法后,开始按户征收人口税,称为"户赋"或"口赋",就是后来汉代的"算赋"。这对贫苦的自耕小农来说,是个沉重的负担,既要按田亩缴纳租税,又要按人口缴纳"户赋",并且服兵役和徭役。《商君书·农战篇》说:"百姓曰:我疾农,先实公仓,收余以食亲,为上忘生而战,以尊主安国也。"所谓"实公仓",就是向国家缴纳田租。《商君书·去强篇》又说:"举民众口数,生者著,死者削,民不逃粟,野无荒草,则国富,国富者强。"所谓"民不逃粟",就是指按户征收地税和户赋,不让逃避。根据云梦出土《秦律》,国家向农民征收的地税,不仅有禾稼(粮食),还有刍(饲料)和稾(禾秆),规定每一顷田要"入刍二石,稾二石"(《田律》);还要缴纳户赋,不准隐瞒户口(《法律答问》);更要负担兵役和徭役,需自备衣服及费用,不准逃避服役。隐瞒户口叫做"匿户",逃避服役叫做"逋事",已经集合报到而再逃走的叫做"乏徭",都要受到严厉处罚。

从《秦律》来看,当时秦国乡间官吏已有吞没地税而不上报的。

《法律答问》提到部佐"匿田"问题,指出"已租诸民,弗言,为匿田;未租,不论为匿田"。说明当时有因特殊原因而未收地税的,又有地税被征收官吏占有而隐匿的。

依附于地主的庶子、佃农和雇农 战国时代有一种依附于地主的农民叫做"庶子"。《商君书·境内篇》说秦国规定:能够斩得敌人甲首一颗的,"赏爵一级,益田一顷,益宅九亩,除庶子一人"。就是赏给爵位一级,就可以给予庶子一人。《境内篇》又说:"其有爵者乞无爵者以为庶子,级乞一人。其无役事也,其庶子役其大夫月六日;其役事也,随而养之。"就是说:有爵者可以得到无爵者作为庶子,每一级爵可以得到一个庶子;当有爵者没有特殊役事的时候,庶子每月要给大夫服役六天;当有爵者有特殊役事的时候,则按服役期限供给庶子的食粮而养起来。这种庶子,虽然规定在一般情况下每月只给主人服役六天,但是主人有特殊役事随时可以调来服役而养起来,对于主人的人身依附关系很强,实质上是属于农奴性质。[①]这种依附于地主的农民,在卫鞅变法之前应当已经普遍存在,卫鞅只是把它规定成为制度,作为奖励军功地主的一项政策罢了。

这时土地已开始买卖,有土地的农民常因不能维持生活而出卖土地,"无置锥之地"的人便逐渐加多,到荀况时,"无置锥之地"已成为成语(《荀子·非十二子篇》、《儒效篇》)。《吕氏春秋》更明白地说:

---

① 战国时代国君、封君、太子、相国、太宰以及县令等官,所属家臣有称御庶子、中庶子或少庶子的。例如卫鞅曾做魏相公孙痤的中庶子(《史记·商君列传》),甘罗曾做秦相吕不韦的少庶子(《战国策·秦策五》),蒙嘉是秦始皇的宠臣中御子(《史记·刺客列传》)。根据礼书记载,庶子地位很低,举行礼仪时常担任"设折俎"、"执烛"等差役(详朱大韶《实事求是斋经义》卷一"士庶子非公卿子弟辨")。至于有爵的地主所属庶子,也类似家臣性质,是为地主服役的,其地位更低。

"无立锥之地,至贫也。"(《为欲篇》)这些无立锥之地的农民,有的流亡到外地,成为"上无通名,下无田宅"的"宾萌"(即客民,《商君书·徕民篇》),有的就成为"耕豪民之田,见税什五"的佃农。到战国末年,农民为了逃避繁重赋役,有的宁愿附托到豪强地主之下,甘愿做佃农。《韩非子·备内篇》说:"徭役多则民苦,民苦则权势起,权势起则复除重,复除重则贵人富。"说明当时有"权势"的"贵人",趁人民苦于"徭役多"的时机,用包庇"复除"(免除徭役)的特权诱使贫苦农民归附到他们的门下,成为他们奴役的对象,忍受他们的剥削。韩非曾说:"悉租税,专民力,所以备难充仓府(库)也。而士卒之逃事状(藏)匿,附托有威之门,以避徭赋,而上不得者万数。"(《韩非子·诡使篇》)这些"有威之门",就是《商君书·垦令篇》所说"禄厚而税多"的官僚兼地主,也就是后来秦、汉时代的豪强地主。

这时农民有放弃本业转入工商业的,也有失去耕地后流入城市做雇工或商店的伙计的。有所谓"市佣"(《荀子·议兵篇》)、"庸保"(《史记·刺客列传》),也有"家贫无以妻之,佣未反"的人(《韩非子·外储说右下篇》)。"泽居苦水者"也有雇工治水的,即所谓"买庸(佣)而决窦(渎)"(《韩非子·五蠹篇》)。当时"大夫"雇工修缮房屋是比较普遍的。《商君书·垦令篇》说:"无得取庸,则大夫家长不建缮,……而庸民无所于食,是必农。"这是说:政府不准雇工,大夫就不雇人修建房屋;雇工没有饭吃,就必然务农。当时使用雇农的地主也是不少的。《吕氏春秋·上农篇》说:"农不上闻,不敢私籍于庸。"就是说,不是有高级爵位,就不准私自雇用雇农。这时有替人"灌园"的"庸夫",例如齐湣王被杀,太子法章曾逃到太史家做"灌园"的"庸夫"(《战国策·齐策六》)。又有所谓"庸客"的,主人给他美羹、钱布(铜币),希望他耕得深、耘得快(《韩非子·外储说左上篇》)。农民也有在高利贷的严重剥削下弃产流亡的,冯驩所谓"息愈多,急即以逃亡"(《史记·孟尝君列传》)。也有因而饿死在沟壑的,孟子所谓"又称贷而益之,使老稚转乎沟壑"(《孟子·滕文公上篇》)。同时由于奴隶买卖比较流行,当时已有"卖仆妾售乎闾巷者,良仆妾也"的成语(《战国策·秦策一》)。于是农民在"天饥岁荒"的情况下,已有"嫁妻卖子"的(《韩非子·六反篇》)。

官府的奴隶 春秋、战国间,由于生产的发展和商品经济的发展,又出现了个体经营的手工业者、商人和大商人。这在前面两章已经叙述过了。下面要谈的是,当时还有相当数量的官私奴隶。

春秋、战国间,官府奴隶的来源,一种是俘虏。《墨子》书中曾描写当时大国进攻他国的情况:一攻入他国的边境,就割掉农作物,砍掉树木,攻毁城郭,焚烧祖庙,掠夺牺牲(家畜),见敌国人民中顽强的就杀,顺从的就绑着牵回来,男的作为"仆、圉、胥靡",女的作为"舂、酋"(《墨子·天志下篇》)。仆是管车马的奴隶,圉是养马的奴隶,胥靡是"被褐带索"而被强迫"庸筑"(用绳索牵连着而被强制做筑城等土木工事)的奴隶。舂是舂米的奴隶,酋是造酒的奴隶。①

到战国时代,各国官府有把战争中的俘虏作为奴隶的,但是奴隶的主要来源已经不是俘虏。捕捉俘虏来作奴隶,已经不是当时战争

---

① 按《左传》昭公七年"人有十等,……马有圉",圉是养马的奴隶。古时御车者叫仆,管车马的官叫太仆,这个奴隶中的仆该也是管车马的。胥靡,据《汉书·楚元王传》注引应劭说:"'胥'借为'接','靡'借为'縻','接縻'谓罪人相接而縻之,不械手足使役作。"傅说是有做胥靡的传说的,贾谊所作赋曾说:"傅说胥靡兮,乃相武丁。"(《史记·屈原贾生列传》)而傅说是"被褐带索,庸筑于傅岩"的(《墨子·尚贤下篇》),可知胥靡被强制劳动的是做筑城等土木工事。

的主要目标之一①。

战国时代官府奴隶的主要来源是罪犯。因此胥靡既是一般奴隶的通称，同时又是一般罪犯的通称②。这时秦国的"隶臣妾"是官奴婢性质。从《秦律》来看，有不少罪犯被罚作"隶臣"，也有一些逃兵或俘虏被罚作隶臣。隶臣妾由官府按其劳役类别、年龄和性别发给不同标准的口粮，标准低于一般劳动人民的需要量。如果隶臣妾使用

---

① 战国时代的战争有一个特点，就是战争双方都奖励斩杀敌人。卫鞅在秦变法，具体规定了斩一首可以进爵一级，要做官的可以赏给五十石俸禄的官（《韩非子·定法篇》），所以鲁仲连说秦是"上首功之国"（《史记·鲁仲连列传》）。不但秦国如此，齐国也规定斩得一首级的可以得赏金（《荀子·议兵篇》）。当时战争残杀是很厉害的，据说，秦献公二十一年秦和魏战于石门，斩首六万（《史记·秦本纪》）。秦孝公八年秦和魏战于元里，斩首七千（《史记·六国年表》）。秦惠文王八年秦和魏相战，斩首四万五千。惠文王后元七年秦打败赵公子渴、韩太子奂，斩首八万二千。十一年秦大败韩于岸门，斩首一万。十三年秦大败楚于丹阳，斩首八万。秦武王四年秦攻取韩的宜阳，斩首六万。秦昭王六年秦伐楚，斩首二万（以上见《史记·秦本纪》）。七年秦打败楚将景缺，楚军死了二万（《史记·楚世家》）。十四年秦大败韩、魏于伊阙，斩首二十四万。二十四年秦攻取楚十五城，斩首五万（《史记·楚世家》）。二十七年秦大败赵军，斩首三万（《史记·六国年表》）。三十二年秦打败韩将暴鸢，斩首四万。三十三年秦打败魏将芒卯于华阳，斩首十五万（《史记·秦本纪》，《白起列传》作"十三万"）。三十四年秦打败赵将贾偃，把赵兵二万沉到河中（《史记·白起列传》）。四十三年秦攻取韩的九城，斩首五万（《史记·秦本纪》）。四十七年白起坑杀赵军俘虏四十五万（《史记·白起列传》）。五十年秦攻魏，斩首六千，魏楚军沉死河中的有二万人。五十一年秦将摎攻韩，斩首四万；攻赵，斩首九万（《史记·秦本纪》）。秦始皇三年秦将麃公攻魏的卷，斩首三万。十三年秦将桓齮攻赵，斩首十万（《史记·秦始皇本纪》）。据梁玉绳《史记志疑》的统计，秦国在战国时代战争中所斩得的首级共有一百六十万之多。《史记》这些记载都是根据《秦记》的，该出于秦的统计，但所有记载，记俘虏人数的极少，甚至像长平之役，白起在坑杀降卒四十五万人之后，留下幼小的二百四十人，也没有把他们作为奴隶，依然送回到赵国去。很明显的，这时的战争主要已经不是捕捉俘虏的战争。

② 《韩非子·解老篇》说："胥靡有免，死罪时活，今不知足者之忧终身不解，故曰祸莫大于不知足。"这是说胥靡这样的奴隶有赦免的机会，死罪有时有活命的机会，只有不知足的人的忧虑终身不解。《韩非子·六反篇》说："刑盗，非治所刑也；治所刑也者，是治胥靡也。"这是说，对偷盗者用刑，是针对偷盗的罪，不是针对偷盗的人；如果针对偷盗的人，就等于针对胥靡这样的一般罪犯用刑了。

的器物和照管的牲畜有丢失的,还要"以其日月减其衣食"三分之一来偿还。至于称为"鬼薪"、"白粲"、"司寇"、"城旦"、"春"的刑徒,性质和隶臣妾不同。刑徒有固定的刑期,刑期满了就可恢复自由。而"隶臣妾"则终身为官府服役,必待取赎才能恢复自由。

这时官府奴隶的另一个来源,就是把罪犯的妻子、儿女一起没收为奴隶。卫鞅在秦变法,公开宣布"事末利及怠而贫者举以为收孥",把"收孥"作为处罚的一种办法。同时秦国也还迫使奴隶的子女继续为奴隶,有所谓"奴产子"。

从《秦律》来看,当时称为隶臣、隶妾的官奴婢,官府可以把他们卖掉,还可以用作赏赐品,并可借给地主使用。秦王也常作为礼品来送人。例如秦王曾以"文绣千匹,好女百人"送给义渠君(《战国策·秦策二》)。但是这时由于商品经济的发展,没入官府的奴隶是可以用钱赎回的。赎回奴隶的情况在战国时代已很普遍,甚至有些国家在法令里规定:本国人有在别国当奴隶的,如果能赎回,这个赎金可由官府来负担。例如"鲁国之法,鲁人为臣妾于诸侯,有能赎之者取其金于府"(《吕氏春秋·察微篇》)。这时关于赎奴隶的故事,著名的有两则:一、春秋末期齐国的晏婴到晋国,见到齐国人名越石父的因被掠为奴,于是解下一匹拉车的马把他赎回(《吕氏春秋·观世篇》)。二、卫嗣君有个胥靡逃到魏国去,替魏襄王治病,卫嗣君先派人用一百金去赎,魏王不肯,后来便拿一个叫左氏的邑去交换他(《战国策·卫策》,《韩非子·内储说上篇》作"五十金")。前一则故事用一匹马赎回一个奴隶,当是一般的情况。后一则故事用一个邑换回一个奴隶,这是特殊情况。

《秦律》有赎替官奴婢的规定,但条件是苛刻的:要用两名壮男去赎替一名隶臣,用一名壮男去赎替一名年老而失去劳动能力或年幼而没有劳动能力的隶臣,而不允许赎替做针线活的隶妾。壮男要前往边疆戍守五年,才得以免除他的母亲或姊、妹一人的隶妾身分。同时秦为了奖励军功,允许隶臣从军,以"斩首"的军功取得爵位,从而免除奴隶身分;还允许士兵归还二级爵位来免除他的父母的隶臣妾身分。同时还规定:从事手工业生产的"工隶臣",如果因本人或别人军功而免除隶臣身分的,还都必须充当自由身分的"工"。当时官奴婢除了被用于手工业生产以外,还被用于农业生产。《秦律》规定"隶臣田者"在农忙的二月到九月间,每月口粮比原定二石增加半石。此外官奴婢还被用于筑城、畜牧和官府的各种差役。

地主和商人占有的奴隶　由于这时占有和使用奴隶是合法的,一般地主和商人也就可以占有奴隶了。有些地主和商人往往有十个以上的奴隶,辛垣衍曾对鲁仲连说:"先生独未见夫仆乎! 十人而从一人者,宁力不胜、智不若耶? 畏之也。"(《战国策·赵策三》)这时穷苦人家的壮年男子,常常因为负担不起赋税,生活困难,出卖或典质给富户,称为"赘婿",由主人配给女奴结为夫妇。这种"赘婿",属于家奴性质①。齐国著名学者淳于髡,就是"赘婿"出身(《史记·滑稽列传》)。当时奴隶常常被处髡刑(截去头发的刑罚),淳于髡名叫"髡",该即因被处髡刑而来,犹如孙膑因被处膑刑而叫"膑"。秦国自从商鞅变法以后,因为法令规定一家有两个壮男而不分居的要加倍

---

①　钱大昕《潜研堂答问》九说:"《说文》:'赘,以物质钱也,从敖、贝。敖者犹放,贝当复取之也。'《汉书·严助传》:'岁比不登,民待卖爵、赘子以接衣食。'如淳云:'淮南俗,卖子与人作奴婢,名为赘子,三年不能赎,遂为奴婢。'然则赘子犹今之身典,立有年限取赎,去奴婢仅一间耳。"根据云梦秦简中的《魏户律》和《魏奔命律》,赘婿是不能立户、不能受田和不能做官的贱民。

征收"赋"(即人口税),逼得"家贫子壮则出赘"(《汉书·贾谊传》载陈政事疏)。大概到战国末年,由于赋税的增加,人民的贫困,债务奴隶有了一定程度的发展,"赘婿"的数量比前增加。后来秦始皇谪发"诸尝逋亡人、赘婿、贾人略陆梁地"(《史记·秦始皇本纪》三十三年),把"赘婿"和罪犯、商人一样作为谪发的对象,就是因为"赘婿"属于家奴性质的缘故。

地主和商人的家内奴隶有专门服侍主人或者用来招待宾客、供娱乐的。《吕氏春秋·分职篇》说:"今有召客者酒酣、歌舞、鼓瑟、吹竽,明日不拜乐己者而拜主人,主人使之也。"

奴隶也有被用来从事小块田地的农业生产的。《韩非子·喻老篇》说:"故冬耕之稼,后稷不能美也;丰年大禾,臧获不能恶也。以一人之力,则后稷不足;随自然,则臧获有余。"这里把奴隶(臧获)看作农业技术最差的,用来和传说中农业技术最高明的后稷作对比。这样使用少数家内奴隶从事农业生产,并不是当时农业生产中的主要劳动力。

大工商业者还常用奴隶从事手工业生产和商业。例如大投机商白圭就"与用事僮仆同苦乐"(《史记·货殖列传》)。所谓"用事僮仆",就是随从主人经营事业的奴隶。至于大商人兼大官僚的,因为权势所在,所有的奴隶也就更多。到战国末年,秦国由于特殊的条件,大商人兼大官僚使用的奴隶就特别的多。例如吕不韦有家僮万人,嫪毐也有家僮数千人(《史记·吕不韦列传》)。

这时市上贩卖的奴隶,地主和商人所有的奴隶,有不少是从少数部族那里掠夺、贩卖来的。据说"齐俗贱奴虏"(《史记·货殖列传》),齐国是"富擅越隶"的(《战国策·秦策三》),说明齐国的奴隶大多是从南方越族那里掠买来的。《尸子·广篇》说:"夫吴越之国,以臣妾为殉,中国闻而非之。"(孙星衍辑本卷上)说明当时南方吴越地区有较多的奴隶。战国末年秦国吕不韦和嫪毐所以会有这样多的"家僮",这是因为秦国和西北、西南少数部族靠近,特别是秦灭蜀,取得笮及江南以后,更靠近以"僰僮"闻名的西南少数部族地区,比较容易就近得到廉价的奴隶。秦国史官记载的《秦记(纪)》,就曾讲到拥有"僰童(僮)之富"①。《尸子·发蒙篇》说:"家人子侄和,臣妾力,则家富。"(孙星衍辑本卷上)说明当时一些富人还是依靠奴役奴隶来致富的。

《秦律》还保护私人对奴隶的占有和奴役。不但要处罚臣妾侵犯主人利益的行为,还要处罚臣妾反抗主人和怠工的行为。如果男奴"骄悍,不田作,不听令",主人可以请求卖给官府,变为官奴。如果女奴"悍",主人可以请求官府将她判处黥刑和劓刑。

这时奴隶遭受残酷的奴役和迫害,杀人殉葬的风俗也还存在。在近年考古发掘工作中,三晋、两周地区发现的战国殉人墓较多。在山西侯马乔村战国中晚期的墓地上,已发掘十六座墓,一般是夫妇并穴的合葬墓,周围都挖有殉人沟,沟内分别埋有四到十八人。有的颈上带有铁钳,反映其生前戴着刑具而被迫劳动。以殉人最多的一墓为例,十八人中可以辨识的有男的十人,女的六人,大都是青壮年,他们牙齿嚼面磨损严重,说明生前食物极为粗糙。除一个老年人有薄棺一具和铁带钩一枚外,其余都像牲畜一样,被杀害、肢解后埋入,或被活活埋入。②此外于河北邯郸和河南辉县、汲县、洛阳都曾发现殉

---

① 《华阳国志》卷三《蜀志》说:僰道县"本有僰人,故《秦纪》言'僰童(僮)之富'。汉民多渐斥徙之。"《水经·江水注》也说:"《秦纪》所谓僰僮之富者也。"

② 山西省文物工作委员会写作小组《侯马战国奴隶殉葬墓的发掘——奴隶制度的罪证》,《文物》一九七二年第一期。

人墓,殉葬的人一至四人不等。多数是服侍的或近幸的奴婢,有的有极粗的小铜鼎陪葬,有的有铜戈、铜矛、铜镈和水晶珠陪葬,也还有以车马器陪葬的。一九七八年发掘的湖北随县曾侯乙墓,二十一个殉葬者全是女性青少年,未见刀砍斧伤痕迹,各有一具彩绘木棺和少量陪葬品,当是墓主的侍妾或乐舞人员,被统治者用"赐死"的欺骗手段迫令殉葬的。

第五章　战国前期各诸侯国的变法改革

从春秋后期开始，晋、齐等国的卿大夫为了谋求在相互兼并中取得胜利，纷纷讲究经济和政治上的改革，这是个带动历史发展进步的改革潮流。春秋末年晋国六卿分别进行了田亩制度的改革，其中赵、魏、韩三家取得成效较大，于是在兼并过程中造成"三家分晋"的局面。到战国初期三晋顺着这个潮流的趋势，进一步谋求改革，同时学术思想界出现了一个讲求改革的"法家"学派。魏文侯重用法家李悝变法，首先取得成效，使魏最先富强。同时赵烈侯相国公仲连也进行了改革。接着楚悼王起用兵家兼法家吴起实行变法，因楚悼王去世，吴起被害，成效不大。同时齐威王重用邹忌进行改革，也取得成效，使齐成为与魏并立的强国。后来韩昭侯任用申不害进行改革，申不害是讲究"术"的法家，成效不显著。接着秦孝公重用卫鞅（即商鞅）两次进行变法，可以说是变法的集大成，因而取得显著成效，使秦国富强，奠定了秦国此后在兼并战争不断取得胜利和完成统一的基础。

一 魏国李悝的变法

魏文侯任用李悝实行变法 魏国在公元前四四五年魏文侯即位后,已建成中央集权的国家。中央设置了可以任免的相、将等官职来统领百官,在郡县也已设置了可以任免的守、令等官职来统治人民。魏文侯曾先后任用魏成子(文侯弟,名成)、翟璜(名触)、李悝为相国,并任用乐羊为将攻取中山,吴起为西河郡守,西门豹为邺县令,对经济、政治和军事进行了改革。同时又尊儒家卜子夏为"师",并尊敬田子方(子贡弟子)、段干木(子夏弟子)等人。

李悝是战国初期法家的始祖,被魏文侯任用为相国,主持变法。《汉书·艺文志》有《李子》三十二篇,列为法家之首,可惜书已失传,只有关于农政和刑法两项措施,我们还能了解其梗概。①

---

① 《史记·孟子荀卿列传》、《汉书·食货志》说李悝"尽地力之教",而《史记·货殖列传》、《平准书》又说李克"尽地力"。因此崔适《史记探源》断定李克是李悝异名,悝、克一声之转。近人多信从其说,常把李克的言论作为李悝的主张。细加考核,知其说不确。《货殖列传》、《平准书》"李克"当为"李悝"之误。《汉书·古今人表》列李悝于第三等,李克为第四等,作为两人,是不错的。李悝是法家,而李克乃子夏弟子,是儒家。《汉书·艺文志》有《李子》三十二篇列于法家之首,说:"名悝,相魏文侯,富国强兵。"又有《李克》七篇列于儒家,说是"子夏弟子,为魏文侯相"。李悝初为上地守,曾为秦所败,又曾大败秦人,见《韩非子·内储说上篇》和《外储说左上篇》,后为魏文侯相。李克是魏文侯时所属中山之相。《韩非子·外储说左下篇》记翟黄对田子方说:"得中山,忧欲治之,臣荐李克而中山治。"《史记·魏世家》记翟黄对李克说:"中山已拔,无使守之,臣进先生。"《说苑·臣术篇》同。《吕氏春秋·适威篇》载:"魏武侯之居中山也,问于李克曰:吴之所以亡者何也?"高注以为是武侯分封于中山之时。《淮南子·道应篇》作"魏武侯问于李克",高注:"李克,武侯之相。"也是指武侯分封中山时的相。战国史料上未见有李克为魏文侯相之说,《汉书·艺文志》说李克"为魏文侯相",当是"为魏武侯相"之误。《吕氏春秋》、《韩非子》等书记李悝和李克两人事,区别清楚,不相混淆,两人的主张也不相同。《韩非子·难二篇》说:"李克(今本误作'李兑',从孙诒让说改正)治中山,苦陉令上计而入多。李克曰:语言辨,听之说,不度于义,谓之窕言。无山林泽谷之(续下页注)

李悝的"尽地力之教"　李悝主张"尽地力之教",发展农业生产,从而巩固君主政权的经济基础。他指出,在百里见方的范围内,有九万顷土地,除去山川、村落占三分之一以外,有六百万亩耕地(相当于今一百八十万亩)。如果农民"治田勤谨",精耕细作,每亩可增产粟(小米)三斗(约合今六升)。反之,就会减产三斗,一进一出要相差一百八十万石(约合今三十六万石,《汉书·食货志》),因此他作出三项规定:

(一)"必杂五种,以备灾害"(《太平御览》卷八二一引《史记》、《通典·食货二·水利田》)。就是说,同时播种稷(小米)、黍(黍子)、麦、菽(大豆)、麻(麻所结的实),以防某种作物发生灾害。这是主张同时杂种各种粮食作物,怕种单一的粮食作物遇到灾害就难以补救。

(二)"力耕数耘,收获如寇盗之至(谓促遽之甚,恐为风雨损也)"(《太平御览》卷八二一引《史记》、《通典·食货二·水利田》)。就是说,要促使农民努力耕作、勤于除草,收获时要加紧抢收,如同防止强盗来抢劫那样,以防备风雨对庄稼的损害。

(三)"还(环)庐树桑,菜茹有畦,瓜瓠果(果树的果实)蓏(瓜类植物的果实),殖于疆埸"(《通典·食货二·水利田》)。这是说,住宅周围要栽树种桑,菜园里要多种蔬菜,田地之间的梗子上也要利用空隙多种瓜果。就是要充分利用空闲的土地,扩大农副业的生产。

魏国人口密度较高,地少人多。李悝在"尽地力之教"中作出这

(续上页注①)利而入多者,谓之窕货。君子不听窕言,不受窕货,子姑免矣。"这是根据《李克》书的,《文选·魏都赋》刘逵注引《李克》书说:"言语辩聪之说而不度于义者,谓之胶言。""胶言"即是"窕言"。韩非曾发表很多议论,驳斥李克之说,认为"人事"、"天功"都能够使得"入多","非山林泽谷之利也";并且指出李克之说是"无术之言也"。如果李克即是李悝的话,李悝主张"尽地力",正是极力鼓吹通过"人事"谋求"入多"的,不可能发表这样的见解。同时韩非的评论也不对头了。

样的规定,是适合当地农业生产发展的需要的,是根据当时农民生产的经验而制定的。目的在于提高农作物的产量,扩大田租收入,进而使得国家富强起来。

李悝的平籴法 李悝在经济上另一个重要措施,就是实行"平籴法"。李悝认为,粮价太贱,农民入不敷出,生活困难,国家就要贫困;粮价太贵,城市居民负担不起,生活困难,就要流徙他乡。因此粮价无论太贵太贱,都不利于巩固国家统治。为此他制定平衡粮价的"平籴"法,把好年成分为上、中、下三等,坏年成也分为上、中、下三等,好年成由官府按好年成的等级出钱籴进一定数量的余粮,坏年成由官府按坏年成的等级平价粜出一定数量的粮食。这是后来历代王朝的均输、常平仓等办法的开端。

李悝的平籴法,在方法上是和春秋末年计然的平粜法一致的。但是两人的着眼点有所不同,所要求达到的目的也不同。计然规定国家控制粮价每石在三十钱到八十钱之间,允许粮价波动的幅度还比较大,使得商人还有利可图。因为计然实行平粜法的目的在于使得"农末俱利"。而李悝则不同,他实行平籴法的目的,在于"使民无伤而农益劝","民"是指谷类商品的一般消费者,根本不考虑商人的利益。他主张采用"取有余以补不足"的方法,"使民适足,价平而止",做到"虽遇饥馑水旱,籴不贵而民不散"(《汉书·食货志》)。如果真能做到这样,就可以在很大程度上限制商人对粮食的投机活动,制止粮价的暴涨暴跌,在一定程度上可以防止农民破产和贫民流亡。因此实行平籴法的根本目的,还是在于巩固小农经济,从而富国强兵。

李悝制定《法经》 政治方面,李悝"撰次诸国法",编成了一部《法经》。这是我国第一部比较有系统的法典。内容分为六篇:《盗法》、《贼法》、《囚法》、《捕法》、《杂法》、《具法》，可惜原文已失传。李悝"以为王者之政，莫急于盗贼，故其律始于盗贼"（《晋书·刑法志》）。这时所谓"盗"，主要是指对私有财产的侵犯；所谓"贼"，主要是指对人身的侵犯，包括杀伤之类。李悝为了保护私有财产及其统治地位，因而把惩罚"盗""贼"作为首要政治任务，把《盗法》、《贼法》列为《法经》的头两篇。李悝还认为，"盗贼须劾捕，故著《囚》（原误作"网"）、《捕》二篇"。《囚法》讲的是"断狱"的法律，《捕法》讲的是"捕亡"的法律。《唐律疏议》说："《囚法》，今《断狱律》是也"，"《捕法》，今《捕亡律》是也"。《杂法》包括惩罚"轻狡，越城，博戏，借假，不廉，淫侈，逾制"（《晋书·刑法志》）等六种违法行为。"轻狡"是指轻狂的犯法行为，"越城"是指偷越城墙，"博戏"是指赌博，"借假"是指假借的欺诈行为，"不廉"是指贪污贿赂，"淫侈"是指荒淫奢侈的行为，"逾制"是指应用器物超过了规定的等级制度。《杂法》的许多规定，无非是为了维护统治秩序。《具法》是"以其律具其加减"（《晋书·刑法志》），就是根据具体情况加重或减轻刑罚的规定。①以后卫鞅从魏入

---

①　明董说《七国考》卷十二引桓谭《新论》说："魏文侯师李悝著《法经》，以为王者之政莫急于盗贼，故其律始于《盗贼》。盗贼须劾捕，故著《囚》、《捕》二篇，其轻狡、越城、博戏、假借、不廉、淫侈、逾制为《杂律》一篇，又以《具律》其具加减，所著六篇而已。卫鞅受之入相于秦，是以秦、魏二国深文峻法相近。正律略曰：杀人者诛，籍其家，及其妻氏。杀二人，及其母氏。大盗戍为守卒，重则杀。窥宫者膑，拾遗者刖，曰为盗心焉。其杂律略曰：夫有一妻二妾，其刑腺；夫有二妻则诛，妻有外夫则宫，曰淫禁。盗符者诛，籍其家；盗玺者诛，议国法令者诛，籍其家及其妻氏，曰狡禁。越城一人则诛，自十人以上夷其乡及族，曰城禁。博戏罚金三市，太子博戏则笞，笞不止则特笞，不止则更立，曰嬉禁。群相居一日以上则问，三日四日五日则诛，曰徒禁。丞相受金，左右伏诛。犀首以下受金则诛。金自镒以下罚，不诛也，曰金禁。大夫之家有侯物自一以上者族。其减律略曰：罪人年十五以下，罪高三减，罪卑一减。年六十以上，小罪情减，大罪理减。武侯以下守为法矣。"董说在引文后，还有一些解说。桓谭《新论》是南宋时散失的，董说所引《新论》所载《法经》条文，其实出于董说本人所伪造。本书第一章《绪论》中"战国典章制度分类编纂和考订"一段中已论及。

秦,帮助秦孝公实行变法,就是带着这部《法经》去的。后来秦国的
《秦律》和汉朝的《汉律》,都是在这部《法经》的基础上逐步扩大补充
而成的。

二 赵国公仲连的改革

公元前四○三年,周威烈王被迫承认魏、赵、韩三国列为诸侯。
就在这年,赵相国公仲连进行了政治改革。这时赵烈侯爱好音乐,问
相国公仲连说:他有爱的人可以"贵之"吗? 公仲连答道:只能"富
之",不能"贵之"。赵烈侯因此要赏赐给郑的歌者枪、石二人田各一
万亩,公仲连答应了。隔了一个月,烈侯从代回来,问有没有赏给歌
者田亩,公仲连答道:没有找到合适的人。隔不多时,烈侯再问这件
事,公仲连就称病不上朝。接着番吾君从代来,向公仲连推荐牛畜、
荀欣、徐越三人,公仲连把这三人推荐给烈侯。牛畜建议"以仁义,约
以王道",荀欣建议"选练举贤,任官使能",徐越建议"节财俭用,察度
功德"。烈侯因此宣布把赏田给歌者的决定作罢,起用牛畜为"师",
荀欣为"中尉",徐越为"内史"(《史记·赵世家》)。"师"是负责教化
的官,"中尉"是负责指挥作战和选拔官吏的长官,"内史"是负责征收
田租和考核臣下成绩的财务官。荀欣和徐越主张"选练举贤,任官使
能","节财俭用,察度功德",就是按照当前的政治标准来选拔人才、
处理财政和考核臣下成绩,这是法家的政策。而牛畜主张"以仁义,
约以王道",这是儒家的政策。这时赵国在具体的政治工作和财政工
作中采用法家的政策,而在教导方面采用儒家的政策。魏文侯一方
面起用李悝、吴起等法家为将相,实行"法治";另一方面又尊儒家卜
子夏为"师","受子夏经艺"(《史记·魏世家》),并敬重儒家田子方、

段干木等人，宣扬儒家的"仁义"和"王道"，是同样的道理。

三　楚国吴起的变法

楚悼王起用吴起实行变法　吴起，卫国左氏（今山东定陶西）人（《韩非子·外储说左上篇》），一度做过鲁国的将，旋即入魏，被任为西河郡守。公元前三九〇年左右，因为魏武侯的大臣王错的排挤，吴起由魏入楚，被楚悼王任为"宛守"（《说苑·指武篇》，宛是南阳郡治所，今河南南阳），防御魏、韩。一年之后，被提升为令尹，主持变法。

吴起"损有余、补不足"的变法措施　吴起变法的要点，是"损其有余而继其不足"（《说苑·指武篇》）。就是要剥夺一些旧贵族的"有余"，来补充军政开支的"不足"。他认为，楚国的"贫国弱兵"，是由于"大臣太重，封君太众"。这些大臣、封君"上逼主而下虐民"，因此他主张对封君的子孙"三世而收爵禄"，减削官吏的禄秩（《韩非子·和氏篇》），精简"无能"、"无用"的官，裁汰"不急之官"（《战国策·秦策三》），节省这些开支用来供养"选练之士"。这个措施革除了一些世袭封君的特权，精简了国家机构，增强了军事力量。

吴起"损其有余而继其不足"的另一个措施，是把旧贵族迁移到荒凉地区去。他根据楚国地广人稀的特点，认为多余的是土地，不足的是人民，而过去楚国旧贵族把人民集中到地少人多的地区来，这是"以所不足，益所有余"，应该加以纠正。因而他下令"贵人往实广虚之地"（《吕氏春秋·贵卒篇》）。这是迫使旧贵族带同所属人员去充实广大的荒凉地区，这样就有力地打击了旧贵族的势力，并有利于开发荒凉地区。

吴起整顿楚国吏治　吴起为了整顿楚国官场的歪风，提出下列三点主张：

（一）"使私不害公，谗不蔽忠，言不取苟合，行不取苟容，行义不顾毁誉"（《战国策·秦策三》记范雎语）。就是说，不能因个人的"私"妨害办理政务的"公"，不能让坏人的"谗"掩盖忠臣的"忠"，要求大家能够为"公"而忘私，"行义"而不计毁誉，一心为君主政权效力。

（二）"塞私门之请，一楚国之俗"（《战国策·秦策三》记蔡泽语）。就是要整顿楚国官场的歪风，禁止私门请托。

（三）"破横散从（纵），使驰说之士无所开其口"（《战国策·秦策三》记蔡泽语）。就是不准纵横家进行游说。

同时，吴起还改革了"郢人以两版垣（用夹板填土筑墙）"的简陋建筑方法，开始建设楚都郢（《吕氏春秋·义赏篇》）。

吴起变法的成效　吴起在变法过程中，曾遭到楚国旧贵族的反对，贵人"皆甚苦之"（《吕氏春秋·贵卒篇》），甚至连改变"两版垣"的简陋建筑方法也"见恶"（《吕氏春秋·义赏篇》）。还曾遇到当时楚国流行的道家的攻击。当吴起出行巡视的时候，屈宜臼就曾用道家学说当面反对他的变法。屈宜臼认为"善治国家者，不变其故，不易其常"，攻击吴起的变法"是变其故而易其常"；还认为"兵"是"凶器"，"争"是"逆德"，攻击吴起富国强兵的主张是"阴谋逆德，好用凶器"；而且咒骂吴起是"祸人"，说"非祸人不能成祸"，并攻击支持吴起变法的楚悼王"逆天道"，说"楚国无贵于举贤"（《说苑·指武篇》；《淮南子·道应篇》同，惟"屈宜臼"作"屈宜若"）。这样把"兵"看成"凶器"，把"争"看成"逆德"，那是道家的看法。说明当吴起在楚国变法时，不仅有许多旧贵族反对，而且在意识形态领域内也还有道家的反对。但是，吴起没有被反对者吓倒，还是坚决地实行变法，初步取得了成效。

　　楚国经过了吴起变法，也就强盛起来。吴起曾"南收扬越，北并陈蔡"（《战国策·秦策三》载蔡泽语，今本"收"误作"攻"，从王念孙《读书杂志》据《史记·蔡泽列传》改正），"却三晋，西伐秦"（《史记·吴起列传》）。他"南收扬越"，取得了很大成果，扩展了南方许多土地。《后汉书·南蛮传》说："吴起相悼王，南并蛮越，遂有洞庭、苍梧。"纵横家所编造苏秦对楚威王游说辞，说楚"南有洞庭、苍梧"，该是吴起"南收扬越"以后的情况。从此楚就占有江西南部和湖南、广西间的苍梧。①与此同时，吴起还向北战胜魏国。公元前三八三年赵国侵卫，卫几亡国，求救于魏。次年，魏救卫攻赵，卫便反攻，夺得刚平，进攻中牟，取得赵河东地。再次年，赵求救于楚，楚又救赵攻魏，"战于州西，出于梁门，军舍林中，马饮于大河"，一直攻到了黄河两岸（参见《史记·赵世家》、《战国策·齐策五》）。这是吴起在楚变法后所取得的大胜利。

　　吴起被杀害　但是就在胜利的这年，楚悼王去世了。吴起到治丧的处所，便遇到许多贵族的联合进攻。吴起伏在王尸上，贵族的箭射中了王尸。按照楚国的法律，"丽兵于王尸者，尽加重罪，逮三族"，结果"坐射起而夷宗死者七十余家"（《吕氏春秋·贵卒篇》、《史记·吴起列传》）。有的贵族如阳城君便逃奔出国（《吕氏春秋·上德

---

　　①　吴师道《战国策校注》说："《正义》云：苍梧山在道州南。按此乃楚粤穷边处。交州苍梧，则粤地也。"《山海经·海内经》说："南方有苍梧之丘、苍梧之渊。其中有九疑山，舜之所葬，在长沙零陵界中。"《逸周书·王会篇》说"仓吾翡翠"，叙述在长沙之后，仓吾亦即苍梧。可知苍梧既为山名，又为渊名，同时又作部族名和地区名，在今湖南、广西之间。从长沙发现有春秋晚期楚国墓葬来看，洞庭湖周围地区当在春秋晚期已为楚国领土，不全是吴起在楚当政时所开拓的。蒋超伯《南漘楛语》卷五《吴起非商鞅比》条说："按今南赣诸郡及楚粤毗连等处，皆吴起相楚悼王时所开。"这个论断是正确的。

篇》)。而吴起也被车裂肢解而死(《韩非子·和氏篇》、《难言篇》、《问田篇》、《墨子·亲士篇》、《淮南子·缪称篇》、《战国策·秦策三》)。

吴起在楚国变法时间较短①,成效不大。吴起死后,楚国虽然也成为"战国"之一,在政治制度上有些改革,但是军政大权始终掌握在贵族昭、景、屈三家之手,政治上比较腐败。《吕氏春秋·察今篇》曾竭力说明变法的好处、不变法的坏处,并举"刻舟求剑"等故事来比喻不变法的愚蠢,从而总结全文说:"荆(楚)国之为政,有似于此。"因为吴起死得早,变法的时间短,所取得的成效就和秦国卫鞅变法不同,韩非就曾说:"楚不用吴起而削乱,秦行商君而富强。"(《韩非子·问田篇》)

四 韩国申不害的改革

韩昭侯起用申不害进行改革 战国初期,韩国曾进行过政治改革,但是由于改革不彻底,政治上造成了一些混乱。"晋之故法未息,而韩之新法又生;先君之令未收,而后君之令又下"(《韩非子·定法篇》)。公元前三五五年韩昭侯起用申不害为相,实行进一步的改革。

申不害,原是郑国京(今河南荥阳东南)人。他是个讲究"术"的法家,其理论"本于黄老而主刑名"(《史记·韩非列传》),就是从黄老学派那里发展来的。他的著作《申子》,司马迁说有二篇,而《汉书·艺文志》说有六篇,已失传,现在我们所能看到的只是别人引用的零

---

① 《韩非子·和氏篇》说吴起在楚变法,"悼王行之期年而薨矣,吴起枝解于楚"。这里说"期年",应该是十年。据《吕氏春秋·观表篇》说:吴起"去魏入荆,而西河毕入秦"。魏武侯七年秦已侵魏的阴晋,九年魏伐秦又失败,十年便在河东的安邑王垣筑城,以防秦东侵。吴起离魏入楚,疑在魏武侯六年即楚悼王十二年前后,去楚悼王去世尚有十年。

章断句,比较完整的只有《群书治要》卷三六所引《大体篇》。

申不害讲究统治之"术"　从《申子·大体篇》来看,他主张中央集权的君主专制体制,主张"明君使其臣并进辐凑",就是要使群臣跟着国君转,好比车辐凑集于毂上一起运转;不容许"一臣专君,群臣皆蔽";要防止大臣"蔽君之明,塞君之听,夺之政而专其令",以至"弑君而取国"。因此他强调国君必须"设其本","治其要","操其柄",做到"君设其本,臣操其末;君治其要,臣行其详;君操其柄,臣事其常"。那末,国君怎样才能掌握"本"、"要"、"柄"呢? 他认为就是要讲究统治之"术"。

申不害主张搞君主的专制独裁,把权柄集中于国君一人,实行中央集权的君主专制体制,这是和卫鞅、吴起等法家相同的。所不同的是,卫鞅、吴起等法家主张通过厉行法治来达到这个目的,把法看成实行中央集权的有效工具,通过法加强对广大农民的统治,剥夺一些旧贵族的世袭特权,并作为管理监督臣下工作的依据,使国家大权集中到国君手中。申不害固然也讲法,曾经说,"法者,见功而与赏,因能而授官"(《韩非子·外储说左上篇》);主张"明法正义","任法而不任智"(《艺文类聚》卷五四、《太平御览》卷六三八引《申子》)。但是他没有把法放到主要地位,而主要讲究的是术,所以韩非批评说:"申不害不擅其法,不一其宪令,则奸多。"(《韩非子·定法篇》)

申不害所讲的术,主要是指任用、监督、考核臣下的方法,就是韩非所说的:"术者,因任而授官,循名而责实,操杀生之柄,课群臣之能者也。"(《韩非子·定法篇》)申不害主张"为人君者操契以责其名"(《申子·大体篇》),就是君主委任官吏,要考查他们是否名副其实,工作是否称职,言行是否一致,对君上是否忠诚,据以进行赏罚,从而提拔忠诚的人才,清除奸邪的官吏。怎样才能真正做到"循名责实"

呢？申不害认为要靠机密的手段，就是韩非所说的："术者，藏之于胸中，以偶众端，而潜御群臣者也。故法莫如显，而术欲不见。"(《韩非子·难三篇》)申不害主张君主要"藏于无事"，"示天下无为"(《申子·大体篇》)，要"去听"、"去视"、"去智"(《吕氏春秋·任数篇》)，就是要装作不听见、不看见、不知道，不暴露自己的欲望、智慧和观察力，使臣下无从猜测国君的意图，无从讨好取巧，无从隐藏自己的错误缺点，这样就可以听到一切，看到一切，知道一切①；这样就可以做到"独视"、"独听"和"独断"。所以申不害说："独视者谓明，独听者谓聪。能独断者，故可以为天下主(当作"王")。"(《韩非子·外储说右上篇》)。这简直是要国君用阴谋权术来驾驭臣下、统治人民了。

申不害不但主张国君要用术，而且要求各级官吏只能做职权范围内的事，不能越职办事；凡不属于职权范围内的事，即使知情也不能讲。申不害曾说："治不逾官，虽知弗言。"其目的还是为了防止臣下篡夺大权。但是这样一来，只能使得国君听不到真实的意见，不了解真实的情况，所以韩非曾对此提出批评(《韩非子·定法篇》)。

申不害所讲的术，客观上是君主专制统治体制下官僚制度推行后必然的产物。这种阴谋权术，不仅国君可以用来驾驭臣下，大臣也可以用来争权夺利，"故申不害虽十使昭侯用术，而奸臣犹有所谲其辞矣"(《韩非子·定法篇》)。申不害这样用术来加强中央集权的统

---

① 《韩非子·外储说右上篇》说："申子曰：'上明见，人备之；其不明见，人惑之。其知见，人惑之；不知见，人匿之。其无欲见，人司(伺)之；其有欲见，人饵之。故曰：吾无从知之，惟无为可以规(窥)之。'一曰：申子曰：'慎而言也，人且知(当作"和")女(汝)；慎而行也，人且随女(汝)。而有知见也，人且匿女(汝)；而无知(智)见也，人且意女(汝)。女(汝)有知也，人且藏(臧)女(汝)；女(汝)无知也，人且行女(汝)。故曰：惟无为可以规(窥)之。'"

治,成效是比较差的。

五　齐国邹忌的改革

齐威王起用邹忌进行改革　齐国任用邹忌进行改革,和韩国任用申不害进行改革、秦国任用卫鞅变法,几乎是同时的。

公元前三五七年齐威王即位。不久,邹忌就"以鼓琴见威王",用"鼓琴"的节奏来说明"治国家而弭(安定)人民"的道理。他认为,君好比琴上的大弦,弹起来"浊以春温";相好比琴上的小弦,弹起来"廉折以清";政令好比弹起来"攫之深而舍(释)之愉(舒)"。弹得"大小相益","复而不乱",琴音就协调好听,"治国家而弭人民"是同样的道理。齐威王很赏识他,三个月后就授给相印。

邹忌推行法家政策　从齐威王的父亲田桓公开始,齐国在国都临淄西边稷门外的稷下地方,设立学宫,招徕各派学者前来著书立说,议论政治,称为"稷下先生",也称为博士。稷下先生中有个叫淳于髡的,是家奴性质的赘婿出身,是个进步的思想家,曾经两次当面指责儒家孟轲,认为鲁缪公重用儒家而弄得国家削弱,说明儒家"无益于国",像儒家那样"为其事而无其功者",就算不得"贤者"(《孟子·告子下篇》)。这时淳于髡用"微言"进说邹忌,使得邹忌决定了下列的策略:对于国君,"请谨毋离前","请谨事左右";对于人民,"请自附于万民";对于臣下,"请谨择君子,毋杂小人其间","请谨修法律而督奸吏"(《史记·田世家》)[1]。

----

[1]　《新序》卷二《杂事》有类似记载,惟作"邹忌以鼓琴见齐宣王","宣王"当为"威王"之误。《新序》说由于淳于髡的进说,邹忌表示"请不敢杂贤以不肖","请谨门内,不敢留宾客","减吏省员,使无扰民也"。

这样主张顺从国君行事，主张选择"君子"担任官吏而防止"小人"混杂，主张修订法律而监督清除奸吏，都是法家的政策。

邹忌很重视推荐人才，齐威王也很重用这些人才，把他们都看作"宝"。有一次齐威王和魏惠王一起在郊外打猎，魏惠王夸耀自己有"径寸之珠"十枚，可以"照车前后各十二乘"，所以是"宝"；而齐威王则认为他的"宝"不同，几个得力的大臣才是他的"宝"，例如守南城的檀子，守高唐（今山东高唐东）的盼子，守徐州（即平舒，今河北大城东）的黔夫，"使备盗贼"的种首，都是他的"宝"，"将以照千里"（《史记·田世家》）①。这时齐国的人才很多，孙膑也由于田忌的推荐而担任军师。这都是邹忌推行法家"谨择君子"政策的结果。

针对齐国"百官荒乱"的局面，淳于髡曾以隐语（谜语）进说齐威王，他问齐威王："国中有大鸟，止于王庭，三年不蜚（飞）又不鸣，王知此鸟何也？"威王回答说："此鸟不飞则已，一飞冲天；不鸣则已，一鸣惊人。"随即召集全国地方官七十二人，"赏一人，诛一人"（《史记·滑稽列传》）。因为即墨大夫治理即墨（今山东平度东南），"田野辟，民人给，官无留事，东方以宁"，而并不事奉国君左右以求誉，齐威王赏给他万家的食邑。又因为阿（今山东阳谷东北阿城）大夫治理阿，"田

---

① 《史记·田世家》记齐威王说："吾臣有檀子者，使守南城，则楚人不敢为寇东取，泗上十二诸侯皆来朝。吾臣有盼子者，使守高唐，则赵人不敢东渔于河。吾吏有黔夫者，使守徐州，则燕人祭北门，赵人祭西门，徙而从者七千余家。吾臣有种首者，使备盗贼，则道不拾遗。将以照千里，岂特十二乘哉！"《说苑·臣术篇》记邹忌对齐威王说："忌举田居子为西河而秦梁弱，忌举田解子为南城而楚人抱罗绮而朝，忌举黔涿子为冥州而燕人给牲，赵人给盛，忌举田种首子为即墨而于齐足究，忌举北郭刁勃子为大士而九族益亲，民益富。"可知齐威王所用的大臣，就是邹忌推荐的。齐威王所说檀子当即邹忌所说田解子，黔夫当即黔涿子（"黔"、"黥"古音同通用），种首当即田种首子。

野不辟,民贫苦",而用币事奉国君左右以求誉,齐威王把阿大夫连同左右称誉他的人都烹死了。据说,从此"齐国震惧,人人不敢饰非,务尽其诚,齐国大治"(《史记·田世家》)。这又是邹忌推行法家"谨修法律而督奸吏"政策的具体实施。

同时,由于邹忌的进说,齐威王下令群臣吏民:"能面刺寡人之过者,受上赏;上书谏寡人者,受中赏;能谤议于市朝,闻寡人之耳者,受下赏。"据说,令刚下时,群臣前来进谏的门庭若市;几个月之后,还有时有人进谏;一年之后,"虽欲言无可进者"(《战国策·齐策一》)。这里不免夸大其词,但是,这样提倡臣下进谏,对君主政权的政治改革确是有帮助的。

齐威王和邹忌进行政治改革,接受臣下意见,注意选拔人才,除去不称职的奸吏,奖励得力的将领和官吏,其目的是在巩固统治秩序的同时,谋求国家的富强,这自然也有利于社会生产的发展。因而经过一番改革,齐国在政治、经济上都有了新气象。

六　秦国卫鞅的变法

秦孝公起用卫鞅实行变法　公元前三六一年秦献公去世,秦孝公即位。孝公继承献公的遗业,奋发图强,"下令国中求贤者"。孝公在求贤令中,说明从秦厉共公到秦出子时期,"国家内忧,未遑外事",致被魏国夺去河西地;到秦献公即位,"徙治栎阳,且欲东伐";为了完成"先君之意",征求"有能出奇计强秦者"(《史记·秦本纪》)。卫鞅就在这时入秦。

卫鞅出身于卫国国君疏远的宗族,也称公孙鞅。"少好刑名之学",曾做魏相公叔痤的家臣。后入秦,经秦孝公宠臣景监的推荐,得见秦孝公,陈说变法图强的道理。

公元前三五九年,正当酝酿变法时,旧贵族代表甘龙、杜挚起来反对变法,认为"法古无过,循礼无邪"。卫鞅当即针锋相对地指出,"治世不一道,便国不法古","反古者未必可非,循礼者未足多"(《史记·商君列传》)。这是以历史进化的思想,驳斥了旧贵族所谓"法古"、"循礼"的复古主张,为实行变法作了舆论准备。

卫鞅第一次变法 秦国经过了三年的变法准备,到公元前三五六年,秦孝公任命卫鞅为左庶长,实行第一次变法①,主要有下列四点:

(一)颁布法律,制定连坐法,轻罪用重刑。卫鞅把李悝所制定的《法经》在秦国公布实行,只是把"法"改称"律"(《唐律疏议》),增加了连坐法。就是在按五家为一伍、十家为一什的户籍编制的基础上,建立相互告发和同罪连坐的制度,告发"奸人"的可以如同斩得敌人首级一样得赏,不告发的要腰斩。如果一家藏"奸",与投敌的人受同样处罚;其余九家倘不检举告发,要一起办罪。旅客住客舍要有官府凭证,客舍收留没有凭证的旅客住宿,主人与"奸人"同罪。卫鞅还主张对轻罪用重刑,认为这样可以迫使人民连轻罪也不敢犯,重罪更不

---

① 《史记·秦本纪》说:秦孝公三年"卫鞅说孝公,变法修刑,……孝公善之。甘龙、杜挚等弗然,相与争之,卒用鞅法,百姓苦之。居三年,百姓便之,乃拜为左庶长。"据此,秦孝公三年已"用鞅法",六年因"百姓便之",提升卫鞅为左庶长。但是《史记·商君列传》说:孝公"以卫鞅为左庶长,卒定变法之令"。据此则下令变法,应在秦孝公六年卫鞅任左庶长之后。两说相较,当以后说为是。《战国策·秦策一》说:"商君治秦,法令至行,……孝公行之十八年,疾且不起,欲传商君,辞不受。"《韩非子·和氏篇》又说:商君之法,"孝公行之,主以尊安,国以富强,八年而薨,商君车裂于秦。"王先慎《集解》认为"八"上脱"十"字,是对的。从秦孝公六年(即公元前三五六年)卫鞅为左庶长,卒定变法之令"以后,到二十四年孝公去世,首尾十九年,以整年来计算,正是十八年。

敢犯,这叫"以刑去刑"(《商君书·画策篇》、《韩非子·内储说上篇》)。汉代桑弘羊指出:"商君刑弃灰于道而秦民治,故盗马者死,盗牛者加,所以重本而绝轻疾之资也。"(《盐铁论·刑德篇》)卫鞅为了保护私有的耕牛和马,对盗窃牛马者判处死刑;为了统一度量衡,规定"步过六尺者有罚"(《史记·商君列传·集解》引《新序》)。卫鞅对轻罪用重刑,目的在于贯彻他制定的法令。《战国策》称赞卫鞅变法的成效是:"道不拾遗,民不妄取,兵革大治",(《秦策一》)。《史记》又称赞其成效是:"道不拾遗,山无盗贼,家给人足,……乡邑大治"(《商君列传》)。

(二)奖励军功,禁止私斗,颁布按军功赏赐的二十等爵制度。规定军功以在前线斩得敌人首级多少来计算,斩得敌人甲士首级一颗的赏给爵一级;要做官的,委以五十石俸禄的官职。官爵的提升是和斩得敌人首级的军功相称的。二十等爵制,是一种等级制,按爵位高低授与种种特权,包括占有耕地、住宅、服劳役的"庶子"和担任一定的官职等等,爵位高的还可以获得三百家以上的"税邑"以及减刑的特权(详见本书第六章第六节《秦的二十等爵》)。卫鞅还规定国君的宗族没有军功不能列入公族的簿籍,不能享受宗族的特权。"有功者显荣,无功者虽富无所芬华"(《史记·商君列传》)。占有田宅、臣妾(奴隶)的多少以及服饰穿戴,都必须按照爵位等级的规定,否则是要处罚的。

(三)重农抑商,奖励耕织,特别奖励垦荒。秦国地广人稀,荒地比较多,所以商鞅在秦国把奖励开垦荒地作为发展农业生产的重点,和李悝在魏国"尽地力之教"有所不同。卫鞅变法令规定:"僇力本业耕织致粟帛多者,复其身;事末利及怠而贫者,举以为收孥。"(《史记·商君列传》）"本业"是指男耕女织的生产事业，"末利"是指商业和手工业。"复其身"，就是免除其本身的徭役；"收孥"，就是连同妻子、儿女没入官府为奴隶。卫鞅这样奖励一家一户的男耕女织的生产，是有利于小农经济的发展的。因为这种以一家一户为单位的小农经济，是君主政权的经济基础。《商君书·垦令篇》，一连列举二十条鼓励垦荒的措施，其中就有不少抑商的政策。例如规定商人必须向官府登记各种奴隶（厮、舆、徒、童）的名字和数目，以便官府摊派徭役；还规定提高市上酒肉的税额，要让税额比成本高十倍；更规定加重关卡和市场上的商品税，不准私自贩卖粮食，防止商人垄断市场，牟取暴利。还主张"一山泽"，由国家统一管理山泽之利。所有这些抑商政策，目的在于防止商人损害和破坏小农经济，扶助小农经济的成长。

（四）焚烧儒家经典，禁止游宦之民。卫鞅为了推行变法令，打击儒家的复古思想，曾断然采取"燔《诗》《书》而明法令"（《韩非子·和氏篇》）的措施。同时下令禁止私门请托，禁止游说求官的活动。

卫鞅这样厉行改革，必然会引起旧贵族的反抗，一时国都内"言初令之不便者以千数"；后来这些人又前来阿谀说"令便"，卫鞅称之为"乱化之民"，"尽迁之于边城"（《史记·商君列传》）。

秦国由于变法初步成功，在对外战争中不断取得胜利。公元前三五二年，卫鞅因功由左庶长升为大良造，相当于中原各国相国兼将军的官职。

卫鞅第二次变法 公元前三五〇年，卫鞅进行第二次变法。这次变法是进一步从经济和政治上进行改革，目的在于进一步谋求富国强兵。主要有下列六点：

（一）废除贵族的井田制，"开阡陌封疆"。《史记》说：卫鞅"为田开阡陌封疆而赋税平"（《商君列传》）。"开"就是开拓的意思。蔡泽说：商君"决裂阡陌，教民耕战"（《战国策·秦策三》）。"决裂"的目的是为废除井田制，董仲舒就曾指出：商君"改帝王之制，除井田，民得买卖"（《汉书·食货志》）[①]。"阡陌"是指每一亩田的小田界，"封疆"是指每一顷田（一百亩田）的大田界，合起来可以总称为"封"。具体地讲，"开阡陌封疆"，就是废除井田制，把原来"百步为亩"的"阡陌"和每一顷田的"封疆"统统破除，开拓为二百四十步为一亩，重新设置"阡陌"和"封疆"。《说文解字》说："六尺为步，步百为亩。秦田二百四十步为亩（末句，徐铉本无，徐锴本有）。"唐代《一行算法》说："自秦孝公时，商鞅献三术，内一，开通阡陌，以五（当作"六"）尺为步，二百四十步为亩。"（《太平御览》卷七五〇引）杜佑《通典》又说："按周制，步百为亩，亩百给一夫。商鞅佐秦，以一夫力余，地利不尽，于是改制二百四十步为亩，百亩给一夫矣。"（《州郡典·雍州风俗》）可知这时"开通阡陌"，采用二百四十步为亩的大亩制，用来分授无田耕种的农民，依然实行着"百亩给一夫"的授田制度。早在春秋晚期，晋国六卿中的赵氏已废除井田制，改用二百四十步的大亩制，这时卫鞅变法，

---

① 《汉书·地理志》说："孝公用商君，制辕田，开仟佰，东雄诸侯。"颜注引张晏曰："周制三年一易，以同美恶。商鞅始割列（裂）田地，开立阡陌，令民有常制。"又引孟康曰："三年爰土易居，古制也，末世浸废。商鞅相秦复立爰田，上田不易，中田一易，下田再易，爰自其田，不复易居也。《食货志》曰：自爰其处而已。"张晏把"辕田"解释为取消村社耕地"三年一易"的制度，而孟康又解释为取消耕地轮流休耕的制度。这两种解释都不正确。所谓"辕田"，当即公元前六四五年晋国所作"爰田"，"爰田"亦作"辕田"，见《左传》僖公十五年和《国语·晋语九》。《地理志》所说商君"制辕田"，实际上就是废除了原来的井田制度而承认私人可以永久占有田地。

该是吸收了过去赵氏改革的经验,并进一步加以发展,适应了当时社会生产力发展的需要。这时卫鞅的改革,是在秦国境内正式废弃井田制,确认自耕农的土地所有制,并扩大政府拥有土地的授田制度,促进小农经济的发展,增加地税收入。还必须指出,卫鞅这次对农田制度的改革,一方面是破除了旧的阡陌封疆,用法令形式废除了井田制,即所谓"坏井田,开阡陌"(《汉书·食货志》);另一方面是重新设置了新的阡陌封疆,用法令形式保护了土地私有制,所以后世有人说卫鞅"灭庐井而置阡陌"①。《秦律》严禁对私有土地的侵犯。《法律答问》有一条律文:"盗徙封,赎耐。"就是把私自移动田界看作"盗"的行为,要判处耐刑(剃去鬓发),但允许出钱赎罪。接着又对这条律文解释说:"何如为封?封即田阡陌、顷畔封也,是非是而盗徙之,赎耐。何重也?是不重。"说明田界不应该这样"盗徙之",这是对私有土地的侵犯,应该判处耐刑,并认为这种刑罚"不重"。

　　(二)普遍推行县制,设置县一级官僚机构。卫鞅这时把许多乡、邑、聚(村落)合并为县,建置了四十一个县(《史记·秦本纪》,《商君列传》作"三十一县",《六国年表》作"三十县"),设有县令、县丞等地方官吏(《商君列传》),还设有县尉(《商君书·境内篇》)。县令是一县之长,县丞掌管民政,县尉掌管军事。公元前三四九年"初为县有秩史"(《史记·六国年表》),就是在县官之下,开始设置有定额俸禄的小吏,从此县一级地方行政机构才正式确立。县制的普遍推行,

---

　　① 《汉书·王莽传》载区博说:"井田虽圣王法,其废已久矣。周道既衰,而民不从。秦知顺民之心,可以获大利也,故灭庐井而置阡陌,遂王诸夏。"杜佑《通典·食货典·序》也说:商鞅"隳经界,立阡陌"。

是为了把全国政权、兵权集中到朝廷,建立中央集权的统一的政治体制,以便于巩固统治,发展小农经济。《商君书·垦令篇》说:"百县之治一形,则从;迁者不饰,代者不敢更其制(原脱"饰代者不"四字,从孙诒让校补),过而废者不能匿其举。"就是说,各县的政治制度都是一个形态,则人人遵从,奸邪的官吏不敢玩弄花样,接替的官吏就不敢变更制度,犯了错误而罢黜的官吏就不敢掩盖其错误行为。《垦令篇》还认为,只有这样,才能"民不劳"、"民不敖(遨)",做到"农多日,征(征收赋税)不烦,业(农业生产)不败,则草(荒地)必垦矣"。

（三）迁都咸阳,修建宫殿。这时秦国为了争取中原,图谋向东发展势力,把国都从雍迁到咸阳。咸阳位于秦国的中心地点,靠近渭河,附近物产丰富,交通便利。而旧都雍,旧贵族的习惯势力较大,不利于变法的开展。同时仿效中原各国国都的规模,修建冀阙(古时宫廷门外的一种高建筑,用以悬示教令)和宫殿。

（四）统一度量衡制,颁布度量衡的标准器。这是在公元前三四四年(秦孝公十八年)具体实施的,对于统一赋税制度、俸禄制度和发展商业,都有一定的作用。传世有这一年颁布的商鞅方升(现藏上海博物馆)。经上海市标准计量管理局测定,商鞅方升的内容,秦一升的容积为二百零二点一五立方厘米。又据这个升的铭文,容积是当时尺度的十六又五分之一立方寸,以此推算,每立方寸的容积为十二点二五七立方厘米。再由此推算,当时秦的一寸是二点三零五厘米,一尺是二十三点零五厘米(参见本书第六章第四节的"度量衡制的颁布和校验")。

（五）开始按户按人口征收军赋。公元前三四八年(秦孝公十四

图二十九　商鞅方升

　　《浦口汤泉小志》、《两周金文辞大系图录》等书著录。现藏上海博物馆。这是秦孝公十八年(公元前三四四年)商鞅统一度量衡时制作的标准器,颁发给重泉(今陕西蒲城东南)的。秦始皇统一六国后,统一度量衡,又加刻诏书颁发给了临(今地不详)。经上海市标准计量管理局用工具显微镜测定,容积为二百零二点一五立方厘米。

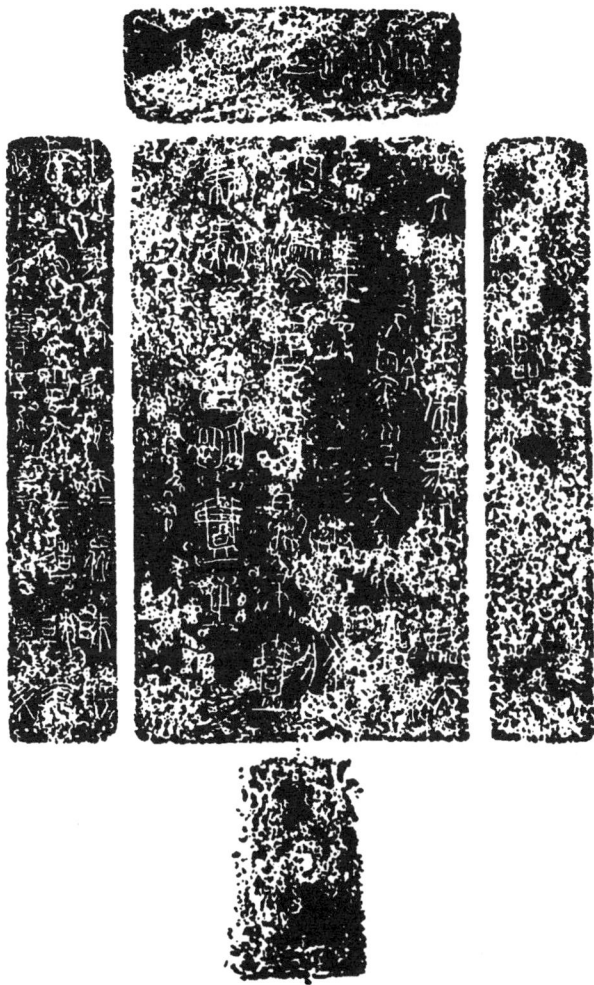

图三十　商鞅方升铭文(拓本)

商鞅方升三边和底部都刻有铭文。左边刻秦孝公十八年铭文:"十八年,齐遹(率)卿大夫众来聘,冬十二月乙酉大良造鞅爰积十六尊(寸)五分尊(寸)壹(一)为升。"与柄相对一边刻"重泉"两字,字体和"十八年"铭文一致。底部刻秦始皇廿六年诏书:"廿六年,皇帝尽并兼天下诸侯,黔首大安,立号为皇帝。乃诏丞相状、绾,法度量则不壹、歉疑者皆明壹之。"右边刻"临"字,字体和廿六年诏书一致。

年)秦"初为赋"①，这是按户按人口征收的军赋，就是云梦出土《秦
律》所说的"户赋"，也称"口赋"，为汉代"算赋"的起源。《秦律》规定，
男子成年要向政府登记，分家另立户口，并缴纳户赋。如果隐瞒户
口，逃避户赋，就成为"匿户"，要严加惩罚。如果男子成年而不分家
登记户口的，要加倍征收户赋。卫鞅曾下令："民有二男以上不分异
者，倍其赋。"（《史记·商君列传》②。当时卫鞅没有采取鲁国季孙氏
那样"用田赋"（按田亩征赋）的办法，而采取按户按人口征赋的办法，
这是为了奖励开垦荒地，发展农业生产，增加赋税收入。杜佑指出这
是"舍地而税人"（《通典·食货典·赋税上》）；马端临也说，这是由于
"任民所耕，不计多少，于是始舍地而税人"（《文献通考·田赋考·历
代田赋之制》）。《商君书·垦令篇》说："禄厚而税多，食口众者，败农
者也。则以其食口之数，赋（原误作"贱"，从孙诒让说改正）而重使
之，则辟淫游惰之民无所于食。"这是说，俸禄厚而收入田租多的，家
中养着众多吃闲饭的人，这对发展农业生产不利。政府按"食口"征
收口赋，并加重他们的徭役，那末这些游荡懒惰的人就没处吃饭。这

---

① 《史记·秦本纪》秦孝公十四年"初为赋"，《集解》引徐广曰："制贡赋之法也。"
《索隐》引谯周曰："初为军赋也。"按《汉书·食货志》载董仲舒说，秦用商鞅之法，有力
役、田租和口赋。这个"口赋"应是"算赋"的别名。董说《七国考》卷二把"初为赋"作为
"口赋"，是对的。就是《秦律》所说"户赋"。《秦律》的《法律答问》说："匿户……弗令出
户赋之谓也。"秦代的户赋也称算赋，《汉书·晁错传》载晁错上汉文帝书说："今秦之发
卒也，有万死之害，而亡铢两之报。死事之后，不得一算之复。"是讲秦进行统一战争时，
虽是战死者的遗族，也没有给与免除一算（即一个人的算赋）。由此可知秦在未统一全
国前已有算赋存在。日本加藤繁《关于算赋的小研究》（收入《中国经济史考证》第一
卷），对此有详细说明（有吴杰译本，商务印书馆1959年版）。

② 《史记·商君列传》把这事记在第一次变法时，但是"初为赋"既在秦孝公十四
年，那末"倍其赋"的处罚不可能在十四年以前。《商君列传》只是为了行文方便，在谈初
变法时，把先后颁布的变法令放在一起叙述罢了。

说明卫鞅采取这项措施目的之一，是为了限制官僚地主豢养的食客的数目。但是，征收口赋的结果，受害最大的还是广大农民和其他劳动人民，因为这样大大增加了贫苦劳动人民的负担。卫鞅规定一家有两个成年男子的必须分家另立户口，否则就要加倍征赋。这是为了确立以一夫一妇为单位的农户，以便于开垦荒地，扩大农业生产，增加赋税收入。这种对不分家的成年男子加倍征赋的法令，有助于小农经济的发展，但是给贫苦人民带来了沉重的灾难。汉代初年贾谊就说："秦人家富子壮则出分家，家贫子壮则出赘。"（《汉书·贾谊传》）就是说，比较富裕的人民，子弟一到壮年就分家另立门户；贫苦的人民因为负担不了户赋，只能典质给富户成为家奴性质的"赘婿"了。

（六）革除残留的戎狄风俗，禁止父子兄弟同室居住。由于秦国的西南和西北都是少数部族，秦国统一了许多少数部族地区，因而秦国残留的戎狄风俗是较多的。这时卫鞅按照中原的风尚、习俗把残留的戎狄风俗革除，目的还是在于加强统治。

公元前三四〇年卫鞅设计生擒魏将公子昂，大破魏军，迫使魏国交还一部分过去夺去的西河地。卫鞅由于这个大功，受封於商（今陕西商县东南商洛镇）十五个邑①，号为商君。

---

① 《史记·商君列传》："卫鞅既破魏还，秦封之於商十五邑，号为商君。"《集解》引徐广曰："弘农商县也。"《索隐》曰："於、商，二县名，在弘农。"《正义》曰："於商，在邓州内乡县东七里，古於邑也。商洛县在商州东八十九里，本商邑，周之商国。"徐广谓即弘农商县，而《索隐》和《正义》都以为於、商为二邑。按《水经·浊漳水注》和《路史·国名记己》引《竹书纪年》："秦封卫鞅于邬，改名曰商。"陈逢衡《竹书纪年集证》卷四七，把卫鞅所封之邬，说成是《春秋》隐公十一年"王取邬、刘之田于郑"之邬，当然是错的。但是他说："於读为乌，当即邬也，旧止名邬，今改名曰商，故谓之商（原误作"商於"）。"这是正确的。《汉书·地理志》弘农郡商县下说："秦相卫鞅邑也。"汉代商县在今陕西省商县东南商洛镇。此地原名於或邬，封给卫鞅时改名曰商，因而或称为於商。《正义》谓即内乡县东七里之於，在今河南西峡东，它和商洛镇相距二百五十里以上，当时卫鞅不可能有如此广大的封邑，可以断言《正义》之说不确。

卫鞅变法的成功及其被杀害　　卫鞅的第二次变法,从经济上和政治上进一步剥夺了旧贵族的特权,损害了旧贵族的利益,结果太子也犯法了,卫鞅因此对太子的师傅公子虔等用刑[①],于是遭到公子虔等人的强烈反对。公元前三三八年,秦孝公去世,太子即位,即秦惠王。公子虔等人告发卫鞅"欲反",秦惠王要逮捕他,他回到封地商邑发兵抵抗,出击郑(今陕西华县)。但因寡不敌众,被秦兵杀死于彤(今华县西南),并被处以车裂的刑罚。

卫鞅吸取了李悝、吴起等法家在魏、楚等国实行变法的经验,结合秦国的具体情况,对法家政策作了进一步发展,后来居上,变法取得了较大的成效。他进一步破除了井田制,扩大了亩制,重农抑商,奖励一家一户男耕女织的生产,鼓励垦荒,这就促进了秦国小农经济的发展。他普遍推行了县制,制定了法律,统一了度量衡制,建成了中央集权的君主政权。他禁止私斗,奖励军功,制定二十等爵制度,这有利于加强军队战斗力。他打击反对变法的旧贵族,并且"燔《诗》《书》而明法令",使变法令得以贯彻执行。由于这一切,秦国很快富强起来,奠定了此后秦统一全中国的基础。正如汉代王充所说的:"商鞅相孝公,为秦开帝业。"(《论衡·书解篇》)

卫鞅变法对此后秦国以及秦代的影响是十分深远的。云梦出土的《秦律》就是在这个变法的基础上修订、补充、累积而成。《秦律》也

---

① 《史记·商君列传》说:秦孝公六年卫鞅为左庶长,下变法令,"令行于民期年",太子就犯法,卫鞅"刑其傅公子虔,黥其师公孙贾"。秦孝公十二年卫鞅第二次实行变法,"行之四年,公子虔复犯约,劓之"。但据《史记·秦本纪》,秦孝公即位时,年二十一岁,秦孝公六年才二十七岁,所生太子不过是个幼童,因此说这年太子犯法的事不可信。太子犯法当在秦孝公十六年,只有一次。孝公去世前五月,赵良见商君说:"公子虔杜门不出,已八年矣。"由此上推八年,也正是秦孝公十六年。

多处讲到连坐法，例如户籍登记有隐匿或不实，不但乡官要受罚，同"伍"的也要每户罚一盾，"皆迁之"（即罚戍边）。《秦律》也把镇压"盗贼"放在首要地位，并对轻罪用重刑。例如盗取一钱到二百二十钱的要"迁之"，盗取二百二十钱以上和六百六十钱以上要分别罚作刑徒，盗牛者要罚作刑徒，盗羊或猪的也有相当的惩处，甚至偷采别人桑叶不满一钱的也要"赀徭三旬"（即罚处徭役三十天）。对五人以上的"群盗"则追捕处罚更严。同时《秦律》还有许多对各种逃亡者追捕处罚的规定。

第六章　中央集权的政治体制
及其重要制度

一　官僚制度的建立

官僚制度的产生　西周春秋间,贵族的分封制、等级制和世袭制,是密切关联的。周天子除了直属的王畿以外,把土地、人民和统治权力分封给亲属和臣属,称为诸侯;诸侯又这样分赏给亲属和臣属,称为卿大夫;卿大夫又这样分赏给亲属和臣属。于是就形成天子、诸侯、卿大夫、士等一系列等级。各级贵族的爵位、权力及其占有的土地、人民和财富,原则上都由嫡长子(正妻的长子)继承,其他儿子只能分到次一等的权力和地位。这些由嫡长子世袭的各级贵族,以族长身分掌握着各级政权和兵权。在周王国和各诸侯国里,世袭的卿大夫便按照声望和资历来担任官职,并享受一定的采邑收入,这就是世卿、世禄制度。贵族就是依靠这些经济上和政治上的世袭特权,世代进行统治。

春秋战国间，各国进行了一系列的改革，特别是前后经历一百多年的变法运动，剥夺了贵族的特权，废除了世卿、世禄制度，建立了一整套的官僚制度，发展了军队的编制，从而形成一套强大的中央集权的政治体制。

本来春秋时代卿大夫的家内盛行着家臣制，家臣是可以随时调动的。但是这种君臣关系，是经过一定的礼节来确立的，讲究臣下对主上的效忠。同时卿大夫的家臣如家宰、邑宰之类，也和卿大夫有宗法关系；而且这类家臣也常有封邑、宗族组织和宗族的武装力量。从春秋末年起，由于社会制度和政治制度的变革，在有些诸侯国内就出现了以粮食为俸禄的官僚，在卿大夫家臣中也出现了官僚性质的家臣，这种家臣不再有封地，而以粮食为俸禄。例如孔丘担任鲁国的司寇，"奉(俸)粟六万〔斗〕"；后来到卫国做官，"亦致粟六万"（《史记·孔子世家》）；孔丘也曾任命原思做"宰"，"与之粟九百"（《论语·雍也》）。到战国时代，这种官僚性质的家臣制，就逐渐发展成为中央集权政体的官僚制度。

俸禄制度的推行　战国时代官僚制度所以能巩固地建立起来，主要由于推行了下列六种制度：

首先是战国时代各国对于官吏的任用，一般都已采用了俸禄制度。当时各国俸禄计算的单位是不同的。卫国用"盆"来计算，有千盆、五百盆等等级（《墨子·贵义篇》）。齐、魏等国用"钟"来计算，例如田骈在齐国有"訾养千钟"（《战国策·齐策四》），又如魏文侯时魏成子官为相国，有"食禄千钟"（《史记·魏世家》）。秦、燕等国用石、斗来计算，秦国有五十石、一百石以至五百石、六百石以上俸禄的官，大体上以五十石为一级（《韩非子·定法篇》、《史记·秦始皇本纪》始皇十二年),最小的官吏也还有"斗食"的(《战国策·秦策三》、《史记·秦始皇本纪》始皇十一年),"斗食"就是"岁俸不满百石,计日而食一斗二升"(《汉书·百官公卿表》颜师古注)。燕国有三百石以上俸禄的官(《韩非子·外储说右下篇》、《战国策·燕策一》)。楚国用"担"来计算,有"禄万担"的(《吕氏春秋·异宝篇》)。

这种俸禄制度之所以能普遍推行,是和当时社会经济的发展有关的。这时社会上已出现了雇佣劳动者,既有雇农,又有雇工,有所谓庸客、庸夫、市佣、庸保,因而各国任用官吏和挑选常备兵,也采用雇佣办法,普遍采用了俸禄制度。《荀子》曾称这种办法为"佣徒鬻卖之道"(《议兵篇》)。田鲔教其儿子田章更明白说:"主卖官爵,臣卖智力。"(《韩非子·外储说右下篇》)从此国君对于各级官吏可以随时任免,随时选拔,《韩非子》所以说:"明主之吏,宰相必起于州部,猛将必发于卒伍。"(《显学篇》)

由于当时各国普遍采用以粮食为官吏俸禄的制度,不再用封邑作为官禄,这样就便于官僚的任用和罢免。但是也还有些国家,在实行以粮食为俸禄的同时,仍然兼用田地的租税收入作为俸禄。例如齐国兼用"田里"作为俸禄,到离职时"收其田里"(《孟子·离娄下篇》)。

赏金办法的实施　其次是战国时代各国对于功臣的赏赐,已开始用黄金货币。这也是和当时社会经济的发展有关的。战国初期,魏、赵等国还用大量田地来赏赐。例如魏相公叔痤在浍北战胜了赵、韩联军,归功于吴起的余教和巴宁、爨襄两人,赏赐吴起后裔"田二十万",赏赐巴宁、爨襄田"各十万"(《战国策·魏策一》)。又如赵烈侯要赏给郑歌者枪、石二人田各万亩,因相国公仲连反对而作罢(《史记·赵世家》)。战国中期以后,用大量土地来赏赐的事就不多见了。

由于商品经济的发展，货币的广泛流通，黄金也已成为货币，于是国君对于功臣的赏赐，就不必采取分封土地或赏田的办法，可以用大量黄金来赏赐了。赏赐黄金百镒、千镒、百斤、千斤或者百金、千金的事，在战国时代是常见的。

"玺""符"制度的建立　第三，是这时已建立了公文用"玺"（官印）和发兵用"符"（虎符）的制度。春秋后期已有用玺来封的文书，即所谓"玺书"（《左传》襄公二十九年、《国语·鲁语下》）。到战国时，无论下命令或来往公文，已必须用玺来封泥①，作为凭信，否则便不能生效。所以公元前二三八年，秦国长信侯嫪毐作乱，想征发县卒和卫卒，就是假造了秦王的御玺和太后的玺来行文征发的（《史记·秦始皇本纪》始皇九年）。虎符作伏虎形，上有铭文，分为两半，底有合榫，右半存在国王处，左半发给将领。这时军队的调发，必须有存在国王处的右半个虎符来会合，作为凭信，否则便不得调发。所以魏国信陵君救赵时，想要夺取将军晋鄙所带的军队前往救赵，非先窃取存在魏王处的半个虎符和假造命令，是不可能夺得晋鄙所带军队的指挥权的（《史记·信陵君列传》）。秦国曾明确地规定："甲兵之符"，右半归王掌握，左半归将领掌握。凡用兵五十人以上的，必须会合王符。如果外敌有侵入，边塞有烽火，虽没有王符会合，也可机动从事（据杜虎符和新郪虎符铭文）。与"符"同样性质的还有"节"。"节"原用竹节制成，这时多数用青铜铸成，上有铭文，常常几枚合成圆形的竹节状，作为通行的证件。有了这种严密的制度，大权也就集中于国君了。

---

①　古时玺印用于竹木简的封泥。所谓封泥是封简牍时盖上玺印的方块的泥，其作用和后来的火漆印差不多。《吕氏春秋·适威篇》说："若玺之于涂，抑之以方则方，抑之以圜则圜。"这里所说的涂就是封泥。

图三十一 秦新郪虎符(拓本)

《秦汉金文录》著录。错金铭文作:"甲兵之符,右才(在)王,左才新郪。凡兴士被甲,用兵五十人以上,必会王符,乃敢行之;燔燧事,虽母(毋)会符,行殹(也)。"据王国维考证,这是战国末年秦攻得魏地新郪(今安徽太和北)后所造。见《观堂集林》卷八《秦新郪虎符跋》。

这时因为用玺和符为信物,对于官吏的任免是以玺为凭的,给予将帅的命令,是以符为凭的。诸凡丞相、郡守、县令等官,都由国君任命时发给玺,免职时收回。如果要辞职,也须把玺缴回①。一般的玺

---

① 《韩非子·外储说左下篇》载:"西门豹为邺令,……居期年上计,君收其玺。豹自请曰:'……愿请玺,复以治邺,……'文侯不忍而复与之。……期年上计,文侯迎而拜之,……遂纳玺而去。"《吕氏春秋·执一篇》载吴起对商文说:"今日释玺辞官,其主安轻?"《战国策·秦策三》说:"应侯因谢病请归相印。"《韩策二》载公孙眛说:"甘茂与昭献遇于境,其言曰收玺,其实犹有约也。"《韩非子·外储说左下篇》载:"梁车为邺令,……赵成侯以为不慈,夺之玺而免之令。"《韩非子·说林上篇》载孟卯对甘茂说:"公佩仆(官名)玺而行(官名)事,是兼官也。"《战国策·赵策三》载公孙龙对平原君说:"夫君封以东武城,不让无功;佩赵国相印,不辞无能。"

是铜制的,丞相的玺往往是黄金制的,所谓"怀黄金之印,结紫绶于要(腰),揖让于人主之前"(《史记·蔡泽列传》)。

年终考绩的"上计"制度确立　第四,是这时在行政管理上已创立了年终考绩制度。就是荀况所说的:"岁终奉其成功,以效于君。当则可,不当则废。"(《荀子·王霸篇》)其中最主要的考核工作的方法,叫做"上计"。"计",就是"计书",指统计的簿册。上计的范围比较广泛,包括仓库存粮数字,垦田和赋税数目,户口统计,以及治安情况。《商君书·禁使篇》说:"十二月而计书已定,事以一岁别计,而主以一听。"讲的就是岁终上计的情况。《商君书·去强篇》说:"强国知十三数:竟(境)内仓口(仓库)之数,壮男壮女之数,老弱之数,官(官吏)士(学士)之数,以言说取食者之数,利民(靠谋利为生的人)之数,马、牛、刍(饲料)、稾(禾秆)之数。不知国十三数,地虽利,民虽众,国愈弱至削。"这个十三数,就是"上计"所要统计的数字。每年中央的重要官吏和地方的首长,都必须把一年各种预算数字写在木"券"上,送到国君那里去,国君把"券"剖分为两,由国君执右券,臣下执左券,这样国君便可操右券来责成臣下。到了年终,臣下必须到国君那里去报核。上计时由国君亲自考核,或由丞相协助考核。如果考核的结果,成绩不佳,便可当场收玺免职。高级官吏对于下级官吏的考核,也采取同样的办法。①

---

①　《周礼·大宰》说:"岁终,则令百官府各正其治,受其会,听其致事,而诏王废置。三岁则大计群吏之治而诛赏之。"《小宰》也说:"岁终,则令群吏致事。"《司书》又说:"三岁,则大计群吏之治。"这些该是战国时代的制度,和《荀子·王霸篇》所说"岁终奉其成功"相合。《尚书·尧典》说:"三载考绩;三考,黜陟幽明。"《尧典》也是战国时代的作品。《韩非子·难二篇》载:"李克治中山,苦陉令上计而入多。"《淮南子·人间篇》说魏文侯时"解扁为东封上计而入三倍"。《新序·杂事二》又说魏文侯时"东阳上(续下页注)

这种用券契来责成臣下的办法,采用了商业上的经营方法。当时高利贷者放债用债券,债权者是操右券来向债务者"合券"讨债和利息的。这时官僚机构中采取了合券计数考核的方法,所以《韩非子》说"符契之所合",便是"赏罚之所生"了(《主道篇》)。这时既要官吏上计,采用合券计数的方法,为了明确标准和防止舞弊起见,就必须统一度量衡制,所以卫鞅变法把统一斗、桶(斛)、权衡、丈、尺也作为重要政策之一。度量衡器和符节契券,同样是当时政府考核官吏和防止官吏舞弊的工具,所以《荀子》说,"合符节,别契券者,所以为信也";"衡石称县(同"悬",秤锤者),所以为平也"(《君道篇》)。

上计的时候,臣下还可以向国君推荐人才。例如赵襄子时任登为中牟县令,上计时推荐中牟之士胆胥己,赵襄子接见胆胥己后,就赏为中大夫(《吕氏春秋·知度篇》)。可知汉代郡国上计时贡士的制度,战国已经开其端了。

当时各级长官对于所属官吏已有一套管理制度。《史记·春申君列传》说:"李园求事春申君为舍人,已而谒归,故失期还谒,春申君问之状。"这说明当时已有一定的请假制度,不准随便超过假期。

视察和监察地方的制度 第五,对地方官吏实行年终考绩的同

(续上页注①)计,钱布十倍"。《韩非子·外储说右下篇》载:"田婴相齐,人有说王者曰:终岁之计,王不一以数日之间自听之,则无以知吏之奸邪得失也。王曰:'善。'田婴闻之,即遽请于王而听其计。……田婴令官具押券斗石参升之计。……田婴复谓曰:'群臣所终岁日夜不敢偷怠之事也,王以一夕听之,则群臣有为劝勉矣。'王曰:'诺。'俄而王已睡矣,吏尽揄刀削其押券升石(当作"斗石")之计。"我们从这些故事中,可以看到当时上计的情况。这时不仅上计用合券的办法,其他有关法令的也往往用合券的办法。《商君书·定分篇》说:"诸官吏及民,有问法令之所谓也,于主法令之吏,皆各以其故所欲问之法令明告之,各为尺六寸之符,明书年月日时,所问法令之名,以告吏民。……主法令之吏,即以左券予吏之问法令者。主法令之吏,谨藏其右券木押,以室藏之,封以法令之长印,即后有物故,以券书从事。"

时，还有一套自上而下的视察和监察地方行政的制度。国王、相国、郡守都必须经常到所属的县，巡视和考察，叫做"行县"。例如赵武灵王"行县"，经过番吾（今河北磁县北），闻得周绍为"父之孝子、君之忠臣"，于是"问之以璧"，赠送酒食而要求会见，周绍托病辞谢。后来武灵王"胡服骑射"，赐给他胡服而任命为教导王子的"傅"（《战国策·赵策三》）。又如范雎由王稽藏在车中带进秦国，到湖关（今河南灵宝西北），遇见秦相魏冉"东行县邑"（《史记·范雎列传》）。又如吴起为楚国宛（即南阳，今河南南阳）的郡守，"行县"到息（今河南息县），请教著名学者屈宜臼。隔了一年，吴起升任令尹，又行县到息，访问屈宜臼（《说苑·指武篇》）。国王、相国和郡守这样到所属的县，巡视和考察，访问著名人物，具有考核地方行政和了解民情的作用。与此同时，各国政府已在中央和地方设置有"御史"的官职，具有秘书兼监察的性质。魏、韩等国都在县令之下设有御史，御史是由国王派遣委任的。例如韩国安邑的御史去世，有人请求继任，向国王请示，国王说：应该按制度递补（《战国策·韩策三》）。吕祖谦《大事记》据此认为这是国君派遣御史监掌郡县，就是秦汉设"监御史"掌监郡的起源，这是正确的。①

选拔官吏的制度和办法　第六，这时各诸侯国为了富国强兵，需要选拔政治、军事、经济、外交等各方面的人才来担任各级官吏。选拔的办法，大体上有下列五种：

一是臣下向国君荐举。大臣和接近国君的人，可以直接向国君

---

① 参见杨宽《战国秦汉的监察和视察地方制度》，《社会科学战线》一九八二年第二期。

推荐人才,例如"淳于髡一日见七人于〔齐〕宣王"(《战国策·齐策三》);"邹忌事宣王,仕人众"(《战国策·齐策一》);王斗见齐宣王,"举士五人任官"(《战国策·齐策四》)。郡县地方官在上计的时候,也可向中央推荐人才。

二是通过上书和游说。当时有不少人,不经过任何人推荐,直接给国君上书或进行游说,阐述自己的政治主张,取得国君信任,从而被擢用为大臣。儒家如孟轲、荀况,法家如商鞅、李斯,纵横家如张仪、苏秦,都是通过这种途径,得到国君的重用或赏识的。

三是根据功劳选拔。各国所起用指挥作战的将领,不少是从战争中根据军功提拔起来的。秦国自从商鞅变法以后,更制定了按军功大小赏给爵位和官职的制度。

四是从侍从的郎官中选拔。担任国君侍从、警卫工作的郎官,具有候补官员性质,因为他们常和国君亲近,便于国君从中选拔。例如李斯先当吕不韦的舍人,后经吕不韦推荐为郎,由此逐步提升为大臣。

五是相国和中央各部门以及地方长官在一定范围内有选拔任用下级官吏的权。秦的法律规定:"任人而所任不善者,各以其罪罪之。"(《史记·范雎列传》)

这时上述新制度的实施,使得官僚制度能够确立和推行,一整套的官僚机构能够层层控制,集中权力于国君手中,形成集权的国家机构。秦、汉以后中央集权的官僚制度,便是沿袭战国时代的制度而加以发展的。

二 中央集权官僚机构的建立

相国和将军的官制 春秋、战国间,各国经过政治改革,出现了中央集权的官僚政治，在国君之下，有一整套官僚机构作为统治工具。这个官僚机构，是以相和将为其首脑的。这个官僚组织的重要特点，就是官分文武。《尉缭子·原官篇》说："官分文武，王之二术也。"这与西周春秋时代各国卿大夫同时掌握政权和兵权的制度是不同的。这样"官分文武"，既然适应当时政治上和军事上的需要，因为处理政务需要一定的政治能力，指挥战争需要一定的军事才能；同时又便于把权力集中到国君手中，因为文武分职之后，大臣的权力分散，可以起相互监督的作用，这就便于国君进一步的集权。

相是官僚机构的"百官之长"（《荀子·王霸篇》、《吕氏春秋·举难篇》），称为相邦或相国（据铜器铭文，相国都称相邦，或许传世古书上的相国都是因汉代避刘邦讳而改的），又称丞相，也统称为宰相（《韩非子·显学篇》）。①本来"相"是诸侯朝聘宴享时辅导行礼的官，"宰"是卿大夫的家臣，家宰总管一家的政务，邑宰掌管一邑的政务。但是在春秋时代某些国家已有总领百官的冢宰、太宰或相，例如齐国在齐景公时已设有左右相。但是这些冢宰、太宰或相，还是某些强大的卿大夫的世袭官职。到春秋晚期，当晋国进步的卿大夫开始使用官僚管理政务的时候，"相"就成为官僚机构的首脑。例如赵在赵简子时，解狐曾推荐其仇人给简子为相（《韩非子·外储说左下篇》）。韩在韩康子时也已用段规为相（《国语·晋语九》）。

将军原是春秋时代晋卿的称号，因为春秋时代卿大夫不仅有统

---

① 相的职权，据《荀子·王霸篇》说："相者，论列百官之长，要百事之听，以饬朝廷臣下百吏之分，度其功劳，论其庆赏，岁终奉其成功，以效于君，当则可，不当则废。"丞相之称，秦赵两国都曾应用。《史记·秦本纪》载秦武王二年初置丞相。《战国策·赵策三》载建信君说："秦使人来仕，仆官之丞相。"相国之称较为普遍，相和相国往往并用。

治权力,而且有宗族和"私属"的军队亲自统率着。到战国时代,由于统治范围的扩大、官僚机构的庞大复杂,由于常备兵的建立和征兵制度的推行、战争规模的扩大和战争方式的改变,在官僚机构中不得不文武分家,产生了文官的首长——相,和武官的首长——将。以魏国为例,魏文侯时曾先后以魏成子、翟璜、李悝为相,而另有乐羊、吴起、翟角为将。以齐国为例,齐威王时曾先后以邹忌、田婴为相,而另有田忌、申缚为将。

　　秦国设相位,是较迟的。卫鞅在秦主持变法,由左庶长升为大良造,大良造便是当时最高的官职。直到公元前三二八年(秦惠王十年)张仪做秦相,秦才开始正式设立相位,这是仿效三晋的制度的。[1]公元前三〇九年(秦武王二年)初置丞相,樗里疾、甘茂为左右丞相(《史记·秦本纪》)。但是秦国在初设相位时,为相的张仪、樗里疾、甘茂等还统率军队作战。秦国在设相位后,大良造就成武职,白起屡建战功,封为列侯,官职还是大良造。秦设立将军的官职,是在秦昭王时。秦昭王初立时以魏冉为将军,警卫首都咸阳,从此秦才有将军(《史记·穰侯列传》)。

　　战国时代只有楚国始终没有设相位,仍沿袭春秋时代的官制,以令尹为最高官职。楚悼王时用吴起变法,吴起做的是令尹(《淮南子·道应篇》)。楚考烈王时黄歇(春申君)执政,也做的是令尹(《史记·楚世家》)。一直到战国末年李斯上书韩王时,楚的执政者也还

　　　[1]　《秦封右庶长歜宗邑瓦书》记四年"大良造庶长游出命",另有一戈铭文记"四年相邦樛游之造",四年当为秦惠文君四年(公元前三三四年),大良造庶长游即相邦樛游。详郭子直所作《瓦书铭文新释》(《古文字研究》第十四辑)。可知当时已将"大良造"与"相邦"互称,但是《史记·秦本纪》称秦惠文君"五年犀首为大良造",仍以大良造为最高官职。可知秦开始正式设立"相邦",当从张仪开始。

是令尹①。楚国在战国时代也没有设置将军，只有柱国或上柱国的官职，其地位仅次于令尹②。公元前三〇八年（楚怀王二十一年）秦国进攻韩的宜阳，楚派柱国景翠往救，柱国还是最高的武官（《战国策·东周策》）。柱国本来是国都的意思③，原是警卫国都之官，到对外战争时也就成为最高统帅了。

战国时代各大诸侯国先后形成为中央集权的政治体制，出现了以相、将为首的官僚机构，这在中国古代政治历史上是一种进步现象。秦汉以后中央集权的王朝，便是沿袭战国时代的制度的。秦汉时代的中央政府组织，在皇帝之下设有三公，三公是左右丞相、太尉和御史大夫。不仅丞相的官制是沿袭战国时代的，就是太尉和御史大夫的官制也还是从战国时代的官制中发展而来的。

尉和御史的官制　原来春秋时代晋国的上中下三军都设有尉，因为中军地位最尊，中军的尉又称元尉（《国语·晋语七》）。元便是

---

①　《淮南子·道应篇》、《说苑·指武篇》都说吴起官至令尹，而《史记·吴起列传》称他"相楚"，不过以他国制度比拟而已。《楚世家》说："考烈王以左徒为令尹，封以吴，号春申君。"而《春申君列传》说："考烈王元以黄歇为相，封为春申君"，也不过以他国制度比拟而已。《韩非子·存韩篇》载李斯上韩王书："杜仓相秦，起兵发将，以报天下之怨而先攻荆，荆令尹患之。"这事已在战国末年，楚的执政官还是令尹。《战国策·楚策三》载苏子对楚王说："自令尹以下，事王者以千数。"《齐策二》载陈轸对楚上柱国昭阳说："愿闻楚国之法，破军杀将者，何以贵之？"昭阳说："其官为上柱国，爵为上执珪。"陈轸说："异有贵于此者何也？"昭阳说："惟令尹耳。"陈轸说："令尹贵矣，王非置有两令尹也。"可知楚怀王时的最高官职是令尹。

②　《战国策·东周策》载秦攻宜阳之役，赵累对周君说："君谓景翠曰：公爵为执圭，官为柱国，战而胜则无以加矣。"可知战国时代楚国柱国的职位相当于他国的将军。《史记·楚世家》载楚怀王十七年汉中之役，"秦大败我军，……虏我大将军屈匄、裨将军逢侯丑等七十余人"，但在屈匄被虏后四年，秦伐宜阳，楚派柱国景翠往援韩，柱国还是最高的武职，可知《楚世家》所说的"大将军"，只是以他国制度比拟罢了。

③　《战国策·齐策三》记国子说："安邑者，魏之柱国也；晋阳者，赵之柱国也；鄢郢者，楚之柱国也。"高诱注："柱国，都也。"

大的意思。到战国时代，赵国有中尉，其官职是"选练举贤，任官使能"（《史记·赵世家》），和《礼记·月令篇》所说太尉的职责"赞桀（杰）俊，遂贤良，举长大"，是相同的。后来赵国在将军下又设有国尉（《史记·廉颇列传》）、都尉（《战国策·赵策三》）。秦国到秦昭王时也在大良造之下增设国尉一级（例如白起初为左庶长，后升左更，再升国尉，最后升为大良造）。秦国在统一全中国后，以太尉经常掌管全国军事，便是沿袭国尉这个官职而来的。

御史这官职，在战国时代本是国君的秘书性质。别国使臣来献国书时，往往由国君的御史接受（《战国策·韩策一》、《赵策二》）。国君在宴会群臣时，往往是"执法在傍，御史在后"的（《史记·滑稽列传》淳于髡语）。两国国君相会，也往往有御史在旁记录（《史记·蔺相如列传》记秦赵渑池之会）。御史由于担任秘书工作，负责记录和接受、保管文件，就成为国君的耳目，带有监察的性质。到秦统一中国后，三公中的御史大夫，还是秘书兼监察性质，当是沿袭战国时代的官制而发展起来的。

七国官制的不同　战国时代各国官制，由于沿袭各国春秋时代的制度，很不相同。大体上三晋是一个系统，齐国是另一个系统，秦、楚又各自有其系统。燕国由于史料缺乏，不够清楚。除楚国始终没有设置相、将以外，各国在相、将以下的官职是不同的。

魏国设有司徒（《吕氏春秋·应言篇》）、持节尉（《战国策·魏策四》）、师（《史记·仲尼弟子列传》）、傅（《史记·魏世家》）、太史、主书（《吕氏春秋·乐成篇》）、廪（《韩非子·外储说右上篇》）、虞人（《战国策·魏策一》）等。

赵国设有司寇、中尉（《史记·赵世家》）、左司马（《战国策·赵策一》)、内史、左右司过、师(《史记·赵世家》)、左师(《战国策·赵策四》)、田部吏(《史记·赵奢列传》)、宦者令(《史记·蔺相如列传》)等。

韩国设有司空(《吕氏春秋·开春论》)、少府(《战国策·韩策一》)、史(《战国策·韩策二》)、廪吏(《韩非子·内储说下篇》)等。

齐国设有司马、太史(《战国策·齐策六》)、太傅(《战国策·齐策四》)、右师(《孟子·离娄下篇》)、士师(《孟子·公孙丑下篇》)、大士(《说苑·臣术篇》)、士尉(《吕氏春秋·知士篇》)、博士(《说苑·尊贤篇》)、工师(《孟子·梁惠王下篇》)等。

秦国设有大良造、左更、中更(《史记·秦本纪》)、左庶长(《史记·商君列传》)、庶长(《史记·秦本纪》)、内史(《战国策·秦策三》、《史记·秦始皇本纪》)、长史(《史记·李斯列传》)、师、傅(《史记·商君列传》)、博士(《史记·秦始皇本纪》)、侍医(《战国策·燕策三》)、执法(《战国策·魏策四》)等。

楚国设有莫敖(《战国策·楚策一》)、司马、典令、太宰(《战国策·韩策一》)、左徒(《史记·楚世家》)、新造盩(《战国策·楚策一》)、大工尹、集尹、裁尹(《鄂君启节铭文》)等。

在上述各国官职中,主管土地和人民的司徒,主管刑法的司寇,主管军政的司马,主管土木工程的司空,主管手工业的工师,主管山泽的虞人以及太史、太师、太傅等,都是沿用春秋以前的官制。

秦汉时代九卿的由来　秦汉时代的中央政府组织,在三公之下,设有九卿:(一)奉常(掌管宗庙祭祀礼仪),(二)郎中令(掌管宫内传达和警卫),(三)卫尉(掌管宫门的警卫),(四)太仆(掌管车马),(五)廷尉(掌管司法),(六)典客(掌管外交),(七)宗正(掌管国君宗族),

（八）治粟内史（掌管租税），（九）少府（掌管山海池泽，供养国君）。这九卿制度，大体上是从战国时代的官制发展而成。

战国时代，赵、韩、齐、秦、楚等国都已有郎中（《战国策·赵策三》、《赵策四》、《韩策三》、《燕策三》、《楚策四》、《韩非子·外储说左上篇》、《外储说右上篇》），是国君的侍卫。秦制郎中令下有谒者，战国时代魏、齐、秦、楚等国都已有谒者，是为国君掌管传达的。卫尉这个官职，秦在战国时代已设置（《史记·秦始皇本纪》始皇八年）。太仆这个官职，春秋时代各国早已设置，战国时代魏、韩、齐、秦等国也都有仆（《吕氏春秋·长见篇》、《处方篇》，《史记·滑稽列传》，《韩非子·说林上篇》）。廷尉这个官职，秦在战国时代已设置（《史记·李斯列传》）。典客这个官职，在战国时代也已设置，齐国有主客的官（《史记·滑稽列传》），主就是典的意思。内史这个官职，战国时代赵、秦已有（《史记·赵世家》、《秦始皇本纪》、《战国策·秦策三》），内史的职务是"节财俭用，察度功德"（《史记·赵世家》），和秦汉时代的治粟内史性质是相同的。少府这个官职，战国时代韩国已有，当时韩有少府所造的强弓劲弩（《战国策·韩策一》）。秦制少府下有佐弋，掌管弋射，战国时代秦、卫两国都已有佐弋（《史记·秦始皇本纪》、《韩非子·外储说左上篇》）。秦制少府下还有尚书，战国时代魏国已有主书（《吕氏春秋·乐成篇》），齐、秦两国已有尚书（《新序·刺奢篇》、《战国策·秦策五》），也作掌书（《吕氏春秋·骄恣篇》）。汉代初年少府有所谓六尚：尚衣、尚冠、尚食、尚浴、尚席、尚书。战国时代韩国已有典衣、典冠（《韩非子·二柄篇》）、尚宰、尚浴（《韩非子·内储说下篇》）。

三　郡县制度的建立

战国时代中央集权国家的地方行政组织是郡、县。郡、县的行政和军事权力,都控制在国君手里。国君直接任免郡、县长官,并加以考核。郡、县制度的建立,也就便利了国君的集中统治。

县和郡的产生　县和郡的地方制度是逐渐形成的①。县出现于春秋初期,原是国君直接统治的领邑,它和国君分赏给卿大夫的封邑不同。春秋初期秦、晋、楚等大国为了加强中央集权,加强边地防守力量,往往把新兼并得来的小国改建为县,不用作为卿大夫的封邑。到春秋中期,楚国新设的县已逐渐多起来,有所谓九县("九"是多数的意思)。最初县都设在边地,带有防卫边境的作用。县所不同于卿大夫的封邑的,就是县内有一套集中的政治组织和军事组织,特别是有征赋的制度(包括征发军实和军役),一方面便利了国君的集中统治,一方面又加强了边防②。到战国初期,秦国还是不断地在东部边境设县,公元前四五六年开始在频阳(今陕西富平东北)设县,公元前

————————

①　近人都认为战国秦汉的县起源于春秋时代,其实春秋的县和战国秦汉的县性质不同。日本西嶋定生《中国古代帝国的形成和构造》一书中有《郡县制的形成和二十等爵》一节,赞同增渊龙夫之说,指出春秋原先实行县大夫世袭制,并进一步认为战国秦汉郡县制的形成,是由于小农经济的广泛出现、世袭贵族统治体制的瓦解和君主集权政体的产生。这是正确的。春秋时楚晋秦三国的县具有国君直属的边地军事重镇性质,县尹仍由显要世族中人轮流充任,也还有些是父子相传的。例如楚的申县,第一个县公为申公斗班,而继任者申公斗克(字仪父),即是斗班之子。又如晋的原县,第一个县大夫为赵衰,称为原季;而继任者为赵衰之子赵同,亦称原同。又如楚的申公巫臣奔晋,晋以为邢大夫,而巫臣之子世袭为邢伯或邢侯。详杨宽《春秋时代楚国县制的性质问题》,《中国史研究》一九八一年第四期。

②　《左传》成公七年载:楚围宋之役,"子重请取申、吕(二县)以为赏田"。申公巫臣说:"不可。此申、吕所以为邑也,是以为赋,以御北方。若取之,是无申吕也,晋郑必至于汉。"楚王便没有答允他。

三九八年在陕(今河南三门峡西)设县,公元前三七九年在蒲、蓝田、善明氏设县,公元前三七四年又在栎阳(今陕西临潼东北)设县,显然有着加强边防的意义。

到春秋末年,晋国又出现了郡的组织。郡本来设在新得到的边地,因为边地荒僻,地广人稀,面积虽远较县为大,但是地位要比县为低,所以赵简子在作战时宣誓说:"克敌者上大夫受县,下大夫受郡。"(《左传》哀公二年)等到战国时代,边地逐渐繁荣,也就在郡下分设若干县,产生了郡、县两级制的地方组织。这种县统于郡的制度,最初行于三晋。例如魏的上郡有十五县,公元前三二八年魏纳上郡十五县给秦(《史记·秦本纪》)。赵的上党郡有二十四县(《战国策·齐策二》),赵的代郡有三十六县(《战国策·秦策一》),韩的上党郡有十七县(《战国策·秦策一》)。秦、楚、燕三国的郡县制度是效法三晋的。例如燕在燕昭王时所设的上谷郡有三十六县(《战国策·秦策五》)。公元前二四八年,秦攻取赵的榆次、新城、狼孟等三十七城,设置太原郡(《史记·秦本纪》、《燕世家》)。公元前二四二年秦攻取魏的酸枣、燕、虚、山阳等城,又兼并了原来卫的濮阳,设置东郡(《史记·秦始皇本纪》、《史记·卫世家》)。

战国时代郡的特点 战国时代的郡都设在边地,主要是为了巩固边防。例如魏国在魏文侯时设西河上郡是防秦的。赵设置云中、雁门、代郡,是防林胡、楼烦的。燕设置上谷、渔阳、右北平、辽西、辽东等郡,是防东胡的。秦在秦昭王时灭亡了义渠之戎,设置陇西、北地两郡,是防戎的(《史记·匈奴列传》)。楚设置巫郡、黔中郡,楚怀王在灭越后"南塞厉门而郡江东"(《史记·甘茂列传》、《战国策·楚策一》),也无非是防备南方部族的。同时由于战国时代相互兼并战争的激烈开展，各国在中原地区的边境也陆续设郡。例如楚国在公元前二七六年曾经“复取秦所拔我江旁十五邑以为郡拒秦”（《史记·楚世家》）。又如楚的春申君黄歇原来封在淮北，在公元前二四八年黄歇以“淮北地边齐，其事急，请以为郡便”为理由，请求改封于江东（《史记·春申君列传》）。在公元前三〇七年秦拔取韩的宜阳后，楚的城浑对新城县令说：“宜阳之大也，楚以弱新城围之。……今边邑之所恃者，非江南、泗上也，则楚王何不以新城为主郡也，边邑甚利之。”（《战国策·楚策一》）自从战国中期以后，各国为了应付兼并战争，纷纷在强国交界处设郡，例如上党是魏、赵、韩三国的交界之处，又是山地险要之区，所以韩、赵都在上党设郡。魏在失去西河、上郡后，又在河东设郡，为的是防秦。韩在三川设郡，楚在汉中设郡，也无非是为防秦。秦国陆续兼并各国土地，每得新地，必定设郡，以利攻防，所以秦兼并六国，郡、县也就遍布全中国了。

郡既担负防卫边境的责任，所以一郡的首长叫做守，也尊称为太守①，都是由武官来充任的，《韩非子》曾把“出军命将”和“边地任守”相提并论（《亡征篇》）。郡守有征发一郡壮丁出征的权力。例如公元前二八〇年，秦曾派司马错征发陇西郡的兵卒，带同蜀郡的兵卒攻楚的黔中郡（《史记·秦本纪》）。又如公元前二六二年秦进攻韩的上党郡，韩想献纳上党郡求和，而韩的上党郡守靳黈要“悉发守以应秦”，于是韩派冯亭去代替靳黈为郡守，不久冯亭又以上党郡降赵（《战国策·赵策一》）。又如公元前二二九年，秦大举攻赵，由“王翦将上地，

---

① 例如《战国策·赵策一》载：韩王令韩阳告上党之守靳黈说：“秦起二军以临韩，韩不能有。今王令韩兴兵以上党入和于秦，使阳言之太守，太守其效之。”

下井陉，杨端和将河内，……围邯郸城"（《史记·秦始皇本纪》），所谓"将上地"就是统率上党郡的兵卒，所谓"将河内"就是统率河间郡的兵卒。又如李斯上韩王书说："令蒙武发东郡之卒。"（《韩非子·存韩篇》）因为蒙武这时正是秦的东郡的郡守。

在战国时代，只有齐国始终没有设郡，而设都。齐国共设有五都，除国都临淄以外，四边的都具有边防重镇的性质。五都均驻有经过考选和训练的常备兵，即所谓"技击"，也称为"持戟之士"，因而有所谓"五都之兵"，也称为"五家之兵"①。在对外作战时，"五都之兵"常常被用作军队的主力。都的长官称都大夫，既是都的行政长官，又是"五都之兵"的主将。临淄、平陆、高唐就是齐国这种略同于其他各国的郡的都②。即墨、莒也该都是五都之一。齐国在齐威王时已有一百二十城（《战国策·齐策一》邹忌语），史书称燕将乐毅破齐之役，攻下齐七十余城，惟莒、即墨未下。莒为齐湣王所退守，即墨为田单所固守，所以后来田单能凭此复国。

战国时代县的组织　这时各国郡的设置仅限于各国的边区，县的设置则很普遍。大凡有城市的都邑已建立为县，所以史书上"县"和"城"往往互称。但是严格讲来，"城"只是指建有城郭的城市，"县"是指整个县管辖的地区，包括城市和城市以外的广大农村。《孙膑兵法·擒

---

① 《战国策·燕策一》说齐宣王"令章子（匡章）将五都之兵，以因北地之众以伐燕"；而《齐策一》说："齐军之良，五家之兵，疾如锥矢，战如雷电。""五家之兵"当即"五都之兵"。

② 《孟子·公孙丑下篇》载，孟子对平陆大夫孔距心说："子之持戟之士，一日而三失伍，则去之否乎？"又见于王曰："王之为都者，臣知五人焉。知其罪者，惟孔距心。"可知平陆为五都之一，而五都设有大夫治理。《孙膑兵法·擒庞涓》记述桂陵之役，齐城、高唐二都大夫在行军的路上大败。齐城即临淄，与高唐同为五都之一。

庞涓》说:"平陵,其城小而县大,人众甲兵盛,东阳战邑,难攻也。"就是说平陵建有城郭的城市规模小,而县的辖区大,所以"人众甲兵盛"。在战国初期,秦的发展迟缓,因而普遍设县也成为卫鞅变法的内容之一。

县的组织,基本上和中央的政府组织相似。商鞅在秦变法时,每县设有令、丞和尉。县令是一县之长,下设丞、尉,丞主管民政,尉主管军事。秦的县尉,可以得到六个奴隶和五千六百枚货币的赏赐①。魏、韩等国在县令下设有御史②,也是秘书兼监察的性质。韩还设有司寇③,主管刑法。秦更设有县啬夫、县司空、县司马及治狱、令史等。秦同时设有与县并立的"道",道设有啬夫等官④。啬夫可能是主管官员的通称。

在县之下已有乡、里、聚(村落)或连、闾等基层组织⑤。乡的官吏有三老、廷掾(《史记·滑稽列传》)等。里有里正(《韩非子·外储说右下篇》)。在县城和乡里中都有伍、什的编制,五家为一伍,十家为一什。伍长也称为伍老(《韩非子·外储说右下篇》)。

这时各诸侯国的统治机构,从国到郡,从郡到县,从县到乡,已是有系统地分布到每一个角落,层层控制着整个国家。

---

① 《商君书·境内篇》说:"爵吏而为县尉,则赐虏六,加五千六百。"
② 见《韩非子·内储说上篇》"卜皮为县令"条和《战国策·韩策三》"安邑之御史死"条。
③ 韩国兵器铭文记载,监造县的官营手工业的有司寇。
④ 参看高敏《云梦秦简初探》(河南人民出版社一九七九年版)中《从云梦秦简看秦的几项制度》一文。
⑤ 乡以下里的组织在春秋战国间已出现,《墨子·尚同篇》里的行政系统是天下、国、乡、里。《吕氏春秋·怀宠篇》里的行政系统是国、邑、乡、里。邑有大有小,大邑相当于县,小邑就属于乡、里,另外还有所谓聚,即是村落。卫鞅在秦变法时,曾合并乡、邑、聚为县(《史记·商君列传》)。《韩非子·八经篇》说"伍、闾(原误作"官")、连、县而邻",说明当时县以下有连、闾、伍的乡里组织。

四　加强统治的有关制度的创设

法律的制定、颁布和执行　法律是统治的重要工具。春秋晚期某些进步的卿大夫取得政权以后，就开始制定法律作为统治工具。公元前五一三年晋国铸造刑鼎，把范宣子所作刑书铸在鼎上公布，就是属于这种性质。战国初期各国先后实行变法，就进一步把法律整理得系统化，把它公布出来。李悝在魏国变法时编定的《法经》，就是第一部系统化的国家法典。李悝认为"王者之政，莫急于盗贼"，因而这部法典的重点，在于镇压"盗贼"，首先讲的是《盗法》和《贼法》；因为"盗贼须劾捕"，其次讲的是《囚法》和《捕法》；再其次，才是《杂法》和《具法》。以后卫鞅在秦国变法，还是依据这六篇《法经》制定法律，只是把"法"改称为"律"，同样把镇压"盗贼"作为法治的主要任务。《商君书》就认为"国皆有禁奸邪、刑盗贼之法，而无使奸邪盗贼必得之法"，就是由于"刑轻"的缘故；因而主张用重刑，主张"为奸邪盗贼者死刑"（《画策篇》）。《商君书》还认为颁布法令和设置官吏，"所以定名分也"，定了名分，就能使"大诈贞信，巨盗愿悫"（《定分篇》）。

战国中期以后，各国政权为了加强统治，所制定和公布的法律条文越来越繁。湖北云梦秦墓出土的《秦律》竹简，就是战国晚期秦国执行的法律。主要有三大类：

（一）《法律答问》（或定名为《秦律说》）。这类主要是刑律的解说。先有律文，后附有答问式的解说，包括对民间以及官府各种刑事案件的处理。其中最多而处罚最重的，是被指为非法取得财物的"盗"和杀伤别人的"贼"。被指为非法取得财物的"盗"，不仅指窃取钱币、珠玉、家畜、衣服、祭品等物的人，还包括偷采别人桑叶、价值不满一钱的,更包括徙移封畔而私占田地者。其目的在于保护统治阶级利益,是十分明显的。其次要处罚的是各种逃亡的人和诬告别人的人。这和李悝《法经》着重惩罚"盗"、"贼"而要加以"捕"、"囚",性质是相同的。其惩罚对象,多数是法律上称为"士伍"(即编伍的士卒)的无爵庶民,还有身分低于庶民的奴婢、刑徒等。庶民可以包括手工业工人、城市平民、商人和一般没有官爵的地主,但是大多数指的是农民。律文对犯法、失职、贪污的吏,特别是"不直"、"失刑"的狱吏,也要依法处分,但惩罚较轻,有关这方面的条文也较少。

(二)《封诊式》(或定名为《治狱爰书》)。这类主要是处理民间民事和刑事的案例。其中有对"群盗"(捕捉到群盗)、"盗马"(捕捉到盗马者)、"盗铸"(捕捉到盗铸钱者)、"争牛"(争夺走失的牛)、"夺首"(争夺斩得敌人首级的军功)的处理,还有对"亡自出"(逃亡者自己归来投案)、"盗自告"(盗者对同伙的检举)的处理,又有对"告臣"(告发所属奴隶骄悍,请求卖给官府充作刑徒)、"黥妾"(告发所属女奴骄悍,请求处以黥劓之刑)、"迁子"(请求把亲子迁到蜀的边县)、"告子"(告发亲子不孝)的处理。更有对"贼死"(被杀死)、"经死"(吊死)、"穴盗"(掘壁洞偷窃)、"出子"(妇女被殴伤流产)、"疠"(乡官发现有人患麻风病)的查验。多数被告和送请处分的对象是法律上称为"士伍"的无爵庶民。只有"告臣"和"告妾"的被告是属于奴隶性质。"告臣"的主人可以因奴隶骄悍,不耕作,不听命令,请求卖给官府充作刑徒。"黥妾"的主人爵为五大夫,因女奴骄悍,派有公士爵位的家吏向官府请求处以黥劓之刑。这都说明《秦律》保护有臣妾的地主利益,特别是爵位高的地主利益。

(三)其他各种法律(或统称《秦律》)。这类律文实质上是官府统治上需要的各种规章制度。有关生产管理和官府收入的,有《田律》、《仓律》、《工律》、《均工》、《工人程》等。《田律》有农田林苑的管理、缴纳田税的定额、牛马饲料的供给等制度。《仓律》有刑徒食粮的定额、田税所收实物进出仓库与保管、发放各种种子的每亩比率、原粮舂成细粮的比率等规定。《工律》有制作器物的规定。《工人程》有刑徒做工计算的规定。《均工》有新工匠学工的考绩规定。有关经济管理的有《金布律》,讲到钱币的使用、布匹的长宽、吏民和官府之间的债务、官府之间的经济来往、发衣给刑徒等规定。还有《司空律》讲的是对服劳役的刑徒、罪人以及被罚款者、负公债者的管理制度,《徭律》讲的是徭役及兴筑修补墙垣的制度,《傅律》讲的是户籍登记以及对隐匿、作伪的惩罚,《游士律》讲的是别国游士来居住而无符(护照)的要受罚。更有《置吏律》和《效律》讲有关官吏的任免、考核和监督等,《行书律》讲邮送公文制度,《传食律》讲邮传中各种人供食标准。

　　所有这类作为规章制度的《秦律》,都是加强对农民、工匠、刑徒、奴隶的统治的,但是为了确保这些规章制度的推行,着重对于负责执行的下级官吏的考核和奖惩。《秦律》对于吏的惩罚,通常是谇(责罚、警告)、赀(罚出盾甲、罚徭戍等)、偿(赔偿),比较重的是笞,最重的是徒刑。这比对庶民、刑徒、奴隶所用的刑罚要轻得多。

　　战国时代秦国使用的刑罚是很残酷的。死刑有枭首、弃市、腰斩、剖腹、车裂、杀戮、镬烹等刑,肉刑又有黥、劓、刖、斩左趾、宫等刑,服劳役的徒刑又有司寇、白粲、鬼薪、城旦、舂等种。还有罚作官奴婢(隶臣妾)的刑罚。《秦律》的刑罚是按等级规定的。对刑徒、奴隶的惩罚最重,对一般庶民也是较重的,对吏和有爵位的就轻得多,官爵高的还可以减刑,更可得到赎罪的优待。

当时法令的颁布有一套例行的制度。据《管子·立政篇》记载，每年正月朔日（初一），百吏在朝，国君"乃出令布宪于国"。地方官先要"受宪于太史"；等到大朝之日，地方官都得"习宪于君前"。太史要"入籍于太府，宪籍分于君前"。就是要把法令的底册送到太府保管，把法令的典册当国君面前分发给地方官。然后由地方官带回地方，向下级传达。等到传达完毕，"然后可以行宪"，按法令执行。因为这时的太史等于国君的秘书性质，所有法令都要由他经手颁发，而太府是国家保藏重要文件和典册的府库，所以法令的底册要送进太府保藏。因此当时有把法令称为"大府之宪"的（《战国策·魏策四》）。

当时所用刑罚，常是很残酷的。有用酷刑造成冤狱的，《尉缭子·将理篇》说："笞人之背，灼人之胁，束人之指，而讯囚之情，虽国士有不胜其酷而自诬矣。"当时人民被关进监狱的很多，《将理篇》说："小圄不下十数（人），中圄不下百数（人），大圄不下千数（人）"，"今良民十万，而联于圄圄"。同时官吏贪赃枉法的也不少，通过贿赂可以免死或免刑。《将理篇》又说："今世谚云：千金不死，百金不刑。"

户口的登记和赋役的摊派　户籍是当时加强管理统治人民的手段。这时各国政权已把全国人口编入国家的户籍，把个体小农编成五家为一伍的组织，把户籍编制和军队中"伍"的编制结合起来。这种办法，秦国推行较迟，到公元前三七五年才"为户籍相伍"（《史记·秦始皇本纪》末段）。这时三晋早已实行这种户籍编制办法，土著的农民都要登记在户籍上，只是寄居的从事商业和手工业的客民可以逃避登记①。

————————

①　《商君书·徕民篇》说：韩魏"其寡（当作"宾"）萌贾息民，上无通名，下无田宅，而恃奸务末作以处。""上无通名"是说没有在户籍上登记。

秦国在商鞅变法以后,执行重农抑商政策,商人按家中实有人口分担徭役,所有奴隶都得上报,以便应役①。秦对户籍管理很严,《商君书·境内篇》说:"国境之内,丈夫女子皆有名于上,生者著,死者削。"《商君书·去强篇》也说:"举民众口数,生者著,死者削。"根据《秦律》,民户徙居应该报告官吏,重新登记户口,叫做"更籍"。户口数字必须准确无误,某个地区倘若"大误",当地官吏就要受到处罚②。当时政府这样重视户籍制度,因为计口授田,收取地租,征发徭役,搜刮户赋(即口赋),都必须依据户籍。

这时户籍登记的内容,包括人口数、成年男子的年龄和姓名等。百姓到达成年,就要登记名籍,叫做"傅"或"傅籍"。"傅"就是"附",谓附著姓名于户籍上。根据云梦秦简《编年记》,作者在秦始皇元年"傅",这年正十五足岁,虚年龄十七岁。说明秦国男子十五足岁,就必须登记名籍,从此就有应兵役、服徭役、纳户赋的责任③。到秦始皇十六年,"令男子书年"(《史记·秦始皇本纪》),就是男子不论成年与否,一律要登记年龄。这该是为了适应进行统一战争的需要,以便随时可以放宽役龄,扩大兵役和徭役。《秦律》中有关于户口制度的专篇,叫做《傅律》,户籍由所在乡、里的官吏掌握,如果隐匿壮年不报,或报告病态不实,乡官都要受罚;如果百姓作伪欺诈,乡官知情不

---

① 《商君书·垦令篇》说:"以商之口数使商,令之厮、舆、徒、重(通"童")者必当名,则农逸而商劳。"

② 云梦秦简《秦律》:"可(何)如为大误?人户、马牛及者(诸)货材(财)直(值)过六百六十钱为大误,其它为小。"《秦律》中《效律》又说:"人户、马牛一以上为大误。""大误"受到的处罚是:"人户、马牛一,赀一盾;自二以上,赀一甲。"

③ 《秦律》说:"可(何)谓匿户及敖童弗傅?匿户勿繇(徭),使弗令出户赋之谓殹(也)。"

上告,也要受罚。①

　　这时户籍的编制,不仅是为了征收赋税和征发徭役,更是为了把农民强制束缚在土地上,"使民无得擅徙"(《商君书·垦令篇》)。《秦律》规定,居民迁居,要申请办理"更籍",否则就成为"阑亡","捕阑亡者"政府有赏。如果逃亡"六月而得",要判处耐刑(剃去鬓发);男子逃亡,同背夫逃亡的女子结为夫妇,要判处黥刑,罚作城旦、春(《秦律·法律答问》)。

　　在编制户籍的同时,还该有占有田地的登记。《礼记·月令篇》规定季秋之月,天子要"与诸侯所税于民轻重之法";季冬之月"令宰历卿大夫至于庶民土田之数","历"就是统计登记的意思。这种规定该是有事实根据的。《管子·禁藏篇》说:"户籍、田结者,所以知贫富之訾也。故善为国者必先知其田,乃知其人,田备然后民可足也。"这里就以"户籍"和"田结"(土地登记册)并称,"知其田"和"知其人"并论②。

　　国家两大财政机构的创始　国家的财政机构向来分为两个系统。秦汉王朝设有两大财政机构,一个叫"治粟内史",后来改称"大司农",主要征收田地的租税,征收的是粮食,主要用于政府机构的经常开支,包括供给官吏的俸禄等等。一个叫"少府",主要征收人口税、手工业和商业的税,以及开发山川的税,这种收入主要是供皇帝和宗室享用的。"少府"就是国君私有的小仓库的意思,

　　①　《秦律》中《傅律》说:"匿敖童,及占癃不审,典、老赎耐。百姓不当老,至老时不用请,敢为酢(当作"诈")伪者,赀二甲;典、老弗告,赀各一甲;伍人,户一盾,皆迁之。"
　　②　《管子·禁藏篇》讲到"凡有天下者,以情伐者帝,以事伐者王,以政伐者霸。而谋有功者五",可知是战国时代的作品。

"名曰禁钱，以给私养，自别为藏。少者小也，故称少府"(《汉书·百官公卿表》颜注引应劭说)。这种制度，战国时代已经创始。秦、赵两国的"内史"和韩国的"少府"、秦国的"少内"，就是这样性质的机构。秦汉时代的少府，不但是皇帝和宗室的税收机构，提供皇帝和宗室的所有开支，而且所属有工官，设有各种作坊，制作兵器、工具、被服、器物以及各种奢侈品。这种制度战国时代也已萌芽，例如韩国的强弓劲弩就有少府制造的(《战国策·韩策一》)；三晋铜器也有少府制造的，上海博物馆藏有少府盉，上有三次铭刻，第一次是"少府"二字。

云梦出土《秦律》中的《仓律》规定："入禾稼、刍、稾，辄为廥籍，上内史。"这是说：征收田租所得的粮食、饲草、禾秆，必须立即登记入仓库账簿，上报内史。因为内史总管全国的田租收入。赵烈侯由于徐越主张"节财俭用，察度功德"，任命他为内史(《史记·赵世家》)，也是因为内史总管国家财政的缘故。内史主要负责征收田租，掌管"粟米之征"，所以后来称为"治粟内史"。

根据《秦律》的《金布律》，秦的中央财政机构有"大内"和"少内"之分。"大内"归内史主管，而另有"少内"①。"少内"当即"少府"。秦国从商鞅变法"初为赋"以后，就开始按户征收人口税，也称户赋或口赋。董仲舒曾说秦用商鞅之法，"田租、口赋、盐铁之利二十倍于古"(《汉书·食货志》)。田租是由内史主管的，口赋和盐铁之利是由少府主管的。古书上说秦代"头会箕敛，以供军费"(《汉书·陈余

---

① 《秦律·金布律》说："县、都官坐效、计以负赏(偿)者，已论，啬夫即以其直(值)钱分负其官长及冗吏，而人与参辨券，以效少内，少内以收责之。"

传》）；或者说："头会箕敛，输于少府。"（《淮南子·氾论训》）"头会"
是说按人头摊派赋税，即人口税；"箕敛"是说征收时用畚箕来装
钱。后来汉代沿袭这种制度，称为"算赋"，而把少年儿童的人口税
称为"口赋"。

秦国自从商鞅"初为赋"以后，一直推行这种"舍地而税人"的制
度。秦惠王攻灭巴国以后，"以巴氏为蛮夷君长"，为了宽待巴族，采
用特殊的征赋办法，"其君长岁出赋二千一十六钱，三岁一出义赋千
八百钱。其民户出賨布（賨布是巴族人织的一种布）八丈二尺，鸡羽
二十镞"（《后汉书·南蛮传》）。到秦昭王时，为了宽待朐忍（今四川
云阳西）的夷人（即后来的南楯蛮），"复夷人顷田不租，十妻不算"
（《华阳国志·巴志》、《后汉书·南蛮传》）。就是每户减免一百亩田
的租税，有十个妻子也不纳人口税。从秦国这样宽待西南少数部族
的办法，可以看到秦国对于本土农民是既要征收田租，又要征收口
赋的。

少府所征收的手工业税，主要是"山泽之税"、"盐铁之利"。卫鞅
主张"一山泽"（《商君书·垦令篇》），由国家统一管理山泽之利。汉
代桑弘羊指出商君"外设百倍之利，收山泽之税，国富民强，器械完
饰，畜积有余"。接着又说："盐铁之利，所以佐百姓之急，足军旅之
费，务蓄积以备乏绝，所给甚众。"（《盐铁论·非鞅篇》）一直到西汉初
年，手工业税还是作为皇帝和宗室的收入。直到汉武帝把盐铁收归
政府专卖，才改属大司农掌管，成为国家的财政收入。[1]少府所征收

---

① 《史记·平准书》记载当时大农丞孔仅、东郭咸阳上奏汉武帝说："山海，天地之
藏也，皆宜属少府，陛下不私，以属大农佐赋。"

的商业税,主要是市税,也称市租,不仅是国君的私人收入,而且是封君和将相等的私人收入。当时边地驻军设有"军市","军市"的税归驻军的将军的私府征收,赵将李牧就是因为把军市的税收归幕府,用来供应和赏赐士兵,得到了士兵的拥护。①

魏国赋税制度大体和秦国差不多,也有按户征收的人口税。例如魏文侯时邺县"常岁赋敛百姓,收取其钱,得数百万,用其二三十万为河伯娶妇"(《史记·滑稽列传》褚少孙补)。

战国时代各国赋税制度基本上是相同的,但也还有各自的特殊的规定。根据鄂君启节铭文的规定,"女(如)载马牛羊台(以)出内(入)关,则政(征)于大赝(府),毋政(征)于关"。可知楚国制度,如贩运牛马羊等牲畜,归国君直属的大府征税。因为府库是贮藏财富的仓库,所以"府"字从"贝"作"赝"。而一般货物经过关卡,除了封君有免税特权以外,都必须向关卡纳税。一般关卡的税收,应该属于政府的财政收入;而大府所得税收,则属于国君私人收入。

齐国的赋税制度和其他国家比较起来,有些不同。齐国征收田地租税的办法是"相壤定籍",就是按照土壤质量好坏规定租税的等级。《管子·乘马数篇》说:"郡县上腴之壤守之若干,间壤守之若干,下壤守之若干,故相壤定籍而民不移。""上腴之壤"是上等肥沃土壤,"间壤"是中等土壤,"下壤"是下等土壤。这时齐国法家这样根据三等土壤来规定三等租税,是过去管仲"相地而衰征"的主张的发展。当时齐国也还沿袭春秋时代以"乘"为单位征收军赋的办法。《管

---

① 《史记·李牧列传》说:"市租皆输入莫(幕)府,为士卒费。"《汉书·冯唐传》载冯唐答汉文帝说:"臣大父言:李牧为赵将,居边,军市之租皆自用飨士,赏赐决于外,……委任而责成功,故李牧乃得尽其知能。"

子·乘马篇》说:"方六里为一乘之地也。一乘者,四马也。一马:其甲七(甲士七人),其蔽五(防护战车的兵五人)。一乘,其甲二十有八,其蔽二十,白徒(步兵)三十人奉车辆。"①这是说,在六里见方的范围内,要出兵车一辆,包括马四匹、甲士二十八人、蔽兵二十人、白徒三十人,共七十八人。这叫做"乘马"制,是春秋时代齐国征发军赋的制度。随着军队以农民为主要成分,改用步兵、骑兵作为战斗主力,这种以"乘马"为单位的征发军赋制度也发生变化。与此同时,齐国也实行按户征收的户籍税,叫做"邦布"。《管子·山至数篇》和《轻重甲篇》都谈到了"邦布之籍"的问题,说:"邦布之籍,终岁,十钱。"就是说每户要每年交给国家十个钱。齐国也还曾征收人口税,《管子·海王篇》说:"万乘之国,正(征)人(应纳税的人)百万也,月人三十钱之籍,为钱三千万。"就是说一个大国向一百万人征税,按每月每人征收三十钱计,一月可以征得三千万钱。这是一个夸大的人口税的税收数字。《管子·国蓄篇》说:"夫以室庑籍,谓之毁成;以六畜籍,谓之止生;以田亩籍,谓之禁耕;以正(征)人籍,谓之离情;以正(征)户籍,谓之养赢。五者不可毕用,故王者偏行而不尽也。"这是说:如果按房屋收税,就是毁坏建筑;如果按家畜收税,就是禁止牲畜的饲养繁殖;如果按田亩收税,就是禁止耕种田地;如果按人口收税,就是要人们断绝情欲而绝育;如果按户收税,就对富家大户有利。因此这五种税不能同时征收,"王者"要有所选择而侧重。《管子》作者所以

---

①　古书上记载齐国"乘马"制度很不一致。《管子·山至数篇》说:"始取夫三夫之家,方六里而一乘,二十五人而奉一乘。"而《司马法》说:"四井为邑","四邑为丘","四丘为甸","甸六十四井,出长毂一乘,马四匹,牛十二头,甲士三人,步卒七十二人,戈楯具,谓之乘马"。又说:"井十为通","通十为成","成百井,三百家革车一乘,士十人,徒二十人"(据清人张澍辑《司马法》逸文,《张氏丛书》本)。

会发出这样的议论,说明当时各国征收赋税的办法是各式各样而不统一的。

连坐法的推行 卫鞅在秦国变法,为了巩固君主统治,颁布连坐法。这是在户籍编制的基础上实行的。卫鞅一派法家认为,要使君主政权达到"至治",必须使得"夫妻交友不能相为弃恶盖非,而不害于亲,民人不能相为隐"。就是说,最亲密的夫妻和朋友,也不能互相包庇,而要向政府检举揭发,使得任何"恶""非"都不能隐匿。只有这样,"其势难匿者,虽跖不为非焉"(《商君书·禁使篇》)。实行连坐法的目的,就是要使得人民互相保证,互相监视,互相揭发,一人有罪,五人连坐,即使是跖也没有办法为非作恶。《秦律》中多次提到"伍"的组织,例如说:"何谓四邻?四邻即伍人谓殹(也)。"凡是大夫以下,"当伍及人",都应该编入"伍"的户籍,一人犯罪,"当坐伍人"(《秦律·法律答问》)。

这种连坐法不但实行于乡里的居民之中,也实行于军队的行伍之中。《商君书》说"行间之治连以五"(《画策篇》);又说"其战也,五人来(当作"束")簿为伍,一人羽(当作"逃")而轻(当作"刭")其四人"(《境内篇》),说明在作战时,五人编为一伍,登记在名册上,一人逃亡,其他四人就要处罚,这就是在军队里实行连坐法。

度量衡制的颁布和校验 战国时各国颁布度量衡制,首先是出于征收赋税的需要,因为这时要"訾粟而税"(《商君书·垦令篇》,"訾"是量的意思),同时又有"布帛之征",都必须有统一的度量衡制。商业上征收关市之税,同样要用统一的度量衡器。其次,政府发放粮食作为官吏俸禄,地方官向中央政府"上计",也都要有统一的度量衡制来计算。为了保证度量衡器的统一,《秦律》有因度量衡器不合标

图三十二　子禾子釜

　　这釜和陈纯釜、左关𬭶同是一八五七年山东胶县灵山卫出土。《两周金文辞大系图录》和《齐量》(上海博物馆一九五九年编印)著录。现藏中国历史博物馆。高三十八点五厘米,口径二十二点三厘米,腹径三十一点八厘米,底径十九厘米。实测容水二万零四百六十毫升。腹壁刻有铭文九行,是说子禾子命令某某往告陈得,左关𬭶以仓廪之釜为标准,关𬭶以廪𪶢为标准。如关人舞弊,加大或减小其量,都该制止;如关人不从命,则论其事轻重处罚。子禾子当即田和子,古"禾""和"音同通用。田和子即田齐太公,战国初年田齐国君,公元前四〇四年至前三八四年在位。

准而惩处主管官吏的法令①。实行统一的度量衡制,对于促进各国
经济的发展,巩固统治,有一定的作用。

————————————

　　①　《秦律》中有因度量衡器不合标准而惩处主管官吏"官啬夫"的法令,规定容量一桶(斛)相差二升以上,一斗相差半升以上,重量一石相差十六两以上,都要罚缴铠甲一件;容量一桶相差二升到一升,一斗相差半升到小半升,一升相差二十分之一升以上,重量一石相差十六两到八两,一钧相差四两以上,一斤相差三铢以上,黄金一斤相差半铢以上,都要罚缴盾一件。

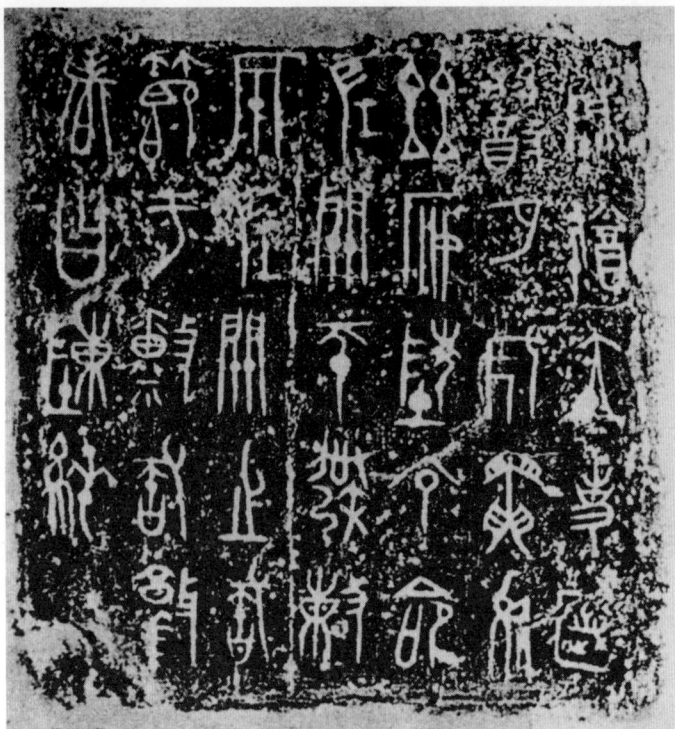

图三十三　陈纯釜铭文（拓本）

　　《奇觚室吉金文述》、《窓斋集古录》、《缀遗斋彝器考释》、《两周金文辞大系图录考释》、《齐量》著录。现藏上海博物馆。形制和子禾子釜相同，实测容水二万零五百八十毫升。铭文："墜（陈）犹立事岁，籹月戊寅，处（?）丝（兹）反（安）墜（陵），令命左閒（关）币（师）檠敕成左閒（关）之釜，节于廪釜。敦者曰墜（陈）纯。"这是说：陈犹立为大夫之年的某月戊寅，居于安陵，命令左关工师檠督造完成左关所用的釜，要求以仓廪的标准釜进行校量，治器者名叫陈纯。从这里可以看到当时齐国量器的制造和管理制度。

　　当时各国的度量衡制有所不同，但总的趋势是走向统一。齐国的容量单位与别国不同。春秋时代齐国的公量，以四升为豆，四豆为区，四区为釜，十釜为钟。而田氏的家量，改为五升为豆，五豆为区，五区为釜，十釜为钟。田氏曾采取"以家量贷，而以公量收之"（《左

图三十四　司马成公禾石铜权

权是当时天平上用的砝码。此权呈半圆形,平底,纽残缺,高十五厘米,底径十九点五厘米。现藏中国历史博物馆。腹部有刻铭:"五年,司马成公朔,殹事命(令)代夐,与下库工师孟、关师四人,以禾石半石甾平石。"司马,官职名;成公,复姓;朔,人名。殹事,县名,"命"即"令",县官名;代夐,人名。以上两人为此权的监造者。下库工师,工官名;孟,人名。此为主造者。关师四人,乃实际铸造者。根据刻铭字体和内容,此权应为三晋之器。禾石为一百二十斤。据实测,重三万零三百五十克,折合每斤为二百五十二点九克。根据器形及残纽痕迹,补足残纽,权约重三万零九百七十克,折合每斤约二百五十八克。

传》昭公三年)的办法来争取民众,发展力量。等到田氏代齐,就把这种家量作为标准量器。一八五七年山东胶县灵山卫古城出土的子禾子釜、陈纯釜和左关铜三器,就是田氏制作的铜量。子禾子釜的作者子禾子,当即田和(即田太公),古时"禾"和"和"声同通用。子禾子釜和陈纯釜都说:"左关釜节于廪釜"。就是说,这个为左关制作的釜,

图三十五　秦高奴禾石铜权

　　一九六四年陕西西安市郊高窑村阿房宫遗址出土。铜质。现藏陕西省博物馆。铭文作："□三年，漆工阺、丞诎造，工隶臣牟，禾石。高奴。"缺字可能是"十"或"卅"字，当是秦昭王十三年或三十三年。"漆"为地名。"工"是指工官主造者，"丞"是工官的副职，"工隶臣"是做工的官奴。"工"、"丞"、"工隶臣"下一字都是人名。"禾石"，指称粟所用，重一石。"高奴"，地名，在今陕西延安东北。当年铸造发给高奴应用的。秦始皇统一度量衡时曾调回检定，秦二世时再次调回检定，未及发还而秦灭亡，所以权留在阿房宫。见陕西省博物馆《西安市郊高窑村出土秦高奴铜石权》，《文物》一九六四年第九期。

　　是以仓廪之釜为标准的，是要以仓廪之釜来检校齐国海上交通门户的左关上的量器，以保证量值的统一。而且子禾子釜铭文中规定，对关吏舞弊而不从命的，按轻重来处刑。据实测，陈纯釜容二万零五百八十毫升，子禾子釜容二万零四百六十毫升，左关𫓧容二千零七十毫升，十𫓧正合一釜。田齐的釜相当于别国的斛，田齐的𫓧相当于别国的斗，其单位容量和商鞅方升很接近。

　　秦国在商鞅变法的时候，统一了度量衡制。传世有商鞅方升（铜质，现藏上海博物馆），是秦孝公十八年（公元前三四四年）颁发给重

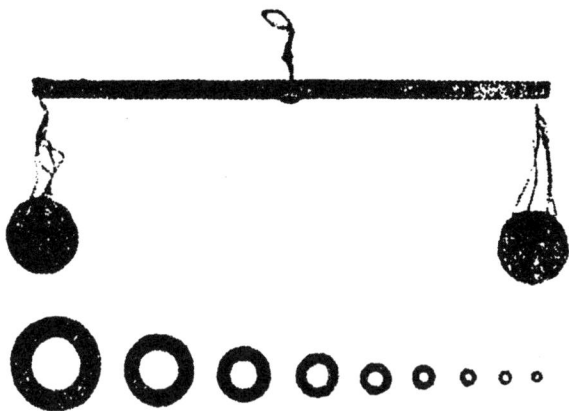

图三十六　楚国的天秤和砝码

　　长沙左家公山战国墓葬出土。天秤的木杆长二十七厘米，中间有丝线提纽，长十三点五厘米。离杠杆两端零点七厘米处，系有两个铜盘，盘径大四厘米，盘上丝线长九厘米。砝码共大小九个。

图三十七　周铜尺

　　传一九三一年河南洛阳金村韩墓出土。同出土物有厵羌编钟等大量文物。此尺曾经加拿大人怀履光、美国人福开森收藏，后留存金陵大学，现藏南京大学。尺仅一侧刻十寸，前九寸不刻分，末寸刻十一分，五寸处刻交午线，全长二十三点一厘米。见杨宽《中国历代尺度考》和罗福颐《传世历代古尺图录》。

泉（今陕西蒲城）的标准量器。秦始皇二十六年统一度量衡时，又把它调回检定，刻上统一度量衡诏书，颁发给临作为标准量器。据铭文，这件方升是"积十六尊（即"寸"）五分尊（即"寸"）壹为升"，说明容积是十六又五分之一立方寸。据校量结果，当时秦的一尺长二十三厘米，一升容二百零二点一五立方厘米。秦国的度量衡采取十进位制,由此可以推算秦的斗和斛的容量。一九六四年西安阿房宫遗址出土高奴禾石权(铜质),是秦昭王十三年或三十三年铸发给高奴(今陕西延安东北)的。秦始皇统一度量衡时,曾把它调回检定,刻上诏书,发还高奴;秦二世即位后,再次调回检定,补刻诏书,未及发还,秦朝灭亡了。据实测,一石(一百二十斤)重三万零七百五十克,折算每斤合二百五十六点三克。

楚国的度量衡制,和秦国很接近。传长沙和寿县出土的楚国铜尺,长二十二点五和二十三厘米。传寿县朱家集出土楚铜量,据实测,左器容一千零八十毫升,右器容二百毫升,左器是右器的五倍。可能右器是一升量,左器是五升量。一九五四年长沙左家公山出土楚国木质天平秤和铜盘及铜砝码九个,重量依次减半。一九四五年长沙近郊也曾出土铜砝码十个一套,重量依次减半。第二枚上有"钧益"刻铭。一九五九年安徽凤台出土铸造砝码的铜范,说明楚的砝码是成套用铜范制造的。据实测的结果是:

砝码	砝码数	一	二	三	四	五	六	七	八	九	十
楚砝码	九个		125	61.8	31.3	15.6	8	4.6	2.1	1.2	0.6
钧益砝码	十个	251.53	124.37	61.63	30.28	15.53	8.04	3.87	1.94	1.33	0.69

最重的二百五十一点五三克,应是当时一斤;其余依次为半斤(八两)、四两、二两、一两、半两(十二铢)、六铢、三铢、二铢、一铢。因为铜砝码有锈蚀,所以重量略有误差,基本上和秦制相同。

三晋的度量衡制,还不够清楚。传一九三一年洛阳金村韩墓出土的铜尺,长二十三点一厘米。根据三晋铜容器上所刻容积来推算,每升合一百九十二到二百二十一毫升①。传世有司马成公禾石权（中国历史博物馆藏），铭文有"下库工师孟"等字，"工师"二字合写，当为三晋制作。铭文说明是"禾石"，一石一百二十斤。据实测，重三万零三百五十克（纽残稍轻），每斤合二百五十二点九克。

从以上各国度量衡制来看，当时随着商品经济的发展，度量衡制已逐渐趋向统一，这对于各地物资的交流和全国经济联系的加强，是有积极作用的。

五　郡县征兵制度的推行和常备兵制度的建立

春秋时代，各级贵族都有宗族成员和私属人员所组成的军队。不但诸侯国的国君是这样，卿大夫也是这样。当时各国在对外作战中，以这种贵族军队作为骨干，而征发国人作为车战的主力，也还强迫所属的奴隶、庶民作为随从的徒、卒，徒步随从作战或服劳役。到春秋、战国之交，由于农田制度的变革，国人和庶民先后转化为自耕小农，这种普遍存在的自耕小农就成为各国军队的主力。各国为了

---

① 传世有少府盉（上海博物馆藏），器有三次刻铭，一次刻"少府"，二次刻有"容一斗二益"等字，三次刻有"一斗一升"等字，当为三晋之器。据实测，容二千三百二十五毫升，按一斗一升计算，每升合二百一十一毫升。又有安邑下官钟（咸阳市博物馆藏），一九六六年陕西咸阳塔儿坡出土，腹部有刻铭，说明这是安邑的下官所用，铸于"七年九月"，容积是"斛一斗一益少半益"，当是魏国铸器时所刻。唇部又刻有秦篆五字："十三斗一升"，当是秦国得此钟后重新标定的量值。"益"是"斗"以下单位，该与"升"差不多。"斛一斗一益少半益"，应解释为"十一斗一升又三分一升"，据实测，液面齐于标线时，钟的容积为二万四千六百毫升，依此折算，魏的一升为二百三十一毫升；液面齐于唇口时，钟的容积为二万五千九百毫升，如按"十三斗一升"折算，秦一斗约为一百九十八毫升，和商鞅方升接近。又有屌氏壶（上海博物馆藏），容六千四百毫升，有两次刻铭，一次刻"三斗少半"，依次推算每升合一百九十二毫升；一次刻"三斗二升少半"，依次推算每升合一百九十八毫升。又有尹壶（上海博物馆藏），容八千三百七十毫升，铭文"四斗"，依次折算每升合二百零九毫升。

争取在兼并战争中的胜利,就普遍地实行征兵制度。随着郡县制度的建立和推广,就实行按郡县为单位的征兵制度。

郡县征兵制度 县原来有一套征赋的制度。赋是包括军备和军役在内的,所谓"量入修赋,赋车兵、徒兵、甲楯之数"(《左传》襄公二十五年)。晋楚等国由于县的陆续设置,到春秋后期,县的军队已成为很有力的部队了。例如公元前五二〇年晋籍谈、荀跞曾率九州之戎及"焦、瑕、温、原之师"护送周天子入王城(《左传》昭公二十二年)。又如公元前五八五年晋兵救郑侵蔡,楚公子申、公子成曾率"申、息之师"救蔡(《左传》成公六年)。到了战国时代,随着郡县制度的建立和军队以农民为主要成分,各国就实行以郡县为单位的征兵制度。战国时代各国在边地设郡,主要是为了国防,所以一郡的长官叫守,郡守有奉命征发一郡壮丁作战的权力。战国时代,各国边地都已分设郡县,中区也已普遍设县,征兵制度已推行到全国,郡县成为征兵的地区单位。据说,齐国的国都临淄有七万户人家,下户每户有三男子,不用从远县去征发,临淄的兵卒就已有二十一万人(《战国策·齐策一》)。韩的大县宜阳,"城方八里",也有"材士十万"(《战国策·东周策》)。整个魏国如果"悉起其百县胜兵",也不下三十万(《战国策·魏策三》载须贾语)。这时各国在战争时征兵,大都以郡为单位,例如公元前四八三年,吴王夫差曾征发九郡兵伐齐(《史记·仲尼弟子列传》)。公元前二四〇年,赵将庆舍曾统率"东阳、河外师"守河桥。公元前二三五年,秦始皇曾征发四郡兵助魏攻楚。

战国时代男子服兵役的年龄,大概从十五岁到六十岁。长平之役,秦王听说赵的粮道已被切断,就亲自到河内,"赐民爵各一级,发年十五以上,悉诣长平"(《史记·白起列传》)。楚国大司马昭常防守在楚的东地,曾对齐的使者说:"我典主东地,且与死生。悉五尺之六十①,三十余万弊甲钝兵,愿承下尘。"(《战国策·楚策二》)大体上,男子到达"傅"(成年登记户籍)的年龄,国家随时都可以征调入伍。例如云梦秦简《编年记》记载,喜在傅籍之后一年就参与军役。服兵役时期的长短,要看战役和需要而定,战役结束,就可以回家。例如喜在秦始皇三年参加卷军,到八月就担任榆史,四年又参加兵役,十一月又担任安陆□史。服兵役的,除了农民以外,也包括一部分低级官吏。喜一共三次从军,后两次从军都在为小吏之后。秦始皇十一年"王翦攻阏与、㯂阳,皆并为一军。翦将十八日,军归,斗食以下什推二人从军"(《史记·秦始皇本纪》)。说明秦军有一部分"斗食"的低级官吏参加,参加的人数和在低级官吏中所占的比例,要看具体需要而定。

这时各国遇到大战,往往征发全国壮丁而起倾国之师。例如长平之役,赵国"悉其士民,军于长平之下,以争韩之上党"(《韩非子·初见秦篇》、《战国策·秦策三》)。秦国灭楚之役,秦将王翦带了六十万人伐楚,曾说:"今空秦国甲士而专委于我。"(《史记·王翦列传》)但一般战争往往只征发与敌国邻近的郡县的壮丁作战,如果郡县不靠近当前敌国的就不常征发,使他们能休养生息,以备将来抵御邻近国家之用。例如苏代论齐国兵役的情况说:"且异日也,济西不役,所以备赵也;河北不师,所以备燕也。今济西、河北尽已役矣,封内弊

---

① 《后汉书·班超传》载曹昭上书说:"窃闻古者十五受兵,六十还之。"《周礼·地官·乡大夫》:"国中自七尺以及六十,野自六尺以及六十有五,皆征之。"从来注释家认为七尺是二十岁,六尺是十五岁(见孙诒让《周礼正义》)。《周礼》所说的,大体上也是战国时代的制度。《战国策·楚策二》所说"五尺之(至)六十",五尺也是指十四五岁的成童,古时有"五尺竖子"(《荀子·仲尼篇》)、"童五尺"(《管子·乘马篇》)的习用语。

矣。"(《战国策·燕策一》)

常备兵制度 战国时代,各国除实行以郡县为单位的征兵制度以外,还建立常备兵制度。

春秋末年,各国已有供养力士和挑选训练勇士的风气。晋国世卿栾怀子曾养有勇士州绰、邢蒯和力士督戎等。吴王阖闾曾选多力的五百人和跑得快的三千人以为前阵(《吕氏春秋·简选篇》),而且曾教练七年,要带甲执兵一口气跑三百里才得休息(《墨子·非攻中篇》)。越王勾践也曾教练其勇士三年(《墨子·兼爱下篇》)。到战国时代,由于各国建立了中央集权的君主政权,常备兵制度也就建立了起来。吴起曾教楚悼王"才(裁)减百官之禄秩,损不急之枝官,以奉选练之士";卫鞅曾教秦孝公"禁游宦之民,而显耕战之士"(《韩非子·和氏篇》)。这种要用禄秩来"奉"的选练出来的"士",要用官爵来"显"的"耕战之士",也就是《荀子》所谓"招延募选,隆势诈,尚功利之兵"(《议兵篇》);《吕氏春秋》所谓"厚禄教卒"、"精士练才"(《简选篇》)。

这时各国常备兵大都是经过考选的,有特殊待遇。例如魏国考选武卒时,"衣三属之甲,操十二石之弩,负服(箙)矢五十个,置戈其上,冠轴带剑,赢三日之粮,日中而趋百里",中试的可以免除全户的徭赋和田宅的租税(《荀子·议兵篇》)。齐国五都有"持戟之士",也称为技击。当时各国出兵时,往往以常备兵带同征发来的兵作战,例如齐宣王伐燕,除了用常备的"五都之兵"外,还征发了靠近燕国的"北地之众"(《战国策·燕策一》)。

军队的编制和军中赏罚的规定 随着郡县征兵制度和常备兵制度的建立,各国的军事制度就确立了。各国军队都有一定的编制,军中的赏罚都有严格的规定。

以秦国为例。在秦国军队中，五人为一伍，五十人设有"屯长"①，一百人设有"百将"，五百人设有"五百主"。当时规定：一伍中有一人逃跑，其余四人就要受刑罚；如果谁能斩得敌人一颗首级，就可免除刑罚。屯长以下的士卒，按个人斩得敌人首级数目赏给爵位；屯长以上的指挥官则按所属部队斩得敌人首级数目赏给爵位。百将、屯长在作战时如果得不到敌人首级，是要杀头的；如果得到敌人三十三颗首级以上，就算满了朝廷规定的数目，可以升爵一级。

每个五百主可以有"短兵"五十人，统率两个五百主的主将和享受一千石俸禄的县令都可以有短兵一百人。各级官长所拥有短兵的数目是和俸禄多少相适应的，八百石俸禄的可以有短兵八十人，七百石俸禄的可以有短兵七十人。国尉有短兵一千人，大将有短兵四千人。短兵具有卫队的性质，如果将官战死，短兵要受刑罚；如果短兵中有人能够得到敌人一颗首级，就可免除刑罚。

秦国还规定：军队围攻敌国的城邑，能够斩敌人首级八千颗以上的，或在野战中能够斩敌人首级两千颗以上的，就算满了朝廷规定的数目，所有各级将吏都可得到赏赐，都可以升爵一级。此外还规定：在围攻敌国城邑的时候，"国司空"测量那个城面积的大小和城墙的厚度，国尉划分各队攻打的地点，定出攻下的期限。城的每一个方向分布十八个冲锋陷阵的士兵。一个队如能斩得敌人五颗首级，这个队的每个士兵就获得爵位一级；如果怕死退避，就在千人围观之下，

---

① 《商君书·境内篇》说："五人一屯长，百人一将。其战，百将、屯长不得斩首，得三十三首以上，盈论，百将、屯长赐爵一级。""五"字下当脱"十"字，否则不可能与"百将"并论。《史记·陈涉世家》说："二世元年七月发闾左，適戍渔阳，九百人屯大泽乡。陈胜、吴广皆次当行，为屯长。"陈胜、吴广也不像是一伍之长。

在城下遭受黥刑或劓刑的刑罚（以上根据《商君书·境内篇》）。

六　爵秩等级的规定

古代社会的阶级结构，是通过等级的形式来表现的。当西周、春秋时代，贵族十分讲究礼制。礼制是贵族用等级的形式来巩固贵族内部组织和统治人民的一种手段。当时许多经济和政治上重要的典章制度，常常是依靠各种"礼"的举行来确立和维护的。在各种"礼"的举行中，严格显示出参与者的等级差别。按照礼制，有天子、诸侯、卿、大夫、士以及庶人的等级差别，士以上是各等世袭的贵族。当时还有所谓"人有十等"：王、公、大夫、士、皂、舆、隶、僚、仆、台。士以上是贵族，皂以下是庶人和奴隶。到战国时代，各国统治者对此有进一步的规定，分别制定了不同的爵秩等级，用来赏赐吏民、奖励军功、表示不同的社会地位和法律地位以及作为推行某种政策的手段。

三晋、齐、燕的爵秩等级　战国时代三晋、齐、燕的爵秩等级，大别为卿和大夫两级：

（一）在卿中有上卿、亚卿之分。例如在魏国，翟璜"欲官则相位，欲禄则上卿"（《吕氏春秋·下贤篇》）。在赵国，蔺相如、虞卿都曾"拜为上卿"（《史记·蔺相如列传》、《虞卿列传》）。在齐国，孟子做过卿，是当时齐的三卿之一（《孟子·公孙丑上篇》、《告子下篇》）。在燕国，乐毅曾为亚卿（《史记·乐毅列传》），荆轲曾被尊为上卿（《战国策·燕策三》）。

（二）在大夫中有长大夫、上大夫、中大夫等。例如在魏国，吴起做西河守时，奖励军功，曾赏人为长大夫（《吕氏春秋·慎小篇》），或作国大夫（《韩非子·内储说上篇》）。后来须贾曾为魏的中大夫（《史记·范雎列传》)。在赵国,蔺相如做过上大夫(《史记·蔺相如列传》)。在齐国,淳于髡、田骈、接子、慎到、环渊等都曾列为上大夫(《史记·孟子荀卿列传》)。此外魏、赵都有和秦二十等爵第九级相同的五大夫(《战国策·魏策四》、《赵策三》,《吕氏春秋·无义篇》)。

　　赵国还有一整套的爵秩等级。公元前二六二年秦攻取韩的野王,韩要献上党郡给秦求和;韩上党郡守冯亭却派使者把上党郡十七个邑献给赵国。赵派赵胜前往受地,赵胜告诉冯亭说:"敝国君使胜致命,以万户都三封太守,千户都三封县令,皆世世为侯;吏民皆益爵三级,吏民能相安,皆赐之六金。"(《史记·赵世家》)这样以"益爵三级"来赏赐吏民,说明当时赵国已有一整套爵秩等级。

　　楚的爵秩等级　战国时代,只有楚、秦两国爵秩等级是特殊的。楚的最高爵位叫执珪。据说,楚国通缉伍员时曾规定"得五(伍)员者,爵执圭,禄万担,金千镒"(《吕氏春秋·异宝篇》)。昭阳曾"官为上柱国,爵为上执珪"(《战国策·齐策二》),景翠也是"爵为执珪,官为柱国"(《战国策·东周策》)。汉中之役,楚的"通侯、执珪死者七十余人"(《战国策·楚策一》)。庄辛曾被封为阳陵君,爵为执珪(《战国策·楚策四》)。此外楚国还设有五大夫(《战国策·楚策一》)、三闾大夫(《楚辞·渔父》)等官爵。

　　秦的二十等爵　秦的爵位,卫鞅变法时曾分为二十级。第一级公士,第二级上造,第三级簪袅,第四级不更,是相当于士的;第五级大夫,第六级官大夫,第七级公大夫,第八级公乘,第九级五大夫,是相当于大夫的;第十级左庶长,第十一级右庶长,第十二级左更,第十三级中更,第十四级右更,第十五级少上造,第十六级大上造,第十七级驷车庶长,第十八级大庶长,是属于庶长一等,相当于卿的;第十九级关内侯,第二十级彻侯,是相当于诸侯的(《后汉书·百官志》刘昭注引刘劭《爵制》)。彻侯也称列侯,列侯之下还有伦侯。秦始皇二十八年《琅邪台刻石》文末附有随从大臣的官爵姓名,按爵位高低排列名次,先列侯,次伦侯,再次卿,最后是五大夫,也分诸侯、卿和大夫三等。同时秦的官职和爵位是不分的,大概第十六级大上造(或称为大良造)以下,既是爵位名称,又是官名。秦国还有所谓客卿的,大抵别国人士入秦,得到卿的爵位的,就通称为客卿。例如司马错在秦昭王十六年为左更,《史记·秦本纪》称为"左更错",《白起列传》就称为"客卿错"。

列侯和伦侯有"食其租税"的食邑,《琅邪台刻石》附记随从大臣有列侯武城侯王翦(原误作"王离")、列侯通武侯王贲、伦侯建成侯赵亥、伦侯昌武侯成和伦侯武信侯冯毋择,武城、通武等当为食邑名。关内侯,居于秦的本土"关内",虽无食邑,但有指定地点一定户数的租税收入。据《商君书·境内篇》记载,爵位第八级公乘以下,只有赏赐的田亩,没有"税邑";到第九级五大夫就有"税邑三百家";各级庶长、三更(左更、中更、右更)和大良造,都"有赐邑三百家,有赐税三百家"。有了六百家的"赐邑"和"赐税"的,就可以养"客"。"客卿"做到相国,就可升为正卿。秦国所封爵位,也有以户数作为等级的。例如姚贾由于破坏四国合纵有功,秦王"封千户,以为上卿"(《战国策·秦策五》)。

秦爵原是军队中官、兵的等级身分。军队中地位最低的兵叫"小夫",那是没有爵位的。秦国规定行政官吏都要打仗,爵位属于第四级以下的人,编入军队后都是兵,叫做"卒"。一级公士,就是"步卒之有爵"者(刘劭《爵制》);二级上造,是可以"乘兵车"的(《汉旧仪》);三级簪裹,是可以"御驷马"的,"簪裹"是"以组带马"的意思(《汉书·百官公卿表》颜注);四级不更,"主一车四马"(《汉旧仪》),"不豫更卒之事"(《汉书》颜注),平时可以免除更役,编入军队后也还属于"卒"的性质。五级大夫以上,才是官长、将帅。第八级公乘,是"得乘公家之车"的(《汉书》颜注);第十级以上多数称"庶长",庶长"言为众列之长"(《汉书》颜注);第十二级到第十四级称"更","更言主领更卒,部其役使也"(《汉书》颜注)。不论官、兵,立了军功,爵位就逐级递升。按爵位的高低,享受种种特权。凡是斩得敌国甲士一颗首级的,国家就赏赐爵位一级,还赏给他田一顷(一百亩)、住宅九亩,和替他服役的"庶子"一人;要做官的,"为五十石之官"(《韩非子·定法篇》)。《荀子·议兵篇》说秦国"功赏相长也,五甲首而隶五家"。就是说斩得五个甲士首级的可以给与"五家"作为隶属的人。做到大夫就可转任县尉,得到六个奴隶的赏赐(《商君书·境内篇》);《吕氏春秋·上农篇》说:"名不上闻,不得私籍于农。"就是说没有高级爵位,就不准使用雇佣劳动。诉讼时,爵位高的才能审判爵位低的。爵位高的如果有罪被罢免,不能给其他有爵位的人充当奴仆。按照《秦律》规定,在一定范围内,爵位可以用来赎免自身或家人的奴隶身分;犯罪时还可以按爵位高低在一定范围内减轻刑罚①;如果死去,爵位每高一级,他的坟墓上就多种一棵树。总之,从第一级到第二十级,各级都有相应的政治、经济特权,如做官,取得土地、田宅、奴隶,享用食邑上的租税,赎身、减轻刑罚,以至死后植树封墓等等,并且用法律形

---

①　例如《秦律·游士律》:"有故秦人出,削籍,上造以上为鬼薪,公士以下刑为城旦。"同犯一罪,因爵位高低而判刑不同。

式规定下来。

秦二十等爵主要是用来奖励军功的,有时出于维护和巩固统治的需要,赏赐爵位也成为国家的一种权宜措施。秦国政府为使农民大规模地迁移,曾采取"赐爵"办法。例如秦昭王二十一年魏国献出安邑,"秦出其人,募徙河东,赐爵;赦罪人迁之"(《史记·秦本纪》)。秦国政府为了扩大兵源,也曾采取"赐爵"办法。例如秦赵之间在长平大战,秦昭王"闻赵食道绝,王自之河内,赐民爵各一级,发年十五以上悉诣长平,遮绝赵救及粮食"(《史记·白起列传》)。秦始皇在取得统一战争胜利后,即秦始皇二十七年,为了庆祝胜利,"赐爵一级"(《史记·秦始皇本纪》)。秦国政府优待少数部族也采用赏爵办法。例如秦惠王兼并巴国后,"其民爵比不更,有罪得以爵除"(《后汉书·南蛮传》)。秦国也还用卖爵的办法来奖励农耕,增加财政收入。《商君书》说:"粟爵粟任则国富。"(《去强篇》)又说:"民有余粮,使民以粟出官爵。官爵必以其力,则农不怠。"(《靳令篇》)。秦王政四年因蝗灾而发生瘟疫,令"百姓内粟千石,拜爵一级"(《史记·秦始皇本纪》)。

这种二十等爵制,为后来秦、汉王朝长期沿用,并有所发展①。

法律维护爵秩等级　战国时代的法律是确认并维护爵秩等级的。秦国在卫鞅变法时颁布的变法令,就"明卑尊爵秩等级,各以差次;名田宅、臣妾(奴隶)、衣服,以家次"(《史记·商君列传》)。李悝在《法经》中对于尊卑爵秩等级及其占有的田宅、奴隶等特权,也是有

---

　　①　日本西嶋定生著《中国古代帝国之形成与构造——二十等爵之研究》一书(一九六一年日文版),对此有详细论述。

规定的,超出这个规定叫做"逾制",在《法经》的《杂律》中就有严禁"逾制"的法律条文。

战国时取得爵位的官僚和地主,实际上已成为一个特权阶层。不过,他们只占有土地和庶子,至多有"衣食租税"的食邑,不掌握食邑的政权和兵权。爵位和封君一般不是世袭的,偶或有世袭,也传不长。这样根据军功规定尊卑爵秩的等级,是对过去贵族的"世卿世禄"制度的否定,反映了地主阶级内部财产和权力的再分配。这种再分配是不断进行的。当时地主阶级通过立军功受爵赏、凭游说做大官和买卖土地等手段,对财产和权力不断进行再分配。

秦二十等爵表

爵　位	《商君书·境内篇》	《汉旧仪》	刘劭《爵制》	《汉书》颜师古注
公　士	军爵,自一级以下至小夫,命曰校、徒、操、士。 能得甲首者,赏爵一级,益田一顷,益宅九亩,一除庶子一人,乃得入兵官之吏。 其有爵者乞无爵者以为庶子,级乞一人。其无役事也,其庶子役其大夫月六日;其役事也,随而养之。	公士,一爵。赐一级,为公士。谓为国君列士也。	一爵曰公士者,步卒之有爵为公士者。	言有爵命,异于士卒,故称公士也。
上　造	行间之吏也,故爵公士也,就为上造也。	上造,二爵。赐爵二级,为上造。上造,乘兵车也。	二爵曰上造。造,成也。古者成士升于司徒曰造士。虽依此名,皆步卒也。	造,成也,言有成命于上也。

爵 位	《商君书·境内篇》	《汉旧仪》	刘劭《爵制》	《汉书》颜师古注
簪 袅	故爵上造,就为簪袅。	簪袅,三爵。赐爵三级,为簪袅。	三爵曰簪袅。御驷马者。要袅,古之名马也。驾驷马者,其形似簪,故曰簪袅也。	以组带马曰袅;簪袅者,言饰此马也。
不 更	公爵,自二级以上至不更,命曰卒。故爵簪袅,就为不更。	不更,四爵。赐爵四级,为不更。不更主一车四马。	四爵曰不更。不更者为车右,不复与凡更卒同也。	言不豫更卒之事也。
大 夫	故爵不更,就为大夫。爵吏而为县尉,则赐虏六,加五千六百。	大夫,五爵。赐爵五级,为大夫。大夫主一车,属三十六人。	五爵曰大夫。大夫者,在车左者也。	列位从大夫。
官大夫	爵大夫而为国治,就为官大夫。	官大夫,六爵。赐爵六级,为官大夫。官大夫领车马①。	六爵为官大夫,七爵为公大夫,八爵为公乘,九爵为五大夫,皆军吏也。吏民爵不得过公乘者,得贳与子若同产②。然则公乘者,军吏之爵最高者也。虽非临战,得公卒车,故曰公乘也。	加官,公者,示稍尊也。
公大夫	故爵官大夫,就为公大夫。	公大夫,七爵。赐爵七级,为公大夫。公大夫领行伍兵。		
公 乘	故爵公大夫,就为公乘。	公乘,八爵。赐爵八级,为公乘。与国君同车。		言其得乘公家之车也。
五大夫	故爵公乘,就为五大夫,则税邑三百家。爵五大夫,有税邑六百家者,受客。	五大夫,九爵。赐爵九级,为五大夫。以上次年德者,为官长、将率。秦制,爵等,生以为禄位,死以为号谥。		大夫之尊也。

续表

爵　位	《商君书·境内篇》	《汉旧仪》	刘劭《爵制》	《汉书》颜师古注
左庶长	故爵五大夫,就为大庶长。	左庶长,十爵。	十爵为左庶长。	庶长言为众列之长也。
右庶长		右庶长,十一爵。	十一爵为右庶长。	
左　更	故大庶长,就为左更。	左更,十二爵。	十二爵为左更。	更言主领更卒,部其役使也。
中　更		中更,十三爵。	十三爵为中更。	
右　更		右更,十四爵。	十四爵为右更。	
少上造		少上造,十五爵。	十五爵为少上造。	言皆主上造之士也。
大上造	故四更也,就为大良造。皆有赐邑三百家,有赐税三百家③。	大上造,为十六爵。	十六爵为大上造。	
驷车庶长		驷车庶长,十七爵。	十七爵为驷车庶长。	言乘驷马之车而为众长也。
大庶长		大庶长,十八爵。	十八爵为大庶长。自左庶长以上至大庶长,皆卿大夫,皆军将也。所将皆庶人更卒也,故以庶更为名。大庶长即大将军也,左右庶长即左右偏裨将军也。	又更尊也。
关内侯		关内侯,十九爵。	十九爵为关内侯。	言有侯号而居京畿,无国邑。
列　侯		列侯,二十爵。	二十爵为列侯。	言其爵位,上通于天子。

① 《北堂书钞》卷四八引作"领他车马"。
② 按此为东汉明帝以后制度。《后汉书·明帝纪》载明帝即位时下诏说:"爵过公乘,得移与子,若同产、同产子。"
③ 《商君书·境内篇》原文有缺误,今据高亨《商君书注译》(中华书局一九七四年版)订补。

七　封君制的设置

战国时代七大强国，经过政治改革，比较普遍地建立了以郡统县的地方行政机构，实行中央集权的政治体制，用以代替过去贵族按等级占有土地进行统治的制度，但是也还设置封君制，在一定程度上维护着新的贵族特权。当时各国所设封君制很不相同，多数封君有大小不同的封邑或封地，有按户征收赋税以及其他经济上的特权，封邑的行政有封君自己治理的，但必须在封邑内奉行国家统一的法令。也有由国君从中央派遣"相国"或"守"到封邑进行直接治理的。封君有就封到封邑的，也有在中央当官而遥领的，又有免职后就封的。封君可以筑城和建筑宫室，可以有守卫的兵，但是封国与郡县一样，发兵之权都由中央的国君直接掌握的。因此这种封君不同于春秋时代诸侯所分封的卿大夫。

战国时代封君制的特点　战国时代的封君制度，从根本性质上来看，是不同于过去贵族的分封制的，它具有如下的特点：

（一）战国时代的封君有在封邑征收租税的特权。当时封君的封地大小不等，往往按征收租税的范围以户计算。《墨子·号令篇》曾讲到"封之以千家之邑"，"封之二千家之邑"。齐的孟尝君担任相国，继承父亲的封地，"封万户于薛"；据说他一度出奔，后来"复其相位，而与其故邑之地，又益以千户"（《史记·孟尝君列传》）。又如齐襄王封田单为安平君，后来又"益封安平君以夜邑万户"（《战国策·齐策六》）。又如吕不韦于秦庄襄王元年为丞相，封文信侯，"食河南、洛阳十万户"（《史记·吕不韦列传》）。

也有以都邑、城市或郡县来作为享有征税特权的范围的。例如秦孝公封卫鞅"於商十五邑，号为商君"（《史记·商君列传》）。秦惠王"封〔张〕仪五邑，号曰武信侯"（《史记·张仪列传》）。赵胜封于东武城，号平原君（《史记·平原君列传》）。魏无忌封于信陵，号信陵君；又因窃符救赵有功，赵"以鄗为公子汤沐邑"（《史记·信陵君列传》）。楚封黄歇于淮北十二县，号春申君，十五年后改封于江东（即吴，《史记·春申君列传》）。又如赵孝成王"封虞卿以一城"（《史记·虞卿列传》）。再如吕不韦在"食河南、洛阳十万户"的同时，还"食蓝田十二县"（《战国策·秦策五》）；又接受燕的"河间十城"作为封地（《战国纵横家书》二五），后来赵国又"割五城以广河间"（《战国策·秦策五》）。又如嫪毐封长信侯，有山阳地；后来秦"又以河西、太原郡为毐国"（《史记·秦始皇本纪》）。嫪毐取得两大郡的封地，是战国时最大的封君。这样以都邑、城市或郡县来计数的封地，也还是"食租税"性质，封君是以都邑或郡县作为享有征税特权的范围。既然当时分封的都邑是食租税性质，所以所封的都邑的大小，常常是以户计数的。公元前二六二年韩上党郡守冯亭把十七县献给赵国，赵国封冯亭为华阳君（《汉书·冯奉世传》），冯亭得到三个"万户都"为封地，就是取得征收三万户租税的特权。《史记·孟尝君列传》载"其舍人魏子为孟尝君收邑入"，《索隐》说："收其国之租税也。"这是正确的。这样以一定范围的租税分赏封君，就是封君制的主要特点。后来秦、汉王朝的分封制还是沿用这个办法。《史记·货殖列传》说："封者食租税（《汉书·货殖传》作"秦汉之制列侯封君食租税"），岁率户二百。千户之君则二十万，朝觐聘享出其中。"说明秦汉的封君，也是向封地的人民按户征收田租，作为其收入；进奉给皇帝的贡品和封君之间相互酬应的礼物，也取给于此。

（二）封君在其封邑之内，必须奉行国家统一的法令，接受国君的命令。《战国策·魏策四》载安陵君曰："吾先君成侯受诏襄王，以守此地也。手受大府之《宪》，《宪》之上篇曰：子弑父，臣弑君，有常不赦。国虽大赦，降城亡子不得与焉。今缩高谨解大位，以全父子之义，而君曰必生致之，是使我负襄王诏而废大府之《宪》也，虽死不敢行。"成侯是安陵始封之君，安陵君出于世袭，也还必须奉行中央的统一法令，即所谓太府之《宪》。

（三）赵、秦等国封君的"相"往往由国君从中央派遣到封邑，并由"相"主管治理和掌握兵权。赵武灵王封长子章为代安阳君，又派田不礼为相。因为这种相是由国君直接委派的，国君便可以直接调遣。例如赵武灵王曾派代相赵固到燕迎接秦公子稷，送归秦国，立为秦王（即秦昭王）；又曾派代相赵固掌握降服的胡族的兵权（《史记·赵世家》）。这样封国的相，其权力相当于郡守。又如秦惠王灭蜀后，封原蜀王后裔公子通国为蜀侯，派陈壮为相，又派张若为蜀国守（《华阳国志·蜀志》），同时派相和守去治理封国。后来蜀国多次发生叛乱，两次改封蜀侯，而蜀守张若始终坚定地拥护秦的统治，所以后来废除蜀的封国，改设为郡，仍由张若当郡守。汉王朝分封诸侯王，封国的丞相由朝廷派遣的制度，该是沿袭战国时代的。

孟轲解释古史传说中舜封其弟象的故事，说是"封之也，或曰放焉"。为什么说是"封"呢？因为"封之有庳，富贵之也"。为什么又说是"放"呢？因为"象不得有为于其国，天子使吏治其国，而纳其贡税焉，故谓之放"（《孟子·万章上篇》）。这就是根据战国时代流行的封君制来解释的。这种封君的封国，由代表中央政权的国君"使吏治其国"，而要"纳其贡税"于国君。有些封君担任中央政权的相国时，权势很大,一旦罢免,回到封国,这就是孟轲所说的"放"。例如齐的靖郭君因为"大不善于宣王,辞而之薛"(《战国策·齐策一》);孟尝君免相后,"就国于薛"(《战国策·齐策四》);秦的穰侯免相后,"出关就封邑"(即陶邑,《史记·穰侯列传》);吕不韦免相后,"就国河南"(《史记·吕不韦列传》),都是孟轲所说的"放"。

赵、秦这种封国的"相"由中央派遣的制度,当开始于战国中期,看来早期并不如此。当秦孝公分封商君时,商君在商邑不仅有臣属,而且有发邑兵之权。秦孝公去世,秦惠王听信谗言,要捕捉商君,商君回到商邑,"与其徒属发邑兵北击郑"(《史记·商君列传》),结果秦发兵反击,杀死商君于郑西南的彤。到秦始皇时,嫪毐凭藉太后的势力,专横跋扈,据有河西、太原两郡为封国,封国内"事无大小皆决于毐",但是他要发动武装叛乱,无发兵之权,还是"矫王御玺及太后玺以发县卒及卫卒、官骑、戎翟君公、舍人"(《史记·秦始皇本纪》)。可知当时无论封国和郡县,发兵之权都是由中央的国君直接掌握的。墨者钜子孟胜,奉楚阳城君之令"守于国"。楚悼王去世,宗室大臣作乱,围攻吴起于丧所,"坐射起而夷宗死者七十余家"(《史记·吴起列传》),阳城君就是要"夷宗死"的一家。阳城君出走,孟胜坚持守国,结果"孟胜死,弟子死之者百八十三人"(《吕氏春秋·上德篇》)。楚国贵族势力虽然强大,看来在他们的封邑也还没有发邑兵之权,阳城君因而使用墨者孟胜率领弟子一百八十多人守国。墨家从墨子开始就是以讲究守城的战斗著称的,墨者钜子孟胜因为"善荆之阳城君",阳城君命令他"守于国"的,"毁璜以为符(兵符),约曰:符合,听之"。孟胜所统率的是弟子而非士卒,是一个墨家的集团。

正因为当时封君在封邑内权力有限,有些封君当他在中央政权掌权时,显赫一时,一旦失去权势,就不能为所欲为。所以齐的靖郭君田婴将在封邑薛筑城时,有人就劝他说:"失齐,虽隆薛之城到于天,犹之无益也。"(《战国策·齐策一》)。有些在中央政权擅权用事的封君,往往利用其权势来加强自己在封邑中的地位。孟尝君就曾"招致天下任侠奸人入薛中盖六万余家"。他这样地在封邑内培植势力,后来回到薛,"中立于诸侯,无所属"(《史记·孟尝君列传》),竟使薛从齐国分裂出去,一度成为独立的小国。

(四)当时封君的封邑,在传统的习惯上是可以世袭的,但是在实际上,三晋、齐、秦等国所封的功臣,很少世袭的;所封的宗室,只有齐的孟尝君、魏的安陵君出于世袭;平原君死后,"子孙后代"直到亡国(《史记·平原君列传》),其余也不见世袭。这有两方面的原因:一方面是当时各国实行变法以后,加强了中央集权的政治体制,注意取消封君世袭的特权;另一方面是当时统治阶级内部由于财产和权力的再分配而引起激烈的政治斗争的结果。触龙规谏赵太后时,就曾明确指出这点:"今三世以前,至于赵之为赵,赵主之子侯者,其继有在者乎?""微独赵,诸侯有在者乎?""此其近者祸及其身,远者及子孙",那是由于"位尊而无功,奉厚而无劳,而挟重器多也"(《战国纵横家书》十八,《战国策·赵策四》、《史记·赵世家》略同)。

至于楚国,由于旧贵族势力强大,封君众多,不少出于世袭,楚悼王任用吴起变法,提出了"封君之子孙三世而收爵禄"的限制,实际上未能使封君减少,楚怀王时封君很多①。

---

① 何浩《战国时期楚封君初探》,《历史研究》一九八四年第五期。何浩、刘彬徽《包山楚简封君释地》,见《包山楚墓》附录。

（五）封君往往拥有私田，并在经济上有特权。封君往往在封邑内或者在其他县邑自置私田，也还有凭藉权势而逃避交纳地税的。例如赵奢做赵的田部吏，负责征收地税，平原君家不肯纳税，赵奢"以法治之，杀平原君用事者九人"（《史记·赵奢列传》）。同时，封君还利用权力经营商业和放高利贷。例如鄂君启节铭文规定，除了"毋载金革笽箭"（禁运金属皮革箭杆等军用物资）和"女（如）载牛马台（以）出内（入）关"，"则政（征）于大贎（府）"（运载牛马归王室的大府征税）以外，所有贩运物资经过关卡，"得其金节则母（毋）政（征）"，就是凭节一律免税。这个错金铜节，由楚怀王命令大攻（工）尹"为鄂君启之贎（府）"铸造的，有效期为一年。可知封君在经济上还有一些特权，可以凭借这些特权来经营手工业和商业，从中牟取暴利。在高利贷盛行的战国时代，封君也利用手中握有的大量财富放债，例如孟尝君因"邑入不足以奉宾客，故出息钱于薛"，一次收息钱，就"得息钱十万"（《史记·孟尝君列传》）。此外，封君还有征收城市中工商业税的特权。这种制度后来为汉代所沿袭，主父偃曾对汉景帝说："齐临淄十万户，市租千金，人众殷富，巨于长安。此非天子亲弟爱子，不得王此。"（《史记·齐悼惠王世家》）汉代初年由于临淄是个大商业城市，手工业和商业繁荣，市税的收入比国都长安还要多，因而齐的封君就成为巨富。汉代的封君设有"中府"或"私府"，如同皇帝设有"少府"那样，负责征收工商业税作为"私奉养"①。

————————

① 《史记·平准书》叙述汉初情况说："量吏禄，度官用，以赋于民。而山川园池市井租税之入，自天子以至封君汤沐邑，皆各为私奉养焉，不领于天下之经费。"《汉书·百官公卿表》："少府，秦官，掌山海池泽之税，以给共养。"《汉书·路温舒传》："迁广阳私府长。"颜注："藏钱之府，天子曰少府，诸侯曰私府。"《史记·田叔列传》：鲁王"发中府钱"。《正义》："王之财物所藏也。"

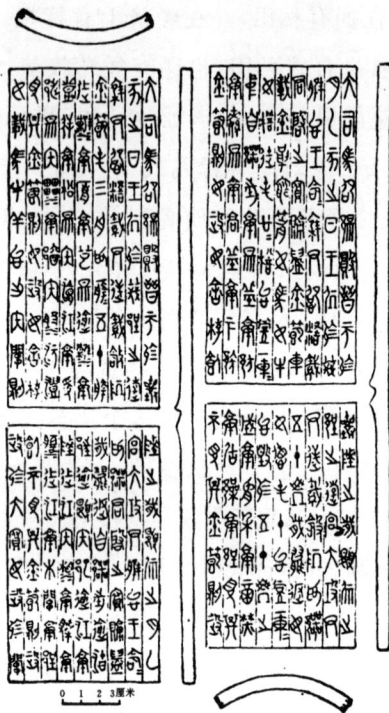

图三十八　鄂君启节铭文摹本

　　鄂君启节,一九五七年安徽寿县城东丘家花园出土四枚,一九六〇年又发现一枚。现分藏于中国历史博物馆和安徽省博物馆。五枚铜节是分为两套的。每套都是由五枚同样弧度的铜节合成一个圆形,腰部隆起如竹节状。一套是舟节,是水路的通行证,现存二枚,缺三枚。另一套是车节,是陆路的通行证,现存三枚,缺两枚。上图左方是舟节错金铭文的摹本,右方是车节错金铭文的摹本。殷涤非、罗长铭《寿县出土的鄂君启金节》(《文物》一九五八年第四期),认为鄂君启即《说苑·善说篇》上的鄂君子晳,"启"是名,"子晳"是字,这是可能的。因为两者时代正相当,而"启"和"晳"字义又相通,古人常用字义相通的字作为名和字。鄂君子晳是顷襄王时的令尹,可能鄂君启后来升为令尹。

看来这种制度在战国时已经有了,韩非说:"是故大臣之禄虽大,不得藉(籍)城市;党与虽众,不得臣士卒。"(《韩非子·爱臣篇》)"籍"就是征税的意思,"籍城市"就是指征收城市的手工业和商业

的税①。韩非反对大臣征收城市的税，反对大臣拥有私属军队，把
"不得籍城市"和"不得臣士卒"相提并论，因为"籍城市"和"臣士卒"
有着同样大的危害，"籍城市"可以造成"私家富重于王室"的结果。
秦的穰侯、泾阳君、高陵君和华阳君，所以会"私家富重于王室"，就是
由于他们取得陶、宛、邓等大商业城市作为封邑，从而"籍城市"的结
果。战国中期以后，秦的穰侯、赵的奉阳君和齐的孟尝君，都要争夺
宋国特别是宋的陶邑作为封邑，正是因为陶邑是当时最大的商业城
市，市税收入最多。鄂君启节铭文说："大攻（工）尹脽台（以）王
命……为鄂君启之赁（府）赓（续）铸金节。"鄂君启节是楚王颁发的水
陆两路免税过关的通行证，是由楚王命令大工尹铸成后发给"鄂君启
之府"使用的。这说明当时封君设有"府"掌管他的经济收入和开支，
包括从水陆两路贩运物资。

从上述五点看来，战国时代的封君不同于西周、春秋时代所分封
的世袭诸侯。但是，封君除了"食租税"之外，还在经济上拥有特权。
这样封君就可以利用特权经营商业和手工业以及放高利贷，还可以
利用奴隶从事无偿劳动，以扩大手工业生产和商业活动，因而他们的
富有程度超过当时一般的官僚地主。为了维护和巩固自己的地位，
有些声势显赫的封君，还养有为数众多的能替自己出死力的食客，像
齐的孟尝君、魏的信陵君、赵的平原君、楚的春申君，都养有食客几千
人；秦的吕不韦既有食客三千人，又有家僮（奴隶）万人；嫪毐也有食
客千余人，家僮几千人。

---

① 《韩非子》原文作"不得藉威城市"，俞樾《诸子平议》说："威字衍文。"按"籍"是
征税之意。《墨子·节用上篇》"其籍敛厚"，籍敛，税敛也。

各国封君的情况　战国时代各国的封君,就其本身身分来说,不外乎是:国君的亲属和外戚,国君和太后的宠臣,有功的将相大臣。

在各国的封君中,国君亲属占的比例很大。魏国除了乐羊以外,几乎都是宗室。赵国封君中宗室不少。韩国封君几乎都是国君的亲属。齐国除了邹忌以外,封君也都是田氏宗族中人。楚国封君也多数出身于贵族。只是秦国由于实行卫鞅制定的按军功授与爵位的制度,封君中国君亲属所占比例较少,只是在太后当权的时候,所封的亲属和外戚较多。

墨翟指责当时"王公大人未知以尚贤使能为政","亲戚则使之,无故(当作"功")富贵、面目佼好则使之"(《墨子·尚贤中篇》)。战国时代有些封君确是出于国君和太后的宠爱的。例如楚的安陵君、州侯、夏侯、鄢陵君、寿陵君,都是由于"面目佼好"而得到国君的宠爱,秦的嫪毐则出于太后的宠爱,这都反映了当时政治腐败的一个方面。

各国封君中,最重要的是有功的将相大臣。这些有功的将相大臣,有经过政治和军事斗争的考验而选拔出来的,也有原来是国君亲属出身的。例如魏的乐羊,赵的赵奢、廉颇、乐乘、李牧,燕的乐毅,秦的卫鞅、白起,都是由于军功而得封。

秦国卫鞅变法,为了奖励军功,制定二十等爵制度,第二十等列侯就是封君性质。卫鞅本人就因军功而封为商君。按照卫鞅制定的法制,立了大功的才能封侯,宗室没有军功就得不到爵禄,当然更谈不上封侯。此后秦国奉行卫鞅所定法制,确实有不少有功的大臣封侯的,但也还有宗室贵戚封侯的,特别是太后当权的时候。例如秦昭王初年魏冉封穰侯,公子市封泾阳君,公子悝封高陵君,芈戎封华阳君和新城君,合称"四贵"。又如秦庄襄王时吕不韦封文信侯,秦始皇初年嫪毐封长信侯等,这些人大都由于太后宠幸,并非由于有功而受封。等到秦始皇掌握政权,除去嫪毐和吕不韦之后,就继续推行卫鞅以来的传统法制,只分封功臣,而不分封宗室子弟。所以直到秦始皇统一六国,建立秦王朝,还是"无尺土之封,不立子弟为王"(《史记·李斯列传》),"子弟为匹夫"(《史记·秦始皇本纪》)。只有在统一六国过程中有大功的将军才能封侯。当秦始皇亲自请王翦统率大军伐楚时,王翦请求赏给很多良田美宅,说"为大王将,有功终不得封侯"(《史记·王翦列传》)。后来王翦平定楚地,终于封侯。《史记·秦始皇本纪》记载二十八年《琅邪台刻石》,文末列有随从官员名单,在丞相之上,有一批封君:

> 列侯武城侯王翦(原误作"王离")①、列侯通武侯王贲、伦侯建成侯赵亥、伦侯昌武侯成、伦侯武信侯冯毋择。

这些封君当是在统一六国过程中建有大功的将军或大臣,王翦和王贲功劳最大,所以在封侯中名列第一、第二。王翦封武城侯,武城当为其封邑。伦侯地位次于列侯,《索隐》说:"爵卑于列侯,无封邑者。伦,类也,亦列侯之类。"如果这个解释正确,伦侯就是关内侯,关内侯"无土,寄食所在县民租,多少各有户为限"(《续汉书·百官志》)。但是,伦侯可能比关内侯地位略高,也有封邑,建成侯的建成,昌武侯的昌武,都可能是封邑名②。秦始皇曾命令乌氏倮"比封君,以时与列臣朝请"(《史记·货殖列传》),也足以说明当时确有一批封君存在。

---

① 郭沫若《十批判书》的《吕不韦与秦王政批判》,把《琅邪台刻石》中的"王离"改作"王翦",认为"离"是误字,这是正确的。王离是王翦之孙,王贲是王翦之子,秦始皇时王翦和王贲父子在统一六国过程中建有大功,王离还不见有什么军功,怎么可能名列其父王贲之前,成为第一位列侯呢?

② 根据《汉书·地理志》,沛郡、渤海郡和豫章郡都有县名建成,胶东国有县名昌武。

战国时代各国的政权组织形式,是以郡县制为主,而以封君制作补充的。秦国一直到秦始皇时,同样是如此。

当时楚国由于旧贵族势力强大,封君是最多的,见于文献记载的有十八人,近年发现于考古资料的多到三十六人,共有五十四人,其中不少出于世袭。封君在其封邑所拥有权力也比较大,如鲁阳文君称:"鲁四境之内皆寡人之臣也。"(《墨子·鲁问篇》)同时封君可以在封邑内筑城建都,规模宏大,如春申君改封江东,"因城故吴墟,以自为都邑",后来司马迁见了,还说:"宫室盛矣哉!"(《史记·春申君列传》)

封号的三种类型 当时封君的封号有三种不同类型,以封邑之名为封号是常例,前已列举。也有不用封邑之名而以功德为封号的,如秦相张仪封五邑而号武信君,秦相吕不韦封于河南洛阳而号文信君,齐相田婴封于薛而号靖郭君,其子田文世袭而号孟尝君,赵将廉颇封于尉文而号信平君,楚令尹黄歇封于吴而号春申君。也还只有封号而无封邑的,如秦将白起因功封武安君,赵将赵奢因功而封马服君,赵将乐乘封武襄君,苏秦由燕、赵、齐三国先后都封武安君(见《秦策一》、《赵策二》、《燕策一》、《战国纵横家书》十七、《史记·张仪列传》)。又如以色相侍奉楚宣王的坛(一作缠),为博取欢心,誓言将来从王陪葬(即殉葬),因而"封于车下三百户",号安陵君①,后来楚顷襄王沿袭此例,把两个以色相侍奉之臣封为鄢陵君和寿陵君(《楚策四》)。"安陵"是说从王陪葬而能使王安乐于陵墓,"鄢陵"是"安陵"的通假,"寿陵"也是说从王陪葬于寿陵而能使王安乐,都无封邑。

---

① 安陵君坛受封,见于《楚策一》,《说苑·权谋篇》有相同篇章,作安陵缠,并说:"乃封安陵缠于车下三百户",可知没有封邑。李慈铭、顾观光、程恩泽等,皆考定安陵为邑名,在今河南鄢陵西北,不确。此地是魏安陵君的封邑,并非楚所有。

八　维护统治的礼乐制度

礼乐制度的作用　西周春秋时代所讲究的"礼"，是贵族根据原始社会末期父系氏族制阶段的风俗习惯加以发展和改造，用作统治人民和巩固贵族内部关系的一种手段。目的在于维护其宗法制度和君权、族权、夫权、神权，具有维护贵族的世袭制、等级制和加强统治的作用。当时许多经济和政治上的典章制度，常常贯串在各种礼的举行中，依靠各种礼的举行来加以确立和维护。

到春秋后期，就出现了"礼崩乐坏"的局面。这些卿大夫在夺取国君权力的同时，不但僭用诸侯之礼，甚至僭用天子之礼。按礼，天子的舞用"八佾"（"佾"是"列"的意思，每列八人，八佾六十四人），这时季孙氏也用"八佾舞于庭"，孔丘斥责说："是可忍也，孰不可忍也！"按礼，天子祭祖唱《雍》诗来撤除祭品，这时鲁的三家都"以《雍》撤"，孔丘认为这种事不该出于"三家之堂"。按礼，只有天子可以"旅"（祭祀）于泰山，这时季孙氏"旅于泰山"，孔丘又指责他不懂礼（《论语·八佾篇》）。卿大夫这样"僭礼"，实质上就是夺取政治权力的一种表现。

礼乐制度主要用来维护宗法制度和君权、族权、夫权、神权。《荀子·礼论篇》说："礼有三本：天地者，生之本也；先祖者，类（族类）之本也；君师者，治之本也。""上事天，下事地，尊先祖而隆君师，是礼之三本也。"所说"礼之三本"，天地代表神权，先祖代表族权，君师代表君权。后来统治者以天、地、君、亲、师作为礼拜的主要对象，就是根据这个理论。

西周春秋时代贵族讲究的礼是比较多的，有籍礼、冠礼、大蒐礼、乡饮酒礼、乡射礼、朝礼、聘礼、祭礼、婚礼、丧礼等等。籍礼是用来监督平民在"籍田"上从事无偿的集体劳动，以维护称为"籍"的办法的。冠礼是授予成年贵族种种特权，以维护贵族的利益和巩固贵族成员之间的关系。大蒐礼具有军事检阅和军事演习性质，起着整编军队、检阅兵力和加强统治的作用。乡饮酒礼在于维护一乡之内贵族的宗法制度和统治秩序。乡射礼具有以乡为单位的军事训练和军事学习的性质。朝礼在于尊重国君的权力和地位。聘礼在于维护贵族内部的等级和秩序。祭祀天地和祖先在于维护神权和尊重族权。婚礼和丧礼在于维护宗法制度和族权。

到了战国时代，由于农田制度的变革，"籍"的方法废除不用，这时籍礼只是统治者用来表示关心农业生产的礼仪。由于军队成分和战斗方式的改变，原来的大蒐礼就失去作用。由于地方组织的改变，乡饮酒礼和乡射礼的性质也不同了。这时由于中央集权政体的建立，执政者统治的需要，重视的是即位礼、朝礼、祭礼和丧礼。《荀子》的《礼论篇》着重讲究祭礼和丧礼，对丧礼讲得特别详细，就是为当时的礼乐制度制造理论根据的。

即位礼和朝礼 古代贵族重视宗法制度，实行嫡长子继任制，设有宗庙，不仅是祭祀祖宗的地方，而且具有礼堂性质，所有政治上的大典必须在宗庙举行。因为按礼所有国家大事必须向祖宗请示，表示听命于祖宗。春秋时代君主于每月初一必须在宗庙行"告朔"之礼，每年元旦必须在宗庙行"朝正"之礼。每当君主去世，新君继承，虽于初丧中作为"嗣子"即位，必须待明年元旦"朝正"的时候，在宗庙举行"改元即位"之礼。到战国时代，由于中央集权的政治体制确立，每年"春正月"的"大朝"，改在宫廷举行，如赵武灵王十九年"春正月大朝信宫,召肥义与议天下,五日而毕"(《史记·赵世家》),秦国也有岁首大朝之礼,秦始皇二十六年完成统一,定"朝贺皆自十月朔",即沿用这个大朝之礼,每年岁首要举行群臣朝贺君主的大朝,秦汉以后历代帝王沿用这个礼制。因为秦用颛顼历,以十月为岁首,因而"朝贺皆自十月朔"。

　　至于改元即位之礼,战国时代依然在新君继承之后的明年岁首举行。依然要先到宗庙行"庙见"之礼,然后再临朝见大臣。如赵武灵王传位给少子何(即赵惠文王),少子何"庙见礼毕,出临朝,大夫悉为臣"(《史记·赵世家》)。秦国同样举行这种礼制,如秦昭王去世,孝文王继立,"孝文王元年赦罪人,修先王功臣,褒厚亲戚,弛苑囿。孝文王除丧,十月己亥即位。三日辛丑卒,子庄襄王立,庄襄王元年大赦罪人,修先王功臣,施德厚骨肉而布惠于民"(《史记·秦本纪》)。所谓"十月己亥即位",就是岁首行"改元即位"之礼,所谓"赦罪人"等等,就是在"改元即位"礼中宣布的例行"德政",据此可知,《秦本纪》称秦孝公元年"布惠,振孤寡,招战士,明功赏",下令国中招徕"有能出奇计强秦者",亦当为岁首举"改元即位"之礼中所宣布的。卫鞅就是听到这道命令之后入秦献"奇计强秦"的。当时秦国的朝礼是有一套规定的,如秦王接见别国使者,要穿朝服,"设九宾","秦法,群臣侍殿上者不得持尺寸之兵,诸郎中执兵皆陈殿下,非有诏召不得上"(《史记·刺客列传》)。后来秦始皇统一六国,"悉内(纳)六国礼仪,采择其善","其尊君抑臣,朝廷济济,依古以来"(《史记·礼书》)。

　　对神祇和祖先的祭礼　当时各国君主重视对上帝、社神、日月星辰、山川神祇和祖先的祭祀。秦国君主曾先后对五色上帝举行祭礼。春秋时秦文公作鄜畤祭白帝,秦宣公作密畤祭青帝,战国初期秦灵公又在吴阳作上畤祭黄帝,作下畤祭炎帝。据《史记·封禅书》,秦国所崇祀的神祇很多,秦都雍就建有许多祭祀上帝、天神、日月星辰、风伯、雨师的祠庙以及祭祀祖先的祖庙。按照礼制,秦王要在此举行三年一度"郊见上帝"之礼,秦王到成年时举行"冠礼",也必须到此地的祖庙来举行。自从商鞅变法,都城迁到咸阳,这种"郊见上帝"之礼以及"冠礼",仍然必须到雍来举行,直到秦王政还是如此。根据《秦诅楚文》的记载,秦惠文王时,宗祝奉命在大战前,在巫咸这个神前咒诅楚王,举行祭礼,也是到雍举行的。一块《秦诅楚文》刻石就是北宋时在雍(今陕西凤翔)发现的。

这时祭祀祖先的仪式有改革。西周春秋时代祭祀祖先用"尸",就是找活人装扮成祖先的样子来受祭,叫做"尸"。按礼祭祖必须用同姓为"尸",而且必须是孙一辈的人。因为古人迷信,认为祖先的魂可以降附到"尸"的身上。战国时代,"尸礼废而像事兴"(《日知录》卷十四《像设》条),开始用画像来代替"尸",《楚辞·招魂》就有"像设君室"的记载。这一改革反映了当时社会习俗的进步。

丧礼和墓葬制度　这时对丧礼是很重视的。例如秦昭王去世,孝文王继立,"尊唐八子(孝文王母,先于秦昭王去世)为唐太后,而合其葬于先王(以唐太后和秦昭王合葬),韩王衰绖入吊祠,诸侯皆使其将相来吊祠,视丧事"(《史记·秦本纪》)。不但国君这样重视丧礼,一般官僚同样重视丧葬礼仪,我们从各地发掘的战国墓葬就可以清楚地看到这点。

这时墓葬制度有一定的改革,以适应等级制度的需要。不但陪葬品有等级的区别,而且墓的外观也开始有等级。古时的墓葬是"不封不树"的(《易·系辞传》)。孔丘把父母亲合葬于防,他说"古也墓而不坟"，只是因为他经常在外游历，为了便于识别，"于是封之，崇四尺"(《礼记·檀弓》)。到战国时代，一般墓葬都堆成高丘，或种有树木。秦国卫鞅变法，规定"其官级一等，其墓树级一树"(《商君书·境内篇》)。大体上爵位等级越高，墓的丘陵就筑得越高，种树也越多。因此，战国时赵肃侯、秦惠王、秦武王、秦孝文王的墓开始称"陵"。从此帝王的墓就一概称为"陵"了。

战国墓葬可分三大等级 战国墓葬从各地发掘的遗迹来看，大致可以分为三大等级：

第一等，多重棺椁的铜器墓。陪葬有成套的青铜礼器或同出成套仿铜陶礼器。其中较大的墓，还常有成套乐器，如编钟或编镈、编磬。也还有车马器、兵器、工具和玉石佩饰。随葬礼器中的鼎，有镬鼎(煮牲用)、升鼎(一名牐，盛牲用)和羞鼎(即铏鼎，陪鼎)的差别，其中以升鼎最为主要。这类大墓按陪葬的升鼎来分，又有九鼎墓、七鼎墓、五鼎墓、三鼎或二鼎、一鼎墓的差别。九鼎墓中有编钟或编镈四到五套，七鼎墓则有二或三套，五鼎墓则有一至三套，三鼎至一鼎墓则不出乐器。陪葬的车马器、兵器、玉石佩饰也依次减少。根据礼书记载，凡使用升鼎，天子和诸侯用九鼎，卿七鼎，大夫五鼎，士三鼎；凡使用乐器，天子用编钟四套，诸侯三套，大夫二套，士一套。战国时代大体上就是通行这种体现出统治阶级的等级身分的礼乐制度的。

第二等，单棺、单椁的陶器墓。陪葬有成套的仿铜陶礼器，每种陶礼器有一或二个，有玉石圭或少量兵器和玉石佩饰，没有青铜器。墓主大体上属于地主的下层，也有一些富有的商人和贫穷的知识分子。少数富有的，甚至杀死奴隶殉葬。

第三等，有棺无椁或无棺无椁的小型土坑墓。基本上无陪葬品。

该是贫穷的农民及其他劳动人民的墓。

从上述墓葬的三大等级来看,说明战国时代维护等级制的礼乐制度已完全确立。

特别值得注意的是仿铜陶礼器的流行。楚国地区战国初期的第一等大墓中,有成套陶礼器和成套青铜礼器同时陪葬的。中原地区战国中期的第一等大墓中也有类似情况。而第二等墓不论是战国前期、中期和晚期的,都陪葬有成套的仿铜陶礼器,以鼎、盖豆、壶为一套,或以鼎、敦、壶为一套,或者另有盘、匜、碗等。这类墓葬各地发现很多。从春秋中期以后,这类墓葬的陪葬品,逐渐由生活用器改变为仿铜陶礼器,这表明春秋、战国之际,随着社会制度的变革,礼乐制度也相应地发生了变化;随着地主的成长,维护统治的礼乐制度就大为推广,一般地主的下层没有能力使用青铜礼器陪葬,就多采用仿铜陶礼器陪葬了。

还值得注意的是,战国时代陪葬品中,出现大量木俑和陶明器。用俑来陪葬,春秋以前虽然已经有了,但很少见。较多地使用木俑陪葬,出现于战国时代的楚墓中,这是用来代替杀殉陪葬的。广泛使用明器来陪葬,也出现在战国时代的墓葬中,这是用来代替实用器物陪葬的。《仪礼·既夕礼》说,士用"明器","无祭器"。郑玄注:"士礼略也;大夫以上,兼用鬼器、人器也。""祭器"或"人器",是指原来活人用的青铜礼器;"明器"或"鬼器",是指专供陪葬用的仿铜陶礼器。战国时代第一等大墓是以"人器"为主,也有"兼用鬼器、人器"的;第二等墓确是只有"明器"而无"祭器"。《荀子·礼论篇》说:"故生器文而不功,明器貌而不用。"就是说明器徒具形式而不能实用。这时地主广泛使用木俑和陶明器陪葬,就是适应了丧礼推广的需要。

战国时代的秦墓还发掘不多,只在陕西宝鸡和西安发掘到一些小型墓,相当于中原地区的第二等墓。这类墓葬的特点是用实用陶器陪葬,不用仿铜陶礼器。看来秦国和东方各国不同,没有像东方各国那样广泛地推行维护统治的礼乐制度。荀况就曾指出:秦人"于父子之义,夫妇之别,不如齐、鲁之孝具敬文者",这是由于秦人"慢于礼义故也"(《荀子·性恶篇》)。

由于维护统治的需要,越是高级的统治者,越是重视礼乐制度,讲究礼乐器的制作、陈设和应用。近年来发掘的战国墓中,要算一九七八年发现的湖北随县擂鼓墩的曾侯乙墓,规模最大而陪葬的礼乐器最多,超出当时其他第一等的九鼎墓。曾侯乙是公元前四四三年或稍后去世的曾国国君。

曾侯乙墓的椁室,分北、东、中、西四室。共出青铜礼乐器及其他器二百五十多件,绝大部分出于中室。其中升鼎九件和簋八件,分类陈设,很是整齐,用来显示统治者的身分①。青铜礼器还有镬鼎二件、盖鼎九件以及簋、敦、壶、缶、盥缶、尊、豆、鬲、甒、盘、匜、勺、匕等等。与大量礼器相配的,还有大量编钟、编磬等乐器。编钟多到六十四件,计有钮钟十九件,甬钟四十五件,另有楚王赠送的镈一件。编钟分三层挂在钟架上,钮钟挂在上层,分成三组;甬钟挂在中下层,分成三组和二组。都是按钟的大小次序排列的。钟上有关于乐律的长篇铭文,述及曾和楚、周、齐、晋等国律名和阶名的相互对应关系。编磬共三十二件(多数损坏),分两层挂于磬架,每层分为二组。乐器还有鼓四件、瑟十二件、琴二件、笙二件、排箫二件、横吹竹笛二件。这

---

① 《礼记·祭统》:"三牲之俎,八簋之实。"郑注:"天子之祭八簋。"

时由于各国之间音乐的交流,由于民间音乐的进步,音乐有了进一步的发展。统治者就利用这个发展来扩展配合行"礼"用的"乐",扩大了乐器的数量和品种。

这墓还出有大量青铜兵器,如戈、矛、戟、殳、箭、弓、盾、甲之类,多到四千五百多件。绝大部分出于北室。这又说明当时由于集权的君主政权的形成,兵权的集中,统治者用作丧礼仪仗的兵器也大为扩展,用来显示其威势了。北室和东室还出有车马器一千多件。北室更出有竹简二百四十多枚,记载丧礼所用车马兵甲。其中讲到赠车的,除所属大臣以外,还有不少封君,如遞(鲁)腸(阳)君、腸(阳)城君、坪(平)夜(舆)君、鄌(养)君、鄝君等等,其中多数是楚的封君。讲到赠马者也还有宋司城(官名)和宋客等等。这又说明当时一国国君的丧礼,不但本国大臣要赠车马,别国的封君大臣也要用车马来赙赠,以便扩大丧礼的场面,从而抬高国君的地位和威望。[①]

沿用谥法的礼制　　西周中期以来君主死后,都按礼由臣下依据生平行事善恶,定其谥号,用以劝善戒恶[②]。《逸周书·谥法篇》所谓"谥者行之迹也,号者功之表也。"战国沿这个礼制,多数国家君王所用谥法有两字或一字的,亦有两字或省称一字的。惟独齐国所有君王都只用一字为谥,如齐威王名因齐,取义于因袭齐国;齐宣王名辟彊,"彊"当读作"疆",取义于开辟疆土;齐湣王名地,"湣"一作"闵","地"《世本》作"遂",古同音通用。齐襄王名法章。所有史书和诸子,

---

① 参看随县擂鼓墩一号墓考古发掘队《湖北随县曾侯乙墓发掘简报》和裘锡圭《谈谈随县曾侯乙墓的文字资料》,《文物》一九七九年第七期。

② 近人有主张西周、春秋君主用生号,到战国君主才用谥法的。此说不确。童书业对此已加驳正,曾列举西周、春秋以来君主名号都符合其平生行事和德行来证明。见其所著《春秋左传研究》附录《周代谥法》。

记载先后四王的事迹都很分明,该是齐国使用谥法的礼制,规定只用一字为谥。近人有主张齐亦用两字为谥,并将齐威王、宣王、湣王三王混称为齐威宣王和齐湣宣王两王,并据以更改《六国年表》的,是毫无根据,不符合历史事实的①。

---

① 《史记·田世家》称齐威王名因齐,威王子宣王名辟疆,宣王子湣王名地。陈侯因𫐐敦的因𫐐即威王,"𫐐"、"齐"古音同通用。《世本》说:"宣王名辟疆,威王之子也"(《苏秦列传·索隐》引),"彊"、"疆"同音通用。《世本》又说:湣王名遂(《田世家·索隐》引),"地"、"遂"古音同通用。《史记·战国策》和先秦诸子,记载三王事迹都很分明。《吕氏春秋·知士篇》记静(靖)郭君善待剂貌辨,数年后,"威王薨,宣王立",静郭君因宣王不善待而回薛,剂貌辨为此请宣王善待而把静郭君接回。《齐策二》第五章所记相同。《韩非子·内储说上篇》记宣王用三百人吹竽,南郭处士滥竽充数,"宣王死,湣王立",湣王要一一听之,处士因而逃走。孟子曾见齐宣王,书中十二次提到宣王,无一处称威宣王或湣宣王的。《韩非子》书中,一次谈到威王,七次谈到宣王,又七次谈到湣王,无一处称威宣王或湣宣王的。《赵策二》第二章记苏秦说:"夫齐威、宣,世之贤主也,……将武而兵强。"有人据此以为齐有威宣王,其实这是指威王和宣王两人正当齐兵强之时。苏子接着又说:"宣王用之,后富韩威魏以南伐楚("富"当读作"偪"),西攻秦,秦为困于殽塞之上。"这是说宣王的用兵,"南伐楚,西攻秦"正是宣王末年和湣王初年的事,苏子叙述也很分明。

第七章　七强并立的形势和
战争规模的扩大

一　战国初期各国的疆域和少数部族的分布

春秋战国间,晋、齐、楚、越四大国对峙,形成"四分天下"的局面(《墨子·非攻中篇》、《非攻下篇》、《节葬下篇》)。公元前四五三年晋国的赵氏联合韩、魏灭掉知氏,三分其地,魏、赵、韩三家便逐渐形成为独立国家。晋"独有绛、曲沃"(《史记·晋世家》),沦为三晋的附庸。这时大国有楚、越、赵、齐、秦、燕、魏、韩八国,小国有宋、鲁、郑、卫、莒、邹、杞、蔡、郯、任、滕、薛、费、曾等国。周王国名义上还存在,实际上已成为小国。所谓戎翟,有伊洛阴戎、代戎、河宗氏、休溷诸貉、肃慎、东胡、匈奴、楼烦、林胡、夜郎、且兰、滇、昆明、瓯越、闽越、南越、淮夷等部族和蜀、巴、中山、义渠、大荔、绵诸、獂等国。

各大国的疆域　各大国的疆域,以楚为最大,越次之,赵、齐、秦、燕、魏又次之,韩最小。

（一）楚国　其疆域从今四川省东端起，有今湖北省全部，兼有今湖南省的东北部、江西省的北部、安徽省的北部、陕西省的东南角、河南省的南边、江苏省的淮北中部。全境北和秦接界，北面和韩、郑、宋等国接界，东和越接界，西和巴接界，南和百越接界。国都是郢（今湖北江陵西北纪南城）。

（二）越国　其疆域约自今山东省的琅邪台起，沿海而南，有今江苏省苏北的运河以东地区和全部苏南地区、安徽省的皖南地区、江西省东境的一部分，并兼有今浙江省的北半部。北境和齐、鲁及泗水上的各小国交错接界，西和楚接界，东边靠海，南和百越接界。在越王勾践灭吴后，国都曾迁琅邪（今山东胶南西南琅玡台），到公元前三七八年（越王翳三十三年）迁回吴（今江苏苏州）。

（三）赵国　其疆域自今陕西省的东北部，过黄河有今山西省的中部，更伸向东北部、东南部，兼有今河北省的东南部，并涉及今山东省西边的一角和今河南省的北端。全境东北和东胡、燕接界，东和中山、齐接界，南和卫、魏、韩交错接界，北和林胡、楼烦接界，西和魏、韩交错接界。其国都原在晋阳（今山西太原西南），在公元前四二四年赵献子即位时迁都中牟（今河南鹤壁西）。到公元前三八六年赵敬侯迁都到了邯郸（今河北邯郸）。

（四）齐国　其疆域有今山东省偏北的大部，兼有今河北省的东南部。全境东边靠海，南和越、莒、杞、鲁等国接界，北和燕接境，西和赵、卫交界。国都在临淄（今山东淄博西临淄北）。

（五）秦国　其疆域自今甘肃省的东南部，沿渭河两岸而有今陕西省的腹部，有一部分土地能直接达到黄河沿岸。有一小部分土地并从今陕西省的东南部伸入今河南省的灵宝。全境东和魏、韩及大荔之戎交界，南和楚、蜀交界，西和豲、绵诸、乌氏等戎国交界，北和义渠、朐衍等戎国交界。国都原在雍（今陕西凤翔东），秦灵公迁都泾阳（今陕西泾阳西北），公元前三八三年秦献公迁都栎阳（今陕西富平东南），到公元前三五〇年卫鞅第二次变法时，迁到咸阳（今陕西咸阳东北毛王沟到柏家咀一带）。

（六）**燕国**　其疆域有今河北省北部和辽宁省西南部，并兼有今山西省的东北角。全境东北和东胡接界，西和中山、赵接界，南边靠海，并和齐接界。国都是蓟（今北京西南）。燕昭王开始设下都于武阳（今河北易县南），今燕下都遗址还保存。

（七）**魏国**　其疆域在今陕西省境内，沿黄河仅有今韩城的南部；在渭河以南，有今华阴左右地。在今山西省有其西南部，并伸入其东南部，通连今河南省北部，兼有黄河以南一部分沿河地。东北更有今河北省大名、广平间地和山东省冠县地。领土较为分散，其主要地区为今山西省西南部的河东和今河南省北部的河内，以今山西省东南部的上党为交通孔道。四周和秦、赵、韩、郑、齐、卫接界。国都原在安邑（今山西夏县西北禹王村），到战国初期，攻取得今河南省中部地区后，在公元前三六一年（魏惠王九年），便迁都到大梁（今河南开封）。①

———————

①　魏惠王迁都大梁，《史记·魏世家》和《商君列传》认为事在魏惠王三十一年，是因秦、赵、齐交侵和卫鞅大破魏将公子卬之故。但《魏世家·集解》和《孟子正义》引《竹书纪年》说："梁惠成王九年四月甲寅徙都大梁。"《水经·渠水注》、《汉书·高帝纪》注、《路史·国名记》又引作梁惠王六年）雷学淇《介庵经说》卷九、《竹书纪年义证》卷三六和朱右曾《汲冢纪年存真》都以《竹书纪年》之说为是。《战国策·楚策一》载："江乙恶昭奚恤，谓楚王曰：邯郸之难，楚进兵大梁，拔矣。昭奚恤取魏之宝器，以臣居魏知之。"可知魏惠王十六年魏围邯郸而楚出兵救赵时，魏已徙都大梁，因而大梁成为楚的主要进攻目标。《史记·秦本纪》载："秦孝公十年卫鞅为大良造，将兵围安邑，降之。"秦孝公十年即魏惠王十八年，如果这时安邑是魏都，不可能一围即降，同时魏也不可能放弃自己的国都而攻占赵国的国都，并继续和齐在襄陵作战。魏惠王二十九年马陵之役，据《史记·孙子列传》，齐将田忌最初要"直走大梁"，正因为这时大梁已是魏都。

（八）韩国 其疆域有今山西省的东南部和河南省的中部，全境把周包住，西和秦、魏交界，南和楚交界，东南和郑交界，东和宋交界。国都原在平阳（今山西临汾西北），相传韩武子迁都到宜阳（今河南宜阳西），到韩景侯时又迁都阳翟（今河南禹县，见《吕氏春秋·任数篇》高诱注）。公元前三七五年韩哀侯灭掉郑国，也就迁都到郑（今河南新郑）。

各小国的疆域 各小国的疆域，以宋、鲁为最大，郑、卫次之，莒、邹、周又次之，杞、蔡、郯等国，都不过占今一县地。（一）宋国有今河南省东南部和今山东省、江苏省、安徽省之间一部分地。国都原在睢阳（今河南商丘西南），在战国初期宋昭公、宋悼公时可能迁都彭城（今江苏徐州）①。（二）鲁国有今山东省的东南部，国都在曲阜（今山东曲阜）。（三）郑国有今河南省中心部分，国都在郑。（四）卫国有今河南省、山东省之间北部的一部分地，国都在濮阳（今河南濮阳西南）。（五）莒国有今山东省安丘、诸城、沂水、莒、日照等县间地，国都在莒（今山东莒县）。（六）邹国有今山东省费、邹、滕、济宁、金乡等县

---

① 宋国在宋昭公、宋悼公时可能迁都到彭城，主要证据有二：一、《史记·韩世家》载："文侯二年，……伐宋，到彭城，执宋君。"韩文侯二年当公元前三八五年，这时宋君在彭城，所以韩军"到彭城，执宋君"。据《史记·六国年表》，韩文侯二年当宋桓公十一年，而《宋世家》未见有宋休公被俘事，宋休公在位二十三年去世。但是宋休公以前的宋悼公，《史记》说在位八年去世，而《宋世家·索隐》说"按《纪年》为十八年"。如果宋悼公在位年数应依《竹书纪年》作十八年，那末被韩文侯捉去的宋君就是宋悼公。宋悼公在位首尾有十九年，他在韩文侯二年被韩文侯捉去杀死，因而他的谥法为"悼"。宋休公即位时因悼公被韩捉去杀死，没有逾年改元，就把宋悼公十九年改为元年，于是记载上宋悼公只十八年了。二、公元前三九〇年齐曾攻取魏的襄陵（《史记·魏世家》、《六国年表》）。此后齐、魏两国一再在襄陵交战。襄陵在今河南睢县，正当商丘西。公元前三六五年魏伐宋取得仪台，仪台又在今商丘东南。如果这时宋都还在今商丘，将处于魏的三面包围之中。钱穆《先秦诸子系年考辨》对此有考证。

间地,国都在邹(今山东邹县南)。(七)周有今河南省孟津、洛阳、偃师、巩、汝阳等县间地,过黄河有今温县的小部分地。国都在成周(今河南洛阳东北)。(八)杞国约有今山东省安丘东北地。(九)蔡国约有今安徽省寿县北部地。(十)郯国约有今山东省郯城西南地。(十一)任国约有今山东省济宁北部地。(十二)滕国约有今山东省滕县西南地。(十三)薛国约有今山东省滕县东南地。(十四)费国有今山东省费县东部地①。(十五)倪国,"倪"一作"郳",邹别封之国,在今山东省滕县东,一说在山东省枣庄西北。(十六)曾国,战国初期,建都于西阳(今河南光山西南),并占有今湖北省随县到安陆一带。这个曾国当是西周末年和申一起招来犬戎攻灭西周的姒姓缯国,原在今河南方城一带,春秋时称为缯关,因受楚的逼迫而逐步南迁的②。(十七)缯国,"缯"一作"鄫",在今山东省苍山西北,也是姒姓。公元前五六七年为莒所灭,后来又复国,到公元前四〇五年又为越所

---

① 《孟子·万章下篇》有费惠公,当是季孙氏后裔依封邑费而独立成小国。《楚世家》顷襄王十八年弋射者说:"驹(即邹)、费、郯、邳者罗鹫也",《吕氏春秋·慎势篇》说:"以滕、费则劳,以邹、鲁则逸",可知费国至战国后期尚存。

② 一九七八年湖北随县城关西北五里擂鼓墩发现战国初期曾国君主曾侯乙大墓,出土文物七千件之多。出土有"楚王熊章镈",铭文作:"佳(唯)王五十又六祀,返自西阳,楚王酓(熊)章作曾侯乙宗彝,奠(尊)之于西阳,其永時(持)用享。"北宋时安陆曾出土两件铭文相同的钟。楚惠王于公元前四三三年制作曾侯乙宗庙用的礼器,送到西阳祭奠。西阳当即曾的国都所在。从随县近郊发现曾侯大墓和宋代安陆曾出土"楚王熊章钟"来看,这时曾国领地除潢河流域的西阳以外,还占有溳水流域的随县和安陆。这个曾国,当即西周末年追随申国和犬戎一起灭亡西周的姒姓缯国。原在今河南方城一带(春秋时称为缯关),后来逐步南迁,当出于楚的逼迫控制。近年在河南新野、湖北随县均川、京山苏家垅等地出土有春秋前中期的曾国铜器。详见杨宽、钱林书《曾国之谜试探》,《复旦学报》一九八〇年第三期。近年湖北出土的曾子斿鼎铭文(上海博物馆藏,马承源主编《商周青铜器铭文选》第四四六和四四七页著录),称"惠于剌(烈)曲",即《世本》所说:"曾氏,夏少康封其少子曲烈于鄫"(《通志·氏族略》卷三所引),"曲烈"当为"烈曲"之误,据此可知这个曾国确是姒姓。

灭。这一缯国当是姒姓曾国东迁的一支①。

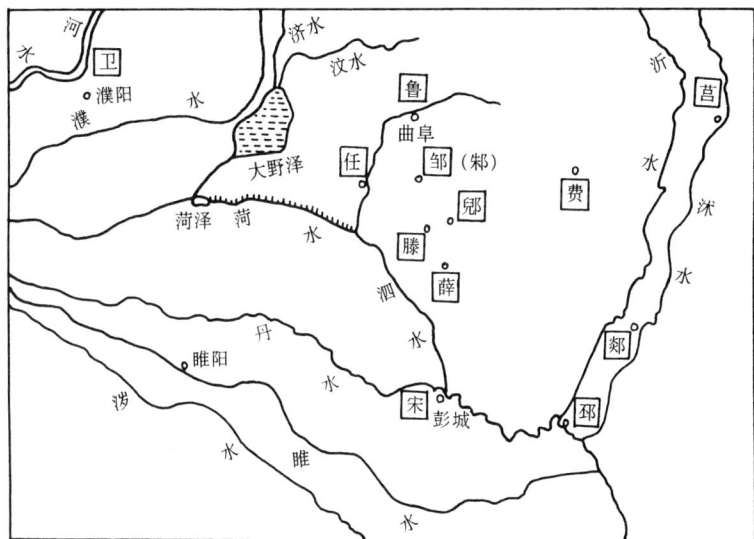

图三十九　泗上十二诸侯图

当时有所谓"泗上十二诸侯"（见《田世家》及《韩诗外传》卷十第六章等），指泗水两侧地区存在着十二个小国。《史记·秦本纪》于孝公元年，论及当时形势，讲到"河山以东强国六"，"淮泗之间小国十余"。《楚策一》第十八章张仪游说楚王，谓楚王"举宋而东指，则泗上十二诸侯尽王之有已"。《史记·张仪列传》同。《索隐》谓"十二诸

---

① 《春秋》和《左传》都说鲁襄公六年（公元前五六七年）"莒人灭鄫"。鄫后来又复国而为越所灭。《战国策·魏策四》载有人谓魏王："缯恃齐以悍越，齐和子乱而越人亡缯。"所谓"齐和子乱"，当指公元前四〇五年田悼子死后，田和初立，和氏发生内乱，这年田布杀公孙孙，公孙会（即田会）据廪丘叛于赵，田布围廪丘，三晋发大军来救，田布大败。缯原恃齐以抗越，此时越乘齐内乱而攻灭缯。

侯,宋、鲁、邾、莒之比也"。胡三省《通鉴注》说:"宋、鲁、邹、滕、薛、郳等国,国于其间,齐威王所谓泗上十二诸侯。"所谓泗上十二诸侯,当指宋、卫、鲁、邹、滕、薛、郳、莒、费、郯、任、邳等十二国①。

少数部族的分布　当时少数部族,主要分布在中原七大强国的周围地区,也有少数杂居在七大强国之间的。

介于韩、魏之间,伊水、洛水流域有阴戎。古人谓水南为阴,谓山北亦为阴,多支戎族居于黄河之南,秦岭山脉之北,因而被称为阴戎,或称伊洛阴戎。所谓"阴戎"并非同一种族,来源比较复杂。春秋早期已有扬拒、泉皋、伊洛之戎,后来秦、晋两国又从西北陆浑迁来了陆浑之戎。公元前五二五年晋攻灭陆浑,其首领奔楚,部分民众奔周,整个部族就服属于晋,即所谓九州之戎。同时这一带还有不服属于晋的戎族存在。②

在秦国西北,分布在今陕西、甘肃、青海、宁夏一带的,有大荔(在今陕西大荔东南)、绵诸(在今甘肃天水东)、月氏(在今甘肃祁连山以西、敦煌以东地区)、乌孙(在今甘肃敦煌一带)、貘(在今甘肃陇西东南)、朐衍(在今宁夏盐池一带)、乌氏(在今甘肃平凉西北)、析支(一作赐支,在今青海贵南西北沿黄河一带)及义渠等。其中以义渠比较强大,据有今

---

①　程恩泽《国策地名考》据《吕氏春秋·慎势篇》所说"以滕费则劳,以邹鲁则逸",《楚世家》顷襄王十八年有以弋射进言,讲到"邹、费、郯、邳者罗鹫也",《孟子》书有邹穆公和费惠公,又有任、滕诸国皆在泗上。这是正确的。《齐策五》苏秦说齐闵王,讲到魏惠王"其强北拔邯郸,西围定阳,又从十二诸侯朝天子,以西谋秦",卫鞅因此为秦游说魏惠王,劝惠王自称为王,认为"今大王所从十二诸侯,非宋卫也,则邹、鲁、陈、蔡,此固大王所鞭策使也不足以王天下"。"陈蔡"二字当有误,当魏惠王时,陈蔡二国早已为楚所灭,而且陈蔡离泗水太远,不得与泗上十二诸侯并论。泗上十二诸侯当指宋、卫、鲁、邹(邾)、倪、滕、薛、费、任、莒、郯、邳等十二小国。

②　《后汉书·西羌传》说:"韩魏复共稍并伊洛阴戎,灭之,其遗脱者皆逃走,西逾汧、陇。"顾颉刚《史林杂识》"秦与西戎条",以为"陆浑既灭,即无阴戎",因此认为《后汉书》作者"大有杜撰故实之嫌"。此说不确。

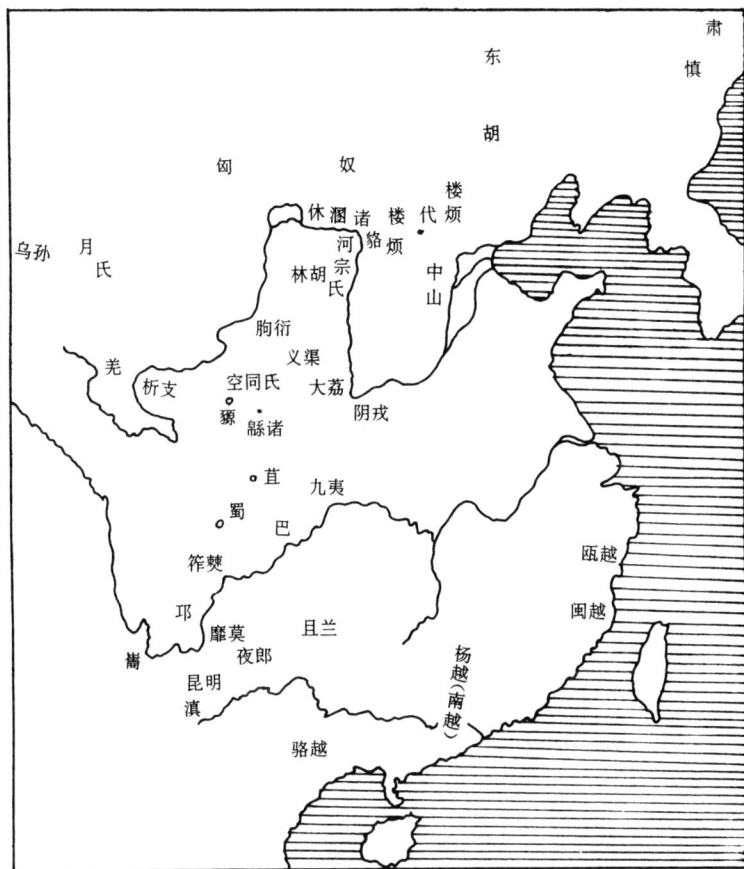

图四十 战国时代少数部族分布图

陕西省北部、甘肃省北部和宁夏等地。义渠逐渐改变了游牧的生产方式，逐步定居下来，筑有几十个城邑。秦惠王曾一次攻取义渠二十五个城。还有羌族，散布于今甘肃省西南、四川省西北和青海省等地。

在秦国西南，分布在今四川省的，有蜀、巴、苴（即葭萌，今四川剑阁东北，广元南，宝轮院附近）、丹犁、筰都（在今四川汉源一带）、邛都

（在今四川西昌一带）、徙（在今四川天全一带）、冉駹（在今四川茂汶一带）、僰等。其中蜀最大，有今四川省西部长江上游以北地区，并兼有今陕西省西南一部分地；巴次之，有今四川省东部地区。蜀在春秋战国之际已有发达的农业。国君杜宇时相国开明开凿玉垒山，分引岷江的水流入沱江。到公元前三六〇年，蜀又请瑕阳人从岷山开导青衣水。战国中期迁都于成都，成为"戎狄之长"。巴族原为习惯于使用船只在水上射猎的部族，由于受蜀的影响，也从事农业生产。战国时建都于巴（今重庆嘉陵江北岸）。它与楚接壤，已有高度文化，能铸造精美青铜器，铸有虎文、手文、花蒂文等纹饰。有用独木舟作为棺的埋葬风俗。筰都分布于四川省大渡河和雅砻江流域，以善于制作"筰"（竹索桥或藤索桥）著称，战国时这个地区叫做"篇笮之川"（《吕氏春秋·恃君览》）。僰人分布在今四川南部、云南北部，也是个较大的部族。

分布在今贵州省和云南省的，有夜郎、且兰、滇、靡莫、嶲、昆明等。夜郎分布于今贵州省西部和北部，且兰分布于今贵阳一带。滇分布于今云南省晋宁东滇池周围地区，靡莫在今云南省的东北部，嶲在今云南省西部云尤一带，昆明在今云南省西部和北部。其中夜郎和滇比较大。

在燕、赵以北地区，有肃慎、东胡、匈奴、林胡、楼烦、代戎、襜褴、涉貊等族，其中肃慎、东胡、匈奴三族较大。肃慎在今长白山以北，直到黑龙江流域。匈奴主要分布在蒙古高原，南到阴山一带，北到今俄罗斯贝加尔湖附近。根据内蒙古伊克昭盟杭锦旗桃红巴拉战国时代匈奴墓出土物来看，当时匈奴人使用蝴蝶展翼式青铜短剑、铜鹤嘴斧、小铜锤、兽头形饰牌、弧形交错纹环状带扣、铜环饰等器物，显示出草原游牧部族的艺术风格。同时出土的铜斧、铜刀、铜镞和砺石等，与中原地区的青铜文化有相似之处；在铁器、铜器上还发现有残存丝织品。这少量铁器和丝织品，当是从中原交换来的。这说明当时匈奴和中原地区有着密切联系①。东胡即鲜卑族的前身，主要分布于今辽河上游一直到辽宁省朝阳、锦西、旅大一带。从辽宁省朝阳十二台营子和锦西乌金塘出土东胡遗物来看，和匈奴有类似之处，但有其自己的特点，如使用双侧曲刃青铜短剑、多钮铜镜、双虺结形饰牌等。林胡主要分布在陕西东北部和内蒙古地区。楼烦有两支：一支与赵国相邻，在今山西西北部和内蒙古地区；另一支与燕国相接，在今河北西北部和内蒙古地区。这些部族，善于骑射，经常侵袭中原地区。代戎在今河北蔚县东北。

在楚、越以南，有许多越族，广泛分布在我国东南沿海地区。主要的有瓯越（在今浙江温州一带）、闽越（在今浙江南部到福建福州一带）、南越（也称扬越，分布于今广东、广西及江西南部、湖南南端地区）。至少从春秋后期起，越族已开始和华夏族融合，南越和中原的关系已很密切。他们既保存有本族文化的特点，铜兵器和斧、钺之类都有自己的特色，人首柱形器的人首黥面贯耳，是一种奴隶形象；同时又大量吸收了中原文化和楚文化的先进因素，铜鼎和铜乐器的形制花纹基本上和中原相同，有的还具有长江以南楚文化的特色。广东始兴白石坪出土的战国铁斧和铁口锄，造型及其大小和中原同时期的铁器几乎完全一样，说明这时已从中原引进了先进的生产工具。

少数部族在中原地区建立的国家，只有中山，在今河北省西部高邑、宁晋、元氏、赵县、石家庄、灵寿、平山、行唐、曲阳、唐县、定县一带。春秋时称为鲜虞，原为白狄族。战国初年魏文侯攻取中山，但由

---

① 田广金《桃红巴拉的匈奴墓》，《考古学报》一九七六年第一期。

于中山和魏国之间,隔着赵国,中山不久就摆脱魏的控制而复国。在楚国地区内,也还保留不少少数部族,在今湖北省东北部山区有所谓"九夷",即李斯《谏逐客书》所说"南取汉中,包九夷,制鄢、郢"的"九夷";在今泗水淮水和长江之间也还有"九夷",即苏代与燕昭王书中所说的"九夷方七百里"(《史记·苏秦列传》,"九夷"原误作"北夷",从王念孙《读书杂志》改正)。这个"九夷",就是淮夷,直到秦完成统一后,才和华夏族融合①。

在赵国西北,林胡所居的榆中以北,黄河以西,有貉族的河宗氏和休溷诸貉。《史记·赵世家》所记神话,讲到赵襄子得到霍太山天使藏在竹节中的"朱书",预言赵的后世将有"伉王"(即指赵武灵王),"奄有河宗,至于休溷诸貉"。河宗就是《穆天子传》所说的河宗氏,是沿黄河上游"游居"的部族,休溷诸貉当指赵武灵王"胡服骑射"后,攻略胡地所到的九原云中。休溷诸貉就是九原云中所居的貉族。"休"与"九","溷"与"云",古音相通,九原和云中该即从原地名休和溷转变而来。

二 七强并立形势的形成

晋国六卿的兼并和"三家分晋"

公元前四九七年,赵简子因为向赵午索取"卫贡五百家"没有到手,杀了赵午,引起中行氏和范氏的联合进攻,赵简子一度从国都绛(今山西翼城东南)退守晋阳(今山西太原西南)。当时知氏和韩氏、魏氏又因挟嫌争权,起来讨伐范氏、中行氏,迫使范氏、中行氏出奔朝歌(今河南淇县)。赵简子遂回绛复位,并率晋军围攻朝歌。公元前

---

① 《后汉书·东夷列传》说:"秦并六国,其淮、泗夷皆散为民户。"

四九三年,齐国运粟支援范氏,由郑国派兵护送,在铁(今河南濮阳西北)这个地方和赵氏进行决战。结果赵简子大获全胜,得到"齐粟千车"。次年,范氏、中行氏被迫逃奔邯郸,接着又逃到鲜虞(即中山),最后逃到了齐国。于是范氏、中行氏灭亡。公元前四五八年,知氏、赵氏、韩氏、魏氏尽分范氏、中行氏的土地。

其后知氏的知伯瑶专断晋国国政,强行索取韩氏和魏氏的万家之县各一。公元前四五五年知伯又向赵氏索取土地,遭到拒绝,便率同韩、魏举兵攻赵,围困赵襄子(赵简子子)于晋阳。赵氏坚守一年多,知氏引晋水从东北灌入城中,造成极大灾难。后来,韩、魏怕赵亡后祸及自身,反过来和赵氏联合,一举灭掉知氏,并三分其地。这是公元前四五三年的事。①知伯瑶原是晋六卿中最强大的,由于过于强横而失败了。从此"三家分晋"的局面形成,晋君"反朝韩、赵、魏之君"(《史记·晋世家》),成为三国的附庸。

对戎狄部族的攻灭兼并　战国初期各大国在卿大夫相互兼并的同时,还进行对戎狄部族和小国的攻灭和兼并。

赵简子原来和代王联姻而和好,把大女儿(即赵襄子之姊)嫁给代王作夫人。公元前四七六年赵简子刚去世,赵襄子就登夏屋山,请代王来同饮酒,灌醉代王而加以杀害,接着就发兵攻灭代国,代戎从此被灭亡。

秦国在公元前四六一年进攻大荔,把它的王城(今陕西大荔东南)攻取了(《史记·秦本纪》)。原来大荔是西戎中比较强大的一支。《后汉书·西羌传》说:"是时大荔、义渠最强,筑城数十,皆自称王。"

_____

① 《韩非子·十过篇》、《赵策一》、《淮南子·人间训》等,都说当时赵的谋臣张孟谈从围城中潜出,以"唇亡齿寒"进说韩、魏之君,因而韩、魏协同赵氏反击知氏。《墨子·非攻中篇》则说韩魏亦相从而谋,感到唇亡则齿寒,因而反击。

所谓王城,就是大荔王的都城。秦所攻取的还包括王城周围所有大荔的土地,大荔就向北撤退了。①

知伯瑶在公元前四五八年计谋攻灭仇由(一作"厹繇")。仇由原是个山中之国(今山西盂县以北的山中),没有大路可通,不便行军,知伯铸造一只大钟作为礼物,载在大车上送去,仇由之君开劈道路迎接,因而仇由被知伯所攻灭。②次年知伯就伐中山,取穷鱼之丘(《水经·巨马水注》引《纪年》)。

赵襄子在攻灭知氏后,也曾攻中山,攻取左人和中人(今河北唐县以西和西南,见《国语·晋语九》、《吕氏春秋·慎大篇》)。

《后汉书·西羌传》载:"韩、魏复共稍并伊洛阴戎,灭之。其遗脱者皆逃走,西逾汧、陇,自是中国无戎寇。"《后汉书·四夷传》所载战国时事,有《史记》所不见的,大抵依据《竹书纪年》等新史料来补充。这条记载也是这样。《古本竹书纪年》载"晋出公十九年(公元前四五六年)晋韩龙取卢氏城"(《水经·洛水注》所引),就是韩魏共并伊洛阴戎的事。卢氏在今河南省西部洛水上游,多崇山峻岭,是阴戎所在的一个地方,卢氏当是阴戎中一支的名称。后来卢氏城(今河南卢氏)就为韩国所有,发展成一个商业城市,铸有"卢氏"布币。

原来住在伊水、洛水流域的陆浑之戎,被晋灭亡后,成为服属于晋的九州之戎,也还保持原来戎的部落组织,而具有武力,没有华化。大概在战国初年,被韩魏兼并而改变成为编户之民,解除武力,从此

----

① 《后汉书·西羌传》谓"周贞王八年秦厉公灭大荔,取其地"。不确。《六国年表》载秦孝公二十四年"大荔围合阳",可知秦孝公末年大荔尚存,且有武力反攻。秦灭大荔当在此后。

② 黄式三《周季编略》推定仇由之灭在周贞定王十一年,此说可取。按地理形势,知伯攻灭仇由,当在知伯伐中山之前。

就不见有九州之戎了。

对小国的攻灭兼并　在晋、秦两国攻灭兼并戎狄部族的同时，楚越等国正在攻灭兼并附近小国。

楚国在公元前四四七年灭亡了蔡国，后二年楚向东北开拓土地，灭了杞国，并且向东侵占广地到泗上（《史记·楚世家》），这是楚和越争夺东方的土地。《墨子·鲁问篇》讲到"楚人与越人舟战于江"，由于公输般为楚制作"舟战之器"，"作为钩强之备"，"楚人因此亟败越人"。就该在这个时期。《墨子·公输篇》讲：公输般为楚造云梯，将用以攻宋，墨子因此从鲁出发，走了十天十夜，赶到楚都郢，对公输般劝阻，也该在这个时期。

越国在公元前四一四年灭亡了滕国（《史记·越世家·索隐》引《竹书纪年》），次年又灭亡了郯国（《水经·沂水注》引《竹书纪年》）。缯国原来依靠齐来抵抗越的。公元前四〇五年齐内乱，越就乘机攻灭缯。

韩正谋兼并郑国。公元前四二三年韩伐郑，杀死郑幽公。公元前四〇八年韩攻取郑的雍丘（今河南杞县），次年郑打败韩兵于负黍（今河南登封西南）。

齐国不断地侵略鲁、卫两国地，公元前四一二年攻取了鲁国的莒和安阳（今山东阳谷东北）[①]，从此安阳成为齐的重要商业城市。后四年又攻取了鲁国的郲（今山东泗水西北），次年又攻取了卫国的贯丘（《史记·田世家》）。

魏攻取秦河西地和灭中山　魏国自从魏文侯进行了改革，国势

---

①　《六国年表》载齐宣公四十四年伐鲁莒及安阳，《田世家》作"伐鲁葛及安陵"。当以《六国年表》为是。

就强盛起来。从公元前四一三年起，不断向秦进攻。这年魏军大败秦军，一直打到郑(今陕西华县)。次年，魏又派太子击包围秦的繁庞(今陕西韩城东南)，并占有其地。到公元前四○九年，魏将吴起经过两年时间陆续攻取了秦的临晋(今陕西大荔东南)、元里(今陕西澄城南)、洛阴(今大荔西南)、郃阳(今陕西合阳东南)等城，并一直攻到了秦的郑(《水经·河水注》)，从此秦的河西地区全部为魏占有。秦于是退守洛水(在今陕西北部)，沿洛水修建防御工事，并筑重泉城(今陕西蒲城东南)加以防守。从此魏在河西设郡，以吴起为郡守。秦这样失守河西大块土地，固然由于魏将吴起是杰出的军事家，但是，主要还是因为秦的经济和政治的落后。秦孝公元年，为了奋发图强，下令征求改革的人才，曾讲到："会往者厉、躁、简公、出子之不宁，国家内忧，未遑外事，三晋攻夺我先君河西地。"可知当时韩、赵曾助魏一起攻秦。韩将厵羌在叙述自己功绩的《厵羌钟铭文》中，也说："率征秦迮齐。"所谓"征秦"，当即指参与魏攻取秦河西这个战役。

魏文侯接着就发动对中山的大规模进攻。魏和中山间，中隔赵地。魏先向赵借道(见《韩非子·说林上篇》和《赵策一》)，派乐羊为"将"负责进攻，又命令太子击为"守"，负责后方的防守，更命令吴起从河西率师会合进攻①。经过首尾三年的战斗，终于攻灭了中山。因为魏和中山有间隔，魏文侯把太子击封于中山，并派李克为相②，

---

① 《韩非子·说林上篇》和《魏策一》都有"乐羊为魏将而攻中山"的掌故。《魏世家》和《赵世家》都有魏伐中山"使太子击守之"的记载。《六国年表》作"击宋中山"，"宋"乃"守"之误。《韩非子·外储说左上篇》和《说苑·复恩篇》都有"吴起为魏将而攻中山"的掌故。

② 《韩非子·外储说左下篇》记翟黄曰："得中山，忧欲治之，臣荐李克而中山治。"《韩非子·难二篇》又记"李克治中山，苦陉令上计而入多"。《魏世家》载翟璜谓李克曰："中山已拔，无以守之，臣进先生。"

又把乐羊封于中山的灵寿(今河北灵寿西北)。

吴起能在河西、中山连战得胜,不仅由于"善用兵",更由于"廉平,尽能得士心"。吴起常与士兵"同衣食","分劳苦",因而深得士兵爱戴,能在战斗中出生入死。攻中山时,士兵有患痈疽的,吴起亲自跪下而吮其脓,士兵的母亲闻而哭泣,说往年吴起吮其父的创伤,不旋踵就战死了(《韩非子·外储说左上篇》、《史记·吴起列传》)。

三晋伐齐和列为诸侯 这时三晋都很强盛,逐步在中原发展它们的势力,扩充地盘。魏文侯把韩、赵看得如同兄弟,因而得到韩、赵的尊重,成为三晋的盟主和最高统帅。据说韩、赵曾相与为难,都曾向魏借兵,魏文侯都加以拒绝,说韩、赵都是兄弟,韩、赵之君因而到魏朝见(《韩非子·说林下篇》、《魏策一》)。《资治通鉴》就在记载这一掌故之后,作结论说:"魏于是始大于三晋,诸侯莫能与之争。"

公元前四〇五年田悼子去世,发生内乱,田布杀了公孙孙,公孙会(即田会)就在廪丘(今山东鄄城东北)反叛,投靠赵国。田布率兵包围廪丘,于是三晋联合出兵救解。魏将翟角、赵将孔青①、韩将厬羌就与齐军展开大会战,三晋以分散而灵活机动的步兵,包围袭击了排列成密集车阵的齐军,使得齐军损失惨重,"齐将死,得车二千,得尸三万,以为二京(把尸体堆成二个高丘)"(《吕氏春秋·不广篇》)。谋士宁越向孔青建议:不如"归尸以内攻之",认为如果"与之尸而弗取",将使民众"怨上",使得"上无以使下",这就是"内攻之"。因此齐就无法继续抵抗。三晋联军乘胜长驱追击,围攻齐西边的关塞平阴

---

① 魏将,《水经·瓠子水注》引《纪年》作翟角,《水经·汶水注》引《纪年》误作翟员。赵将,《吕氏春秋·不广篇》作孔青,《水经·瓠水注》引《纪年》作"孔屑"。

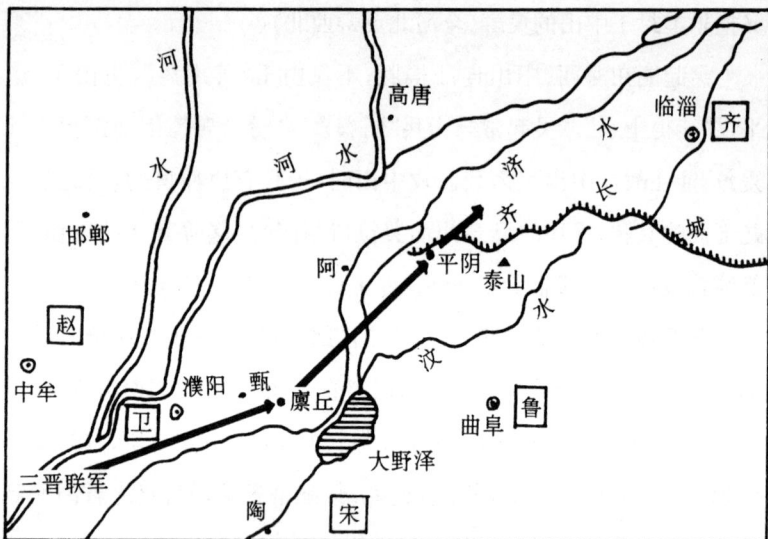

图四十一　三晋伐齐入长城示意图

（今山东平阴东北），并由此攻入齐长城。就是《骉羌钟铭文》所说：
"入长城，先会于平阴。"也就是《淮南子·人间篇》所说："三国伐齐，
围平阴。"（今本"阴"误作"陆"，古"阴"字作"陰"，形近而误）。当时魏
文侯所以命令三晋联军长驱直入，围攻平阴而攻入齐长城，目的不在
兼并土地，要使得齐国执政者屈服，迫使齐君一同去朝见周威烈王，
使周天子命三晋为诸侯。当三晋围平阴时，齐大臣田括子看到了这
点，指出三晋"逾邻国（指宋、卫二国）而围平阴（今本误作"平陆"），利
不足贪也，然则求名于我，请以齐侯往"（《淮南子·人间篇》），于是齐
康公就陪同三晋君主一起去朝见周王，要求周王肯定三晋伐齐入长
城的功绩，要求周王命三晋为诸侯。这时齐康公实际上已成为俘虏，
听命于魏文侯行事，周威烈王也只能从命了。因此魏国史官记此事

是："王命韩景子、赵烈子、翟员（当作翟角）伐齐入长城。"（《水经·汶水注》引《纪年》）韩将屬羌记此事是："赏于韩宗，令（命）于晋公，邵（昭）于天子。"（屬羌钟铭文）《吕氏春秋·下贤篇》因此说：魏文侯"东胜齐于长城，虏齐侯，献诸天子，天子赏文侯以上闻"。因此，周威烈王就于次年（公元前四〇三年），"命韩、赵、魏为诸侯"。《史记·周本纪》和《六国年表》都作"九鼎震，命韩、赵、魏为诸侯"。所谓"九鼎"原是代表周天子的权力的，这样迫使命令卿大夫升为诸侯，按照礼制来说，确是震动天子权力的大事。①

楚、三晋和秦图谋向中原开拓　三晋列为诸侯以后，就图谋向中原地区开拓。当时楚已北上夺到不少郑国土地，楚军的前锋已经到达大梁西南的榆关一带，因而引发三晋和楚的冲突。公元前四〇〇年三晋联军南下伐楚，攻到桑丘而回（《六国年表》，《楚世家》作"乘丘"），这又是魏文侯所主持。《吕氏春秋·下贤篇》以魏文侯"南胜荆于连隄"和"东胜齐于长城"相提并论，连隄即指方城而言，桑丘当在方城附近。公元前三九九年楚把榆关归还郑（《六国年表》），当是在三晋的压力下归还的，因为榆关原是郑地，是沟通南北的重要关塞，成为三晋和楚的争夺目标。公元前三九一年三晋又大败楚于大梁、榆关（《史记·楚世家》）。从此大梁便为魏所有，但榆关仍在楚的手中，直到公元前三七五年才为魏攻取。这时魏已进一步取得襄陵（今河南睢县）等邑。当时齐也图谋在中原开拓，公元前三九〇年齐伐取

---

①　苏时学《爻山笔话》认为《淮南子·人间篇》所述"三国伐齐"的事，与《纪年》、《吕氏春秋》相合，是正确的。他说："据《淮南》所言，正虏齐侯之事实也。《注》言三国为韩、魏、赵，则与《纪年》同。其言求名于我，亦与未为侯时合，盖三家所以命为诸侯，以胜齐之功也，即此书（指《吕氏春秋》）所谓赏以上闻也。"

魏的襄陵(《史记·魏世家》、《六国年表》)。

这时秦已控制函谷关(今河南灵宝东北),并于公元前三九〇年在函谷关东北的陕(今河南三门峡西)设县(《史记·六国年表》),加强防卫。后来陕一度被魏所占有①。从此赵、魏、秦、楚四国之间就长时期展开了争夺中原地区的战争。

田氏列为诸侯　这时齐国的田氏早已取得政权,在公元前三八七年田和曾和魏武侯在浊泽(今河南白沙水库东)相会,由魏武侯派使者请求周天子和诸侯承认田和为侯。次年田和也就列为诸侯了(《史记·田世家》)。

赵、楚和魏、卫的大战　赵国自从赵烈侯进行了改革,到赵敬侯时,开始强大起来,迁都到邯郸。尽管赵敬侯"好纵欲","制刑杀戮如此其无度",但是由于"明于所以任臣","兵不顿于敌国,地不亏于四邻"(《韩非子·说疑篇》)。以前,在三晋屡次联合对楚作战中,韩、魏两国曾取得郑、宋两国的不少土地;赵国由于地势的关系,没有得到什么。公元前三八三年,赵国便大举攻卫了。赵围攻卫的都城濮阳,采用了"蚁傅"(如同蚂蚁爬登城墙而围攻)的战术,并且在濮阳北面建筑刚平城(今河南清丰西南),作为进攻基地。卫在危急中向魏求救,魏武侯为此亲率大军前往救解,大败赵师于兔台。次年卫得魏的帮助攻取刚平,攻破了赵中牟(今河南鹤壁西)的外郭。第三年楚出兵救赵伐魏,楚的先锋深入魏地,越过黄河,与魏战于州(今河南温县

---

① 梁启超《战国载记》(收入《国史研究六篇》),误以为函谷关即今潼关,并说秦的占有函谷关"宜在孝公之世",引贾谊《过秦论》说孝公据崤函之固为证。其实,秦在战国初期早就控制函谷关,否则的话,秦不可能于公元前三九〇年在函谷关东北的陕设县。到公元前三六一年(秦孝公元年)秦又"出兵围陕城"(《史记·秦本纪》),这时陕又被魏所占有,当已退守函谷关。

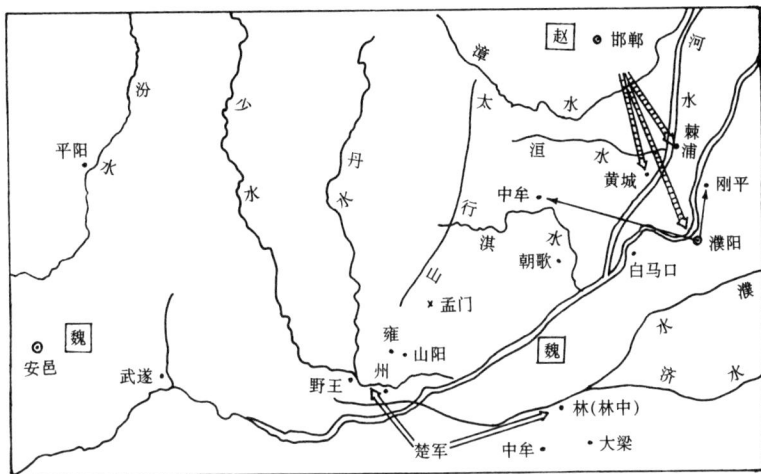

图例：**→** 魏卫联军　**⟹** 赵军　**⟹** 楚军

图四十二　赵、楚和魏、卫交战示意图

东北)西,随后楚的大军攻出梁门(大梁西北的关塞),驻屯于林中(梁门之北),切断了魏河内地区和河东国都安邑之间的联系,造成魏国破碎而危急的局势。赵凭藉楚如此锐利的攻势,进攻魏的河北地区,火攻棘蒲(今河北魏县南),取得大胜,于是南下攻克了魏的黄城(今河南内黄西)。[①]这时吴起正做楚的令尹,指挥楚军深入进攻魏的要

---

　　① 《史记·赵世家》说:敬侯"四年,魏败我兔台。筑刚平以侵卫。五年,齐、魏为卫攻赵,取我刚平。六年,借兵于楚,伐魏,取棘蒲。八年,拔魏黄城"。《六国年表》又说:赵敬侯八年"袭卫不克"。这一次牵连卫、赵、魏、楚四国的战争,《战国策·齐策五》所载苏代说齐闵王,曾有比较详细的叙述:"昔者赵氏袭卫,车舍人不休传,卫国城刚平,卫八门土而二门堕矣,此亡国之形也。卫君跣行,告遡于魏。魏王身被甲砥剑,挑赵索战,邯郸之中骛,河山之间乱。卫得是藉也,亦收余甲而北面残刚平,堕中牟之郭。卫非强于赵也,……藉力于魏而有河东之地。赵氏惧,楚人救赵而伐魏,战于州西,出于梁门,军舍林中,马饮于大河。赵得是藉也,亦袭魏之河北,烧棘蒲,堕黄城。"据此,赵攻魏棘蒲、黄城是一时事,《史记·赵世家》分记在赵敬侯六年和八年,恐有误。

害之地,穿越黄河,拦腰切断魏河内和河东联系的,正是吴起。《史记·吴起列传》称:"吴起相楚,南平百越,北并陈、蔡,却三晋,西伐秦。"当时陈、蔡早已为楚所灭,所谓"北并陈、蔡",当指巩固所占陈、蔡旧地而言。所谓"却三晋",即指这次大战而言。魏卫和赵楚之间这场大战,连续有四年之久,先是赵国受到创伤,后来魏国受到更大的创伤。苏代说齐闵王曾讲到:"故刚平之残也,中牟之堕也,黄城之坠也,棘蒲之烧也,此皆非赵、魏之欲也。"(《战国策·齐策五》)

楚南收扬越和取得苍梧　这时楚国由于吴起变法,国力渐强,所以能大胜魏国。与此同时,吴起曾"南收扬越",取得今江西南部和湖南、广西间的苍梧。本书第五章"楚国吴起的变法"一节中已谈到。广西平乐银山岭发现的战国中晚期墓葬,具体证明了这个历史事实。出土物除实用陶器外,有成套的铜、铁制兵器及生产工具,墓主人当是楚国从事垦耕、防守边塞的武士。这批墓葬和湖南等地早期楚墓有不少相似之处,铜兵器如剑(实茎剑)、矛(扁銎矛)、戈以及铁锄、刮刀等,都具有楚器的特点。只有钺(双肩铲形钺、靴形钺)还保留有扬越的特色。有些铜兵器上还刻有楚国内地的地名,明显是从楚国内地带往岭南的。①这个事实说明苍梧一带自从吴起"南收扬越"以后确实成为楚的领地,中原与岭南经济和文化上的交流就进一

———————

①　平乐银山岭战国墓中出土一件铜戈,刻有地名"江"和"鱼";另有采集的一件铜矛,刻有地名"孱陵",见广西壮族自治区文物工作队《平乐银山岭战国墓》(《考古学报》一九七八年第二期)。江当即春秋时楚所灭江国所在,在今河南息县西。鱼当即春秋时庸国所属的鱼,亦即汉巴郡鱼复县所在,在今四川奉节东。孱陵当即汉武陵郡孱陵县所在,在今湖北公安西。这些铜兵器都是从楚内地带往岭南的。原发掘报告断定这些墓葬是越族的,实际上该是楚国墓葬。

步加强了。

吴起确是个名不虚传的政治家兼军事家,他帮助魏文侯创建了强大的魏国,接着又帮助楚悼王扩展了楚国的南方领土,可惜时间太短,在楚国进行的改革成效不大。

韩灭郑和三晋对外兼并　在赵国攻取卫地的同时,韩国正攻取郑、宋两国的土地。公元前三八五年韩文侯伐郑,攻取阳城(今河南登封东南);又曾伐宋,一直攻到彭城,俘虏了宋君。这时郑国由于楚、魏、韩三国的侵占,国土已很狭小。到公元前三七五年,正当魏国伐楚,交战于榆关的时候,韩国乘机把郑国灭亡了①。从此韩国的领土就大大扩展,并且迁都到郑。

公元前三七二年,赵国继续向卫进攻,攻取了乡邑七十三个。赵国在中原地区也有了扩展。后七年,又攻取卫的鄄(今山东鄄城北)。赵国因为夺取了不少卫国土地,国力进一步强大了。

公元前三七一年,魏国攻取了楚的鲁阳(今河南鲁山),从此魏国在黄河以南便有了比较广大的土地。

三晋自从经过了政治改革,国力逐渐强大,在战国初期的兼并战争中不断地兼并土地。其中以魏国为最强大,在兼并战争中得到的土地也最多。它在西边攻取了秦的河西,在北方取得了中山,在南方又取得了郑、宋、楚三国间的大片土地。

三晋原是长期联合起来向外扩展的,后来它们逐渐强大,各自图谋争夺土地,三晋就分裂了。公元前三七〇年魏武侯去世,公仲缓和

---

① 《战国策·魏策四》说:"郑恃魏以轻韩,伐榆关而韩氏亡郑。"《韩非子·饰邪篇》也说:"郑恃魏而不听韩,魏攻荆而韩灭郑。"至于《西周策》说:"郑恃魏而轻韩,魏攻蔡而郑亡。""蔡"字当为"荆"字之误。

公子莹争夺君位,赵、韩两国乘机进行干涉。赵国企图杀死公子莹,割取魏地;而韩国企图使"魏分为两",削弱魏国,终因意见不合,韩国退兵,公子莹才得打败赵国和公仲缓的军队,继立为国君,他就是魏惠王。从此三晋就在中原自图发展了。

秦与周围少数部族的斗争 在今四川西部和陕西西南部的蜀国,战国初期是比较强盛的。公元前四五一年秦派左庶长在南郑(今陕西汉中)筑城,当是为了防蜀。公元前四四一年秦的南郑反叛,该与蜀有关。到公元前三八七年,蜀攻取南郑(《史记·六国年表》);同年秦伐蜀,攻取南郑(《史记·秦本纪》)①。这时蜀北向和秦争夺南郑,又东向和楚争夺土地。公元前三七七年,蜀伐楚,攻取兹方(今湖北松滋),楚因此修建扞关(今湖北宜昌西)来防御蜀。

公元前四五七年秦厉共公曾率师和绵诸交战;到公元前三九三年,秦又有伐繇诸之举。此后便不见有繇诸的记载,大概它就在这时被秦兼并了。

公元前四四四年,秦曾伐义渠,俘虏了它的王。到公元前四三〇年,义渠就兴师伐秦,深入到渭南(《史记·秦本纪》、《六国年表》作"渭阳",《后汉书·西羌传》作渭阴),说明这时义渠很是强大。

中山的复国 中山在公元前四〇六年被魏攻灭。由于魏和中山间隔着赵国,魏不能强有力地控制中山,等到魏和赵、楚等国混战的时候,魏不能越赵而控制中山,中山就乘机复国了。中山大约在公元

---

① 《史记·六国年表》记秦惠公十三年"蜀取我南郑",《史记·秦本纪》记此年"伐蜀取南郑"。《史记会注考证》云:"纪表前此书秦城南郑及南郑反矣,则南郑非蜀地。"当是此年蜀攻取南郑,秦又伐蜀攻取南郑。

前三八〇年左右复国①。公元前三七七年赵伐中山,战于房子(今河北高邑西南);次年又战于中人(今河北唐县西南,《史记·赵世家》),这时中山当已复国。战国初年中山建都于顾(今河北定县),复国后迁都于灵寿(今河北灵寿西北十多里故城村)。《世本》说"桓公徙灵寿"(《史记·赵世家·索隐》引),桓公当是中山复国后第一个国君。根据近年出土中山铜器的铭文,桓公之后有成公、嚳、蚤。中山原为"白狄别种",但从出土遗迹、遗物来看,到战国时代,它的文化基本上已和中原各国相同,它的文字、器物以及墓葬制度基本和中原文化一致。但是也还保留有部分民族文化的特点,例如用山字形铜器作礼器,建筑顶部脊瓦也作山形,随葬有便于携带的帐架及帐内用器,多少保留有游牧生活的遗风。②

周分裂为西周和东周　韩国企图乘魏国内乱,把"魏分为两"没有成功,接着又和赵国一起乘西周内乱,把周分裂为两小国。周考王把他的弟弟揭分封在河南,即西周桓公,形成一个西周小国。西周桓公去世,其子威公代立。公元前三六七年,西周威公去世,少子公子根和太子公子朝争立,发生内乱,韩赵两国帮助公子根在巩(今河南

---

①　《史记·乐毅列传》只说"中山复国",不言在何时。吕祖谦《大事记解题》卷一周威烈王十八年下说:"及文侯子武侯之世,《赵世家》书与中山战于房子,是时盖已复国。"王应麟《通鉴地理通释》也有相同的看法。蒙文通《周秦少数民族研究》以为《魏世家》、《六国年表》所说魏武侯九年"翟败我于浍",翟即中山,此即中山复国。此说不确。浍距中山在七百里以外,中山与魏之间隔有赵国,中山不可能越赵而攻至浍。中山复国当在周安王二十一年至二十四年间(公元前三八一至前三七九年),当时齐、魏助卫攻赵,楚救赵伐魏,攻至河内战于州西,赵又攻至魏的河北,于是魏不能越赵而控制中山,中山的白狄贵族得附近狄族助力,从而复国。翟败魏于浍,当是狄族助中山复国的余波。

②　参考河北省文物管理处《河北省平山县战国时期中山国墓葬发掘简报》,《文物》一九七九年第一期。

巩县西南)独立,以"奉王(周显王)"为名,洛阳因此也属于东周①。
这样周就分裂为西周和东周两个小国。原来周的领土很小,为韩国
所包围,这时又分裂为两个小国,力量更弱了。

秦、魏石门之战　秦国在秦献公时开始进行改革,废止了殉葬制
度,"初行为市","为户籍相伍",并推行县制。到秦献公晚年,国力转
弱为强。公元前三六六年,魏在武都(一作武堵,又称武城,在今陕西
华县东)筑城,为秦所败;接着秦又打败韩魏联军于洛阴(今陕西大荔
东南),秦开始战胜魏于河西一带②。公元前三六四年秦进而攻入河
东,在石门(今山西运城西南)大败魏军,斩得首级六万,由于赵出师
救魏,秦才退兵。这是秦国第一次大胜利。挂名的天子周显王为此
向秦祝贺,秦献公有了"伯"的称号(《史记·周本纪》)。次年,秦攻魏

---

①　《史记·周本纪》说:"考王封其弟于河南,是为桓公,以续周公之官职。桓公
卒,子威公代立。威公卒,子惠公代立,乃封其少子于巩以奉王,号东周惠公。"据《正义》
引《述征记》和《括地志》,分封东周惠公的事在周显王二年。据《史记·赵世家》,赵成侯
八年"与韩分周为两"。赵成侯八年正是周显王二年,可知东周的分裂出来,是由赵和韩
两国促成的。《韩非子·内储说下篇》载:"公子朝,周太子也,弟公子根甚有宠于君。君
死,遂以东周叛,分为两国。"《韩非子·难三篇》有段话与此略同,只是"公子朝"作"公子
宰"。如此说来,东周是出于公子根反叛而独立。《韩非子·说疑篇》又说:由于滑之"为
祸难","故周威公身杀,国分为二"。《吕氏春秋·先识览》也说:"周威公薨,肂九月不得
葬,国乃分为二。"可见东周的分裂,又由于内乱。赵韩两国是乘西周的内乱,帮助少子
在东部独立,就"分周为两"了。据《韩非子》记载,东周惠公当是西周威公的少子,和西
周惠公是昆仲,《周本纪》把他说成是西周惠公的少子,是错误的。《汉书·古今人表》东
周惠公,注"威公子",是可信的。《周本纪》把东周惠公说成出于分封,不是出于叛立,是
掩饰之辞。据《韩非子》,西周惠公名朝或宰,东周惠公名根;据《周本纪》,东周惠公居于
巩以奉王,而《周本纪·索隐》引《世本》又说:"西周桓公名揭,居河南;东周惠公名班,居
洛阳。"大概东周叛立时在巩,洛阳为周天子所居,因为东周惠王以"奉王"为名,洛阳也
就属东周了。苏秦是东周洛阳人,见《史记·苏秦列传》。《战国策·燕策一》载苏秦对
燕王说:"臣东周之鄙人也。"可知洛阳确属东周。

②　《六国年表》载秦献公二十九年败韩魏洛阴,《资治通鉴》误作洛阳,胡三省《注》谓
即成周之洛阳,大误。当时秦不可能攻到河南洛阳。

的少梁(今陕西韩城西南),赵又出兵来救(《史记·赵世家》)。魏依靠赵的救援才挡住秦的攻势。

韩、赵、秦、魏间的战争和魏迁都大梁　公元前三六二年,韩、赵和魏之间,因利害冲突而发生大战。魏相公叔痤曾大败韩、赵联军于浍水北岸,生擒赵将乐祚,取得赵的皮牢(今山西翼城东北)。就在这年,秦国乘机派庶长国伐魏的少梁(今陕西韩城西南),大败魏军,俘虏了魏相公叔痤,攻取了庞城(即繁庞,今韩城东南)。这年魏国虽然战胜了韩、赵两国,却给秦打得大败。

魏国国都原在安邑,地处河东,受秦、赵、韩三国包围,只有上党山区有一线地可以和河内交通,如果赵、韩联合攻魏,切断上党的交通线,再加上秦的进攻,形势就岌岌可危。因此,在公元前三六一年魏惠王就迁都大梁了。

魏在迁都大梁前后,曾极力图谋在中原开拓土地。公元前三六二年攻取了赵的列人(今河北肥乡东北)和肥(今肥乡西,《水经·浊漳水注》引《竹书纪年》)。这两地就在赵都邯郸东面,造成对赵的严重威胁。次年魏又送给赵榆次(今山西榆次)和阳邑(今山西太谷东北)两邑(《水经·洞涡水注》引《竹书纪年》);同时又取得赵的泫氏(今山西高平,《太平御览》卷一六三和《太平寰宇记》泽州高平县条引《竹书纪年》)。大概也在这个时候,赵把突入魏国境内的旧都中牟(今河南鹤壁西)送给魏国,而魏把繁阳(今河南内黄西北)、浮水一带给了赵国。①公元前三五

---

①　《水经·河水注》说:"左会浮水故渎。故渎上承大河于顿丘县而北出,东径繁阳县故城南。应劭曰:县在繁水之阳。张晏曰:县有繁渊,……亦谓之浮水焉。昔魏徙大梁,赵以中牟易魏,故志曰:赵南至浮水繁阳,即是渎也。"《水经·渠水注》也说:"自魏徙大梁,赵以中牟易魏,故赵之南界,极于浮水,匪(非)直专漳也。"

七年韩派使者把突入到魏国境内的平丘(今河南封丘东)、户牖(今河南兰考北)、首垣(今河南长垣东北)送给魏国,要求交换土地。等到魏以土地与韩交换时,魏又从韩取得了通过太行山的交通要道轵道(在今河南济源西北)和郑鹿(即白马口,今河南浚县东南,见《水经·河水注》引《竹书纪年》)①。这是在魏的压力下,三晋之间调整交换了土地,使得魏在中原的大片土地连成一块,造成十分有利的形势。

魏迁都大梁后的形势　自从魏国迁都到了大梁,战国的形势发生了重大变化,各国间拉拢与国的活动空前活跃起来。就在魏迁都大梁这一年,魏惠王曾和韩昭侯在巫沙(今河南荥阳北)相会(《水经·济水注》引《竹书纪年》)。公元前三五八年,赵成侯和魏惠王在葛孽(今河北肥乡西南)相会(《史记·赵世家》);次年,又在鄗(今河北高邑东)相会(《史记·魏世家》)。同年赵成侯到齐,和齐威王相会(《史记·六国年表》)。同年魏国包围韩的宅阳,迫使韩昭侯和魏惠王在巫沙结盟(《水经·济水注》引《竹书纪年》)。由于魏国对于韩、宋、鲁、卫等国加施压力,到公元前三五六年鲁共侯(或作鲁恭侯)、宋桓侯、卫成侯、韩昭侯都入魏朝见魏惠王(《史记·魏世家·索隐》引《竹书纪年》)。同年赵成侯和齐威王、宋桓侯在平陆(今山东汶上北)相会(《史记·赵世家》、《田世家》),又和燕文公在安(或作阿,今河北高阳北)相会(《史记·赵世家》,《六国年表·集解》引《竹书纪年》作燕成侯)。公元前三五五年,魏惠王曾入齐和齐威王会见,并曾一同

---

① 《水经·河水注》引《纪年》云:"梁惠成王十三年郑釐侯使许息来致地:平丘、户牖、首垣诸邑。及郑驰地,我取轵道与郑鹿。""驰地"当从王念孙、王引之读作"弛地",《尔雅·释诂》云:"弛,易也。""弛地"即交换土地。郑鹿即白马口,《水经·河水注》论证甚明。黄式三《周季编略》以"驰地"为地名,以"与郑鹿"作"与韩以鹿",都是误解。《永乐大典》本《水经注》作"驰地",全祖望、赵一清、戴震等校本改作"驰道",不确。

到郊外田猎(《史记·田世家》);同年又和秦孝公在杜平(今陕西澄城东)相会(《史记·秦本纪》、《魏世家》)。各大国国君的会见如此频繁,就说明了这时期形势的紧张。大国国君相互会见,目的在于争取与国;大国迫使小国入朝,则是为了扩大自己的势力范围。

七强并立形势的形成　魏国由于魏文侯任用李悝变法,最早成为强国。公元前三五六年,秦孝公任用卫鞅变法,秦国也强盛起来。这年正是齐威王元年,齐国也进行政治改革,国势又强大起来。从此中原地区除了中央有强国魏国以外,东西两面又出现了齐、秦两大强国。这时魏、赵、韩、齐、秦等国先后经过社会改革,形成为中央集权的国家。楚国在楚悼王时任用吴起变法,虽然没有取得很大效果,但它原来是个强国。燕国也已在战争中渐露头角,于是七强并立的形势形成了。凡是经过改革的国家,就其国内情况而论,建立了统一的中央集权的政权;但是就全中国来说,却出现了七个割据称雄的国家。为了夺取更多的土地、人口和租税,用当时的话来说,就是所谓"广辟土地,著(籍)税伪(赋)材(财)"(《墨子·公孟篇》),七个强国之间的兼并战争进行得更剧烈了,战争的规模也越来越大了。

三　武器的进步和战争规模的扩大以及战争方式的变化

武器的进步　春秋时代武器都是铜制的,主要的进攻武器有戈、矛、戟、剑、弓矢等。战国时代青铜兵器有显著进步。矛的锋部越来越结实。戈的刃部成弧线形,装柄的"内"部有锋刃,绑扎用的"穿"也增多。由矛和戈相结合的戟很流行,可以兼起刺和钩的作用。箭镞由双翼式变为三棱式。同时由于冶铁技术的进步,矛、戟、剑等武器逐渐改用铁制。例如楚的"宛钜铁釶（矛），惨如蜂虿"（《荀子·议兵篇》），宛地向来以产铁著名。秦昭王也说："吾闻楚之铁剑利。"（《史记·范雎列传》）韩的兵器如剑、戟之类，出于冥山、棠溪、墨阳、合膊、邓师、宛冯、龙渊、太阿，能"陆断马牛，水击鹄雁，当敌即斩"（《战国策·韩策一》），也该是铁制的。中山的力士，穿着铁甲，手执铁杖交战，"所击无不碎，所冲无不陷"（《吕氏春秋·贵卒篇》）。刺客常用的武器有"铁椎"（《史记·信陵君列传》）。

这时不但有了锋利的铁兵器，而且创造了远射有力的弩。弩的起源很早，最初用于狩猎。作战用弩，可能在春秋后期最先出现于楚国。《吴越春秋》记载陈音对越王勾践说"弩生于弓"，弩是由弓进一步发展而成的；又说弩是楚国琴氏所创造，传给楚的三侯，再传到楚灵王（《勾践阴谋外传》）。弩不可能创造这样早，但是到春秋晚期，南方楚、吴、越等国确实已经使用了。孙武的《孙子兵法》，谈到当时的兵器，就有"甲胄、矢弩"（《作战篇》）；又讲到：善于指挥作战的，所造成的"势"是"险"的，所发出的"节"（节奏）是"短"的，"势如彍弩，节如发机"（《势篇》），就是说"险"的"势"好比已经张满的弩那样，"短"的"节"好比正在发射的弩机那样。

中原地区使用弩作战较迟，春秋战国之际还未见使用，大概到战国初期才逐渐使用的。到战国中期，弩的使用就很普遍了。孙膑说："篡卒力士者，所以绝阵取将也；劲弩趋发者，所以甘战持久也。"（《孙膑兵法·威王问篇》）已把"劲弩"看作当时最有力的武器，把"劲弩趋发"看作当时最厉害的战法。弩有"弩机"装置在木臂的后部，"弩机"周围有"郭"，有"牙"钩住弓弦，上有"望山"（《吴越春秋·勾践阴谋外传》称为"教"，《梦溪笔谈》称为"望山"）作为瞄准器，下有"悬刀"（《吴越春秋》称为"关",《释名》称为"悬刀",《武备志》称为"拨机")作为拨机。当发射时,把悬刀一拨,牙就缩下,牙所钩住的弦就弹出,有力地把矢发射出去。这样,弩就可以"发于肩膺之间,杀人百步之外",使得敌人"不知其所道至"(《孙膑兵法·势备篇》)。①近年长沙等地出土的战国时代的弩机,都没有铜郭,看来是依靠手臂力量来张开弓弦的,这是属于"臂张"的一种。根据文献记载,当时的"强弓劲弩",因为弓弦的拉力很大,就有"超足而发"的,是用脚踏力量来张开发射的,这是属于"蹶张"的一种。这时弩的发射力量大小是以它

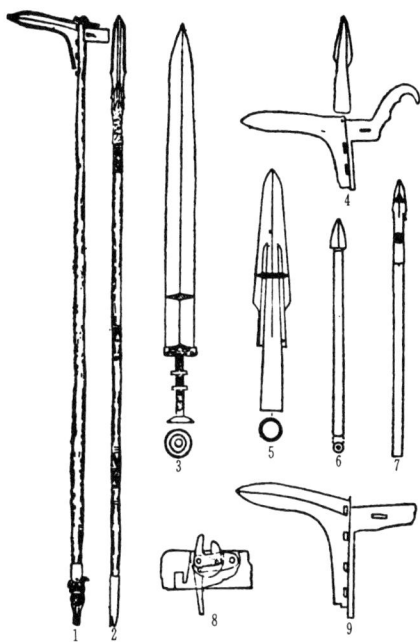

图四十三　战国青铜武器

1.9.戈　2.5.矛　3.剑　4.戟　6.7.镞　8.弩机的拨机结构

---

① 春秋时代主要的进攻武器除戈、矛、弓矢以外,有戟(《左传》宣公二年、襄公十年和二十三年)、剑(《左传》桓公十年、僖公十年、宣公十四年、襄公二十三年和二十六年、昭公二十三年)等。中原地区到春秋战国间还是如此。例如《墨子·非攻中篇》说:"今尝计军上,竹箭、羽旄、幄幕、甲盾……又与矛、戟、戈、剑、乘车。"《墨子·非攻中篇》列举各种武器没有谈及弩,因为它的著作年代在春秋战国间。至于《墨子·备城门》以下讲守城各篇,不但常提到弩,而且有"连弩",因为它的著作年代已在战国后期。现在出土的弩机,以战国时代的为最早。

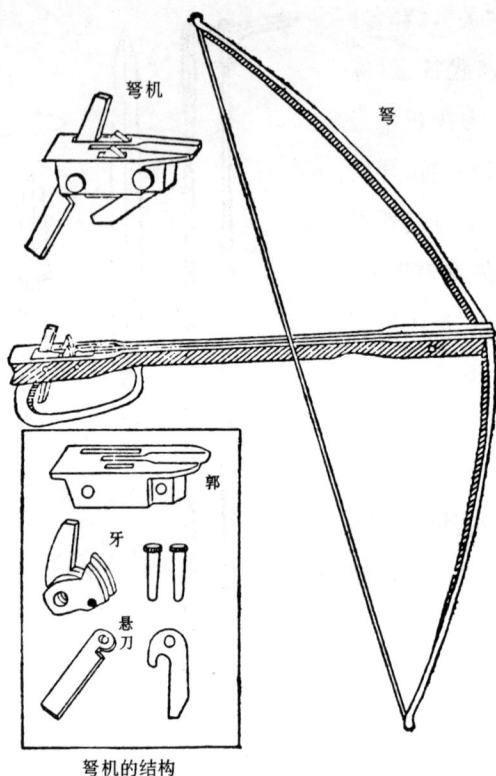

弩机

弩

郭

牙

悬刀

弩机的结构

图四十四　弩和弩机的结构图

这是根据汉代弩机制作的结构图。近年长沙出土的战国弩机和汉代弩机有些不同，没有铜郭，只有木郭，钩住弓弦的"牙"上的"望山"作尖角形，弓弦是用手臂力量张开的。但是河北易县燕下都四十四号墓出土的弩机，"望山"已和汉代弩机相似，木郭（木质部分已朽）下有铁郭底座。文献上记载的"强弓劲弩"，因为弓弦拉力大，采用"超足而发"的办法，依靠脚踏力量张开弓弦。因此它的弩机不可能没有铜郭或铁郭，至少有铁郭底座，否则就不牢固。

的弓弦所能拉动的重量来计算的。例如魏的武卒有"十二石之弩"，就是说它的弓弦可以拉动十二石的重量。当时弩机的制作已很讲究精密，因为"弩机差以米则不发"（《吕氏春秋·察微篇》）。韩国有"强

弓劲弩",称为谿子、少府、时力、距来①,"皆射六百步之外,韩卒超足
而发,百发不暇止"。据说,"以韩卒之勇,被坚甲,蹠劲弩,带利剑",
是可以"一人当百"的(《战国策·韩策一》)。这种用脚踏力量、以机
件来发射的弩,当然射得更远而有力了。到战国末年,进一步有"连
弩"的发明。《墨子·备高临篇》记载有"连弩之车"(参看本书第十一
章第一节)。后来秦始皇在统一全国后出巡到琅邪,就曾"自以连弩
候大鱼出,射之"(《史记·秦始皇本纪》)。

　　春秋战国间,新发明的武器是很多的。除了弩以外,最著名的进
攻工具,有公输般发明的云梯和钩拒。云梯是攻城的工具,钩拒是舟
战的工具。据说公输般曾"为楚造云梯之械成,将以攻宋"(《墨子·
公输篇》)。公输般游楚,"始为舟战之器,作为钩拒之备,退者钩之,
进者拒之,量其钩拒之长而制之为兵"(《墨子·鲁问篇》)。钩拒在敌
人舟师后退时可以把它钩住,在敌人舟师前进时可以把它挡住。

　　战国时代由于矿业的发展和冶铁术的进步,在攻城的包围战中
已开始运用地道战术,在地道战中已开始用冶铁鼓风炉设备作为武
器,往往鼓动"鑪橐",把烟压送到敌方所挖的地道里去,以窒息敌人。
所以《韩非子》把"埋穴伏橐"②和"强弩趋发"同样作为当时最厉害的
作战方式来看待(《八说篇》)。

　　随着进攻武器的进步,防御装备也相应有了进步。这时皮甲还

————————

　　① 《荀子·性恶篇》说:"繁弱、巨黍,古之良弓也。"据王念孙《读书杂志》考订,"距
来"为"巨黍"之误。

　　② "橐",原误作"囊",据《荀子·强国篇》杨注改正。《墨子》有《备穴篇》讲防备敌
人挖掘地道攻城;又讲到在地道战中用"橐"把烟压送到敌方地道中去窒息敌人的办法。
详见第二章第一节注解。陈奇猷《韩非子集释》把"埋穴"解释为"水攻","伏橐"解释为
"火攻",是错误的。

继续使用。皮甲是用一排排长方形的皮甲片编缀而成。大体上牢度
强的皮料制作的皮甲片大些、长些，编缀的皮甲片的排数就少些。
《考工记》说："函人为甲，犀甲七属，兕甲六属，合甲五属。犀甲寿百
年，兕甲寿二百年，合甲寿三百年。"合甲由两层皮革合成，牢度较强，
制成的皮甲片大些、长些，因而它只要"五属"，即五排编缀而成。兕
甲的牢度次之，犀甲的牢度又次之。所以"兕甲六属"，"犀甲七属"。
战国后期随着冶铁技术的进步，开始制造铁胄和铁甲。战国后期纵
横家编造的苏秦游说辞中，已谈到"铁幕"（《战国策·韩策一》、

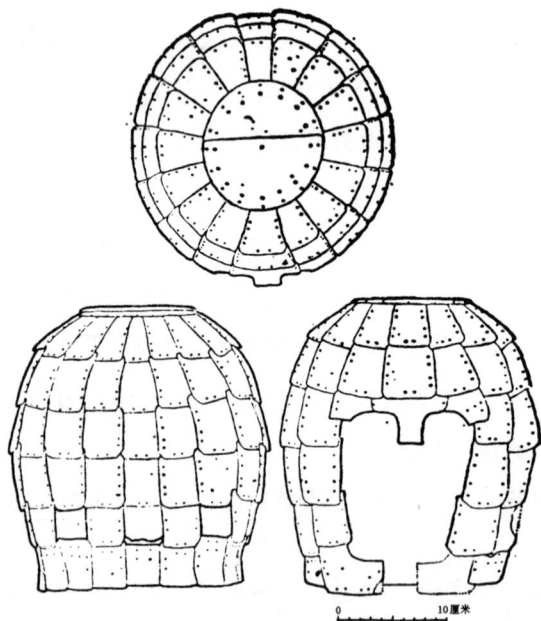

图四十五　铁胄及其结构图

　　铁胄，一九六五年河北省易县燕下都四十四号墓出土。结构图采自河北省文物管
理处《河北易县燕下都 44 号墓发掘报告》，《考古》一九七五年第四期。

《史记·苏秦列传》),"谓以铁为臂胫之衣"(《史记·索隐》引刘氏
说)。《吕氏春秋·贵卒篇》还说中山的力士"衣铁甲"。近年燕下都
出土了一件战国后期的铁胄,是用八十九片铁甲片编缀而成。顶部
用两片半圆形的铁甲片缀成圆形平顶,周围用圆角长方形的铁甲片
从顶向下编缀,一共七排。铁甲片的编法都是上排压下排,前片压后
片。制作已较完善①。近年在秦始皇陵的东侧出土大批披甲陶俑,
身上塑造出的铠甲形象,正是铠甲的模拟物。这些陶俑所披铠甲共
有三种类型,其中一型由披膊和身甲两部分组成,全由甲片联成,甲
片较大,四周不设宽的边缘,是当时秦国军队中主要的防护装备。甲
片的形制和编缀方法,大体上和燕下都出土的铁胄相同。纵编时也
是自上而下编缀,上排压住下排;横编时自中间向两侧编,前片压住
后片。看来这种铠甲在战国后期已经应用②。

各国兵额和参战军队人数的增多 春秋战国间,由于铁兵器的
应用,由于弩和其他新武器的发明,由于士兵的主要成分由贵族及其
"私属"和"国人"改变为农民,战争规模和战争方式就发生了巨大
变化。

这个变化,首先表现在军事上的,是各国兵额的大量增多,交战
双方参战军队的人数增多。

春秋初期各大国军队人数是较少的。虽然晋国从一军、二军增
加到五军、六军,但是几次大战如城濮之战还只用七百乘兵力,鞌之
战还只用八百乘兵力,每乘以三十人计,也只有二万多人。齐国当齐

---

① 参考河北省文物管理处《河北易县燕下都 44 号墓发掘报告》,《考古》一九七五
年第四期。

② 参考杨泓《中国古代的甲胄》上篇,《考古学报》一九七六年第一期。

桓公时,也仅有八百乘兵力,共三万人(《国语·齐语》)。楚国在鲁庄公二十八年伐郑之役,还只用六百乘兵力。到春秋后期,由于县制的推行,兵力就突增了。晋国在鲁昭公时全国有四十九个县,每县有一百乘兵力,共有四千九百乘兵力,鲁昭公十三年晋治兵于邾南,就有甲车四千乘。每乘以三十人计,四千九百乘就有近十五万兵员,再加上另外的"徒兵"等,当更不止此数。楚国当楚灵王时,单是陈、蔡、东西、不羹四个大县,"赋皆千乘",已有四千乘兵力,再加上申、息等县和其他地方的军队,兵力当有万乘,兵员有数十万人。所谓"万乘之国"、"千乘之家"便在这时出现了。到战国时代,各大国的兵额就有三十万至一百万之多:

(一)秦国 有带甲(或作奋击)百万,车千乘,骑万匹(《战国策·秦策一》策士所造苏秦语、《韩策一》、《楚策一》张仪语、《秦策三》范雎语)。

(二)魏国 有带甲三十万或三十六万,防守边疆和辎重部队十万(《战国策·齐策五》策士所造苏秦语、《魏策一》张仪语、《魏策三》须贾语)。它最强大的时期,据说有"武力二十万,苍头二十万,奋击二十万,厮徒(奴隶)十万,车六百乘,骑五千匹"(《战国策·魏策一》策士所造苏秦语)。

(三)赵国 有带甲数十万,车千乘,骑万匹(《战国策·赵策二》策士所造苏秦语)。

(四)韩国 兵卒不过三十万,包括厮徒在内,除了防守边疆关塞的以外,"见卒不过二十万"(《战国策·韩策一》策士所造张仪语,《韩策一》苏秦说有"带甲数十万")。

(五)齐国 有带甲数十万(《战国策·齐策一》策士所造苏秦语)。

（六）楚国　有带甲（或作持戟）百万，车千乘，骑万匹（《战国策·楚策一》策士所造苏秦语、《楚策一》江乙语、《秦策三》蔡泽语、《史记·楚世家》顷襄王十八年弋射者语）。

（七）燕国　有带甲数十万，车七百乘，骑六千匹（《战国策·燕策一》策士所造苏秦语）。

春秋战国间，用兵的数量还在十万左右。《孙子兵法》说："驰车千驷，革车千乘，带甲十万。"又说："日费千金，然后十万之师举矣。"（《作战篇》）更说："凡兴师十万。"（《用间篇》）据说，"吴起之用兵也，不过五万"（《吕氏春秋·用民篇》）。公元前三四一年马陵之战，魏国也不过动用"十万之军"（《战国策·魏策二》）。《墨子》也说："君子必且数千，徒倍十万，然后足以师而动矣"（《非攻下篇》，"君子"下原多"庶人也"三字）。到战国中期以后，参战的军队，数量既多，死伤也多。公元前二九三年秦将白起大破韩魏联军于伊阙，斩首二十四万。公元前二七三年秦白起败魏军于华阳，斩首十五万（《史记·秦本纪》、《魏世家》，《白起列传》作"十三万"）。公元前二六〇年长平之战，秦竟俘虏了赵军四十多万，都活埋了。公元前二五一年燕攻赵，起兵多至六十万，"令栗腹以四十万攻鄗，使庆秦以二十万攻代"（《战国策·燕策三》）。公元前二二五年秦派将军李信带二十万人攻楚，被楚击败；次年改用王翦带六十万人再度攻楚，结果大破楚军。

这时各国军队人数的增多，固然由于人口增加，更主要的是由于各国已普遍实行郡县征兵制度，作战时所有及龄农民都有可能被强迫编入军队，一场大战，双方往往动用几十万人，战争的规模也就达到空前未有的地步。

步骑兵的野战、包围战代替了车阵作战　春秋时代贵族都用马车作战，双方往往排列成了整齐的车阵，然后交战。例如公元前七○七年郑和"王师"、蔡、卫、陈等国交战，郑用左拒（方阵）来当蔡、卫，用右拒来当陈，用中军排列成"鱼丽之阵"来当"王师"。又如邲之战，楚以右拒追逐晋下军，左拒追逐晋上军。又如公元前五五○年齐庄公

图四十六　错嵌燕射水陆攻战画像壶画像（摹本）

　　壶系一九六五年四川成都百花潭中学十号墓出土。高四十点六厘米，口径十三点四厘米，底径十四点二厘米，重四点五公斤。现藏四川省博物馆。画像分三层：第一层右方采桑，左方习射；第二层右方弋射飞雁和习射，左方宴饮和歌舞、音乐；第三层右方舟师交战，左方攻防战。摹本采自四川省博物馆《成都百花潭十号墓发掘记》，《文物》一九七六年第三期。

图四十七　水陆攻战纹铜鉴上的水陆攻战图（摹本）

　　水陆攻战纹铜鉴是河南汲县山彪镇战国墓葬所出土。鉴腹四周有水陆攻战图案，用红色金属镶嵌而成。这里摹绘的是全图的一部分。战士都帻首、束腰、佩剑，所用的武器有弓矢、戈、戟、剑、盾、云梯、弹石等，指挥作战用的工具有旗、鼓、镎等。画中除描写战争场面外，还有犒赏、送别等情景的描写。

图四十八　桑猎宴乐壶上的水陆攻战图

　　桑猎宴乐壶是故宫博物馆的藏品。壶的画面分三层，每层二组。这是第三层，左方描写的是水战，双方战士都乘着船，三人在划船，五人在相对作战。右方描写的是陆战，一方正用云梯攻城，另一方正坚壁防守。

伐卫,顺道伐晋,曾把军队编为六个队,有先驱(前锋军)、申驱(次前军)、贰广(庄公的禁卫队)、启(左翼)、胠(右翼)、大殿(后军)等名目。这种整齐的车阵,一经交战,战败的车阵一乱,就很难整顿队伍、重新排列车阵继续作战,所以胜负很快就决定了。春秋时的大战,如城濮之战、邲之战、鞌之战胜负都在一天内就见分晓,鄢陵之战决胜负也只二日。吴攻入楚国,从柏举一战长驱直入楚都郢,前后也不过十天。可是到战国时代,情况就不同了。战国时代七国"能具数十万之兵,旷日持久数岁"(《战国策·赵策二》赵奢语)。魏惠王"围邯郸三年而弗能取"(《吕氏春秋·不屈篇》);赵武灵王"以二十万之众攻中山,五年乃归";齐相孟尝君联合韩、魏"以二十万之众攻荆(楚),五年乃罢"(《战国策·赵策三》赵奢语),继而又攻秦函谷关,结果是"西困秦三年,民憔悴"(《战国策·燕策一》苏代语)。长平之役,"秦虽大胜于长平,三年然后决,士民倦"(《吕氏春秋·应言篇》)。战国时代用兵所以会旷日持久,固然由于国广城大,"今千丈之城、万家之邑相望也",和以前城"无过三百丈者"、人"无过三千家者"不同(《战国策·赵策三》赵奢语)。但主要的还是由于战斗部队人数的增多、战争方式和战争规模的巨大变化。这时大规模的步骑兵的野战和包围战已代替了整齐车阵的冲击战。①

春秋时代,中原的戎翟居于山林,都用步兵;南方的吴越也大多用步兵,吴王夫差曾以百人为一"彻行",百彻行为一"方阵"(《国语·吴语》)。在中原各国中,郑、晋两国首先单独用步兵作战。公元前七

---

① 《战国策·赵策三》载赵奢对田单说:"今千丈之城,万家之邑相望也,而索以三万之众,围千丈之城,不存其一角,而野战不足用也,君将以此何之?"战国时代的战争,从各次战役看来,的确不外乎野战和包围战。

一九年宋、卫诸国联军曾打败郑的徒兵；公元前五七二年晋合诸侯之师伐郑，又打败郑的徒兵于洧水上；公元前五二二年郑国曾用徒兵进攻萑苻之泽的"盗"；公元前六三二年晋文公曾作三"行"（徒卒）以御翟，公元前五四一年晋和无终及群翟作战，又"毁车以为行"（以上都见《左传》）。郑、晋两国常和戎翟交战，戎翟居山地，不便车战，因而不得不改用步兵制胜。这时由于各国普遍采用郡县征兵制，广泛征发农民参加军队；同时由于铁兵器和远射有力的弩的使用，使得战斗方式不能不作相应的改变。自从铁兵器发明和应用以后，杀伤力大大增加了，特别是弩的发明，箭能更有力地远射，"射六百步之外"，使得密集的整齐的车阵无法抵御，遭受惨重的损失。例如公元前四〇五年，三晋联合伐齐，廪丘一役，就"得车二千，得尸三万"，这样就迫使战争方式不得不放弃传统的车战，改变为步兵的野战。以前车战时，一部分奴隶和平民是被征发来跟从贵族兵车服役或徒步作战的。到这时候，各国军队的主要成分是"徒步匹夫"的农民，农民向来没有御车作战的习惯和专门训练，其改用步兵作战，也是必然的趋势。

至于骑兵的应用，也在春秋战国之间，最初还是和兵车混合编制的。例如知伯要围攻赵，赵襄子曾派延陵生带了兵车和骑兵先到晋阳（《韩非子·十过篇》），部署防务①。后来骑兵发展成为单独的部队，主要是为了配合步兵作战，作为奇袭冲锋之用，所以战国时代各国兵额，"带甲"都有几十万至百万，骑仅五六千匹至万匹。公元前三

---

①　古时作战，载人和运输都用车。马驾车，不单骑。到春秋末年才有骑马的风气。《左传》昭公二十五年："左师展将以公乘马而归。"刘炫、王应麟等都认为"此骑马之渐"。刘炫说见《左传正义》所引，王应麟说见其所著《困学纪闻》。《吕氏春秋·无义篇》说："公孙鞅因伏卒与车骑以取公子卬。"《战国策·齐策一》载孙子对田忌说："使轻车锐骑冲雍门，若是则齐君可正，而成侯可走。"可知战国初期骑兵还是和兵车混合编制的。

○五年赵攻中山,右左中三军由赵武灵王亲自统率,另由"牛翦将车骑,赵希将胡、代、赵"(《史记·赵世家》),"车骑"还只是五军之一。赵武灵王的"变服骑射",是由于胡用骑兵,利用骑战,其势不得不用骑兵为主力。

军事家孙膑曾经指出:"用骑有十利:一曰迎敌始至;二曰乘虚背敌;三曰追散乱击;四曰迎敌击后,使敌奔走;五曰遮其粮食,绝其军道;六曰败其关津,发其桥梁;七曰掩其不备,卒击其未整旅;八曰攻其懈怠,出其不意;九曰烧其积聚,虚其市里;十曰掠其田野,系累其子弟。此十者,骑战利也。夫骑者,能离能合,能散能集;百里为期,千里而赴,出入无间,故名离合之兵也。"(《通典》卷一四九)孙膑所说骑战的十利,充分说明了骑兵奇袭冲锋的作用。既可以乘虚直入,乘胜追击,出其不意,攻其不备;又可以包抄后路,破坏后方。

总的战争方式的变化　总的说来,春秋时代,战争是由数量较少的军队来进行的,军事行动的范围比较狭小,战争的胜利主要靠车阵的会战来取得,在较短的时间内就决定胜负了。到战国时代,由于生产的比较发展,由于集权的君主政权的建立,由于武器的进步和军队以农民为主要成分,军队人数大增了,军事行动的范围比较扩大了,战争方式由车阵作战改变为步骑兵的野战和包围战了,战争也比较带有持久的、长期的性质了。战争的胜负不仅决定于交战国的经济、政治、人口数量和技术水平等条件,而且也决定于一国的民气了。同时进攻方式也比较带有运动性了。例如魏考选武卒,"日中而趋百里"也是考选的条件之一。据说楚国的军队"轻利僄遫(速),卒如飘风"(《荀子·议兵篇》),齐的军队"疾如锥矢,战如雷电,解如风雨"(《战国策·齐策一》)。这时进攻手段的运动性已成为胜利的必要条

图四十九　金银错铜镜上刺虎图

　　金银错铜镜,传河南洛阳金村出土。这是铜镜花纹的一部分,描写一个骑在马上的武士拿着匕首和虎搏斗的情景。这个武士头戴兜鍪,身穿皮甲,由此可看到当时骑兵的形象。

件,"后之发,先之至"已成为"用兵之要术"(《荀子·议兵篇》临武君语),所谓"急疾捷先,此所以决义兵之胜也"(《吕氏春秋·论威篇》)。迂回的运动的战略也已开始应用,例如长平之战,"秦奇兵二万五千人绝赵军后,又一万五千骑绝赵壁间"(《史记·白起列传》),因而战争就比较错综复杂,战争的指挥已成为一种技艺,兵法要比以前讲究了。春秋以前的军队,都由国君和卿大夫亲自鸣鼓指挥,到春秋战国之际就产生了专门指挥军队的将帅和军事家。

四　战争中防御手段的进步

　　关塞亭障的防守　　战国时代,由于战争的频繁、战争规模的扩大和运动战略的开始运用,各国不得不防备敌人的突然进攻,因此防御手段也跟着进步。

在车阵作战时期,交战双方往往避开运动困难的地形。愈是平原地区,愈是好的会战场所。战争往往发生于两国"封疆"间的平原地区,直到不能作战的时候才守险要之地。例如公元前五五五年晋伐齐,齐人拒之于平阴,凤沙卫曾说:"不能战,莫如守险。"(《左传》襄公十八年)春秋时各国边界上虽已建立关、塞,但平时往往不驻兵防守,必待有战事才防守(顾栋高《春秋大事表》卷九《春秋列国不守关塞论》)。到战国时代,由于武器的进步,农民成为军队的主要成分,战争改用步骑兵为主力,经常采用野战和包围战的方式,险要之地往往成为防御战和争夺战的中心地点。例如齐、魏间最大的战役马陵之战,是在"道狭而旁多阻隘"的地区进行的,结果魏军中伏大败(《史记·孙子列传》)。秦、赵间几次大战也都在有山险的上党地区进行,公元前二七〇年的阏与之役,秦、赵两军"道远险狭,譬之犹两鼠斗于穴中",结果赵将赵奢居高临下,大破秦军(《史记·赵奢列传》)。正因为险要的地形在作战中大可利用,当时各国都在边境和交通要道上利用山水之险建设关塞。

楚国在春秋时,北边已设有冥阨、大隧、直辕三塞(都在今河南信阳南),东边设有昭关(今安徽含山东北);到战国时,更在西边设有扞关(今湖北宜昌西),东北设有符离塞(今安徽宿县东北),南方设有无假关(今湖南长沙西北),西南边境设有厉门塞(今广西平乐西南)①,

---

① 《史记·甘茂列传》说楚国"南塞厉门而郡江东",《战国策·楚策一》误作"南察濑胡而野江东"。《史记正义》引刘伯庄说:"厉门,度岭南之要路。"按《水经·漓水注》:"漓水之上有关。""漓"、"厉"声近,厉门当即漓水之关,在今广西平乐西南。

还在郢都以南靠近长江设有木关(鄂君启节的舟节铭文)。赵国为了防御游牧部族,在东北设有无穷之门(今河北张北以南)、句注塞(今山西代县西)和鸿上塞(今河北唐县西北倒马关),在西北设有高阙塞(今内蒙古乌拉特中后联合旗西南)和挺关(今陕西榆林西北),在太行山的交通孔道还设有井陉塞(今河北井陉西娘子关一带)。燕国在北方设有令疵塞(今河北迁安西)和居庸塞(今河北昌平西北居庸关)。秦国在秦献公时,东边有郑所塞(今陕西华县以东),北边有焉氏塞(今宁夏固原东南);后来随着占有土地的扩大,在东边设有函谷关(今河南灵宝东北),还利用原来已有的殽塞(今河南三门峡东南),在东南设有武关(今陕西商南西北)。函谷关和武关是秦国防御东方六国进攻的重要关塞。东方六国合纵攻秦,首先进攻的目标就是函谷关。沿黄河西岸有临晋关(今陕西大荔),在函谷关以西还设有湖关(今河南灵宝西)。《吕氏春秋·有始览》列举当时天下的"九塞"是:大汾(属魏)、冥阨、荆阮、方城(以上三塞属楚)、殽(属秦)、井陉、句注(以上二塞属赵)、令疵、句庸(以上二塞属燕)。汉代桑弘羊曾列举战国时代七国的关塞,总结说:"关梁者,邦国之固,而山川社稷之宝也。"(《盐铁论·险固篇》)

战国时代各国重要关塞,都驻有军队防守,设有官吏掌管。关门的开闭有一定的时间,行人的进出要经过检查,需要通行证件,运载货物经过还要征税。这时各国政府从关塞上征收的税,已成为重要的财政收入。例如信陵君建议魏王"存韩安魏",主张从韩的上党到魏的安城中间共、宁地区,设关"出入赋之","其赋足以富国"(《史记·魏世家》)。当时过关的通行证件是符或节,《周礼·地官·掌节》说:"门关用符节。"鄂君启节铭文说:"女(如)载马牛台(以)出内

（人）关，则政（征）于大赝（府），母（毋）政（征）于关。"鄂君启节是封君运载货物过关的免税通行证件，规定如果运载马牛过关，必须向楚王的大府纳税，不必向关塞纳税。一般商人运载货物过关，则必须向关塞纳税。当时各国边境的关塞是驻有重兵防守的。例如秦公子连（即秦献公）原来流亡在魏，当他趁秦国内乱回国夺取君位时，先想从郑所塞进入，被守塞吏拒绝；再从焉氏塞进入，被守塞的庶长菌改迎入。当时边境的关塞不但驻有重兵防守，还要检查来往的行人。如果没有通行证件是不准过关的。又如孟尝君从秦国出逃，夜半过函谷关，为了蒙混过关，"更封传，变名姓"；因为"关法鸡鸣而出客"，孟尝君食客中"有能为鸡鸣而鸡尽鸣"的，于是孟尝君才得"发传出"（《史记·孟尝君列传》）。当时关吏还有检查行人所带财货的制度。例如秦昭王罢免魏冉的相职，"使归陶，因使县官（指国家）给车牛以徙，千乘有余。到关，关阅其宝器，宝器珍怪多于王室"（《史记·范雎列传》）。又如公孙龙"乘白马，无符传，欲出关，关吏不听"（《太平御览》卷六四六引桓谭《新论》）。

战国时代，不仅平时有兵驻守关塞，而且已设亭、障守望。亭是边疆土台（四方土堆）上的建筑，是瞭望台性质的，为国防上最前线的守望处所。障是规模较大的城堡，有尉驻守①。同时边境上已有报

---

① 《战国策·韩策一》策士所造张仪的话说："料大王之卒，悉之不过三十万，……除守徼亭、障、塞，见卒不过二十万而已矣。"《魏策一》又说："魏地方不至千里，卒不过三十万人，……卒戍四方，守亭、障者参列，粟粮漕庾不下十万。"可知战国时代各国边境已有亭、障等设备。《韩非子·内储说上篇》载：吴起为魏西河守，"秦有小亭临境"，"不去则甚害田者"，这就是秦边境上的亭。贾谊《新书·退让篇》说"梁之边亭与楚之边亭皆种瓜"，这种亭已和秦、汉时代边境上的亭性质相同。战国末年著作的《墨子·备城门篇》说城上设亭来防守，每个亭设有一个尉。《史记·白起列传》载：秦昭王四十七年六月"陷赵军，取二鄣四尉"。可知战国时代的鄣也已设尉防守。

警的烽燧设备①。

各国内地长城的建筑　春秋战国间,由于农民在农业生产中取得丰富的经验,提高了建筑堤防的技术,各大河流都陆续建筑了大规模的堤防。当时在进行兼并战争中,由于战争规模的扩大和战争方式的运动性,很需要建筑大规模的防御工程,就利用建筑堤防的技术,把边境上原有的大河堤防加以扩建,把原来的水利工程改造成为军事上的防御工程。公元前四六一年秦国曾"堑河旁"(《史记·秦本纪》),公元前四一七年秦又"城堑河濒"(《史记·六国年表》),不断地在黄河旁建筑防御工事,目的在于防止魏的进攻。到公元前四〇八年,秦的河西已完全失守,退守到洛水,也就"堑洛"(《史记·秦本纪》)了。这些堑、城堑都是由河的堤防扩建而成的。比较大规模的,比较长的,也就称为长城了。中原各国在内地建筑长城的情况大体如下:

(一)楚方城　楚的长城叫方城,东半部早在春秋时代就已有了。东半部从鲁关(今河南鲁山西南鲁阳关)起,向东经犨县(今鲁山东南),到达潕水,折向东南,到达泚阳(今河南泌阳),形成矩形。这是利用山脉高地连结潕水和泚水的堤防筑成,所以方城也称连

---

　　①　战国时各国边境已普遍设有烽燧等报警设备,例如《史记·信陵君列传》说:"北境传举燧,言赵寇至。"《李牧列传》称李牧"日击数牛飨士,习射骑,谨烽火"。秦新郪虎符铭文说:"燔燧事,虽毋会符,行殹(也)。"战国末年著作的《墨子·号令篇》说:"与城上烽燧相望,昼则举烽,夜则举火。"《墨子·杂守篇》说:"亭一鼓,寇烽,惊烽,乱烽,传火以次应之,至主国止。其事急者,引而上下之。烽火以(已)举,辄五鼓传,又以火属之,言寇所从来多少。……望见寇,举一烽;入境,举二烽;射妻(要),举三烽,一蓝(鼓);郭会,举四烽,二蓝(鼓);城会,举五烽,五蓝(鼓);夜以火如此数。"从这里,可知当时用烽火报警,已有各种不同的记号。烽是用滑车悬挂在木杆上的,可以"引而上下之"。火就是苣火,也就是火炬,用火光来传达警报,一般是在夜间使用的。

堤。《吕氏春秋》曾说：魏文侯"南胜楚于连堤，东胜齐于长城"（《下贤篇》）。到战国时代楚顷襄王时，又扩建西半部，从鲁关向西，东北连翼望山（今河南栾川南），南向到达穰县（今河南邓县），"累石为固"，又形成另一个矩形。方城大概就是由于它筑成矩形而得名。①

（二）齐长城　齐国也较早修建了它的长城。公元前四〇四年，三晋曾伐齐入长城（《水经·汶水注》引《竹书纪年》、屬氏编钟铭文）。到公元前三六八年，赵又侵齐到长城（《史记·赵世家》）。齐的长城也是利用原有的堤防连结山脉陆续扩建而成的，到公元前三五〇年，齐又曾"筑防以为长城"（《史记·苏秦列传·正义》引《竹书纪年》）。由于齐的长城是由堤防接连扩建而成的，所以也称为"长城钜防"（《战国策·秦策一》策士所造张仪语、《燕策一》苏代语、《史记·楚世家》顷襄王十八年弋射者语）。齐长城也是陆续修筑成的。大概西部先筑成。齐长城西端起于防门，防门早在春秋时已扩建为防御工程。公元前五五五年晋联合中原各国伐齐，齐在平阴（今山东平阴东北）

---

① 《左传》僖公四年载屈完说："楚国方城以为城，汉水以为池。"以往有的注释家因为汉水是水名，认为方城是山名。但《左传》襄公二十六年载伯州犁说："此子为穿封戌，方城外之县尹也。"《左传》昭公十三年载叔向说："有楚国者，其弃疾乎？君陈、蔡，城外属焉。"杜注："城，方城也。"可知方城该是长城，不是山名，否则不能把县说在方城外，更不能把方城简称为城。《水经·沅水注》引盛弘之说："叶东界有故城，始蟹县，东至溠水，达沘阳界，南北联，联数百里，号为方城，一谓之长城云。"又说："郦县有故城一面，未详里数，号为长城，即此城之西隅，其间相去六百里。北面虽无基筑，皆连山相接，而汉水流而南。"《史记·赵世家·正义》引《括地志》说："故长城在邓州内乡县东七十五里，南入穰县，北连翼望山，无土之处，累石为固。楚襄王控霸南土，争强中国，多筑列城于北方，以敌华夏，号为方城。"据此，西半部是楚顷襄王时所筑。盛弘之所说东半部，当春秋时代已有。方城的东西两半部以鲁关为中心。鲁关以东该是春秋时所造，鲁关以西该是楚顷襄王时所造。

集结兵力进行抵御,"堑防门(平阴古城南三里)而守之广里(平阴古城西北)"(《左传》襄公十八年)。防门原为堤防之门,"堑防门"就是扩建堤防为防御工程。战国初期三晋多次攻入齐长城,说明齐长城的西部在战国初期已建成,到公元前三五〇年"筑防以为长城",是进一步扩展长城。齐长城从防门起,东向经五道岭,绕泰山西北麓的长城岭,经历泰沂山区,一直到小朱山入海。[①]

(三)魏长城　魏长城是利用洛水(北洛水)的堤防扩建而成的,所谓"魏筑长城,自郑滨洛以北,有上郡"(《史记·秦本纪》)。《盐铁论·险固篇》也说:"魏滨洛筑长城。"南端起于郑(今陕西华县),越渭水和洛水,经历今大荔、澄城、洛川等县,沿洛水东岸的堤防北上。[②]

(四)魏中原长城　《后汉书·郡国志》河南郡下说:"卷有长城,经阳武到密。"《史记·苏秦列传·集解》和《索隐》引徐广说同。这条长城从黄河边的卷(今河南原阳西)开始,东向到阳武(今原阳东南),

---

①　《后汉书·郡国志》济北国下云:"卢有平阴城,……有长城至东海。"《水经·汶水注》说:"〔泰〕山上有长城,西接岱山,东连琅邪巨海,千有余里,盖田氏之所造也。"《史记·楚世家·正义》引《太山郡记》说:"太山西北有长城,缘河经太山千余里至琅邪台入海。"又引《齐记》说:"齐宣王乘山岭上筑长城,东至海,西至济州,千余里以备楚。"又引《括地志》说:"长城西北起济州平阴县,缘河历太山北岗上,经济州、淄州,即西南兖州博城县北,东至密州琅邪台入海。"齐长城的西端起于平阴古城南三里的防门。《水经·济水注》引京相璠说:"平阴城东有长城,东至海,西至济,河道所由,名防门,去平阴三里。"张维华《齐长城考》(《禹贡》半月刊第七卷第一、二、三合期),根据地方志所载遗迹,推定齐长城从防门(今平阴东北)起,入今长清西南境,东向经五道岭,入长清东境,东北行入泰安,绕泰山西北麓的长城岭(即大横岭)东行,经历莱南界,沿章丘、莱芜两县交界,经博山东南行,入胸临、沂水两县交界曲折东行,越穆陵关,经安邱西南界之太平山,入日照北境,经诸城南境,到胶南县小朱山入海。

②　《史记·魏世家·正义》以为魏"塞固阳"的固阳,就是汉的固阳县,在今河套外乌拉特的东北。但这时魏国的领土远不能到达这里,不足信。

折往西南行,到达密(今河南密县东北)。①这是公元前三五八年魏国所筑。《水经·济水注》说:"案《竹书纪年》梁惠成王十二年(公元前三五八年)龙贾率师筑长城于西边。亥谷以南,郑(按即韩国)所筑矣,《竹书纪年》云是梁惠成王十五年筑也。"这是说这条长城的亥谷以南一段为韩所补筑。《淮南子·说林篇》说:"秦通崤塞而魏筑城也。"高注:"魏徙都大梁,闻秦通治崤关,知欲来东兼之,故筑城设守备也。"魏国防备秦国越过崤关东来兼并的"城",就是这条在大梁以西的长城。

(五)中山长城 公元前三六九年所筑(《史记·赵世家》)。

(六)赵的南长城 公元前三三三年所筑(《史记·赵世家》),是由漳水、滏水(今滏阳河)的堤防接连扩建而成的②,即赵武灵王所谓"我先王因世之变,……属阻漳、滏之险,立长城"(《史记·赵世家》武灵王十九年)。从当时战争形势来推断,大体上这条长城从今河北武安西南起,东南行沿漳水,到今磁县西南,折而东北行,沿漳水到达今肥乡南。

(七)燕的南长城 是由易水的堤防扩建而成的,当时即以"易水长城"连称(《战国策·燕策一》策士所造张仪语)。根据《水经·易水注》和《滱水注》,结合现存遗迹和地方志所记载的遗迹,这条长城从长城门(今河北易县西南)起,穿过北易水,沿着南易水东

---

① 《水经·阴沟水注》说:"右渎东南经阳武城北,东南绝长城;经安亭北,又东北会左渎,左渎又东绝长城。"《水经·渠水注》又说:圃田泽"在中牟县西,西限长城"。

② 《史记·赵世家》肃侯十七年"筑长城",《正义》说:"刘伯庄云:盖从云中以北至代。按赵长城从蔚州北,西至岚州北,尽赵界。又疑此长城在潭水之北,赵南界。"这时所筑长城,自当以"赵南界"之说为是。潭水乃漳水之误。

向,经过汾门(今徐水西北),再沿着南易水和滱水(今大清河)而走向东南的。①

边地长城的建筑　到战国后半期,赵、燕、秦三国受到东胡、匈奴、林胡、楼烦等游牧部族的侵扰。这种游牧部族的侵扰对于边境人民和农业生产是非常有害的。而这些游牧部族精于骑射,战争的运动性较大,因而赵、燕、秦三国又运用在内地筑长城的经验,在北境建筑长城:

(一)赵的北长城　建筑于赵武灵王破林胡、楼烦之后,所谓"筑长城,自代并阴山下,至高阙为塞"(《史记·匈奴列传》)。根据留存的遗迹来看,赵北长城大体上有前后两条:前条在今内蒙古乌加河以北,沿今狼山一带建筑;后条从今内蒙古乌拉特前旗向东,经包头北,沿乌拉山向东,沿大青山,经呼和浩特北、卓资和集宁南,一直到今河北张北以南。②

---

①　《水经·易水注》说:"易水又东届关门城西南,即燕之长城门也。……易水又东历燕之长城,又东经渐离城南,……易水又东经武阳城南。"这是北易水。《水经注》又说:"易水又东流,屈经长城西,又东流南经武隧县南、新城县北。……俗又谓是水为武隧津,津北对长城门,谓之汾门。……易水东分为梁门陂,易水又东,梁门陂水注之,水上承易水于梁门,东入长城,东北入陂,……陂水南通梁门淀,方三里,淀水东南流出长城,注易,谓之范水。"这是南易水。《水经·滱水注》又说:"滱水东北至长城,注于易水者也。"由此可知,燕南长城从长城门(即关门城)穿过北易水,沿着南易水东向,经过汾门再向东,再沿南易水和滱水(今大清河)而走向东南。这一带的地方志记录有这条长城的遗迹,有些遗迹至今还保存。今徐水县解村瀑河上游东岸,南起石龙山,北至黄山,沿河岸有土城约长十公里,就是这条长城一部分的遗迹,见《考古》一九六五年第一期《河北徐水解村发现古遗址和古城垣》。

②　张维华《赵长城考》(《禹贡》半月刊第七卷第八、九合期)引当时绥远通志馆的《绥远通志》(稿本)说:"最近《采访录》载:包头县境内有古长城,东自什拉淖起,沿大青山及乌喇山之麓西行,至西山嘴子而止,长凡二百六十余里,为土石所筑,高二三尺以至六尺不等,或断或续,尚多存在,而以什拉淖至城塔汗之一段为较完整云。"

（二）燕的北长城　　建筑于燕将秦开破东胡后。这条长城在现存长城的二百公里以北，在今内蒙古赤峰以北还保存有遗址。根据实地调查，赤峰红山北方沿西路夏河北岸有燕长城遗址向东延伸着，遗存的显著部分经过老爷庙、八家子、撒水波等村，全长约三十多里。长城壁有的地方用土建筑，有的地方用石块建筑，现存二三米至四五米高不等。它跨山越谷，远望过去，气势很雄伟。在这段长城上接连筑有三个小城堡，当即所谓障。西端可以和今赤峰东北卓苏河南的土城、小城堡相接连。在长城遗址内外的山上分布有不少小城堡遗址。在这些城堡里出土有重线山形纹半圆形瓦当、"明刀"钱、"一刀"圆钱、铜镞、云纹瓦当、绳纹瓦、绳纹陶片等。由这些出土物看来，可知这段长城确是燕长城的遗址。[①]

（三）秦长城　　建筑于秦昭王灭义渠后，是沿陇西郡、北地郡的北边建筑的（《史记·匈奴列传》）。西端起于临洮（今甘肃岷县），沿洮水北上，东行到今渭源北，又西北到古狄道（今甘肃临洮），又北到今皋兰，沿黄河，经今兰州东北行，折而进入今宁夏。现在渭源北十里的北山上，临洮窑店驿的长城坡，皋兰小西湖的黄河沿岸，兰州的城墙北部，都保存有秦长城的遗址。[②]

后来秦始皇统一全中国后，令蒙恬征发人民所筑的伟大工程——长城，便是以赵、燕、秦三国原有的长城为基础的。

秦、汉时代的武装编制、战争规模和战争方式是沿袭战国时代

---

① 这段长城遗址是一九四二年发现的。见佟柱臣《赤峰附近新发见之汉前土城址与古长城》，沈阳博物馆专刊《历史与考古》第一号，一九四六年十月出版。

② 见顾颉刚《史林杂识初编》——《甘肃秦长城遗迹》和《文物》一九六四年第六期《临洮秦长城、敦煌玉门关、酒泉嘉峪关勘查简记》。

的,秦、汉时代的国防建设也是沿袭战国时代的规模,而统一后建设得更完整了。

五　兵法的讲求和军事学的发展

兵法的讲求　春秋时代贵族已有讲兵法的书,叫做《军志》,提出了一些简要的作战原则。例如说:"先人有夺人之心,后人有待其衰。"(《左传》昭公二十一年)就是说,先发制人可以起"夺人之心"的作用;如果敌人先发,就得等待敌军疲惫之后再反攻。《军志》反映了贵族的思想观点,例如说:"有德不可敌","允当则归"(无求过分),"知难而退"(《左传》僖公二十八年)。春秋战国间,由于兼并战争规模的扩大和战争方式的改变,产生了专门指挥作战的将帅和军事家。许多军事家总结了战争的经验,并从事于军事理论的研究,著成论兵法的书,这在文化上也是一种重要的贡献。春秋晚期孙武所著的《孙子兵法》,是我国现存最早的一部兵书,长期以来作为古代军事名著,在军事学术史上有重要的地位。到战国时代,兵法的著作很多,最著名的有《齐孙子》(孙膑兵法)、《公孙鞅》(卫鞅兵法)、《吴起》(吴起兵法)、《庞煖》(庞煖兵法)、《兒良》(倪良兵法)、《魏公子》(信陵君集宾客所著的兵法)等(以上见《汉书·艺文志》)。又有《司马穰苴兵法》,也是战国时代所编著的(《史记·司马穰苴列传》)。汉初张良、韩信整理兵法书,共得一百八十二家,其中战国时代的军事家占大多数,由此可知,军事学是战国时代最发展的学问之一。

《汉书·艺文志》把军事学著作分为兵权谋家、兵形势家、兵阴阳家和兵技巧家四类。兵权谋家"以正守国,以奇用兵,先计而后战",

着重讲求战略战术的运用,兼采其他各派的长处。这是兵家学派中最主要的一派,《艺文志》著录有十三家(汉代有两家),以《孙子兵法》和《孙膑兵法》为主要代表。兵形势家讲求军事行动的运动性和灵活性,所谓"雷动风举,后发而先至,离(分离)、合(汇合)、背(后退)、乡(向前),变化无常,以轻疾制敌"。其实这是当时军事家普遍重视的作战原则。《孙子兵法·军争篇》讲的就是这种道理。《荀子·议兵篇》载临武君论兵法,也有这样的见解,认为"用兵之要术",在于"上得天时,下得地利,观时之变,后之发,先之至";"善用兵者,感忽(变化倏忽无常)悠暗(行动神秘莫测),莫知其所从出"。《艺文志》著录兵形势家有十一家(汉代有三家),现存的只有《尉缭子》。从《尉缭子》一书内容来看,兵形势家虽也讲求战略战术,而重点在于确立必胜的形势。兵阴阳家讲求"顺时而发,推刑德,随斗击,因五胜(即五行相胜)、假鬼神而为助",带有浓厚的迷信色彩。《艺文志》著录兵阴阳家十六家,有多种是假托黄帝君臣的作品。兵技巧家讲求武艺的训练和体育的锻炼,参见本书第十二章第四节。

孙武的军事理论 孙武,春秋末年人,齐国田氏的后裔,来到吴国后,帮助吴国改革图强,得到吴王阖闾的重用。当时吴国"西破强楚,入郢,北威齐晋,显名诸侯,孙子与有力焉"(《史记·孙子列传》)。著有《孙子兵法》十三篇。近年从山东临沂银雀山汉墓出土竹简中,还发现了《吴问篇》等佚文。

孙武总结了春秋末年及其以前的战争经验,创立了适应时代需要的军事理论。主要有下列五点:

(一)把"令民与上同意"的"道"作为决定战争胜败的首要因素。孙武提出决定战争胜败的基本因素,有所谓"五事"和"七计"。"五事"即"道"、"天"、"地"、"将"、"法";"七计"即"主孰有道? 将孰有能?
天地孰得? 法令孰行? 兵众孰强? 士卒孰练? 赏罚孰明"(《计篇》)。
他把"道"作为"五事"的首位,把"主孰有道"作为"七计"的首位,就是
把"道"作为决定战争胜败的首要因素。按照孙武的解释,"道"是"令
民与上同意也",就是要使民众与君上的意愿一致,能够为君上出生
入死。实质上孙武的所谓"道",就是适应时代需要的政治原则。这
样把"道"作为决定战争胜败的首要因素,表明他在一定程度上认识
到政治是关系到战争胜败的决定因素。与此同时,他还注意到了民
众对战争的态度、天时地利等客观条件、平时严明的管理和训练、战
时正确的指挥和赏罚等问题,认为所有这些也都是决定战争胜败的
基本因素。

(二) 把"知彼知己"(《谋攻篇》)看作正确指导战争的先决条件。
孙武认为关系到战争胜败的因素,随时随地客观地存在于战争双方。
战争指导者要充分了解彼己双方的情况,正确判断敌情,作好充分的
应敌准备,找出双方的行动规律,从而确定自己的作战方案,以战胜
敌人。《孙子兵法》中所阐述的一系列作战原则,都是以"知彼知己,
百战不殆"这个思想为基础的。这一思想在今天看来,仍然是科学的
真理。

(三) 在作战指导上强调"致人而不致于人"(《虚实篇》),就是要
依靠主观努力取得战争的主动权,善于调动敌人而不被敌人所调动。
孙武提出:"故善动敌者,形之,敌必从之;予之,敌必取之。以利动
之,以卒待之。"(《势篇》)这就是说,善于调动敌人的将帅,伪装假象
迷惑敌人,敌人就会听从调动;投其所好引诱敌人,敌人就会受骗上
当。用小利去调动敌人,用重兵来掩击敌人。他又主张:"能而示之

不能,用而示之不用,近而示之远,远而示之近。"(《计篇》)就是能攻而装作不能攻,要打而装作不要打,要向近处而装作要向远处,要向远处而装作要向近处,等等。总之是通过"示形"即以假象诱骗和调动敌人,使敌人发生错觉而陷于被动地位;同时自己就能利用有利态势,主动、灵活地打击敌人。

(四)在作战指导上还主张"我专而敌分"(《虚实篇》),就是要集中优势兵力,打击分散的敌人。孙武认为必须明察敌情而不让敌人了解我的真情,即所谓"形人而我无形",使得敌人不知道"吾所与战之地",处处防守,兵力分散。我就可以集中兵力,做到"我专为一,敌分为十"。我"以十攻其一","以众击寡",就能取得战争的胜利(《虚实篇》)。这个"我专而敌分"的原则,是有重要价值的。

(五)在作战指导上更主张"因敌而制胜"(《虚实篇》),就是依据敌情变化而采取灵活战法以争取胜利。孙武认为作战中正兵和奇兵必须互相配合,"以正合,以奇胜"(《势篇》),通常是用正兵当敌,用奇兵取胜。但是这种奇正的变化是不可穷尽的。对待不同的敌人要采取不同的对策,遇到不同的地形要采取不同的作战措施,敌我双方兵力对比不同要采取不同的作战方式,敌情发生变化要随时作出相应的机断处置。他把作战方式因敌情而变化,比作水流因地形而变化,说:"故兵无常势,水无常形,能因敌变化而取胜者,谓之神。"(《虚实篇》)所谓"神",是指智谋特别高超。孙武关于"奇正之变"和"因敌而制胜"的论述,反映了他的讲求灵活机动的作战指导思想,这在两千多年以前也是难能可贵的。

战国时代的军事家,经常运用《孙子兵法》的理论来指挥作战。例如孙膑在马陵之战中提出他的作战方案时,所引用的兵法,就是依据《孙子兵法》的①。孙武的军事理论,为历来军事家所推重。但是其中也存在着一些糟粕和消极的成分。例如公然提出愚兵政策,把"能愚士卒之耳目,使之无知"作为"将军之事"(《九地篇》);又如笼统地主张"归师勿遏(拦阻),围师必阙("阙"通"缺",留缺口),穷寇勿迫(追逼)"(《军争篇》),等等。这些都反映了孙武军事思想中的时代的局限性。

孙膑的军事理论　孙膑,战国中期齐国人,孙武的后裔,曾与庞涓一起从师学习兵法。后来庞涓在魏国当了将军,自以为才能不及孙膑,将他骗到魏国,借故处以膑刑(去膝盖骨),并加以软禁。孙膑后来在齐国使臣帮助下秘密回到齐国,由于齐将田忌的推荐,被齐威王任为军师。他协助田忌打过几次胜仗,其中桂陵之战和马陵之战最为著名。著有《孙膑兵法》八十九篇,久已失传,近年从临沂银雀山汉墓中发现了《孙膑兵法》竹简,共三十篇,一万一千多字,有残缺。

《孙膑兵法》在《孙子兵法》的基础上,进一步总结了战国中期以前的战争经验,提出了不少有价值的作战指导思想和原则。主要有下列五点:

(一)发展了孙武所说的"道",把"道"看作战争的客观规律。孙膑认为懂得"道",就是认识有关战争的各方面实际情况,包括天道、地理、民心、敌情和战阵等等(《八阵篇》),从中找出客观规律,从而预见战争的胜负。所以说:"先知胜、不胜之谓知道。"(《陈忌问垒篇》)他还认为取胜有五个条件,"知道"是其中的主要条件。他说:"恒胜

---

① 孙膑说:"兵法:百里而趣利者蹶上将,五十里而趣利者军半至。"(《史记·孙子列传》)就是《孙子兵法·军争篇》说的:"五十里而争利,则蹶上将军,其法半至;三十里而争利,则三分之二至。"

有五：得主专制（将帅有指挥全权），胜；知道，胜；得众（得到群众拥护），胜；左右和（将帅同心协力），胜；量敌计险（正确判断敌情、估量地形险易），胜。"（《篡卒篇》）

（二）发展了孙武"我专而敌分"的理论，提出了以寡胜众、以弱胜强的战法。孙膑主张激励士气，团结士众，采用种种方法使敌人骄傲、疲劳、迷惑、力量分散，然后"我并卒而击之"，就是集中优势兵力，各个歼灭敌人（《威王问篇》）。他认为兵多、国富、武器精良不一定能够取胜，"以决胜败安危者，道也"。就是说，决定胜败安危的关键在于掌握战争的客观规律。因为掌握了战争规律，就"能分人之兵，能按人之兵"，分散而牵制敌人，能做到这点"则锱铢（兵力少）而有余"，否则的话"则数倍而不足"（《客主人分篇》）。孙膑这种敢于战胜强敌的思想，反映了当时杰出兵法家的进取精神。

（三）发展了孙武"任势"的理论，强调创造有利的作战态势。孙膑认为有利的作战态势是可以争取和创造的，关键在于掌握主动，因势利导。孙武在《地形篇》和《行军篇》中讲了利用地形行军作战的原则，孙膑又进一步主张"便势利地"，根据各种不同的地形，创造有利的作战态势。"易（地形平坦）则多其车（战车），险（地势险阻）则多其骑（骑兵），厄（两旁高峻而狭窄的地形）则多其弩"，做到自己占据有利地形，打击居于不利地形的敌人，即所谓"居生击死"（《八阵篇》），使自己军队"四路（进、退、左、右）必彻（畅通），五动（进、退、左、右、默然而处）必工（完善）"，使敌人陷于"四路必穷，五动必忧"的困境，从而战胜敌人（《善者篇》）。

（四）主张"必攻不守"的战略。孙膑认为"权"是"所以聚众"的，"势"是"所以令士必斗"的，"谋"是"所以令敌无备"的，"诈"是"所以困敌"的,都是需要的,但是"兵之急者",还是"必攻不守"(《威王问篇》),就是主张以进攻为主,而不以防御为主的战略。《十问篇》就敌我双方力量对比的各种不同情况,提出了不同的进攻方法。例如对于凭坚固守之敌,进一步发展了孙武"攻其所必救"的战法。他说:"攻其所必救,使离其固(离开险要地形和工事),以揆其虑(揣度其行动意图),施伏设援(设伏诱敌),击其移庶(攻击正在移动中的敌众)。"(《十问篇》)

(五)重视城邑的进取和阵法的运用。孙膑和孙武不同的一点,就是孙膑比较重视攻城。这是由于当时城市已成为政治、经济和文化的中心,人力和财富大量集中到城市,城市已成为必争之地。同时由于兵器和攻城器具进步,为攻城战提供了有利的物质条件。孙膑把难攻的城称为"雄城",易攻的城称为"牝城"。《雄牝城篇》就论述了"雄城"和"牝城"在地形上的特点。《十阵篇》还论述了十种阵法的特点和作用。

战国时代的兵家,和孙武、孙膑齐名的有吴起。《汉书·艺文志》著录《吴起》四十八篇,已失传;今本《吴子》六篇,出于后人掇拾编辑,已非原书。此外著名的兵家有赵、魏将领带佗、兒(倪)良[①]和王廖等人。《吕氏春秋·不二篇》论述他们的不同主张说:"孙膑贵势,王廖贵先,兒良贵后。"《吕氏春秋》的《论威》、《决胜》等篇,采取有兵家的理论。例如《论威篇》主张用兵"急疾捷先";《决胜篇》主张因敌而制胜,认为必须用"隐"胜"阐"、用"微"胜"显"、用"积"胜"散"、用"抟

---

① 《易林·益之临》说:"带佗、兒良,明知权兵,将师合战,敌不能当,赵、魏以强。"可知带佗、兒良是赵、魏将领,其事迹不详。

(专)"胜"离"等等。

尉缭的军事学　《汉书·艺文志》兵形势家著录有《尉缭》三十一篇,今存二十四篇,一九七二年山东临沂汉墓中出土有《尉缭子》残简,同于今本。第一篇《天官篇》开头就是:梁惠王问尉缭曰:"黄帝刑德,可以百胜,有之乎?"尉缭子对曰:"刑以伐之,德以守之! 非所谓天官、时日、阴阳、向背也。黄帝者,人事而已矣!"梁惠王所说"黄帝刑德",当即兵阴阳家"顺时而发,推刑德"之说,因而尉缭加以反驳,认为"非所谓天官、时日、阴阳、向背也"。全书讲的都是保证军事上必胜的政策法令和措施,是尉缭献议给梁惠王以供采择的。所以从首篇到末篇,不断有"臣闻"、"臣谓"、"臣以为"、"明举上达,在王垂听也"等等措辞,还有"听臣之言"、"用臣之术"可以保证取得何种成果的话。

作者认为取胜有三种:"讲武料敌",使得敌人"气失而师散",这叫"道胜";"审法制,明赏罚,便器用",使得人民有"必战之心",这叫"威胜";"破军杀将","溃众夺地",这叫"力胜"(《战威篇》)。这三种"胜"都是必须讲究的,但是因为这书不是提供给将领指挥作战用的兵法,而是献给国王以供采择的大计方针,因此所讲重点在于取得"威胜"的"审法制,明赏罚,便器用"方面。

(一)主张推行法家政策,造成政治上"必胜"的形势。作者如同法家一样主张"举贤任能"、"明法审令"、"贵功养劳"(《战威篇》)。主张用爵禄来奖励"农战"(《制谈篇》)。主张"治本",招抚流亡,开垦荒地,"民流者亲之,地不任者任之"(《兵谈篇》)。主张藏富于民,认为"王国富民,覆国富士"(《战威篇》)。还主张顺应自然而发展生产,减轻人民负担,国家要有一定的"取与之度"。他说:"太上神化,其次因物,其下在于无夺民时,无损民财。"(《治本篇》)又说:"均地分(原误作"均井地",今从银雀山竹简本改正),节赋敛,取与之度也。"(《原官篇》)

(二)主张通过法令制度确立军事上"必胜"的形势。书中有《重刑令》,规定对战败、投降或逃跑的各级将领用重刑。又有《伍制令》,规定伍(五人)、什(十人)、属(五十人)、闾(一百人)等各级军队组织中,有干令犯禁而知情弗揭者,同罪连坐;上下各级将领中,有干令犯禁而知情弗揭者,同样要连坐。又有《分塞令》,规定各支军队划分地区设塞防守,使得"内无干令犯禁","外无不获之奸"。又有《束伍令》,规定每伍有失人者要罚,有得人者有赏,同时上级将领得诛杀下级将领。又有《经卒令》,规定三军采用各种不同色彩的旗帜和徽章,以便于指挥。又有《勤卒令》,规定使用金、鼓、铃、旗四者指挥作战的方法。更有《将令》,规令国君任命将军的法令。又有《踵军令》,规定后继部队如何前进会合大军的步骤。

(三)主张从战略上建立战斗"必胜"的形势。作者推崇孙武和吴起(《制谈篇》),曾三次举出吴起临战情况作为榜样(《武议篇》)。作者很重视战略的运用,讲究奇正的配合,主张避实击虚。例如说:"正兵贵先,奇兵贵后,或先或后,制敌者也。"(《勤卒令》)又如说:"先料敌而后动,是以击虚夺之也。""善用兵者,能夺人而不夺于人"(《战威篇》)。作者主张进攻敌国,要深入其地,绝断通道,占据大城,进攻要塞,选择其"城邑空虚而资尽者,我因其虚而攻之"(《攻权篇》)。

(四)主张从战备上保证"必胜"的形势。作者认为建筑城邑的大小,必须与土地的肥瘠相称,与居民的多少相称,与积粟的多少相称。要做到"三相称",才能"内可以固守,外可以战胜"(《兵谈篇》)。

还认为"委积不多则士不行","器用不备则力不壮"(《战威篇》)。

《六韬》伐灭敌国的谋略　《六韬》共六卷六十篇,是战国前期兵
权谋家假托太公望讲究用兵伐灭敌国的谋略。据说周文王将往渭阳
(渭水之阳)田猎,史官占卜得吉兆,说可以得到天遣的太师,文王前
往果然遇见钓鱼的渔夫太公望,经一席话,文王就"载以俱归,立为
师"。后来周文王和武王就用太公所献计谋灭亡殷商而取得天下。
公元前二七一年范雎初次游说秦昭王,一开始就讲这个故事而以太
公自比,可见这个故事当时已很流行。《六韬》当原是《汉书·艺文
志》道家著录的《太公》一书的一种选本,这时《太公》一书当已广泛流
传。《史记·齐世家》载有这个故事,而且讲到周文王"与吕尚(即太
公)阴谋修德以倾商政,其事多兵权与奇计,故后世之言兵,及周之阴
权,皆宗太公为本谋"。"韬"原是指用兵的谋略,今本《六韬》分为《文
韬》、《武韬》、《龙韬》、《虎韬》、《豹韬》、《犬韬》六卷,疑出于后人所追
加。主要内容有如下六点:

(一)重视将军的选择和作战参谋人员的组合。认为将必须具
有"勇、智、仁、信、忠"五材(《论将篇》),选将必须依据"八征",从"辞
(言辞)、变(应变)、诚(忠诚)、德(德行)、廉(廉洁)、贞(坚贞)、勇(勇
敢)、态(态度)"八方面加以观察(《选将篇》)。辅助将军指挥作战的
参谋人员需要七十二人,既要有总揽计谋的心腹,从多方面考虑注意
的谋士;又要有精通天文、地利、兵法和讲究防守的人才,善于管理运
送积蓄粮食和供应饮食的人才,掌管符节、号令和往来出入的人才,
主管侦察四方军情和进行间谍工作的人才,以及主持会计财务的人
才。也还要使用游士"主伺奸候变,开阖人情,观敌之意,以为间谍";
使用术士"主为谲诈,依托鬼神,以惑众心";使用方士"主百药,以治

金疮(刀伤),以痊万病"(《王翼篇》)。

(二)主张对敌国先加"文伐"而采取"因顺"谋略。所谓"文伐"是指不使用武力而促使敌国瓦解崩溃的谋略,其中主要的谋略是要"因之",就是要因顺和增强敌国君主的欲望,使欲望过度而走向反面。"夫攻强必养之使强,益之使张,太强必折,太张必缺"(《三疑篇》)。"因其所喜,以顺其志,彼将生骄,必有好事。苟能因之,必能去之"(《文伐篇》)。"因之"就可以达到"去之"的目的。这和《老子》所说:"将欲歙之,必固(姑)张之;将欲弱之,必固强之;将欲废之,必固兴之。"意思是相同的。当春秋、战国之际晋国知伯向魏桓子强索土地时,谋士任章就曾引《周书》说:"将欲败之,必姑辅之;将欲取之,必姑与之。"(《韩非子·说林上篇》、《战国策·魏策一》)意思也相同。所谓《周书》该即指《太公》这部书,看来《太公》一书春秋、战国之际已有。所谓"文伐"也还包括促使敌国政权瓦解和敌国君主腐化堕落的手段,如离间其所亲、阴赂其左右、辅其淫乐、养其乱臣等等。

(三)重视设备各种攻守用的器械,特别重视行军进攻用的器械。大军出发前进,前后有称为武冲、大橹、小橹的战车卫护,武冲有八尺的车轮,一车有二十四人推动行进,车上设有绞车连弩,两翼由材士操强弩矛戟卫护。设置营垒,前后有称为天罗、虎落、行马、蒺藜的障碍设备加以卫护。天罗和虎落都是广一丈五尺,高八尺。渡越沟渠有称为飞桥、转关辘轳的设备,飞桥广一丈五尺,长二丈以上。横渡大江有称为天潢、飞江、飞海、绝江的设备。攻城围邑有称为轒辒、临冲的战车,还有称为云梯、飞楼的爬登器械,见《军略篇》和《军用篇》。

(四)主张引兵深入敌国之地。如《必出篇》讲引兵深入敌国被围,应如何突出和如何横渡大水广堑;《动静篇》讲引兵深入敌国,和敌军两阵相望,应如何使用伏兵陷其左右或击其前后,从而得胜;《绝道篇》讲深入敌国如何利用地理形势长久坚守;《略地篇》讲攻克城邑的战斗方略;《火战篇》讲深入敌地休止时如何利用周围草地起火防守;《林战篇》讲深入遇大林如何在林战中得胜;《敌武篇》讲深入遇到武车、骁骑来犯如何加以击走;《乌云山兵篇》讲深入遇到高山磐石而四面受敌如何应战得胜;《乌云泽兵篇》讲深入而临水相拒如何应战得胜;《分险篇》讲深入相遇于险阨之地如何应战得胜。

(五)主张所有计谋、攻守设施和军事活动都严守秘密,必须"阴其谋,密其机,高其垒,伏其锐士,寂若无声,敌不知我所备"(《兵道篇》)。这里所谓"阴谋"是指秘密计谋,就是《史记·齐世家》所说"阴谋修德以倾商政",与后世把暗中计谋做坏事称为"阴谋"是不同的。具体说来,就是对于敌国先要采取"文伐"的谋略,然后再实施武攻的谋略。当引兵深入敌国的时候,必须使用"阴符"和"阴书"。所谓"阴符",是指君主秘密发给将军的兵符,必须把兵符内容严守秘密,按此行动而不泄漏消息,如有泄漏就要处死(《阴符篇》)。所谓"阴书",是指君主秘密指示将军的书信和将军秘密报告君主的书信。因为将军引兵深入敌地,形势有发展变化,不是原有"阴符"所能说明,君主需要按新的形势有所指示,将军也须及时向君主报告和请示。"诸有阴事大虑当用书"(《阴书篇》)。

(六)重视士卒的教练和选拔(《练士篇》、《教战篇》),特别重视"车士"和"骑士"的选拔(《武车士篇》、《武骑士篇》)。

《史记·苏秦列传》称苏秦"得《周书阴符》,伏而读之,期年以出揣摩,曰由此可以说当世君矣"。《战国策·秦策一》作苏秦"得《太公阴符之谋》,伏而诵之"。可知苏秦所读的《周书阴符》,就是《太公阴符之谋》,当即《汉书·艺文志》著录的《太公》一书。所以别名《太公阴符之谋》,因为《太公》一书所讲的就是太公献给周文王和武王的阴谋伐灭殷商而取得天下的谋略,这是执行周文王和武王所发伐灭殷商的"阴符"的。所以又称为《周书阴符》,当时把《太公》这部书看作周代著作,上文讲到任章所引《周书》所说"将欲败之,必姑辅之;将欲取之,必姑与之",王应麟认为所谓《周书》就是苏秦所读的《周书阴符》(《困学纪闻》卷二)。苏秦为燕间谍而暗中策划攻破齐国的计谋,就是从《太公》这部书所讲"文伐"得到启发的。

　　后期墨家的守城战术　墨子主张"非攻",反对大国进攻小国,因此很讲究守城的战术,而且有实际行动。当公输般为楚造云梯将以攻宋的时候,墨子前往劝阻,公输般"九设攻城的机变",墨子"九拒之",并且说:"臣之弟子禽滑釐等三百人,已持臣守圉(御)之器在宋城上而待楚寇矣。"(《墨子·公输篇》)后来墨家保持这个传统,当楚悼王末年,墨者钜子孟胜就曾率领弟子一百八十多人为楚的阳城君"守国"而战死。《墨子》书中《备城门篇》以下二十篇,讲墨子传授给弟子禽滑釐防守围城的战术,重视建筑守城的防御工程,使用防御的器械和武器,主张针对敌人所用的各种攻城战术,分别加以抵御和反击,具有"兵技巧家"的性质。如《备高临篇》讲抵御敌人堆积柴土、利用器械,居高临下进攻的战术,《备梯篇》讲抵御敌人使用云梯爬城进攻的战术,《备水篇》讲抵御敌人使用方舟运载高车而居高临下进攻的战术,《备蛾(蚁)傅篇》讲击退敌人如蚂蚁那样爬登城墙而进攻的战术,《备穴篇》讲反击敌人挖掘地道攻入城内的战术,都是总结了当时防守围城的战术经验而制定的。例如所讲反击敌人的地道战术是，当敌人从城外挖掘地道通向城内时，必须先沿城脚掘井，以新罌用薄皮裹口，使聪耳者在井中伏罌静听，从而察知敌人所挖地道的所在，挖掘地道前往迎接，等到快要掘通时，就建筑炉灶，烧柴艾，用木板把地道挡住，使有一孔通向敌方地道，用橐（鼓风皮囊）来鼓风，把烟压送到敌人地道，或者把整个井穴作为炉灶，烧柴艾，用盆把井口封住，只留一孔，用橐来鼓风，把烟压送到敌人地道中，从而窒息敌人。

六　马的外形学（相马法）的进步

良种马的培养和伯乐的相马法　这时由于两个方面的需要，对于良种马的需求大为增广。第一是由于通讯的需要。当时官府通讯依靠"驿传"，或者称为"遽"。原来每三十里设有休息替换的站头，即《管子・大匡篇》所说"三十里置遽委"。这时各国为了加强中央集权的统治，需要迅速传达命令和转送文件，改为每五十里（约合今三十五里）设置站头。韩非说："夫良马固车，五十里而一置，使中手御之，追速致远，可以及也，而千里可日致也。"（《韩非子・难势篇》）这样用快马通讯，可以日行千里，因而有千里马之称。第二是由于战争的需要。当时战争方式改变，步骑兵的野战和包围战代替了车阵作战，骑兵有着袭击冲锋的作用。特别是秦、赵、燕三国与善于骑射的游牧部族为邻，需要加强骑兵的作战能力，因此秦、赵、燕一方面从北方游牧部族引进马的良种，例如荀况说："北海有走马吠犬焉，然而中国得而畜使之。"（《荀子・王制篇》）李斯《谏逐客书》说：秦王所"乘纤离之马"是个宝，就不是秦出产而是外来的。另一方面秦、赵、燕等国都已讲究对良马的驯养，例如燕国有牧养"狗马之地"，有著名的

"燕、代良马"①。

随着良马需求的增广,人们从马的驯养中积累了许多识别良马的经验,相马法就逐渐产生。据说古代有十个著名的相马者,善于从马的各个部分的外形(口齿、颊、目、髭、尻、胸胁、唇吻、股脚等部分),识别出良马来,成为鉴定马的材能和选种的专门技术。到春秋中期和末期,秦国和晋国先后出现了两个伯乐,使这种马的外形学发展到相当高的水平。春秋中期秦穆公臣孙阳伯乐,是个相马专家。秦国原是以养马著名的国家,这时出现像伯乐这样的相马专家不是偶然的。春秋、战国之际赵简子家臣邮无恤(一作邮无正),字子良,又称王良,更是个杰出的御马者和相马专家。因为王良擅长于相马,就沿用伯乐这个相马专家的名号。②《吕氏春秋·观表篇》在叙述十个善于相马者如"寒风相口齿、麻朝相颊"等人之后,接着说:"若赵之王良,秦之伯乐,方九堙,尤尽其妙矣。"说明前后两个伯乐都由于总结了前人相马的经验,能够"尤尽其妙",才能成为杰出的相马者。其中后一个伯乐,即赵之王良,后来居上,超过了前一个秦之伯乐。这是时代的需要所促成的。

《淮南子·道应篇》讲到伯乐和秦穆公的答问以及推荐方九堙的情

---

①　《战国策·赵策二》记纵横家所造苏秦游说辞,说:"大王(指赵王)诚能听臣,燕必致毡裘狗马之地。"《战国策·楚策一》记苏秦游说辞,说:"大王(指楚王)诚能听臣之愚计,……燕、代良马、橐他(驼)必实于外厩。"

②　善于相马的伯乐先后有两人:其一为秦穆公臣,见《吕氏春秋·精通篇》、《分职篇》和《淮南子·俶真篇》高诱注。《通志·氏族略四》注说善相马的孙阳伯乐是秦穆公子,不确。《淮南子·道应篇》述及秦穆公对伯乐说:"子之年长矣,子姓有可使求马者乎?"伯乐认为其子"皆不材",因而推荐方九堙。这不像是父子之间的问答。另一个是赵简子家臣邮无恤,字子良,善御,见《左传》哀公二年。邮无恤又作邮无正,号伯乐,见《国语·晋语九》。邮无正亦称王良,见《吕氏春秋·审分篇》和《淮南子·览冥篇》高诱注。《吕氏春秋》中既以王良为善御者,又以为是善相马者。而韩非子则以伯乐为善相马者,王良(一作王子期、王于期)为善御者。汉初的《淮南子》甚至误分伯乐和王良为两人。例如《淮南子·主术篇》说:"故伯乐相之,王良御之,明主乘之,无相御之劳而致千里者。"

况。秦的伯乐认为,对一般良马可以从其"形容筋骨"来观察,对于"天下之马"就必须观察到"天机",要"得其精而忘其粗,在其内而忘其外",就是说必须做到由表及里,去粗得精。韩非曾多次谈到赵的伯乐。他说:伯乐教两人相"踶马"(一种后足能踢的马),带着两人到赵简子的马厩中相马,一人相马的后足,指出其中一匹是"踶马";而另一人进一步相马的前足,认为这马前足担负不起全身的重量,后足就不能踢。说明伯乐教人相马,注意到各个方面,防止片面性。韩非又说伯乐教其所憎者相千里马,而教其所爱者相驽马,因为千里马难得碰到,相马挣钱慢;而驽马天天有交易,相马挣钱快(《韩非子·说林下篇》)。特别值得注意的是,韩非还说:"发齿吻,相形容,伯乐不能以必马;授车就驾而观其末涂,则臧获不疑驽良。"(《韩非子·显学篇》)。就是说:光是看马的口齿和外形,伯乐也不一定能够肯定马的好坏;只有让马拉着车,看马跑到路途的尽头,就是奴隶也分得清马的优劣。赵的伯乐(即王良)正因为他善于驾御马,充分掌握驾御各种马的实践经验,才能认识到马的外表特征和它内在的品质、材能的密切联系,才能由表及里,从许多外表特征鉴别出马的"节(品级)之高卑,足之滑易(乱跑或快速),材之坚脆,能之长短"(《吕氏春秋·观表篇》),发展了马的外形学,对相马法作出了贡献。后来汉武帝时东门京铸造铜马(铜质良马模型),东汉马援著《铜马相法》,就是在伯乐相马法的基础上发展起来的。

当时除相马法以外,相鸡狗法也已讲究。荀况曾批评名家辩论坚白异同是"狂惑戆陋之人","曾不如相鸡狗之可以为名也"(《荀子·王制篇》)。说明战国时已有因善于相鸡狗而出名的。

马王堆出土的帛书《相马经》 长沙马王堆三号汉墓出土的帛书《相马经》,从它的文体类似赋和文中提到南山、汉水、江水这些情况来看，大概是战国晚期楚国人的著作。全书有三篇（其中第三篇就是第一篇的解释），没有书名和篇目，共五千二百字①。主要讲的是对马的目、睫、眉骨等部位的相法，该是出于抄录者的爱好，只抄录了这部书的相目的部分。第一篇说："得兔与狐，鸟与鱼，得此四物，毋相其余。"第三篇解释说："欲得兔之头与其肩；欲得狐周草与其耳，与其盹；欲得鸟目与颈膺；欲得鱼之耆（鳍）与膌（脊）。"说明作者相马，不仅注意眼睛，更注意到头、肩、耳、盹、颈、膺、鬐、脊等等部位。

这部书把良马分成一般良马、国马（或称"国保"，即"国宝"）和天下马（或称"天下保"，即"天下宝"）三等。这和《庄子·徐无鬼篇》所说"相马"有"国马"和"天下马"之别是一致的。第一篇讲到"伯乐所相，君子之马"，说明作者所讲的是以伯乐的相马法为基础的。还说"吾请言其解"，说明作者的意图是要进一步解释伯乐的相马法。第二篇在详细叙述马目的相法之后，根据相马法中的一些话，引出了十五个相连贯的答问，例如说："法曰：眼大盈大走、小盈小走，大盈而不走何也？"又如说："能为变者良也，能变而不良者何也？"说明作者针对原来相马法上的结论而提出疑问，以便作进一步的解释。作者在十五个相连贯的答问中，从马眼的盈满程度、眼的光泽、眼的活动能力、睫毛和眼外肌的功能等等，说明与马是否善走的关系；还把马的躯体和目力能否适应环境变化，归因于"起居"（生活条件）是否适宜和"通利"（消化代谢）是否正常。这部书中有很多术语不容易理解，有待于我们作进一步探索。仅就我们已经理解的部分，已能看到战国时代的相马法已相当进步和细密了。

---

① 马王堆汉墓帛书《相马经》释文，《文物》一九七七年第八期。

第八章　合纵、连横和兼并战争的变化

一　魏和齐、秦大战以及魏、齐、秦等国陆续称王

魏国的进一步强大　魏国自从魏文侯任用李悝实行变法,就开始强盛起来。到魏惠王时,进一步实行改革,国力也就进一步强大起来。魏惠王所实行的改革,主要有下列三点:

(一)兴修水利,开发川泽。开始开凿鸿沟,从黄河开凿运河通向圃田泽,再从圃田泽开沟渠引水灌溉,接着又从大梁城外开凿大沟从圃田泽引水灌溉。同时,开放逢泽"以赐民"(《汉书·地理志》注引《竹书纪年》)。

(二)开创选拔"武卒"的制度。采用按一定标准考选的办法来选拔"武卒",并给以优待,"复其户,利其田宅"(《荀子·议兵篇》),即免除全户赋役和田宅的赋税,军队的战斗力因此得到加强。所以《汉书·刑法志》说"魏惠以武卒奋"。

(三)加强防备和控制交通。公元前三五九年魏与韩交换部分

土地,魏取得了轵道(今河南济源一带)的要道,控制了通过太行山的交通线。公元前三五八年魏派"龙贾帅师筑长城于西边"(《水经·济水注》引《竹书纪年》),这是在大梁以西建筑长城,用来防备秦国进攻中原的。

齐、魏桂陵之战　在魏国进一步强大的同时,齐国由于齐威王进行改革而强大起来,秦国由于卫鞅变法而强大起来。等到魏国迁都大梁,各大国纷纷活动,争取与国,并迫使小国入朝,以谋扩张势力。公元前三五七年魏和韩结盟,解除了魏对韩宅阳(今河南原阳西南)的围攻,归还釐(在宅阳西南)于韩,次年鲁、卫、宋、韩四国君主入朝于魏。到公元前三五四年,大国间的战争便爆发了。

公元前三五四年,赵国为了兼并土地和扩张势力,进攻卫国,卫国原来是入朝魏国的,当然不是魏国所能允许的,因而魏国就起兵伐赵(《战国策·秦策四》),率宋、卫联军包围了赵都邯郸(《史记·赵世家》、《魏世家》)。次年,赵向齐求救,齐以田忌为将,孙膑为军师,率军前往救援。孙膑认为,魏攻赵,精锐在外,内部空虚,如果"引兵疾走大梁",魏军必回救本国,这样可以"一举解赵之围而收弊于魏"(《史记·孙子列传》)。田忌采纳了这个作战计划。

当时魏将庞涓带兵八万,到达茌丘,将围攻邯郸。田忌也带了八万齐军,依照孙膑的意见,一方面向南进攻处于宋卫之间的东阳地区战略要地平陵,另一方面准备直趋大梁城郊,迫使庞涓不得不回师自救。孙膑就派轻快战车西向直趋大梁城郊,"以怒其气"(使敌人震怒);又把队伍分散,"示之寡"(给人以兵力单薄的感觉)。这样,就诱使庞涓震怒而轻敌,放弃辎重,用急行军兼程赶来。等到庞涓进抵桂陵(今河南长垣西北),孙膑率军加以邀击,取得大胜,"擒庞涓"(以上根据《孙膑兵法·擒庞涓》)。这个战役,孙膑采用了避实击虚、"攻其所必救"等办法,大败魏军,创造了"围魏救赵"的著名战例。这一战役,魏因主将被擒而失败,但是实力损失不大。

魏国扭转战局 公元前三五四年秦乘魏进围赵邯郸的时机,在元里大败魏师,并取得少梁(今陕西韩城西南,《史记·六国年表》、《秦本纪》);同时秦派公子壮率师伐韩,深入韩地,进围焦城(今河南尉氏西北)没有攻克,占据了上枳、安陵(今河南鄢陵北)、山氏(今河南新郑东北)三地,并在那里筑城(《水经·渠水注》引《竹书纪年》),插入了韩魏两国的交界地区。

在齐军大败魏军于桂陵的同时,楚宣王也派景舍救赵,攻取了魏的睢水、涉水间地(《战国策·楚策一》)。但是后来魏国逐步扭转战局,还是把赵都邯郸攻破了。公元前三五二年,魏惠王调用了韩国军队,在襄陵打败了齐、宋、卫的联军,齐国不得已请楚将景舍出来向魏求和(《水经·淮水注》引《竹书纪年》)。次年,魏国便迫使赵国在漳水之上结盟,并把邯郸归还赵国。《吕氏春秋·不屈篇》评论说:"围邯郸三年而弗能取,士民罢(疲)潞,国家空虚,众庶诽谤,诸侯不誉,魏国从此衰矣。"

这时秦孝公正奋发图强,公元前三五八年曾打败韩军于西山,公元前三五四年又打败魏军于元里,攻取了河西的少梁。接着由于卫鞅的变法,秦国日益强大。公元前三五二年又攻入魏的河东,一度攻取了安邑(《史记·秦本纪》、《商君列传》);次年又包围固阳,迫使归降。秦国因此越过洛水,收复了一部分过去被魏国夺去的河西地。后来魏国和齐、赵两国先后结盟讲和,到公元前三五〇年,魏就回头向秦反攻,曾围攻上郡的定阳(今陕西延安东,见《战国策·齐策五》),结果秦孝公在彤(今陕西华县西南)和魏惠王相会修好(《史记·魏世家》)。公元前三四八年,赵肃侯又和魏惠王在阴晋(今陕西华阴东)相会修好。魏国勉强挽回了战败的局势。

魏惠王称王和逢泽之会　这时魏国还保持着强盛的声势,准备以朝见周天子为名,召集许多小国举行会盟,图谋攻秦。就是苏秦说齐闵(滑)王:"昔者魏王拥土千里,带甲三十六万,其强北拔邯郸,西围定阳,又从十二诸侯朝天子,以西谋秦。"(《战国策·齐策五》)所谓"从十二诸侯",具有合纵的性质,也就是《韩非子·说林上篇》所说"魏惠王为臼里之盟,将复立天子"①。因而秦孝公很是担心,加强防守。卫鞅分析了形势,认为"以一秦而敌大魏,恐不如",建议用尊魏为王的办法来改变魏惠王的意图。秦孝公接受了这个主意,于公元前三四四年,卫鞅去向魏惠王游说,谓"从十二诸侯""不足以王天下",劝说他除了号令宋、卫、邹、鲁等小国外,北面争取燕国,西面争取秦国,"先行王服,然后图齐楚"。魏惠王果然听从了,便"广公宫,制丹衣,旌建九斿,从七星之旂"(《战国策·齐策五》),"旌"原作"柱",

---

①　《秦策四》载或为六国说秦王曰:"魏伐邯郸,因退为逢泽之遇,乘夏车,称夏王,朝为天子,天下皆从。"王念孙云:"为与于同,谓魏惠王朝于天子,天下皆从也。《秦策》又曰:梁君驱十二诸侯以朝天子,于孟津,《齐策》曰:魏王从十二诸侯朝天子,皆其证也。"此说不确。"朝为天子"是说诸侯朝见以为天子。《齐策五》苏秦说齐闵王,对此叙述分明,魏惠王从诸侯朝天子在先,卫鞅游说魏惠王,谓从十二诸侯朝天子,"不足以王天下",不如先行王服,然后图齐楚,于是惠王作逢泽之会,自称为夏王,要诸侯向他朝见,以为天子。朝天子是"臼里之盟",与逢泽之会并非一事。臼里一作九里,是成周附近地名,见于《逸周书·作雒篇》。"王"是当时天子称号,不可能自称夏王而朝见天子。

从王念孙《读书杂志》改正），"乘夏车，称夏王，朝为天子"（《秦策
四》），俨然摆出天子的场面来。本来，在君主制度下，王是最高的等
级称号，如今由于魏的"功大而令行于天下"（《齐策五》苏秦述卫鞅
语），居然自称为王了。魏惠王因而召集逢泽之会（逢泽在今河南开
封南），由宋、卫、邹、鲁等国国君及秦公子少官来参加会盟。卫鞅这
个计谋，使得魏进攻的矛头，从秦转变为齐楚，"于是齐楚怒，诸侯奔
齐"（《齐策五》）。

齐、魏马陵之战 公元前三四二年，魏国向韩进攻，韩向齐求救。
齐威王根据田忌的建议，对韩表示救援之意，坚定韩的抵抗决心，但
并不马上出兵①。当魏韩打得筋疲力尽时，齐威王派田忌、田朌为
将，孙膑为师②，起兵伐魏救韩。公元前三四一年，魏惠王派太子
申、庞涓为将，带了十万大军前来迎战。孙膑采用"减灶诱敌"的计
策，逐日减少营地军灶数目，三天内从十万灶减到五万灶，再减到
二万灶，制造齐军大量逃亡的假象，迷惑敌人。魏军果然中计，只
以少数精锐轻装部队兼程追赶，到了马陵（今山东范县西南）。这
时正好天黑，马陵道路狭窄，两旁多阻隘，魏军正好进入齐国伏兵
的包围圈，顿时"齐军万弩俱发，魏军大乱相失"，结果魏军主力被
全歼，太子申被俘，庞涓自杀（《史记·孙子列传》）。《孙膑兵法·
陈忌问垒篇》，具体说明了把许多战车和武器作为障碍物，怎样在
急迫中歼灭"窘处隘塞死地之中"的魏军，取得了"取庞涓而擒太子

---

① 《齐策一》称建议者为田臣思，即田忌，而《田世家》作孙子即孙膑，当以《齐策》
为是，《史记》因推崇孙膑而改作孙子。

② 《田世家》作"田婴"，《集解》引徐广曰："婴一作朌"。作朌为是。田朌战于马
陵，见《魏世家·索隐》引《纪年》。《魏策二》记太子申为将攻齐，客谓公子理之傅曰："太
子年少，不习于兵，田朌宿将也，而孙子善用兵，战必不胜，不胜必禽。"

申"的战果①。这是魏国从来未有的惨败。

马陵之战，魏惠王"使庞涓将，而令太子申为上将军"（《史记·魏世家》）。《魏策二》说："魏惠王起境内众，将太子申而攻齐。"《宋策》又说："魏太子自将过宋外黄。"《孟子》评论说："梁惠王以土地之故，糜烂其民而战之，大败，将复之，恐不能胜，故驱其所爱子弟以殉之，是之谓以其所不爱及其所爱也。"（《孟子·尽心下篇》）"大败"是指桂陵之战，"将复之"是指马陵之战，所谓"驱其所爱子弟以殉之"，就是指使用太子申为上将军，因为"恐不能胜"，使用太子申作为十万大军的统帅，结果正如宾客谓公子理之傅所说："太子年少不习于兵，田朌宿将也，而孙子善用兵，战必不胜，不胜必禽（擒）。"（《战国策·魏策二》）魏自从马陵之战惨败之后就一蹶不振了。在这次战争中，齐由田忌为统帅，孙膑为军师，擒杀了魏太子申和庞涓，《孙膑兵法·陈忌问垒篇》证实了这点。田朌是齐在前线指挥作战的主将，因此魏国史官所记的《竹

---

　　①　《孙膑兵法·擒庞涓篇》说：田忌采用孙膑"遣轻车西驰梁郊"的战略，使得庞涓"兼趣舍而至"，因而"击之桂陵而擒庞涓"。这里说桂陵之战擒庞涓，与《史记》记载不合。《史记》没有说庞涓参与桂陵之战。《孙膑兵法·陈忌问垒篇》载孙膑对答田忌，又谈论了他临时设置障碍、调配各种兵力的战略战术，"所以应猝窘处隘塞死地之中也，是吾所以取庞□（当缺"涓"字）而擒太子申也。""取庞涓而擒太子申"，当指马陵之战。《史记·魏世家》、《田世家》、《孟尝君列传》和《六国年表》都说：马陵之战杀庞涓，虏太子申；《孙子列传》又说马陵之战庞涓自杀而太子申被虏。《战国策·魏策二》也说："齐魏马陵之战，齐大胜魏，杀太子申，覆其十万之军。"《齐策一》又说："田忌为齐将，系梁太子申，禽庞涓。"《史记》和《战国策》都说马陵之战魏以太子申和庞涓为将，《魏世家》说得更清楚："使庞涓将，而令太子申为上将军。"《孟子·尽心下篇》说："梁惠王以土地之故，糜烂其民而战之，大败，将复之，恐不能胜，故驱其所爱子弟以殉之。"所说"大败"，当指桂陵之战；下文又说"驱其所爱子弟以殉之"，当指马陵之战。因此《孙膑兵法·陈忌问垒篇》所说"取庞涓而擒太子申"，只能是指马陵之战。但是庞涓为什么在桂陵之战被擒，到马陵之战又被杀呢？可能他被擒之后曾被放回魏国，再度为将，如同春秋时秦将孟明视为晋军所俘，旋被释放，仍为秦将一样。

书纪年》上所记战于马陵的齐将是田肦，田肦不仅战于马陵，到公元前三四一年五月田肦还在进攻魏的东鄙，围攻平阳(今河北临漳西南)。

公元前三四一年，魏国受到齐、秦、赵三国三面的进攻，魏国曾出师向秦反攻，又失败了。次年，魏国派公子卬和秦卫鞅交战，公子卬又受了卫鞅的欺骗，被俘虏了去，这是魏的又一次失败。公元前三三八年，秦又进攻魏的岸门(今山西河津南)，俘虏了魏将魏错。

齐、魏"会徐州相王" 魏国在秦、齐等国的夹击中，不断地遭到惨败，因而到公元前三三六年，魏惠王不得不采用相国惠施"以魏合于齐楚以按兵"(《战国策·魏策一》)的建议。惠施还认为，若要报复齐国，"不如变服折节而朝齐"，这样"楚王必怒"，"楚必伐齐"，得到魏王同意，于是就通过齐相田婴的关系，带同韩国国君和其他小国国君朝见齐威王。公元前三三六年魏韩二君会见齐威王于东阿(今山东阳谷东北)①南，次年又会见于甄(今山东鄄城北)，魏韩二君都戴着布冠，变服折节朝见齐威王。②到公元前三三四年魏惠王就率领韩昭侯等，到齐的徐州(今山东滕县东南)朝见齐威王，并且尊齐威王为王，同时齐威王也承认魏惠王的王号，即所谓"会徐州相王"③。

---

① 《孟尝君列传》作东阿，《田世家》、《六国年表》误作平阿，平阿在今安徽怀远西南，并非齐邑。

② 《齐策一》载齐破魏马陵之后，"魏破韩弱，韩魏之君因田婴北面而朝田侯"。《魏策二》亦谓马陵之战以后，魏惠王从惠施变服折节而朝齐之谋，愿臣畜而朝，田婴许诺，"遂内魏王与之并朝齐侯再三"。《吕氏春秋·不屈篇》云："故惠王布冠而拘于鄄，齐威王几弗受。"黄式三《周季编略》据此谓会甄、会徐州、会东阿，皆用朝礼。这是正确的。

③ 战国时代七国中，除了楚早已称王以外，魏国是最早称王的，齐的称王即由于这次的"会徐州相王"。《史记·田世家》说：齐威王"二十六年……齐因起兵击魏，大败之桂陵，于是齐最强于诸侯，自称为王，以令天下"。这话是不可信的。在桂陵之战后，魏国曾调动韩国军队战败齐军于襄陵，齐曾请楚将景舍出来向魏求和，"最强于诸侯"的还不是齐而是魏，所以不久魏有逢泽之会，自称为王。

齐、魏两大国在"徐州相王",这是楚、赵等国所不能容忍的,所以在公元前三三三年赵肃侯派兵围攻魏的黄城(今河南内黄西),并在漳水滏水之间筑了长城,防止齐、魏两国的进攻;同时楚威王为了表示对"徐州相王"的愤怒,亲率大军进围徐州,打败了齐将申缚的军队。

秦取得魏的河西　魏国在这时投入齐的怀抱,使齐停止了进攻,但秦国以魏为"腹心疾"(《史记·商君列传》),还是不断攻魏。公元前三三三年秦惠王起用魏阴晋(今陕西华阴东)人公孙衍为大良造,次年魏献阴晋给秦,和秦修好,秦把它改名为宁秦。这样就便于秦国向东开拓领土了。公元前三三二年秦遣公孙衍大举攻魏,首尾经历两年,攻取魏上郡雕阴(今陕西甘泉南),俘魏将龙贾,斩首八万(《秦本纪》,《魏世家》作"四万五千")。龙贾是魏防守西边、抵抗秦兵的主将,魏的中原长城即为龙贾率师所建①。这是三晋抗秦战斗中首次大失败。《战国策·燕策二》载苏代说:"龙贾之战、岸门之战、封陵之战("陵"原误作"陆")、高商之战、赵庄之战,秦之所杀三晋之民数百万,其生者皆死秦之孤也。"这一役使得魏防守上郡、河西郡的主力,被秦一举歼灭,因而次年魏即以河西郡与秦。同时秦又派樗里疾为主将,从函谷关沿黄河南岸向东出击,先后攻取曲沃和焦(都在今河南三门峡以西),并在曲沃"尽出其人",作为秦进攻中原的据点。公元前三二九年秦又从河西渡过黄河,攻取汾阴(今山西万荣西南)和皮氏(今山西河津东)。

张仪为秦相而连横　张仪一作张义(见十三年相邦义戈、王四年

---

①　《苏秦列传》称秦惠王使犀首攻魏,禽将龙贾,取魏之雕阴,"且欲东兵"。《秦本纪》作"公子卬与魏战,虏其将龙贾"。《史记会注考证》以为公子卬"当公孙衍之讹",甚是。

相邦张义戈、《战国纵横家书》二十二等),原是魏公族庶支出身,曾游说楚王没有得志,路经东周而入秦,曾得东周昭文君的礼遇和资助。公元前三二九年来到秦国,正好楚威王攻魏,张仪游说秦惠王出兵帮助魏国,于是以新得皮氏的"卒万人、车百乘"支持魏作战,因而魏楚大战,魏打败楚于陉山,秦因而得以顺利地接收河西地区(《韩策二》公孙昧谓公仲谈及此事,《韩世家》襄王十二年有相同记载)。公元前三二八年秦使公子华(一作公子桑)与张仪围攻魏的蒲阳(今山西隰县),攻取了,却请秦王归还给魏,又请秦王使公子繇作为"质子"送到魏国,这是张仪推行他的连横策略,张仪前往魏国劝说魏惠王"不可以无礼",魏因而把上郡十五县连同少梁在内献给秦国,秦惠文君因以张仪为"相邦",把少梁改称为夏阳(《史记·张仪列传》)。就在这年秦打败赵将赵疵,取得蔺(今山西离石西)和离石(今山西离石)。次年秦又把焦、曲沃及皮氏归还魏国①,这是张仪进一步推行他的连横策略,并准备下年秦惠文君称王。

秦惠文君称王 公元前三二六年秦"初腊,会龙门"(《六国年表》,《秦本纪》只作"初腊")。腊祭是冬季酬谢有关收获的鬼神的祭祀,具有庆祝丰收、慰劳劳动人民的意义,这是个群众展开娱乐活动的节日,男女齐集,全国人民热烈参与的。这年秦开始举行腊祭,并在龙门(今陕西韩城东北)集会。龙门是黄河上游的神圣之地,两岸峭壁对峙,形如阙门,传说为夏禹治水时所开凿。黄河上游原是河宗氏等部族"游居"之地(见《穆天子传》),从这年起,举行腊祭而在龙门

---

① 《秦本纪》和《六国年表》只记这年秦归魏焦、曲沃,梁玉绳《史记志疑》谓《六国年表》、《魏世家》、《樗里子甘茂传》并言昭王初年秦攻皮氏未拔,疑秦归焦、曲沃时,并皮氏亦归之。

集会,有其特殊意义。因为秦新得河西郡和上郡,这一带原是游牧于黄河上游的戎狄部族的"游居"之地,秦要和这些戎狄部族友好相处,借此可以联欢。此后六年(秦惠文王更元五年)"王北游戎地至河上"(《六国年表》、《秦本纪》作"王游至北河",《正义》:"王游观北河,至灵夏州之黄河也")。这就是秦和河上戎族相处友好的结果。后来秦昭王二十年又到上郡、北河(《秦本纪》)。秦这个"初腊,会龙门"的设施,主要目的就在于巩固新得河西郡和上郡的统治,加强与周围游牧的戎狄的联系。

公元前三二五年四月戊午(初四)秦惠文君举行称"王"的仪式,按照齐、魏"会徐州相王"的先例,邀请魏、韩之君入秦朝见,推尊秦君为王,同时秦王也承认魏、韩二君的王号,而且魏韩二君还当场为秦王驾御作为称王标识的坐车,如同魏惠王在逢泽之会称王那样的"乘夏车,称夏王"①。以前逢泽之会有泗上十二诸侯参加朝见;齐魏会徐州相王,除了魏、韩之君参加外,也还有许多小国参加朝见。估计这次秦君称王的仪式上,也还有许多戎狄之君来朝。《后汉书·西羌传》说:"秦孝公立,威服戎羌,使太子驷率戎狄九十二国朝周显王。"秦孝公时既然有太子驷率许多戎狄之君朝见天子,这时太子驷(即秦惠文君)自己称王,当然必须有许多戎狄之君来朝。上年的"会龙门",必然曾招徕许多戎狄之君参加,为此次称王仪式作好准备。张

---

① 《六国年表》载秦惠文王十三年"四月戊午君为王"。《秦本纪》作"四月戊午魏君为王,韩亦为王",有错误。《周本纪·正义》引《秦本纪》作"与韩、魏、赵并称王","赵"字当为衍文。据此《秦本纪》原来当作"秦君为王,魏韩亦为王"。《张仪列传》云:"仪相秦四岁,立惠王为王。"《吕氏春秋·报更篇》云:"张仪所德于天下者,无若昭文君,……令秦惠王师之。逢泽之会,魏王尝为御,韩王为右,名号至今不忘,此张仪之力也。""逢泽之会"当为"立惠王为王"之误。"名号"当指"秦王"的称号。

仪这样推尊秦惠文君为王,同时又承认魏、韩两君的王号,具有巩固秦与魏、韩连横作用。

公孙衍合纵和五国相王　当张仪入秦推行连横策略不久,公孙衍(犀首)就离开秦国而入魏为将,因为魏的国力衰退,公孙衍就图谋拉拢别国,联合出击取胜。就在公元前三二五年,"犀首、田朌欲得齐、魏之兵以伐赵",就是公孙衍拉拢齐国名将田朌一起伐赵。公孙衍说:"请国出五万人,不过五月而赵破。"田朌认为公孙衍说得太容易,"恐有后咎",公孙衍认为说得难了,二国之君就不愿出兵,待出兵之后二国之君见有危险,必然增兵。后来果然如此,因而大败赵兵(《魏策二》)。田朌俘虏了赵将韩举,取得了平邑(今河北南乐西北)和新城(《水经·河水注》引《纪年》),公孙衍也打败了赵将赵护,《六国年表》载"赵武灵王元年魏败我赵护"。这是公孙衍当魏将初次得胜。

当时秦惠文王采用传统的逾年改元的礼制,在公元前三二四年改元,称为更元元年。这年张仪又亲自率兵出函谷关,再度攻取魏的陕,"出其人与魏"(《秦本纪》),作为进攻中原的基地,同时筑上郡塞(《张仪列传》),巩固上郡的防守。次年张仪又和齐、楚大臣在啮桑(今江苏沛县西南)相会,目的在于拉拢齐、楚,防止公孙衍和齐楚合纵。当时魏相惠施主张"以魏合齐楚以按兵",在引导魏君多次朝见齐君并推尊齐君为王以后,又曾使魏太子嗣入质于齐(《魏策二》,"太子嗣"误作"太子鸣"),使魏公子高入质于楚。公孙衍为魏将之后又和齐将田朌联合战胜了赵。因此秦相张仪要拉拢齐、楚,破坏公孙衍的合纵策略。

在这样的形势下,公孙衍为了合纵,于公元前三二三年发起"五国相王"(《战国策·中山策》)。参加"五国相王"的是魏、韩、赵、燕、中山，从这年起，赵、燕、中山三国也开始称王了。公孙衍发起"五国相王"，是想用这来和秦国对抗的①，但结果没有什么成就。齐国借口中山国小，不承认它有称王资格，想联合魏赵燕三国迫使中山废除王号，也没有成功。就在这年，楚国为了迫使魏国投入楚的怀抱，要废立魏的太子嗣，送立流亡在楚的魏公子高为太子（《战国策·韩策二》），派柱国昭阳打败魏军于襄陵，取得了八个邑（《史记·楚世家》）。

合纵、连横活动的产生　在各大国纷纷拉拢与国、开展激烈的斗争中，外交和军事上就产生了合纵、连横的活动。所谓"合纵"，即"合众弱以攻一强"，就是许多弱国联合起来抵抗一个强国，以防止强国的兼并。所谓"连横"，即"事一强以攻众弱"（《韩非子·五蠹篇》），就是由强国拉拢一些弱国来进攻另外一些弱国，以达到兼并土地的目的。这时各大国之间，围绕着怎样争取盟国和对外扩展的策略问题，有纵和横两种不同的主张。所谓纵横家，就是适应这种政治斗争的需要而产生的。他们鼓吹依靠合纵、连横的活动来称霸，或者建成"王业"。他们宣传："外事，大可以王，小可以安。"（《韩非子·五蠹篇》）还宣传："从（纵）成必霸"，"横成必王。"（《韩非子·忠孝篇》）纵横家的缺点是，他们重视依靠外力，不是像法家那样从改革政治、经济和谋求富国强兵入手；还过分夸大计谋策略的作用，把它看作国家

①　吕祖谦《大事记解题》卷四定五国相王在周显王四十六年，是正确的。《史记·燕世家》说：燕易王十年"燕君为王"，《六国年表》同。《六国年表》又载韩宣惠王十年"君为王"。《战国策·中山策》说："中山与燕、赵为王。"又说："犀首（即公孙衍）立五王，而中山后持（高注："持中山小，故后立之"）。……赵、魏许诺，果与中山王而亲之，中山果绝齐而从赵、魏。"《史记·楚世家》又说这年"燕、韩君初称王"。足见"五国相王"参加的是赵、魏、韩、燕、中山五国。《鲁世家》说："景公卒，子叔立（"叔"当作"旅"），是为平公。是时六国皆称王。"《鲁世家》谓平公十二年秦惠王卒，可知鲁平公元年当为周显王四十七年，即位在四十六年，是五国相王之年。

强盛的关键。张仪在秦国推行连横策略是获得成功的,达到了对外兼并土地的目的,使得秦惠王能够东"拔三川之地,西并巴蜀,北收上郡,南取汉中","散六国之从(纵),使之西面事秦"(《史记·李斯列传》记载李斯语)。这是因为他用"外连衡而斗诸侯"(贾谊《过秦论》)的策略,配合了当时秦国耕战政策的推行。

二　张仪、公孙衍的连横、合纵和秦灭巴蜀、取汉中以及楚灭越

张仪兼为秦、魏之相　公元前三二二年秦攻取魏的曲沃(今山西闻喜东北)、平周(今山西介休西)。这时魏惠王由于惠施"欲以魏合于齐、楚以按兵"的策略失败,不得不采用秦相张仪"欲以秦、韩与魏之势伐齐、荆(楚)"的策略,起用张仪为魏相,张仪把惠施逐走。《吕氏春秋·不屈篇》说:"惠施易衣变冠,乘舆而走,几不出乎魏境。"高注:"言几不免难境内也。"可知惠施是乔装改扮而逃脱,很狼狈。惠施逃到楚国,楚王不敢久留,听得宋君很看重惠施,又把他送到了宋国(《战国策·楚策三》)。这时秦对外宣布免除张仪的相位,然后张仪为魏相(《六国年表》、《张仪列传》),实际上"张仪欲并相秦、魏"(《魏策一》),从而进一步推行他的连横策略,"欲令魏先事秦而诸侯效之"(《张仪列传》),因而张仪既入魏为相,又兼领秦相①。

张仪兼为秦、魏之相后,确实开始"以秦韩与魏之势伐齐、楚"的行动。公元前三二〇年秦假道韩、魏向齐进攻,齐威王使匡章为将应

① 一九八三年广州象岗西汉南越王墓出土"王四年相邦张义、庶长□操造戟"。"王四年"即指秦惠文王,称王改元四年。近年出土的"王五年"、"王六年"、"王七年"的上郡守疾戈都指惠文王称王改元之年。"王四年"即公元前三二一年,张仪正为魏相,同时兼领秦相。

战。匡章的母亲得罪了父亲,父亲把母亲杀死,埋葬在马栈之下。当威王任命匡章为将,曾说得胜回来,"必更葬将军之母",匡章说他"不敢","不敢欺死父"。当匡章率军到前线时,为了打败秦军,曾变换一些齐兵的徽章混进到秦军中。候者(侦察兵)多次回来报告,说匡章以齐兵降秦,威王不信,结果齐兵大胜,秦军大败。事后威王说:"夫人子而不敢欺死父,岂为人臣欺生君哉!"(《战国策·齐策一》)①匡章是齐的大将,从齐威王末年开始,直到齐湣王时,曾参与齐历次对外的重大战役,屡建战功。这是匡章初次为将而大胜秦军,使张仪"以秦韩与魏之势伐齐"的行动受到挫折,使公孙衍合纵的策略得以开展,魏惠王得以重新采用公孙衍合纵的策略,把张仪赶回秦国,让公孙衍为魏相,并让惠施回到魏国。

公孙衍为魏相和五国伐秦　公元前三一九年由于齐、楚两国要驱逐魏相张仪,加上魏国派出使者到楚、赵、燕等国,争取合纵,于是张仪回秦,公孙衍由魏将而升任相国②。这年魏惠王去世,举行葬礼时,遇

①　焦循《孟子正义》以为此事"恐误编于威王策中,即不然,亦是威王末年事"。钱穆《匡章考》以为确是威王末年事,威王卒于秦惠文王改元五年,匡章信用于齐自此役始。(《先秦诸子系年》二八二页)。这是正确的。这年张仪兼为秦魏之相,秦才能借道韩魏攻齐。

②　《战国策·魏策三》载魏太子对楼庳说:"以张子之强,有秦、韩之重,齐王恶之,而魏王不敢据也。"《魏策一》又载:"犀首……谒魏王,王许之,即明言使燕、赵。……齐王闻之,恐后天下得魏,以事属犀首。……燕、赵闻之,亦以事属犀首。楚王闻之,而以事因犀首。……犀首遂主天下事,复相魏。"又载:"魏王相张仪,犀首弗利,故令人谓韩公叔,……公叔以为信,因而委之,犀首以为功,果相魏。"《楚策三》又说:"楚王逐张仪于魏。"从这里可知魏惠王免除张仪的相职和起用公孙衍为相,是出于齐、楚、燕、赵、韩五国的主张。《史记·张仪列传》说张仪离魏系在魏哀王(襄王)参加五国伐秦之役失败以后,《魏世家》也说在魏哀王立后,都是不可信的。据《吕氏春秋·开春论》和《战国策·魏策一》,当魏惠王去世时,犀首已在魏国用事,而惠施也已回魏。公孙衍、惠施都是张仪的政敌,在惠王去世前已当权,张仪必先去魏回秦。

到大雨雪,群臣要求太子延期举行,太子不听,因而报告公孙衍,公孙衍转告惠施,由惠施劝说太子同意(《吕氏春秋·开春篇》、《魏策二》),可知当时公孙衍已成魏国朝廷首脑,惠施也已回国,重新成为魏的大臣。

自从公孙衍得到东方各国的支持而做魏相,合纵的形势便形成了。因而在公元前三一八年便有"五国伐秦"之举。这一次合纵攻秦,参加的有魏、赵、韩、燕、楚五国,当时曾推楚怀王为纵长。[①]但是实际出兵和秦交战的,只魏、赵、韩三国,攻到函谷关,秦出兵反击,魏受到损失较大,魏使惠施到楚,要和秦讲和(《战国策·楚策三》),五国于是纷纷退兵。次年秦派庶长樗里疾乘胜追击,一直进攻到韩邑修鱼(今河南原阳西南),俘虏韩将鲠、申差,打败赵公子渴、韩太子奂,斩首八万二千。当时秦军已深入到韩、魏的交界,结果韩惨败。同时义渠曾乘机起兵袭秦,大败秦军于李帛之下。

这一役"五国伐秦"虽然失败了,但是声势是曾烜赫一时的。公孙衍和张仪同时,一纵一横,其声势都足以倾动天下,所以当时人景春说:"公孙衍、张仪岂不诚大丈夫哉!一怒而诸侯惧,安居而天下熄。"(《孟子·滕文公下篇》)

秦灭巴蜀 自从公孙衍的合纵失败以后,秦、齐两大国又开始各

---

① 《史记·犀首列传》说:"张仪已卒之后,犀首入相秦。尝佩五国之相印,为约长。"《吕氏春秋·开春篇》高诱注也说:"犀首,魏人公孙衍也,佩五国相印,能合纵连横。"这里说公孙衍曾继张仪为秦相,固然不足信,说公孙衍曾"佩五国之相印,为约长",也是夸大之词。但是公孙衍曾约五国合纵伐秦,当是事实。《史记·楚世家》说怀王十一年"苏秦约从山东六国攻秦,楚怀王为从长。至函谷关,秦出兵击六国,六国兵皆引而归,齐独后"。这又误把这年合纵的事归之于苏秦了。即司马迁所谓"世言苏秦多异,异时事有类之者皆附之苏秦"(《史记·苏秦列传》太史公语)。《秦本纪》说这年"韩、赵、魏、燕、齐帅匈奴共攻秦","匈奴"当为"义渠"之误。义渠的袭秦,据说也是出于公孙衍的预先发动(《战国策·秦策二》、《史记·犀首列传》)。

谋兼并土地。秦国自从秦惠王即位以后,进一步图谋对外扩展,建立
"王业"。在如何建成"王业"这个问题上,有两种不同意见:张仪主张
进攻韩国的新城、宜阳,"以临二周之郊,据九鼎,索图籍,挟天子以令
天下";而司马错反对"攻韩劫天子"的方案,认为徒然得到"恶名"而得
不到实利,主张首先攻灭西南"戎狄之长"的蜀国,认为"取其地足以广
国","得其财足以富民缮兵",可以"利尽西海"(《战国策·秦策一》)。
而且巴蜀可以从水道通楚,"得蜀则得楚,楚亡则天下并矣"(《华阳国
志·蜀志》)。秦惠王采纳了司马错的主张。这时恰巧蜀国和苴国、巴
国间有战争。原来巴与蜀长期为仇,因为苴侯和巴王友好,于是蜀王就
伐苴,苴侯出奔到巴国,向秦求救。公元前三一六年,秦惠王派了司马
错、都尉墨等人从汉中经石牛道伐蜀,蜀王亲自率兵到葭萌(今四川剑
阁东北)抵御秦军[1],失败逃走到武阳(今四川彭山),被秦军杀死,蜀国
就灭亡了。接着司马错等人又攻灭了苴国和巴国,把巴王捉了回去[2]。

秦对巴蜀的羁縻政策　秦兼并巴、蜀之后,因为少数族的统治者
在当地还有一定的号召力,采用了羁縻政策。秦虽然在进攻中杀了
蜀王,俘虏了巴王,也还改封蜀王子弟为"侯",改封巴的原来统治者
为"君长"。在设置巴郡的同时,仍然保留"蛮夷君长,世尚秦女"(《后
汉书·巴郡南蛮传》)。也还继续保留蜀为属国,"贬蜀王更号为侯,

---

[1]　苴与巴同为蜀附近小国。苴侯居于葭萌,在今四川剑阁东北。任乃强《华阳国
志校补图注》以为苴即褒,在今陕西汉中西北,不确。苴当即郢,春秋早期已存在,传世
有铜器,现藏上海博物馆,详见马承源主编《商周青铜器铭文选》六〇三至六〇五页。
"郢"即《说文》"䣠",《说文》云:"蜀地也。"《集韵》谓"䣠,乡名,在临邛"。临邛今四川邛
崃。"苴"、"郢"原为一声之转。

[2]　《史记·秦本纪》、《张仪列传》和《战国策·秦策一》皆谓司马错伐灭蜀,扬雄《蜀
王本纪》称张仪伐灭蜀,《华阳国志》称张仪、司马错伐灭蜀,当以《秦本纪》等所记为是。

而使陈庄相蜀"(《史记·张仪列传》);同时"以张若为蜀国守","移秦民万家实之",因为"戎伯尚强"(《华阳国志·蜀志》)。公元前三一四年秦惠王封公子通为蜀侯(《史记·秦本纪》;《六国年表》记在次年,作公子繇通;《华阳国志》作公子通国),公子通当即蜀王之子而非秦王子弟[1]。尽管秦派遣蜀相和蜀国守,蜀还是不断发生内乱。公元前三一一年"丹、犁臣蜀,相壮杀蜀侯来降"(《史记·秦本纪》)[2]。丹、犁是蜀西南的部族,这时臣服于蜀侯,说明蜀侯还在扩大其势力。蜀相陈壮把蜀侯杀死,该是与蜀侯发生冲突的结果。次年秦武王为了安定蜀地,又派甘茂等人伐蜀,杀死陈壮,又讨伐丹、犁。公元前三〇八年秦武王又封子煇为蜀侯,子煇也该是原来蜀侯的子弟。公元前三〇一年秦昭王又派司马错入蜀,迫使蜀侯煇自杀,并杀其臣郎中令婴等二十七人[3]。次年秦昭王又封煇的儿子绾为蜀侯。公元前二

---

[1] 《史记·张仪列传》说:"遂定蜀,贬蜀王更号为侯,而使陈庄相蜀。蜀既属,秦益强富厚。"《战国策·秦策一》有大体相同的记载,也说:"蜀主更号为侯。"日本泷川资言《史记会注考证》根据《秦策一》和《张仪列传》,推断秦所封蜀侯是原来蜀王子弟而非秦王子弟。蒙文通《巴蜀史的问题》(《四川大学学报》一九五九年第五期),也有同样见解,并进一步作了分析,认为从《史记·秦本纪》看来,秦所封蜀侯好像是秦王之子,但是秦武王无子,秦武王所封蜀侯煇不可能是武王之子。秦昭王年十九而立,昭王四年出生长子(即后来秦孝文王),其次子最早生于昭王五年或六年,因此秦昭王在七年所封的蜀侯绾也不可能是昭王之子。秦昭王的同母弟也只封到"君"(如高陵君、泾阳君),如果绾是秦王子弟也不可能封"侯"。这个分析是正确的。

[2] 《华阳国志》说:"陈壮反,杀蜀侯通国。秦遣庶长甘茂、张仪、司马错伐蜀,诛陈壮。"这时陈壮因和蜀侯发生冲突,把蜀侯杀死,实际上并不是反叛秦国,只是没有秦王的命令而擅自杀死蜀侯,则有叛王之罪。

[3] 《华阳国志》说:"赧王十四年蜀侯煇祭山川,献馈于秦孝文王(当作秦昭王)。煇后母害其宠,加毒以进王。王将尝之,后母曰:'馈从二千里来,当试之。'王与近臣,近臣即毙。文王大怒,遣司马错赐剑,使自裁。"《史记·秦本纪》说:秦昭王六年"蜀侯煇反,司马错定蜀"。秦昭王六年正当周赧王十四年。《华阳国志》所记有些不近情理。既然煇的后母在煇进献给秦王的祭品中加毒,当秦王将尝时,煇的后母又怎么可能当面向秦王作出"当试"的建议呢?

八五年秦怀疑蜀侯绾反叛,把他杀死,从此只派张若为蜀守,设置蜀郡(《华阳国志·蜀志》)。秦先后杀死了三个蜀侯,才巩固了对蜀的统治。

秦灭巴蜀后,在巴蜀进行改革,实行优待征收赋税制度,规定巴族人民相当于不更的爵位,用土产的布和鸡羽纳赋。

秦兼并义渠土地 秦在西南攻灭巴蜀的同时,又积极向西北兼并义渠的土地。义渠是当时西戎中比较强大的一支。公元前三三五年,义渠打败秦师于洛水流域(《后汉书·西羌传》)。公元前三三一年义渠发生内乱,秦派庶长操带兵前往平定(《史记·六国年表》)。后四年,义渠王就向秦屈服称臣(《史记·秦本纪》)。公元前三二〇年秦伐义渠,攻取郁郅(今甘肃庆阳东,《后汉书·西羌传》)。当时义渠虽然已筑有城邑,但还以畜牧为主要生产事业。当时秦国对付义渠的策略,就是公孙衍对义渠君所说的:"中国无事于秦,则秦且烧焫获君之国;中国为有事于秦,则秦且轻使重币而事君之国也。"(《战国策·秦策二》)就是说,秦没有外来威胁时,就对义渠采取烧荒和掠夺财物的办法①;秦有外来威胁时,就送重礼给义渠君加以拉拢。公元前三一八年东方五国合纵攻秦,秦为了拉拢义渠,送给义渠君"文绣千匹,好女百人"。义渠君想到公孙衍对他讲的话,就乘机袭秦,大败秦人于李帛之下(《战国策·秦策二》)。后四年,秦就大举向义渠进攻,取得了徒泾(在河西郡)等二十五个城(《史记·秦本纪》、《后汉书·西羌传》)。从此秦在西北地区的势力有了很大扩展。

---

① 顾炎武《日知录》卷二九《烧荒》条:"守边将士每至秋月草枯,出塞纵火,谓之烧荒。《唐书》:契丹每入寇幽蓟,刘仁恭岁燎塞下草,使不得留,牧马多死,契丹乃乞盟,是也。其法自七国时已有之。《战国策》:公孙衍谓义渠君曰:'中国无事于秦,则秦且烧焫获君之国。'"

齐宣王破燕和中山攻取燕地　这时恰巧燕国有内乱,燕国的贵族正在反对由燕王哙禅让给与君位的子之。在公元前三一四年,齐宣王命令匡章带了"五都之兵",会同征发来的"北地之众",向燕进攻。最初燕国人民因为痛恨本国的统治者,对于进攻的齐军表示欢迎,齐军仅仅五十天就攻下了燕国国都,燕王哙身死,子之被擒后处醢刑而死。后来由于齐军过于残暴,结果"燕人畔"(《孟子·公孙丑下篇》),迫使齐军不得不撤退。

这时中山曾战胜燕赵两国,向南在长子(今山西长子西南)打败赵军,向北在中人(今河北唐县西南)打败燕军,杀死了燕的大将。①据新出土的中山王䵼铸造铁足大鼎铭文,这时中山相邦司马赒曾乘燕内乱,率军攻燕,"辟启封疆,方数百里,列城数十"。这是中山取得的一次胜利(所谓"方数百里,列城数十",是夸大的说法)。

公孙衍为韩相和田文为魏相而合纵失败　当时各大国由于合纵连横形势的变化,常常更换相国。公元前三一八年秦为了争取赵的合作,一度以赵武灵王的大臣乐池为相。次年秦由于反击五国联军大胜,再度重用张仪为相。公元前三一六年,魏襄王为了争取齐国支持,使用田需掌握着大权,与公孙衍发生矛盾,公孙衍因此向魏王建议:"婴子(即靖郭君田婴)言行于齐王,王欲得齐,则胡不召文子(即孟尝君田文)而相之?"经魏王同意,"于是东见田婴与之约结,召文子而相之魏,身相于韩"(见《魏策二》第二章和第八章)。由于公孙衍为

---

①　《战国策·齐策五》记苏秦说齐闵王曰:"日者,中山悉起而迎燕、赵,南战于长子,败赵氏;北战于中山(当是"中人"之误),克燕军,杀其将。夫中山千乘之国也,而敌万乘之国二,再战比胜,此用兵之上节也,然而国遂亡,君臣于齐者何也? 不嗇于战攻之患也。"可知中山在被赵灭亡、中山君出奔齐之前,曾先后战胜燕、赵两国,对燕曾取得重大胜利。

韩相和田文为魏相，在齐相田婴的支持下，合纵的形势又好转了。①
公孙衍可说是合纵的首创者，田文是公孙衍的合作者和继任者，就是
从这次参与合纵开始的。因为齐是东方的强国，是三晋合纵必须争
取支持的。可是这次合纵的行动，未见有什么成就。

公元前三一五年秦向韩的中原地区进攻，战于浊泽（一作浊潢，今
河南长葛西北），主张和秦连横的韩国大臣公仲朋，认为"与国不可恃"，
不如通过张仪讲和，给与秦一个都邑，与秦一起伐楚，"此一易二之计"。
韩王赞成这个建议，将使公仲朋入秦。楚怀王听到这个消息，大为恐
慌，招陈轸来商量，陈轸认为要避免秦韩联合伐楚，要假装出兵救韩模
样，"令战车满夏路（从楚方城通向中原的大道）"，派信臣进见韩王，报
告来救大军已出发，使韩绝和于秦。楚王就这样做了。当楚的信臣来
到时，韩王大悦，就命公仲朋取消入秦求和之计。公仲朋认为不可，这
一定是陈轸的诡计。韩王不听公仲朋的话，就绝和于秦。秦因此大怒，
派樗里疾统率大军进攻，相战到下一年，楚的救兵不到，秦大败韩军于
岸门（今河南许昌西北，正当浊泽西南，见《战国纵横家书》二十四、《韩
策一》和《韩世家》）。《秦本纪》载："败韩岸门，斩首万，其将犀首走。"
《魏世家》亦载："走犀首岸门。"这是公孙衍合纵的又一次大败，打得他
临阵逃脱了。同时，樗里疾还再度攻取了魏的焦和曲沃（今河南三门峡
西南），迫使韩不得不向秦屈服，把太子仓入质于秦。这是公元前三一

---

① 吴师道《补注》："田文为魏相，盖犀首约结于婴，召其子而相之也，下章与此同。
事宜在襄王时，非文奔魏相昭王事也。"这一论断正确。《魏世家》载襄王九年魏相田需
死，昭鱼恐张仪、薛公（即田文）、犀首有一人相魏，张仪、犀首都曾在田需为魏相之前当
过相国，可知田文也必曾为魏相，因而昭鱼把三人相提并论。田文这次相魏的时间很
短，未见有什么成就。

四年的事。次年魏襄王就入秦和秦惠文王在临晋相会,魏王按照秦王的意见,立了亲秦的公子政为太子(《史记·秦本纪》《魏世家》)。同时秦又攻取了赵的蔺(今山西离石西),取得大胜,俘虏了赵将赵庄(《史记·秦本纪》《赵世家》)。于是张仪所主持的秦和韩、魏连横的形势再度出现,张仪"以秦、韩与魏之势伐齐、楚"的策略就再度推行。

秦、韩、魏和楚、齐对峙局势　公元前三一三年,秦在中原地区已占有两个重要的进攻基地,一个是函谷关东北的曲沃,另一个是武关以东的"商於之地"。商原称商密,即春秋时代楚的商县,在今河南淅川西南,於又称於中,在今河南西峡东,两地相邻,合称为"商於之地"。商於本为楚地,这时早已为秦所占有。这两个地方,当时已成秦伸向中原进攻的两个矛头,张仪要推展"以秦、韩与魏之势伐齐、楚"的策略,首当其冲的是楚。楚因此派柱国景翠统率大军驻屯于鲁、齐边境和魏、韩的南边,又派三大夫统率九军向北围攻曲沃和於中。当时越欲伐齐,齐王使人游说越王,劝越王不攻齐而攻楚,曾说:"楚三大夫张九军,北围曲沃、於中,以至无假之关者三千七百里,景翠之军北聚鲁、齐、南阳,分有大此者乎?"(《史记·越世家》,原误作楚威王时)。由此可见,当时秦、韩、魏三国和齐、楚二国对峙的形势很是紧张。楚是调发大量主力军队来应付这个对峙局势的。

这时楚派三大夫统率九军包围曲沃和於中两地,就在这年楚已经在齐的帮助下攻取了曲沃,接着就要进攻商於之地。而秦惠王不但想要战胜楚军于商於之地,还想要乘胜夺取楚的汉中地区,因此必须设法瓦解齐楚的联盟,还要作好反击楚军于商於和乘胜夺取汉中的军事上的准备。秦相张仪于是南去游说楚王,声称秦王最推崇楚王,而最恨齐王,他自己也是这样,现在秦王要讨伐齐王,只因楚、齐交好，秦王不便尊重楚王，如若楚与齐绝交，他就能请秦王献出商於之地六百里。楚王听了很高兴接受，不听陈轸的劝阻，坚决与齐绝交。所谓"商於之地六百里"，本是夸大的话，等到楚与齐真正绝交，楚派将军前往接受献地，张仪回答说只有六里，于是楚怀王大怒，就要大举发兵进攻商於之地了(据《秦策二》所载)。①

　　张仪如此欺骗楚王，既使楚齐绝交，又是缓兵之计，使秦作好全面反击歼灭楚军的准备。秦惠文王是很迷信鬼神的，因此在大战爆发前，使宗祝邵馨在旧都雍祭祀巫咸、诅咒楚王而祈求"克剂楚师"；同时又到朝那湫(今甘肃平凉西北)，祭祀大沈厥湫(朝那湫的水神)、诅咒楚王而祈克胜利。《秦诅楚文》就是当时在神前诅咒楚王、祈求胜利的文告，其中讲到楚王"求取吾边城新郪及郝、长、赦，吾不敢曰可，今又悉兴其众，张矜忎怒，饬甲底(砥)兵，以偪(逼)吾边竞(境)"。"新郪及郝"就是指"商於之地"，"郝"即是"於"，新郪当是秦取得商以后新改的地名。秦惠文王常以新得之地改名，如得魏阴晋改名"宁秦"，得魏少梁改名"夏阳"，因为晋、梁都是国名。得商而改名新郪，因为秦原有地名商(即商君封邑)。所谓"今又悉兴其众"，就是指楚王大怒，将要大举进攻商於之地了②。这是秦楚两国首次调动大军，进行激烈的大战，关系到此后秦、楚两国的兴衰，秦是倾其全力以赴的，由秦相张仪主其事，军事上则由张仪的得力助手魏章统筹指挥。

　　秦、韩、魏大胜楚、齐和秦取汉中　公元前三一二年的年初，楚大举发兵进攻秦、韩，派将军屈丐("丐"一作"匄")进攻商於之地，又使

————————

　　①　此事《秦策二》、《楚世家》、《张仪列传》有相同记载，其中不免有些传说故事性质，出于后世策士的增饰。如说楚王使勇士往骂秦王，如同儿戏。《楚世家》、《张仪列传》说楚王因此授张仪相印，不见于《秦策二》，显然出于后人的增饰。《张仪列传》增饰较多。

　　②　参见拙作《秦诅楚文所表的诅的巫术》，《文学遗产》一九九五年第五期。

上柱国景翠("翠"一作"痤")围攻韩的雍氏(今河南禹县东北)。当时
楚怀王虽然听信张仪欺骗而与齐绝交,但是在秦、韩、魏和楚齐陈兵
对峙而一触即发的形势下,齐并没有因此退却,齐依然联合宋一起围
攻着魏的煮枣(今山东东明东)。

　　秦这时分三路出兵加以反击,东路由名将樗里疾统率,从函谷关
进入韩的三川地区,帮助韩对围攻雍氏的景翠进行反包围;中路由庶
长魏章统率,从蓝田(今陕西蓝田西)出发,经武关,到商於之地反击
进攻的楚军。西路由甘茂统率[1],从南郑(今陕西汉中)出发,向东进
攻楚的汉水流域,配合魏章一起攻取楚的汉中[2]。中路是主要的,首

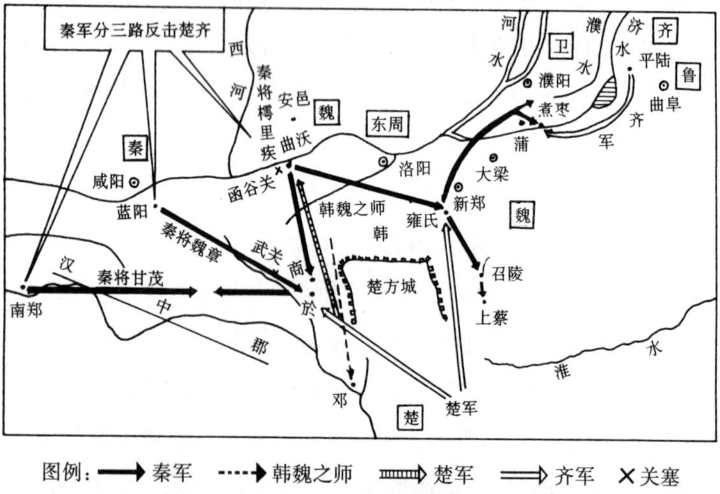

图五十　秦相张仪连横、战胜楚齐示意图

图例：➡️ 秦军　┅➤ 韩魏之师　〓〓〓 楚军　⟹ 齐军　✕ 关塞

───────────────

　　① 《史记·甘茂列传》称甘茂"因张仪、樗里子而求见秦惠王,王见而说(悦)之,使
将,而佐魏章略定汉中地"。

　　② 《战国策·韩策二》载:楚围雍氏,韩向秦求救,秦发使公孙昧入韩,回答韩相公
仲朋,转述秦王之言曰:"请道于蓝田、南郑以入攻楚,出兵三川以待公"(《韩世家》误把
此事记在韩襄王十二年)。据此可见当时秦分三路出兵来应战和反击。

先由魏章在丹阳(今河南西峡丹水以北地区)大败楚军①,斩首八万,
俘虏楚将军屈丏、裨将军逢侯丑等七十多人(即《楚策一》所说"通侯
执珪死者七十余人"),接着魏章由此向西进攻,与西路向东进攻的甘
茂所部会合,攻取了楚汉中六百里地,设置汉中郡。东路樗里疾曾帮
助魏章打败楚将屈丏,因而封为严君;又帮助韩反攻楚景翠所部得胜,
接着就向东进发,帮助魏打败齐军于濮水一带,齐将声子(一作赘子)战
死,齐将匡章败走②。樗里疾所统率的这支秦军穿越韩、魏二国,一直
攻到魏的东北边。楚怀王因汉中失守而大怒,再发大军袭秦,一度深入
到蓝田,结果又大败。韩魏因此又袭楚,攻到了邓(今湖北襄樊),迫使
楚退兵。魏章还曾会合韩军攻楚,取得上蔡(今河南上蔡西南)③。

公元前三一一年秦进一步攻取了楚的召陵(今河南漯河东北,
《秦本纪》)。秦将樗里疾大败齐师于濮上之后,继续助魏攻卫,包围
了卫的蒲,没有攻克而秦惠王去世。

这是秦相张仪推行连横策略的重大成功,秦从此取得汉中,使关
中和巴、蜀连成一块,排除了楚对秦本土的威胁;从此秦又伸展到中
原,占有函谷关和武关以东重要据点,既便于防守,又便于进取中原,
因而强盛起来。

秦武王为窥周室而攻取宜阳　公元前三一〇年秦惠王去世,秦武

---

①　《战国纵横家书》二十二记:"齐、宋伐魏,楚回(围)翁(雍)氏,秦败屈句",又说:
"煮枣将渝"(《田世家》"渝"作"拔")。可知秦败楚屈丏时,煮枣与雍氏之围尚未解除。

②　《秦本纪》说:"秦使庶长疾助韩而东攻齐到满。""韩"当作"魏","满"当作"濮",形
近而讹。《齐策六》记濮上之事,盼子谓齐王曰:"不如易余粮于宋,宋王必说,梁氏不敢过
宋伐齐。"《六国年表》云:"虏声子于濮",《齐策六》作"赘子死"。"声""赘"形近,不知孰是。

③　《水经·汝水注》引《纪年》"魏章率师及郑师伐楚,取上蔡"。《今本纪年》系于
周显王二十三年,不足信。魏章在秦武王即位初,与张仪同时被逐走。马非百《秦集史》
以为此事在胜楚丹阳之后,此说可取。

王即位，驱逐张仪和魏章，张仪不久就死于魏。次年武王以甘茂、樗里疾为左右丞相。这年十一月武王命甘茂等人修订田律（见四川青川出土木牍）。公元前三○八年武王欲"车通三川，窥周室"，命甘茂和庶长向寿伐取韩的宜阳（今河南宜阳西）①。甘茂感到宜阳是大县难以攻下，到时亲韩的樗里疾、公孙郝向武王必有所非议，武王因此和甘茂在息壤结盟，表示坚决支持到底。甘茂攻宜阳五月未攻下，死伤众多，樗里疾、公孙郝果然出来反对，幸而有息壤的盟约，武王增兵进攻（《秦策二》、《甘茂列传》），甘茂当众宣誓"以宜阳之郭为墓"，并以私金益公赏，终于攻克，斩首六万。这是公元前三○七年的事。秦在取得宜阳后，立即北渡黄河，占领武遂（今山西垣曲东南）而筑城防守，用以控制武遂贯通韩南北的要道。次年秦把武遂归还韩，以此作为要挟韩屈服顺从的手段。

秦武王取得宜阳后就计谋进窥周室，首先是要据有代表天子权力的九鼎。武王原是大力士，《秦本纪》称"武王有力，好戏"，"戏"是指角力，就是摔交②。他把当时著名的大力士如任鄙、乌获、孟说都请来做官。他在攻取得宜阳之后，就使樗里疾率车百乘进入东周，他自己就在三○七年八月前往洛阳和孟说比武举鼎，举起"龙文赤鼎"，两目出血，绝膑而死③，孟说因此犯灭族之罪。武王这样亲自到洛阳

---

① 《秦本纪》谓此年"使甘茂、庶长封伐宜阳"，"封"当为"寿"之形讹。《韩策一》、《甘茂列传》记向寿守宜阳将以伐韩，苏代谓向寿曰："禽困覆车，公破韩，辱公仲"，"今公取宜阳以为功"，足以作证。《秦策三》称"甘茂攻宜阳，右将有尉有建议"，"有尉"亦"向寿"的形讹。

② 《国语·晋语九》记赵简子的戎右少室周要和大力士牛谈"戏"，韦注："戏，角力也。"

③ 《秦本纪》载武王四年"王与孟说举鼎，绝膑，八月武王死"。《甘茂列传》载"武王竟至周而卒于周"。《赵世家》载"秦武王举龙文赤鼎，绝膑而死"。《帝王世纪》谓"秦王于洛阳举周鼎"（《孟子·告子下篇》正义所引）。又说"两目出血，绝膑而死"。《通鉴》胡注："盖举鼎者，举九鼎也。"

来举起周鼎,用意是明显的,就是要"窥周室"、"挟天子以令天下"。

楚怀王灭越 公元前三一二年正当秦、韩、魏与楚齐对峙、楚调发大军包围秦兵于曲沃和商於的时候,越王派使者以"乘舟"(君王乘坐用以指挥作战的大船)、战船三百艘、箭五万支,送给魏国(《水经·河水注》引《纪年》),支援魏国。这样运送大批水战所需的军用物资到魏都大梁,必须从长江经邗沟,再经淮水和鸿沟,可知当时越的国力仍能控制邗沟和淮水的航行。这时越王原要伐齐,经齐王使人游说越王,越不攻齐而攻楚,被楚打败(《越世家》误以为楚威王时事)。因此楚图谋灭亡越国,消除后顾之忧,并扩展领土到江东一带。公元前三〇七年秦武王举鼎绝膑而死,秦国有争立君位的内乱,一时无暇对外兼并,楚就趁这个时机图谋攻灭越国。楚国曾派大臣昭滑到越国去活动了五年,到公元前三〇六年(楚怀王二十三年),楚国乘越内乱,把越国灭亡了,把江东建设为郡。①

----

① 楚的灭越,据《史记·越世家》说,是在楚威王时。但是《越世家》载齐国使者劝越王"释齐而伐楚",是楚怀王十六、七年间事。可证楚的灭越必在楚怀王十七年后。今本《楚世家》楚怀王二十年下载昭雎对楚怀王说:"王虽东取地于越,不足以刷耻,……韩已得武遂于秦,以河山为塞,……樗里子必言秦,复与楚之侵地矣。"苏辙《古史·楚世家》系这事在楚怀王二十二年,吕祖谦《大事记·解题》卷四记在二十三年,这里既说"韩已得武遂于秦",当以二十三年为是。从此可知楚的灭越,必在楚怀王二十三年或稍前。《战国策·楚策一》载范环对楚王说:"且王尝用召(昭)滑之越,而纳句章,〔唐〕昧之难,越乱,故楚南察濑胡而野江东,计王功之所以能如此者,越乱而楚治也。"《史记·甘茂列传》所载略同,惟作"内行章义之难,越国乱,故楚南塞厉门而郡江东"(《楚策一》的"楚南察濑胡而野江东",当是"楚南塞厉门而郡江东"之误)。而《韩非子·内储说下篇》又作"前者王使邵(昭)滑之越,五年而能亡越,所以然者,越乱而楚治也。"据《史记·甘茂列传》,范环对楚怀王说这话是在甘茂由秦出奔齐前,即在楚怀王二十三年。这又可证楚的灭越,必在楚怀王二十三年或稍前。黄以周《儆季杂著·史说》有《史越世家补并辨》一文,对此事有所考证。详见拙作《关于越国灭亡年代的再商讨》,《江汉论坛》一九九一年第五期。

三　孟尝君合纵齐、韩、魏而胜楚攻秦和赵武灵王"胡服骑射"而攻取中山及胡地

齐国靖郭君和孟尝君的专权　齐威王晚年,相国邹忌和将军田忌发生矛盾,田忌一度被迫出走到楚国。齐的贵族田婴接替邹忌当上相国,采用欺骗手段把"终岁之计"(即上计)的大权夺到自己手中,营私舞弊,"乱乃始生"(《韩非子·外储说右下篇》,《战国策·齐策一》略同)。田婴不仅"私家富累万金",还取得彭城(今江苏徐州)作为封地,公元前三二二年又改封于薛(今山东滕县东南,《史记·孟尝君列传·索隐》引《竹书纪年》),并在那里筑城,号为靖郭君或薛公。田婴是齐威王和齐宣王初年的相国。公元前三一六年公孙衍约结田婴,召田婴的儿子田文为魏相,自己为韩相,合纵抗秦,结果失败。等到齐宣王改用储子为相,不重用田婴,田婴就回到了薛。

大约在公元前三一〇年以前[①],田婴的儿子田文承袭了薛的封地,号称孟尝君或薛公,而且又当上相国。到公元前三〇一年齐湣王即位后,田文专权,弄得"闻齐之有田文,不闻有其王"(《史记·范雎列传》)。田文不但"封万户于薛",在薛邑征收万户的租税,还大放高利贷,一次可以得到利息钱十万以上。更收养食客三千人,"招致诸侯宾客及亡人、有罪者",其中包括能够学鸡叫和装扮狗来偷窃的,所

---

　　① 《史记·魏世家》载魏哀王(即魏襄王)九年:"魏相田需死,楚害张仪、犀首、薛公。楚相昭鱼谓苏代曰:'田需死,吾恐张仪、犀首、薛公有一人相魏者也。'"《索隐》说:"薛公,田文也。"魏襄王九年,即公元前三一〇年,这时田文已称薛公,必已代立于薛。当公元前三一七年田文一度为魏相,尚无薛公之称。薛公原为田婴所称,田文继称薛公自当在继立之后,不可能父子两人同时并称薛公。

谓"鸡鸣狗盗"之徒。还"招致天下任侠奸人入薛中，盖六万余家矣"（《史记·孟尝君列传》）。他"上则得专主，下则得专国"，弄得"诈臣乱之朝，贪吏乱之官"（《荀子·强国篇》）。到公元前二九四年发生了贵族田甲用暴力"劫王"的事件，即所谓"田甲劫王"。田文因此被迫出奔到薛①，旋即到魏，在魏昭王那里担任相国②。田文在魏国还是掌握着大权。荀况曾把齐的孟尝君和赵的奉阳君都列为"篡臣"，认为这种"篡臣"是"朋党比周，以环（通"营"，惑乱）主图私为务"的，因此"用篡臣者危"（《荀子·臣道篇》）。

　　孟尝君不仅是个封君，掌权的齐的相国，而且是个烜赫一时、声势浩大的纵横家。当他在继立为薛公前，就曾与公孙衍合作，出任魏相而参与合纵抗秦，不久就失败了。当他继立为薛公后，成为专权的齐的相国，就有以齐为主、联合其他国家共同攻秦的计划。《楚世家》载怀王二十三年（公元前三〇六年）"齐湣王（当作齐宣王）欲为纵长"，怕楚和秦联合，曾遣使送给楚王一封信，劝楚王和齐合力组织六国合纵伐秦，必能破秦，楚可取得武关、蜀、汉之地，于是楚"竟不合秦

---

　　① 《史记·孟尝君列传》记载："人或毁孟尝君于齐湣王曰：'孟尝君将为乱。'及田甲劫湣王，湣王意疑孟尝君，孟尝君乃奔。魏子所与粟贤者闻之，乃上书言孟尝君不作乱，请以身为盟，遂自到宫门，以明孟尝君，湣王乃惊而纵迹验问，孟尝君果无反谋，乃复召孟尝君，孟尝君因谢病归老于薛，湣王许之。"这段话是替孟尝君辩护的。《史记·六国年表》记载这年"田甲劫王，相薛文（即薛公田文）走"。后来范雎也说："诸侯见齐之罢弊，君臣之不和也，兴兵而伐齐，大破之。士辱兵顿，皆咎其王曰：'谁为此计者乎？'王曰：'文子（即田文）为之，大臣作乱，文子出走。'"（《史记·范雎列传》）。

　　② 《史记·孟尝君列传》说："齐湣王灭宋，益骄，欲去孟尝君，孟尝君恐，乃如魏，魏昭王以为相。"此说有误。《战国策·秦策三》记薛公为魏谓魏冉曰："文闻秦王欲以吕礼受齐以济天下，君必轻矣。……君不如劝秦王令敝邑卒攻齐之事，齐破，文请以所得封君。"这时孟尝君已当魏相，"敝邑"即指魏国，据此，孟尝君为魏相应在吕礼为齐相之前，亦当在公元前二九四年。

而合齐以善韩"①。齐宣王这个欲为"纵长"的计划当是孟尝君所主持。《吕氏春秋·不侵篇》和《战国策·齐策四》记载:"孟尝君为从(纵)",使公孙弘入秦观察秦昭王。公孙弘就是当时参与合纵攻楚和攻秦的魏将公孙喜的兄长(见《韩非子·说林下篇》),该即帮助孟尝君奔走组织合纵的得力助手。孟尝君凭藉其齐相的权势,连续主持齐、魏、韩合纵攻楚和攻秦二个战役,都得到了胜利。在当时齐、秦两大强国东西对峙的形势下,孟尝君以齐相组织韩、魏"合纵"而战胜楚、秦,和张仪以秦相组织"连横"而战胜楚、齐,性质是一样的。所不同的是,秦经过张仪的连横得到了许多重要的土地,齐没有经过孟尝君的合纵而得到土地,只是为韩、魏得到了土地和收回了一些失地。秦在"连横"而发动的战争中损失不大,而齐在"合纵"而发动的连年战争中消耗实力很多。

齐、魏、韩胜楚的垂沙之役　公元前三〇六年楚王因齐王来信要求合力组织合纵攻秦,楚就和齐相合。次年秦昭王新立,因为秦昭王的母亲宣太后是楚人,秦昭王和楚怀王联姻,秦就来楚"迎妇"(即昭王后)。由于宣太后的掌权,经楚怀王的推荐,由宣太后外族的向寿为秦相(《史记·甘茂列传》)。公元前三〇四年楚王和秦王在黄棘(今河南南阳南)相会结盟,秦又给楚上庸(今湖北竹溪东南)。次年,秦攻取魏的蒲阪(今山西永济西)、晋阳和封陵(永济西南),这三地都是秦、魏间黄河上重要的渡口。同时秦又攻取韩的武遂,这又是韩贯通南北的通道所在。在这样严峻形势逼迫下,韩、魏只有投靠齐国才有生路,孟尝君的合纵计划就实现了。这年齐、韩、魏三国就因为"楚负其纵亲而合

---

① 《楚世家》这段记载在怀王十八年到二十四年间,其中谈到秦复归韩武遂,时当怀王二十三年。吕祖谦《大事记》列此于二十三年,该是可信的。

于秦”,联合出兵伐楚,楚因而使太子横入质于秦而请救,秦因而派客
卿通率兵来救,三国因而退兵。公元前三〇二年入质于秦的楚太子
横,因在私斗中杀死了一个秦大夫逃回楚国,因而秦楚关系又变化。
这年魏韩二国又投靠秦国,魏襄王和韩太子婴朝见秦昭王于临晋(今
陕西大荔东黄河西岸)的应亭,秦把临晋关对岸的蒲阪关归还给魏。

　　公元前三〇一年孟尝君再度发动三国合纵攻楚,怕秦又来救楚,
听从策士的计谋,发重使到楚,预约楚王说:齐、韩、魏三国将出兵,如
果楚能会合共攻秦,蓝田也不难得,何况楚失地的收复,楚王极赞成。
于是三国合力攻楚,楚向秦告急,秦不敢出兵(《战国策·秦策四》)。
这年齐将匡章、魏将公孙喜、韩将暴鸢带了三国联军进攻楚的方城。
两军夹沘水列阵,相持六个月之久。三国联军因为不知道沘水深浅,
不敢渡河。后来向樵夫打听到“荆人所盛守,尽其浅者也;所简守,皆
其深者也”,匡章派精兵在夜间从楚人盛守处渡河发动进攻(《吕氏春
秋·处方篇》),结果在沘水旁的垂沙(今河南唐河西南)大败楚军①,

――――――――――

　　① 据《史记·楚世家》记载,楚本与齐从亲,由于楚怀王与秦昭王结盟,怀王二十
六年(即公元前三〇三年)“齐、韩、魏为楚负其从亲而合于秦,三国共伐楚”,这是三国伐
楚的开始。两年以后,“秦乃与齐、韩、魏共攻楚,杀将唐眛”。《田世家》、《魏世家》、
《韩世家》和《六国年表》都说这年齐、韩、魏和秦共攻楚,杀死楚将唐蔑。但是《吕氏春
秋·处方篇》说:“齐令章子将而与韩、魏攻荆,……果杀唐蔑。”《战国策·秦策四》说:
“三国谋攻楚,恐秦之救也,或说薛公,……于是三国并力攻楚,楚果告急于秦,秦遂不敢
出兵,大胜有功。”《秦策三》说:“谓魏冉曰:楚破,秦不能与齐县衡矣。秦三世积节于韩、
魏,而齐之德新加焉。……韩、魏支分方城膏腴之地,……足以伤秦,不必待齐。”都足以
证明秦国未参加这一役。《史记·秦本纪》载:秦昭王八年“使将军芈戎攻楚,取新市。齐
使章子、魏使公孙喜、韩使暴鸢共攻楚方城,取唐眛”。这里虽然把“取唐眛”之役误后二
年,又把秦攻楚和齐、魏、韩攻楚误合为一年事,但仍以“取唐眛”之役为齐、魏、韩三国共攻
楚方城的结果。这一役的战场,《史记·秦本纪》说在方城,《战国策·赵策四》说在陉山,
《吕氏春秋·处方篇》说在沘水旁,《荀子·议兵篇》说在垂沙,《战国策·楚策四》又误作
“长沙”。楚的方城原在沘水旁,垂沙该是沘水旁的地名,陉山也在其旁,所指仍为一地。

杀死楚国将领唐蔑(或作唐昧),宛、叶以北的土地也为韩、魏两国所取得(《吕氏春秋·处方篇》、《荀子·议兵篇》、《史记·秦本纪》、《战国策·西周策》)。同年秦使庶长奂伐楚,斩首二万(《秦本纪》),攻新城(今河南伊川西南,秦简《编年记》)。秦又攻取韩的穰(今河南邓县,《韩世家》、《六国年表》)。次年秦又伐楚,斩首三万,攻取新城(一作襄城),杀楚将景缺。这时楚受到齐、秦两面进攻,再加上庄骄率众起事,一度攻到楚都郢,楚就出现四分五裂的局面。楚因此向齐求和,送太子横入质于齐。秦为了争取齐国,也使泾阳君入质于齐。

楚怀王被秦拘留　公元前二九九年正当楚在内外交困的情况下,秦昭王约楚怀王到武关相会结盟,说要"为楚攻韩、梁,反楚之故地"(《赵策一》)。昭雎和屈原都以为"秦虎狼之国不可信"(《楚世家》、《屈原列传》),怀王听从幼子子兰的话前去,入武关就被扣留。秦要怀王"西至咸阳,朝章台如蕃臣",怀王大怒不听,就被扣留,要挟割以巫、黔中郡。楚大臣因此相与计谋,要另立新君以绝秦之要挟,又怕太子横为质于齐,齐秦合谋,因而想拥立怀王的庶子在国者,昭雎以为背王命而立庶子不适宜,因而诈言怀王已死而讣告于齐,召太子横回楚。当时苏秦正在齐国,建议孟尝君扣留太子以换取楚的"东国",孟尝君认为不可,如果楚另立新王,就抱空质而行不义。苏秦认为可以对新王说:给我东国,我就杀太子,不然就将与三国共同拥立他,这样必定可得东国(《齐策三》)。当太子横向齐湣王告辞而归时,齐王要太子献东地五百里而归,太子请问其傅慎子后,就答应献地而归。太子横回楚即位为王,就是楚顷襄王。当齐遣使来索取东地时,楚王朝见群臣,要大臣献计,上柱国子良主张守信献地,然后发兵攻取;昭常主张不给与,发兵加以防守;景鲤主张求救于秦。慎子主张三人所献之计都采用,先派子良去献地,接着派昭常为大司马而往守东地,再派景鲤入秦求救。等到齐大兴兵进攻楚东地,秦已发出救兵,因而齐退兵(《楚策三》)。

孟尝君入秦为相 自从孟尝君主持齐、韩、魏三国合纵大胜楚军之后,一时声势显赫。公元前三〇〇年孟尝君就曾来到魏国,和魏襄王会于釜丘。《水经·济水注》引《纪年》云:"魏襄王十九年薛侯来,会王于釜丘。"这个薛侯就是孟尝君,孟尝君的封邑在薛,因而称薛公,亦称薛侯。战国时代封君的称号,"君"、"公"、"侯"是可以互用的,如楚的鲁阳文君亦称鲁阳公(《墨子·耕柱篇》),范雎封于应,号应侯,亦称应君(《范雎列传》)。这年孟尝君不但会见了魏襄王,而且"秦昭王闻其贤,乃先使泾阳君为质于齐,以求见孟尝君"(《孟尝君列传》)。次年泾阳君复归秦,秦昭王于是召孟尝君入秦为相,无非因为孟尝君是当时声望最高的纵横家,想使用他为秦计谋的。

这时,赵武灵王正谋灭中山和攻略胡地,并且把王位传给王子何,即是赵惠文王。同时宋王偃也把王位传给太子,国力已比较强盛。赵国因为秦、齐两大国联合不利于己,促使秦国免除孟尝君的相位,由赵国派遣楼缓入秦为相,派遣仇郝("郝"一作"赫")入宋为相①,于是秦、赵、宋三国和齐、韩、魏三国形成了两个对立的集团。《孟尝君列传》记有人进说昭王:"薛文贤而又齐族也,今相秦,必先齐

① 《史记·秦本纪》说:"薛文(即田文)以金受免,楼缓为丞相。"《战国策·赵策四》载:赵主父"结秦连宋之交,令仇赫相宋,楼缓相秦。"可知孟尝君的免秦相,楼缓的相秦,出于赵的"结秦连宋之交"。《东周策》载:周最对金投说,"公负全秦与强齐战",或为周最谓金投曰:"秦以周最之齐疑天下,而又知赵之难予齐人战,恐齐、韩之合,必先合于秦。秦、齐合则公之国虚矣。"可知金投是赵国大臣中亲秦的,反对秦齐相合的,《史记·秦本纪》的金受当即金投。

而后秦,秦其危矣!"因而昭王于次年就免薛文的相职。《秦本纪》称:
"薛文以金受免,楼缓为丞相。"金受即金投,便是赵国大臣中亲秦而
反齐的,为了赵的"结秦连宋之交"而入秦进说秦王,使楼缓代替孟尝
君为秦相的。

当时秦昭王把孟尝君拘留起来要杀害他,他依靠食客中的鸡鸣
狗盗之徒,逃出函谷关而回到齐国的。孟尝君想要昭王宠姬求情放
走,宠姬要他的价值千金的狐白裘,可是此裘早已献给昭王,门客中
有善于装扮成狗而夜间偷盗的,从秦宫的库藏中把此裘偷来,送给宠
妾。孟尝君由于昭王宠姬的说情而放走,就伪造化名的通行证,以便
蒙混过关,夜半过函谷关,关法鸡鸣出客,门客中有能为鸡鸣而使鸡
尽鸣的,才得逃出函谷关(《孟尝君列传》)。

赵武灵王"胡服骑射"　赵国东北同东胡相接,北面同匈奴相邻,
西北又同林胡和楼烦接壤。这些都是游牧部族,他们经常以骑兵侵
扰赵国,破坏赵国边地的农业生产和人民生活。为加强边防,公元前
三〇七年赵武灵王实行军事改革,"胡服骑射",命令军队采用胡人服
饰,改穿短装,束皮带,用带钩,戴着插有貂尾或鸟羽的武冠,穿皮靴,
藉以发展骑兵,训练在马上射箭的作战技术。虽然这场改革侧重于
军事方面,实际上就是政治改革的进一步深入。这时肥义等大臣是
改革的支持者,贵族公子成、赵文、赵燕等人是反对者。公子成认为
不该"袭远方之服,变古之教";赵文认为"衣服有常,礼之制也";赵造
认为"圣人不易民而教,智者不变俗而动"。赵武灵王驳斥了这些谬
论,说:"理世不必一道,便国不必法古","以古制今者,不达于事之
变。"(《战国策·赵策二》)后来赵在攻取原阳(今内蒙古呼和浩特东)
之后,把它改为"骑邑",用来训练骑兵,牛赞又出来反对,声称"国有

固籍,兵有常经。变籍则乱,失经则弱";赵武灵王当即加以驳斥,指出"古今异利,远近异用","今重甲修兵不可以逾险,仁义道德不可以来朝"(《战国策·赵策二》)。

赵武灵王推行胡服是逐步推广的,先是以身作则,推广于家族中和朝廷上,再推广到官府中和军队中。赵武灵王严厉驳斥了贵族中原有守旧的思想,从而提倡革新进取的政策。胡服是胡人便于骑射的服装,推行胡服是为了学习胡人骑射的战斗技术,从而增强赵国的兵力。赵武灵王推行胡服骑射,是亲自带头集中精力来进行的,是有计划而亲自逐步贯彻的。他不但攻取中山和攻略胡地,藉此扩大领土,而且使这些游牧部族服从;并且收编了林胡和楼烦的骑兵,藉以增强兵力,使赵国从此成为与齐、秦并列的强国之一。

赵攻取中山和攻略胡地 公元前三〇七年赵攻中山到房子(今河北高邑西),次年攻中山到宁葭(河北石家庄西北),西略胡地到榆中,"林胡王献马",由代相赵固"主胡,致其兵"。榆中在秦上郡之北,北河以南,今陕西榆林以北地区,原为林胡游牧地区,因有广大的榆柳之林而得名,林胡这个部族就因游居在榆中而得名。"林胡王献马",就是表示从此归属于赵国。"代相赵固主胡",就是从此由赵固兼管这个林胡部族,"致其兵"就是收编林胡的军队。公元前三〇五年赵大举攻中山,由武灵王亲率右、左、中三军,并由牛翦率车骑,赵希统率林胡和代的军队,会合于曲阳(今河北曲阳西北),向北攻到恒山的华阳,向南攻到石邑、封龙(今石家庄西南)、鄗(今高邑东)等地。次年攻取了榆中以北黄河上游河宗氏和休溷诸貉之地,设置了九原郡和云中郡。"命吏大夫奴迁于九原(今内蒙古包头西北),命将军、大夫、適(嫡)子、戍吏皆貉服"(《水经·河水注》引《纪年》魏襄王十七

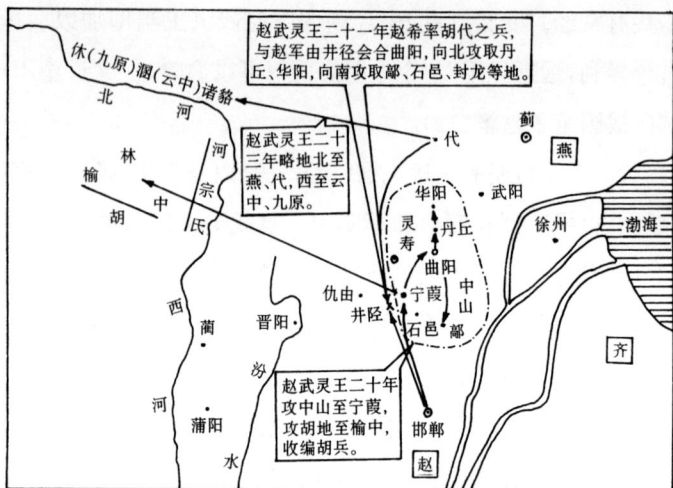

图五十一　赵武灵王攻取胡地与中山示意图

年,《今本竹书纪年》"戎"改作"代","貉"改作"貃")。因为这一带居住民是貉族,因而穿貉服。貉服和胡服大概是大同小异的。公元前三〇三年又攻中山,攘地北至燕,西至云中、九原。公元前二九七年赵武灵王巡行新得之地,"出代,西遇楼烦王于西河而致其兵",就是收编了楼烦的军队。次年中山灭亡,迁其君于肤施(今陕西榆林南)①。

---

① 《史记·赵世家》载:赵惠文王三年"灭中山,迁其王于肤施"。而《秦本纪》说:秦昭王八年"赵破中山,其君亡,竟死齐"。秦昭王八年是公元前二九九年,赵惠文王三年是公元前二九六年。《秦本纪》所记的是赵攻破中山的一年,而《赵世家》记的是赵灭亡中山的一年。《史记·六国年表》谓赵惠文王四年"与齐燕共灭中山",又推后一年。按《战国策·赵策四》说:"三国攻秦,赵攻中山,五年以擅呼沱。"三国攻秦在公元前二九八年到前二九六年。《赵策一》又说:"楚人久伐而中山亡。"楚人久伐当指齐魏韩攻杀楚将唐昧之役,事在公元前三〇一年。《齐策五》说:"齐燕战而赵氏兼中山。"齐燕战当指权之战,事在公元前二九六年。《赵策二》说:"以赵二十万之众攻中山,五年乃归。"《吕氏春秋·先识览》说:"夫五割而与赵,……未有益也。"高注:"中山五割与赵,赵卒亡之。"说明赵灭中山,历时五年,从公元前三〇一年到前二九六年。

赵武灵王不但推行了胡服骑射，攻取得大片胡地和中山土地，而且收编了林胡和楼烦的军队，因而军事力量大为加强。

宋灭滕、伐薛和取淮北　　宋是当时小国中比较大的，也是比较坚强的。宋王偃是宋的亡国之君，被称为宋康王，有种种昏庸暴虐的传说，但是当时万章对孟子曾讲到："宋小国也，今将行王政"（《孟子·滕文公下篇》），看来宋王偃也曾和魏、赵等国国君那样有所改革而图谋富强的。他曾说："寡人所说（悦）者勇有力也，不说（悦）为仁义者。"（《吕氏春秋·顺说篇》、《淮南子·道应篇》）看来他的主张与赵武灵王差不多。赵武灵王推行胡服骑射，攻略中山和胡地，曾把王位传给少子。宋王偃也曾把王位传给太子，宋原是上下团结而防守坚固的。当时赵相李兑曾说："宋置太子为王，下亲其上而守坚。"（《赵策四》李兑谓齐王）后来因为内部发生矛盾，太子出走，国家才不稳定。宋王偃曾经灭滕、伐薛而攻取楚的淮北地（《战国策·宋策》、《新序·杂事四》）。宋灭滕大体上和赵灭中山同时①。宋攻取楚淮北地，当在齐、魏、韩三国联合攻楚之时。

秦、赵、宋和齐、韩、魏对峙局势　　在当时齐、秦两强东西对峙的战斗形势下，韩、魏两国地处中原，介于两强之间，成为两强必须争取联合的对象，因而经常随着合纵、连横形势的变化而改变其联合关系，韩魏不是"连横"于秦，就得"合纵"于齐。地处南方的楚国，常常在连横或合纵的战争中，首先受到攻击而遭受重大损失。地处北方

①　《赵策四》载五国伐秦无功，苏代谓齐王曰："天下事秦，秦按为义，存亡继绝，固危扶弱，定无罪之君，必起中山与滕焉。秦起中山与滕，而赵宋同命，何暇言阴？""滕"原误作"胜"，今从金正炜改正。金氏云："中山灭于赵，滕灭于宋，秦复起二国，故曰赵宋同命。"此说甚是。

的赵国,也常常遭受齐秦两方面的进攻,受到很大损失。当赵武灵王在位的初期就是这样。公元前三二五年齐战胜赵于平邑,赵将韩举被俘。公元前三一七年赵因参与五国合纵攻秦,被秦打败,斩首八万,同时齐又打败赵军于观泽。次年秦攻取赵的西都、中阳。公元前三一三年秦又攻取赵的蔺,虏赵将赵庄。这也是一场大战,赵的士兵被斩杀很多。所谓"赵庄之战",就是苏代所谓三晋之民被杀最多的五大战役之一。因此当赵武灵王推行胡服骑射而攻取中山的时候,就决定改变外交方针,采用"结秦连宋之交"的策略。当孟尝君入秦以后,就派大臣金投入秦请秦昭王免除孟尝君的相职,而代以楼缓,同时使仇赫入宋为相。楼缓原是赵武灵王的重臣,曾赞助推行胡服而略取中山的措施,主张赵联合秦、楚的。当时宋国为了对抗齐的兼并,正很需要秦、赵两大国的帮助。秦国为了打败齐、韩、魏三国的合纵进攻,也正需要赵、宋两国在东方对齐的牵制,因而秦、赵、宋和齐、韩、魏对峙的局势就形成了。这是公元前二九八年的事①。当时有人对周最说:"仇赫之相宋,将以观秦之应赵、宋,败三国"(三国指齐、韩、魏,《东周策》),就是对这样的对峙局势而言。

当时赵的朝廷大臣中,本来有两种不同的外交路线,"富丁欲以赵合齐、魏,楼缓欲以赵合秦、楚"。富丁主张赵和齐、韩、魏三国一起攻秦,使得齐秦两国都因此疲敝,这样可使赵为天下重国。武灵王对此反对,认为这将使赵和齐、秦都疲弱(《赵策三》),结果采用了楼缓的主张,使楼缓入秦为相,直到公元前二九五年赵感到联

---

① 《赵策四》载:"魏攻楚于陉山,禽唐明,楚王惧,令昭应奉太子以委和于薛公。主父欲败之,乃结秦连宋之交,令仇赫相宋,楼缓相秦。"唐明即唐眛,"明""眛"是一声之转。此以楼缓相秦在楚将唐眛被擒之后,不确。楼缓相秦当从《秦本纪》在昭王十年。

合秦国对赵不利，再派仇赫到秦，请昭王免除楼缓相职，改以魏冉为秦相。赵武灵王这时采取联秦抗齐的策略，目的在于防止齐、秦联合而对赵不利，这样可以维持齐、秦对峙战斗的局势，使齐、秦两国都疲于战斗，无力干预赵攻灭中山的事，赵可以乘此时机灭亡中山和攻略胡地，进一步推行胡服骑射，收编胡的军队，从而扩展军事力量。

齐、韩、魏攻入秦函谷关　孟尝君回到齐国重新为相，就发动齐、韩、魏合纵攻秦。公元前二九八年，齐、韩、魏三国便大规模地进攻秦国，一直攻到了函谷关。这时赵、宋和秦联合，目的在于利用大国之间的矛盾，以便找寻机会兼并小国土地，因而没有对秦国作实际的援助。齐、韩、魏三国进攻秦国，前后有三年之久，先是攻到函谷关，驻屯大军，加以封锁①，后终于攻入了函谷关，迫使秦国求和。秦国归还了前所攻取的魏的河外、封陵以及前所攻取韩的河外、武遂（河外指封陵和武遂二地周围沿黄河一带），三国兵才退去。

这个战役和上次齐、韩、魏合纵攻楚一样，由齐将匡章为统帅②，这是东方诸国合纵攻秦第一次攻入函谷关迫使秦归还重要侵地的胜利。

---

①　《田世家》、《韩世家》都说三国攻秦"至函谷而军焉"。"军"即为驻屯大军。《东周策》记"三国隘秦"，有人谓相国曰："秦欲知三国之情，公不如遂见秦王曰：请为王听东方之变。""隘"谓阻隔关塞，当即指此事。《周本纪》误记于周赧王五十八年下，并误作"三晋距秦"。

②　《赵策四》载："三国攻秦，赵攻中山，取扶柳，五年以擅呼沱。齐人戎郭，宋突谓仇郝曰：'不如尽归中山之新地，中山案此言于齐日：四国将假道于卫，以遏章子之路，齐闻此必效鼓。'"所谓"齐人戎郭"，即指军屯于函谷关而言。宋突此时向宋相仇赫献策，为中山谋求解脱困境，请宋尽归所得中山的新地，由中山言于齐，由四国（即赵、秦、宋及中山）假道于卫，以包抄匡章进军函谷关的后路，可知这一战役仍由匡章为统帅。章子即匡章。

接着，齐又与燕大战，取得大胜，覆灭了燕的三军十万之众，擒获了燕的二将（《战国策·燕策一》苏代语）①。

这时孟尝君联合韩魏两国，连年不断地向楚国和秦国进攻，目的在于迫使强国屈服，不干涉它的对外兼并，以便攻取宋国以及淮北的土地。苏秦曾说："薛公相齐也，伐楚九岁（当作五岁），攻秦三年，欲以残宋，取淮北。"（《战国纵横家书》八）但是，结果没有成功。

四 秦、齐、赵三强鼎立而斗争和苏秦为燕间谍而计谋破齐

秦国穰侯的擅权 公元前三〇七年秦武王因举鼎折断胫骨而死，因为他没有儿子，诸弟就争夺君位。朝廷大臣和惠文后（即惠王后）、武王后等拥立公子壮即位，称为"季君"；而芈八子（楚国贵族出身，后称宣太后）和她的异父长弟魏冉（后封穰侯）则拥立被赵燕两国护送回来的公子稷（秦武王异母弟、芈八子子）登位，即秦昭王。这场争夺君位的内乱，持续有三年之久。由于魏冉拥有兵权，被他把所谓"季君之乱"镇压下去，杀死了公子壮、惠文后和昭王的诸异母兄弟以及一些大臣，并把武王后驱逐到魏国，终于把秦昭王拥立起来，所谓

---

① 《战国策·齐策二》载："权之难，齐燕战。"《齐策五》又载："昔者齐燕战于桓之曲，燕不胜，十万之众尽。"都该指此时事。《燕策一》载苏代说：齐王"南攻楚五年"，"西困秦三年"，"北与燕战，覆三军，获二将，而又以其余兵，南面而举五千乘之劲宋。"可知此事在西困秦之后，灭宋之前。《齐策五》又称"齐燕战而赵氏兼中山"。可知此与燕赵灭中山同时。《战国策·齐策六》说：齐湣王时，"司马穰苴为政者也，杀之，大臣不亲。"《战国策·赵策二》记苏子谓秦王曰："宣王（当作湣王）用之，后逼韩威魏，以南伐楚，西攻秦，……十年攘地，秦人远避不服，而齐为虚戾。……今富非有威宣之余也，精兵非有富韩劲魏之军也，而将非有田单、司马之虑也。"据此司马穰苴当为齐湣王的名将，而《史记·司马穰苴列传》把他说成是齐景公时名将，因"燕侵河上，齐师败绩"，"将兵扞燕晋之师"，收复了所失故地。但是这事不见《左传》记载。苏辙《古史·孙武吴起列传》认为《史记》之说不可信，司马穰苴当是齐湣王时的大将，在对燕的战争中取得大胜。

"唯魏冉力能立昭王"①。魏冉就以将军名义卫戍国都咸阳。此后魏冉五次出任相国,宣太后和他两人操纵大权,曾积极推行封君制,不但魏冉封于穰(今河南邓县),称为穰侯;昭王的同母弟公子市先封为泾阳君(泾阳在今陕西泾阳西北),后又改封于宛(今河南南阳);公子悝先封高陵君(高陵在今陕西高陵),后又改封于邓(今河南郾城东南);宣太后的同父弟芈戎先封华阳君(华阳在今陕西华阴华山之南),后改封为新城君(新城在今河南密县东南)。穰、宛和邓原来属韩,公元前三〇一年和前二九一年为秦所攻取;新城原来属楚,公元前三〇〇年为秦所攻取。这些都是手工业和商业比较发达的城市,因而这四个封君搜刮到财富很多,出现了"宣太后专制,穰侯擅权,泾阳君、高陵君之属太侈,富于王室"的局面(《史记·穰侯列传》)。魏冉在公元前二八一年又取得当时最富庶的城市陶邑(今山东定陶西北)作为封地。等到秦昭王免除他的相位,命令他出关回到陶邑时,有"辎车千乘有余"(《史记·穰侯列传》),关吏检查他的车辆,"宝器珍怪,多于王室"(《史记·范雎列传》)。

赵武灵王之死和李兑专权　公元前二九九年赵武灵王为了专心致志于军事,把王位传给十岁左右的少子王子何,即赵惠文王,由肥义为相国辅政。自称主父。后三年,赵武灵王把东安阳(今河北阳原

---

①　《史记·穰侯列传》说:"昭王即位,以冉为将军,卫咸阳。诛季君之乱,而逐武王后出之魏,昭王诸兄弟不善者皆灭之。"《索隐》说:"季君即公子壮,僭立而号曰季君。"《史记·秦本纪》载:昭王二年"庶长壮与大臣、诸公子为逆,皆诛。及惠文后,皆不得良死,悼武王后出归魏"。《史记·六国年表》秦昭王二年:"季君(今本误作"桑君")为乱,诛。"这些都该是根据《秦记》的。《秦记》是站在得胜者宣太后和魏冉的立场写的。《古本竹书纪年》说:"秦内乱,杀其太后及公子雍、公子壮"(《史记·穰侯列传·索隐》引)。从杀死惠文后和大臣以及赶走武王后来看,实际上是宣太后和魏冉用武力来夺取君位。

东南)封给长子公子章,称为代安阳君,派田不礼为相。公子章不服其弟为王,于公元前二九五年趁主父、惠文王出游沙丘(今河北巨鹿东南)的机会,发动叛乱,杀害肥义。这时公子成和李兑从国都赶来,"起四邑兵入距难,杀公子章及田不礼,灭其党贼而定王室"(《史记·赵世家》)。于是公子成为相,封号安平君;李兑为司寇,封号奉阳君。公子章失败时,逃进了主父所住的沙丘宫,公子成和李兑就派兵包围沙丘宫,直到公子章身死,还围住主父不放,围了一百多天,主父活活饿死。当时惠文王年少,公子成和李兑专权,后来李兑为相,长期专断国政。

齐、秦联合而各自略地 就在赵武灵王被围困饿死的当年,秦国免除赵武灵王所信任的楼缓的相位,改用魏冉为相。公元前二九四年,齐国也跟着改变策略,采取祝弗的计谋,驱逐亲魏大臣周最,改任秦的五大夫吕礼为相①。这时孟尝君也因"田甲劫王"事件而出走到魏,不久就做了魏昭王的相。齐、秦怀着各自的目的,相互联合起来。秦国为的是便于攻略韩、魏的土地,齐国为的是便于灭亡宋国。

秦将白起大败韩、魏于伊阙 公元前二九四年秦分兵两路攻韩,向寿攻取了武始,白起进攻新城(今河南伊川西南)。白起,郿(今陕西郿县东)人,是善于用兵的军事家。新城是韩新筑的城(《吕氏春秋·开春篇》),用以防守和保卫韩的重要关塞伊阙(今洛阳东南龙

---

① 《史记·秦本纪》说:秦昭王十三年"五大夫礼出亡奔魏"。《穰侯列传》说:"魏冉相秦,欲诛吕礼,礼出奔齐。"这样的说法是错误的。秦五大夫吕礼并非出奔到齐国,是由于齐国要和秦结交而起用吕礼为相国的。《战国策·东周策》载:"谓齐王曰:逐周最,听祝弗,相吕礼者,欲深取秦也。"又载:"谓薛公曰:周最于齐王也而逐之,听祝弗,相吕礼者,欲取秦。秦、齐合,弗与礼重矣。"可为证明。

门)的,新城具有伊阙的附属城堡的性质,所以秦简《编年记》称昭王
"十三年攻伊阙"。次年向寿奉命进攻伊阙,魏派大将公孙喜统率大
军并会合东周军一起帮助韩防守伊阙。公孙喜是八年前统率魏军与
齐将匡章大破楚军的名将,当时有犀武(一作师武)的称号①。秦相
魏冉因此推举左更白起代替向寿统率大军进攻。当时韩、魏联军在
数量上较秦军多一倍以上,临阵时韩魏两军都不愿作先锋,相互推让
观望,秦军出其不意,集中精锐兵力击破魏的主力,擒杀了魏将公孙
喜。"魏军既败,韩军自溃,乘胜逐北",斩首二十四万,连拔五城,白
起于是升为国尉,"涉河取韩安邑以东至乾河"一带地方(《秦本纪》、
《韩世家》、《魏世家》、《白起列传》、《穰侯列传》,苏辙《古史·白起传》
所引《战国策》所载武安君与应侯对答)。韩、魏二国因此大为削弱。
后来秦相范雎曾与白起谈论,讲到白起所指挥的许多战役中,以伊阙
之战和长平之战最为主要,白起曾精辟地分析了这次大战的得胜
原因②。

　　秦取得韩、魏大块土地　秦在伊阙大败韩、魏之后,乘胜继续攻
取韩、魏城邑。这时白起已因功升为大良造。公元前二九二年白起
攻魏取垣(今山西垣曲东南),后来又归还(《秦本纪》),同年又攻魏
(今山西芮城北),拔之(秦简《编年记》、《白起列传》)。次年左更司马
错攻取魏的轵(今河南济源东南)和邓(今河南孟县西,《秦本纪》),同
年秦又攻取韩的宛(《韩世家》)。公元前二九〇年秦攻取魏的垣、蒲

---

　　① 《魏策一》"秦败东周与魏于伊阙,杀犀武",《西周策》"犀武败于伊阙","秦败魏
将犀武军于伊阙"。《周本纪》作师武。犀武当为公孙喜的称号,如同公孙衍号犀首。
　　② 《秦本纪》、《穰侯列传》、《韩世家》都说:"虏公孙喜。"而《魏策一》又说"杀犀
武"。《韩非子·说林下篇》说:"周南之战公孙喜死焉。"周南之战即伊阙之战,公孙喜当
是被杀死。

阪(今山西永济西)、皮氏(今山西河津)①。同年秦魏冉为将攻魏,迫使魏献河东四百里地。司马错攻魏的河雍(今河南孟县西),冲决河雍和孟津的黄河浮桥,攻克河雍,连续攻克河内大小六十一个城邑。同年韩进献从武遂到平阳这条通道两旁的二百里地。

秦、齐、赵三强鼎立而争夺宋国 这时赵因为推行胡服骑射和攻取中山和胡地,收编林胡、楼烦的军队,军事力量大为增强,一时形成秦、齐、赵三强鼎立的形势。在秦国大规模进攻之下,韩、魏两国失去了大块土地,非常狼狈。公元前二八八年左右,魏昭王通过赵国奉阳君李兑的关系,入赵朝见赵惠文王,把葛孽(在今河北肥乡西南)、阴成两地献给赵惠文王作为"养邑";又把河阳(即河雍,在今河南孟县西)、姑密(当在河阳附近)两地献给了奉阳君,作为奉阳君儿子的封地②。于是魏国投入赵的怀抱,赵国则想联合魏国一起攻宋。河阳是黄河中游主要渡口,设有浮桥,这是中原地区交通的枢纽所在,上年为秦一度攻取,不便坚守而归还魏国,这时魏献给赵奉阳君,秦当然是不能罢休的。

正当这时,宋国发生了内乱,宋太子失败出走,宋王偃重又恢复

---

① 《秦本纪》载此年"秦以垣为蒲阪、皮氏",《索隐》云:"为当为易",不确。当作"秦攻垣及蒲阪、皮氏"。秦简《编年记》此年"攻垣、枳",《白起列传》云:"起与客卿错攻垣城拔之。"

② 《战国纵横家书》八载:"谓齐王曰:薛公……以齐封奉阳君,使梁韩皆效地,欲以取勺(赵),勺(赵)是(氏)不得。身率梁王与成阳君,北面而朝奉阳君于邯郸,而勺(赵)氏不得。"《战国策·魏策三》载:"叶(奉)阳君约魏,魏王将封其子,谓魏王曰:王尝身济漳,朝邯郸,抱葛孽、阴成以为赵养邑,而赵无为王有也。王能又封其子河阳、姑密乎?臣为王不取也。"《赵策四》载:"谓齐王曰:臣为足下谓魏王曰:……王之事赵也何得矣?且王尝济于漳,而身朝于邯郸,抱阴成,负葛孽,以为赵蔽,而赵无为王行也。今又以河阳、姑密封其子,……"《史记·赵世家》谓赵惠文王十一年"董叔与魏氏伐宋,得河阳于魏",当即指魏王以河阳、姑密封奉阳君之子。

了王位。"而善太子者皆有死心"（《战国策·赵策四》），内部很不稳定。宋国的定陶是当时中原最繁荣的都市，素来为各大国所垂涎。这时齐湣王想灭宋，赵的奉阳君李兑和秦的穰侯魏冉又都想夺取定陶作为自己的封地。就在魏昭王入朝赵国的那一年，争夺宋国的战争便开始了，赵国派了董叔联合魏军攻宋。秦国却乘隙而入，攻取了赵的梗阳（今山西太原西南，《史记·赵世家》）。

这时赵国内部分为两派，将军韩徐为和魏国相国孟尝君合谋进攻齐国，反对齐国攻灭宋国；相国奉阳君李兑则和齐国相勾结，希望通过齐国取得宋的陶邑作为自己的封地。

苏秦为燕间谍而破齐的计策　燕国原是七国中最弱的一个。公元前三一五年燕王哙传位给相国子之，引发内乱，被齐宣王乘机攻破，几乎亡国。燕昭王即位，二十年来经过改革，发奋图强，国力有所增强，力图报齐之仇。公元前二九四年左右，在当时齐、赵、秦三国鼎立，竭力争夺宋国土地的形势下，苏秦向燕昭王献策，企图借助秦、赵两强之力攻破齐国，由他作为燕昭王的特使派到齐国，以助齐攻宋为名，做间谍工作从而达到破齐的目的。

当时兵家是讲究使用间谍取胜的，《孙子兵法》就有《用间篇》，据说间谍有五种，其中"死间"一种最为重要。所谓"死间"，是指派往外国做间谍，说诳欺骗，取得信任，出任要职，实施阴谋诡计，使得这个国家失败灭亡。这种间谍若被发觉，立刻就会被捕处死，因而有"死间"之称。这种间谍必须非常效忠于主使的君上，按既定的计谋策略行事，有出生入死的决心，才能成其大功。他们以为伊尹和太公望是"死间"的榜样，商汤灭夏和周武王克商，就是由于伊尹和太公望做"死间"成功。《孙子兵法·用间篇》的结论是："昔殷之兴也，伊挚（即伊尹)在夏;周之兴也,吕牙(即太公望)在殷。故惟明君贤将能以上智为间者,必成大功。"

苏秦是东周洛阳乘轩里人,是个用功学习的纵横家,读书很多,很重视兵家学说。早年最先游说秦昭王,建议"废文任武",用武力兼并天下,讲的是兵家用"义兵"统一天下的理论(《战国策·秦策一》,误作"秦惠王"),未被采用。后来苏秦发愤读书"得《太公阴符之谋》","简练以为揣摩",一年后自以为"此真可说当世之君矣"。《太公阴符之谋》一作《周书阴符》(《苏秦列传》),当即《汉书·艺文志》道家所载的《太公》一书(参看本书第七章第五节的"六韬伐灭敌国的谋略")。今本《六韬》当即《太公》一书的选本,是讲太公进献阴谋奇计从而伐灭殷商取得天下的。

苏秦为燕间谍而实施的破齐计谋,主要是因顺齐湣王要灭亡宋国使齐进一步强大扩张的欲望,由燕助齐攻宋,使得齐的国力疲弱,同时离间齐赵关系,加深齐赵之间的矛盾,以便借助秦、赵之力合纵攻破齐国。《战国策·燕策二》指出:"齐兴兵伐宋,三覆宋,宋遂举,燕王闻之,绝交于齐,率天下之兵以伐齐,大战一,小战再,顿齐国,成其名。故曰因其强而强之,乃可折也,因其广而广之,乃可缺也。"这就是《六韬》所载太公主张对敌国先加"文伐"而采取"因顺"的谋略,"攻强必养之使强,益之使张,太强必折,太张必缺"(《六韬·三疑篇》)。在当时秦、齐、赵三强鼎立斗争的形势下,燕之所以能够合纵破齐,确是和苏秦鼓励支持齐王攻宋,使齐国力疲弱,并使齐赵之间矛盾加深有关,因而银雀山出土《孙子兵法》竹简,在"周之兴也,吕牙在殷"下,加上"燕之兴也,苏秦在齐"。当是战国末年兵家所增补的。

燕昭王和苏秦定策攻破齐国　苏秦在和燕昭王一起定策的时候①,竭力保证自己要做到"孝如曾参","信如尾生","廉如伯夷",其中"信如尾生"是最重要的。尾生为爱情守信而死的故事,战国时代流传很广。据说尾生和情妇相约幽会于水浅的桥下,情妇尚未来到,忽然大水冲来,守信不去,以致抱着桥脚的柱子而被淹死(详顾颉刚《史林杂识初编》四一《尾生故事》)。苏秦所以要在昭王前保证自己"信如尾生",因为自己将做"死间"的工作,必须保证自己按密约行事,守信到死。后来苏秦确实做到了这点,当燕将乐毅破齐之时,他就被齐湣王"车裂"而死,所以邹阳《狱中上书》就说:"苏秦不信于天下而为燕尾生。"司马迁说:"苏秦被反间以死,天下共笑之。"(《苏秦列传》太史公曰)

苏秦在定策时说:"齐虽强国也,西劳于宋,南罢(疲)于楚,则齐军可败而河间可取。"(《燕策一》第十四章)又说:"信如尾生,期而不来,抱梁柱而死,信至如此,何肯扬燕、秦之威于齐而取大功乎哉?"(《燕策一》第五章)可知苏秦和燕昭王所定的策略,是要使齐"西劳于宋,南疲于楚",然后让燕和秦、赵等国联合扬威于齐而取得大功。苏秦自齐献书给燕昭王说:"臣之计曰:齐必为燕大患。臣循用于齐,大者可以使齐毋谋燕,次可以恶齐、赵之交,以便王之大事,是王之所与臣期也。"(《战国纵横家书》四)"期"就是约定,"王之大事"就是攻破

---

①　《战国纵横家书》五、《燕策一》第五章和第十四章,都是记燕昭王和苏秦定策的谈话,只是《燕策一》第五章误以为在苏秦说齐归燕十城之后。《燕策一》第十四章又误作苏代。其实《燕策》所说燕文公卒、易王立时,齐宣王因丧而攻取燕十城之事,不足信。齐宣王不与燕易王同时,据《战国纵横家书》,这时苏秦参与齐、燕的政治活动,苏代未见参与。《战国纵横家书》五比较简略,《燕策一》第五章和第十四章所记定策的谈话较详,正可以补足《战国纵横家书》的不足,我们可以据此看到燕昭王和苏秦定策的目的。

齐国,可知燕昭王和苏秦约定的策略,就是要攻破齐国。"恶齐、赵之交"就是拉拢赵国和燕一起攻齐的手段。苏秦自称不做"自复"之臣,要为"进取"之臣,就是说要为燕进取。就这样,燕昭王决定派苏秦出使齐国,并派兵两万帮助齐国一起攻宋了。

燕助齐第一次攻宋 燕昭王在公元前二九五年派苏秦入齐,请齐王不攻燕而攻宋,认为宋是中原膏腴之地,"与其得百里于燕,不如得十里于宋"(《燕策二》)。这时齐湣王为了扩张领土,拉拢秦国,使用秦昭王的好友韩晵为相①。韩晵一作韩珉(《韩策三》)、韩聂(《田世家》),是韩人而主张秦齐联合的。燕昭王因此派苏秦出使齐国,与韩晵联络,从而助齐攻宋,为了付托苏秦重任,封苏秦为武安君,并给以相国名义②,以抬高苏秦作为使者的地位。苏秦出使前,一面派人向齐王请示,说苏秦推崇齐王贤于齐桓公,而自比于管仲,希望能以接待诸侯之礼迎接,将率车一百五十乘前来,否则只能如上次来见一样只有五十乘(《战国纵横家书》九)。一面又先与韩晵面谈,韩晵担心"伤齐者必赵",苏秦对答道:"请劫之",并且说:"子以齐大重秦(苏秦),秦将以燕事齐,齐、燕为一,韩、梁必从,赵悍则伐之。愿则(即)挚(质)而攻宋。"就是说燕送质子到齐作保证,将派兵一起攻宋。韩晵对此很赞同。苏秦这样主张"劫赵"、"伐赵",目的就在"恶齐、赵之

---

① 《战国纵横家书》十三韩晵献书齐王,希望齐王召回他,并与秦联合。第十二章苏秦自赵献书齐王,说:"寡人有反(返)晵之虑,必先与君谋之。"《战国策·燕策二》第二章奉阳君告朱讙与赵足曰:"必不反韩珉,今召之矣。"可知韩晵在五国合纵伐秦后出任齐相,在此以前已曾一度为齐相,使秦与齐联合。《战国纵横家书》八所述,当为韩晵初次任齐相时事。

② 《战国纵横家书》四苏秦称燕王使得他有"卿"和"封",列于有"卿"和"封"的使者,可知苏秦出使时已有"卿"和"封"。

交"。于是苏秦就率车一百五十乘入齐,齐就以接待诸侯之礼迎接他,由韩曷迎接于高闾(临淄的城门),并替他驾车而进入(《战国纵横家书》八)。燕昭王封苏秦为武安君,后来赵、齐都封苏秦为武安君。"武安"是封号,并无封邑,是说将以武力安定天下。后来秦将白起、赵将李牧,都曾有这个封号。因为苏秦当时宣扬用"义兵"平定天下的主张,最初苏秦以此游说秦昭王未见采用,这时苏秦又以此进说齐潜王攻灭宋国而被采用了。苏秦这样以隆重铺张场面出使齐国,无非为了争取齐王的重视和信任。齐王确是十分信任,当两万燕军自带粮食进入齐国准备随同一起伐宋的时候,"齐之信燕也,至于虚北地以行其兵"(《燕策二》)。

但是燕将张庠率燕军进入齐国以后,还是和齐有矛盾,张庠因此被齐王杀死了(《战国纵横家书》四,《吕氏春秋·行论篇》"张庠"作"张魁")。燕昭王为此感到屈辱,经臣下劝说后,还是派苏秦出使到齐请罪了结。

齐国这次攻宋,引起赵国大臣两种不同的对策,赵将韩徐为和魏相孟尝君一起邀约燕昭王共同攻齐;而赵将李兑却主张和齐联合,要接受齐给他的封邑,还揭露了韩徐为等相约共谋攻齐的活动,归罪于燕。齐王曾派公玉丹到赵,要以攻宋取得的蒙(今河南商丘东北)作为李兑封邑,燕昭王因此派苏秦入齐,使齐、赵交恶而不给李兑封邑(《战国纵横家书》四)。在这样复杂的斗争形势下,齐就听从苏秦的建议,暂时停止了攻宋的行动,把攻宋的齐将蜀子(即触子)招回①。

---

① 《燕策二》载有人告奉阳君说:"使齐不信赵者苏子也,令齐王召蜀子使不伐宋者苏子也。"蜀子即触子,后来五国合纵攻齐,触子在济上应战而败走。《齐策六》误作"向子"。

后来苏秦由燕入赵，进行外交活动，就有人检举苏秦有一系列破坏齐、赵两国关系的行为，因而赵相李兑和赵将韩徐为都对他怨恨，一度曾把苏秦监禁起来，经燕昭王遣使入赵促使释放的。

秦、齐并称西帝、东帝 在秦、齐、赵三强鼎立而斗争的形势下，秦相魏冉图谋采用和齐连横的策略，联合五国一举攻灭赵国。因为当时各国都已先后称"王"，"王"号已不足尊贵，魏冉就采用秦齐并称为"帝"而连横的策略。"帝"原是上帝的称号，这时从上帝神话演变而成的黄帝传说已很流行，齐威王制作的陈侯因资（齐）敦，铭文称"高祖黄帝"，已把黄帝作为陈氏远祖，"帝"在古史传说中已成为德行比"王"高一级的称号，因而魏冉用"帝"来作为秦、齐两强君主连横结盟的最高称号。秦昭王对此早有准备，公元前二九〇年昭王就曾到宜阳，这年韩的成阳君和东周君来朝，当即在宜阳，此时宜阳早已建有朝见的行宫。公元前二八八年十月秦昭王就在宜阳自立为"西帝"，就是《吕氏春秋·应言篇》所说"秦王立帝宜阳"[1]，同时派魏冉前往齐国，向齐湣王致送"东帝"的称号，并且邀约五国订立了共同伐赵的盟约[2]。

这时秦昭王在宜阳自立为"西帝"，当有称帝即位的隆重仪式，因而要魏、韩等国君主前往朝见。魏昭王因见楚怀王入秦而不能回来的先例，不敢入朝。秦国这时拉拢齐国并称为帝，是连横的策略，主要目的在于邀约五国结盟而共同伐灭赵国而三分赵地。五国曾为此

---

[1] 《吕氏春秋·应言篇》载："秦王立帝宜阳，令许绾诞魏王，魏王将入秦"，魏敬进言乃辍行。马非百《秦集史》与陈奇猷《吕氏春秋校释》都读"秦王立帝"为句，"宜阳令许绾诞魏王"为句，不确。若许绾为秦的宜阳令，不可能"诞魏王"。

[2] 《韩非子·内储说下篇》云："穰侯相秦而齐强，穰侯欲立秦为帝而齐不听，因请立齐为东帝而不能成也。"《齐策四》记齐王曰："秦使魏冉致帝。"

订立盟约,"著之盘盂",约定了共同出兵伐赵的日期。因为这时赵正是东方各国合纵的盟主,魏相薛公(即孟尝君)就曾"身率梁王与成阳君北面而朝奉阳君于邯郸"(《战国纵横家书》八)。所谓"北面而朝奉阳君于邯郸",当是赵相李兑会同魏相田文率领魏昭王、韩成阳君在邯郸朝见赵惠文王,并献河阳、姑密作为李兑之子的封邑。这是秦、赵两强在连横合纵的形势下,相互激烈斗争的关键时刻,齐正处于举足轻重的地位。

苏秦合纵五国攻秦　当秦相魏冉来到齐国致送"东帝"称号和约定联合伐赵之后,苏秦从燕到齐,见齐湣王于章华宫南门,齐王征求他的意见,他认为这样"两帝立,约伐赵",不如伐宋之利;齐取消帝号可以使得"天下爱齐而憎秦",因而主张取消帝号,"倍(背)约摈秦","以其间举宋"(《齐策四》、《田世家》)。这个建议很得齐王的赞许,于是就邀约赵王和齐王在东阿(今山东阳谷东北)会见,约定"攻秦去帝",并由苏秦参与其事(《战国纵横家书》四)。这是赵国存亡的紧急时刻,苏秦这样联合齐、赵二强发动五国合纵攻秦,因此苏秦一时声势显赫,赵和齐先后都封苏秦为武安君,任以为相。《苏秦列传》称苏秦约六国合纵,并相六国,出于后世策士的夸张,但是当五国合纵攻秦时,同时兼有齐、赵、燕三国之相,并同封为武安君,当是事实。

苏秦这样推翻秦齐连横而攻灭赵国的计划,发动齐、赵联合五国而合纵攻秦,真正的目的并不是为了挽救赵国,还是为了将来实现燕联合秦、赵攻破齐国的"大事"。因为在这样秦、齐、赵三强鼎立而斗争的形势下,必须要造成秦、赵两强合纵攻齐的局势,才有可能把齐攻破。如果出现秦齐两强连横攻赵的局势,一旦赵被攻灭,齐的国力将更强大,必然造成对燕十分不利的结果。

公元前二八八年十二月齐宣布废除帝号,次年五国军队就开始会合而前进攻秦了。燕又派出两万军队自带粮食到齐国,准备随同齐军一起攻秦了。苏秦就从燕到魏,再到赵,督促快速进军。据苏秦向齐王所作报告,韩、魏之军已会合,因下雨未能快速前进,赵奉阳君已应允将全部征发上党壮丁出发攻秦。但是奉阳君在怀疑齐、楚两君将要相会是为了向秦讲和。当时齐的主要目的,是要乘这个合纵攻秦的时机攻灭宋国。同时赵、魏也想争夺宋地,三国之间为此很有矛盾。因此苏秦向齐王建议,必须安抚赵相奉阳君和魏相孟尝君,把宋的陶许给奉阳君作封邑,把宋的平陵许给孟尝君作为封邑(《战国纵横家书》十二、十四)。由于魏的阻挠,五国联军停留在成皋、荥阳(今河南荥阳西北和东北)。当齐第二次攻宋,请魏"闭关于宋",魏不许。魏一再向宋进攻,与齐争夺宋地,因此苏秦谓齐王:"王又欲得兵以攻平陵(宋邑),是害攻秦也。天下之兵皆去秦而与齐争宋地,此其为祸不难矣。"同时魏相孟尝君和赵将韩徐为主谋合纵攻齐的消息传到齐国,齐王就决定于八月退兵。秦在五国合纵进攻的形势下,也宣布废除帝号,与五国讲和,把前所夺得的温(今河南温县西南)、轵(今河南济源南)、高平(今济源西南向城)归还给魏,把垒分、先俞归还给赵(《赵世家》,《赵策一》作"三公、什清",《战国纵横家书》二十一作"王公、符逾")。就在这年赵将赵梁攻齐(《赵世家》),这是当年五国合纵攻秦结束后,赵对齐的初次进攻,成为此后五国合纵攻齐的先声。

五 齐灭宋、燕破齐和秦破楚及楚将庄蹻入滇

齐灭宋和秦取安邑 这时合纵、连横的形势很是复杂,不少大国

的大臣和纵横家参与合纵、连横的活动。魏相孟尝君和赵将韩徐为是主张合纵攻齐的,赵相奉阳君是主张合纵攻秦的,秦大臣吕礼和曾为齐相的韩珉(一作"韩聂",《战国纵横家书》作"韩晵")都是主张齐、秦联合的,做过魏相和齐相的周最又是主张魏、齐联合而反对齐、秦联合的。齐湣王忽而与赵联合发动合纵攻秦,忽而与秦联合攻赵,目的都是企图防止秦、赵等国对他扩张领土进行干涉,造成攻灭宋国的有利形势,以达到其取得陶邑等大商业城市的目的。当五国合纵攻秦结束时,主张秦、齐联合的秦昭王好友韩晵献书给齐湣王,希望秦、齐再联合,重召他为相国,"且复故事",允许齐攻取宋而尽有宋地,进而攻破三晋和楚,这样"齐、秦虽立百帝,天下孰能禁之"(《战国纵横家书》十三)。公元前二八七、二八六年间齐王重新起用韩晵为相,主持灭宋国的事,于是秦、齐两国又联合。原来秦是不许齐伐宋的,这时"齐令宋郭之秦,请合而以伐宋,秦王许之"(《魏策二》)。秦王允许齐伐宋是有交换条件的,就是要齐允许秦攻取魏的旧都安邑。就是苏代所说:"秦欲攻安邑,恐齐救之,则以宋委于齐。"(《燕策二》)

当公元前二八七年五国攻秦结束后,秦就分兵两路攻魏,一路攻魏旧都安邑(秦简《编年记》),一路攻魏河内,拔取新垣、曲阳(今河南济源西,《魏世家》、《六国年表》)。次年秦派司马错攻魏河内,魏献安邑,"秦出其人,募徒河东赐爵,赦罪人迁之"(《秦本纪》)。秦如此攻魏,都是在齐的许可下进行的。

这时秦虽已允许齐伐宋,作为齐允许秦攻取安邑的交换条件,但是当齐相韩珉(即韩晵)主持攻宋的时候,秦昭王还是不满,认为韩珉是他的好友,不该攻他所爱的宋。苏秦为了支持齐的攻宋,为齐进说秦王,说魏因此"割安邑"给秦,"此韩珉所以祷于秦也",齐灭宋必将西面事秦,于是秦王同意了(《韩策三》,《田世家》同,惟"韩珉"作"韩聂")①。这时魏怕齐、秦联合而夹攻魏,想要和秦讲和,苏秦因而入魏要魏王不讲和。魏发现齐已许允秦取得安邑,一度把苏秦拘留,由苏厉劝说魏王才得释放(《魏策一》)。

　　齐曾多次向宋发动进攻,这次终于把宋攻灭了②。就是《燕策二》所说"三覆宋,宋遂举",是经过三番四复的进攻,才攻下的。宋王偃因此逃到了魏国,死于温(《魏世家》、《秦本纪》)。这时宋之所以会被灭亡,主要由于宋王偃暴虐,"所杀戮者众矣"(《吕氏春秋·淫辞篇》),国内矛盾十分尖锐;同时统治阶级内部也因争夺权利而分崩离析,不仅曾经继任为王的太子出走,"诸善太子者皆有死心",而且由于相国唐鞅争权,发生了驱逐载子的事件,即荀况所说:"唐鞅蔽于欲权而逐载子"(《荀子·解蔽篇》),接着唐鞅又被宋君杀死。

　　秦、赵主谋合纵五国伐齐　当苏秦合纵五国攻秦的时候,赵将韩徐为和魏相孟尝君已经发起合纵攻齐,并曾邀约燕昭王一起攻齐。燕昭王也曾和群臣谋划,准备等待齐攻宋而打得疲弱时,进而攻齐。齐湣王就是听到这个消息之后,决定暂时停止攻宋的。赵是首先带

　　①　《战国策·韩策三·韩人攻宋》章,说"韩人攻宋,秦王大怒……苏秦为韩说秦王"。此事又见《田世家》,"韩人"作"韩聂","苏秦为韩说秦王"的"韩"作"齐",当以《田世家》为是。"韩聂"当即"韩珉",《韩策三》又有《韩珉相齐》章。
　　②　《史记·宋世家》说:"王偃立四十七年,齐湣王与魏、楚伐宋,杀王偃,遂灭宋而三分其地。"这是不可信的。灭宋之役,除燕曾助战外,魏、楚都不曾参加,也没有三分宋地的事。《荀子·议兵篇》说:"齐能并宋而不能凝也,故魏夺之。"可知魏夺得宋地是在齐灭宋后,约当五国合纵攻齐的时候。《汉书·地理志》说:宋"为齐、楚、魏所灭,参(三)分其地:魏得梁(指睢阳)、陈留,齐得济阴、东平,楚得其沛。"也不正确。东平原非宋地。今本《汉书·地理志》夹杂有后人校勘之语说:"东平、须昌、寿良皆在济东,属鲁,非宋地也。当考。"陈留一带早在战国初期就为魏所占有。魏得睢阳,楚得沛,当在合纵攻齐的时候。

头开始攻齐的行动的。公元前二八七年赵梁率赵军攻齐,次年赵将韩徐为就亲率赵军攻齐(《史记·赵世家》)。自从齐国攻灭了宋国,兼有宋以前所得的楚淮北地,一时声势很盛,直接威胁到三晋,特别是齐、赵之间矛盾十分尖锐,并且使秦也感到有很大压力,有碍于秦在中原的扩展,因此发起合纵伐齐,惩罚齐"破宋"的罪行。就在公元前二八六年秦取得魏安邑之后,秦宣布要带头发动合纵攻齐了。苏代曾讲到:秦"已得安邑一塞女戟,因以破宋为齐罪,恐天下救之,则以齐委于天下"。秦昭王宣称:"齐王四与寡人约,四欺寡人,必率天下以攻寡人者三,有齐无秦,无齐有秦,必伐之,必亡之。"(《燕策二》,《苏秦列传》大体相同)。这时在秦国专权的相国魏冉正谋扩大自己的封地,谋求取得当时最大的商业城市陶邑为封地,而魏相孟尝君也就"轻忘其薛,不顾先君之丘墓"(《战国策·东周策》),进说魏冉:"劝秦王令弊邑卒攻齐之事,齐破,文请以所得封君。"(《战国策·秦策三》)同时赵的亲秦大臣金投也奔走秦、赵之间,主张合秦、赵两国伐齐,周最曾对金投说:"公负全秦与强齐战。"(《战国策·东周策》)结果秦国便以盟主的地位来主谋合纵伐齐了。

公元前二八五年,秦昭王和楚顷襄王在宛相会,又和赵惠文王在中阳(今山西中阳)相会。就在这年,秦国为了"先出声于天下",派了蒙骜带了秦兵,越过韩、魏,开始向齐河东进攻,攻取了九个城。次年秦昭王和魏昭王在宜阳相会,又和韩釐王在新城相会;同年燕国由于赵国的拉拢,燕昭王也入赵会见赵惠文王。过去由于燕投靠齐国,"齐之信燕也,至于虚北地行其兵",后来燕昭王"信田伐与参去疾之言",就"与赵谋齐"(《战国策·燕策二》,《战国纵横家书》四略同),这时燕就进一步和秦赵联盟而合纵攻齐了。

　　这时秦主谋发动合纵伐齐，以瓜分齐地为饵，并推举赵主其事，由赵拉拢燕合作，结成秦、赵、燕三国联盟，并由秦送质子到赵、燕两国作担保①。秦鉴于过去和齐连横约攻赵不能成功的教训，推定乐毅为赵、燕两国的"共相"，并为五国联军的统帅，同时秦又派御史起贾驻在魏国主持监督五国合纵的事，更派将军蒙骜统率秦军越过韩魏先进攻齐的河东，既作为进攻的先声，还可以起控制三晋进兵的作用。

　　乐毅原为攻克中山的魏将乐羊的后裔，入赵曾为赵武灵王的大臣，当齐宣王破燕时，武灵王曾听从乐毅的计谋，以赵合楚魏而伐齐存燕（《赵策三》）。因此赵派乐池护送燕公子职由韩入燕，立以为王，即燕昭王。乐毅在赵内乱中武灵王饿死之后，经魏来到燕，得到燕昭王的重用。乐毅因此有因缘在这时被推为赵、燕的"共相"和五国联军的统帅。当时有人对起贾说："燕赵共相，二国为一。"（《战国纵横家书》十七）"燕赵共相"即指乐毅。乐毅以"燕赵共相"而为五国联军的统帅，秦、赵两强是主力，但是乐毅能直接指挥的是赵燕之师。因此乐毅先以赵相的职司，会集五国联军，从赵的东南边出击，先攻取齐的灵丘（今山东高唐南），再在秦军大力配合下大破齐军于济西，从而一举击破齐的主力；然后再以燕相的职司，独率燕军，乘胜向东追击，乘虚而长驱直入，得以攻克齐都临淄。

　　当秦将蒙骜大举进攻齐河东的时候，五国合纵攻齐的形势已成

_____

　　① 《战国纵横家书》二十记有人说燕王，主张使辩士游说秦王，请秦王入质子于燕赵，立秦为西帝、燕为北帝、赵为中帝，从而合纵伐齐。《燕策一》、《苏秦列传》作为苏代之说。并立三帝之议未成事实，但伐齐以秦、赵、燕三国为主，并由秦入质子于燕赵，当为事实。

定局，将要攻破齐而瓜分。齐国君臣感到危急，主持齐外交的苏秦有责任设法消解，于是上书赵王，指出秦欲"亡韩、吞两周"，因而"以齐饵天下"；恐怕事情不成，因而"出兵割革（勒）赵、魏"；等到韩失去三川，魏失去晋国（指河东河内），将"祸及于赵"，并且谈到过去秦连横伐赵，已约定三分赵地，因为齐出兵禁秦，使秦"废帝请服"，因此赵齐"宜正为上交"，不该抵罪取伐（《战国纵横家书》二十一、《赵策一》）。尽管这封信讲得很有情理，却不能起什么作用，因为秦、赵、燕三国联盟已经定局，秦的大军已越过韩魏在进攻齐国了，乐毅也已统率赵、燕联军兼为五国联军统帅发动进攻了。

乐毅为赵、燕"共相"而破齐　公元前二八五年秦为了"先出声于天下"，派蒙骜伐齐的河东，连拔九城，改为秦的九县（《田世家》、《秦本纪》"蒙骜"误作"蒙武"）。同年赵"相国乐毅将赵、秦、韩、魏、燕攻齐，取灵丘"（《赵世家》）①。当时乐毅为赵、燕"共相"，他在这年以赵相职司，会合五国联军，从赵的东南边出击齐的济西地区，首先攻取灵丘作为进攻的据点②。次年秦派"尉（当是国尉）斯离与三晋、燕伐

---

①　这次合纵伐齐，《史记·秦本纪》、《赵世家》、《魏世家》说是秦、韩、赵、魏、燕五国，《燕世家》、《田世家》、《楚世家》说是包括楚国在内共六国，而《乐毅列传》又说是赵、楚、韩、魏、燕五国伐齐而没有提到秦国。《资治通鉴》和《大事记》都根据《秦本纪》定为秦、三晋和燕五国，梁玉绳《史记志疑》卷四则定为六国。当以《秦本纪》五国之说为是。《荀子·王制篇》说"闵王毁于五国"，杨注："乐毅以燕、赵、楚、魏、秦攻齐。"《吕氏春秋·权勋篇》说"昌国君将五国之兵以攻齐"，高注："五国谓燕、秦、韩、魏、赵也。"当时楚未参加合纵攻齐，反而派淖齿将兵救齐，故淖齿得为齐相，但其目的在于瓜分齐国，收复淮北地。

②　乐毅《报燕惠王书》称乐毅谓燕昭王：若欲攻齐，必举天下而图之，"莫径于结赵矣，且又淮北宋地，楚魏之所同愿也，赵若许约，楚、魏尽力，四国图之，齐可大破也。"昭王因而使乐毅于赵，"顾反命，起兵随而攻齐"。《史记·乐毅列传》因而谓昭王"使乐毅约赵惠文王，别使连楚、魏，令赵嚼说秦以伐齐之利，……乐毅还报，燕昭王悉起兵"。这样的叙述，好像合纵伐齐全由乐毅一人计谋和出使所组合，这与当时合纵形势的形成不合。《赵世家》载惠文王十四年"相国乐毅将赵、秦、韩、魏、燕攻齐，取灵丘"，是正确的。

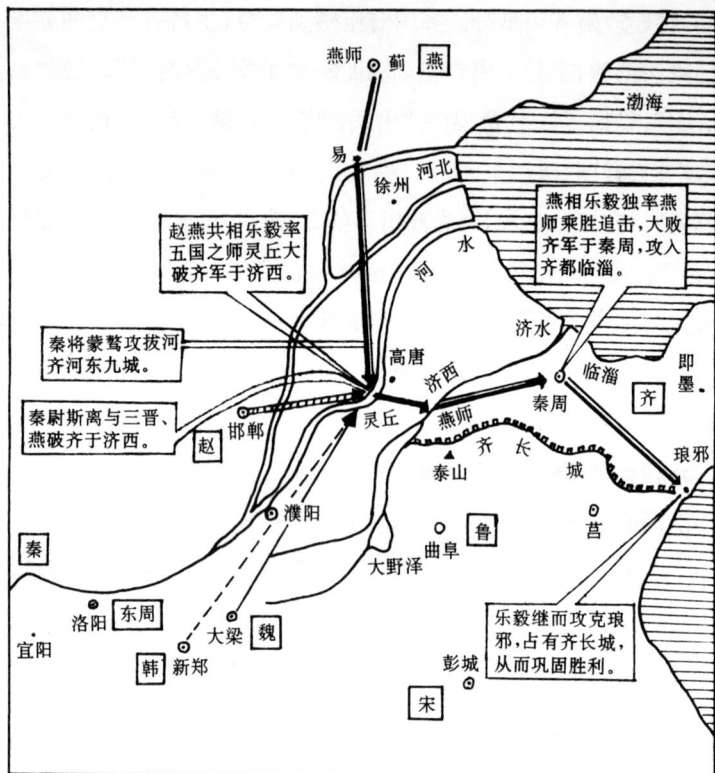

图例：燕军 ⟹　魏军 ⟶　秦军 ⟹　韩军 ·····▶

赵军 ⟼　五国联军 ⟹　都城⊙

图五十二　赵燕"共相"乐毅破齐示意图

齐,破之济西"(《秦本纪》)。这时齐征发全国的主力军,派触子为将,
应战于济上,齐王急欲触子出战得胜,遣人前去说："不战,必刬若类,
掘若垄"(如果不能出战,就要歼灭你的宗族,掘掉你祖宗坟墓),触子
感到难办,等到临阵交战,就鸣金退却,五国联军乘机追击,取得大
胜,"触子因以一乘去,莫知其所"(《吕氏春秋·权勋篇》),乐毅因此

得以大破齐军①。接着达子统率残余的军队，退守秦周（在齐都临淄西门雍门以西地方），企图保守临淄。达子要求多发赏金以鼓励士气，而齐王不肯给，结果又大败，达子战死，乐毅因而能以燕相职司，独率燕军乘胜长驱直入，攻入齐都临淄。据说"燕人逐北入国（指国都临淄），相与争金于美唐甚多"（《吕氏春秋·权勋篇》，高注："美唐，金藏所在"）。齐湣王和太后因而出奔到莒（今山东莒县）。后来楚使者在齐襄王面前讲到："昔燕攻齐，遵雒路，渡济桥，焚雍门，击齐左而虚其右，王歜绝颈而死于杜山，公孙差格死于龙门，饮马于淄渑，定获乎琅邪。王与太后奔于莒，逃于城阳之山。"（《说苑·奉使篇》）所谓"遵雒路"是说绕道而行②，燕师没有直接南下进攻齐与燕接界的河北地区（即北地）徐州（即平舒，今河北大城）一带，而是经历赵东边南下，绕道和秦、赵等国联军会合，进攻齐和赵接界的济西地区的灵丘。所谓"渡济桥"，是说在五国联军大破齐军主力于济西后，燕师乘胜渡济上浮桥东进，向临淄进攻。所谓"焚雍门"，是说燕军在临淄雍门以西的秦国得胜，焚雍门而攻入临淄，即所谓"饮马于淄、渑"。所谓"定获乎琅邪"，是说燕师乘胜沿齐长城向东攻至琅邪（今山东琅邪台北），从而巩固其胜利果实。

　　乐毅兼为赵燕"共相"，他的破齐，主要经历了济西和秦周大小二个战役。先以赵相职司统率赵、秦、燕等五国联军在济西大破齐将触子所率主力；继而又以燕相职司独率燕师乘胜向东追击，在秦周战胜齐将达子退守之军。《吕氏春秋》作者曾亲见其事，因而评论齐湣王

---

　　① 《齐策六》说："燕举兵，使昌国君将而击之，齐使向子将而应之，齐军破，向子以舆一乘亡。""向子"当为"蜀子"之误。《燕策二》谓"今齐王召蜀子使不伐宋"。蜀子即触子。
　　② "雒"通"络"，《山海经·海内经》郭璞注："络犹绕也。"

骄横昏庸时,说:"此济上之所以败,齐国以虚也"("虚"通"墟",谓破灭,《行论篇》),又说:"齐悉起而距军于济上,未有益也"(《先识篇》);更说:"此触子之所以去之也,达子之所以死之也"(《贵直篇》)①。这就是《燕策二》第十一章所说:燕王"率天下之兵以伐齐,大战一,小战再,顿齐国"。"大战一"即是济西大战,"小战再"即是秦周之战。

合纵攻齐的结果,正如当年有人对秦驻在魏国监督合纵攻齐行动的御史起贾所说:"以燕王之贤,伐齐足以刷先王之耻","燕赵共相,二国为一,兵全以临齐,则秦不能与燕、赵争"(《战国纵横家书》十七)。结果成大功的是燕赵共相乐毅。乐毅攻入临淄,尽取齐宝财物祭器运到燕国,燕昭王亲到济上劳军行赏,封乐毅于昌国(今山东淄川东),号为昌国君。从此乐毅留在齐地五年,先后攻下齐七十多城(《乐毅列传》)。

苏秦因反间而车裂于市　当乐毅统率燕军开始破齐的时候,苏秦就被齐王判以反间之罪而车裂于市②。《荀子·臣道篇》说:"齐之苏秦、楚之州侯、秦之张仪(当从杨倞《注》"或作张禄"),可谓态臣也","用态臣者亡"。《吕氏春秋·知度篇》说:"宋用唐鞅、齐用苏秦而天下知其亡。"《说苑·尊贤篇》也说:"宋用唐鞅、齐用苏秦、秦用赵高而天下知其亡。"所谓"亡"是指乐毅破齐而言。《淮南子·说林篇》说:"苏秦以百诞成一诚。""一诚"是指苏秦为燕计谋破齐的专心忠

---

①　乐毅《报燕惠王书》谓"起兵随而攻齐,以天之道,先王之灵,河北之地随先王举而有之于济上,济上之军奉令击齐大胜之,轻卒锐兵长驱至国"。以为乐毅破齐全由燕师连续作战,先攻取河北,再大胜于济上,并不可信,当出于后世策士为夸大乐毅功绩而伪托的。

②　《楚策一》所载张仪游说辞:"苏秦封为武安君而相燕,即阴与燕王谋破齐,共分其地,乃佯有罪出走入齐,齐王因受而相之,居二年而觉,齐王大怒,车裂苏秦于市。"此中"乃佯有罪出走入齐",当为"乃为燕出使入齐"之误。《史记·苏秦列传》太史公曰:"苏秦被反间以死,天下共笑之。"

诚;"百诞"是指苏秦入齐骗取信任而阴谋破齐。苏秦为燕昭王出使到齐,为燕助齐灭宋,出任齐相,主持合纵摈秦,离间齐、赵之交,都是挟燕以自重的①。他随时将重要的外交活动情况汇报燕昭王,并暗中送间谍情报给燕昭王。《战国纵横家书》中所有苏秦献给燕王的书信,就具有这种性质②。齐湣王果然在苏秦主持下得到燕的帮助而攻灭了宋国,却招徕了燕和秦、赵结盟合纵攻破齐国的后果,因而苏秦以"反间"罪被车裂而死。

秦、魏分取宋地和楚收回淮北 当乐毅独率燕师攻破齐国的时候,秦、魏正分别攻取齐刚取得的宋地。秦攻取了最富庶的陶邑及其周围地区,这是秦相魏冉久已想要取得的,后来就成为他的封邑。魏由于地理形势的方便,乘齐新得宋地而未能巩固占有的时机,攻取得了大片宋地,就是《荀子·议兵篇》所说:"齐能并宋而不能凝也,故魏夺之。"魏所得的宋地,面积很大,从此设置了大宋、方与两个郡。大宋郡以宋的旧都睢阳(今河南商丘南)为中心,方与郡以方与(今山东鱼台东南)为中心③。因此魏在中原的领土大为扩大,国力从而增强。

---

① 《燕策二》载赵奉阳君指责齐王说:"齐使公玉丹命说(李兑)曰:必不反韩珉,今召之矣;必不任苏子以事,今封而相之;令不合燕,今以燕为上交。"可知这时齐王既召回韩珉,又封苏秦并命为相国。

② 据《战国纵横家书》六,可知当齐王依靠燕的支持和苏秦计谋攻灭宋国时,燕王正与群臣计谋乘机攻齐很急,齐王听到消息,就决定从宋退兵。齐王把这一决定告知在魏的苏秦和孟尝君,孟尝君又转告苏秦,苏秦就密报燕昭王,"愿王阴知之而毋有告",怕因此伤害燕和他个人,并说"臣将疾之齐观之而以报","足下虽怒于齐,请养之以使事。不然,臣之苦齐王也,不乐生矣"。很明显,这具有间谍的情报性质。

③ 《楚世家》顷襄王十八年楚人有以弋射说楚王曰:"外举定陶,则魏之东外弃,而大宋、方与二郡举矣。"可知魏在定陶以东设有大宋、方与二郡。《汉书·地理志》称"宋为齐、楚、魏所灭,三分其地,魏得梁(指睢阳)、陈留"。此说不确。魏得宋地在合纵破齐之后,陈留早为魏有,魏所得为大宋、方与二郡之地。

乐毅破齐后,齐湣王一度出奔到卫,经邹、鲁等小国而回到莒(今山东莒县)。莒在齐长城以南,原为齐五都之一,未被攻占,可以在此重建齐的政权。当时楚未参与合纵攻齐,派淖齿("淖"一作"卓",是"昭"的通假)率军万人前来帮助,因而被齐湣王任为齐相。但是楚的主要目的在于收回过去被宋所取的淮北地,同时控制齐的政权,因而淖齿和齐湣王发生矛盾,齐湣王被淖齿杀死于莒的东庙。不久淖齿为齐王孙贾所杀,拥立湣王子法章为王,即齐襄王。

秦两次围攻魏都大梁 公元前二八三年,正当乐毅破齐之后,原来秦、齐、赵三强鼎立斗争的形势改变,秦就肆无忌惮,调发大军围攻魏都大梁,想要攻破大梁,一举灭亡魏国,使秦国领土大为扩展,越过中原连结新得宋邑定陶一带,横断山东各国"纵亲之腰",于是这年有"攻林"之战(秦简《编年记》);或者称为"林乡军"(《战国纵横家书》十六)、"林军"(《魏策三》第八章、《魏世家》安釐王十一年)。

当时中原地区称"林"的有南北两地,都因有森林而得名。"攻林"之战所攻的是北林,在今河南中牟东北,正当大梁的西北,此地既有森林,又有便于战马饮水的河流,是适宜用作驻屯大军、进攻大梁的基地的。这年秦军出函谷关,经历了周、韩的地方,越过中原的魏长城,先攻占魏长城东北边的安城(今河南原阳西南),接着就向东南攻取大梁西北的北林,作为围攻大梁的基地。当时中原各国都城的布局,都是西面宫城连结东面的大郭,韩都新郑的宫城在大郭的西北,魏都大梁的布局也是这样,因此魏王经常游乐的梁囿,就建设在宫城的西北,就是大梁西北城门高门之外,成为秦军围攻大梁必经之地。梁囿是建筑得很讲究的,其中有文台、垂都等游乐的建筑,种有树木花卉,养有麋鹿。当秦军攻入时,文台被隳毁,垂都被焚烧,林木

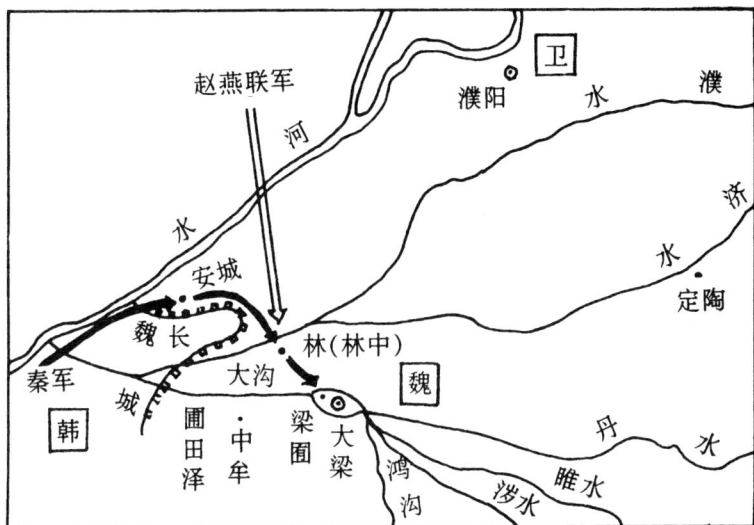

图例：秦军 ➡ 赵燕联军 ⇒

图五十三　秦军围攻大梁与赵燕联军救解示意图

被斫伐，麋鹿被杀尽，说明秦军围攻大梁，一路上破坏是极其严重的。当时秦军声势浩大，所有魏长城旁边的城邑都已被秦攻占，向东一路攻到了卫的边界和定陶附近（《魏策三》八、《魏世家》安釐王十一年），目的在于攻灭魏国。

魏国在秦这样围攻的形势下，魏相孟尝君认为只"有诸侯之救则国可存也"。于是他先去见赵王求救，赵王说不能，孟尝君说："今赵不救魏，魏歃盟于秦。"于是赵王许诺，起兵十万来救。当孟尝君去见燕王求救时，秦军已攻取梁囿，"魏王出国门（指高门）而望见军"，"台（指文台）已燔，游（指梁囿）已夺"，形势很急危。燕王说："吾岁不熟二年矣，今又行数千里而以助魏，且奈何？"孟尝君说："燕不救魏，魏王折节割地"，将出现四国攻燕的局势，于是燕起兵八万来救（《魏策三》八）。当时韩在秦的压力下已经屈服，已和秦连横，随从秦一起围攻魏，魏正依靠赵燕的合纵而救解，有人游说韩的山阳君，转而与魏、赵、燕三国合纵攻秦，没有成功（《赵策一》第六章）。

秦怕东方各国合纵攻秦，当赵、燕联合救魏时，就解围而退兵了，但是秦还是坚持攻灭魏国的策略，为了避免楚参与合纵，曾许允楚攻取韩的南阳，就是苏代对燕昭王所说："秦已得曲阳（原误作"宜阳"）、少曲至蔺、石（即离石），因以破齐为天下罪。秦欲攻魏，重楚，则以南阳委于楚。"（《燕策二》）秦为了防止赵救魏，曾用武力迫使赵和秦讲和。公元前二八二年秦将白起攻取赵的兹氏（今山西汾阳南，秦简《编年记》）和祁（今山西祁县，《西周策》），即《秦本纪》所说"拔赵二城"。次年白起又攻取赵的蔺（今山西离石西）和离石（今离石），迫使"赵以公子郚为质于秦"而讲和（《赵策三》第四章）。紧接着，秦就派白起第二次围攻大梁，就是当时苏厉对西周君所说，白起在攻赵取得蔺、离石、祁之后，"出塞（殽塞），过两周，践韩而以攻梁"（《西周策》第六章，《周本纪》周赧王三十四年）。由于赵、燕再次出兵救魏，秦兵被围困于林中（即林或林乡），迫使秦和燕赵讲和，就是苏代对燕昭王所说："兵困于林中，重燕、赵，以胶东委于燕，以济西委于赵。"（《燕策二》）因为当时燕将乐毅已破齐，正在攻取齐的胶东，赵正在攻取齐的济西。《史记·秦本纪》和《白起列传》都没有述及这次围攻大梁，因为《史记》依据的是《秦记》，《秦记》讳言失败。

这时赵一面攻取齐的济西，一面与秦对抗。公元前二八三年赵将廉颇攻取齐的阳晋（今山东郓城西，《赵世家》和《六国年表》误作"昔阳"，昔阳在今河北晋县西北，非齐地）。公元前二八〇年赵将赵奢攻取齐的麦丘（今山东商河西北）。同年秦将白起攻取赵的代（今河北蔚县东北)和光狼(今山西高平西)二城,斩首三万。

公元前二八一年楚顷襄王召见弋射者,弋射者以射雁作比喻,分析当时国际形势,以为除了楚以外,秦、魏、燕、赵是鶀雁,即大雁;齐、鲁、韩、卫为青首,即中雁;邹、费、郯、邳是罗鹜,即小雁。因为五国合纵破齐后,齐的国力衰落,而燕、赵正强盛。魏虽已失去河东,但在合纵破齐之后,取得大块宋地,设有大宋、方与两郡,因而也还是大国。弋射者主张楚与燕、赵合纵,先攻取魏、齐二国之地,然后合纵攻秦,才能收复失地。认为"秦为大鸟,负海内而处,东面而立,左臂据赵之西南,右臂傅楚鄢郢,膺击韩、魏,垂头中国,处既形便,势有地利,奋翼鼓㹀,方三千里,则秦未可得独招而夜射也"(《楚世家》顷襄王十八年)。可知当时秦已成为"东面而立"、形势便利的最强国家。

自从乐毅破齐之后,秦成为形势便利的最强国家,但是它要一举灭亡魏国,也还不容易。公元前二六三年朱己对魏王讲到:"从林军以至于今,秦七攻魏,五入囿中,……而国(指国都)续以围,又长驱梁北……"(《战国纵横家书》十六、《魏策三》、《魏世家》)。这是说:从公元前二八三年秦初次围攻大梁以来,二十年中,七次围攻大梁,五次攻入了魏王游乐的梁囿,继而兵临城下,把国都包围,并且又长驱进攻大梁以北地区,破坏的灾祸极其严重,结果都没有把大梁攻破,因而没有能够灭亡魏国。因为当时魏还是个大国,还有坚持抵抗和防守的力量,同时因为魏地处中原,魏的存亡关系到赵、燕等国的存亡,是非救不可的。当秦第二次围攻大梁时,由"善用兵"著称的白起为将,苏厉对西周君说:"白起是攻(善)用兵,又有天命也,今攻梁,梁必破,破则周危。"(《西周策》)结果却是"兵困于林中",被赵燕前来救魏之兵所围困。

燕攻破东胡和开拓辽东　大约在燕昭王时，燕将"秦开为质于胡，胡甚信之"①。他熟悉东胡内部情况，回国后就找寻机会"袭破走东胡，东胡却千余里"。燕因此向东北一直扩展到了辽东，并建筑长城防御东胡的骚扰，还设置了上谷、渔阳、右北平、辽西、辽东五个郡（《史记·匈奴列传》）。

齐将田单复国　燕将乐毅攻下齐七十多城，只有即墨和莒两个城市，由于齐将坚守，未能攻下。田单出身于国君疏远的宗族，原为临淄的市掾。燕军破齐后，他东走到安平（今山东临淄东北）。燕军攻破安平，他的宗族依靠特制的铁笼来防御，得以安全退保即墨。即墨大夫战死，田单被推为将军。公元前二七九年燕昭王去世，子惠王即位。燕惠王猜忌乐毅，改用骑劫为统帅，乐毅逃往赵国。骑劫改变乐毅的作战方针，对齐的降兵滥施劓刑，还挖掘城外的坟墓，焚烧尸体，激起齐国人民的强烈反抗。田单为了迷惑燕军，使老弱妇女登城守望，又派人把黄金千镒送给燕将，燕军因此麻痹大意。接着田单用一千多头牛，披上画有五彩龙文的缯衣，角上缚着兵刃，尾上束着灌有油脂的芦苇，并且把城墙凿了几十个洞，在夜间点燃牛尾上的芦苇，使火牛狂奔到燕军中去，有壮士五千人随同火牛向前冲击。田单这样用"火牛阵"发起突然袭击，结果大败燕军，杀死骑劫。燕军混乱溃退，田单率军乘胜反击，陆续收复丧失的七十余城。田单因此封为安平君（《史记·田单列传》）。齐国虽然收复了失地，但从此国力大损，再也不是秦国的敌手了。

---

① 吕祖谦《大事记解题》卷四说："秦开不知当燕何君之世，然秦武阳乃开之孙，计其年，或在昭王时。"

秦对巴蜀的经营和对西南的开发　秦取得巴蜀以后,积极加以经营。公元前三一〇年张仪和张若设计在成都筑城,筑有大城和少城,少城连接在大城的西边。少城内设有官舍,并设有盐铁市官及长丞。全城里闾和市肆的布局同秦都咸阳规模一样。此外,张若还曾在郫(今四川郫县)和临邛(今四川邛崃)筑城(《华阳国志·蜀志》)。

自从废除蜀侯而设立蜀郡之后,秦对西南的经营有进一步的发展。到李冰做蜀郡守时,就曾建设都江堰(在今四川灌县西北泯江中游)水利灌溉工程;还曾凿开溷崖(在今四川夹江境),疏通沫水(今大渡河);又曾疏通文井江(今四川崇庆西河)、绵水(今绵远河)等;更在广都(在今四川双流东南籍田镇一带)开始开凿井盐(《华阳国志·蜀志》)。

这时秦正谋进一步开拓西南地区。公元前二八五年蜀郡守张若攻取笮及其江南(今金沙江以南地区)地(《华阳国志·蜀志》)。公元前二八〇年秦派司马错率十万之众,装大船一万艘,载米六百斛,从巴的涪水,攻取楚的商於之地,建立黔中郡①,并迫使楚割让上庸汉北地给秦。

这时楚正和秦争夺西南地区,在公元前二七九年前,楚曾攻取旧巴国的枳(今重庆涪陵东)②。

秦将白起攻取楚都郢和攻破楚国　楚国到楚怀王时,政治腐败,

---

①　《史记·秦本纪》载:秦昭王二十七年“又使司马错发陇西,因蜀攻楚黔中,拔之”。而《华阳国志》卷三《蜀志》载:周赧王七年,“司马错率巴蜀众十万,大舫船万艘,米六百斛,浮江伐楚,取商於之地,为黔中郡”。《华阳国志》卷一《巴志》又说:“涪水本与楚商於之地接,秦将司马错由之,取楚商於地为黔中郡。”按周赧王七年是秦武王三年,当从《秦本纪》为是。

②　《战国策·燕策二》载苏代约燕王曰:“楚得枳而国亡,齐得宋而国亡。”所谓楚的“国亡”,当指楚失去都城郢而言,可知在公元前二七九年前,楚曾攻取枳地。

内部矛盾也很尖锐,担任左徒的屈原曾经想制定法令,实行改革,主张按贤能选拔官吏,按法令办理政治,而不能实现,他联齐抗秦的策略也没有成功,而受到上官大夫和令尹子兰等人的诽谤和排挤,结果被楚怀王流放。到顷襄王时,又再度被放逐。到楚怀王后期爆发了庄𫏋为首的大起事,把楚国统治地区分割成几块,这就是荀况所说的:"庄𫏋起,楚分而为三四。"(《荀子·议兵篇》)因此,楚国的力量就越来越衰弱了。

公元前二八〇年左右有人献书秦王,建议改变攻取大梁之计,因为秦攻大梁,东方各国必合纵来救,而且"山东尚强",不如南下攻楚,"其兵弱,天下不能救,地可广大",秦因而制定攻取楚都鄢郢的计划(《魏策四》)。鄢(今湖北宜城东南)原为楚的别都,就在楚都郢(今湖北江陵西北)以北约二百里,鄢、郢之间有蓝田(今湖北钟祥西北)。这一带当时统称为鄢郢,为楚的政治中心。公元前二七九年秦昭王为了攻楚,约赵惠文王在渑池(今河南渑池西)相会修好。这年秦派白起攻楚,首先进攻鄢城,楚以主力军坚守,白起采用引水灌城的进攻方法,在鄢西北筑堨,作长渠,引水灌入城中,从城西灌到城东,楚军民死的有数十万人,因而攻克鄢(《水经·沔水注》)①。鄢故城遗

---

① 《水经·沔水注》说:"夷水又东注于沔。昔白起攻楚,引西山长谷水,即是水也。旧堨去城百里许,水从城西灌城东,入注为渊,今熨斗陂是也。水溃城东北角,百姓随水流,死于城东者数十万,城东皆臭,因名其陂为臭池。"《元和郡县志》卷二三宜城县条说:"故宜城,在县南九里,本楚鄢县。秦昭王使白起伐楚,引蛮水灌鄢城,拔之,遂取鄢。"吕祖谦《大事记解题》卷五引曾巩说:"荆及康狼,楚之西山也。水出二山之间,东南而流,春秋之世曰鄢水。……秦昭王二十八年使白起将攻楚,去鄢百里立堨,壅是水为渠,以灌鄢,遂拔之。"可知长谷水即蛮水,亦称鄢水。《读史方舆纪要》也说:"长渠在宜城县西四十里,亦曰罗川,又曰鄢水,亦曰白起渠,即蛮水也。秦昭王二十八年使白起攻楚,去鄢百里立堨,壅是水为渠,以灌鄢。鄢人秦,而起所为渠不废,今长渠是也。"

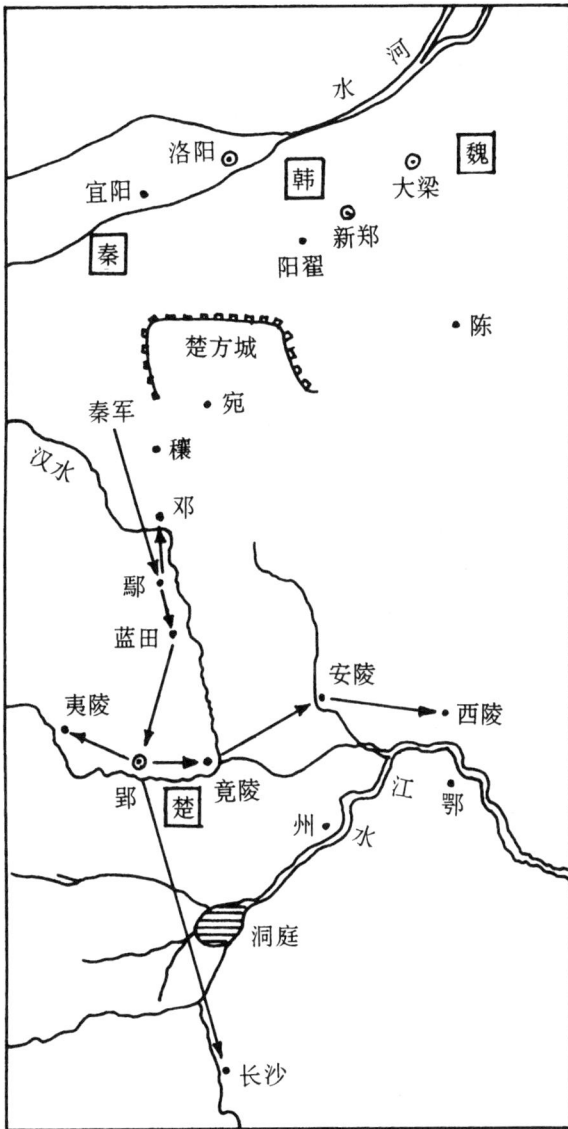

图五十四 秦将白起破楚示意图

址即楚皇城,白起引水灌鄢的长渠仍保存,东墙南端有宽六十米的大缺口,相传就是白起引水灌鄢的出水口。城墙四角都有高层建筑用以瞭望防守,东城墙内一次曾出土铜镞几百枚(参看拙作《中国古代都城制度史研究》上编第八章《楚之别都鄢》)。白起经此大胜,接连攻克鄢、郢、邓(今湖北襄樊)、蓝田等五城,继而分兵三路,向西攻到夷陵(今湖北宜昌东南),烧了楚先王的陵墓,还烧了祭祀的宗庙;向南攻到了洞庭、五渚、江南(《韩非子·初见秦篇》、《秦策一》);向东攻到了竟陵(今湖北潜江东北),再向东北一百多里攻到了安陵(今湖北云梦,秦简《编年记》),更向东一百多里攻到了西陵(今湖北新洲西)①。白起率秦兵数万,在两年内,攻克了楚都郢周围几百里宽阔的富庶地区。白起分析了所以能够如此得胜的原因,是因为楚"百姓心离,城池不修,既无良臣,又无守备","楚人自战其地,咸顾其家,各有散心,莫有斗志"(今本《战国策》末章,采自苏辙《古史》)。《楚世家》所谓"楚襄王兵散,遂不复战"。许多楚的城邑都是没有抵抗而丢失的。秦以斩首为功,每次大胜都有斩首多少万的记录,可是这两年白起攻楚的战争中,攻占了许多重要城邑,除了鄢城淹死数十万军民以外,未见有斩首的记录。

秦因此建立了南郡。白起因此大功被封为武安君。楚因此迁都到了陈(今河南淮阳),从此楚削弱了。

楚将庄蹻入滇称王　公元前二八○年到前二七八年间楚曾一度

---

① 《通鉴》胡三省《注》以为西陵即《水经·江水注》所说夷陵县的西陵峡,并非汉江夏郡的西陵县。程恩泽《国策地名考》从其说,其实非是。《秦策四》第九章载:"(楚)顷襄王二十年秦白起拔楚西陵,或拔鄢、郢、夷陵。""或"犹"又"也(《经传释词》),可知西陵与夷陵非一地。《水经·江水注》以白起伐取的西陵即西陵县故城,甚是。秦简《编年记》载昭王廿九年攻安陆,西陵又在安陆以东一百多里。

收复黔中郡,到公元前二七七年秦蜀郡守张若又"伐取巫郡及江南为黔中郡",从此秦设黔中郡(《水经·沅水注》)。楚收复黔中郡的将军当是庄𫏋①。庄𫏋原是"为盗"者,当是领导军队叛变而引发人民起事者,后来成为"善用兵"的楚国名将②。

公元前二七九年左右,楚顷襄王派庄𫏋通过黔中郡向西南进攻(《后汉书·西南夷传》作"庄豪"),经过沅水,攻克且兰,征服夜郎,一直攻到滇池。到公元前二七七年,秦又派蜀郡守张若再度攻取了楚的黔中郡、巫郡。次年,楚国曾调东部的兵收复了黔中郡的十五邑,重新建立为郡,抵抗秦国。庄𫏋因为断绝了归路,也就"以其众王滇,变服,从其俗以长之",号为庄王③。王都在今云南晋宁,直到秦汉时

---

① 《史记·楚世家》载顷襄王二十二年"秦复拔我巫、黔中郡",楚顷襄王二十二年即秦昭王三十年。《秦本纪》载:秦昭王二十七年"使司马错发陇西,因蜀攻楚黔中,拔之"。三十年"蜀守若伐取巫郡及江南为黔中郡"。在秦昭王二十七年到三十年间(公元前二八〇年至前二七七年),楚必定曾收复黔中郡。这次收复黔中郡的当是庄𫏋。以前秦不断派司马错攻楚,此后便不闻有司马错将兵出战事,可能就在楚军反攻中被楚打得大败。《楚世家》又载:楚顷襄王二十三年"襄王乃收东地兵,得十余万,复西取秦所拔我江旁十五邑以为郡,距秦"。这里所说的江旁十五邑,是指巴东一带临江地区。

② 楚国有"为盗"的庄𫏋,起事于楚怀王时。前人有认为当时有两庄𫏋的,见王应麟《困学纪闻》卷十二;也有认为是一人的,见《荀子·议兵篇》杨倞《注》、梁玉绳《史记志疑》卷三四和《人表考》卷八。如果是同一个人,当是庄𫏋在投降楚王,而成为将军的。最早提到两个庄𫏋的,是《荀子·议兵篇》。《议兵篇》把"楚之庄𫏋"和"齐之田单"、"秦之卫鞅"看作同样是"世俗之所谓善用兵者",同样是"招延募选,隆势诈,尚功利之兵"的指挥者。说明庄𫏋和田单等人一样是统率"招延募选"军队的将军。《议兵篇》下文又讲到楚国对外战败,"兵殆于垂沙,唐蔑死,庄𫏋起,楚分而为三四";"是岂无坚甲利兵也哉,其所以统之者非其道也"。这个是用武装起事的庄𫏋。

③ 《史记·西南夷列传》说:"始楚威王时,使将军庄𫏋将兵循江上,略巴、蜀、黔中以西。庄𫏋者,故楚庄王苗裔也。𫏋至滇池,方三百里,旁平地肥饶数千里,以兵威定属楚。欲归报,会秦击夺楚巴、黔中郡,道塞不通,因还,以其众王滇,变服从其俗以长之。"《汉书·西南夷传》略同。庄𫏋为将军不应在楚威王时。《史记》把这事列在楚威王时,只是因为楚威王时楚的声威盛也。庄𫏋不一定是楚庄王的后裔,《索隐》说他是楚庄王弟,更不可信。《后汉书·西南夷传》说:"初,顷襄王时,遣将庄豪(即庄𫏋)(续下页注)

代,这个地区已成为统一国家的一部分,而庄𫏋后裔还保留有"滇王"封号。

楚将庄𫏋率兵入滇,"以其众王滇",加强了云南少数族和中原华夏族之间的密切联系,使得滇池地区出现了发达的青铜文化。主要分布在西到今安宁、东北到今曲靖、东到今澄江、南到今元江的狭长地区。青铜器有铜鼓、铜芦笙、铜枕、铜伞盖、铜扣饰以及雕铸有人物和动物形象的铜贮贝器等。从这些铜器来看,当时滇王所属领地还处于奴隶制阶段①。这些铜器具有浓厚的地方色彩,但是其中武器如铜戈、铜矛、铜斧等,和中原地区的武器有不少相似的地方;尤其是生活用具如铜尊等,几乎和中原的完全相同②,说明当时滇和中原在经济文化上有密切联系。

秦灭亡义渠 秦昭王初年,义渠王曾到秦国来朝见。公元前二七二年(周赧王四十三年)秦"诱杀义渠王于甘泉宫,因起兵灭之,始

(续上页注③)从沅水伐夜郎,军至且兰,椓船于岸而步战。既灭夜郎,因留王滇池。"这里把时间定在楚顷襄王时是正确的。《华阳国志》卷四《南中志》载:"周之季世,楚威王遣将军庄𫏋,泝沅江,自且兰,以伐夜郎,植牂牁,系船于是。且兰既克,夜郎又降,而秦夺楚黔中地,无路得反,遂留王滇池。𫏋,楚庄王之苗裔也。"按"楚威王",《汉书·地理志》颜注、《史记正义》、《艺文类聚》卷七一、《北堂书钞》卷一三八、《太平御览》卷一六六和七七一都引作"楚顷襄王",顾观光《校勘记》说:"必《华阳国志》古本如此,后人依《史》《汉》改耳。"又"遂留王滇池。𫏋,楚庄王之苗裔也"《北堂书钞》卷一三六、《太平御览》卷一六六、叶梦得《玉润杂书》、《蜀中广记》卷六九都引作"遂留王之,号为庄王"。可知"楚庄王苗裔"之说,是由他"号为庄王"而误传的。秦自从攻取巴蜀以后,多次要楚割让黔中,长江上游已成为秦的势力范围,因此《史记》说"庄𫏋将兵循江上",是不可能的。庄𫏋入滇的路线,以《华阳国志》和《后汉书》所说较为合理。

① 近年从晋宁石寨山和江川李家山等地发掘许多战国、西汉时期古墓,出土大量文物。从出土贮贝器上所雕图像以及其他文物,可以证明西汉中期以前滇池地区还处于奴隶制阶段。参看林声《晋宁石寨山出土铜器图像所反映的西汉滇池地区的奴隶社会》,《文物》一九七五年第二期。

② 参看张增祺《从出土文物看战国到西汉时期云南和中原地区的密切联系》,《文物》一九七八年第十期。

置陇西、北地、上郡焉"(《后汉书·西羌传》)。秦灭亡义渠,是煞费经营的。范雎来到秦国后,等了一年多,才见到秦昭王。秦昭王接见范雎时,一开口就说:"寡人宜以身受令久矣。会义渠之事急,寡人日自请太后。今义渠之事已,寡人乃得以身受命。"(《战国策·秦策三》)说明当时秦为了灭亡义渠,曾紧张很长一段时间。可惜事实经过已不清楚了①。

六　秦、赵间剧战,楚灭鲁和秦灭西周以及魏攻取陶、卫

秦破赵、魏的华阳之役　秦国自从攻破了楚国,取得了楚都郢,又谋攻破魏国了。公元前二七六年,秦将白起伐取魏两城。次年秦相魏冉亲率大军围攻魏都大梁,韩派暴鸢来救,被秦击败,斩首四万,暴鸢退走启封(一作开封,今河南开封西南),秦追击启封(秦简《编年记》),魏献温(今河南温县西南)求和。公元前二七四年秦将胡阳(一作"伤")攻取了魏的卷(今河南原阳西)、蔡(今河南上蔡西南)、中阳(今河南郑州东)、长社(今河南长葛东北)等地。这些地方都在韩、魏两国的边界附近,该是韩已被迫与秦连横,秦是越过韩向魏攻取的。次年魏投入赵的怀抱,赵、魏联合进攻韩的华阳(或称华、华下,今河南新郑北),亲秦的韩相公仲朋遣使向秦相魏冉告急求救,魏冉亲率

---

① 《后汉书·西羌传》称:"昭王立,义渠王朝秦,遂与昭王母宣太后通,生二子。至赧王四十三年,诱杀义渠王于甘泉宫,因起兵灭之,始置陇西、北地、上郡焉。"蒙文通《周秦少数民族研究·义渠与匈奴》条说:"《本纪》言昭王二十年王之上郡北河,此义渠灭始置地也。以前说后,则列传言杀义渠王甘泉宫,遂伐残义渠,应在二十年以前,则赧王四十三年,为衍四字,正昭王之五年,而义渠灭也。"这个说法不可信。秦自惠王后陆续攻取义渠的土地,惠王时已攻取义渠二十五城,这二十五城应包括西河和上郡的部分土地。义渠灭亡前,秦可能占有上郡北河地。从秦昭王对范雎所说"今义渠之事已"的话来看,义渠灭亡于周赧王四十三年,那是不错的。

大将白起和胡阳前来救解,大败魏赵联军,斩首十三万,打得魏将芒卯(一作孟卯)逃脱,并追击沉杀赵将贾偃所部二万人于黄河中。秦军于是乘胜攻入北宅(即宅阳,今河南郑州北),进围大梁。魏大夫须贾游说魏冉,声称魏征发全国兵丁守卫大梁,楚、赵救兵将来,劝说魏冉解围退兵。同时魏遣段干崇请求割地讲和,终于割南阳予秦,秦因而在公元前二七二年把所占韩、魏的南阳和楚的宛,合建为南阳郡(《秦本纪》)。

赵破秦的阏与之役 这时除了秦国以外,比较强大的国家是赵国。继承赵武灵王的赵惠文王是个有为的国君,曾任用乐毅为相,蔺相如为上卿,廉颇、赵奢为将,对外以理折服强秦,对内整顿税收,使得"国赋大平,民富而府库实"(《史记·赵奢列传》)。这时赵国国富兵强,不断攻取齐魏两国土地。公元前二八三年,廉颇攻取齐的阳晋(今山东郓城),公元前二八〇年赵奢攻取齐的麦丘(今山东商河西北),公元前二七六年廉颇攻取魏的幾(今河北大名东南),次年又攻取魏的防陵、安阳(两地都在河南安阳西南)。公元前二七四年燕周攻取齐的昌城(今山东淄博东南)和高唐(今山东禹城西南)。次年又取东胡欧代地(《赵世家》),"欧代"即是"瓯脱",是东胡、匈奴的方言,指荒芜的弃地①。公元前二七一年蔺相如伐齐到平邑(今河北南乐县东北)。

当时就有人说赵国"尝抑强齐四十余年,而秦不能得所欲"(《战国策·赵策三》),因而秦在进行兼并战争中,唯一的大敌就是赵国

---

① 《史记·匈奴列传》谓东胡"与匈奴间有弃地,莫(漠)居千余里,各居其边为瓯脱"。

了。公元前二六九年,因为赵不履行交换城邑的协议,秦国派了中更胡阳(一作胡易,或作胡伤)越过韩的上党,向赵的险要地区阏与(今山西和顺)进攻①,赵奢认为"其道远险狭,譬之犹两鼠斗于穴中,将勇者胜"。赵派了赵奢前往救援,赵奢在离邯郸三十里处驻屯了二十八天,一再增筑营垒,造成赵军不敢去阏与应战的假象。当秦派间谍来侦探时,款待而使回报假象,于是乘秦军不备,出其不意,以两天一夜的时间,急行军赶到距阏与五十里的前线,命善射者集阵以待。接着采取军士许历的献计,立即用一万人占据了北山,居高临下,大破来争山头的秦军。赵奢就因这一大功封为马服君,许历是个受"耐刑"(即剃去鬓须者)而从军者②,也因此升为国尉(《赵奢列传》)。

在阏与之役后,秦曾进攻幾,廉颇救幾,又大败秦军(《战国策·赵策三》)。这是秦国在兼并战争中从来没有遭遇到的惨败,锋芒就大为挫折。

范雎相秦及其"远交近攻"和"攻人"的战略　秦的穰侯魏冉在取得陶邑作为封邑后,就谋进一步扩大其封地。公元前二七〇年,他听从客卿灶(一作造)的建议,攻取了齐的刚(今山东宁阳东北)、寿(今山东东平西南),"以广其陶邑"。其目的,就是客卿灶所说的:"攻齐之事成,陶为万乘,长小国,率以朝,天下必听,五伯之事也。"(《战国

---

①　《史记·秦本纪》把这个战役记载在秦昭王三十八年即公元前二六九年,云梦出土秦简《编年记》同;而《赵世家》、《六国年表》的记载都在上年。可知这个战役开始于公元前二七〇年,而结束于次年。

②　《史记·索隐》云:"王粲诗云:许历为完士,一言犹败秦。是言赵奢用其计,遂破秦军也。江遂曰:汉令称完而不髡曰耐,是完士未免从军也。""完而不髡"是指仅剃去鬓须,不剃其发者。"完"指不加肉刑髡剃而罚劳役者。

纵横家书》十九,《战国策·秦策三》"天下"作"天子")。

范雎[①],字叔,魏国人,初为魏大夫须贾的家臣,曾随须贾出使齐国,因触怒须贾和魏相魏齐,被魏齐令舍人打断肋骨,丢置厕中,后装死得脱,匿于郑安平家中,化名张禄,经郑安平向秦使王稽的推荐,载雎入秦,进函谷关,路经湖关(今河南灵宝西),遇见魏冉巡视,匿居车中得以蒙混过去。到咸阳后,虽经王稽向昭王推荐,等待一年多,才得召见。范雎主张论功行赏,因能授官,并严厉抨击魏冉越过韩、魏攻齐取刚、寿的行径,提出了"远交近攻"策略,因而被任为客卿,谋划兵事。接着他又进说昭王加强王权,认为太后、穰侯、华阳君"三贵"操纵大权,秦王仅"处三分之一"地位,"将恐后世有国者非王之子孙",主张收回"三贵"所分去的权势(《秦策三》第十一章)。公元前二六六年昭王就改用范雎为相,削去"三贵"的权势[②]。次年宣太后去世,范雎被逐走到封邑穰。公元前二六二年华阳君被逐走到华阳,未到而死去(《秦本纪》,误作"华阳君悝出之国",当从《集解》"一云华

---

① 范雎的"雎",《史记》和《战国策》的有些版本作"睢"。钱大昕《武梁祠堂画像跋尾》、梁玉绳《人表考》等,都认为作"雎"为是。《韩非子·外储说左上篇》有评论虞庆和范且言论一节,虞庆即虞卿,范且即范雎。东汉《武梁祠石刻画像》有范且和须贾的故事,范且亦即范雎。从"雎"或作"且"看来,自当以作"雎"为是,作"睢"是错误的。《史记·魏世家》载"魏人有唐雎者",《索隐》:"按雎字,音七余反。"《战国策·魏策四》和《楚策三》都作唐且,也可以作为例证。

② 《秦策三》第十章与《史记·范雎列传》所载"废太后、逐四贵"的事,出于策士的夸大增饰,未可全信。吕祖谦、吴师道都以为当从《皇极经世》所说"罢穰侯相国及宣太后权"为是。《秦策三》第十一章有相类似的记载,以宣太后、穰侯、华阳为"三贵",而不及高陵、泾阳二君。《秦本纪》载昭王四十二年"十月宣太后薨,九月穰侯出之陶",秦用颛顼历,十月为岁首,是宣太后死于这年的年初,穰侯就封到陶已在岁末。《魏策三》朱己谓魏王:"故太后母也,而以忧死,穰侯舅也,功莫大焉,而竟逐之,两弟无罪而再夺之国。"可知高陵、泾阳二君只取消封国,未被逐走。李斯《谏逐客书》也说:"昭王得范雎,废穰侯,逐华阳,强公室,杜私门。"

阳"为是)。后来魏冉死而葬于陶①。

公元前二六八年秦昭王听从客卿范雎计谋,派五大夫绾伐魏取怀(今河南武陟西南,秦简《编年记》、《史记·范雎列传》)。赵、齐、楚三国因此合纵出兵,赵将赵奢、齐将鲍佞("佞"一作"接")"临怀而不救,秦人去而不伐"(《赵策二》第二章)。秦因而暂停对魏的进攻。后二年秦再攻取魏的邢丘(今河南温县东),迫使魏服从于秦,即《秦策三》所说:"邢丘拔而魏请附。"范雎为秦相后,制定了伐取韩上党的战略。公元前二六五年秦伐取韩的少曲和高平,少曲因在少水(即沁水)的弯曲处而得名,在今河南济源东南,高平在少曲的西南,在今河南孟县西,两地正当太行山脉的西南,是韩上党郡到达韩都新郑的通道所在。范雎所制定的伐韩战略,就是要"北断太行之道",腰断上党郡和韩国本土的联系,从而夺取韩的上党郡。次年秦又派白起攻取韩的陉城(当在太行陉的旁边),"斩首五万"(《秦本纪》、《白起列传》)。当白起围攻陉城时,范雎向秦昭王提出了"毋独攻其地而攻其人"的战略方针,指责过去魏冉"十攻魏而不得伤",是因为只攻地而不攻人,使得魏还能保持战斗的力量。他主张今后攻韩,必须"毋独攻其地而攻其人",从而削弱韩相张平所有的力量,使张平被逐走而由不如张平的人继任,这样再与谈判,就可多得。②

范雎向秦昭王提出的兼并策略,其要点首先是"远交而近攻",因

① 《水经·济水注》说:济水"东北径冤朐县故城南","又东径秦相魏冉冢南","世谓之安平陵,墓南崩碑尚存"。

② 《秦策三》载范雎谓秦昭王:"王攻韩围陉,以张仪为言。张仪之力多,且削(一作割)地而以自赎于王;张仪之力少,则王逐张仪,而更与不如张仪者市,则王之所求于韩者,言可得也。"钟凤年以为"张仪"乃"张平"之误,据《史记·留侯世家》,张良父平相韩桓惠王。此说可信。

为这样才能巩固所攻取的土地,所谓"得寸则王之寸,得尺亦王之尺";从而他建议先取韩,认为韩与秦地形交错,是秦的"心腹之患"。其次是"毋独攻其地而攻其人",因为这样才能在攻取土地的同时歼灭敌国的兵力。《孙子兵法·谋攻篇》说:"上兵伐谋,其次伐交,其次伐兵,其下攻城。"孙武着重讲求战略战术的运用和争取胜利,因而以"伐谋"为上策,"伐兵"和"攻城"是次要的。但是这时秦要灭亡别国而完成统一,"攻地"和"攻人"确是上策。自从乐毅破齐之后,秦成为最强之国,秦昭王和秦相魏冉就制定攻灭魏国的策略,夺去了不少魏的土地,多次用力围攻魏都大梁,结果没有成功,因为魏有坚守的兵力,前来救援的赵、燕等国兵力也强。范雎从"十攻魏而不得伤"的经验中,进一步提出了"毋独攻其地而攻其人"的新战略,要攻城而兼攻人,这是十分重要的。

秦攻取韩上党和破赵于长平　秦相范雎推行"远交近攻"的战略,发兵袭击太行山脉的通道,切断韩上党郡和韩本土的联系,要从此攻取韩的上党。公元前二六五年开始大举攻韩,先攻取了少曲和高平,次年派白起攻取了陉城等九城(《秦本纪》)。"陉"原是指连山中断之处,陉城就是太行陉旁边的城邑,这是太行山脉通道的关口①,第三年白起又攻取了太行山东南的南阳,第四年白起又攻取了野王(今河南沁阳),于是韩上党郡和韩本土隔绝了。这时秦相范雎

---

①　《白起列传》称此年"白起攻韩陉城,拔五城,斩首五万"。《范雎列传》作"秦攻韩汾、陉,拔之"。《韩世家》作"秦拔我陉,城汾旁"。《正义》因此谓陉故城在曲沃县西北汾水之旁。此说不确。《索隐》云:"陉音刑。"《秦策三》第十五章称:"秦尝攻韩围邢,困上党,上党之民皆返为赵。""邢"即"陉"的通假。据此可知白起所攻的陉城必为太行陉所在,不在汾旁。《韩世家》所谓"城汾旁",当为另一事。秦于上年攻少曲和高平,于下年攻南阳,都是为了攻上党,不可能于此年攻至汾旁。

一面发重兵进攻太行陉一带，一面又发兵临荥阳，威胁着韩的本土，因此韩使亲秦的阳成君入谢，请献上党之地以和。由于韩的上党郡守靳黇要抵抗，韩桓惠王改派冯亭去接替，冯亭到任后也不愿降秦，于是派使者到赵，请献韩上党郡十七县给赵。

当冯亭使者把韩上党郡献给赵国时，赵孝成王曾征求大臣意见，平阳君赵豹认为这将嫁祸于赵，而且秦用牛耕田，并以"水漕通粮"支援前线作战，并以田地奖赏军功，再加"令严政行"，因而不可能战胜。这个意见很正确，但不为赵王所接受。赵王听信平原君赵胜的主张，发兵去取上党，封冯亭为华阳君（《白起列传》、《汉书·冯奉世传》）。这时赵奢已死，蔺相如有病，赵王使廉颇驻守长平（今山西高平西北），冯亭也留守长平。秦派左庶长王龁（"龁"一作"齮"）进攻长平，开始了战国时代从来未有的大战。这是公元前二六二年的事。

公元前二六〇年四月秦将王龁攻赵长平，秦斥兵斩赵裨将茄，六月秦攻取赵二障四尉，七月赵将廉颇筑垒壁而守，"秦又攻其垒，取二尉，败其阵，夺西垒壁"。长平在今高平西北二十多里，当时秦赵两强，双方集合近百万大军，在沿着长平城左右五十多里的山地建筑垒壁，东西对峙着。《水经·沁水注》引《上党记》说："秦垒在城西，二军共食流水，涧相去五里。"又说："城之左右沿山亘隔，南北五十许里，东西二十余里，悉秦、赵故垒，遗壁犹存焉。"这是两强倾其全力的大决战。

由于廉颇筑垒固守，秦、赵两军在长平相持了三年，不分胜负。后来赵孝成王中了秦的反间计，听信了赵奢儿子赵括的夸夸其谈，起用赵括代替廉颇为将。秦在反间计成功后，就"阴使武安君白起为上将军，王龁为尉裨将"，主持这场大决战。公元前二六〇年七月，赵括一到前线，就大举出兵进攻秦军。白起采用了迂回的运动的战略，先

赵军四十万壁垒

长平北山

秦赵对峙壁垒
南北长五十里
东西宽二十里

赵粮道

长平

秦军绝赵粮道，绝赵后援

秦骑五千绝断赵军壁垒，分赵军为二。

秦奇兵二万五千绝赵军后路

丹水

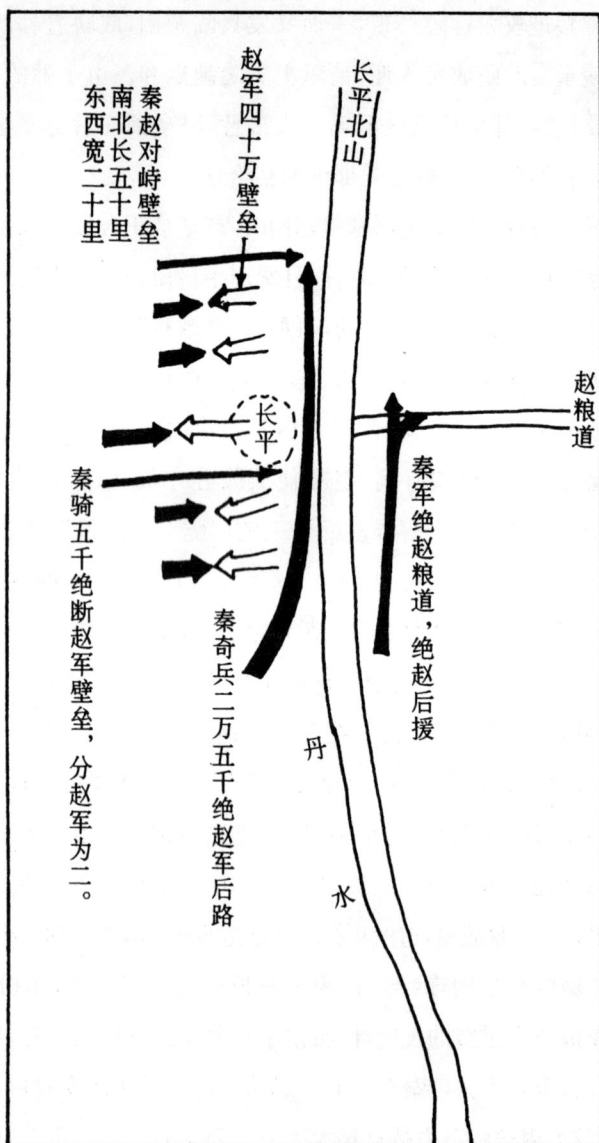

图五十五　长平决战示意图

在正面诈败后退，另外布置了两支奇兵，以便乘机袭赵军后路。赵军一直攻到了秦军的壁垒下，不能攻入，而秦的一支奇兵二万五千人已经断绝了赵军后路，另一支奇兵五千骑兵又切断赵的壁垒，把赵军切成两段。赵军战斗不利，筑壁垒坚守以待后援。秦昭王听到消息，亲自赶到河内，赐民爵一级，把十五岁以上的壮丁悉数征发到长平，用来堵截赵的援兵和接济的粮食，并且绝断赵的粮道。到九月间，赵军被困了四十六天，饥饿乏食，分为四队轮番向秦反攻，仍不能突出重围。最后赵括亲自带兵搏战，被秦军射死。于是赵军大败，全军四十多万人全都被俘。白起仅仅释放二百四十个年幼战俘，竟把四十多万人全部活埋了（《史记·白起列传》）。在这一战役中，赵兵前后死亡了四十五万人，秦军也死者过半。《吕氏春秋·应言篇》说："秦虽大胜于长平，三年然后决，士民倦，粮食□（原缺一字）。"

　　这场大决战，最后是在长平以东丹水流域的山地中进行的。《水经·沁水注》引《上党记》说："丹水出长平北山，南流，秦坑赵众，流血丹川，由是俗名为丹水，斯为不经矣。"又说："秦坑赵众，收头颅，筑台于垒中，因山为台，巍巍桀起，今仍号之曰白起台。"

　　秦赵对峙于长平三年之久，使秦赵两国都发生经济上的危机。"赵无以食，请粟于齐，而齐不听"，齐、燕虽有救赵的计划，没有实现（《齐策二》）。同时秦也"国虚民饥"。秦昭王在动员白起再次伐赵攻邯郸时，曾说："前年国虚民饥，君不量百姓之力，求益军粮以灭赵"（今本《战国策》末章），当是指白起在长平决战时，曾派人请秦昭王增加军粮，就是邹阳《狱中上书》说："卫先生为秦画（划）长平之事，太白蚀昴，而（秦）昭王疑之。"这是说卫先生为白起计划攻克长平从而灭赵，进见昭王请益军粮，结果被范雎害死，"精诚感天，故太白蚀昴"

（《史记·集解》引苏林说、《索隐》引服虔说）。据古天文学家推算，当时确有"太白蚀昴"的天文现象（〔日本〕齐藤国治、小泽贤二《中国古代天文记录检证》八〇、八一页）。原来秦以"水漕通粮"，军粮充足，但经三年相持，"国虚民饥"，白起遣卫先生请益军粮，被害死，白起也被指责"不量百姓之力"。

秦和赵相持于长平很久，秦为了防止魏参与合纵攻秦，允许把韩的垣雍（今河南原阳西）割给魏。垣雍一作衡雍，是韩魏交界的交通要道所在，又是水上交通要道所在，南有荥泽，如果决荥泽而水灌大梁，魏就要灭亡，当时朱己游说魏王已指出这点。后来秦始皇攻灭魏国就是用这个办法。当时魏的平都君就已看到这点，因而对魏王说："秦赵久相持于长平而无决，天下合于秦则无赵，合于赵则无秦，秦恐王之变也，故以垣雍饵王也。秦战胜赵，王敢责垣雍之割乎？"（《魏策四》）可知长平决战关系到秦赵两强的兴亡，这将决定今后由谁来完成统一的大决战。等到秦战胜于长平，秦就迫使韩献垣雍于秦，秦就可以进一步用此来控制和要挟魏了。

秦进围赵都邯郸和魏、楚合纵救解的成功　秦大胜赵于长平之后，公元前二五九年的年初十月迫使韩献垣雍，以便控制魏国，同时分兵两路继续攻赵，司马梗北上平定太原郡，并全部占有韩上党郡，王龁先攻皮牢（今山西翼城东北），继而东进，攻取武安（今河北武安西南），准备进围赵都邯郸，一举把赵灭亡。这时有人为赵进说秦相范雎，认为赵亡，白起将因功而为三公，势将驾临范雎之上，不如让赵割地求和。范雎因此言于秦王："秦兵劳，请许韩、赵割地以和，且休士卒。"这时赵孝成王正入朝于秦，请割地求和，结果由赵臣赵郝讲定割六城以和，正月就退兵。白起因此对范雎有意见。赵王回国，大臣虞卿坚决反对割地,先后与赵郝、楼缓辩论,认为秦兵"倦而归",不必再送地,不能"以有尽之地给无已之求"。因此这年九月秦又发兵,使五大夫王陵攻赵都邯郸。

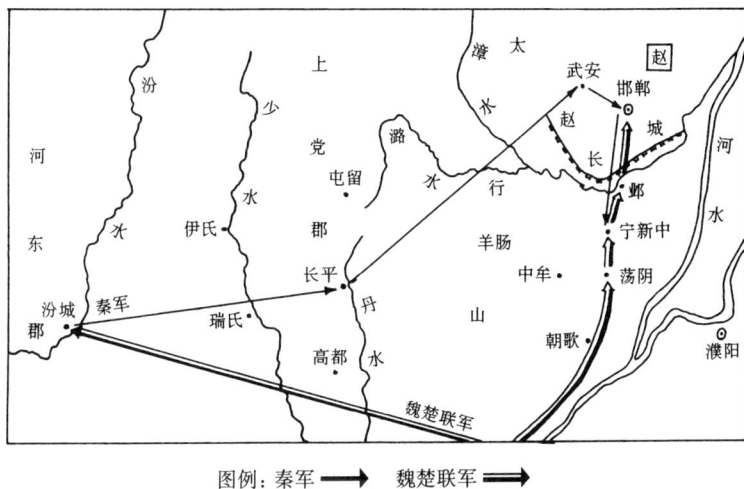

图例:秦军 ➡　　魏楚联军 ➡

图五十六　秦围攻赵都邯郸与魏楚联军救解示意图

当时赵国人民在长平惨败和被杀降之后,正发奋图强,"赵人之死者不得收,伤者不得疗,涕泣相哀,戮力同忧,耕田疾作,以生其财"。同时"主折节(君主放下架子)以下其臣,臣推体(官员推心置腹)以下死士,至于平原君之属,皆令妻妾补缝于行伍之间,臣人一心,上下同力"(今本《战国策》末章所载白起语),使得赵对秦抗战的力量大为加强。公元前二五八年正月王陵战斗失利,损失五校,秦昭王使白起代王陵,白起以为"兵出无功,诸侯生心,外救必至",称病未能行。秦王使范雎往见白起劝说,白起仍称病,于是增发军队,使王龁代王陵伐赵,围邯郸八、九月,死伤很多而不能攻下。秦王再请白起,白起仍不肯行。范雎于是起用知交郑安平为将军,成为进攻邯郸的主帅。

到公元前二五七年,邯郸被围已三年,平原君计谋合纵攻秦以救赵,率门下食客二十人前往楚国,请楚王合纵,毛遂自荐同往,从日出说到日中,说得楚王歃血结盟、出兵救赵。但是,楚不与赵接界,中隔魏国,楚兵来救必待魏的参与。原来魏已被秦所控制,而且曾与齐一起乘机攻取赵地,"齐取淄鼠,魏取伊是"(《齐策三》第十二章)。平原君夫人是魏信陵君的姊姊,曾多次写信请魏王和信陵君发兵来救。魏王派将军晋鄙率兵十万往救,因怕秦移兵还击,留于汤阴(今河南汤阴)不敢前进。信陵君采用门客侯嬴的计谋,请求魏王宠妃如姬偷得发兵虎符,带着大力士朱亥用铁椎击杀晋鄙于邺(今河北磁县南),选得精兵八万进兵邯郸。同时楚春申君也已派将军景阳率大军前来会合,一起北上救解邯郸之围。秦兵作战失利,秦王勉强白起,白起仍称病重,秦王罢免了白起官爵。接着白起又被逐出咸阳,到西门外十里的杜邮,赐剑使自杀。

这时秦以汾城(即临汾,今山西侯马西北)为支援大军进攻邯郸的基地,当时汾城是河东郡的郡治所在。秦相范雎既任知交郑安平为将军,与王龁同攻邯郸,又任知交王稽为河东郡守而坐镇汾城,曾增发军队驻防汾城,支持前线作战,以便取得攻克邯郸而灭亡赵国的大功。等到魏楚联军北上救解邯郸之围,围攻邯郸的秦军在赵军和魏楚联军的内外夹击下大败,郑安平在被围中率二万人降赵,赵封为武阳君[1]。

---

[1] 《史记·范雎列传》说:"秦大破于长平,遂围邯郸,……任郑安平使将击赵,郑安平为赵所围,急以二万人降赵。"而《赵世家》载:赵孝成王十一年"武阳君郑安平死,收其地。"可知郑安平降赵后,赵封为武阳君。《吕氏春秋·无义篇》说:"郑平(即郑安平)于秦王,臣也;其于应侯(范雎),交也;欺交反主,为利故也。"就是指郑安平投降赵国事。

王龁所部秦军也在夹击中溃退,其中一部分随从秦将张唐攻取魏的宁新中(今河南安阳),防止魏军包抄后路,大部分"还奔汾军",即回师到汾城与驻屯汾城的后备军会合,以抵御乘胜追击的魏楚联军。魏楚联军乘胜追击到河东,继续在河东得胜。《秦本纪》载:"(王)龁攻邯郸,不拔,去,还奔汾军。二月余,攻晋军,斩首六千。晋楚流死河二万人("死"下疑脱"我"字,"河"疑"汾"之误),攻汾城。"可知王龁败退后,就"还奔汾军",曾反攻魏军取得"斩首六千"的战果,但是魏楚联军还是得胜,取得"流死二万人"的战果,并"攻汾城"。《范雎列传》称:"王稽为河东守,与诸侯通,坐法诛。"《秦策三》又称河东郡军吏"告王稽、杜挚以反",当是王稽在汾城失败后,也曾像郑安平那样有投降的活动。魏这时攻到汾城得胜,收复了一些河东地方,因而《吕氏春秋·有度篇》说魏安釐王"取地河东"。公元前二五六年韩也参与合纵攻秦,韩、魏、楚联军攻到新中(即宁新中,或单称宁),迫使秦退兵。当时范雎封为应侯,应(今河南宝丰南,当汝水之南)原是秦夺来的韩邑,这时被韩夺回了(《秦策三》"应侯失韩之汝南")。

　　郑安平是范雎所保任的,按照秦法:"任人而所任不善者,各以其罪罪之。"因此郑安平降赵,范雎罪当收三族,范雎曾为之"请罪"。两年后,原先把范雎推荐给秦昭王、后被范雎引用为河东守的王稽,又因"与诸侯通"而"坐法诛","秦王大怒,而欲兼诛范雎"(《战国策·秦策三》)。燕人蔡泽听到这个消息,入秦游说范雎退位让贤,范雎因而自称病重,推荐蔡泽接替相位。云梦秦简《编年记》说:秦昭王五十二年"王稽、张禄死"。张禄即范雎,可知就在王稽处死的那年,范雎也死了。

　　这一战役,魏信陵君指挥的魏军和楚将景阳指挥的楚军,都取得很大胜利,不仅解了邯郸之围,而且乘胜追击,攻到了河东汾城一带,使魏收复河东一些地方,因而信陵君和景阳都成为威震诸侯而精通兵法的军事家。信陵君门客中确有不少精通兵法的,著有《魏公子兵法》二十一篇和图十卷(《汉书·艺文志》兵形势家)。景阳当即临武君,也因此以精通孙吴兵法著称。当年荀子来到赵国,曾与临武君同时进见赵孝成王,赵王就向临武君"请问兵要",因此引发荀子对兵法的议论。临武君所谈的"用兵之要术",就是"孙吴用之无敌于天下"的(《荀子·议兵篇》)①。《淮南子·氾论篇》讲到景阳"威服诸侯","功名不灭者,其略(谋略)得也"。《汉书·艺文志》兵形势家著录有《景子》十三篇,当为景阳所著。由于这一战役,使秦灭亡赵国的计谋不能实现,使赵转危为安,使得魏、楚暂时解除了秦的威胁,得以向东开拓。荀子认为赵的平原君和魏的信陵君从中起了很大的作用,曾大加赞扬,见于《荀子·臣道篇》。

楚考烈王灭鲁 正当秦、赵两军相持于长平的时候,楚国乘机兼并了鲁国。公元前二六一年楚攻取了鲁的徐州,徐州即薛,原为齐邑,是鲁乘齐被五国合纵攻破时袭取的。这时又被楚攻取了。到公元前二五六年,就把鲁灭亡了,把鲁君迁封到鲁地的莒(《史记·六国年表》,《鲁世家》作"鲁顷公卒于柯")。

秦昭王灭西周 秦虽然在邯郸之战失败,但主力没有受到大损失,因此稍事整顿后,于公元前二五六年继续向韩进攻。秦将摎伐韩

---

① 《楚策四》称:天下合纵,赵使魏加问楚春申君,使谁将,春申君说要以临武君为将,魏加说临武君曾为秦打败,不能为拒秦之将。看来魏加这个主张未被春申君采纳。《楚世家》称"遣将军景阳救赵"。景阳当是临武君,临武君因此大胜,当见赵孝成王时,王要"请问兵要"。如果是败将,赵王不可能如此请问。

取得阳城(今河南登封东南)、负黍(今登封西南),斩首四万。这时东方各国又发动合纵抗秦的运动,西周君参与了这次合纵的行动,会同各国锐师出伊阙(今河南洛阳东南龙门),企图截断秦通向阳城的后路。秦将摎便向西周发动进攻,西周君被迫把三十六个邑和三万人口全部献给秦国。就在这年,周赧王去世,从此挂名的天子也没有了(《史记·周本纪》、《秦本纪》)。

公元前二五六年"赵将乐乘、庆舍攻秦信梁军,破之"(《赵世家》)。"信梁军"疑是秦留守长平之战后所得太原郡的驻军,因此秦后来又攻太原。公元前二五四年秦推行"吏谁("谁"读作"推")从军"的制度(秦简《编年记》),开始从小吏中挑选些人从军,用以增强兵力,这年秦使将军摎伐魏,攻取河东的吴(即虞)城(今山西平陆北),迫使"韩王入朝,魏委国听令"(《秦本纪》)。

魏安釐王攻取陶郡和灭亡卫国 这时,魏国也趁胜利的余威,向秦的陶郡(即定陶)和卫国进攻。在公元前二五四年,魏国不仅攻得了秦孤立在东方的陶郡,而且把卫国也灭亡了①。卫国成为魏的附庸。所以《韩非子》曾说:魏安釐王"数年东乡(向),攻尽陶、卫"(《饰

① 《史记》不载卫国被魏灭亡事,但据《吕氏春秋·应言篇》、《韩非子·饰邪篇》、《有度篇》、《五蠹篇》,都可见这时魏有攻取定陶和灭亡卫国事。《史记·卫世家》载:"怀君三十一年朝魏,魏囚杀怀君,魏更立嗣君弟是为元君,元君为魏婿,故魏立之。"卫怀君三十一年当魏安釐王二十五年。这年魏杀怀君,应该是魏灭亡卫。魏立卫元君,实际上只是附庸性质。卫元君不可能是卫嗣君之弟。卫嗣君在位四十二年,怀君在位三十一年,如果是嗣君之弟,该有八十多岁了。《史记·集解》引徐广曰:"班氏云:元君者怀君之弟。"元君是不是怀君之弟,也无确据。《卫世家》又载:元君十四年"秦初置东郡,更徙卫野王县"(据《六国年表》"徙野王"是在元君十二年)。其后又十一年而卒,子角立。这话是不足信的。《秦始皇本纪》说:始皇六年"拔卫,迫东郡,其君角率其支属,徙居野王,阻其山以保魏之河内"。分明秦所迁的卫君不是什么元君,这个卫君角应该是为秦所新立而作为秦的附庸的。

邪篇》)。又说：魏安釐王"取地河东，攻尽陶、卫之地"(《有度篇》)。
又说："周去秦为从（纵），期年而举；卫离魏为衡，半岁而亡"(《五蠹篇》)。《吕氏春秋》也曾说：魏安釐王"存魏（疑是"赵"字之误）举陶，削卫地方六百里"(《应言篇》)。原来宋国和卫国的土地大部分被魏所占有。

自从魏国信陵君救赵破秦后，整个形势发生了重大变化，秦国暂时减轻了对山东六国的压力。但是山东六国并没有能够振作起来，只是各自图谋兼并土地。不仅魏、楚两国趁战胜秦的余威向东进行兼并，赵、燕两国间也发生了大规模的兼并战争。因而秦国得以找寻机会，陆续攻取三晋的土地，进一步把六国全部兼并了。

第九章　秦的统一

一　秦兼并六国和完成统一

秦在兼并战争中的胜利　战国初期,各诸侯国之间战争的规模还比较小。三晋由于利害的一致,曾不断地联合伐齐、伐楚。各大国间的大战往往是因援救弱国而引起的。到战国中期出现合纵、连横运动,战争的规模就越来越大,次数也越来越频繁了。

最初,合纵是各弱国联合抵御强国的行动,例如公孙衍的合纵攻秦,主要是由于三晋遭受秦的压迫。到齐、秦两大强国对峙的形势形成后,齐、秦两大国就往往利用合纵来作为压倒对方和谋取进一步进行兼并的工具了。每当对方威势太逼人时,其中一方就利用其他各国和对方之间的矛盾,发动合纵来向对方进攻。等到对方屈服或失败,它就肆无忌惮地进行兼并,还要迫使某些弱国作为仆从,帮助自己进行兼并。齐、秦两大强国在对峙的局面下,随着形势的变化,是合纵、连横兼施的。如果合纵不利,就改为连横;如果连横发生阻碍,又变为合纵。秦国在战国中期,随着合纵、连横形势的变化,通过兼并战争取得一片又一片的土地。

秦国自从秦孝公任用卫鞅变法,国力逐渐富强,收复了部分过去失守的河西地。接着秦惠王用张仪为相、司马错等人为将,向东北取得了魏的河西、上郡,向东取得了陕,控制了黄河天险和崤函要塞,向西南灭亡了巴、蜀,向西北夺取了义渠二十五城。由于公孙衍合纵的失败,张仪连横的成功,秦大胜楚于丹阳,取得楚的汉中。秦武王改变兼并的策略,派甘茂攻取了韩的大县宜阳,以便进取中原。当秦昭王初期,由于齐相孟尝君合纵的成功,齐、魏、韩联军攻入函谷关,迫使秦归还了魏、韩一些侵地,使秦的兼并策略暂时受挫。等到孟尝君从齐出走,秦将白起大胜韩魏联军于伊阙之后,秦就迫使魏献给河东四百里地,迫使韩献给从武遂到平阳通道两旁的二百里地。自从赵武灵王推行"胡服骑射"而攻取中山及胡地之后,形成秦、齐、赵三强鼎立而斗争的形势。秦相魏冉设计齐、秦并称东西帝而连横,约五国共伐赵而三分赵地,因苏秦发动合纵而没有成功。苏秦合纵五国攻秦失败之后,秦国君臣组织五国合纵攻齐成功,推定乐毅为赵、燕两国"共相"而兼五国联军统帅,终于攻破齐国,从此秦成为最强之国。其后秦向西南攻取了楚的黔中,向南攻取了楚的国都郢,并迫使韩、魏献出南阳,同时又向西北全部灭亡了义渠。秦国在秦惠王和秦昭王时,大大扩展了领地,先后建立了巴、蜀、汉中、上郡、河东、陇西、南郡、黔中、南阳、北地等郡。

秦国在秦昭王时,实际上已开始进行统一战争,既取得了东方各国的大块土地,又大量杀伤了各国的人力。公元前二九三年伊阙之战,白起大胜韩、魏联军,斩首二十四万;公元前二七九年鄢之战,白

起引水灌城,淹死楚国军民数十万;公元前二七三年华阳之战,白起
又大胜赵魏联军,斩首十五万;公元前二六〇年长平之战,白起又坑
杀赵军主力四十五万。其他较小规模的战争不计,只就这四次白起
指挥的大战而言,秦所杀死三晋和楚的士兵已在一百万以上。这就
严重削弱了这些国家的战斗力,奠定了此后秦国取得统一战争胜利
的基础。只是由于秦采用残暴的杀降办法,激起了赵国广大人民的
义愤,因而秦围攻邯郸三年不能取胜,再加上秦相范雎用人不当,魏、
楚两国又合纵救赵,秦兵反而遭到反包围,结果失败了,魏、楚联军乘
胜追击,攻到了河东。魏、楚等国虽然一时取得胜利,在东方有所扩
展,但是没有能够削弱秦国的力量。秦国在稍事整顿后,就继续进行
统一战争,攻取得韩二城,并迫使西周君献出城邑。同时周赧王也去
世了。从此名义上的周天子不再存在,秦国进行统一战争就名正言
顺了。到秦孝文王、秦庄襄王时,秦的完成统一已经是大势所趋,到
了"水到渠成"的境地。

燕、赵连年大战　公元前二五一年燕国见"赵民其壮者皆死于长
平,其孤未壮",企图兼并赵国,发兵六十万分两路攻赵。赵使廉颇大
破燕军于鄗(今河北高邑东南),杀燕相栗腹,又使乐乘大败燕军于代
(今河北蔚县东北),俘燕将卿秦。廉颇乘胜追击五百多里,进而包围
燕都,一直围困到明年。公元前二四九年,赵大将乐乘再攻燕,围
燕都。

燕、楚、魏分别攻齐　燕在攻赵的同时,曾派燕将攻取齐的聊城
(今山东聊城西北),燕将因有人进谗言,不敢回燕而坚守聊城,经鲁
仲连写信射到城中劝说而退兵。这是公元前二五〇年的事。同时楚
在灭鲁之后继续北进,进攻齐的南阳地区(泰山西南,汶水以北)。魏

在灭卫之后继续东进，攻取了齐的平陆（今山东汶上北，见鲁仲连遗燕将书）。平陆原是齐西边的别都，是个重要的城市。《韩非子·有度篇》曾讲到魏安釐王"攻尽陶、卫之地，加兵于齐，私平陆之都"。当时齐国正处于燕、魏、楚三国进攻之中。

秦灭东周和攻取赵的太原　公元前二四九年秦庄襄王任用吕不韦为相国，继续进行兼并战争，把建都于巩的小国东周灭亡了；秦将蒙骜攻韩，取得韩的成皋、荥阳，连同原先的西周和东周故土，合建成三川郡（《史记·秦本纪》、《韩世家》、《蒙恬列传》）。

公元前二四八年赵使廉颇、延陵钧助魏攻燕（《赵世家》），同时秦又使井忌经赵而攻燕，拔二城。于是燕使蔡乌秘密经赵入秦，献河间十城作为秦相吕不韦的封邑，秦因而大发兵攻赵（《战国纵横家书》二十五）。秦将蒙骜攻取了榆次（今山西太原东南）、新城（今山西朔县南）、狼孟（今山西太原北）等三十七城。同年秦又攻取魏的高都（今山西晋城）和汲（今河南汲县西南）。次年秦又全部占有韩的上党郡，平定了赵的晋阳，重新建立太原郡（《史记·秦本纪》、《赵世家》、《魏世家》）。

信陵君合纵五国攻秦和攻韩取管　信陵君自从窃符救赵、合纵攻秦取得大胜后，功劳很大，威望很高，尽管魏王"复以信陵奉公子"，还是不便回魏，留居在赵已有十年。自从秦取得韩的成皋、荥阳而建立三川郡，魏都大梁就直接处在秦兵的威胁下。这时秦将蒙骜正连续攻取三晋之地，势如破竹，因此魏安釐王不得不请信陵君回国主持抗秦的大计。同时赵孝成王听从幸臣建信君主谋与楚、魏合纵抗秦，楚考烈王又听从春申君参与抗秦的计谋，于是以赵、魏、楚三国为主体的五国合纵形势成功（齐没有参与）。公元前二四七年信陵君回到魏国,就统率五国联军反击秦正在进攻三晋的蒙骜所部。由于信陵君上次合纵攻秦救赵的成功,秦将蒙骜随即败退到函谷关。《秦本纪》称"魏将无忌率五国兵击秦,秦却于河外。蒙骜败,解而去"。《魏公子列传》称"公子率五国之兵破秦军于河外,走蒙骜,遂乘胜逐秦军至函谷关,抑秦兵,秦兵不敢出。当是时公子威振天下"。

信陵君还曾率魏军攻韩,取得管城(今河南郑州)。魏最初攻管,没有攻下。安陵人缩高之子为管守,信陵君使人见安陵君,要安陵君"生束缩高而致之"(活捉缩高押送来),逼得缩高自杀(《魏策四》)。结果管城攻下了。《韩非子·有度篇》说魏安釐王"攻韩拔管,胜于淇下"("淇"疑"泽"字之误)。信陵君说:"今吾攻管不下,则秦兵及我,社稷必危矣。"因为这时魏已据有荥阳,荥阳在荥泽的西北,管城就在荥泽的东南,如果秦得到管城,就可以"决荥泽水灌大梁"。魏取得管城,有利于防守荥泽,防止秦"水灌大梁"。

《韩非子·有度篇》说:魏安釐王"攻韩拔管,胜于淇(泽)下;睢阳之事,荆军老而走;蔡、召陵之事,荆军破;兵四布于天下,威行于冠带之国,安釐王死而魏以亡"。睢阳(今河南商丘南)原为宋的旧都,战国时宋迁都彭城,睢阳一带当早为魏国所占有。这时魏楚因争夺原来宋国土地而发生冲突,先是相战于睢阳,楚军因疲乏而退走;接着又大战于上蔡和召陵,楚军被魏击破,结果魏得到最后胜利。这都是魏安釐王晚年的事,说明这时魏的兵力还相当的强。公元前二四五年秦将麃公攻卷(今河南原阳西),斩首三万(《秦始皇本纪》)。卷是中原魏长城内旁边的小城,麃公是当时秦三个将军中的一个,虽然取得斩首三万的战果,看来战斗是很激烈的。秦简《编年记》称秦王政"三年卷军",可知这一战役延长到了明年,还在增兵参战。

秦攻取魏地建置东郡　公元前二四四年,秦又攻取了韩的十三城,以及魏的畼、有诡(《史记·秦始皇本纪》)。两年后,秦兵又分南北两路进攻魏国,蒙骜先后攻取了魏的酸枣(今河南延津西南)、燕(今延津东北)、虚(今延津东)、桃人(今河南长垣西北)、山阳(今河南焦作东南)和雍丘(今河南杞县)、长平(今河南西华东北)等二十城,继而又攻取了魏国前此所兼并的卫地,把所得成皋以东酸枣、燕、虚、桃人等地,连同卫的旧都濮阳建置为东郡(《史记·秦始皇本纪》、《战国策·秦策四》有人说秦王语)。到次年,秦又攻取了魏的朝歌(今河南淇县)。因为卫国过去和秦连横而被魏灭亡,成为魏的附庸;这时秦就把卫君角连同其支族迁到了野王(今河南沁阳),作为秦的附庸。

秦国自从建立了东郡,国土就和齐境相接,截断了"山东从亲之腰",并对韩魏两国国都形成三面包围的形势。公元前二四一年,合纵的形势又形成了。赵将庞煖带了赵、楚、魏、燕、韩五国的军队攻秦,一直攻到了蕞(今陕西临潼东北)。等到秦出兵反攻,五国联军也就后撤[①]。赵军回过头来进攻齐国,夺取饶安(今河北盐山西南)而归(《史记·赵世家》、《秦始皇本纪》、《春申君列传》)。这是战国时代最后一次合纵。尽管庞煖是个著名的纵横家和军事家(《汉书·艺文志》纵横家著录有《庞煖》二篇,兵权谋家又著录有《庞煖》三篇),但是已经无能为力,根本没有得到什么成就。就在这年,楚国为了避开秦的威胁,把国都迁到了寿春(今安徽寿县),仍旧叫做郢(《史记·楚世

---

　　①　这里根据《史记·赵世家》。《史记·秦始皇本纪》说这年"魏、赵、韩、卫、楚共击秦,取寿陵,秦出兵,五国兵罢"。梁玉绳《史记志疑》引翟灏说,认为"卫微弱仅存",不可能参与合纵攻秦;又认为寿陵是赵邑,在常山,不应成为五国攻秦的目标。事实上,这时卫已被魏灭亡而成为魏的附庸,当然不可能参与合纵攻秦。《资治通鉴》胡三省注以为寿陵"当在河东郡界",也只是推测之辞。

家》、《春申君列传》)。

公元前二三九年,秦国派了王弟长安君成蛟(即盛桥)进攻赵的上党,但在战争中长安君成蛟在屯留叛变了,赵国接受了长安君的投降,把饶(今河北饶阳东北)封给了长安君①。说明这时秦国统治集团内部已存在着尖锐的矛盾。次年,秦又派杨端和攻取了魏的首垣、蒲、衍氏(都在今河南长垣附近),迫使魏国屈服。

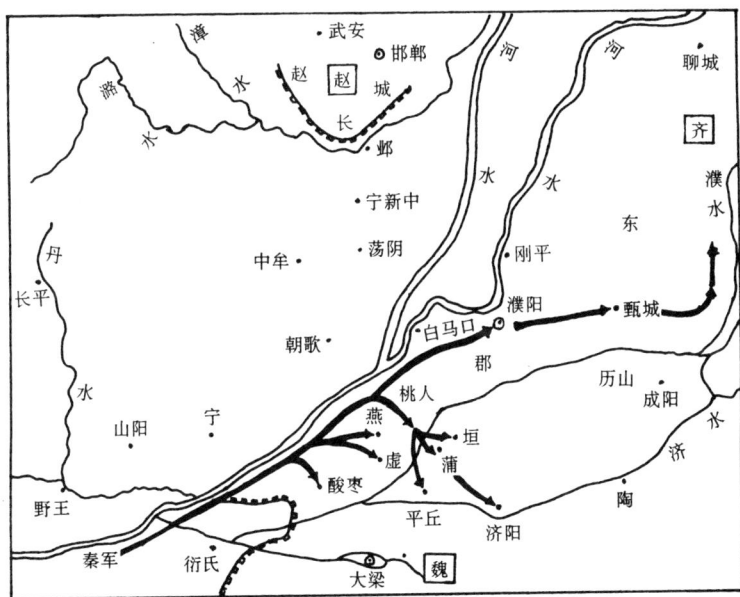

图五十七 秦攻取魏地建置东郡示意图

---

① 《史记·秦始皇本纪》载:始皇八年"王弟长安君成蛟将军击赵反死屯留,军吏皆斩死,迁其民于临洮"。"死"字疑为衍文。这个王弟长安君成蛟也就是《战国策·秦策四》有人说秦王一章中的盛桥(《史记·春申君列传》误以此为春申君说秦王书)。《赵世家》载赵悼襄王六年"封长安君以饶",赵悼襄王六年正当秦始皇八年,可知长安君成蛟攻赵时确曾反叛,接受了赵的封地,如同过去郑安平降赵一样。

公元前二三八年秦继续大举向魏的东部进攻,从而扩大东郡。先攻取了垣(即首垣,今河南长垣东北)、蒲(即蒲阳,今长垣西)、衍(即衍氏,今河南郑州北),继而向东攻取仁(与平丘相近)、平丘(今长垣西南)、小黄(今河南开封东北)、济阳(今兰考东北)、甄城(今山东甄城北),接着又攻到濮水、历山以北,使秦的东郡东北与燕接境,东与齐接境,北面包围赵国,南面包围韩、魏两国,从而"断齐、赵之腰,绝楚、魏之脊",使得东方六国隔断,不敢再发动合纵攻秦。①

秦攻取赵的上党和河间 公元前二三八年赵悼襄王入朝于秦,秦王置酒咸阳接待,于是秦、赵相合,秦王说:"燕无道,吾使赵有之",就是以允许赵攻灭燕为饵。等到燕派使者入秦祝贺,请求秦来救,秦又以救燕为名而攻取赵地。(《燕策三》第四章)。次年赵派主将庞煖带了大军攻燕,而秦国便以救燕为名,派王翦和桓𬺰、杨端和带了两支大军夹攻赵国。当赵开始攻燕的匀梁(今河北定县北,原误作"大梁")时,秦将王翦已出上党,攻取了赵的阏与、橑阳(今山西左权)。当赵攻得燕的狸(或作厘,今河北任丘东北)的时候,秦将桓𬺰、杨端和又攻取了赵国河间的六个城。当赵攻得燕的阳城(今河北保定西南)的时候,秦将桓𬺰又攻取了邺(今河北磁县南邺镇)、安阳(今河南安阳西南)两城。等到庞煖从燕回师南援时,漳水流域已完全为秦所占有,河间各城也全部易手了。赵悼襄王于是"不得意而死"(《韩非子·饰邪篇》、《史记·赵世家》)。

---

① 《秦始皇本纪》载始皇九年"攻魏垣、蒲阳","杨端和攻衍氏",《魏世家》也载景湣王五年"秦拔我垣、蒲阳、衍"。《秦策四》第九章记述这时战争说:"又取蒲、衍、首垣,以临仁、平丘、小黄、济阳、甄城,而魏氏服矣。王又割濮、历之北,属之燕。断齐、赵之要(腰),绝楚、魏之脊,天下五合六聚而不敢救也。"

公元前二三四年，秦又大举向赵进攻，将取得的赵地，建立雁门郡和云中郡（《水经·河水注》）。还派了将军桓齮进攻赵的平阳（今河北磁县东南）、武城（今磁县西南），打败了赵军，杀死了赵将扈辄，斩首十万。次年，桓齮从上党越太行山进攻赵的赤丽、宜安（今河北石家庄东南），赵派大将军李牧率边兵进行反攻，大破秦军于肥（今河北晋县西）。桓齮畏罪出奔到燕①。李牧因功封为武安君。再次年，秦又派两支军队攻赵，一军到了邺，一军到了太原，向赵的番吾（今河北灵寿西南）进攻，又被李牧所击破（《史记·秦始皇本纪》、《赵世家》、《李牧列传》）。李牧虽然一再战胜秦军，但是兵力的损失是很严重的，"赵亡卒数十万，邯郸仅存"（《战国策·齐策一》策士所造张仪语）。

公元前二三五年秦发四郡兵助魏攻楚。魏攻楚的目的在于夺取楚所占有的宋国旧地。秦助魏攻楚，目的在于削弱楚的力量，迫使楚服从。《秦策四》第九章记载当时有人游说秦王，认为"破楚以肥韩、魏"，将有后患。可能就因此使得秦退兵，没有胜利的结果。

秦接受韩郡守投献和秦灭韩　公元前二三一年，魏被迫把部分土地献秦，同年九月秦发兵接受韩南阳假守腾投献的南阳。次年使

---

①　《史记·赵世家》记这年"秦攻赤丽、宜安，李牧率师与战肥下，却之"。《李牧列传》也说："牧为大将军击秦军于宜安，大破秦军，走秦将桓齮"。《战国策·赵策四》误作"杀秦将桓齮"。此后就不见桓齮为秦将事，所谓"走"当是大败后畏罪走走。《战国策·燕策三》和《史记·荆轲列传》称有"秦将樊於期得罪于秦王，亡之燕"，"父母宗族皆为戮没"，"秦王购之金千斤，邑万家"。《秦始皇本纪》详载屡次出战秦将姓名，独不见樊於期。我们认为樊於期即是桓齮，音近通假，犹如田忌或作田期、田臣思。桓齮于秦始皇十四年败走，燕太子丹于秦始皇十五年由秦归国，时间也正相当。《资治通鉴》记载这年"秦师败绩，桓齮奔还"，把"走"改作"奔还"是不正确的。黄式三《周季编略》删去"还"字，作"桓齮奔"，就正确了。

"内史腾攻韩,得韩王安,尽纳其地"(《秦始皇本纪》)。这个内史腾当即投献于秦的韩南阳假守腾,因得秦的重用而升为内史。内史是掌京师之官。秦不派将军王翦攻灭韩,而使内史腾攻灭韩,因为腾原为韩的郡守,熟悉韩的内情而便于攻灭,这就是尉缭、李斯使用间谍,收买勾结诸侯"豪臣","离其君臣之计"的成功。韩被灭亡后,秦建置为颍川郡。

秦间谍工作成功和秦破赵　这时赵国发生大旱灾,秦乘机大举进攻。当时民谣:"赵为号,秦为笑。以为不信,视地之生毛。"(《赵世家》)公元前二二九年,秦又大举攻赵,王翦率领了上党郡兵卒越太行山直下井陉(今河北井陉西),杨端和率领了河内兵卒进围赵都邯郸。同时李信率兵攻太原、云中。赵派了李牧、司马尚带领大军抵御。赵王宠臣郭开受了秦国贿赂,造谣说李牧、司马尚谋反,赵王因此改用赵葱和颜聚代替李牧、司马尚,并且杀死李牧。次年王翦就大破赵军,杀了赵葱,俘虏了赵王迁。赵公子嘉率其宗族几百人逃到赵的代郡,自立为代王(《史记·秦始皇本纪》、《李牧列传》,《战国策·赵策四》、《燕策三》)。秦就在赵都邯郸一带建立了邯郸郡。

赵名将廉颇曾因赵悼襄王使乐乘代替他为将,怒而攻乐乘,出走到魏大梁。这时赵王想再召用廉颇,派使者看廉颇尚可用否,因郭开多与使者金,使回报老态,赵王就此不召(《廉颇列传》)。由此也可见秦间谍工作的成功。

李牧为秦所收买的间谍所杀害,传说不一。《秦策五》第七章说是韩仓诬害李牧而逼使自杀,《秦策四》第八章又说是顿弱北游燕赵而杀李牧,《列女传》又称赵王迁母赵悼后通于春平君,多受秦赂而促使赵王诛李牧。

荆轲刺秦王和秦破燕　就在秦俘虏赵王迁这一年,秦兵临易水,将要向燕进攻,燕国危急。燕太子丹派刺客荆轲作为使者,带了秦国逃亡到燕的败将樊於期(即桓齮)的头,这是秦王悬赏"金千斤,邑万家"的,连同燕国督亢(指膏腴之地)地图①,以请求"举国为内臣"为名,朝见秦王。当秦王接见荆轲、打开地图时,"图穷而匕首见",荆轲便用匕首行刺秦王,没有刺中,荆轲追逐秦王,秦王绕柱而走,秦王拔剑击荆轲,斩断其左股,荆轲以匕首掷秦王,不中,中铜柱,荆轲被捉住支解而死。公元前二二七年,秦派王翦、辛胜攻燕,燕、代两国发兵抵抗,在易水以西被秦击破。次年,秦更大举攻燕,攻下了燕都蓟城,燕王喜迁都到了辽东郡(《史记·秦始皇本纪》、《燕世家》)。秦将李信带大军追击,燕王喜听从代王嘉的计策,杀了太子丹,把太子丹的头献给秦军求和。

秦灭魏　公元前二二五年,秦派王贲攻魏,包围了魏都大梁,引黄河、大沟的水灌大梁,三个月后大梁城坏,魏王假出降,于是魏被灭亡了(《史记·秦始皇本纪》、《魏世家》)。秦兵一直攻到了历下(今山东济南南,《田世家》)。秦就在魏的东部地区设立了砀郡。

秦灭楚　公元前二二六年,韩的旧都新郑发生叛乱,该是韩国旧贵族不甘心于灭亡而发动的。秦不久把叛乱平定了,原来迁居在外的韩王安也被处死了②。公元前二二五年,秦派李信、蒙武带二十

---

① 督亢当为燕之方言,指膏腴之地。《史记·集解》引刘向《别录》曰:"督亢,膏腴之地。"这是正确的。《集解》又引徐广曰:"方城县有督亢亭。"《索隐》又引司马彪《郡国志》同,《正义》又云:"督亢城在幽州范阳县东南十里。"此处所说"督亢地图",当不是一亭一城。

② 《史记·秦始皇本纪》:"二十一年,新郑反,昌平君徙於郢。"云梦秦简《编年记》:"廿年韩王居□山","廿一年韩王死,昌平君居其处,有死□屈。"新郑为韩旧都,此时反叛,该出于韩的旧贵族不甘心于灭亡而发动的。这年"韩王死",当与"新郑反"有关,该是因"新郑反"而被秦处死的。

万大军攻楚,李信进攻楚的平舆(今河南平舆北),蒙武进攻楚的寝(今河南沈丘东南),初步得到胜利,两军在城父(今安徽亳县东南)会师。楚军乘秦军不备,跟踪反击,"三日三夜不顿舍,大破李信军,入两壁,杀七都尉,秦军走"(《史记·王翦列传》)。次年楚将项燕拥立昌平君为楚王,"反秦于淮南"①。本来楚国同秦国约定,愿意献出长沙以西的土地向秦求和。楚因反击得胜,就叛约而向秦的南郡发动进攻了。

李信自以为"年少壮勇",只带二十万人攻楚,结果失败。秦王改派已经告老还乡的王翦带了六十万大军出征。秦国就以"荆国献青阳(即长沙)以西,已而畔约,击我南郡"为理由,大举向楚进攻。王翦攻取陈以南到平舆间地,大破楚军于蕲(今安徽宿县东南)南,迫使项燕自杀。接着,秦军便攻入楚都寿春,俘虏楚王负刍。公元前二二二年,王翦更平定了楚的江南地,降服了越君,设置会稽郡。于是楚国灭亡(《史记·秦始皇本纪》、《王翦列传》)。

秦在灭楚的同时,不断东向扩地,陆续设郡。公元前二二五年把取得燕地,重建渔阳郡、右北平郡、辽西郡。次年又在旧燕地设置上谷郡、广阳郡;又在旧魏地(原为宋地)建立泗水郡;并攻取齐地,设置薛郡。公元前二二三年灭楚后,又设立九江郡、长沙郡。

秦灭瓯越、闽越 秦将王翦在降服越君、设会稽郡之后,"南征百

---

① 《史记·秦始皇本纪》:二十三年"荆将项燕立昌平君为荆王,反秦于淮南(《集解》引徐广曰:"淮"一作"江")。二十四年,王翦、蒙武攻荆,破荆军,昌平君死,项燕遂自杀"。而云梦秦简《编年记》说:"廿三年兴攻荆□□,□阳君死。四月昌文君死。"淮南当指今安徽淮水以南地区。《史记·王翦列传》说后来王翦"大破荆军,至蕲南,杀其将军项燕"。秦末陈胜吴广在蕲县大泽乡起义,陈胜主张假借"项燕为天下唱",就因为项燕在这里作战"数有功,爱士卒,楚人怜之,或以为死,或以为亡"的缘故(《史记·陈涉世家》)。

越之君"(《王翦列传》),即指瓯越和闽越,"皆废为君长,以其地为闽中郡"(《史记·东越列传》)。

秦灭燕、赵 公元前二二二年,秦又派王贲攻燕的辽东,虏燕王喜,灭亡了燕国。接着又回攻代,虏代王嘉,于是赵也彻底灭亡了(《史记·秦始皇本纪》、《燕世家》)。秦就建立了代郡和辽东郡。

秦灭齐 当秦陆续攻灭韩、魏、楚、燕、赵五国时,齐的相国后胜接受秦的贿赂,不仅不助五国抵抗秦国,自己也不作抵抗准备,只是封锁了西面边界。公元前二二一年,秦将王贲就从燕国南下攻齐,在没有遇到抵抗的情况下攻破齐国,俘虏齐王建,于是齐最后也灭亡了(《史记·秦始皇本纪》、《田世家》)。秦就在旧齐地建立了齐郡和琅邪郡。

秦国从公元前二三〇年起,至此首尾十年,陆续兼并了六国。从此"海内为郡县,法令由一统",在中国历史上第一次建立了统一全中国的专制主义的中央集权的王朝。秦王政也就自称为"始皇帝",以显示自己至高无上的地位。

对西南少数部族地区设官治理 战国时代,楚和秦都曾对西南少数部族地区加以经营。楚将庄跷越过且兰、夜郎,一直攻到了滇,就在滇称王。秦蜀郡守张若攻取了筰以及江南地。秦在统一六国后,就在西南少数部族地区"颇置吏焉",西南地区从此就成为秦王朝的一个重要组成部分。秦为了加强中原和西南地区的联系,曾由常頞主持开辟了一条"五尺道"(五尺宽的栈道,《史记·西南夷列传》)。

防御匈奴和建置九原郡 战国后期,匈奴正处于家长奴隶制阶段,从部落联盟中产生了第一个单于,即头曼单于,居住在阴山之北的头曼城(今内蒙古五原东北的阴山北麓)。匈奴奴隶主贵族利用其骑兵行动快速的特点,经常深入中原进行掠夺,对内地的农业生产危害很大。赵武灵王为此曾在九原地方采取防御措施,移民前往开垦。战国末年匈奴贵族乘赵国忙于对抗秦国的机会,侵占九原和河南一带。公元前二一五年秦将蒙恬夺回河南和九原一带地方,设置三十四个县,建成九原郡。公元前二一一年,迁三万户人家到北河、榆中垦殖,人们称新开垦地区为新秦中。这是继赵武灵王之后又一次移民垦殖。同时为了加强对匈奴的防御,在原来秦、赵、燕的北边长城基础上,建成长达五千里的长城。

统一南越和建置南海、桂林、象郡　秦在灭楚后,就进一步统一东南越族地区。首先统一了东瓯和闽越地区,建立了闽中郡。随后,秦始皇命令尉屠睢统率五十万大军分五路南下,一路到镡城(今湖南靖县西南),一路到九疑山(今湖南南边九疑山),一路到番禺(今广东广州),一路到南野(今江西南康南),一路到余干水(今江西余干南信江)。越人退守到深山丛林中去,秦军留驻在各地,达三年之久,越人常常于夜间袭击秦军,屠睢也被杀死(《淮南子·人间篇》)。为了转运军需,秦始皇命令监(监御史)禄开凿了灵渠,沟通了湘江和桂江支流漓江间的交通。同时大规模谪发“诸尝逋亡人、赘婿、贾人”支援战争,终于统一了南越和西瓯地区,建置了南海郡、桂林郡和象郡。次年又迁徙内地人民和一部分有罪官吏前往开垦。从此这个地区就成为我国不可分割的领土的一部分,越族人民也和中原各族人民进一步融合起来。

秦在统一全国前后所采取的这些措施,适应了中国古代民族融合的趋势,符合了各族人民的共同愿望,从而创建了统一的多民族国家,这对祖国历史的发展有着深远的影响。

二　秦统一的原因

这时秦国所以能够通过兼并战争的过程,完成其统一全中国的历史任务,主要由于下列四个因素。

人民的向背是战争胜负的关键　第一,由于兼并战争的胜负,人民群众起着决定性的作用,因而政治上比较进步的秦国能够完成其统一全中国的历史任务。

战国时代的兼并战争,是由各国国力的大小来决定胜负的,而一国国力的大小,是和它的经济、政治因素分不开的。因为这时各国军队的主要成分已是农民,战争的胜负不仅决定于交战国的经济条件和物质力量,其关键还在于人心的向背。如果一个政治上比较进步的国家同一个政治腐败、剥削残酷的国家进行战争,是会得到人民的支持而赢得战争的;反之,将会激起人民的反抗而遭致失败。

楚国自从楚悼王时吴起被杀害以后,执政带兵的始终不出昭、景、屈三大贵族,政治很腐败,压迫和剥削很残酷。楚怀王时,“大臣父兄好伤贤以为资,厚赋敛诸百姓”,楚怀王也很“见疾于民”,全国陷入“食贵于玉,薪贵于桂”的境地(《战国策·楚策三》苏子谓楚王语)。秦将白起指出,他之所以能够攻下楚国都城鄢郢周围广大地区,是由于楚顷襄王“恃其国大,不恤其政”,群臣之间又是“相妒以功,谄谀用事”,弄得“良臣疏斥,百姓心离,城池不修”,“既无良臣,又无守备”,人民在战场上“各有散心,莫有斗志”(苏辙《古史·白起王翦列传》引

《战国策》)。《淮南子·主术篇》说："顷襄王好色，不便风议，而民多昏乱，其积至于昭奇之难。"（高注："昭奇，楚大夫也"）说明顷襄王时楚国由于政治腐败而激起人民作"乱"，逐渐扩大发展成为"昭奇之难"。这个"昭奇之难"的具体情况，由于史料缺乏，已不清楚，看来是对楚国贵族的一次沉重打击。这时楚国国内"盗贼公行而弗能禁也"①，终于爆发了庄𫏋为首的武装起事。

所谓"庄𫏋为盗于境内"，不是一般的盗贼行为，而是军官发动的叛变所引发的群众起事性质。在公元前三〇一年（楚怀王二十八年），齐、韩、魏三国大败楚于垂沙并杀楚将唐蔑的时候。荀况说："楚……兵殆于垂沙，唐蔑死，庄𫏋起，楚分而为三四。"（《荀子·议兵篇》）庄𫏋起事，是乘楚为三国联军大败的时机，一时声势很大，楚国的官吏没法加以镇压，韩非说："庄𫏋为盗于境内，而吏不能禁，此政之乱也。"（《韩非子·喻老篇》）庄𫏋不但把楚国打得"分而为三四"，而且还曾进攻到楚都郢，《吕氏春秋》所谓"庄𫏋之暴郢也"（《介立篇》）。《吕氏春秋》还曾把"庄𫏋之暴郢"和"秦围长平"、"郑人之下虒"（指郑攻下虒的战役，虒地不详）相提并论，说："韩、荆、赵此三国者之将帅贵人皆多骄矣，其士卒众庶皆多壮矣，因相暴以相杀。"（《介立篇》）长平之役是战国时代兼并战争中规模最大、杀伤最多的一役，赵军被秦俘虏活埋的竟多至四十多万人。《吕氏春秋》既以"庄𫏋之暴郢"和长平之役相比，可见庄𫏋起事的规模是很大的，造成楚国的

①　《战国策·韩策二》载："史疾为韩使楚，楚王问曰：客何方所循？曰：治列子圉（御）寇之言。曰：何贵？曰：贵正。……王曰：楚国多盗，'正'可以圉（御）盗乎？……曰：今王之国，有柱国、令尹、司马、典令，其任官置吏，必曰廉洁胜任。今盗贼公行，而弗能禁也。"

分裂而杀伤很多,从而使得楚国更加衰弱。①

　　在战国时代七大强国中,领土以楚为最大,兵额以楚为最多,武器以楚国铸造的最为锋利,楚国的资源也很丰富,山泽的出产很多,手工业生产也很发达。楚国原来是比较强大的国家,曾两次被推为纵长,主持合纵攻秦事宜。后来秦灭楚,用兵最多,遇到的阻力也大。战国晚期的纵横家常常以楚和秦相提并论,认为"纵合则楚王,横成则秦帝"。而且楚国曾不断地向南扩张其领土,融合了南方各族的文化,不断地向南扩大华夏文化的影响。楚怀王还曾兼并越国。但是楚怀王、楚顷襄王在同中原各国的战争中却不断失利,失去了很多土地。被韩、魏夺去宛、叶以北地,被宋夺去淮北地,被秦先后夺去汉中、上庸,甚至国都郢也被攻占,洞庭湖四周以及巫郡、黔中郡都先后被秦攻取,最后终于被秦国所灭亡。很显然,楚国贵族的腐朽暴虐及

————————

　　①　我们肯定庄𫏋"为盗于境内"是军官发动的叛变所引发的群众性的武装起事性质,主要理由如下:(一)古书中把庄𫏋和跖同样作为"盗贼"的代表人物,例如《吕氏春秋·异用篇》说:"跖与𫏋(旧误作"企足"二字)得饴,以开闭取楗也。"他必定是统治阶级的所谓"大盗",曾对统治阶级进行轰轰烈烈的斗争的。(二)《韩非子·喻老篇》说:"庄𫏋为盗于境内,而吏不能禁,此政之乱也。"他在楚国境内到处"为盗",弄得"吏不能禁",显然不是贵族割据一方企图夺取国君地位的斗争。(三)《荀子·议兵篇》说:正当楚国"兵殆于垂沙,唐蔑死"时"庄𫏋起",弄得"楚分而为三、四"。很显然,庄𫏋是趁楚国贵族在封建战争中惨败的时候,在几个地点同时发动"起义",把楚国打得七零八落,"分而为三四"。这决不是一个贵族在自己一个割据的地区所发动的企图夺取国家统治权的斗争。(四)《商君书·弱民篇》说:"今夫人众兵强,此帝王之大资也。苟非明法以守之也,与危亡之邻。故明主察法,境内之民无辟淫之心,游处之士迫于战阵,万民疾于耕战,有以知其然也。楚国之民,齐疾而均,速若飘风;宛钜铁鉈,利若蜂虿;……秦师至,鄢郢举,若振槁。唐蔑死于垂沙,庄𫏋发于内,楚分为五。地非不大也,民非不众也,兵甲财用非不多也,战不胜,守不固,此无法之所生也,释权衡而操轻重者。"作者认为"明主察法",就可以使得"境内之民无辟淫之心",而以楚国的"无法"为例,说结果是"庄𫏋发于内",可知作者认为庄𫏋属于"境内之民"起来作"乱"的。(五)庄𫏋后来成为"善用兵"的楚国名将,是善于统率"招延募选"军队而取胜的,见《荀子·议兵篇》。

国内的分裂和紊乱，便利了秦国在兼并战争中不断取得胜利。

秦在兼并战争中推行了符合人民愿望的政策　第二，秦在兼并战争中所以能够不断取得胜利而占据东方六国土地，由于推行了比较符合当地人民愿望的一些政策。

原来山东六国，齐国最强大，同秦国势均力敌，在战国中期曾和秦国对峙了相当长的时间。齐国在合纵、连横的战争中也经常处于主动地位和领导地位，在对魏、楚、秦、燕等大国的战争中也曾多次取得胜利，声势曾经烜赫一时，但是齐国始终没有能够兼并得大块土地。公元前三一四年，齐宣王趁燕国发生内乱的机会，大举攻燕，五十天就把燕国攻下了，这说明齐国力量的雄厚。但是齐国在攻占燕国的过程中，行动非常残暴，"杀其父兄，系累（用绳索缚着牵着）其子弟，毁其宗庙，迁其重器"，使得燕国人民"如水益深，如火益热"（《孟子·梁惠王下篇》），因此就纷纷起来反抗，即所谓"燕人畔"（《孟子·公孙丑下篇》）。这样，就迫使齐国不得不退兵，没有能够达到其兼并的目的。

荀况曾对当时兼并战争的成功条件有所议论。他说："兼并易能也，唯坚凝之难焉。"他认为兼并战争是容易取得胜利的，只是在胜利后要巩固起来是困难的。他曾举了一些例子来说明，例如齐湣王兼并了宋国，因为不能"凝"，被魏夺去了；燕国兼并了齐国，因为不能"凝"，被田单复国了；韩的上党郡地方几百里为赵所取得后不能"凝"，被秦夺去了。他又下了这样的结论："故能并之而不能凝，则必夺；不能并之，又不能凝其有，则必亡；能凝之，则必能并之矣。"他认为"凝"是争取兼并成功的主要条件，又认为"凝士以礼，凝民以政，礼修则士服，政平而民安，士服民安，夫是之谓大凝"。他主张一方面对

士要"凝","凝"的方法是维持其统治的秩序,即用所谓礼;一方面对
人民要"凝","凝"的方法是要改善政治,使人民能够由于"政平"而
"安"下来(《荀子·议兵篇》)。从这里,我们了解到这时兼并战争的
最后胜负,人民群众是起着决定性的作用的,因而兼并的能否成功,
与各国在进行其兼并过程中所推行的政策是分不开的。

为什么山东六国兼并了土地都"凝"不起来,而秦国在兼并土地
后能"凝"得起来呢? 这是由于秦国在进行兼并战争中推行了比较符
合于人民愿望的政策。秦国在兼并战争中所推行的政策,主要有
两点:

(一)在兼并战争中,把那些被判罪的"罪人"赦免了,迁到了新
得的土地上去,以补充这些地方农业劳动力的不足。公元前二八六
年秦在取得魏的安邑后,公元前二八二年秦在攻取得赵二城(当即
蔺、祁二城)后,都曾"赦罪人迁之"。公元前二八〇年秦派司马错攻
楚,也"赦罪人迁之南阳"。公元前二七九年秦在攻取楚的鄢、邓等城
后,也"赦罪人迁之"。公元前二七三年,秦建立南阳郡,又使"免臣迁
居之"(《史记·秦本纪》)。这样,把"罪人"放免为平民,并且把他们
迁移到缺乏农业劳动力的地方去从事耕作,这对于发展农业生产和
小农经济,以及安定当地人民生活,有着积极作用,因而是符合于人
民群众的愿望的。

(二)攻取了某些大城之后,把城中的旧贵族和大商人驱逐出
去。公元前三二五年秦在攻取魏的陕(今河南三门峡西)后,曾"出其
人与魏"(《史记·秦本纪》)。公元前三一四年秦在攻取魏的曲沃后,
就"尽出其人"(《史记·樗里子列传》)。公元前二八六年秦在取得安
邑后,一方面"赦罪人迁之",一方面又"出其人,募徙河东,赐爵"(《史

记·秦本纪》)。这时兼并战争的目的在于夺取土地、夺取农民和夺取租税,这些所"出"的城里"人",决非农民,而是难于治理的旧贵族及大商人。陕是过去虢国的旧都,安邑是魏的旧都,残余的贵族势力还存在,在这些大城市中大工商业者也比较多。这些旧贵族"其俗刚武,上气力",爱好"游侠通奸";大商人依仗财势,"商贾为利",使秦的执政者感到"难制御"①。我们看西汉初期由冶铁而成巨富的"豪强之家",几乎没有一家不是战国后期被秦流放出来的。蜀地临邛的卓氏,其祖先本是赵人,本来在赵已"用铁冶富",秦破赵时被迁到临邛。在临邛冶铸"富埒卓氏"的程郑,原先也是"山东迁虏"。南阳宛地的孔氏,其祖先本是魏人,本来在魏"用铁冶为业",秦伐魏时被迁到南阳(《史记·货殖列传》)。秦国在进行兼并战争时,不断从山东六国的旧都或大城市中流放旧贵族和工商业者,推行的就是法家的强本弱末的政策。

　　当时法家的强本弱末政策,是符合于历史发展的要求的。所谓本是指农,实质上就是小农经济。所谓末是指工商,因为工商业者特别是大工商业者,不仅是农民的剥削者,也是小农经济的侵蚀者。大工商业者掌握着冶铁、煮盐等对国计民生有重大影响的部门,他们剥削农民,大量兼并土地,会使农民纷纷破产流亡,影响到国家赋税、徭

---

　　①　《汉书·地理志》说:"秦既灭韩,徙天下不轨之民于南阳,故其俗夸奢,上气力,好商贾、渔猎、藏匿,难制御也。"可知秦所要迁的"不轨之民",是"其俗夸奢,上气力,好商贾、渔猎、藏匿"的商人。《汉书·地理志》又说:"大原上党又多晋公族子孙,以诈力相倾,务矜夸功名,报仇过直,嫁取(娶)送死奢靡。汉兴,号为难治。"可知残余的旧贵族,到汉代初期,政府还是认为"难治"的。《汉书·地理志》还说:赵旧都邯郸"高气势,轻为奸";中山"丈夫相聚游戏,悲歌慷慨,起则椎剽掘冢,作奸巧"。卫旧都濮阳"其俗刚武,上气力";野王"好气任侠,有濮上风"。长安附近由于徙来高訾、富人及豪杰并兼之家,"其世家好礼文,富人则商贾为利,豪桀则游侠通奸"。秦国攻取了虢的旧都陕和魏的旧都安邑后,所以要"出其人",就是由于这些"不轨之民""难治"或"难制御"。

役、兵役的来源,影响到小农经济的发展。因此为了维护小农经济需要采取强本弱末政策。秦国在兼并战争中推行了这些政策,客观上符合于历史发展的要求。秦的"四世有胜",的确如荀况所说的"非幸也,数也",是符合于历史发展的"数"的。

社会经济的发展需要建成统一国家　第三,由于社会经济的发展,需要建成一个统一国家。

战国后期,由于商业和交通的发展,各个地区在经济上的依赖和联系已比较密切。据战国末年李斯《谏逐客书》中所提到的各地输入秦国的贵重特产,有昆山(昆仑山)之玉、随和之宝、明月之珠、夜光之璧、犀象之器、太阿之剑、纤离之马、骏良駃騠、翠凤之旗、灵鼍之鼓、江南金锡、西蜀丹青、宛珠之簪、傅玑之珥、阿缟(齐国东阿所产的缟,东阿今山东阳谷东北阿城)之衣、锦绣之饰等。据《吕氏春秋·本味篇》所载各地著名的食物,美味的鱼有洞庭之鲋、东海之鲕,美味的蔬菜有阳华(湖泊名,在今陕西华阴东南)之芸、云梦之芹、具区(即今太湖)之菁,美味的水果有江浦之橘、云梦之柚等。都足以说明当时各个地区物产的交流已比较广泛。

同时,由于商业和交通的发展,中原地区人民和四方各族人民之间的联系大为加强。《吕氏春秋》讲到南可以到达"交趾、孙朴、续樠之国","羽人裸民之处"(《求人篇》);还说"百越之际","缚娄、阳禺、骥兜之国多无君"(《恃君览》)。还讲到"北至令正之国,夏海之穷"①。说明

---

①　见《吕氏春秋·求人篇》,原误作"人正之国"。从诸以敦、俞樾改正。《淮南子·时训篇》说:"北方之极,自九泽穷夏晦之极,北至令正之谷。"而《尚书大传》卷二(陈寿祺辑本)说:"北方之极,自丁令北至积雪之野。"今据以改正。《太平御览》卷三七引《淮南子》旧注:"令正,丁令,北海胡也,"陈奇猷《吕氏春秋校释》以为当作"令止",即令支,不确。

这时已和丁令(今贝加尔湖以西)发生密切联系了。《吕氏春秋》又讲到"北至大夏,南至北户"(《为欲篇》),秦始皇琅邪台石刻也说:"南尽北户","北过大夏",大夏当即夏海,或称北海,即今贝加尔湖。至于西方的交通,已经到达昆仑山,苏厉给赵王的信已把"昆仑之玉"和"代马"、"胡狗"合称"三宝"(《史记·赵世家》)。

战国时代著作的《逸周书·王会篇》,所讲各族向周成王贡献的故事,讲到稷慎(即肃慎)献大麈(大鹿的一种),匈奴献狡犬,东胡献黄罴(熊的一种),禺氏(即月氏)献騊駼(马的一种),路人(即骆越)献大竹。这反映了当时各族人民政治上和经济上密切联系的情况。

战国末年由于商业和交通的发展,各个地区各个部族在经济上的依赖和联系已比较密切,已是"四海之内若一家"(《荀子·王制篇》),这就需要全中国成为一个统一的国家。

人民群众迫切要求统一 第四,因为广大人民群众迫切要求统一,使得政治上比较进步的秦国得以完成其统一大业。战国时代,在大规模的残酷的兼并战争中,农民遭受了被杀害、被掠夺和破产流亡的深重苦难。当时服役士兵需自备衣服和费用。当时就有人说过:经过一场大战,所有战死者的丧葬费和伤员的医药费,所有车马武器的损失,"十年之田而不偿也"(《战国策·齐策五》策士所造苏秦游说辞)。据说韩、魏两国在秦国的进攻下,"刳腹折颐,首身分离,暴骨草泽,头颅僵仆,相望于境,父子老弱系虏相随于路","百姓不聊生,族类离散,流亡为臣妾(奴隶),满海内矣"(《战国策·秦策四》)。战争的灾害既如此严重,因而农民对诸侯割据的铲除非常关心,他们要求经济上政治上较好的国家能取得统一全中国的胜利。

战国时代,各大国割据称雄,对于水利的治理,往往"壅防百川,各以为利"。例如齐和赵、魏以黄河为界,赵、魏地势高,齐国地势低,河水常常泛滥,因而齐国在沿黄河二十五里处筑了堤防,从此河水泛滥,"东抵齐堤,则西泛赵、魏",于是赵、魏也在沿黄河二十五里处筑了堤防。在黄河两岸五十里间,河水时来时去。有时好久没有水灾,农民也就逐渐建筑房屋,聚成村落,忽而大水来时又遭漂没(《汉书·沟洫志》载贾让奏言)。这种情况带给了人民生死的威胁。同时各国筑堤,只顾自己的利益,遇到天旱就争夺水利,甚至有意阻塞别国的水利,妨碍别国的农业生产。例如"东周欲为稻,西周不下水"(《战国策·东周策》)。遇到大水也就放水到邻国,即《孟子》所谓"以邻国为壑"(《告子下篇》)。在激烈的兼并战争中,有的国家往往不顾人民的死活,决河堤放出大水,用来进攻敌国。公元前三五八年,楚国伐魏,就曾决黄河水来灌长垣(《水经·河水注》引《竹书纪年》)。公元前二二五年秦将王贲攻灭魏国时,包围了魏都大梁,也曾引黄河大沟的水来灌大梁,大梁城浸水三个月,城墙坍坏,魏君不得不降。又如赵国在对外作战中,曾多次决黄河堤,造成了连年不断的大水灾:(一)公元前三三二年,齐魏联合攻赵,赵决黄河水灌齐魏联军,迫使齐魏退兵(《史记·赵世家》赵肃侯十八年)。(二)公元前二八一年,赵惠文王亲自到东阳(太行山东),决黄河的水来进攻魏国,结果"大潦,漳水出"(《史记·赵世家》赵惠文王十八年)。(三)公元前二七八年,赵国把漳水徙到了武平以西(《史记·赵世家》赵惠文王二十一年)。(四)公元前二七二年,赵国又把漳水徙到了武平以南。"河水出,大潦"(《史记·赵世家》赵惠文王二十七年)。很显然,赵惠文王把黄河决口,引起了大水灾。由于黄河泛滥,漳水也决口了。由于漳水决口,不断地发生水灾。从公元前三三二年到前二七二年的六十年间,黄河曾三度为灾，漳水也曾三度为灾，两次徙移水道，人民生命财产所遭受的损失是极其严重的。而且，这时各国由于防御上的需要，曾纷纷把边境上河流的堤防连接起来，扩建成为长城，又到处设立关塞，勒索贿赂，征收苛税，阻碍了必需的商品的流通。这些人为的灾难和障碍，也只有铲除割据才能加以消除或减少。因而出于统一管理水利、防治水灾的需要，人民群众也迫切地要求统一。

战国时代，秦、赵、燕三国以北已有强大的游牧部族，如林胡、楼烦、东胡、匈奴等，其中以匈奴最为强大。这些游牧部族的侵扰，对于边境地区农业的损害是很大的。因而这时已迫切需要加强边防。例如赵国因为一度用别人代替李牧防守北边，因此在匈奴每一次侵扰时，出战常失利，损失很多，以致"边不得田畜"。李牧防守北边时，曾精选骑兵一万三千人，勇士五万人，射士十万人，使得"匈奴不敢近边城"（《史记·李牧列传》），约计李牧全军当在二十万人以上。秦、燕两国的边防军比赵可能少些，各有十多万人。合计三国约用五十万人的大军防御边境，足见匈奴压力之大。当时赵、燕等国的边防军，战斗力是比较强的。赵武灵王曾经"北破林胡、楼烦"；燕将秦开也曾"破走东胡，东胡却千余里"（《史记·匈奴列传》）；赵将李牧也曾大破匈奴，"杀匈奴十余万骑，灭襜褴，破东胡，降林胡"（《史记·李牧列传》）。但是，燕、赵等国往往把边防军投入兼并战争中，这样就削弱了边防的力量，给游牧部族以可乘的机会，在秦兼并六国时，匈奴已乘机向南移动，占领了河套一带的草原。这时就很需要统一的中央集权国家能够建成，以便集中力量，加强北方的边防，保卫边境地区人民生命财产的安全，维护华夏族先进的生产事业。

孟子曾经认为整个局势最后是会"定于一"的，只有"不嗜杀人者能一之"(《孟子·梁惠王上篇》)。孟子所以要把"不嗜杀人"作为能统一的唯一条件,是针对当时兼并战争中"争地以战,杀人盈野;争城以战,杀人盈城"(《孟子·离娄上篇》)的情况而说的。荀况认为"天下归之之谓王"(《荀子·王霸篇》),就是说,做到天下归心,就能完成统一的"王"业。《吕氏春秋》曾经慨叹"今周室既灭,而天子已绝,乱莫大于无天子";"无天子则强者胜弱,众者暴寡,以兵相残,不得休息"(《谨听篇》,《观世篇》略同)。又说"天子既绝,贤者废伏","当今之世浊甚矣,黔首(人民)之苦不可以加矣"(《振乱篇》)。《吕氏春秋》不但提出了建立统一的中央集权国家的迫切需要,同时还明确地指出了"民之所走(趋附、归向)"是在建立统一的中央集权国家过程中"不可不察"的。所谓"欲为天子,民之所走,不可不察"(《功名篇》)。的确,人民群众在建立统一的中央集权国家的过程中,是起着决定性的作用的。秦始皇之所以能够完成统一六国的历史任务,首先就是由于国家的统一符合了广大人民群众的共同愿望。

三 秦始皇的完成统一

秦始皇的登位和秦统一条件的成熟 秦始皇帝名政(或作正),是秦庄襄王的儿子。秦庄襄王是秦孝文王的中子,原来被作为"质子"押在赵国,很不得意。濮阳大商人(或作"阳翟大贾")吕不韦到邯郸经商结识了他,认为"此奇货可居",替他活动立为太子。公元前二五〇年,秦孝文王去世,秦庄襄王即位,吕不韦做了秦的相国,封为文信侯,"食蓝田十二县"(《战国策·秦策五》),接着又"食河南洛阳十万户"(《史记·吕不韦列传》),随后又得燕的河间十城为封地(《战国纵横家书》二十五),权势盛极一时。公元前二四七年,秦庄襄王去世,儿子政即位。政即位时,年才十三岁,什么事都由他的母亲(即太后)做主。相国吕不韦继续执政,并被尊称为"仲父"。

秦国自从卫鞅变法以后,集权的地主政权比较巩固,政府的法令能够贯彻,各级官府处理政务的工作效率比较高。荀况根据他的实地观察,指出秦的百姓"甚畏有司而顺",秦的百吏"莫不恭俭敦敬,忠信而不楛",秦的士大夫"不比周,不朋党,偶然莫不明通而公",秦的朝廷"百事不留,恬然如无治"(《荀子·强国篇》)。三晋贫苦农民逃亡到秦国去的很多,东方六国有才能的人也纷纷来到秦国,正如李斯《谏逐客书》中所说:"士不产于秦而愿忠者众。"秦国历代执政大臣除了秦昭王时的樗里疾和魏冉以外,大多是外来的"客卿"①。秦国本土关中平原,本来土地肥沃,物产丰富。汉代东方朔就认为"此所谓天下陆海之地(陆海是说陆上物产丰富如海),秦之所以虏西戎、兼山东者也"(《汉书·东方朔传》)。在长平大战前,赵豹认为赵不能战胜秦国,理由之一是"秦以牛田,水通粮"(《战国策·赵策一》),就是说秦国用牛耕田,利用河流运送军粮,因而经济力量强大。到秦始皇时,秦的幅员广大,人口众多,兵源充足,军队在数量上已占很大的优势。同时战斗力也强。从秦始皇墓陪葬坑中表演秦兵阵势的陶俑来看,装备也是比较精良的。他们所使用的青铜箭镞,表面经过铬盐处理,埋在地下二千多年毫无锈蚀,色泽光亮,刃口锋利②。汉初晁错分析秦国所以能够兼并六国的原因是:"地形便,山川利,财用足,民

---

① 洪亮吉《春秋惟秦不用同姓而喜用别国人论》(《更生斋文·甲集》卷二),列举战国时代秦国所用大臣姓名,指出"类皆异国人也,骨肉中惟樗里疾最用事"。这是正确的。这是卫鞅变法的结果。洪氏把它说成"自缪公启之","其法自缪公始",是不正确的。

② 见北京钢铁学院中国冶金简史编写组《中国冶金简史》第一二一、一二二页。这种技术在西方是二十世纪四十年代发明并列为专利的。

利战"；而东方六国正好相反，"臣主皆不肖，谋不辑，民不用"(《汉书·晁错传》)。

吕不韦和《吕氏春秋》　吕不韦在秦国当权时，继续进行兼并六国的战争，取得了不少三晋土地，建立了三川郡、太原郡和东郡，造成包围三晋、便于各个击破的有利形势。同时他招徕宾客三千人作为智囊团，使"人人著所闻"，加以采择和综合，编成《吕氏春秋》一书。整部书既有一定的政治主张，又有一定的组织体系。主要选取儒家、法家、兵家、农家、阴阳家的部分学说，加以综合，构成一套政治主张，准备用来作为完成统一的指导思想，并作为新创建的统一王朝的施政纲要的。其中《用众篇》就清楚地说明了这点。它认为，事物"取之众"才能集大成，三皇、五帝就是由于"取之众"而"大立功名"的。因此"善学者假人之长，以补其短，故假人者遂有天下"。吕不韦编撰这部《吕氏春秋》，就是要做"善学者"，要"假人之长，以补其短"，从而达到"遂有天下"的政治目的。因为他兼采各派学说，因此被称为"杂家"①。

《吕氏春秋》分八览、六论、十二纪三个部分。十二纪比较有完整体系。十二纪的首篇，和《礼记·月令篇》相同，它是战国后期阴阳五行家为即将出现的统一王朝制定的行政月历。它按"天人相应"的说法，主张统治者必须按照每个月自然界的变化，从人事上采取相应的措施，包括对生产的管理和政治、军事、宗教上的活动。认为春季"木德"，是万物萌芽生长季节，政治上要保护人们生长，多加赏赐，少用刑罚。夏季"火德"，是万物繁荣成长季节，政治上要讲究礼乐，帮助

---

①　参看拙作《吕不韦和〈吕氏春秋〉新评》，《复旦学报》一九七九年第五期。

人们成长,还要选拔已经成长的人才。秋季"金德",有肃杀之气,政治上要选练军队,征讨"不义";修订法制,严断刑罚。冬季"水德",是万物储蓄保藏季节,政治上要注意保藏,要统计从卿大夫一直到庶民的土田之数。《吕氏春秋》把《月令篇》作为十二纪的首篇,就是主张统治者按照这个行政月历来办事的。每个纪除了首篇以外,都附有论文四篇,就是从各家学说中选取相关部分,对首篇从政治上进行重点的理论阐释。春季三纪所附论文,主要是讲养生和养性的道理,采用了杨朱、子华子一派道家学说。夏季三纪所附论文,主要讲教学和音乐的理论,采用了儒家的部分学说。秋季三纪所附论文,主要讲究使用"义兵",采用了兵家的部分学说。冬季三纪所附论文,多数讲忠信廉节的道德,又是采用了儒家的部分学说;少数讲节丧节葬,采用了墨家的部分学说。总的看来,它以阴阳五行家学说为主,糅合了道家、儒家、兵家、墨家的部分学说。

应当指出,《吕氏春秋》对《月令》所作重点的理论阐释是有选择的,是根据自己的政治标准有所取舍的。本来《月令》秋季是"兵"和"刑"并重的,但《吕氏春秋》所作的重点阐释只着重于"兵",没有一篇讲法制和刑罚的。《吕氏春秋》有些地方也讲究"法",像《察今篇》主张变法,《不二篇》主张统一法令,但是不像法家那样主张一切根据法律来决定,尤其反对"严罚厚赏",而主张采用"德义"来治理(《上德篇》)。它把"德义"看得比"赏罚"重要,而且所讲"赏罚"不是以"法"为准则,而是以"德义"为标准的(《义赏篇》和《当赏篇》)。这显然是采用了儒家的学说。当时法家讲究"法治",主张用"严刑峻法"来迫使人民努力耕战,使得国家富强,从而完成统一。而儒家讲究"德治",主张重视"德义"的教导,取民有度,争取人民归向,从而完成统一。《吕氏春秋》从巩固统治出发,在政治上偏重采用儒家学说。

当时法家有讲究"法"、"术"、"势"三派。《吕氏春秋》对这三派也是有所选择的。它忽视"法"而重视"术"和"势"。《审分览》八篇所谈的,就是采取了申不害和慎到的学说。它主张国君用"术",首先是"无识",就是不暴露自己的意向和观点,不让臣下钻空子,以便深入了解臣下真实情况,从而加强统治。它还主张国君"无为",就是不要钻进事务堆中,而要抓住纲领,监督臣下按照"分职"努力办事,使得臣下"尽其巧,毕其能",做到"无为而无不为"。它更主张国君有"势"有"威",认为有"势"有"威",才能使臣下服从,才能制止奸邪。当时讲究"术"和"势"的法家,主张用"法"作为监督考核臣下的标准,因此不主张在"法"以外再讲究"忠"和"贤"。但是《吕氏春秋》又十分讲究对君上尽"忠",而要君上讲究求"贤",并尊敬贤者为师。这又是采用了儒家学说。

《吕氏春秋》鼓吹用"义兵"兼并天下　特别要指出的,《秦始皇本纪》说:"吕不韦为相","招致宾客游士,欲以并天下。"吕不韦使宾客所著《吕氏春秋》,作为行政月历的《十二纪》,于秋季主张"天子乃命将帅,选士厉兵,简练杰俊,专任有功,以征不义,诘诛暴慢,以明好恶,巡彼远方"。秋季三纪所附十二篇论文,都是讲究用"义兵","攻无道而伐不义","以诛暴君而振苦民",使人民"归之如流水","望之若父母",从而兼并天下。主张兵入敌境,"以救民之死","以除民之仇",不破坏人民的生产和生活,归还战俘。认为讲究兵法的"急疾捷先",是为了"义兵"的决胜;重视军令是为了使三军一心而无敌于天下;讲究兵势险阻、兵械铦利,简选精良,都是为了"义兵之助"。值得注意的,秦原以斩首数目行赏而记功,每次大战得胜必记有斩首的数目,可是在吕不韦执政时期,除了秦始皇二年将军麃公攻魏的卷有斩首三万的记录以外,所有主将蒙骜指挥攻取得大块领土的重要战役,如庄襄王三年攻取赵三十七城而建太原郡,始皇三年攻取韩十三城,五年攻取魏二十城而建东郡,都没有斩首记录,固然这时东方六国已丧失战斗力,战时溃散逃亡,因而杀伤减少;同时由于秦改变了兼并的策略,以"义兵"自居,打着诛暴救民的旗号,因而能够杀伤减少而接连攻取得大块领土,从而兼并天下。后来除了秦始皇十三年桓齮攻赵的平阳有斩首十万的记录以外,所有兼并六国的大战,都没有斩首记录。这与秦昭王时期名将白起所指挥的大战有大量斩首记录,甚至如长平之战坑杀战俘四十多万的情况大不相同。当秦始皇初并天下时,下令就自称"寡人以眇眇之身,兴兵诛暴乱",丞相等皆曰:"今陛下兴义兵,诛残贼,平定天下"。但是实际上,秦在兼并六国过程中,还是多用暴力,当攻灭魏国时,还是采用了引河水灌大梁的办法,经三个月而迫使魏王投降的。所以司马迁还是说:"秦取天下多暴。"

秦始皇消灭嫪毐和吕不韦两大势力 公元前二四一年(秦始皇六年)吕不韦把《吕氏春秋》公布在秦国首都咸阳的市门上,悬赏说"能增损一字者予千金"(《史记·吕不韦列传》)①。很明显,吕不韦不先不后地把这部书公布出来,是想在秦始皇亲理政务前,使自己的学说定于一尊,使秦始皇成为他的学说的实践者,从而维持其原有的

――――――――――

① 《吕氏春秋·序意篇》说:"维秦八年岁在涒滩,秋甲子朔,朔之日,良人请问《十二纪》。"高注:"八年,秦始皇即位八年也。"查秦始皇八年不是"岁在涒滩"。秦始皇六年是庚申,"申"即"涒滩"。因此清代学者姚文田、孙星衍等,都认为这个"维秦八年",是从秦庄襄王灭周起算的,到秦始皇六年,正是八年。"维秦八年"是秦自以为代周而有天下的第八年。

地位和权势。就在这时，秦国朝廷中掀起了激烈的政治斗争。当时秦国除拥有宾客三千人、家僮万人的相国吕不韦外，为太后宠幸的宦官嫪毐，也有宾客一千多人，家僮几千人。公元前二三九年，太后把嫪毐封为长信侯，把山阳（太行山东南地区）和河西、太原两郡作为嫪毐封地，"事无大小，皆决于毐"（《史记·秦始皇本纪》）。很明显，这是想在秦始皇亲理政务前，先占据好地盘，以便维持并扩张其权势。

当时吕不韦和嫪毐勾心斗角，争夺权势，很是激烈，以致秦国境内从执法的大官一直到驾驶车马的小吏都在说："与嫪氏乎？与吕氏乎？"（《战国策·魏策四》）这两大势力已经发展到了分裂整个秦国的地步。

按照秦的礼制规定，秦王必须二十二岁举行成年的冠礼之后，才能亲自执政。公元前二三八年（秦始皇九年），秦始皇年二十二岁。为了举行冠礼，他从咸阳跑到了旧都雍（因为冠礼要在宗庙里举行）。嫪毐就在雍发动武装叛乱，被秦始皇调动军队平定。太后因此被迁到雍。次年秦始皇免除了吕不韦的职位，命他出居食邑河南。因为六国的使者和宾客暗中仍与吕不韦来往，秦始皇又命令他迁居到蜀郡去。吕不韦就畏罪自杀了。

秦始皇采用法家主张兼采阴阳家、儒家学说 战国时代有些有为的国君和大臣，常常兼采几派学说来适应他们的政治需要。例如魏文侯任用法家李悝为相国主持变法，又尊儒家卜子夏为"师"；赵烈侯在军事和财政上实行法家主张，又尊敬讲究"仁义"、"王道"的儒家牛畜为"师"。这时吕不韦主编《吕氏春秋》，综合采用儒家、法家、兵家和阴阳家的政治学说，准备用作完成统一的指导思想。而秦始皇则以卫鞅、韩非的法家学说为主，而兼采阴阳家和儒家学说来为他的统一事业服务。

　　秦始皇把阴阳家和法家结合了起来。他采用邹衍的五德始终说，自以为秦代属于水德，必然要取代属于火德的周代；还按阴阳家的规定，以十月为一年的第一个月；用黑色为正色；事物都用"六"来记数；把黄河改称为"德水"；而且认为按照水德，"事统上法"（《史记·封禅书》）。这是由于秦始皇既要采用"法治"，又要采用阴阳五行说把他的威权神化，于是把它们结合起来，认定水德是"上法"了。正因为秦始皇采用阴阳家的学说，秦王朝的博士官中就有不少方士。例如所谓"占梦博士"和做《仙真人诗》的博士，必是方士之类。秦始皇为了求"太平"、求神仙和求奇药，召来很多方士，"候星气者至三百人"。

　　本来齐、鲁两国的儒生有一套"封禅"学说。他们把泰山看作最高的山，认为历来帝王都应到泰山顶上去祭祀上帝，叫做"封"；在泰山下小山祭祀，叫做"禅"，合起来叫做"封禅"。公元前二一九年秦始皇第二次出巡，到了泰山，就从齐鲁召来儒生和博士七十多人，"议封禅望祭山川之事"（《史记·秦始皇本纪》）。只是因为儒生所拟议的祭礼"乖异"，难以施用，秦始皇改用了祭祀上帝的仪式（《史记·封禅书》）。秦始皇虽然没有采用儒生所拟议的祭礼，毕竟还是举行了封禅礼。儒家的封禅学说如同阴阳家的五德始终说一样，是迎合帝王的政治需要而制定出来的。秦始皇为了表示自己出于"天命"，就成为儒家封禅学说的第一个实践者，如同他是阴阳家五德始终说的第一个实践者一样。正因为这样，秦的博士官中就有不少是从齐鲁召来的儒生。后来主张分封子弟为王的博士淳于越就是齐人。

　　秦始皇主要是个法家学说的实践者。他读了韩非的著作，感慨地说："寡人得见此人，与之游，死不恨矣。"（《史记·韩非列传》）他一开始亲理政务，就重用法家人物。有个大梁人叫缭的，是偏重于"为

商君学"(《汉书·艺文志》杂家类颜注引刘向《别录》)的杂家。他入
秦游说,很受秦始皇赏识,秦始皇甚至"衣服饮食与缭同"(《史记·秦
始皇本纪》)。于是就任用缭为国尉。所谓国尉,就是后来秦的太尉,
是一国的军事长官。秦始皇所以要起用缭为"国尉",显然是要缭来
策划和指挥兼并六国的军事行动。

尉缭使用间谍兼并六国的策略　尉缭认为"以秦之强,诸侯譬如
郡县之君,臣但恐诸侯合纵,翕而出不意",因此主张派遣大批间谍前
往六国活动,用金钱来收买六国腐化堕落的"豪臣",来扰乱六国原定
的计谋策略,这样"不过亡三十万金,则诸侯可尽"(《史记·秦始皇本
纪》)。这个计划得到秦始皇的采纳,它的具体执行者是李斯,所以
《史记·秦始皇本纪》说:秦始皇用缭"以为秦国尉,卒用其计策,而李
斯用事"。李斯按照尉缭的计划,派遣了许多所谓谋士去贿赂六国官
吏,"不肯者利剑刺之",等到"离其君臣之计"成功,"秦王乃使良将随
其后"(《史记·李斯列传》)。当时,由于六国官吏的腐化堕落,李斯
这项工作是有成效的。赵国的名将李牧,就是由于秦国"多与赵王宠
臣郭开等金,使为反间",被陷害死的(《战国策·赵策四》、《史记·赵
世家》)。齐国的灭亡,一部分的原因就是由于齐王建的相国后胜"多
受秦间金玉"(《战国策·齐策六》、《史记·田世家》)。

李斯原来是荀况的学生,做过吕不韦的"舍人",到这时也就成为
秦始皇坚决推行法家政策的有力辅助者和具体执行者了。李斯从此
由长史升为客卿。等到秦兼并六国而完成统一,他就升为廷尉(朝廷
的司法官),不久又升为丞相。

《战国策·秦策四》又记载这时秦王召见顿弱,顿弱指责秦王的
威势不能加于东方诸侯,却加于自己母亲(指"迁太后于雍"),认为天

下事"非纵即横","横成则秦帝,纵成即楚王",给他万金东游,便可破坏合纵,连横成功,使秦成帝业。秦王因此"资万金,使东游韩、魏,入其将相;北游于燕、赵,而杀李牧。齐王入朝,四国必(毕)从,顿子之说也"。沈钦韩认为"顿弱与尉缭谋同,顿弱与尉缭乃一人,记异耳"(《汉书疏证》),这个见解是正确的。尉缭主张用间谍来破坏"诸侯合纵"的计谋,配合军事行动来各个击破,从而兼并六国。当时军事家和纵横家都是主张用间谍来配合军事来取胜的。《孙子兵法》有《用间篇》,苏秦就是纵横家而兼做间谍成功的。顿弱不但计谋和尉缭相同,而且结果也相同,既使韩魏"入其将相",又杀赵将李牧,更使"齐王入朝",当是一事的两传。《秦始皇本纪》所载当是实录,《秦策四》所载只是后来的传说。

当公元前二三三年韩非被秦杀害以前,赵、魏、燕、楚四国曾有合纵攻秦的计划,秦王召群臣问询,姚贾自请"出使四国,必绝其谋而安(案)其兵"。姚贾带着车百乘,金千斤,到四国活动交际,结果成功,姚贾因而封千户,官至上卿。韩非曾因此批评姚贾,后来韩非被李斯和姚贾陷害而死于狱中(《秦策五》第八章)。姚贾当是和李斯同时推行尉缭使用间谍兼并六国策略的官员。

秦始皇推行的法家政策　秦始皇所推行的法家政策,是卫鞅、韩非一派的法家政策的发展。主要内容如下:

(一)确立土地私有制,推行强本弱末政策。卫鞅在秦国变法,废除井田制,采用二百四十步为亩的大亩制,实行按户授田制度,并确认田地的私有权。秦始皇于公元前二一六年"使黔首自实田"(《史记·秦始皇本纪·集解》引徐广说),命令全国有田的人自报占有田地的实际数额,以便征收赋税,同时也就在全国范围内从法律上肯定了土地私有制。公元前二一五年秦始皇在《碣石门刻石》中说："惠被诸产，久并来田，莫不安所。""来田"即"莱田"，指轮流休耕的田地，这是说，恩惠遍及许多产业，轮流休耕的田地可以永久占有，人民都可以安居乐业。这就是对"使黔首自实田"这项措施的歌颂。这样确认土地私有制，具有奖励自耕小农努力生产的作用。强本弱末原是卫鞅所推行的政策，卫鞅曾教秦孝公"困末作而利本事"（《韩非子·奸劫弑臣篇》）。秦始皇在《琅邪台刻石》中也说："皇帝之功，勤劳本事。上农除末，黔首是富。"秦始皇对于"上农除末"即强本弱末政策，曾经大力加以贯彻，目的在于保护和发展作为立国基础的小农经济。秦始皇在统一全中国后，不断把农民迁到农业劳动力不足的地方去，用定期"复"（免除徭役）的办法来加以奖励①。同时把各地有财有势的大商人迁出去，曾"徙不轨之徒于南阳"（《汉书·地理志》），把魏国冶铁的大商人孔氏迁到了南阳，又把赵国"用铁冶富"的卓氏迁到了蜀地临邛（《史记·货殖列传》）。还曾把"贾人"随同"治狱吏不直者"、"诸尝逋亡人"、"赘婿"等谪发出去从事远征和防守（《史记·秦始皇本纪》），后来甚至谪发到"尝有市籍者"、"大父母、父母尝有市籍者"（《汉书·晁错列传》载晁错语），这样就严重阻碍了各个地区物产的交流和商品经济的发展。同时，秦始皇还曾"徙天下豪富于咸阳十二万户"（《史记·秦始皇本纪》二十六年），成为西汉时代七代皇帝把六

---

①　秦始皇在公元前二一九年（秦始皇二十八年）把三万户农民迁到了沿海的琅邪台，"复十二岁"，即免除他们徭役十二年。在公元前二一二年又曾把三万家农民迁到了骊邑（今陕西临潼东），五万家农民迁到了云阳（今陕西淳化西北），"皆复不事十岁"，即一律免除他们徭役十年。在公元前二一一年又把三万家农民迁到了榆林（今内蒙古自治区鄂尔多斯黄河以北地），都拜爵一级（《史记·秦始皇本纪》）。这些都是秦始皇"上农"政策的具体措施。

国贵族及豪富迁到关中、建设陵邑的开端。

（二）推行二十等爵制，普遍推行郡县制。卫鞅在秦国制定二十等爵制，奖励军功，第二十等爵列侯就是封君；还规定没有军功的宗室贵族不能得到贵族待遇。同时卫鞅推行县制，以加强中央集权。秦始皇在完成统一的过程中，继续推行卫鞅制定的法制，每兼并得大块地区就设置为郡；并推行二十等爵制，包括分封列侯。丞相王绾和博士淳于越先后建议分封诸子为王，秦始皇听从李斯的主张，坚持维护卫鞅的法制，拒绝了王绾和淳于越的建议。淳于越把殷周分封制作为学习榜样，认为"殷周之王千余岁"，是由于"封子弟功臣自为枝辅"；当今"子弟为匹夫"，统治就不能长久。李斯则反驳说："三代之事，何足法也？"从表面上看，好像这场"学古"和"师今"的争辩，是一场恢复还是废除分封制的政治斗争。而实质上，当时王绾和淳于越等人主张分封诸子为王，只不过要扩大分封制，在分封"列侯"之上增加分封"诸侯王"一等，因而举出殷周的分封制作为榜样。李斯反对分封诸子为王，为的是"使后无战攻之患"（《史记·李斯列传》），就是要避免回复到战国时代诸侯割据混乱的局面。秦始皇以"天下共苦战斗不休，以有侯王"为理由，拒绝分封诸子为王，同样是这个意思。

（三）统一法律，统一度量衡制，统一货币，统一车轨，统一文字和统一历法。秦始皇用来统一全中国的法律，就是过去卫鞅变法以后秦国陆续颁布的法律，包括连坐法在内。秦始皇用来统一全中国的度量衡制，就是过去卫鞅用来统一秦国的度量衡制。至于秦始皇的统一货币、统一车轨和统一历法等政策，基本上也是用秦的制度作为统一标准，统一文字采用小篆和民间流行的隶书为标准，这些都有利于经济文化的发展。

（四）拆除内地长城和阻碍交通的关塞。秦始皇在统一全中国后，曾经"堕坏城郭，决通川防，夷去险阻"（《碣石门刻石》）。这里所谓"决通川防"，并不是把所有河流的堤防都掘掉，"川防"就是指战国时代各国在内地利用大河堤防扩建而成的长城。秦始皇命令全国各地拆除战国时代各大国在险要地区所修建的关塞、堡垒和内地长城，目的在于防止人民反抗和地方割据，客观上却有利于加强全国的经济联系和文化交流。

（五）收集天下兵器集中咸阳销铸，用以铸造十二座"钟虡（一作"镶"）金人"。所谓"钟虡金人"，就是用作悬挂铜钟架子的铜人，放在朝宫和宗庙的宫门前，悬挂着编钟，以便鸣钟而作为举行上朝礼仪的信号的。这十二座钟虡金人所悬挂的编钟，共有大小不同的十二枚，因此这十二座铜人的大小轻重也不相同，大的重二千石（即二十四万斤），小的重一千石（即十二万斤）。这十二座铜人都铸成"狄人"形象，穿着狄服，用以表示天下一统、四方夷狄都已服属。《汉书·五行志》等书所说当时有长五丈的狄人见于临洮，以为善祥，因而铸十二金人，这是后人附会的神话传说。这样收集天下兵器集中咸阳销铸，无非表示从此天下太平而不许再有战争，就是《太史公自序》所说："始皇既立，并兼六国，销锋铸镶，维偃干革，尊号为帝。"①

---

① 《秦始皇本纪》载："收天下兵聚之咸阳，销以为钟镶金人十二，重各千石，置廷宫中。"《索隐》据《汉书·五行志》等，以为长狄见于临洮，"故销兵器铸而象之"，因此前人多误以"铸镶"与"金人"是两种东西。中华书局《史记》标点本和《资治通鉴》标点本都误以"销以为钟镶"为句，又以"金人十二"为句。《正义》引《三辅旧事》谓铜人"各重二十四万斤"，梁玉绳据此以为钟镶重千石，铜人重二十四万斤（即二千石）。其实钟镶金人是指用作钟镶的金人，并非两种东西，原来钟镶大小轻重不同。《太史公自序》所说"销锋铸镶"，即指收集天下兵器销铸以为钟镶金人。

（六）焚书坑儒，加强专制统治和思想统制。当时有些知识分子通过"私学"，评论和反对政府的法令。李斯曾经指出："私学而相与非法教，人闻令下，则各以其学议之，入则心非，出则巷议，夸主以为名，异取以为高，率群下以造谤。"（《史记·秦始皇本纪》）公元前二一三年博士淳于越提出分封诸子的建议，秦始皇让大臣讨论，李斯认为这是搞"私学"的人"不师今而学古"，"道古以害今"，如不禁止，势必"主势降乎上，党与成乎下"，因而建议焚烧私人所藏《诗》、《书》、百家语和《秦记》以外的各国历史记载，"有敢偶语《诗》、《书》者"要"弃市"，"以古非今者"要灭族。其目的在于禁绝"私学"，强制人们"学法令，以吏为师"，使国家法令"定一尊"。这就是卫鞅"燔《诗》《书》而明法令"政策的扩大化。其打击矛头不单是儒家，包括讲"私学"的"百家"。下一年，一些文学方术之士私下指责秦始皇"专任狱吏"，而"博士虽七十人，特备员弗用"；"乐以刑杀为威"，"贪于权势至如此"。秦始皇下令追查，共坑杀"犯禁者"四百六十多人（《史记·秦始皇本纪》）。韩非曾经主张对"诽谤法令"、"乱上反世"的"二心私学"，"禁其行"，"破其群"，"散其党"（《韩非子·诡使篇》）。秦始皇的坑杀"犯禁者"，又是韩非打击"二心私学"主张的具体实施。秦始皇采取焚书坑儒的措施，打击"百家"的"私学"，只准"以吏为师"，显然是为了统制思想舆论，加强专制统治，这对战国时代百家争鸣的思潮是致命的打击，对学术文化的发展起了严重破坏的作用，造成中国文化史上的一场浩劫。

（七）讲究女子贞操，对女子严加压迫。秦始皇在《琅邪台刻石》上说要"匡饬异俗"，在《泰山刻石》上说要"男女礼顺"，"昭隔内外"。在《会稽刻石》上更详细说："饰省宣义，有子而嫁，倍（背）死不贞。防隔内外，禁止淫佚，男女絜诚。夫为寄豭，杀之无罪，男秉义程。妻为逃嫁，子不得母，咸化廉清。"在这里，秦始皇主张严防男女之间发生淫乱的事，反对已生有儿子的妇女再嫁，对于那些因通奸而寄居在女子家中的所谓"寄豭"，竟宣告"杀之无罪"。对于改嫁的妇女，竟规定儿子不能承认她是母亲。这样地讲究女子贞操，用法令来对女子作严厉的压迫，是前此所未有的。原来李悝的《法经》，在《杂律》中已有"淫禁"的条文，卫鞅也曾禁止"民父子兄弟同室内息"，这时随着专制主义和中央集权的加强，对于女子的迫害也更厉害了。

（八）采用严酷的刑罚来加强专制统治。秦始皇不但"事统上法"（《史记·封禅书》），而且"专任刑罚"（《汉书·刑法志》），主张"刻削，毋仁恩和义"（《史记·秦始皇本纪》二十六年）。秦朝刑法繁苛，单是死刑，就有弃市、腰斩、车裂、枭首、具五刑等十多种，被罚作刑徒的极其众多。秦始皇非常专断，要亲自处理各种案件，每天所批阅的公文要以一石（一百二十斤）为标准，达不到这标准就不停止办公（《汉书·刑法志》）。这些公文是竹木简写的，比较重，但是一百二十斤（约合今五十多斤）毕竟不是个小数。他在统一全中国后，十年之间，曾五次出巡，除了西南数郡外，各处都巡视遍了，目的也在于加强专制统治。

从上面八点看来，秦始皇在具体实践中，进一步猛烈地发展了法家政策，并且是坚决地加以贯彻执行的，从而加强了残暴的专制统治。

秦始皇的评价问题　从来对秦始皇在历史上所起作用的评价，是很有争论的。多数人认为他是个残酷的暴君，是"焚书坑儒"的魔王。但也有人特别称赞他的作为，如李贽颂扬他是"千古一帝"（李贽

《藏书》卷二），章炳麟说："虽四三皇、六五帝，曾不足比隆也。"(《秦政记》)当秦王政成年开始亲政时，秦完成统一的形势早已水到渠成，秦相吕不韦早已在策划兼并天下了，完成统一的结果必然将来到，完成统一时间的早晚主要在于政策和手段的使用。

由于秦始皇进一步推行法家政策，加强完成统一的措施，使得这个提到议事日程上的完成统一的任务，得以加速完成，从此在中国历史上创建了统一的多民族的国家，而且此后长期以统一为常规，以分裂为变态。这样早在公元前两个世纪创立统一的大帝国，长期保持着经济、政治和文化上的统一，这是世界历史上独一无二的现象。秦始皇顺着历史发展的趋势所创建的经济、政治和文化上统一的制度，两千多年来持续不断地得到发扬光大，成为中华民族长期团结、保持统一的重要因素，这是事实而不能否定的。

秦始皇在中国历史上第一次建立了统一的多民族国家，使整个中国从战国时代诸侯割据和混战的局面下摆脱出来，这是具有重大的进步意义的，也是符合人民群众的共同愿望的。所谓"元元黎民得免于战国，逢明天子，人人自以为更生"(《史记·平津侯主父列传》)。秦始皇不仅兼并了六国，完成了中原地区的统一，还进一步在秦、楚两国经营西南少数部族地区的基础上，完成了西南地区的统一，在那里设官治理；还统一了今浙江南部和福建一带东南沿海瓯越和闽越地区，设置了闽中郡；统一了今两广一带的南越地区，设置了南海、桂林、象郡；又击退了匈奴贵族对中原地区的扰乱，建置了九原郡，在我国历史上第一次建立了幅员辽阔的统一的多民族国家，这是符合历史发展的要求的，也是符合各族人民的共同愿望的。

秦始皇在建立这个统一的多民族国家的过程中，是努力经营的。

在击退匈奴之后,曾把秦、赵、燕原来北边的长城加以联贯和扩建,这便于防止游牧部族对农业地区的骚扰,是有积极意义的。同时为了加强对全国的统治,他又建筑了许多驰道,"东穷燕、齐,南极吴、楚"(《汉书·贾山传》),北面"自九原抵甘泉堑山堙谷,千八百里"(《史记·蒙恬列传》)。这些驰道建筑得很有规模:"道广五十步,三丈而树,厚筑其外,隐(凭)以金椎,树以青松。"(《汉书·贾山传》)这些驰道的建筑,对于加强全国经济和文化的联系,是起着一定的作用的。此外,秦在统一西南地区后,曾派常頞修筑"五尺道"(五尺宽的栈道),发展中原和西南地区的交通;秦始皇在进军南越时,还曾派监(监御史)禄在今广西兴安附近开凿了一条灵渠,这是沟通湘江和桂江支流漓江间的一条运河。这条运河的开凿,沟通了长江水系和珠江水系,使水上交通有了巨大的发展。

秦始皇虽然在创建统一的王朝的过程中,有着一定的作用,但是他确是一个极其残酷的暴君,不仅由于他偏激地扩展了法家政策,加强了专制和残暴的政治措施,而且由于他本性的卑劣残忍,使天下臣民都受到他的蹂躏。当时尉缭就说:"秦王为人,蜂准(高鼻)长目,挚鸟膺(胸像鸷鸟那样挺突),豺声,少恩而虎狼心,居约易出人下(困难时能自居下人),得志亦轻食人,……诚使秦王得志于天下,天下皆为虏矣。"

首先,秦始皇无限制地使用民力和物力,超过了当时人民所能忍受的限度。秦时全国人口约二千万左右,被征发建造宫殿和陵墓的共一百五十万人,戍守五岭的五十万人,防御匈奴和修筑长城又使用几十万人,超过总人口十分之一的人成年累月地从事无偿的徭役。当时人民还要负担苦重的租赋。不仅地主、贵族和皇室依靠剥削农民的地租过活,众多的官吏和庞大的军队,都要劳动人民用血汗来供养。加上秦始皇在生活享受上穷奢极欲,修建了许多劳民伤财的土木工程。就在攻灭六国过程中,令人把各国宫殿的图样摹绘下来,在国都咸阳以北二百里地内,仿造了二百七十座宫殿。到临死前两年,秦始皇还在渭水南岸的上林苑中,兴建规模极为宏大的朝宫,光是它的"前殿阿房,东西五百步,南北五十丈,上可以坐万人,下可以建五丈旗"。他即位后就动工的位于骊山北麓的陵墓,也是穷极奢丽豪华。墓高五十余丈,周围五里余。墓内照样有宫殿及百官位次,陈列各色"奇器珍异";并"以水银为百川江河大海,机相灌溉,上具天文,下具地理。以人鱼膏(鲸鱼的油脂)为烛"(《史记·秦始皇本纪》)。

秦始皇陵园是按照都城咸阳布局设计的。西部有长方形的小城,城有内外两层,作长方形的"回"字形,相当于咸阳的宫城(即内城)。陵墓在小城南半部的中心,小城北半部有寝殿及其附属建筑。在长方形小城的东侧大郭(即外城),相当于咸阳宫城东面的大郭。在大郭东门大道的北侧发现三座兵马俑坑,象征着咸阳守卫东郭门一带的屯卫军。一号兵马俑坑有兵马俑六千人左右,面向东方。兵马俑有弓弩手、步兵、车兵、骑兵等,身高都在一米八左右。三座兵马俑坑,共有俑七千余件,马五百多匹,木战车一百三十多辆,组成了一个庞大的地下军阵。陵园东侧发现有马厩坑近百座。陵墓封土西侧发现了铜车马坑,出土了两乘精美的大型彩绘铜车马,这当是秦王出巡所乘的坐车。内外城西垣之间的西门大道南侧,发现了珍禽异兽坑三十多座。陵园东门大道的南侧,发现了十七座陪葬墓,都是东西向的。根据发掘其中八座墓的情况,墓主身分可能是被处死的秦公子、公主和大臣,随葬品都很丰富,尸骨有分离和错位的现象。

其次,秦始皇迷信法家轻罪重罚的理论,"乐以刑杀为威"(《史记·秦始皇本纪》),企图借以强化专制统治,永远保持其家天下的局面,因而滥用刑罚。特别是在秦始皇末年,被迫害的罪犯数量多得惊人,建筑阿房宫和骊山陵墓,就用了七十万刑徒和"奴产子"(奴隶的儿子)。在他的严酷统治下,不少官吏是穷凶极恶的刽子手,如范阳令"杀人之父,孤人之子,断人之足,黥人之首,不可胜数"(《史记·张耳陈余列传》),人民的痛苦可想而知。

秦在兼并六国以后,赋役繁重,刑法苛暴,民不堪命,以致在秦始皇去世后不到一年,由于秦二世"发闾左"(征发乡里中一切身分卑贱者),大规模的农民起义就爆发了,秦王朝也就土崩瓦解了①。司马迁说:"秦取天下多暴,然世异变,成功大。"(《史记·六国年表序》)。秦始皇确是个残酷的暴君,但是他所推行的统一政策,是符合"世异变"的历史发展进程的,因而是"成功大"的。

---

　① 《史记·陈涉世家》:"二世元年七月发闾左。"前人把"闾左"解释为居住闾里左边的贫弱者,"发闾左"是因"富者役尽,兼取贫弱"。这个解释不可信。晁错说:秦时谪发,"先发吏有適(谪)及赘婿、贾人,后以尝有市籍者,又后以大父母、父母尝有市籍者,复入闾取其左"(《汉书·晁错传》)。可知秦时谪发,和汉初"七科谪"相同,并非因"富者役尽,兼取贫弱"。汉初的"七科谪"是:"吏有罪一,亡命二,赘婿三,贾人四,故有市籍五,父母有市籍六,大父母有市籍七"(《汉书·武帝纪》注引张晏说)。有人把晁错之说和汉初"七科谪"对比,认为"闾左"即是"亡命"。这个解释也有问题。秦始皇三十年"发诸尝逋亡人、赘婿、贾人,略取陆梁地,为桂林、象郡、南海,以適(谪)遣戍"(《史记·秦始皇本纪》)。"尝逋亡人"即是"亡命"。可知秦把"亡命"和赘婿、贾人同时谪发,与最后被谪发的"闾左"不同。古时重右而轻左,右示尊贵,左示卑贱,豪富之家称为"豪右"。"闾左"之当与"豪右"之右相对待,当指乡里中身分卑贱者。"发闾左"当是在吏有罪者、亡命、赘婿、贾人都谪发之后,进一步把乡里中一切身分卑贱者一概加以谪发。

第十章　战国时代的"百家争鸣"

一　士的活跃和"百家争鸣"

士的变化及聚徒讲学和著书立说之风　"士"原是贵族的最低阶层,有一定数量的"食田",受过"六艺"的教育,能文能武,战时可充当下级军官,平时可做卿大夫的家臣。到春秋后期,上层贵族已腐朽无能,只有士还能保持有传统的六艺知识。到春秋、战国之际,由于经济和政治的变革,文化学术相应地发生变革,得到进一步的发展,士就大为活跃起来。同时各国政府纷纷谋求改革,推行官僚制度,士的需要急增,于是平民中涌现出一批新的"士","士"逐渐成为知识分子的通称。

原来,只有贵族才有受教育的权利。学校教育的主要内容是六艺:礼、乐、射、御、书、数。礼、乐、书、数是用来统治的工具,射、御则带有军事训练的性质。随着经济和政治的变革,对士的需要增加,教育也发生变化,民间聚徒讲学的风气开始兴起。

孔子是春秋末年第一个聚徒讲学而有显著成就的大教育家和大

思想家,他将《诗》、《书》、《礼》、《乐》、《易》、《春秋》传授子弟,并有所阐释。《诗》、《书》、《礼》、《乐》原是贵族讲究的学问,《春秋》原是贵族子弟学习而从中吸取历史经验教训的,《周易》原是卜筮之书,孔子在传授中都有所阐释。孔子以"有教无类"为宗旨,弟子多到号称三千人,其中"身通六艺者七十有二人"(《史记·孔子世家》)。原来对"相礼"和讲礼的知识分子有"儒"的名称,孔子当时也教导弟子为"儒",如教导子夏"女(汝)为君子儒,无为小人儒"(《论语·雍也篇》),因而孔子成为"儒家"学派的创始人。

到春秋、战国之际,墨翟又起来聚徒讲学,发展成为一个有组织的集团,当时称为墨者,后人称为墨家。墨家和儒家,曾经都成为"显学"。到战国时代,聚徒讲学成为一时风尚,著名的学者几乎没有不聚徒讲学的,而多数知识分子也把从师作为进入仕途的重要门径。

《论语》是孔子弟子及其再传弟子关于孔子言行的记录,并兼记相关的弟子的言行。《墨子》是墨家的著作汇编,既有《耕柱》以下到《公输》等篇记述墨子及其重要弟子的言行,又有《兼爱》、《非攻》等篇阐述墨子学说的论文,更有《经》、《经说》、《大取》、《小取》等篇记述墨家学术的著作,还有《备城门》以下各篇叙述后期墨家防守战术的记载。从此著书立说,成为诸子争鸣的主要手段。

这时由于学习上需要,传写的各种古书比以前增多。又由于丝织业的发展,绢帛生产的增多,当时的书不仅写在竹简上,已开始写到绢帛上。绢帛便于抄写,也便于保存和携带。《墨子·明鬼下篇》说:"又恐后世子孙不能知也,故书之竹帛。"又说:"先王之书,圣人一尺之帛,一篇之书。"《墨子》所说竹帛之书,主要是指周、燕、宋、齐等国的《春秋》。这时许多大学者都有较多的藏书,例如墨子"南游使卫,关中(即扃中)载书甚多"(《墨子·贵义篇》);"惠施多方,其书五车"(《庄子·天下篇》)。书籍收藏和流传的增多,有助于当时学者们聚徒讲学,开展学术讨论,著书立说。

布衣卿相之局和"礼贤下士"之风 当时各国政府着手进行政治改革,就迫切需要从各方面选拔人才,来进行改革工作。选拔的对象主要就是士。有作为的国君招徕并敬重所谓贤士,使为自己效劳;一些大臣也常常向国君推荐人才,以谋富国强兵,因而在战国初期,就出现了布衣卿相之局和"礼贤下士"之风。当魏文侯进行政治改革时,翟璜先后推荐了乐羊、吴起、李克、西门豹、翟角等五人,都得到重用;魏成子推荐卜子夏、田子方、段干木三人,魏文侯就"师卜子夏,友田子方,礼段干木"(《吕氏春秋·察贤篇》)。鲁缪公曾任用博士公仪休为相(《史记·循吏列传》),子柳、子思为臣(《孟子·告子下篇》),尊敬申详等人。赵烈侯曾起用番吾君推荐给相国公仲连的牛畜、荀欣、徐越等三人。周威公曾选拔中牟农民出身的宁越为"师"。燕昭王为振兴残破的国家,招揽人才,尊郭隗为"师"。齐国从田桓公时起,就在国都临淄的稷下设置学宫,"设大夫之号",招待学者(徐幹《中论·亡国篇》)。到齐威王齐宣王时,稷下人才济济,发展到一千多人,著名的有淳于髡、田骈、接子(一作捷子)、环渊、宋钘(一作宋轻)、慎到、邹奭等七十多人,称为"稷下先生","皆命曰列大夫,为开第康庄之衢,高门大屋以尊宠之"(《史记·孟子荀卿列传》)。后来荀况也曾到这里来游学。秦汉王朝设立博士官的制度,就是起源于此①。

---

① "稷下先生",在汉代著作中有称为"博士"的,如《说苑·尊贤篇》称"博士淳于髡"。汉代"博士",有称为"稷下生"的,如孔安国是西汉的博士,郑玄称他为"棘下生","棘下生"即是"稷下生"。汉初叔孙通任"博士"而"号稷嗣君",就寓有继承稷下学风的意思。齐国所设"稷下先生"有七十多人,秦博士也是七十多人,汉文帝时的博士也是七十多人。

《宋书·百官志》说:"六国时往往有博士。"《史记·循吏列传》说:"公仪休,鲁博士也。"可知鲁国在战国初期已设有博士官。《汉书·贾山传》说:"祖祛,故魏王时博士弟子也。"可知战国末年魏国所设的博士官,已和秦汉博士一样教授弟子了。

游说和养士之风 同时,文人学士游说的风气也渐渐盛起来。一个很平凡的士,通过游说,一经国君赏识,便可被提拔为执政的大臣。例如卫鞅本是魏相国公叔痤的家臣,入秦后说动了秦孝公,做到了秦的最高官职大良造;张仪本是魏人,入秦后也做到了秦惠王的相;甘茂本是上蔡监门官史举的家臣,入秦后也做了秦武王的左丞相;范雎、蔡泽也都因游说而做到秦昭王的相国。秦国的情况如此,其他国家也差不多。

战国时代,游说和从师确是士进入仕途的两个主要门径,因而游说和从师也就成为一时风尚。据说,孟子"后车数十乘,从者数百人,以传食于诸侯"(《孟子·滕文公下篇》)。田骈在齐,也是"赀养千钟,徒百人"(《战国策·齐策四》)。连许行这样一个"为神农之言者"(即研究农家学说的),到一个小国滕,也有"徒数十人"(《孟子·滕文公上篇》)。只要略为著名的士,差不多没有一个不是"率其群徒,辩其谈说"的(《荀子·儒效篇》)。

到战国中期以后,各国有权势的大臣每多养士为食客。齐的孟尝君田文、赵的平原君赵胜、魏的信陵君魏无忌、楚的春申君黄歇、秦的文信侯吕不韦所养的食客都达三千人。他们所养的食客中,有各种学派的士,只要有一技之长就被罗致,甚至能学鸡叫、扮作狗偷盗的,即所谓"鸡鸣狗盗"之徒也都在食客之列。这些食客,往往为主人出谋划策,或奔走游说,或经办某项事务,也有代替主人著书立说的,例如信陵君因此编成《魏公子兵法》，吕不韦因此编成《吕氏春秋》。食客也有因此被引荐进入仕途的。

战国时代的士，是当时社会上最活跃的一个阶层。

"子"和"夫子"开始作为学者和老师的尊称　在春秋以前，"子"原为天子所属的卿的尊称，如微子、箕子之类。春秋初期只有少数诸侯所属的卿连"谥"称"子"，如卫的宁庄子、石祁子之类；到春秋中期以后，诸侯的卿就普遍连"谥"称"子"；大夫虽然没有连"谥"称"子"，也已相称为"子"，如子服子、子家子之类。到春秋、战国之际，由于士的社会地位的提高，著书立说和聚徒讲学之风兴起，"子"便成为著名学者和老师的尊称，如孔子、子墨子之类。到战国时代，"子"便成为一般学者的尊称了。[1]

古代"夫子"原是对各级军官的称呼，例如周武王在牧野誓师，就称呼各级军官（包括千夫长、百夫长）为"夫子"。到春秋时代，卿大夫当面相称为"子"，背后谈论时，把"夫子"作为卿大夫的尊称。到春秋、战国之际，由于学者从师的学风兴起，"夫子"开始作为对老师的尊称。后来"夫子"的称呼就比"子"更尊重了。[2]

诸子百家和"百家争鸣"　在战国时代的社会大变革中，各个学派的代表人物，站在不同的立场上，为维护和发展当时小农经济，为巩固建立在小农经济基础上的君主政权，提出了不同的建国方略及其哲学理论，开创了"百家争鸣"的学术思潮，这对于当时的社会变革

---

[1]　参看顾炎武《日知录》卷四《大夫称子》条和崔述《丰镐考信别录》卷三《周制度杂考》。

[2]　参看汪中《述学别录·释夫子》条、黄以周《礼说》（收入《儆季杂著》）卷四《先生夫子》条和拙作《我国古代大学的特点及其起源》（收入《古史新探》，一九六五年中华书局版）。

及文化学术的发展,起了促进作用。

这时的各派各家之间,相互批判、辩论,而又相互影响;同一学派在发展过程中,也往往发生变化以至于分化。西汉初期的司马谈,曾把所谓"诸子百家"总括为阴阳、儒、墨、名、法、道德六家(《史记·太史公自序》);西汉末年的刘歆,又曾总括为十家,即儒、墨、道、名、法、阴阳、农、纵横、杂及小说家。十家中除了属于文学范围内的小说家以外,后人称为"九流"。在这九流中,除了讲合纵连横的纵横家、综合各家学说的杂家、讲"君民并耕"和农业技术的农家,在学术思想上重要的确实只有儒、墨、道、名、法、阴阳六家。

九流十家出于王官　《汉书·艺文志》认为九流十家出于不同的王官(王朝的官府),儒家出于司徒之官,墨家出于清庙之守,道家出于史官,法家出于理官,名家出于礼官,纵横家出于行人之官,农家出于农稷之官,阴阳家出于羲和之官,小说家出于稗官,杂家出于议官。这一溯源的主张,确是有一定的依据的。因为孔子以前,没有私家聚徒讲学的设施,各种传统的学术文化都由主管的有关官府所掌握。从春秋末年到战国时代,九流十家突然兴起,提出了各种不同的理想和改革规划,他们学术思想的渊源,必然来自不同的有关的王官。

例如《汉书·艺文志》说:"儒家者流,盖出于司徒之官,助人君顺阴阳而明教化者也。"这里所说的"司徒之官",是依据汉代经学家的说法,实际上就是指西周的太师、太保而言①,因而能够"助人君顺阴

---

① 据西周金文,西周执政大臣是卿事寮的太师、太保和太史寮的太史,都是公爵。西周确是以三公六卿为执政大臣。西汉经学家以为西周以太师、太保、太傅为三公,或以"三有司"司徒、司空、司马为三公,因而司徒相当于太师。参见杨宽《西周王朝公卿的官爵制度》,收入《西周史研究》(《人文杂志丛刊》第二辑)。

阳而明教化"。孔门儒家之学,教的是《诗》、《书》、《礼》、《乐》,讲究的是文、武、周公之道,就是太师周公、太保召公辅助君主"明教化"之道。儒家所编选的《尚书》,其中《周书》部分都是记述太师周公、太保召公辅助君主治理而"明教化"的。儒家之学既然渊源于师、保,因而所造成的杰出人才,常为君主的"师""傅"。《史记·儒林列传》云:"自孔子卒后,七十子之徒散游诸侯,大者为师傅卿相。"如子夏为魏文侯的"师",并在西河教授。赵烈侯的相国公仲连推荐牛畜于烈侯,"牛畜侍烈侯以仁义,约以王道",因而"官牛畜为师"(《史记·赵世家》)。这个讲"仁义"、"王道"的牛畜也该是儒者,被任为君主的"师"。

关于农家之学,本书第二章第五节"农业科学的兴起"已讲到。法家李悝、吴起、申不害、商鞅之学,第五章"战国前期各诸侯国的变法改革"中已都论及。兵家之学在第七章第五节"兵法的讲求和军事学的发展"中已有说明。纵横家之学在第八章"合纵连横和兼并战争的变化",已有较为详细的叙述。至于吕不韦招集宾客所著《吕氏春秋》,也已在第九章第三节"吕不韦和《吕氏春秋》"中有所阐释。因此本章着重阐明的,是墨家、道家、儒家、法家和方术之士的主要流派的理论和学说。道家中老子以外,分析了杨朱、列子、庄子、稷下道家、黄老学派以及鹖冠子的主张。儒家中孟子、荀子以外,分析了曾子一派学说和《易系辞传》的理论。法家中《商君书》和《韩非子》以外,着重分析了《管子》中齐法家的见解。至于名家和阴阳家,因为涉及科学技术方面的学说,将在第十一章讲科学思想时加以叙明。

二 墨子的天志、兼爱和尚贤学说

墨家渊源于巫祝 《汉书·艺文志》说:"墨家者流,盖出于清庙

之守。茅屋采椽,是以贵俭;养三老五更,是以兼爱;选士大射,是以
上贤;宗祀严父,是以右鬼;历四时而行,是以非命;以孝视天下,是以
尚同。"所说墨家出于清庙之守,虽然解释得不很切实,还是有道理
的。所说"清庙之守",实即巫祝之类的神职人员。墨家很重视巫祝,
如《墨子·迎敌祠篇》就讲到"灵巫""可知成败吉凶,举巫、医、卜有
所,长具药"。"祝史告于四望山川社稷"。墨子信奉鬼神,认为"鬼神
能赏贤而罚暴"(《墨子·明鬼下篇》)。墨子主张"天志"(顺从天意),
认为天意是"兼天下而爱之"的,是"赏贤而罚暴"的,天是"兼而明之"
和"兼而有之"的,因为天是"兼而食之"的,就是说天下人民普遍祭祀
上帝的(《天志》上、中、下三篇)。这原是巫祝的观点。

原始的科学技术是混杂在巫祝的"方术"中的。墨家看来是渊源
于注重"方术"的巫祝,因而墨子很重视科学技术,《墨经》中就有力学
和光学的理论探讨。

墨子认为百工从事必用规矩,治天下和治大国必须依照"法仪",
"法仪"是由天志(即天意)来制定的。也就是说"法仪"是天赋的。所
谓"法仪"就是指社会共同的公正法则,包括大国和小国之间、小家和
大家之间、强弱之间、众寡之间、贵贱之间的友好共处原则,墨子称之
为"兼",就是要"兼相爱而交相利"。墨子把这种友好相处原则,称之
为"天志",就是说出于天意,这是神圣而必须大家奉行的。

墨子和墨家　墨子名翟,宋国人,或说鲁国人,生当春秋、战国
间。据孙诒让考证,生卒约在公元前四六八年到公元前三七六年间。
他曾自称为"贱人"(《墨子·贵义篇》),足见他的出身是贫贱的。他
生活很俭朴,所谓"量腹而食,度身而衣"(《墨子·鲁问篇》),和孔子
"食不厌精,脍不厌细"(《论语·乡党篇》)的态度不同。他为了实行

他的主张,曾到处奔走。有一次,为了要止楚攻宋,他从齐国出发,步行了十日十夜赶到楚都,和儒士们戴着圜冠,穿着勾屦,坐着马车,冠冕堂皇地游历的情形完全不同。但是他已上升为"士",自称"上无君上之事,下无耕农之难"(《墨子·贵义篇》)。

墨子的学生,生活情况也和墨子本人差不多。他们吃的是藜藿之羹,穿的是短褐之衣(《墨子·鲁问篇》),脚上着的是麻或木做的鞋,即所谓"跂𫏋"(《庄子·天下篇》),生活和当时一般的手工业工人、农民差不多。

信奉墨子学说的人称为墨者,他们是一个有组织的集团,其最高领袖称为钜子。钜子的职位是由前任的钜子传给他所认可的贤者的。他们有严密的纪律,所有的墨者都得服从钜子的指挥。他们也有一定的法,"墨者之法,杀人者死,伤人者刑"(《吕氏春秋·去私篇》)。他们还善于防御战,当墨子止楚攻宋时,禽滑釐曾带了三百人,带了防御武器,守在宋国的城上。他们也非常勇敢,据说墨者都可使"赴火蹈刃,死不旋踵"(《淮南子·泰族篇》)。

要求解决"三患"、达到"三务" 墨子的政治主张,一方面企图解决人民的生活问题,另一方面又企图符合当时"王公大人"们的政治要求。墨子认为当时人民最大的问题是"饥者不得食"、"寒者不得衣"、"劳者不得息",他称之为人民的"三患"(《墨子·非乐上篇》)。他所说的"人民",主要就是指"小农"而言。他又认为当时"王公大人"的政治要求是"国家之富"、"人民之众"、"刑政之治"(《墨子·尚贤上篇》),他称之为"三务"(《墨子·节葬下篇》)。墨子一方面要想解决人民的"三患",一方面又想达到"王公大人"的"三务",想通过上说下教,在矛盾中找出一条途径,以解决当时社会上统治与被统治阶级间尖锐对立的矛盾。所有墨子的政治思想及其行动,都是为了这一点。

墨子认为要解决人民的"三患",首先大家要"兼相爱,交相利",有力的要用力助人,有财的要用财分人,有道的要用道教人,这样就可使"饥者得食,寒者得衣,劳者得息,乱者得治"。当然,仅仅靠财力多余的人来帮助人家是不够的,必须使整个社会财富充裕起来才能解决问题。因而墨子又提出了积极生产和限制消费的办法。他的办法有三个原则:一是"使各从事其所能",就是要求能够做到各尽所能。二是"凡足以奉给民用则止",就是主张所有生活资料只供给到够用为止。三是"诸加费不加利于民者弗为",就是要禁止浪费。所有一切活动,凡是对于人民物质生活没有好处的,一律反对。墨子基于这样的原则,提出了节用、节葬、非乐、非攻等主张。他根本反对人们在物质生活上有较好的享受,认为生活只要求其能吃饱穿暖。他反对礼仪,甚至反对精神生活中需要的一切艺术。认为唯有这样,才能解决人民的"三患",并从而求得"国家之富"。

尚贤、尚同和各尽所能的主张　墨子主张选拔贤人来管理政治,即所谓尚贤。墨子反对贵族的世袭特权,主张"不别贫富、贵贱、远迩、亲疏","虽在农与工肆之人,有能则举之",做到"官无常贵,而民无终贱"。主张选拔"贤士"包括"农与工肆之人"在内,这是和他的出身有关的。墨子更主张选举天下最贤的人立为天子,挨次选为三公、国君、卿、宰(将军、大夫)、乡长、里长等,所有的臣民都得绝对服从统治,从天子以下,一层层地有绝对的统治权。必须使人民的耳目帮助在上者视听,发现"贤人"、"暴人"就严加赏罚,使"天下之为寇乱盗贼者,周流天下无所重足",即所谓尚同。墨子所主张的"尚同",是为了统一奉行天赋的"法仪"。所说:"上之所是,必皆是之","是"的就是统一的"法仪"。因为在他看来,当时"为君者众而仁者寡,若法其君,此法不仁也"。因而天子、国君都必须"上同于天"。只有天子是选举出来的天下最贤的仁人,才能"同一天下之义"而把天下治理好。他所主张的"尚同",是以选举为前提的。他认为如果"上同于天子而不上同于天",就将有天灾。

尚贤和尚同的主张,一方面是从"使各从事其所能"的原则来规定的,一方面又是钜子制度的扩大。他认为只有这样,才能求得"刑政之治"。

墨子为了求得"人民之众",除了主张非攻、非久丧以外,还主张"节畜私"(限制养很多的宫女)、"尚早婚",主张男子二十岁娶妻,女子十五岁出嫁,也是为的"使各从事其所能"。

墨子重视劳动生产,认为人类和动物不同,人类必须从事耕织才能取得衣食之财,"赖其力者生,不赖其力者不生"(《墨子·非乐上篇》)。极力反对"不与其劳,获其实,已非其有而取之"(《墨子·天志下篇》)。墨子还肯定劳动生产创造财富,说农夫"强乎耕稼树艺,多聚菽粟",因为"彼以为强必富,不强必贫"(《墨子·非命下篇》)。但是,墨子所说的"力"和"劳",不仅指农夫农妇的耕织,还包括士君子的"内治官府,外收敛关市山林泽梁之利,以实仓廪府库",认为"此其分事也"(《墨子·非乐上篇》)。而且在这样的"分事"中,士君子的"听狱治政"远比农夫农妇的耕织重要。墨子认为农民一夫一妇的耕织不能使天下之饥者寒者饱暖,而他用"义"来上说下教,能够使得"国必治","行必修",因此"虽不耕织"而"功贤于耕织"(《墨子·鲁问篇》)。

非乐、非攻、非命和非儒 墨子的政治思想,一方面是企图解决人民的生活问题。他熟悉原来出身的阶级，所以很具体地反映了人民群众的要求，并对当时"王公大人"的奢侈荒唐行为进行了很尖锐的抨击，这是他进步的一面。但是他过分强调节约，忽视精神生活，不仅主张生活只要吃饱穿暖，而且对所有的艺术一律加以反对，主张"非乐"，这是不符合人民的愿望的。

　　墨子强烈反对贵族的杀人殉葬制度，反对"天子杀殉，众者数百，寡者数十；将军、大夫杀殉，众者数十，寡者数人"（《墨子·节葬下篇》）；还强烈反对通过战争掠夺人民为奴隶，指出当时大国攻伐"无罪之国"，在战场上杀人，并把俘虏作为"仆"、"圉"、"胥靡"、"舂"、"酋"（各种奴隶名称）是"不仁义"的（《墨子·天志下篇》）。他对于定期定额的地租是同意征收的，认为"以其常正（征），收其租税，则民费而不病"，而反对"厚作敛于百姓，暴夺民衣食之财"（《墨子·辞过篇》）。他主张选举贤人来建立统一的王朝，但这只是一种空想。

　　墨子认为攻战要杀害许多人民，损毁建筑和财物，破坏生产，特别是大国兼并小国，"天下之害厚矣"，因而主张"非攻"，很讲究守御之器与守城战术。墨子曾往见公输般与楚王，止楚攻宋，"公输般九设攻城之机变，墨子九距之"，墨子并且说："臣之弟子禽滑釐等三百人已持臣守圉之器在宋城上。"《墨子·备城门篇》以下讲守城战术诸篇，当即出于禽滑釐一派后学所作。

　　他这样的主张，是不可能为当时各国国君和卿大夫所采用的。但是墨家这个有组织的团体不免要被某些国君和卿大夫所利用，逐渐成为某些贵族所雇佣的武士集团。例如墨者钜子孟胜替楚的阳城君守卫封国，阳城君后因参加反对吴起变法的叛乱而出走，楚收回其封国，孟胜竟带了一百八十三个弟子为他殉身（《吕氏春秋·上德篇》）。

墨子的宗教思想有个特点,就是他一方面反对"天命",一方面又主张顺从"天志"。墨子继承了传统的宗教思想,把"天"看作有意志的,是宇宙的主宰。但是他所说的天的意志,是经过他的改造,来为他的学说服务的。墨子认为,天的意志是兼爱的,主张"有力相营,有道相教,有财相分"的,反对"强之暴寡,诈之谋愚,贵之傲贱"的(《墨子·天志中篇》),因此他所说的"天志",实质上是墨子所代表的那个学派的意志。他鼓吹:"顺天意者,兼相爱,交相利,必得赏;反天意者,别相恶,交相贼,必得罚。"(《墨子·天志上篇》)还说:"天子为善,天能赏之;天子为暴,天能罚之。"(《墨子·天志中篇》)他是想借助这种宗教思想,说服当时的统治者实行他的学说。

但是,墨子认为寿夭、贫富、安危、治乱不是天命决定的,而是由人力决定的。由于人的努力,可以达到"富"、"贵"、"安"、"治";如果相信命定,不去努力从事,就必然得到相反的结果。他的"非命"主张,是和他的政治学说分不开的,因为他是主张从政治上和经济上积极努力去达到"国家之富"和"刑政之治"的。

墨子由于主张"天志"、"明鬼"、"节葬"、"非乐"、"非命",因而反对儒家之学。他反对儒家的"四政",就是反对儒家"以天为不明,以鬼为不神","厚葬久丧","习为声乐","又以命为有,贫富寿夭、治乱安危有极"(《墨子·公孟篇》)。后期墨家又进一步著有《非儒篇》驳斥孔子"述而不作"等言论。

三 老子主张柔弱和无为的道家学说

道家渊源于史官 《汉书·艺文志》说:"道家者流,盖出于史官,历记成败、存亡、祸福、古今之道,然后知秉要执本,清虚以自守,卑弱以自持,此君人南面之术也。"道家之学的开创者老子原是"周守藏室之史"(《史记·老子列传》),可知"道家"所讲政治斗争的哲理,确是由于"历记成败、存亡、祸福、古今之道"的这个"道"。所谓"道",就是从历史上当政者的"成败、存亡、祸福"的变化中,总结出来的"古今"变化的自然规律。

早在春秋中期,已有人按照这个历史上变化的自然规律,提出了委曲求全的政治斗争策略。公元前五九五年楚围宋,次年宋向晋告急,晋景公要出兵救宋,大夫伯宗劝谏说:"天方授楚,未可与争,虽晋之强,能违天乎?谚曰:高下在心,川泽纳污,山薮藏疾,瑾瑜匿瑕,天之道也。君其待之。"(《左传》宣公十五年)这里认为当敌人强大时,必须采用暂时"含垢"(忍辱)的委曲策略来对付,这是符合"天之道"的。这个委曲策略后来为老子所继承而发挥,《老子》说:"是以圣人云:受国之垢,是谓社稷主。"(七十八章)既然称为"圣人云",分明是继承前人的见解。到春秋后期,这个"天之道"就为许多士大夫所认识。公元前四八四年,当吴王夫差不顾越是"心腹之疾"而北上伐齐时,伍子胥进谏,吴王不听,赐剑命他自杀,伍子胥临死时说:"吴其亡乎!三年,其始弱矣,盈必毁,天之道也。"(《左传》哀公十一年)这样把"盈必毁"看作"天之道",就是道家的所谓"道"。同时越王勾践的大臣范蠡也先后多次进谏,请越王按这个"天道"行事,如说:"上帝不考,时反是守,强索者不祥。得时不成,反受其殃"。"无过天极,究数而止","必顺天道,周旋无究"。越王最初不听,等到伐吴大败,于是听从范蠡的进谏,"入臣于吴"三年。公元前四七八年,范蠡认为按"天道",伐吴的时机已到,越王伐吴大胜。后四年越围吴,经三年,吴王遣使求和,范蠡劝越王不许,认为"圣人之功,时为之庸,得时不成,天有环形,天节不远,五年复反"。越终于灭吴(《国语·越语下》)。据此可知,道家所谓"道",确是当时有识之士总结历史经验教训的结果。

老子和老子书的年代　老子这个人的年代,司马迁写《史记》时已不清楚。他一会儿认为姓李名耳,就是孔子曾经向他问礼的老聃;一会儿又认为可能就是周烈王时见过秦献公的周太史儋;一会儿又说老子的儿子名宗,曾做魏将,封于段干。这个封于段干名宗的魏将,有人认为就是《战国策·魏策》中的段干崇,是战国晚年魏安釐王时人。《老子》一书是用韵文写成的哲理诗,是道家的主要著作。从其对战国中期黄老学派有重大影响来看,这书应该作于战国初期。《老子》又名《道德经》,分《道经》和《德经》上下两篇。根据长沙马王堆出土帛书以及《韩非子·解老篇》来看,《德经》应是上篇,《道经》应是下篇。

柔弱胜刚强的原则　老子把世界上事物发展变化的自然规律,称之为"天之道"或"道"。他认为事物之间普遍存在对立的矛盾,在五千言中,到处可以看到他列举的各式各样矛盾的对立面。同时他又认识到,各种事物在矛盾中经常向它的反面运动变化,这是变化的自然规律,所以他说:"反者道之动。"(四十章)正因为事物经常向它的反面转化,掌握和运用这个规律,可以制定防止失败、争取胜利的斗争策略。然而他对这个自然规律的认识,存在着严重缺点,他把事物的运动变化看作不是上升前进的,而是循环反复的过程,因而他制定的斗争策略,把柔弱的、卑下的一面看作根本的一面,只有站在这根本的一面才能保证立于不败之地。因为原来刚强的到了饱和点就会转向衰弱,归于失败;而原来柔弱的可以坚持斗争,逐渐增强,反而能够取得胜利。他说:"天下之至柔,驰骋乎天下之至坚。"(四十三章)又说:"强梁者不得其死。"(四十二章)还说:"兵强则不胜,木强则兢(僵死)。"(七十六章)更说:"弱之胜强,柔之胜刚,天下莫不知,莫能行。"(七十八章)

防止失败、争取胜利的策略 老子所讲的斗争策略,可贵的是,重视主观努力的作用,首先要防止产生转向失败和伤亡的条件。他说:"金玉满堂,莫之能守;富贵而骄,自遗其咎"(九章);"罪莫大于可欲,祸莫大于不知足,咎莫大于欲得"(四十六章)。骄和纵欲都是失败的主要因素,知足是成功的因素。他说:"胜人者有力,自胜者强,知足者富。"(三十三章)他又说:"不自伐(夸功)故有功,不自矜故长。"(二十二章)"功成而不居,夫唯不居,是以不去。"(二章)因为居功自夸将要失败,所以"功遂(成)身退,天之道也"(九章)。

老子把盛极必衰看作"天之道",因此十分重视防止由盛而衰的转化条件。他说:"得此道者,不欲盈"(十五章),因为充盈将招致衰亡。他又说:"是以圣人去甚、去泰、去奢"(三十九章),因为"甚"、"泰"、"奢"是由盛转衰的因素。他还说:"慈故能勇,俭故能广,不敢为天下先,故能成器长。"(六十七章)"慈"是指爱惜人力物力的美德,"俭"是指节约财物的美德,"不敢为天下先"是谦让的美德,都是成功的因素。他更说:"祸莫大于轻敌,轻敌几丧吾宝,故抗兵相若,哀者胜矣。"(六十九章)这是说轻敌会大败,兵力相当的两军对阵,受委屈而充满悲愤的一方会胜利,即所谓"哀兵必胜"。

老子所讲的斗争策略,不仅要自己防止失败和争取胜利,而且要促使敌人加速失败。他主张助长敌人的骄气,从而加速敌人由盛而衰的转化。他说:"将欲歙之,必固(姑)张之;将欲弱之,必固强之;将欲废之,必固兴之;将欲取之,必固与之,是谓微明。"(三十六章)这样把欲收姑放、欲弱姑强、欲废姑兴、欲取姑与的策略称为"微明"(微妙而明智),足见他十分推崇这种策略。这种策略不是老子首创的,是有所继承而加以发挥的。当春秋、战国之际,晋国知伯瑶向魏桓子强索土地时,任章劝魏桓子给土地,认为这样"知伯必骄,骄而轻敌,邻国必惧而相亲,以相亲之兵待轻敌之国,知氏之命不长矣"。并且引《周书》说:"将欲败之,必姑辅之;将欲取之,必姑与之。"魏桓子按此行事,后来知伯又向赵氏强索土地,向赵围攻,结果知伯被赵、魏、韩三家所灭亡(《战国策·魏策一》、《韩非子·说林上篇》)。据此可知,老子之前,《周书》上早已讲到这种策略了。所谓《周书》,当即指《汉书·艺文志》著录的道家《太公》一书。

老子主张讲究"不争之德",认为有了不争之德,就可以防止失败,立于不败之地,所以他说:"天之道,不争而善胜"(七十三章)。老子强调"不争之德",正是为了使得任何人不能与他相争,所以他又说:"夫唯不争,故天下莫能与之争。"(二十二章)

反对大国兼并取天下 老子反对当时大国兼并土地和征服小国的行动,认为"大者宜为下"(六十一章)。他以江海作比喻,说:"江海所以为百谷王,以其善下之。"(六十六章)大国以下流自居,可以成为小国归向的目标。他主张以"无事"的办法来"取天下"。他说:"取天下常以无事,及其有事,不足以取天下。"(四十八章)所谓"无事"就是"无为",他认为"无为"才能争取天下的归向,用"为之"、"执之"的办法是得不到天下的。他说:"将欲取天下而为之,吾见其不得已。天下,神器,不可为也;为者败之,执者失之。"(二十九章)他把"天下"看作"神器",是不可以用"有为"的办法来争取的,也是不可以用"执之"

办法来掌握的,用"有为"的办法去争取将要失败,用"执之"的办法去掌握将要丢失。

道是万物本体的学说　老子把他所认识的事物矛盾的发展法则,叫做"道",认为"道"是无为自然的,"道常无为而无不为","天法道,道法自然"。"道"是"生而不有,为而不恃,长而不宰"的,就是说,"道"生长万物而不据为己有,有所作为而不居功自恃,有所成长而无意做主宰。同时,他进一步认为"道"是天地万物的根源:"道生一,一生二,二生三,三生万物,万物负阴而抱阳,冲气以为和。""一"是指原始混沌之气,"二"是指"万物负阴而抱阳"的阴阳两气,"三"是指阴阳两气经过相互冲动而形成统一,即"冲气以为和","万物"就是由于这样"冲气以为和"而产生的。这种认识原来具有朴素的辩证法思想,但是他认为"道生一",把原始混沌未分之气看作是由"道"派生的,而"道"又是和"无"同一个范畴。"天下万物生于有,有生于无","无"就是天下万物所以会"有"的根本。这个"无",老子又称为"道","道"就是天下万物的本体。老子既认为天下万物的本体是"道","道"就是"无",因此他认为这个"道"是"先天地生"的,是没有意志、没有具体形状、无声无臭的,是无时无地不在的。从它的实际存在来说,可以称之为"大",但是这种"大"又不是我们感官所能认识的。

这种太一化生阴阳从而产生万物的宇宙观,与古代的创世神话有密切关系。古代的创世神话,都认为世界的原始是混沌的一团,混沌中产生阴阳的对立,造成天地的分隔,四时的运行,日月的运转,昼夜的变换。一九四二年湖南长沙子弹库发现的《楚帛书》,其中部八行一篇记载的就是创世神话,首先讲到雹(包)戏(即伏羲)时,"梦梦墨墨,亡章弼弼",就是说一团混沌而没有分别,由于包戏使四季之神加以疏通，使得"朱（殊）有日月，四神相弋（代），乃步以为岁，是惟四时"。从此分别有日月的运行，"四神"所主管的一年"四时"的转变。

小国寡民的政治理想　老子反对"法治"，认为"法令滋彰"反而造成"盗贼多有"；反对"有为"而治，认为"民之难治，以其上之有为"；反对多征地税，认为"民之饥，以其上食税之多"；反对墨家和法家的"尚贤"，说："不尚贤，使民不争"；反对战争，认为"兵者不祥之器"；也反对儒家主张的"礼治"，认为"礼"已成大乱的祸首。老子提出了"无为而治"和"小国寡民"的理想。他要"常使民无知无欲"。具体地说，就是要"不贵难得之货"，"不见可欲"，"绝圣弃智，绝仁弃义，绝巧弃利"。他认为"无为"可以使"民自化"，"好静"可以使"民自正"，"无事"可以使"民自富"，"无欲"可以使"民自朴"。为了达到"无为而治"，他企图回复到"小国寡民"的远古时代去，有了器械不用，有了舟车不乘，有了甲兵不打仗，废除文字，仍旧用结绳来记事，国和国之间能够望得到，鸡鸣犬吠可以相互听见，人们直到老死不相往来。在他看来，有智慧是坏事，有技巧是坏事，有物质文明是坏事，有欲望也是坏事，多活动也是坏事。

四　道家的几个流派

杨朱的"为我"学说　杨朱又称阳子居或阳生，魏国人，大概生在墨子之后、孟子之前。他主要的学说是"为我"，和墨子的主张"兼爱"正好相反，同样曾为孟子所批评。据孟子说，杨朱主张"为我"，连"拔一毛而利天下"都不干的（《孟子·尽心上篇》）。其实杨朱主张既不能"损一毫而利天下"，也不能"悉天下奉一身"，如此"天下治矣"。他认为必须"知生之暂来，知死之暂往"，从而"乐生"，以"存我为贵"；不能为贪羡"寿"、"名"、"位"、"货"所累；从而"全生"，使"君臣皆安，物我兼利"(《列子·杨朱篇》)。就是要"全性保真，不以物累形"(《淮南子·氾论篇》)。这是杨朱的主旨。此后有子华子和詹何两人便是杨朱思想的继承者。子华子和申不害同时，他曾见过韩昭侯(《吕氏春秋·审为篇》)。子华子主张使"六欲皆得其宜"，他认为使"六欲皆得其宜"的是"全生"，只有部分得其宜的是"亏生"，至于"死"，只是回复到未生以前的无知状态。如果六欲不能得其宜，受尽委屈和侮辱而活下去，这叫做"迫生"。人生在世界上，最好是"全生"，其次是"亏生"，再其次是"死"，"迫生"是不如"死"的(《吕氏春秋·贵生篇》引《子华子》)。詹何是主张"重生"而"轻利"的(《吕氏春秋·审为篇》)。他们并不是纵欲恣情的享乐派，而是想通过"全性保真"来达到无为而治的目的。《吕氏春秋》的《重己》、《贵生》、《本性》、《情欲》、《尽数》等篇，当即采自子华子、詹何等人的学说。他们主张节制情欲，讲究养生之道，防止疾病的发生，尽其天年；认为生命比"爵为天子"、"富有天下"要宝贵(《吕氏春秋·重己篇》)；"道之真，以持身；其余绪，以为国家"(《吕氏春秋·贵生篇》)，把个人利益看得重于国家利益。

列子的"贵虚"学说　列子名禦寇("禦"一作"御"或"圄")，战国前期的著名道家，生于杨朱之后，庄子之前。郑国人。他继承和发展了杨朱学说，又成为庄子所推崇的前辈，又是道家中首先推崇"黄帝之治"的大师。《汉书·艺文志》所著录的《列子》八篇，经"永嘉之乱"以后，渡江带到南方的，只留存《杨朱》、《说符》两篇。今传本《列子》八篇是东晋张湛的父辈重新搜集残篇编成的，因而其中章节不免有重复的，而且混入有后人的作品。如《天瑞篇》讲天地万物形成的一章，文字全与《易纬·乾凿度》相同；《周穆王篇》所载周穆王西游的经历,文字全与西晋汲冢出土的《穆天子传》相同。但是必须指出,今传本《列子》并非出后人伪作,如《杨朱篇》确是杨朱主要学说,杨朱讲到"田氏之相齐也","民皆归之,因有齐国,子孙享之至今不绝",足见确是战国时作品。庄子屡次谈到列子,很是推崇,有时尊称为子列子,如同《列子》书。《庄子》中还有《列御寇篇》。《列子》多寓言和神话传说,《庄子》继承发展了这个传统。

列子不但在理论上阐明了他的道家学说,而且实践了他的道家的修养。《列子·黄帝篇》讲到"列子师老商氏,友伯高子,进二子之道,乘风而归"。列子自称从师友学习修养,九年之后,"心凝形释,骨肉都融,不觉形之所倚,足之所履,随风东西,犹木叶干壳,竟不知风乘我邪?我乘风乎?"这就是《庄子·逍遥游篇》所说:"列子御风而行,泠然善也,旬有五日而后反。"卢重玄《列子解》说:"列子所以乘风,为能忘其身也。"这是对的。老子说:"吾所以有大患者,为吾有身;及吾无身,吾有何患?"这就是要通过本人的长期学习修养,达到"忘其身"的境界,并非神仙境界。庄子所鼓吹的"逍遥游",就是列子所说的"御风而行"、"乘风而归"的发展。

《尸子·广泽篇》《尔雅·释诂》邢昺《疏》引)和《吕氏春秋·不二篇》都说,"列子贵虚。"《列子·天瑞篇》解释"贵虚",就是"静也虚也,得其居矣"。也就是要自己修养到忘记自身的形骸,好像已经驾空乘风而行,列子把这样的境界叫做"履虚乘风"。列子曾教导同居从学的尹生说,修养的功夫不到,"汝之片体将气所不受,汝之一节将地所不载,履空乘风其可几乎?"(《黄帝篇》)列子以黄帝作为榜样,说黄帝觉悟到"养一己其患如此,治万物其患如此",于是"斋心服形","昼寝而梦",神游华胥氏之国,"其民无嗜欲,自然而已","人水不溺,入火不热"，"乘空如履实，寝虚若处床"，"山谷不踬其步，神行而已"。
所谓"乘空""寝虚"，就是"履虚乘风"的境界。

稷下的道家　在齐国临淄的稷下，道家是很盛的，有宋钘、尹文、
田骈、环渊（或作蜎渊）、接子（或作捷子）。

宋钘或作宋轻、宋荣，与孟子同时，宋国人。他提出对己要克制
情欲，对人要宽恕，遇到人欺侮要忍受，不和人斗争（《荀子·正论
篇》《韩非子·显学篇》）。他自己很刻苦节约，到处奔走，"上说下
教"，目的在于"禁攻寝（息）兵"而"救世"。他认为只有这样才能使天
下太平，人民活命（《庄子·天下篇》）。他和尹文主张"接万物以别宥
为始"（《庄子·天下篇》），即接触事物首先要破除（"别"）成见
（"宥"）。这在认识论上具有重要意义，就是荀子所说"解蔽"，从而由
片面看清全面，由局部看到整体。

尹文，齐国人，与宋钘同时。他的学说和宋钘相同，提倡宽容，主
张对侮辱容忍，反对战争（《庄子·天下篇》）。他认为"大道容众，大
德容下"，"事寡易从，法省易因"，国君必须做到"无为而能容天下"
（《说苑·君道篇》）。并且说："以大道治者，则名、法、儒、墨自废。"
（《尹文子》）

田骈，齐国人，善于谈论，有"天口骈"的称号。他的学说主要是
一个"齐"字（《吕氏春秋·不二篇》），认为从"大道"来看，万物是齐一
的。因此应付事物最好的办法是任其自然变化，强调"变化应来而
皆有章，因性任物而莫不宜当"（《吕氏春秋·执一篇》）。他反对
"好得恶予"，认为"好得恶予，国虽大不为王，祸灾日至"（《吕氏春
秋·士容篇》）。

稷下道家的"精气"为"道"说　《管子》这部书，汇编有齐国稷下

学者的著作,此中《心术上》、《心术下》、《白心》和《内业》四篇,就是稷下道家的著作。古人认为人的"心"是思想器官,是人体的主宰,他们认为这是"精气"的作用,"精气"实质上就是"道"。他们继承了老子"道"为本体的学说,认为"虚无无形谓之道","大道可安而不可说","道在天地之间也,其大无外,其小无内"(《心术上》),但是他们认为"精气"就是"道",万物都是依靠"精气"生长成功的,"下生五谷,上为列星";人也是这样,精气"藏于胸中,谓之圣人"。因此所谓"道","卒乎乃在于心","不见其形,不闻其声,而序其成,谓之道。凡道无所,善心安爱,心静气理,道乃可止"。他们认为心境安静,精气就能生长和储存,"道"就可得到。他们说:"精也者,气之精者也。气,道乃生,生乃思,思乃知,知乃止矣。"(《内业》)人的思想和智慧都是由"精气"所生长和形成的。

《吕氏春秋》前三卷讲养生之道的几篇,就是采用稷下道家的精气理论的。如《尽数篇》说:"精气之集也,必有入也。集于羽鸟与为飞扬,集于走兽与为流行,集于珠玉与为精朗,集于树木与为茂长,集于圣人与为敻明。精气之来也,因轻而扬之,因走而行之,因美而良之,因长而养之,因智而明之。"就是主张万物依靠"精气"生长的,而且认为"精气"不但能起"长而养之"的作用,还能起"美而良之"和"智而明之"的作用。《吕氏春秋·圜道篇》说:"天道圜,地道方,圣王法之,所以立上下。何以说天道之圜也?精气一上一下,圜周复杂,无所稽留,故曰天道圜。"就是把精气看作天道。

稷下道家的"水"为"万物本原"说　老子在说明"道"是万物本体的学说中,曾反复以"水"作比喻。而《管子》中有《水地篇》,进一步认为"水"就是万物本原,也该是稷下道家的著作。他们认为地是万物生长的园地，"水者地之血气，如筋脉之通流者也"。水既聚集在天地间，又藏于万物的内部，更集合于一切生命之中。"集于草木，根得其度，华（花）得其数，实（果实）得其量。鸟兽得之，形体肥大，羽毛丰茂，文理著明。万物莫不尽其几（生机）"，因此他们称"水"为"水神"。所谓"神"是指它的神妙的作用。不仅万物的生长，水起着神妙的作用，而且人也如此。他们解释说："人，水也。男女精气合，而水流形（由于水的流动而产生形体，即胚胎），三月如咀（"如"读作"而"，《说文》："咀，含味也"）。咀者何？曰五味。五味者何？曰五藏（脏）。酸主脾，咸主肺，辛主肾，苦主肝，甘主心。五藏已具，而后生五内，……五内已具，而后发为九窍。……五月而成，十月而生。"他们认为由于水的关系，胎儿三个月就能含味，含五味就能生成五脏。关于五味生成五脏之说，《素问·阴阳应象大论篇》有类似的说法。他们还说："故人皆服之，而管子则之；人皆有之，只是管子能够运用它。这是说人人都习惯了水，只有管子能够了解它的法则；人人都有水，只是管子能够运用它。他们假托这个道理是管仲所发现的。

《水地篇》最后一段，还指出"水"的质量不同，会影响到饮水人民的性格。认为齐国的水急迫而流盛，"其民贪粗而好勇"；楚国的水柔弱而清白，"其民轻果而敢"；越国的水浊重而浸蚀土壤，"其民愚疾而垢"；秦国的水浓聚而迟滞，淤浊而混杂，"其民贪戾罔而好事（剚）、齐（剂）"；晋国的水枯旱而浑浊，"其民谄谀、巧佞而好利"；燕国的水深聚而柔弱、沉滞而混杂，"其民愚戆而好贞，轻疾而易死"；宋国的水轻强而清明，"其民简易而好正"。在他们看来，宋国的水最清，因而人民的风格最好。他们的结论是：圣人之治"其枢在水"。

庄子的相对主义　庄子，名周，宋国蒙（今河南商丘东北）人。在家乡做过管理漆园的小吏,曾与魏相惠施交游,拒绝楚威王的聘请,过着隐居生活。生活年代大体上和孟子差不多,可能略晚于孟子。现存《庄子》三十三篇,一般认为内篇七篇系庄周所著,外、杂篇可能掺杂有其门徒或后人的作品。

庄子认为作为宇宙万物根源的"道"是一种阴阳之气,所谓"通天下一气耳,圣人故贵一"(《庄子·知北游篇》)。世界上原来没有什么事物,后来由"道"派生出天地,生出帝王,生出一切事物,生出真伪和是非。庄子说:"道恶乎隐而有真伪? 言恶乎隐而有是非? 道恶乎往而不存? 言恶乎存而不可? 道隐于小成,言隐于荣华。"就是说,真伪和是非等观念的产生,意味着"道"的完整性遭到破坏;只有持有局部见解("小成")的人,才看不见"道"而谈论真伪;只有喜好争辩("荣华")的人,才不理解素朴之言而谈论是非。因此你有你的是非,他有他的是非,是非总是讲不清的,甚至连你、我、彼、此也是分辨不清的。"是亦彼也,彼亦是也,彼亦一是非,此亦一是非。""是亦一无穷,非亦一无穷也。"在庄子看来,决定是非是不可能的,因为不存在一个客观的、共同的标准。他认为事物的性质都是相对的,例如一件东西的分散对另一件东西来说是合成,一件东西的合成对另一件东西来说是毁损,无论合成和毁损,从"道"来看是一样的。同时他认为认识者没有绝对的客观标准,无法取得正确的认识。例如对美丑的看法,是认识者观察事物时从主观出发的,毛嫱、丽姬,人见了以为是美女,鱼见了避入水底,鸟见了吓得高飞,鹿见了赶快跑开,说明美丑没有客观标准。因此,"自我观之,仁义之端,是非之涂,樊然殽乱,吾恶能知其辩?"(《庄子·齐物论篇》)这就是说,所谓仁义不过是一偏之见,是非不过是一片混乱,人的认识是无法加以判断的。

庄子追求的精神自由　庄子为了逃避现实,主张追求个人精神自由。认为一般人的精神不自由是由于"有己",必须做到"无己"、"无名"、"无功"。不感到自己的存在,就不会追求名誉,更不会追求成功。他说:"至人无己,神人无功,圣人无名。"对于"死生、存亡,穷达、贫富、贤与不肖、毁誉、饥渴、寒暑",都应该看作"是事之变,命之行也"(《庄子·德充符篇》)。应该安于命运的安排,就不会苦恼。对于得失,要安于无所得,"藏天下于天下",也就不会感到有所失了。对于贫贱,要感激造物者善意的安排,"天地岂私贫我哉",就可以得安慰。对于毁誉,"不如两相忘而化其道",这样就不会发生干扰。他说:"堕肢体,黜聪明,离形去知,同于大通,此谓坐忘。"(《庄子·大宗师篇》)他认为做到"坐忘"即最彻底的忘记,不仅忘掉一切客观事物,而且不记得自己形体的存在,屏除聪明智慧,去掉任何认识活动,达到与天地万物浑然一体的精神境界,"天地与我并生,而万物与我为一",从而获得绝对的精神自由。

五　慎到的法治、势治理论

从道家分化出来的法家　慎到,赵国人。齐宣王时在稷下讲学,到齐湣王末年才离开。著有《十二论》(《史记·孟子荀卿列传》)。《汉书·艺文志》法家类,著录有《慎子》四十二篇,现仅存残本五篇,《群书治要》卷三七保存有二篇节本。司马迁说他和田骈、环渊一样"学黄老道德之术",其实他和田骈、环渊不同。他已经不是道家,而是从道家分化出来的法家。

主张国君无为而治　慎到从"大道"包容万物的思想出发,主张国君要"兼畜下","因民之能为资,尽包而畜之,无所去取焉",犹如

"大道"能包容万物而无所选择,这样就使得"下之所能不同",而都能为"上之用"。基于这样的理论,国君就可以从"无事"而达到"事无不治"。因为国君"未必最贤于众",自己动手去干,不可能把各方面的事都办好;而且只靠一个人的力量,自己势必弄得筋疲力尽,事情还是办不好。何况如果由国君一个人去"为善",臣下就不敢争先"为善",甚至会"私其所知",不肯出力,结果国家大事办不好,"臣反责君,逆乱之道也"(《群书治要》卷三七引《慎子·民杂篇》)。慎到虽然和道家一样主张国君"无为而治",但是他的目的不同,其目的在于调动臣下的积极性,充分发挥臣下的才能,使得"事无不治"。

提倡法治 慎到在主张国君"无为而治"的同时,极力提倡法治,认为两者是统一的,"大君任法而弗躬为,而事断于法矣"(《慎子·君人篇》)。他认为,法制有"立公义"而"弃私"的作用(《慎子·威德篇》),如果"立法而行私,是私与法争,其乱甚于无法"(《艺文类聚》卷五四、《太平御览》卷六三八引《慎子》)。"法制"所以会有"立公义"而"弃私"的作用,因为"法"可以定"分",有了"分"就可确定功罪,进行赏罚,做到"无劳之亲,不任于官;官不私亲,法不遗爱;上下无事,唯法所在"(《慎子·君臣篇》)。他强调官吏要"以死守法",就是要坚持法治;百姓要"以力役法",就是要按法律规定出力服役。他还要求国君按照"道"进行变法,因为"守法而不变则衰"(《艺文类聚》卷五四引《慎子》)。

慎到主张"民一于君,事断于法",也就反对"尊贤"。他说:"立君而尊贤,是贤与君争,其乱甚于无君。"(《太平御览》卷六三八引《慎子》)慎到主张臣下"以死守法",忠于"守职",也就反对忠君,因为臣下忠于国君个人,就不能"守职"和"守法"。他说:"忠盈天下,害及其

国。"(《慎子·知忠篇》)

重势学说 慎到在极力提倡法治的同时,还主张重"势"。"势"就是指统治的权势。他认为,凭"贤"和"智"都不足以制服臣民,只有权势才能制服臣民。国君有了权势的凭藉,就可以做到"令则行,禁则止",好比飞龙有云雾的凭藉在高空飞舞,一旦云消雾散,龙就和地上的蚯蚓一样。"尧为匹夫,不能治三人;而桀为天子,能乱天下。吾以此知势位之足恃而贤智之不足慕也"(《韩非子·难势篇》引《慎子》)。慎到强调"势位"的重要,是要国君充分运用其权势来推行法治,以加强统治。

六 曾子一派主张修身治国的儒家学说

曾子一派儒家的发展 孔子前半生有志于治国平天下,经常从事政治活动,后半生努力于治学和讲学,因此有受业身通的弟子七十多人,前辈如子路、冉有、子贡都忙于从政,后辈如子游、子张、子夏、曾参都从事于教学。"自孔子卒后,七十子之徒散游诸侯,大者为师傅卿相,小者友教士大夫,或隐而不见"(《史记·儒林传》)。特别是由于魏文侯的好学,推崇儒家,子夏教授于西河,魏文侯尊以为"师",从学"经艺"(《史记·魏世家》、《六国年表》),一时儒家很是兴旺。把儒家教授的书如《诗》、《书》、《春秋》称为"经",就是从此开始的。由于后辈弟子都从事于教学,因而对后世影响较大的儒家,就是这些后辈弟子的流派。《荀子·非十二子篇》就曾批评到"子张氏之贱儒","子夏氏之贱儒","子游氏之贱儒"。《韩非子·显学篇》又说孔子死后"儒分为八",有子张之儒、子思之儒、颜氏(颜回)之儒、孟氏(即孟轲)之儒、漆雕氏(漆雕开)之儒、仲良氏之儒、孙氏(即荀况)之儒和乐正子（乐正子春）之儒。其中除后来的孟子和荀子以外，颜回、子张、漆雕开都是孔子的弟子，子思和乐正子春都是曾参的弟子，也就是孔子的再传弟子。

在这批对后世有影响的孔子后辈弟子中，以曾子的影响最大，曾子一派的儒家在战国时代有着重大的发展。曾子名参，字子舆，比孔子小四十六岁，是孔子弟子中年轻的，也是最认真接受孔子传授的学问的。他曾说"吾日三省吾身"，其中要反省的一点，就是"传不习乎"。所谓"传"就是指老师孔子所传授的学问。曾参重视学习的不是"经"而是孔子所传授的"传"，因为"传"才是孔子所讲的道理。《论语》一书既是孔子重要言行的汇编，又是孔子弟子有关言行的汇编。《论语》中不但尊称曾参为曾子，而且所载曾子言行远较其他弟子为多，除了与孔子问答之词以外，单独记述曾子言行的，多到十三章，而且记载了曾参病重将死前对孟敬子说的一席话，具有临终遗言的性质（见《论语·泰伯篇》）。由此可知，曾子是孔子晚年的主要弟子，《论语》的编定，不但与曾子关系密切，而且有曾子的弟子参与。

在孔子七十弟子中，有系统著作的有三人[1]，只有《曾子》流传到今天。《汉书·艺文志》儒家类著录有《曾子》十八篇，同时作为七十子后学的著作，被收辑于称为"记"的礼书中。《汉书·艺文志》"礼"一类著录有《记》一百三十一篇，"七十子后学者所记也"；还有《明堂阴阳》三十三篇和《王史氏》二十一篇，也出于七十子后学所记。刘向《别录》又说："古文记二百四篇。"汉代戴德所选编的《大戴礼记》和戴圣所选编的《礼记》（即《小戴礼》），都是从七十子后学的《记》中选编

---

[1] 《汉书·艺文志》著录有《曾子》十八篇，《漆雕子》十三篇，《宓子》十六篇。

的。今本《大戴礼记》中保存有《曾子》十篇，当即选自七十子后学所记的《曾子》。《白虎通·丧服篇》引有《礼曾子记》曰："大辱加于身，皮体毁伤，即君不臣，士不交，祭不得为昭穆之尸，食不得昭穆之牲，死不得葬昭穆之域。"此文不见于今本大小戴《礼记》中，当是未被收辑，或者曾被收辑而已散失。今本《大戴礼记》的《曾子》十篇，选自《礼曾子记》中，亦即采自《汉书·艺文志》所著录的《曾子》。今本《礼记·祭义篇》所引曾子和乐正子春的长篇大论，《吕氏春秋·孝行篇》所引的《曾子》，都见于《大戴礼记·曾子大孝篇》，足以证明。曾子以能尽孝道著称，《史记·仲尼弟子列传》说：孔子以为曾子"能通孝道，故授之业，作《孝经》"。《孝经》和《大戴礼记·曾子本孝篇》、《曾子立孝篇》、《曾子大孝篇》和《曾子事父母篇》，内容都是相通的。

《大戴礼记》中有《孔子三朝记》七篇，也是选自七十子后学的《记》的。《汉书·艺文志》论语类有《孔子三朝记》七篇。《三国志·蜀志·秦宓传》载："昔孔子三见哀公，言成七卷。"裴松之《注》引刘向《七略》曰："孔子三见哀公，作《三朝记》七篇，今在《大戴礼》。"王聘珍《大戴礼解诂》据此说："此七篇亦七十子后学者所记，原在《古文记》二百四篇中，故大戴采而录之。自刘向《七略》乃别出于论语类中，亦如《曾子记》别出于儒家类也。"这个论断是正确的。《孔子三朝记》当为曾子的后学所追记的。

曾子的修身之道　曾参是孔子弟子中年轻的，又是最讲究修养德性、立身处世之道的。曾子曰："吾日三省吾身，为人谋而不忠乎？与朋友交而不信乎？传不习乎？"(《论语·学而篇》)曾子是讲究待人忠信的。孟子是子思的再传弟子，曾子是子思之师，因而孟子很推崇曾子，曾说："若曾子可谓养志也，事亲若曾子者可也。"(《孟子·离娄上篇》)曾子以为"忠"是"孝之本",因而以能尽孝道著称。

《大戴礼记·曾子立事篇》是《大戴礼记》所选编《曾子》十篇的首篇,详细叙述了曾子所讲"君子"(即德行高尚者)必须遵行的修身处世之道。曾子认为君子要攻克内心所藏的罪恶过失,"去私欲,从事于义",必须求学;求学要做到"博"(广博)、"习"(温习)、"知"(通晓)、"行"(身体力行)、"让"(让贤),才见功效;同时要"思而后动,论而后行",重复地思考,就是要"慎思"。还要排除患难,远离财色,消灭流言,因为由此要产生灾祸。至于对待别人,要"乐人之善","乐人之能","不说人之过,成人之美","朝(早)有过夕改则与之,夕有过朝(早)改则与之"。对人们来往去就要"忠",要"恭而不难,安而不舒,逊而不谄,宽而不纵,惠而不俭,直而不径",就是忠恕之道。

《曾子立事篇》后半篇指出有许多德行不好的人是不能结交的,如"博学而无方,好多而无定者","博学而无行,进给而不让,好直而径,俭而好俭("俭"读作"塞")者","夸而无耻,强而无惮,好勇而忍人者"。同时主张交友要观察人,如"嗜酤酒,好讴歌,巷游而乡居者乎,吾无望焉耳";又如"三十、四十(岁)之间而无艺,即无艺矣";又如"其少不讽诵(指学习诗书六艺),其壮不论议,其老不教诲,亦可谓无业之人矣"。还主张从见到的推测隐蔽的,所谓"以其见者,占其隐者","观其所爱亲,可以知其人矣","事父可以事君,事兄可以事师长,使子犹使臣也,使弟犹使承嗣也;能取朋友者,亦能所予从政者矣"。这是说,侍奉父亲孝顺的可以侍奉君主忠心的,可以依此类推的。《大学》说:"君子不出家而成教于国。孝者所以事君也,弟者所以事长也,慈者所以使众也。"《孝经》说:"事兄长故顺可移于长。"意思都是相同的。《曾子本孝篇》开首就说:"忠者,其孝之本与!"《曾子立孝篇》开首也说："君子立孝,其忠之用,礼之贵。"《曾子大孝篇》开首又说："孝者三:大孝尊亲,其次不辱,其下能养"。《中庸》也说："舜其大孝也与,尊为天子。"《孝经》又说："以孝事君则忠,以敬事长则顺。"《大学》、《中庸》、《孝经》的观点所以如此与曾子相同,因为都是曾子一派儒家的著作。

曾子的阴阳二气化生天地万物说　《大戴礼记·曾子天圆篇》可以说是曾子的宇宙观,认为天地万物是由阴阳两种"精气"化生而成。天由阳气吐出而成,因而形成"火"和"日"的"外景";地由阴气含蓄而成,因而形成"金"和"水"的"外景"。"天之所生上首,地之所生下首,上首之谓圆,下首之谓方";所以"天道曰圆,地道曰方"。这是说天所生阳气自上而下,地所生阴气自下而上,因而形成天圆地方。天气的变化是由于阴阳二气的相互交流,当阴阳二气各静其所的时候是安静的,"偏则风(偏指偏向一方的行动),俱则雷(俱指二气相互冲击),交则电(交是二气交锋),和则雨(和指二气融合),阳气胜则散为雨露,阴气胜则凝为霜雪,阳之专气为雹,阴之专气为霰,霰雹者一气之化也"。所有各类动物都由阴阳二气化生,毛虫(生毛的动物)和羽虫(生羽的动物)是阳气所化生;介虫(生甲壳的动物)和鳞虫(生鳞的动物)是阴气所化生;只有人是"裸胸"的动物,是"裸虫",是"阴阳之精"所化生。"毛虫之精者曰麟,羽虫之精者曰凤,介虫之精者曰龙,裸虫之精者曰圣人";"是故圣人为天地主,为山川主,为鬼神主,为宗庙主"。圣人因而制定历法和音律,"立五礼以为民望,制五衰以别亲疏,和五声以导民气,合五味之调以察民情,正五色之位,成五谷之名,序五牲之先后贵贱"。因此曾子作出结论说:"阳之精气曰神,阴之精气曰灵。神灵者品物之本也,而礼乐仁义之祖也,而善否治乱所兴作也"。曾子所说的"神灵"是指阴阳两种精气,不是指天神地祇。曾子这样以阴阳二气为天地万物之本,而不涉及五行的相生或相克,是和阴阳五行家不同的。

曾子这种学说是有来源的,春秋后期秦国的医师已有天的"六气"降生五味、五色、五声以及"淫生六疾"之说,阴阳就是"六气"中主要的二气。公元前五四一年晋平公生病,秦景公派医和去看病,医和所讲疾病发生的原因是:"天有六气,降生五味,发为五色,征为五声,淫生六疾。六气曰阴、阳、风、雨、晦、明也,分为四时,序为五节,过则为菑(菑读作灾)。"曾子所说阴阳二气化生天地万物,圣人因而建立和调整五礼、五衰、五声、五味、五色、五谷、五牲之说,和医和所说有些类似。看来曾子之说就是进一步修正医和等人的说法而成。后来儒家有"阴阳明堂"一派,就采用了五行相生之说,如《礼记》的《月令篇》就是如此。曾子说阴阳二气是"礼乐仁义之祖",后来子思、孟轲一派后学,又进一步以五常(仁、义、礼、智、信或仁、义、礼、智、圣)配合五行,就是荀子在《非十二子篇》所批评子思、孟轲一派的"案往旧造说,谓之五行"。

大学之道和中庸之道　《大学》和《中庸》是《礼记》中的两篇,当是选取七十子后学的《记》的。宋代把这两篇和《论语》、《孟子》两书合称为《四书》,作为儒家的经典著作。朱熹编著的《四书章句》成为当时必读之书。《大学》和《中庸》确是曾子一派儒家的重要著作。朱熹把《大学》的首段"大学之道"到"未之有也"作为"经",以下作为"传",认为是曾子之意而门人所记。其实通篇连贯出于一手,当是曾子后学所作,因而文中首先引用曾子的话。

孔子告曾参说:"吾道一以贯之",曾参说:"夫子之道,忠恕而已矣。"(《论语·里仁篇》)"忠"就是有诚意而尽力,"恕"就是要推己及人,不仅"己所不欲,勿施于人",而且要"己欲立而立人,己欲达而达人"。大学之道,先要有诚意,"意诚而后心正,心正而后身修,身修而后齐家,家齐而后国治,国治而天下平。自天子以至于庶人,壹是以修身为本"。以修身为本,原是曾子的主张,有诚意就是"忠"。《大学》特别引用曾子的话:"十目所视,十手所指,其严乎!富润屋,德润身,心广体胖,故君子必诚其意。"因为心有怨恨、恐惧、忧患,或者心不在焉,就办不成事业。要事业有成就,必须先有诚意而正心,从"齐其家",再进而"治其国",因为"君子有诸己,而后求诸人;无诸己,而后非诸人,所藏乎身不恕而能喻诸人者,未之有也"。就是说君子能推己及人,也就是用忠恕之道,才能由己而推广到家人,由家而推及到国,由国而推广到天下。"是故君子不出家而成教于国,孝者所以事君也,弟者所以事长也,慈者可以使众也","其为父子兄弟法,而后民法之也"。大学之道不是别的,实质上就是忠恕之道。

孔子以中庸为最高的道德标准,孔子说:"中庸之为德也,其至矣乎!民鲜久矣。"(《论语·雍也篇》)《史记·孔子世家》说:"子思作《中庸》。"《汉书·艺文志》礼一类中著录有《中庸》二篇,今《礼记》中就收辑有《中庸》上下两篇。子思是曾子弟子,因而《中庸》所强调的,就是修身以及忠恕之道。《中庸上篇》除了开首赞扬"中和"为"天下之达道"一节,全篇各段都以"仲尼曰"或"子曰"开头,辑录了许多相传是孔子论述有关"中庸"的言论,末尾有孔子对答鲁哀公的话,认为"为政在人,取人以身,修身以道,修道以仁。仁者人也,亲亲为大;义者宜也,尊贤为大"。末段又讲到"凡为天下国家者九经,曰修身也,尊贤也,亲亲也,敬大臣也,礼群臣也,子庶民也,来百工也,柔远人也,怀诸侯也"。就是要从修身做起,推己及人,由近及远,也还是忠恕之道。

所谓圣和圣人 "圣"是孔子所标榜的最高道德,他认为能够"博施于民而能济众",就超过"仁"而达到"圣"境界,可是尧舜还没有做到这点(《论语·雍也篇》)。孔子还说:"圣人,吾不得而见之矣,得见君子斯可矣。"(《论语·述而篇》)《论语·子罕篇》记载:太宰问子贡:"夫子(指孔子)圣者与?何其多能也!"子贡答:"固天纵之将圣,又多能也。"可知当时人们把"圣人"看作特殊人才,是"天纵之"而"多能"的。《中庸下篇》说:"诚者,天之道也;诚之者,人之道也。诚者,不勉力而中,不思而得,从容中道,圣人也。诚之者,择善而固执之也,博学之,审问之,慎思之,明辨之,笃行之。"这里认为圣人具有"诚"的天性,不必经过勉力和思考,就可以从容地合于"道"而行事。一般人必须"择善而固执之",要经历博学、审问、慎思、明辨、笃行,才能合于"道"。《中庸下篇》又解释"圣人"说:"唯天下之至诚为能尽其性,能尽其性则能尽人之性,能尽人之性则能尽物之性,能尽物之性则可以赞天地之化育,可以赞天地之化育则可以与天地参矣。"这是说:由于圣人有"至诚"的天性,就"能尽其性",进而"尽人之性",再进而"尽物之性",更因而可以赞助天地之化育。《中庸下篇》又说:"至诚之道,可以前知。国家将兴,必有祯祥;国家将亡,必有妖孽。见乎蓍龟,动乎四体,祸福将至,善必先知之,不善必先知之,故至诚如神。"这是说圣人由于"至诚"的天性,对于将来祸福,可以看到预兆,可以先知。《中庸》所说的圣人就是指孔子,因此末段歌颂"仲尼祖述尧舜,宪章文武(指周文王、武王),上律天时,下袭水土"。"唯天下至圣,为能聪明睿知","宽裕温柔","发强刚毅","齐庄中正","文理密察","故曰配天"。十分明显,七十子后学对孔子进一步确定其"圣人"的地位,说成能够"赞天地之化育"而与天地相参,甚至可以"配天"的。

《孔子三朝记》七篇的著作年代,看来还在《中庸》之后。其中《四代篇》主张效法虞、夏、商、周四代的"政刑",《虞戴德篇》主张参用黄帝之制,以为学习四代还不够,更要学习黄帝。《诰志篇》说:"天生物,地养物,物备兴而时用常节,曰圣人。"这与《易系辞传》所说:"备物致用,立成器以为天下利,莫大于圣人",意思相同。《诰志篇》又说:"天作仁,地作富,人作治。乐治不倦,财富时节,是故圣人嗣而治。""古之治天下者必为圣人。圣人有国,则日月不食,星辰不陨,勃海不运,河不满溢,川泽不竭,山不崩解,……于时龙至不闭,凤降忘翼,……洛出服("服"读作"符"),河出图。自上世以来,莫不降仁。"这和《易系辞传》所说:"河出图,洛出书,圣人则之",意思相同。《中庸》说:"国家将兴,必有祯祥,……善必先知之",也有同样的看法。

孔子曾慨叹:"凤鸟不至,河不出图,吾已矣夫。"(《论语·子罕篇》)凤鸟至,河出图,是将兴的祯祥,这是早有的一种神话传说。《史记·孔子世家》记载鲁哀公十四年春狩大野,叔孙氏车子锄商获兽,以为不祥,仲尼视之曰:麟也,取之。曰:河不出图,雒(洛)不出书,吾已矣夫!"其实孔子所说河不出图,与获麟无关。《史记·集解》引孔安国说:"圣人受命,则河出图,今无此瑞。吾已矣夫者,伤不得见也。河图,八卦是也。"所谓"圣人受命则河出图",是依据《孔子三朝记》的《诰志篇》的。所说河图是八卦,是依据《易系辞传》。《易系辞传》既说:"河出图,洛出书,圣人则之",又说包牺氏始作八卦,孔安国将这相矛盾的二说加以牵合而称河图是八卦。

孔子不以"圣人"自居,但是标榜"圣"为最高道德标准,同时其大弟子如子贡已认孔子是"天纵"的圣人。孔子也自叹没有遇到能够发挥才能的时机。到子思作《中庸》,就确定孔子是"祖述尧舜,宪章文武"的"天下至圣",到孟子,就进一步明确指出,自尧、舜、禹、汤、文王,至于孔子以来,具有一个"圣人"和"王者"一脉相承的传统了。

七　孟子主张"王道"和"仁政"的儒家学说

孟子事迹　孟子名轲,邹人。曾在齐威王时到过齐国,宋王偃称王的时候,游历宋国和滕国,在魏惠王晚年到魏国,先后会见魏惠王、魏襄王,接着又做齐宣王的卿。在齐宣王伐燕之后,离开齐国,退居邹,因而与弟子万章、公孙丑等作《孟子》七篇。其生卒年代约当公元前三八五年到前三〇五年。

孟子是战国中期著名的儒家,孔子的孙子子思的再传弟子。他十分推崇孔子,认为"孔子圣之时者也,孔子之谓集大成"(《孟子·万章下篇》),"自有生民以来,未有盛于孔子也"(《孟子·公孙丑上篇》)。他以孔子的继承人自任,认为"五百年必有王者兴",从尧舜到商汤,从商汤到周文王,都是经过五百年,从周文王到孔子有五百多年,到他那时又有一百多年,因此"以其数则过矣,以其时考之则可矣"(《孟子·公孙丑下篇》)。

主张效法先王和实行"王道"　孟子鼓吹效法先王,是为了实行仁政和王道,反对当时某些国君的虐政和霸道。他竭力鼓吹效法尧舜,说:"尧舜之道,不以仁政,不能平治天下。"(《孟子·离娄上篇》)也还主张效法周文王,说:"文王视民如伤。"(《孟子·离娄下篇》)"师文王,大国五年,小国七年,必为政于天下矣。"(《孟子·离娄上篇》)他把政治体制,分别为"霸道"和"王道"两种,"以力假仁者霸","以德行仁者王"(《孟子·公孙丑上篇》)。他所说的"王道",实质上就是他的政治理想,主张"施仁政于民,省刑罚,薄税敛,深耕易耨"(《孟子·梁惠王上篇》);主张"尊贤使能,俊杰在位","市廛而不征(不征税),法而不廛(政府依法收购久滞的商品)","关讥(稽查)而不征","耕者助而不税","廛无夫里之布(居民不出户口税和地税)"(《孟子·公孙丑上篇》)。

　　《孟子》的最后一章,即《尽心下篇》第三十八章,作了一系列的叙述,说由尧、舜、禹、汤、文王至于孔子,"由孔子而来至于今,百有余岁,去圣人之世若此其未远也,近圣人之居若此其甚也。然而无有乎尔,则亦无有乎尔"。所谓"无有乎尔",正如他所说"夫圣,孔子不居"一样。其实,他自居于从尧舜至孔子以来的"圣人"传统的。这就是儒家所谓"道统"的先声。孟子鼓吹效法先王和主张实行"王道",就是要继承这个"圣人之世"的传统的。

　　人性本善的理论　孟子学说的主要出发点是性善论,所谓"孟子道性善,言必称尧舜"(《孟子·滕文公上篇》)。他认为人的性情本来是善的,"恻隐之心"、"羞恶之心"、"恭敬之心"、"是非之心",本来人人都有的,这是天生的仁、义、礼、智的根苗。人们口、耳、目等感官的反映是相同的,因此人心也是相同的。那末,为什么人有不善的呢?孟子的答复是:由于外界事物的陷溺,由于没有对原来的善性加以培养。为了避免外界事物的引诱,首先要从"不动心"和"寡欲"做起,最后就得要"养浩然(盛大)之气",使这种气充塞于天地之间,这样便可回复和扩充人们的善性。孟子的性善论是作为他推行"仁政"主张的理论依据的。

　　实行"仁政"的学说　孟子基于上述思想,主张国君要"推恩",

"推其所为","以其所爱及其所不爱",也就是要国君把本性中的"善"加以推广。能够做到这样,就是所谓"仁"。他曾竭力排斥"利"而讲究"仁义",主张推行"仁政",实行"王道"。他认为推行"仁政",首先要"制民之产",使人民都成为小土地所有者。在他的理想中,每家农家有百亩的田、五亩的宅,宅边种着桑树,家中养着鸡、狗、猪等家畜,吃得饱,穿得暖,五十岁以上的有丝织品穿,七十岁以上的有肉吃。就是遇到灾荒,也可以避免死亡。如果能做到这一点,也就可以行"王道"了(《孟子·梁惠王上篇》)。他在滕国,更提出了恢复井田制度的办法。他理想中的井田制度是这样的:每一方里划成一"井",每"井"共有九百亩田,其中间的一百亩是"公田",四周的八百亩平均分配给八家,每家一百亩,作为"私田"。中间的一百亩"公田"由八家共同耕种,所有收获物作为地租缴纳,这就是所谓"九一而助"。这八家农家必须"公事毕(种公田完毕),然后敢治私事(种私田)";大家"死徙无出乡","出入相友,守望相助,疾病相扶持"(《孟子·滕文公上篇》)。

这时儒家的代表人物孟子鼓吹实行"王道"和"仁政",是适应当时完成统一事业的政治要求的。孟子强调争取民心的重要,认为不能以国君的利益为重,主张"民为贵,社稷次之,君为轻"(《孟子·尽心下篇》)。他极力反对当时某些国君的虐政,指出"民之憔悴于虐政,未有甚于此时者也"。认为节约民力,"使民以时",减轻人民负担,"市廛而不征","关讥而不征","耕者助而不税","廛无夫里之布",取消坐商和行商的商业税,取消地税,取消户口税,只是"野九一而助,国中什一使自赋",再加上"尊贤使能,俊杰在位",就可以使得"天下之士"、"天下之商"、"天下之旅"、"天下之农"和"天下之民"一齐归向,像这样,就会"无敌于天下"(《孟子·公孙丑上篇》),天下也就"定于一"了(《孟子·梁惠王上篇》)。

孟子主张通过实行"王道"和"仁政"来完成统一事业,反对战争,反对开垦荒地,反对扩大领土,反对充实府库。他说:"善战者服上刑,连诸侯者次之,辟草莱、任土地者次之。"(《孟子·离娄上篇》)又说:"辟土地,充府库,今之所谓良臣,古之所谓民贼也。"(《孟子·告子下篇》)他又主张恢复贵族的"世臣"、"世禄"制度;主张"贵戚之卿"有改换国君的权力,"君有大过则谏,反覆之而不听则易位"(《孟子·万章下篇》);认为"为政不难,不得罪于巨室"(《孟子·离娄上篇》)。所有这些主张,都不合历史发展的趋势,因此尽管孟子竭力鼓吹,都"见以为迂远而阔于事情"(《史记·孟子列传》),没有一国采用他的主张。汉代桑弘羊就说:"孟轲守旧术,不知世务,故困于梁、宋。"(《盐铁论·论儒篇》)

八　黄帝书的黄老学派思想

黄老学派和它的代表作黄帝书　黄老学派产生于战国中期,流行于齐、韩、赵等国。它假托黄帝的名义,吸取《老子》哲学中"虚静"、物极必反等思想加以改造,形成一个重要思想流派。战国中期的法家申不害和战国后期的法家韩非,都曾接受黄老学派的思想并加以发挥。这个学派的政治主张,曾被汉初统治者采用。汉初曹参为齐相时,曾请著名的黄老学者盖公当他的"师",推行"清净无为,与民休息"的政策;后来曹参继萧何为丞相,就把这个政策向全国推广。《史记·乐毅列传》说:"河上老人教安期生,安期生教毛翕公,毛翕公教乐瑕公,乐瑕公教乐臣公(一作乐巨公),乐臣公教盖公。"从河上老人传到盖公，已有五代。乐臣公是在赵将灭亡时到齐的高密传授"黄帝老子之言"的。一九七三年长沙马王堆汉墓出土的帛书中，写在《老子》乙卷前面的《经法》、《十大经》、《称》、《道原》等四种黄帝书，是战国中期黄老学派的代表作，其中以《经法》一书比较重要。

要求采取缓和矛盾的政策　《经法》一书的政治目标，要求达到国家的"安"、"强"、"霸"、"王"。"王"是它的最高政治目标，就是要建成统一的王朝。它主张用"德"(赏赐)来奖励人民，争取"尽民之力"；同时要求"节民力以使"，"节赋敛，毋夺民时"(《经法·君正篇》)，反对农忙季节征发徭役，认为"夏起大土功"就是"绝理"，"天诛必至"(《经法·亡论篇》)。它还主张选练军队，争取"胜强敌"；同时要求注意到战争的正义与否，重视对待敌国人民的政策，讨伐对象必须"当罪当亡"，反对灭亡人家的国家而"利其资财，妻其子女"(《经法·国次篇》)，更反对"大杀服民，僇降人"，认为如果这样做，"祸皆反自及也"(《经法·国次篇》)。它更强调法治，主张"精公无私而赏罚信"，"罪杀不赦"(《经法·君正篇》)，同时要求赏罚得当，反对"妄杀杀贤"，"杀无罪"(《经法·亡论篇》)。这时黄老学派提出这样的政治主张，不是偶然的。当时齐、楚等国就是由于不顾民力，横征暴敛，连年进行战争，任意掠夺和伤害邻国人民，滥用刑罚杀害本国人民，激起了广大人民的反抗，使得国家逐步走向衰亡。黄老学派提出这种主张，就是为了缓和社会矛盾，以利巩固统治，发展小农经济，积蓄力量，从而达到建成统一王朝的目的。

主张加强中央集权按"法度"统治　《经法》的《六分篇》，把君臣关系区别为六种"顺"和"逆"的类型。"六顺"中以"臣楅(辐)属"的一种最为顺当，就是说君主好比毂(车轮中心圆木)，群臣好比周围的辐

凑集在中心的"毂"上一起运转，这是中央集权的封建统治体制的形
象化。它认为，能够做到这点就可以"王"，也就是可以建成统一的王
朝。它主张"君臣不失其立（位），士不失其处，任能毋过其所长"（《经
法·四度篇》），要做到"臣肃敬"，"下比顺"，就可以"地广人众兵强，
天下无敌"，从而达到"王天下"的目的（《经法·六分篇》）。它还主张
用审核"形名"的办法来识别和清除坏人，就是用法令所规定的"名"，
考核臣下的"形"，用来判断臣下的顺逆，处以生杀赏罚，从而加强中
央集权的统治。他们说："刑（形）名已定，逆顺有立（位），死生有分，
存亡兴坏有处。"（《经法·约论篇》）黄老学派这种审核"形名"的办
法，曾为申不害、韩非等法家所吸收和采用。

《经法》作者把事物自然发展规律叫做"道"，因而十分强调"执
道"的重要性，认为执政者必须是"执道者"。因为执政者必须按"法
度"进行治理，"法度者，正（政）之至也。而以法度治者，不可乱也"
（《经法·君正篇》）。"法度"是必须据"道"来制定的，因而提出了"道
生法"的主张，认为"法者，引得失以绳而明曲者也，故执道者，生法而
弗敢犯也，法立而弗敢废也"（《经法·道法篇》）。

改进道家学说作为理论依据　《经法》作者认为要达到加强中央
集权的统治，需要采取"虚静"的政治原则。"执道者"从思维到行动，
采取"虚静"的原则，就可以排除主观成见，"虚静公正"地观察事物，
看清事物的真象，不为假象所迷惑，使认识达到"神明"的境界，这样
行动就有正确方向，就可以奋发图强。所以说："唯公无私，见知不
惑，乃知奋起。"运用"虚静"的原则去执行法令，就可以做到"去私而
立公"，分清是非，做好审核"形名"的工作，达到法治的目的。所以
说："是非有分，以法断之；虚静以听，以法为符。"（《经法·名理篇》）。

　　黄老学派不但把《老子》"虚静"的原则加以改造,用来达到法治的目的;而且把《老子》的辩证法思想加以改造,用来作为他们制定策略的理论依据。他们认为,事物发展到了极端就要走向它的反面,"极而反,盛而衰,天地之道也,人之李(理)也"(《经法·四度篇》)。事物的发展变化有个自然的"度",行动符合"度",就符合于"天道",这叫做"天当"。每种事物的功能作用都有个客观的极限,这叫做"天极"。"圣人"就必须"能尽天极,能用天当"。如果"过极失当,天将降央(殃)",就是说将要受到违反自然规律的惩罚。他们把过度使用民力作为"五逆"之一,认为这样会迫使人民"流之四方",造成国家危亡(《经法·国次篇》)。他们还说:"举事毋阳察(蔡),力地毋阴敝。阴敝者土芒(荒),阳察者夺光。"(《十大经·观篇》)就是说:举办大事不要使得天的"阳"有所损伤,尽力于土地不要使得"地"的"阴"有所破坏,地的"阴"破坏就会使土地荒芜,天的"阳"损伤就会夺去阳光。战国时代农家之学,用阴阳学说解释农业生产,"阳"是指农作物从天上吸取阳光,"阴"是指农作物从地下吸取水分和肥力。他们认为在农业生产中过分使用土地的肥力来增加生产,就会走向反面,造成土地肥力衰败而减产,这是有一定的科学根据的(参看第二章第五节的"农业科学的兴起")。他们说:"人强胜天,慎辟(避)勿当;天反胜人,因与俱行。"(《经法·国次篇》)就是说,当人的能力强大能够胜天的时候,要谨慎地防止过度,避免违反自然规律;当自然力量反而胜过人的时候,要顺着自然规律去行事。他们还说:"不循天常,不节民力,周迁而无功。"(《经法·约论篇》)"天常",就是《荀子》所说的"天行有常"。这就是说,"不节民力"就违反自然规律,因而就不能成功。这样就为他们所制定的缓和社会矛盾的政策提供了哲学上的理论根据。黄老学派这种重视自然规律的思想，对荀子、韩非都发生了重大影响。

九　《易系辞传》所阐明的"易"的哲理

《易系辞传》的作者问题　《周易》原为卜筮之书，儒家用以为经典著作，是包括阐明"易"的哲理的《易传》在内的。《易传》或称为《十翼》，包括《彖传》上下、《象传》上下、《系辞传》上下、《文言》、《说卦》、《序卦》、《杂卦》在内的。《史记·孔子世家》说："孔子晚而喜《易》，序《彖》、《系》、《象》、《说卦》、《文言》。"《正义》解释"序"是"各序其相次之义"。《汉书·艺文志》就明确为"孔子为之"。北宋欧阳修作《易童子问》，否定孔子所作之说，认为其中有相互抵触的观点，非一人所作，《系辞》、《文言》中有"子曰"，可知不是孔子自作。《左传》昭公二年记韩宣子来聘，"观书于大史氏，见《易象》与鲁《春秋》"，可知《象传》春秋时已有流传。《左传》四处记载有与《说卦》相类的解说，一处记载有与《文言》相同的解说，可知《说卦》与《文言》，春秋时亦已有流传。

古代经传与诸子书的编辑，往往以一个学派的内容为主，既有大师讲授的记述，或有师徒问答的记录，更有弟子发挥师说的论述。往往先是口说流传，弟子加以记录，陆续有修订补充，经历较长时间而成为传本。《易传》的流传和编集也该如此，因此内容不免有如欧阳修所说的有相互抵触之处。例如《系辞传》既说："河出图，洛出书，圣人则之"，以为这是圣人依据河图洛书而制作的，具有神话色彩；同时又说包牺氏仰观天象、俯观地法而制作八卦。

《易传》中，以《系辞传》最为重要。一九七三年长沙马王堆汉初墓葬中出土一批帛书,其中有《易经》和《系辞传》以及《易之义篇》、《要篇》等。帛书《系辞传》不分上下篇,内容大体与今传本相同。以帛书与今传本对比,帛书无今传本上篇第八章,又无下篇第五、六、八与第七章一部分。同时帛书《系辞传》所无下篇各章,见之于《易之义篇》与《要篇》中。因此引起哲学史学者的热烈讨论,主要有三种不同意见,一种确认传统的看法,认定《系辞传》是解释儒家经典的著作;一种以为《系辞传》的哲理属于道家思想体系,因而是道家著作;另一种认为这是儒道两家相互融合的结果,是个非道非儒、亦道亦儒的综合体。或者以为《系辞传》原是稷下道家所作,或者认为《系辞传》的不少思想是直接继承《老子》而来的,也有人提出不同意见,认为《系辞传》赞同仁义,这是儒家思想。

帛书《要篇》出于孔门后学所作是很明显的。因为它以孔子和子贡一段对话说明了学《易》的要领,子贡说“夫子老而知《易》”,是和司马迁所说“孔子晚而喜《易》”是一致的。其中载有今传本《系辞传》下篇第五章。《易之义篇》该是与《要篇》同时为孔门后学所作,既载有《说卦》前三章的内容,又载有今传本《系辞传》的第六、七、八、九章,略有不同之处。其中曾说到:“《易》之兴也,其于中古乎?作《易》者具有忧患乎?”“《易》之兴也,其当殷之末世,周之盛德邪?当文王与纣之事邪?”这与《要篇》记述孔子所说“文王作,……然后《易》始兴”,是相同的。近人对此有两种不同意见,一种认为在帛书《系辞传》、《要篇》、《易之义篇》之前,今本《系辞传》早就存在;另一种意见认为今传本《系辞传》就是汉初儒生依据这三种帛书重加编辑而成。当以后说为是。主张《系辞传》原为道家著作的,认为这是由于汉初儒生把道家的《系辞传》和儒家的《要篇》、《易之义篇》综合编辑,以致今传本有前后歧异之处。

我们认为长沙马王堆出土帛书《系辞传》是儒家《易》学传到楚国后,流传在楚的一种《易传》。《史记·仲尼弟子列传》称孔子传《易》于鲁人商瞿(子木),瞿传楚人馯臂(子弓),说明《易传》曾传授于楚,长沙原为楚地,《系辞传》原为楚的经师传授的著作,与《系辞传》同时出土的还有四种解释《易》的,如《要篇》、《易之义篇》、《缪和》、《昭力》,说明楚曾长期成为传授儒家《易》学的中心,与此同时,楚又成为道家黄老学派流传的地方,因此《系辞传》本为儒家的一种《易传》,融合有道家黄老学派的学说。今传本《系辞传》又是汉初儒家经师依据帛书《系辞传》、《要篇》、《易之义篇》编辑而成。古人传授学问是很讲究师承的,一般不会把别家著作据为己有。

社会进化的历史观 《系辞传》有着社会进化的历史观,指出包牺氏(即伏戏)作结绳而为网罟,以佃以渔;神农氏推行耒耨之利,日中为市;黄帝推行舟楫之利、臼杵之利。上古穴居而野处,后世圣人易之以宫室;古之葬者厚裹之以薪,葬诸中野,不封不树,后世圣人易之以棺椁。上古结绳而治,后世圣人易之以书契,百官以治,万民以察。这样把历史分为"上古"和"后世"两个阶段,"上古"是指原始社会,"后世"指文字发明和创建国家制度以后的文明社会,并且把创建这个文明的人称之为"后世圣人"。这和老子主张倒退到"小国寡民"的阶段,要"使有什佰人之器而勿用","有舟车无所乘之,有甲兵无所陈之,使民复结绳而用之",主张"绝圣弃智",是针锋相对的。

包牺氏是楚国神话传说中创世的天神和圣王,长沙子弹库楚墓出土的《楚帛书》,就记载有黿(包)戏创世的神话;荀子在楚国采用民间流行的曲调"成相",著作《成相篇》以宣传他的政治主张,曾说:"基必施,辨贤能,文(文王)武(武王)之道同伏戏,由之者治,不由者乱,何疑焉",把儒家所推崇的"文武之道"说得同于伏戏(羲),因为伏戏是楚人推崇的上古圣王。《楚辞·大招》说:"伏戏驾辩,楚劳商只",这是说伏戏创作《驾辩》之曲,楚人因之作《劳商》之歌(王逸《注》)。《系辞传》既说包牺氏作结绳而治,又说他"始作八卦","作八卦"是和"作结绳"是有密切联系的,当结绳而治的时期,原始巫术的占验方法就有"八索"之占。过去四川金川的彝族,"卖卜者手持牛毛绳八条","掷地成卦","如是者三,以定吉凶",称为"索卦","临阵时卜胜负。"(李心衡《金川琐记》,收入《小方壶斋舆地丛钞》第八帙)。《楚辞·离骚》说:"索蔓茅以筳篿兮,命灵氛为余占之。"筳篿是八段竹片,蔓茅是一种灵草,这是说用灵草作为绳索,绕在竹片上用来占卜,这是楚人沿袭"八索"之占的遗风。①据此可知,《系辞传》当是楚人的著作。

理想中的圣人之治 《易传》主张由圣人依据《易》的哲理来治理天下。《说卦》说:"圣人南面而听天下,向明而治。"《系辞传》引子曰:"《易》其至矣乎!夫《易》圣人所以崇德而广业也。知崇礼卑,崇效天,卑法地。天地设位而《易》行乎其中矣。"这是说圣人要依据《易》而效法天地,从而崇高其德,广大其业。《系辞传》又引子曰:"夫《易》何为者也?夫《易》开物成务,冒天下之道("冒"帛书作"乐",冒是包容之意),如斯而已者也,是故圣人以通天下之志,以定天下之业,以断天下之疑。"这是说《易》的作用可以开创事物,成就业务,圣人因此可以通达天下的意愿,奠定天下的事业,判断天下的疑问。《系辞传》

---

① 详于省吾《伏羲氏与八卦的关系》,收入《纪念顾颉刚学术论文集》上册,巴蜀书社一九九〇年版。

对于"事业"有解释："是故形而上者谓之道,形而下者谓之器,化而裁之谓之变("裁"帛书本作"施"),推而行之谓之通,举而措之天下之民,谓之事业。""形而上"是指抽象的理论,所谓"道"是指事物发展变化的规律。"形而下"是指有形象而能用感官来辨认的东西。"变"和"通"是指事物变化的原则。这是说圣人能够把事物"通"、"变"的原则,推行到天下人民中去应用,这就是"事业"。《系辞传》说:"是以明于天之道,而察于民之故,是兴神物,以为民用,圣人以此斋戒,以神明其德夫。""天之道"指事物发展的自然规律,"民之故"指社会的公共法则,这是说圣人从《易》明了"天之道"和"民之故",用以指导人民利用。《系辞传》接着进一步解说:"制而用之谓之法,利用出入民咸用之谓之神。"认为圣人如伏羲、神农、黄帝等,能够依据《易》的道理制作器物,使人民普遍利用,这种圣德微妙如"神",就是所谓"神物"。为此对"圣人之治"大加赞许说:"备物致用,立成器以为天下利,莫大于圣人。"《孔子三朝记》的《诰志篇》所说:"天生物,地养物,物备兴而时用常节,曰圣人。"用意是相同的。这和《老子》主张"圣人之治也,虚其心,实其腹,弱其志,强其骨,恒使民无知无欲也",又是对立的。

《系辞传》说:"河出图,洛出书,圣人则之。"这也是当时儒家所鼓吹的一种神话传说,就是《孔子三朝记·诰志篇》所说:"圣人有国,……于时龙至不闭,凤降忘翼","洛出服(符),河出图。"因为孔子曾说:"凤鸟不至,河不出图,吾已矣夫。"

对仁义的重视　韩愈《原道》提出了一个区别儒道两家的所讲道德的标准,认为儒道两家都讲道德,本质上是不同的,儒家是"合仁与义言之也","老子之所谓道德云者,去仁与义言之也"。这个标准确是值得注意的,儒家从曾子以后都很重视"仁义",曾子提出阴阳二气化生万物的宇宙观,就以为阴阳二气为"礼乐仁义之祖",接着子思、孟子又竭力宣扬仁义,后来就有仁、义、礼、智、信为五常之说。

《系辞传》十分重视"知"和"仁",例如说:"知周乎万物而道济天下,故不过。""安土敦乎仁(帛书作"安地厚乎仁"),故能爱。"认为依据《易》,"知"能够普遍认识万物的规律,因而它的"道"就能周济天下,解决天下所有的问题;同时由于《易》反映天地的规律,学习《易》就能"安地厚乎仁"。特别值得注意的是《系辞传》指出:"一阴一阳之谓道。继之者善也,成之者性也。仁者见之谓之仁,知者见之谓之知。""继"是说继续,"继之者",是说阴阳的精气继续不断地流行,可以得到"善"的内容。戴震《原善》以为"善"包括仁、义、礼三方面的内容,这确是儒家重视的道德标准。所谓"成之者性也",是说把"一阴一阳之道",成就在具体事物上就是"性"。所说"仁者见之谓之仁,知者见之谓之知",是说"道"的内容是包括仁、义、礼、知等多方面的,人们往往不能全面认识它,只能从自己所看重的方面去理解它,结果造成仁者谓之仁、知者谓之知的情况。据此可知,《系辞传》是把"仁"和"知"看作"道"的主要内容的。《系辞传》和《老子》同样讲阴阳两气化生万物的"道",主要内容是根本不同的。《系辞传》以"仁"和"知"作为"道"的主要内容,而《老子》说:"天地不仁,以万物为刍狗。"这就有力地表明《系辞传》不属于道家而属于儒家。

《系辞传》说:"圣者仁,壮者勇,鼓万物而不与众人同忧,盛德大业至矣哉"(此据帛书本,今传本作"显诸仁,藏诸用,鼓万物不与圣人同忧")。这里把"仁"作为"圣人"的主要道德,是和老子所说"圣人不仁,以百姓为刍狗",是不同的。

《系辞传》说:"天地之大德曰生,圣人之大宝曰位,何以守位曰人

（"人"原作"仁"，此从帛书），何以聚人曰财，理财正辞、爱民安行曰义
（"爱民安行"原作"禁民为非"，此从帛书）。"这里以"理财正辞、爱民
安行"作为"义"，用作圣人统治人民的必要准则。

　　对老子"道"的宇宙观的发展和革新　《系辞传》说："是故易有太
极，是生两仪，两仪生四象，四象生八卦，八卦定吉凶，吉凶生大业。"
太极就是太一，《庄子·天下篇》所谓老子"主之以太一"。帛书《系辞
传》"太极"作"大恒"，"大"和"恒"是老子所说"道"的本质。《老子》曾
说："道可道，非恒道"，又说道"先天地生"，"吾强为之名曰大"，并且
指出："道生一，一生二，二生三，三生万物。"先秦儒家推崇的是"天"，
只有开创道家学说的老子提出了"道"为宇宙本体而化生天地万物
的。十分明显，《系辞传》所说"一阴一阳之谓道"，大恒生两仪，是发
挥了老子宇宙论的思想。但是老子说："天下万物生于有，有生于
无"，是"无"中生"有"的。而《系辞传》所说的"道"是一阴一阳的统一
体，又称之为"大恒"，是自始至终存在的，不是"无"的。《系辞传》说：
"富有之谓大业，日新之谓盛德，生生之谓易"，"通变之谓事，阴阳不测
之谓神"。又说："穷则变，变则通，通则久。"这比老子阴阳循环变化的
见解有了飞跃的发展。据此可知，《系辞传》不仅发挥了老子的宇宙观，
而且有重大变革和发展，具有革新的作用。上面已经指出，《系辞传》所
讲的"道"是以仁、义、礼、知为主要内容的，原是儒家学说，《系辞传》的
作者发展和革新了老子"道"的宇宙论，以之作为儒家学说的理论根据。
这是以儒家学说为主，融合了道家学说，用来阐明"易"的哲理。

十　《商君书》代表的战国晚期卫鞅一派法家思想

　　进步的历史观　《商君书》不是一人或一时的著作，它是卫鞅学

派著作的汇编性质,成书时间已在公元前二六〇年长平之战以后。到战国末年它在社会上已很流行,韩非曾说:"藏商管之法者家有之。"(《韩非子·五蠹篇》)

《商君书》所反映的历史观,比《史记·商君列传》所载卫鞅和甘龙、杜挚等人辩论时发表的理论有了进一步的发展。它认为,在太古的昊英之世,即原始社会早期,人们只能靠伐木和狩猎来生活;到了神农之世,即原始社会末期,人们开始从事农业和纺织,不用刑罚就可以治理,不用战争而可以推选出首领。到了黄帝之时,即进入阶级社会,开始出现"以强胜弱,以众暴寡"的局面,这样就需要"作君臣之义","内行刀锯,外用甲兵",就是建立国家机构,对内使用刑罚,对外使用军队(《商君书·画策篇》)。用这种进步的历史观,来论证实行变法是历史发展的必然趋势,它主张"不法古,不修今,因世而为之治,度俗而为之法"(《商君书·壹言篇》)。既反对复古,又反对安于现状,主张积极地向前看,这在当时是有进步意义的。

主张加强法治和奖励耕战 《商君书》主要发挥过去卫鞅所主张的加强法治和讲究耕战的政策。它主张奖励告发"奸邪盗贼",对轻罪用重刑,从而加强法治的效果。它说:"王者刑用于将过(过错将要发生的时候),则大邪不生;赏施于告奸,则细过不失。"(《商君书·开塞篇》)它认为通过刑赏,还可以迫使人民为官府出死力。《说民篇》说:"怯民使之以刑则勇,勇民使之以赏则死。"它还认为通过刑赏,可以调整人民贫富不均的情况。因为用刑来监督农耕,可以使贫民变成富民;让富民纳粟买爵,可以使富民变成贫民。它说:"贫者益之以刑则富,富者损之以赏则贫。""贫者富,富者贫,国强"(《商君书·说民篇》)。

《商君书》十分强调重农政策,认为实行重农政策,可以开垦荒地,增加生产,使得国富兵强。《算地篇》说:"属于农则朴","朴则生劳而易力(肯出力)","易力则轻死而乐用(乐于为国君使用)","易苦(肯吃苦)则地利尽,乐用则兵力尽"。还可以使农民安居而便于统治,所谓"农则朴,朴则安居而恶出","朴则畏令"(《商君书·算地篇》)。

《商君书》认为"治国之要",在于坚定不移地推行耕战政策;并且把是否推行耕战提到决定国家兴亡和君主安危的高度,说:"国之所以兴者,农战也。""国待农战而安,主待农战而尊"(《商君书·农战篇》)。《商君书》所讲的奖励耕战政策,比卫鞅提出的又有了发展。它认为,秦国地广人稀,三晋地少人多,贫苦人民没有田宅,应该用"利其田宅而复之三世"(分配好的田宅,并让他们三代都免除徭役)的奖励办法,把他们吸引到秦国来开垦荒地(《商君书·徕民篇》)。从此秦国可以利用新来的农民从事农耕,用本国的农民从事战争,秦国就一定会富强,别国就必然灭亡。

完成统一的目标 《商君书》的政治目标,是谋求国家的"治"、"富"、"强"、"王"。"王"就是完成统一,建立统一的王朝。达到这个最高政治目标的办法,就是加强法治和讲究耕战政策。例如说:"故出战而强,入休而富者,王也。"(《商君书·外内篇》)又如说:"怯民勇,勇民死,国无敌者必王。"(《商君书·说民篇》)。《商君书》把重农重战看作唯一重要的政策,称为"作一"。认为"国'作一'一岁者,十岁强;'作一'十岁者,百岁强;'作一'百岁者,千岁强,千岁强者王"(《商君书·农战篇》)。

原来秦国是由商鞅变法而富强的,从而在历年的兼并战争中不断取得胜利,特别是在长平之战之后,由秦来完成全国统一的趋势已经形成,因此秦国的商鞅学派要总结过去商鞅变法使秦国富强的经验,促使秦国能够早日完成统一的历史任务。①

十一 荀子主张礼治的儒家学说

荀子事迹 荀子名况,赵国人。他年十五岁,到齐国国都临淄的稷下游学,到齐湣王灭宋后,曾南游楚国,到齐襄王时,又回到稷下,成为稷下最年老的老师(《史记·孟子荀卿列传》)。当范雎做秦相时,荀子曾入秦见秦昭王和范雎(《荀子·儒效篇》、《强国篇》),很称许秦国朝野的奉公守法。又曾到赵国,和临武君在赵孝成王前议论兵法(《荀子·议兵篇》),后来又到楚国做兰陵(今山东苍山西南兰陵镇)县令。公元前二三八年春申君去世,他就家居著书(《史记·孟子荀卿列传》)。

人力战胜自然的思想 在荀子的著作中,《天论篇》是非常杰出的。荀子认为天的变化是自然的变化,而且这种变化是有规律的,所谓"天行有常"。日月星辰的运行,春夏秋冬四季的更替,无论禹的时候还是桀的时候都是相同的,天不会因人们厌恶冷天而取消冬令,地也不会因人们厌恶辽远而缩小地面。日蚀月蚀的出现、风雨的失调、怪星的偶或出现,是世代常有的事。在种种自然的变化中,万物是各得其"和"以生的,各得其"养"以成的,因为人们看不见它们行事,而只见其成功,就称之为"神"。这个神不是指鬼神,而是指自然界变化

① 《商君书·更法篇》和《战国策·赵策二》第四章赵武灵王主张胡服的理论,有许多因袭的言辞,诸祖耿《战国策集注汇考》经过比勘,认为这是《商君书》作者抄袭《战国策》,而非《战国策》抄袭《商君书》。这个论断是可信的。因为这些言辞见于《战国策》的,确是就胡服而辩论,而《商君书》以此作为商鞅发布"垦草令"以前的辩论,就不很确切。

的规律。

荀子对自然界有比较正确的理解，他进一步认为人类社会的贫、病、祸、凶不是出于什么天意，而是由人自己来决定的。他说：务农而节用，天不能使他穷；营养足而适时的运动，天不能使他病；循着道而没有差失，天不能给予他祸害。他又说："天有其时，地有其财，人有其治。"也就是说："天"的"时"和"地"的"财"是需要"人"的"治"来利用它的。他又认为人的好、恶、喜、怒、哀、乐，是由于"形具而神生"，也就是说：人的精神活动是由于形体的物质存在而产生的，而形体是由自然所产生的。因而荀子把人类的情欲称为"天情"，把耳、目、鼻、口和形体称为"天官"，把指挥五官的心称为"天君"，把人类利用自然界万物来养活自己称为"天养"，把顺应人类生理需要就会使人得到幸福、违反人类生理需要就会使人遭到祸害的法则称为"天政"。荀子认为，人们如果能够"清其天君"——使心保持清醒，"正其天官"——正确地发挥五官的职能，"备其天养"——充分利用自然的供养，"顺其天政"——顺应按照人类生理需要而生活的法则，"养其天情"——正常表达自己的情感，人类的自然功能和需要就得到了保全。这样便明确了什么是可以做的，什么是不可以做的。于是，天地就尽其职守，万物都能为人役使。

荀子肯定"天"是自然的天，物质的天，完全按照自己的规律运行变化，与人类社会的治乱毫无关系。这种"天人相分论"，第一次把天与人、自然现象与社会现象区分开来，作出符合于当时生产力和科学水平的唯物主义的解释。他强调人类在认识自然、改造自然中的主观能动作用，主张"制天命而用之"（掌握自然的变化规律而利用它），这是光辉的人定胜天思想。但是，荀子这个"天人相分论"有它的局限性,他否定了探索自然规律的必要性,认为"圣人不求知天"(《荀子·天论篇》);人类对于天地万物,"不务说其所以然,而致善用其材"(《荀子·君道篇》)。这样不要求探索自然规律而只讲求对自然的利用,就不可能掌握自然规律而加以充分利用,对自然的利用也只能限于非常狭小的范围之内,这就大大限制了"制天命而用之"的实际效果。

人性本恶的理论 荀子在人性论方面,提出"人之性恶"的理论。他认为人类生来就有感官上的要求,饿了要吃饱,冷了要穿衣,劳苦了要休息,耳目爱好声色,人情有所嫉恶。人的天性是"好利"、"疾恶"、"好声色"的,如果顺其自然发展,必然要发生争夺、残贼、淫乱等罪恶行为。他又认为人类行为有"性"、"伪"之分,"性"是天然生就,所谓"凡性者,天之就也",是不经学习、不经努力而早就存在的。"伪"和"性"不同,是可以经过学习而学会的,经过努力而创造成功的。"性"本来是恶的,"伪"因为经过了学习和努力,才可能是善的。因此荀子认为人们必须有贤师和法律来纠正错误,必须用礼义来加以教导,使人们恶的"性"能够化为善的"伪"。如果王公、士大夫的子孙不学礼义,应该归到庶人一类去;如果庶人的子孙能够学礼义,应该归到卿相、士大夫一类去。经过不断的学习和努力,小人可以变为君子,普通人可以变为圣人。

荀子所说的善和恶,是以礼义和法度作为衡量标准的。他所谓"善",是指"正理平治",就是指符合正道、维护统治秩序的行为;他所谓"恶",是指"偏险悖乱",就是指反对和破坏统治秩序的行为。因此他所谓"性恶",就是指人们的本性"偏险悖乱",因此需要"为之立君上之势以临之,明礼义以化之,起法正以治人,重刑罚以禁之"(《荀子·性恶篇》)。荀子的性恶论,是作为其"礼治"主张的理论依据的。

礼治的主张 荀子认为人类能战胜自然,其原因在于能合群。人所以能合群,其原因在于能"分"。"分"既是指生产的分工、生产品的分配,也是指人们的等级划分。"分"的标准是"义"。他说:"故义以分则和,和则一,一则多力,多力则强,强则胜物。"(《荀子·王制篇》)同时,荀子认为人性本来是恶的,人类生来就有欲望,有欲望不能不有所追求,如果大家片面追求而没有"度量分界",就不能不发生争斗,发生争斗就要乱。所以要"制礼义以分之"(《荀子·礼论篇》),使人们各安于自己的等级身分而"各得其宜"。荀子所说"度量分界",主要是指"贵贱之等,长幼之差,智愚、能不能之分"(《荀子·荣辱篇》),或者说,"贵贱有等,长幼有差,贫富轻重皆有称者也"(《荀子·礼论篇》)。除了贵贱、长幼之外,又有"贫富轻重",再加上"智愚、能不能之分"。

荀子所说的礼和法是有区别的,礼主要起"化"的作用,法主要起"治"的作用。礼是统治的准则。他说"礼者,表也"(《荀子·天论篇》),"表"就是标志、准则的意思,礼就是统治的准则。因此,法必须根据礼来制定。他说:"化性而起伪,伪起而生礼义,礼义生而制法度。"(《荀子·性恶篇》)这是说,改变本性的恶,树立人为的善,随着人为的善的树立就产生了礼义,随着礼义的产生就制定了法度。因为法度是要依据礼义来制定的,所以说:"礼者,法之大分(纲领),类(类似法的条例)之纲纪也"(《荀子·劝学篇》),"法者,治之端也"(《荀子·君道篇》)。可见荀子的政治思想是以礼义为主体而又兼重法的。

主张用"仁义"和"王道"来完成统一 基于上述理论,荀子认为

运用"礼义"才能达到统一天下的目的,就是所谓"义立而王"。首先
要依据"礼义"来制定"义法",也就是"王者之法",或者说"千岁之信
法"。其次需要选择"王者之人"来执行"王者之法",选择好一个能够
执行"王者之法"的相国。他主张"论一相,陈一法,明一指",就是要
实行中央集权,统一法制,确立一个起指导作用的政治纲领。他认
为,能够做到"其法治,其佐(指相国)贤,其民愿,其俗美",四者都属
于上等的,叫做"上一",做到"上一"就可以建成统一的"王"业(《荀
子·王霸篇》)。荀子说:"君者舟也,庶人者水也。水则载舟,水则覆
舟。"(《荀子·王制篇》)把国君与人民的关系看作水与舟的关系,这
样的认识是比较深刻的。因此他主张采用"节用裕民"、减轻赋税等
措施来缓和阶级矛盾,采用"以德服人"的"仁义"和"王道"来争取人
民归向,从而完成统一的历史任务。他认为,用王道可以取天下,用
"霸道"只能使一国强盛。拿王道和霸道相比,霸道是次要的;拿仁义
和武力相比,武力是次要的。要完成统一,只能以仁义为主,以武力
为辅,"以不敌之威,辅服人之道"(《荀子·王制篇》)。因此他认为当
时秦国的"锐士",不及齐桓公、晋文公的"节制"之师,而桓、文的"节制"
之师又不可以对敌商汤、周武王的"仁义"之师(《荀子·议兵篇》)。

十二 韩非兼用法、术、势的法家学说

韩非事迹 韩非是韩国的贵族,他和李斯同是荀子的学生,讲究
法家之学。曾多次上书劝谏韩王安,没有被采纳。"为人口吃,不能
道说,而善著书"。秦始皇读到他所著《孤愤》、《五蠹》等篇,极为赞
赏。公元前二三四年,他为韩出使于秦,上书秦始皇劝先伐赵而缓伐
韩,遭到李斯和姚贾的谗害,于次年被迫服毒自杀。他的政治学说,

基本上被秦始皇和李斯所采用。

法、术、势的兼用 韩非"观往者得失之变"（《史记·韩非列传》），把秦国和东方六国的统治经验作了比较，认为秦由于"法明"、"罚必"，使得"忠臣劝"、"邪臣止"，因而"地广主尊"；而东方六国与此相反，由于"群臣朋党比周以隐正道，行私曲，而地削主卑"（《韩非子·饰邪篇》）。还认为三晋由于"慕仁义而弱乱"，秦由于"不慕而治强"；秦之所以还没有能够完成统一的帝业，是由于"治未毕也"（《韩非子·外储说左上篇》）。

同时韩非还进一步把当时法家的"法"、"术"、"势"三派的得失作了比较，认为必须综合采用三派的长处才能胜利完成统一的帝王之业。任法的一派以卫鞅为代表，着重讲究法律条文的制定和赏罚的执行。用术一派以申不害为代表，着重讲究对官吏的选拔任用、监督考核、奖赏处罚以及驾驭的方法手段。重势一派以慎到为代表，着重讲究保持和运用国君的权势地位。韩非认为秦用卫鞅之"法"，国富兵强，但是因为"无术以知奸"，国家富强的成果却被大臣利用为扩张其私门势力的资本。秦昭王时穰侯魏冉攻齐胜利就取得陶邑作为私封，应侯范雎攻韩胜利就取得汝南（即应）作为私封，"自是以来，诸用秦者，皆应穰之类也"，因而秦强盛数十年而"不至于帝王"。还认为韩昭侯用申不害的"术"，因为法令不统一，前后矛盾，仍使奸臣有机可乘，因而申不害执政十七年而"不至于霸王"（《韩非子·定法篇》）。韩非主张取长补短，把"法"、"术"、"势"三者结合使用。他把国家比作君主的车，"势"比作用来拖车的马，"术"比作驾驭的手段。认为君主如果没有"术"去驾驭臣下，"身虽劳犹不免乱"；如果有"术"来驾驭，"身处佚乐之地，又致帝王之功也"（《韩非子·外储说右下篇》）。

所谓"致帝王之功",就是指完成统一的帝王之业。

当时法家用"术"的主张,是吸取黄老学派的学说而加以发挥的。韩非十分重视用"术",因而他不仅集法家"法"、"术"、"势"三派的大成,也还进一步发挥了黄老学派用"术"的学说。《韩非子》中《主道》、《扬权》等篇就是这方面的著作。所以司马迁说他"喜刑名法术之学,而其归本于黄老"(《史记·韩非列传》)。

为实现统一的法家政策 韩非为求实现统一全中国的事业,根据他兼用"法"、"术"、"势"的理论,制定了一系列的法家政策,主要有下列三点:

(一)加强君主集权,剪除私门势力,选拔"法术之士"。韩非主张建立中央集权的统一国家,要做到"事在四方,要在中央。圣人执要,四方来效。虚以待之,彼自以之"(《韩非子·扬权篇》)。他认为商周两代的衰亡,是由于"诸侯之博大";晋齐两国的被"分""夺",是由于"群臣之太富"。因此主张用"术"来除掉好比"虎"的奸臣,要做到"散其党","夺其辅"(《韩非子·主道篇》)。他认为君臣之间"利害有反"(《韩非子·内储说下篇》),必然要争权夺利,"上下一日百战",因而君主必须对臣下用"术"来"探其怀,夺之威"(《韩非子·扬权篇》)。还主张从基层逐步提拔有实际经验而又经过考验的人,强调"宰相必起于州部,猛将必发于卒伍"。认为只有这样才能使得官职越大,政事治理得越好,这就是"王之道也"(《韩非子·显学篇》)。

(二)以法为教,以吏为师,禁止私学。韩非认为当时士的"私学"和统治者是"二心"的,他称之为"二心私学"。这种"二心私学","大者非世,细者惑下","诽谤法令",如果"不禁其行,不破其群,以散其党",是要"乱上反世"的(《韩非子·诡使篇》)。他把学者(指儒家)、言谈者(策士说客)、带剑者(游侠刺客)、患御者(逃避耕战而依附重臣的人)、商工之民并称为"五蠹"。认为"明主之国,无书简之文,以法为教;无先王之语,以吏为师;无私剑之捍,以斩首为勇",这样就可以使得"无事则国富,有事则兵强,此之谓王资"。所谓"王资",就是建成统一王业的凭藉。有了这样的"王资"就可以战胜敌人,建立"超五帝、侔(齐)三王"的帝王之业(《韩非子·五蠹篇》)。

(三) 厉行赏罚,奖励耕战,谋求国家富强。韩非说:"明其法禁,必其赏罚,尽其地力以多其积,致其民死以坚其城守,……此必不亡之术也。"(《韩非子·五蠹篇》)还说:"能趋(原误作"越",从顾广圻改正)力于地者富,能趋(原误作"起")力于敌者强,强不塞(闭塞)者王。"(《韩非子·心度篇》)

以上三点,正是后来秦始皇在创建统一国家的过程中努力加以实行的。

主张按照客观规律办事　韩非通过对《老子》的解释,阐明了他的唯物主义自然观。他认为"道"和"理"是有区别的:"道"是万物发生发展的根源,同时又是自然界根本的总规律,而"理"是用来区别事物性质的特殊规律。不过韩非所说的"理",只是指事物外部的性质和条理,并不是事物内部的联系。韩非说:"万物各异理而道尽稽万物之理。"就是说:各种不同的事物,各有其特殊的规律,所有万物的特殊规律,共同体现了自然界根本的总规律。韩非强调按照规律办事,称为"缘道理"。他说:"夫缘道理以从事者,无不能成。"又说:"今众人之所以欲成功而反为败者,生于不知道理而不肯问知而听能。"这里认为做事的成败关键,就在于"知道理"和"缘道理"。韩非在解释《老子》"祸兮福之所倚,福兮祸之所伏"这话时,指出对立面的相互转化是有条件的。他说"人有祸则心畏恐",因而"行端直"、"思虑熟",因而"得事理则必成功";反之,"人有福","骄心生则行邪僻而动弃理","动弃理则无成功"(《韩非子·解老篇》)。他认为祸与福的互相转化,关键在于人的主观努力,决定于"得事理"或"动弃理",也就是决定于是否能够按照客观规律办事。这是对《老子》辩证法思想的重要发展。

韩非在他那个时候认识到要按客观规律办事,这是难能可贵的。他指出农业生产的增长,不外乎依靠"天功"和"人为"。"风雨时(适时),寒温适(适时)",因而取得"丰收之功",这是"天功"的作用。"不以小功妨大务,不以私欲害人事,丈夫尽于耕农,妇人力于织纴",这样由于劳动力合理分配和劳动者努力生产,提高了生产力,这是"人为"的作用。而头等重要的是,"举事慎阴阳之和,种树节四时之适,无早晚之失、寒温之灾"(《韩非子·难二篇》),就是说生产者必须不违背自然变化的规律,把握种植的季节,不误农时,同时注意防止自然灾害,从而保证丰收。这样就使"人为"适应"天功"而起更大的作用。

"当今争于气力"的思想　战国时代各派学者对于历史的发展是有各种不同的看法的。墨子因为主张兼爱、尚同,认为乱的起因是人们自爱不相爱,"古者民始生未有刑政之时","大乱如禽兽然"(《墨子·尚同上篇》)。孟子因为主张恢复古代的制度,把历史的发展看成是倒退的,例如说:"五霸者,三王之罪人也;今之诸侯,五霸之罪人也。"(《孟子·告子下篇》)而荀子为了要维护等级制度,把历史看成永恒不变的,认为"古今一度也,类不悖,虽久同理"(《荀子·非相篇》)。至于韩非,认为历史是不断进步的:上古之世由于人民少而禽兽多,有巢氏出来"构木为巢";由于生吃伤害腹胃,燧人氏出来"钻燧取火";中古之世由于天下大水,鲧、禹出来治水;近古之世由于"桀、纣暴乱",汤(商汤)、武(周武王)出来征伐。因此,如果在夏后氏之世"构木为巢"和"钻燧取火",就要被鲧、禹所笑;如果到当今之世赞美"尧、舜、汤、武之道","必为新圣笑矣"。韩非把历史的进步归结为少数"圣人"的作用,当然是不正确的,但是他认为鲧、禹的代替有巢氏、燧人氏,汤、武的代替鲧、禹,"新圣"的代替汤、武,是历史发展的必然趋势,是具有进步意义的。韩非依据其历史进化的思想,主张"不期修古,不法常可",为他的变法主张提供理论根据。韩非还认为古时人民少而财有余,没有争夺;后来人口多而财物少,因而发生争夺。由此得出结论:"上古竞于道德,中世逐于智谋,当今争于气力。"(《五蠹篇》)这样把人口增长看作历史变动的主要原因,当然是不正确的,但是他认为人性是随着物质条件的变动而发生变化,是历史发展的产物,是具有唯物主义因素的观点。这种"当今争于气力"的观点,就是他主张"明君务力"(《韩非子·显学篇》)、奖励耕战的理论根据。

性恶论的扩大　　韩非是提倡极端专制主义的。他认为人与人的关系,建立在相互的利害关系上。在当时官僚制度下,官僚出于国君雇用,等于商业买卖关系,"臣尽死力以与君市,君重爵禄以与臣市"(《韩非子·难一篇》),因此治理国家不能靠爱怜,也不能靠讲究仁、义、智、能。他常常以家庭的情况来比国家。当时由于社会经济制度的不合理,已有"产男则相贺,产女则杀之"的现象。他就根据这点认为父母对于儿女尚且"用计算之心相待",何况没有父子那样亲密关系的君臣关系(《韩非子·六反篇》)。他又拿"慈母有败子"为例,认为只有威势可以禁暴,厚德不足以止乱(《韩非子·显学篇》)。他又说：母亲的爱儿子加倍于父亲，而父亲命令实行的可能性却十倍于母亲；官吏对于人民没有爱，而其命令实行的可能性却万倍于父母。父母希望儿子能够安全有利，能够不犯罪，儿子往往不听从；君主要人民出死力，命令却能够执行，所以明主不应培养"恩爱之心"，而要增强"威严之势"（《韩非子·六反篇》）。所有这些说法，可以说是性恶论的扩大，都是从维护和加强君主专制制度出发的。

韩非同时主张国君不必是圣贤。他认为尧、舜和桀、纣都是千载难逢的，一般的国君都上不及尧、舜，下不为桀、纣，"抱法处势则治，背法去势则乱"（《韩非子·难势篇》）。如果放弃法、术而用心来治理，尧也不能治一国；而一个中等的君主守着法、术来治理，如同一个拙匠守着规矩尺寸来做工，是万无一失的（《韩非子·用人篇》）。这样就把法治观念发展到了顶点。

十三　重视生产、计划、法令、术数的齐法家学说

《管子》中齐法家的著作　齐法家推崇管仲为他们法家的开创者，因而战国学者常以管仲与商君并称，如《韩非子·奸劫弑臣篇》就说："上主明法"，"此管仲之所以治齐，而商君之所以强秦也。"《管子》一书主要是齐法家著作的汇编，因推崇管仲，收入多篇叙述管仲治齐的记述，并有伪托管仲所著的篇章，因而以《管子》为书名。

《管子》开头有《经言》九篇，包括《牧民》、《形势》、《权修》、《立政》、《乘马》、《七法》、《版法》、《玄官》、《玄官图》，都是齐法家比较重要的著作。末尾《轻重》十九篇以前，有《管子解》五篇，包括《牧民解》（已佚）、《形势解》、《立政九败解》、《版法解》、《明法制》，当是后学对《经言》中《牧民》等篇以及《明法篇》的解说，可知当时齐法家对这几

篇《经言》以及《明法篇》的重视。

对发展生产和分明赏罚的重视　《牧民篇》是讲统治人民的方法，"牧"具有加以教养的意思。他们认为国家统治秩序的维持，主要依靠人民有着"礼义廉耻"的教养，因而说：礼义廉耻是"国之四维"，"四维不张，国乃灭亡"。还认为，要人民有"礼义廉耻"的教养，执政者必须重视发展生产，改善人民生活；同时严格执行法令，使赏罚分明，对人民有奖励和劝戒作用。他们说："仓廪实则知礼节，衣食足则知荣辱，上服度则六亲固，四维张则法令行"；"严刑罚则民远邪，信庆赏则民轻难，量民力则事无不成。"

《立政篇》是讲国君主持行政工作的办法，认为"治国有三本，安国有四固，富国有五事"。"三本"是任用官吏必须看"德"（德行）、"功"（功绩）、"能"（才能）是否适当。"四固"是要使"大德至仁"的人执掌权柄，"见贤能让"，"罚不避亲贵"，"好本事（农业生产），务地利，重（重视）赋敛"。"五事"是指山泽的开发，水利的治理，桑麻五谷的种植，六畜的饲养和瓜果的播种，禁止工匠讲究雕刻和禁止女红追求花饰。作者认为要完成"五事"，必须及时发布命令，责成主管的官吏监督执行。还要防止"九败"（九种败坏）和实行七观（七方面观察）。

其中防止"九败"是重要的，《立政九败解篇》对此作了解释。他们说：第一败是"寝兵之说胜，则险阻不守"。这是反对宋钘、尹文、公孙龙等人主张"寝兵"（或作"偃兵"，即废止军备）。第二败是"兼爱之说胜，则士卒不战"。这是反对墨子主张"兼爱"。第三败是"全生之说胜，则廉耻不立"。这是反对杨朱、子华子等人主张"全生"的，因为既要"全生"，就要大讲养生之道，注意饮食滋味，讲究声色，"纵欲妄行，男女无别，反于禽兽"（《立政九败解篇》）。第四败是"私议自贵之说胜,则上令不行"。这是反对道家的,因为"私议自贵",就要"退静隐伏,窟穴就山"(《立政九败解篇》)。此外五败,是反对"金玉货财之说"、"群徒比周之说"、"观乐玩好之说"、"请谒任举之说"、"谄谀饰过之说"。

对计算筹划的重视 齐法家还对经济、政治上的重大问题,主张事先要计算筹划。《乘马篇》的"乘"是加减乘除的"乘","马"是计数筹码的"马"。认为国都的建设要"因天材,就地利",耕作的土地必须合理的调整,山泽的开发必须有计划,士农工商的工作要分配适当,耕田使用犁也要适当,"丈夫二犁,童五尺一犁",就是说成年男子可使用两牛牵引一大犁,未成年男子只能使用一牛牵引一小犁。而且要"均地分力,使民知时也",不能"失时"。他们说:"圣人之所以为圣人者,善分民也","唯圣人为善托业于民。"他们认为"地均分力",就是实行"与之分货"的制度,这样就使"夜寝蚤(早)起,父子兄弟不忘其功,为而不倦,民不惮劳苦"。"审其分,则民尽力矣"。就是说"均地分力"可以促使各户努力耕作。

《七法篇》把"则"(事物发展变化的原则)、"象"(事物的形象,包括外形、名称、时代、类别、状态等)、"法"(事物的规格,包括尺度、体积、重量等)、"化"(事物的相互教化,包括渐变、顺服、磨炼、持久、适应、习惯等)、"决塞"(事物的矛盾对立,包括予与夺、险与易、利与害、难与易、开与闭、杀和生等)、"心术"(心中打算,包括老实、忠诚、宽厚、施舍、度量、宽恕等),"计数"(调查结果的统计结论,包括刚柔、轻重、大小、实虚、远近、多少等)称为"七法"。认为要制定法制,用以治理人民和统一思想行动,移风易俗;发布命令,举办大事,论材审用,都必须按"七法"经过调查研究。

《八观篇》认为了解国情必须作八个方面的调查研究：(1)巡视田野察看耕耘，计算农业生产；(2)巡视山泽察看桑麻，计算六畜生产；(3)进入都城察看宫室、车马和衣服；(4)考查灾荒，计算从军人数，察看台榭，计量财政开支；(5)进入州里察看风俗习惯，了解人民所接受上面的教化；(6)进入朝廷观察君主左右，分析朝廷上下所重视的和轻视的；(7)考察法令的执行情况，有哪些行于民与不行于民的；(8)估量敌国和盟国的强弱，考量君上的意志，考察人民生产的有余或不足。

重视农业的政策　《管子》有《治国篇》，认为"治国之道必先富民(农民)，民富则易治也"。主张重视"本事"(农业生产)，禁止"末作文巧"(奢侈的工商业)。还认为农民的苦难，由于官府的急暴的征税和商人操纵粮食的买卖。官府的急暴征税，迫使农民以"借一还二"的高利贷应付。商人秋天买进的粮价是"五"，而春天卖出的粮价是"十"，又是"借一还二"的高利贷性质。当雨水不足时，农民又要靠"借一还二"高利贷来雇人浇地。再加上关市的税、政府规定常年征收的"什一之税"以及各种劳役，也等于一项"借一还二"的高利贷。这样一个农民要养四个高利贷的债主，因而农民常常流亡，家无积蓄。他们特别指出："嵩山之东("嵩"原误作"常"，从《管子集校》一说改正)，河(黄河)、汝(汝水)之间，蚤(早)生而晚杀("杀"谓凋落)，五谷之所蓄也。四种而五获(四季种植而五谷皆收)，中年亩二石(中等年成亩产二石)，一夫粟二百石(一夫种百亩收二百石)。今也仓廪虚而民无积，农夫所以粥(鬻)子者，上无术以均之也。"嵩山以东，黄河、汝水之间，今河南省中部，是当时农业生产最好的地方。当时中原地区一般农田的生产，中等年收亩产一石半，当战国初期李悝在魏国推行"尽地力之教"时，就是这样估计的"河汝之间""中年亩二石"，是当时最高的亩产量，但是农民还是穷得出卖儿女，因此他们主张要重农抑商，使农、士、工、商的每年收入不要相差太多，这样就使得农民能够专一务农而开垦田野，"粟多则国富，奸巧不生则民治，富而治，此王之道也"。

术数、法令、分职、威势的兼用 《管子》的《明法》和《明法解》两篇，是齐法家讲究法家统治理论的主要文章，《明法篇》的著作较早，《明法解篇》是详细解释《明法篇》的，著作当已在战国晚期。他们和韩非一样主张"法"、"术"、"势"的兼用，但是比较重视"术数"方面，还特别提出了"分职"。《明法解篇》开头就说："明主者，有术数而不可欺也，审于法禁而不可犯也，察于分职而不可乱也。"同时指出"明主在上位有必治之势"，群臣就不敢为非和不敢欺主，"以畏主之威势也"。"人主者，擅生杀，处威势，操令行禁止之柄，以御其群臣，此主道也"。他们认为，国家危亡有四种情况，法令一开始就发不出去叫做"灭"；发出去中道被留住叫做"壅"，下情一开始不能上达叫做"塞"，上达中道被停留叫做"侵"，都是法制不能确立的原因。《明法解篇》指出，必须"有不蔽之术，故无壅遏之患"。"明主者兼听独断，多其门户。群臣之道，下得明上，贱得言贵，故奸人不敢欺。乱主则不然，听无术数，断事不以参伍"。所谓"兼听独断，多其门户"，就是用"术数"使臣下不可欺。所谓"断事不以参伍"，就是"听无术数"。可知用"术数"就是要"断事以参伍"，要多方面加以比较考验。《明法解篇》还说："主无术数则群臣易欺之，国无明法则百姓轻为非。"又说："明主操术任臣下，使群臣效其智能，进其长技。故智者效其计，能者进其功。以前言督后事，所效当则赏之，不当则诛之，张官任吏治民，案法试课成功，守法而法之，身无烦劳而分职明。"可知齐法家所说"术数"，基本上和申不害所说的任用、监督、考核臣下的"术"相同的，所说"分职"也就是申不害所说的"治不逾官"；所谓"兼听独断"也就是申不害所说听到、看到和知道一切而后做到"独断"。

齐法家把申不害所说的"术"，加以扩展而使用"术数"，是一个重大发展。齐法家观察事情和分辨是非，讲究"七法"和"八观"的调查研究。"七法"的调查研究，最后一法叫"计数"，就是总结调查研究的结果，要归结成"计数"，这个"数"就是指事物发展变化的规律，其中包括数量上变化规律，也包括质量上变化规律。《七法篇》说："刚柔也，轻重也，大小也，实虚也，远近也，多少也，谓之计数。"又说："举事必成，不知计数不可。"这个"数"既包括数量多少的变化，体积大小的变化，距离远近的变化，重量轻重的变化，还包括性质上刚柔、虚实等等的变化。因而这个"数"就具有事物发展变化的规律性质。《荀子·富国篇》开头就说："万物同宇而异体，无宜而有用为人（"为"读作"于"），数也。"这个"数"是指万物发展变化规律。《荀子·议兵篇》说秦"四世有胜，非幸也，数也"。这个"数"就是指军事发展变化规律。《管子·法法篇》说："上无固植（上面意志不坚定），下有疑心，国无常经（指经常的法制），民有不竭（人民不肯尽力），数也。"这里"数"是指政治发展变化规律。《汉书·艺文志》把天文、历法、五行、占卜的著作称为"数术"，"数术"也称"术数"，因为这类著作都是讲自然发展规律的。因为古时科学技术和迷信方术相混，天文和历法是讲究自然发展变化的科学规律，五行和占卜就混有迷信的方术。齐法家使用于政治上的"术数"，当然是指国家大事发展变化的规律，因而这种"术数"实质上就是政治学。《明法篇》说："有权衡之称者不可欺以轻重,有寻常之数者不可差以长短。"齐法家主张君主必须用"术数"来防止臣下的欺诈,就是主张用"七法"和"八观"的调查研究,辨明国家的真情,使君主能够按照事物发展变化规律来治理。申不害和韩非所用的"术"是隐秘而不给人知道的,而齐法家所用的"术数",要根据多方面调查研究的结果,当然是公开进行的。

正因为齐法家重视"术数",如同韩非一样把推行法家政策的大臣,称为"法术之士"。《明法解篇》说:"凡所谓忠臣者务明法术","治则奸臣困而法术之士显。"《韩非子·人主篇》也说:"且法术之士与当涂(途)之臣不相容也。"

"任法"和"法法"的主张　《管子》有《任法篇》,主张一切依凭法制而行动,所谓仁义礼乐皆出于法,"此先圣之所以一民者也"。他们认为"君臣上下贵贱皆从法,此之谓大治"。圣君只要"守道要","垂拱而天下治"。《管子》还有《重令篇》,主张一切以法令为重,必须做到"号令"足以"使下","斧钺"(指刑罚)足以"威众","禄赏"足以"劝民"。所谓"守道要",就是要依据天道作为纲要。《重令篇》说:"天道之数,至则反,盛则衰;人心之变,有余则骄,骄则缓怠。"因此必须做到"国虽富,不侈泰,不纵欲;兵虽强,不轻侮诸侯,动众用兵必为天下政(正)理(即正义)"。所谓"天道之数","数"就是指发展变化规律。

《管子》又有《法法篇》,所谓"法法",前"法"字是动词,就是要以执"法"的手段来推行法治。开头说:"不法法则事毋常,法不法则令不行。"就是说:不用执"法"手段来推行法治,事情就没有常规;"法"不用执"法"手段去推行,法令就不能执行。他们认为法令之所以不能推行,往往由于赏罚定得太轻,如果赏罚重而不能推行,该是由法令定得不切实际,君主不能以身作则,因此制定法令要慎重,对人民的要求要适当,不能"求多"、"禁多"和"令多","俭"是君主必须掌握的"道",要确实做到"宪律制度必法道,号令必著明,赏罚必信,此正民之经也",因此他们主张对小过不能赦,赦小过就会使人逐渐累积成重罪,以致妨碍法令的执行。法令一经公布,就该"引之以绳墨,绳之以诛僇(戮),故万民之心皆服而从上,推之而往,引之而来",这样"明君在上,道法行于国",就使得"贤者劝而暴人止",人民"蹈白刃,受矢石,入水火,以听上令。上令尽行,禁尽止,引而使之,民不敢转其力;推而战之,民不敢爱其死。不敢转其力,然后有功;不敢爱其死,然后无敌。进无敌,退有功,是以三军之众皆得保其首领,父母妻子完安于内"。这就是他们理想中的"大治"境界。

他们这种理论和主张,是从黄老学派发展而来。他们指出:"黄帝之治天下也,其民不引而来,不推而往,不使而成,不禁而止。故黄帝之治也,置法而不变,使民安其法也。""尧之治天下也,犹埴(粘土)之在埏(模型)也,唯陶(陶工)之所为;犹金之在炉,恣冶(冶匠)之所铸,其民引之而来,推之而往,使之而成,禁之而止。故尧之治也,善明法禁之令而已矣"(《任法篇》)。他们主张用尧的治法,以为比"黄帝之治"进了一步,就是他们所谓"牧民"。

顺应"天道"发展变化趋势和规律的理论　《管子》有《形势篇》阐释他们政治主张是顺应"天道"发展变化趋势和规律的。《形势解篇》是逐段逐句解释《形势篇》的,这是《管子》书中文章较长的一篇。《形势篇》讲到君主要"王天下"必须"得天之道"。"道之所设,身之化也,持满者与天,安危者与人"。这与春秋末年越国大臣范蠡所说:"恃盈者与天,定倾者与人"(《国语·越语下》),看法是相同的。《形势解篇》解释说:"天之道,满而不溢,盛而不衰。明主法象天道,故贵而不骄,富而不奢,行理而不惰,故能长守贵富,久有天下而不失也,故曰持满者与天。明主救天下之祸,安天下之危者也。夫救祸安危者,必待万民之为用也,而后能为之,故曰安危者与人。"这与《重令篇》主张符合"天道之数",《法法篇》主张"俭其道乎",是一致的。他们认为君主制定法令,必须使天下致利除害,合于民心的好恶,合于民情,是符合于天道的;做到"静其民而不扰,佚其民而不劳",也是符合于天道的。《形势解篇》还说:"人主务学术数,务行正理,则化变日进,至于大功。"这是说君主必须努力学习"术数",努力按正义行事,就能顺从事物发展规律而变化,天天进步,从而成就大功,因为"术数"就是讲究事物发展变化规律的。《形势篇》说:"疑今者察之古,不知来者视之往。万事之生(性)也,异起而同归,古今一也。"这是说古往今来,事物开始虽有不同,发展变化的规律是一致的,要解决今天的疑问只要观察以往的变化,要知将来的结果只要看过去的发展。

十四　鹖冠子实现"大同"的道家学说

鹖冠子的著作　鹖冠子,楚人,战国末年隐居于深山,常戴鹖冠(插有鹖尾的武冠),因以为号,佚其姓名。《汉书·艺文志》道家著录有《鹖冠子》一篇。唐代韩愈所见有十六篇,曾说:"《鹖冠子》十有六篇,其词杂黄老刑名。"今本《鹖冠子》有三卷十九篇,宋代陆佃注解。其中《世贤篇》记述赵卓(悼)襄王和庞煖的问答,《近迭》、《度万》、《王铁》、《兵政》、《学问》等篇记述庞子和鹖冠子的问答,鹖冠子是庞子之师。庞煖是著名的兵家和纵横家,《汉书·艺文志》兵权谋家著录有《庞煖》三篇,纵横家又著录有《庞煖》二篇。庞煖是赵悼襄王时的将军,公元前二四二年(赵悼襄王三年)庞煖曾擒杀燕将剧辛,次年曾率赵、楚、魏、燕四国的锐师攻秦。《鹖冠子·世兵篇》曾讲到"剧辛为燕将，与赵战，军败，剧辛自到，燕以失五城"。可知《鹖冠子》的著作尚在赵悼襄王去世之后，庞煖的从鹖冠子为师当在其前。清代学者沈钦韩认为今本《鹖冠子》中有庞煖论兵法，"《汉志》本在兵家，为后人傅（附）合耳"。这是可能的，如《世贤篇》所记赵悼襄王和庞煖的问答，与鹖冠子无关，鹖冠子的著作不应述及。《武灵王篇》记述赵武灵王和庞焕的问答，也与鹖冠子无关，庞焕一本作庞煖，疑原来本是赵悼襄王和庞煖的问答，今本出于后人误改。

鹖冠子是战国时代最后一个道家，他说"泰上成鸠之道"已经用了一万八千岁，"得此道者，何辨谁氏，所用之国，天下利耳"。他要广为推行，从而使"天下利"的。这就是鹖冠子的主要政治主张。

所谓"泰上成鸠之道"　《鹖冠子·王铁篇》说："泰上成鸠之道，一族用之万八千岁"，又称"泰上成鸠"为"成鸠氏"。陆佃注："传曰：天地初立天皇，一曰天灵，其治万八千岁，然则九鸠盖天皇之别号也。"其实泰上成鸠氏，当为泰皇。后来秦王政统一天下，命丞相、御史等议论称号，臣下与博士奏议说："古有天皇，有地皇，有泰皇，泰皇最贵。"泰上成鸠氏既称为"泰上"，当然是最贵的。泰皇这个称号原是从道家把"道"称为"泰一"（即太一）而来，所以鹖冠子把"泰上成鸠之道"又称为"泰一之道"。鹖冠子所说的"泰一之道"是"执大同之制"的，原是道家对"三皇"时代原始社会的认识。《白虎通·号篇》说："号之为皇者，煌煌人莫违也。……故黄金弃于山，珠玉捐于渊，岩居穴处，衣皮毛，饮泉液，吮露英，庸无寥廓，与天地通灵也。"《风俗通义·皇霸篇》又说："皇者天，天不言，四时行焉，百物生焉。三皇垂拱无为，设言而民不违，道德玄泊，有似皇天，故称曰皇。"这样把原始社会看作三皇时代，就是取自道家的学说。《鹖冠子·泰鸿篇》说："泰一者，执大同之制，调泰鸿之气，正神明之位也。"《泰录篇》又说："入论泰鸿之内，出观神明之外，定制泰一之衷，以为物稽。天有九鸿，地有九州，泰一之道，九皇之傅，请成于泰始之末。"所谓"泰鸿之内"，就是指整个天下，因为他们认为天上有"九鸿"的划分，如同地上有"九州"的划分。他们认为泰皇所制定执行的"大同之制"，是符合天道的。

鹖冠子是隐居深山的道家，他主张推行泰皇的"泰一之道"，是自然的。他高明的是，不主张推行原始社会的生活，而强调"大同之制"。他所讲的"大同之制"，重视以法制安定人民生活，讲究选拔人才来加强治理，并且实行全民皆兵的制度，力求无敌于天下。很明显，这种"大同之制"已不是原始社会的形态，而是一种"大同"的高级理想。

所谓"太一"的"大同之制" 《鹖冠子·王铁篇》就载庞子向鹖冠子请教"泰一成鸠之道"，鹖冠子作了详细说明。他理想中的国家组织，是按照楚国的行政组织而设想的，主张所有人民的"下情"，可以由伍长、里有司、甸长、乡师、县啬夫、郡大夫逐级向上汇报，最后由柱国、令尹报告天子。所有统治者的"上惠"，由柱国、令尹向下逐级传达，要做到下情"六十日一上闻，上惠七十二日一下究"，使得"为善者可得举，为恶者可得诛"，包括柱国、令尹在内，同样为恶得诛。他所说"大同之制"，就是要实现世界大同的理想，做到"化立俗成，少则同侪，长则同友，游敖同品，祭祀同福，死生同爱，祸福同忧，居处同乐，行作同和，吊贺同杂，哭泣同哀，欢欣足以相助，偈谍足以相止，安平相驯，军旅相保，夜战则足以相信，昼战则足以相配，入以禁暴，出正

(征)无道,是以其兵能横行诛伐,而莫之能御,故其刑设而不用,不争而权重,车甲不陈而天下无敌矣","故能畴合四海,以为一家,而夷貉万国,皆以时朝服致绩"(《鹖冠子·王𫓧篇》)。这是鹖冠子所讲道家的"大同"世界的理想,这比道家首创者老子的"无为而治"和回复到远古"小国寡民"的理想,有了飞跃的发展。鹖冠子主张用"道德"和"法令"以及广泛选拔人才来实行他的"大同之制"的理想。

对法制的特别重视　鹖冠子在阐释"泰上成鸠之道"所执行的"大同之制"中,说明"成鸠所谓得王𫓧之传者也"。"王𫓧者,非一世之器也,以死遂生,从中制外之教也"。陆佃注:"王𫓧,法制也。""𫓧"与"斧"音同通用,原指腰斩的刑具。他所说"王𫓧"实即"王法"。他认为"王法"规定斩杀危害国家的罪犯,可以达到教导人们不犯罪(以死遂生)和控制治安(从中制外)的目的。他认为治国的学问有"九道":"一曰道德,二曰阴阳,三曰法令","法令者主道(导)治乱,国之命也"(《鹖冠子·学问篇》)。就是说法令对国家治乱起着主导作用。他还说:"生杀,法也;循度以断,天之节也。列地而守,分民而部之,寒者得衣,饥者得食,冤者得理,劳者得息,圣人之所期也。"(《鹖冠子·天则篇》)认为法令的规定,起着安定人民生活和使受冤者得以平反的作用。他又说:"法者使去私就公,同知壹警,有同由者也。"(《鹖冠子·度万篇》)认为法制能起"去私为公"和促使人们共同警戒的作用。

对人才的广博选拔和使用　《鹖冠子》有《博选篇》,认为治理国家仅凭"王𫓧"(法制)还很不够,必须有"厚德隆俊"的人才来主持,因而必须广博地选拔人才。这都和老子的主张是不合的。《博选篇》讲到"博选"有"五至"之说,就是说君主招徕圣贤人才,由于接待的态度

不同，招到的人才就有五等的差别。如果尊以为"师"的，就可招到
"百己"者（百倍于自己的）；如果待之如"友"的，只能招到"什己"者。
这个"五至"之说，燕昭王初年招贤时郭隗已对昭王提出，而且文句大
体相同，郭隗对昭王还说："此古服道致士之法也，王诚博选国中贤者
而朝其门下，天下闻王朝其贤臣，天下之士必趋于燕矣。"（《战国策·
·燕策一》第十二章）可知《鹖冠子》不但袭用郭隗"五至"之说的文句，
连"博选"这个词也是因袭郭隗的。长沙马王堆出土帛书中，黄老学
派著作有《称篇》，已经讲到"帝者臣名臣，其实师也；王者臣名臣，其
实友也，……。"但是没有概括为"五至"之说，可知郭隗继承了《称篇》
的说法而加以发挥的①，而《鹖冠子》又是因袭郭隗之说的。唐代柳
宗元曾依据这点判断《鹖冠子》出于后人伪作，并不正确。《道端篇》
又有四方用人之说："仁人居左，忠人居前，义臣居右，圣人居后。左
法仁则春生殖，前法忠则夏功立，右法义则秋成熟，后法圣则冬闭
藏"。这样以"仁"配合东方"木"德，"忠"配合南方"火"德，"义"配合
西方"金"德，"圣"配合北方"水"德，这和子思一派"五行"说，以"仁"
配"木"，以"礼"配"火"，以"义"配"金"，以"信"配"土"，有些出入。

对用兵"计谋"的重视　《鹖冠子》中有《世兵》、《兵政》、《武灵
王》、《天权》等篇，讲用兵取胜之道的。他认为"太上用计谋，其次因
人事，其下战克"。"计谋"主要是"荧惑敌国之主，使变更淫俗，哆暴
骄恣"（《武灵王篇》）；而且要有全面的远大的打算。他说："胜道不

---

①　《说苑·君道篇》第二十章所载郭隗之说，内容和《战国策·燕策一》所载相同，
但文句很有不同。《说苑》记郭隗曰："帝者之臣，其名臣也，其实师也；……。"与帛书《称
篇》的文句全同，可知郭隗之说，确是继承《称篇》之说而加以发挥的。参见赵善诒《说苑
疏证》十四、十五页，华东师范大学出版社一九八五年版。

一,知者计全,明将不倍(背)时而弃利。"又说:"吉凶同域,失反为得,成反为败。吴大兵强,夫差以困。越栖会稽,勾践霸世,达人大观,乃见其可。"(《世兵篇》)就是说眼光远大,计谋周全,可以像越王勾践那样转败为胜,成其霸业。所谓"其次因人事",实际上就是做间谍工作,收买敌国近臣作为"内间"。所谓"其下战克",要做到"其国已素破,兵从而攻之"(《武灵王篇》)。

鹖冠子虽是个隐居深山的道家,却是很讲究用兵取胜之道的。他说:"故善用兵者慎,以天胜,以地维,以人成,三者明白,何设而不可图。"(《天权篇》)就是说必须谨慎地按天时、地利、人和的条件,制定周密的作战计划,才能取得胜利。他又说:"参之天地,出实触虚,禽(擒)将破军,发如镞矢,动如雷霆;暴疾捣虚,殷若坏墙;执急节短,用不缦缦;避我所死,就吾所生;趋吾所时,援吾所胜;故士不折北,兵不困穷。"(《世兵篇》)就是说必须按照天时、地利和敌我对峙的形势,集中优势兵力,迅速而勇猛地乘"虚"而进攻,才能立于不败之地。正因为他如此讲究用兵取胜之道,他的弟子庞煖成为战国时代最后一个著名的兵家。

十五　方士的医药、养生、修炼和求神仙的方技

方士的起源和特点　《汉书·艺文志》对古代科学技术和迷信相糅合的著作,分为"数术"和"方技"两大类。数术包括天文、历谱、五行、蓍龟(筮占和龟卜)、杂占、形法(相术)。方技包括医经、经方(医方)、房中(有关房事的)、神仙,即所谓"生生之具",着重研究医学、养生、修炼、求神仙等有关生命的科学技术以及迷信的巫术。大体上掌握"方技"之士称为"方士",掌握"数术"之士称为"术士"。《六韬·王

翼篇》讲到辅助将军指挥作战人员,应有"术士二人主为谲诈,依托鬼神,以惑众心。方士二人主百药,以治金疮(刀伤),以痊万病"。也还可以合称为"方术士"。秦始皇说:"悉召文学、方术士甚众,欲以兴太平,方士欲练以求奇药。"《集解》引徐广曰:"一云欲以练求。"这是说方士既欲求奇药,又欲炼奇药。方士侯生、卢生相与谋曰:"秦法不得兼方,不验辄死,然候星气者至三百人。"(《史记·秦始皇本纪》)候星气者属于术士。秦始皇焚书,"所不去者医药、卜筮、种树之书"。医药属于方技,卜筮属于术数。秦始皇悉召方术士,包括方技和数术两方面的人才,因而秦始皇自称"欲以兴太平"。

方士的起源,大概有两个方面。一方面是继承了商、周以来巫师的巫术而有所发展。巫师以巫咸、巫彭作为他们的祖师。《山海经·海外西经》说:"巫咸国在女丑北,右手操青蛇,左手操赤蛇,在登葆山,群巫所从上下也。"《大荒西经》又说:"大荒中有山名丰沮玉门,日月所入。有灵山,巫咸、巫即、巫盼、巫彭、巫姑、巫真、巫礼、巫抵、巫谢、巫罗十巫,从此升降,百药爱在。"《海内西经》又说:"昆仑开明东,有巫彭、巫抵、巫阳、巫履、巫凡、巫相,夹窫窳之尸,皆操不死之药以距之。"可知巫师有两大特点:一是有天梯性质的高山可以升降上下,能够往来人间和天堂,沟通天人之间,能为人们通神祈求。另一是备有百药能治病,还操有不死之药。医就是起源于巫的。《世本》说:"巫咸作筮,巫彭作医"(《海内经》郭璞注引,《吕氏春秋·勿躬篇》同)。《逸周书·大聚篇》说:"乡立巫医,具百药,以备疾灾。"方士主要继承和发展了巫师的巫术,包括医术在内,既具百药而为人治病,又要采炼药物,寻求仙人"不死之药"。

方士另一方面是继承和发展了讲究修炼"精气"的道家的方技。

前面已谈到,齐国稷下道家提出了"精气"为"道"的学说,以为"精气"是万物产生和生长的根源,也是人的生命的根本要素,因此主张修养内心和修炼"精气",以求延年益寿。他们修炼"精气"的方技,就是"行气"和"导引",即今所谓"气功"或"内功"。稷下道家称之为"内业"或"内得"。《管子·内业篇》就是他们阐明气功作用的论著。因为他们以"精气"为"道",就把修炼"精气"成功的人称为"得道"的"真人"(参看第十一章第七节的"气功养生之道的开创")。方士继承和发展了这种修炼"精气"的方技,夸大其作用,以为由此可以长生不老,也还把修炼成功的称为"真人"。后来道教进一步承袭了方士修炼气功和炼丹采药的方技,也还沿用"真人"的称号。

燕齐海上方士求神仙　从齐威王、宣王以及燕昭王时,齐、燕就有一些海上方士为齐、燕君主求神仙。《史记·封禅书》说:"而宋毋忌、正伯侨、充尚、羡门高最后皆燕人,为方僊(仙)道,形解销化,依于鬼神之事。邹衍以阴阳主运显于诸侯,而燕齐海上之方士传其术不能通。"邹衍是战国晚期著名的齐的阴阳五行家,羡门高等人是著名的燕齐海上方士。所谓"为方仙道",是说他们讲究神仙的方技。所谓"形解销化,依于鬼神之事",是说他们身体销解变化而升为神仙,就是后来道教讲究尸解变化升仙的起源。

宋玉《高唐赋》说:"有方之士羡门高、谿成、郁林、公乐、聚穀,进纯牺,祷琁室,醮诸神,礼太一。"太一是方士所崇拜的最高的天神。后来汉武帝开始祭祀太一,就是因为当时方士以为"天神贵者太一"。《高唐赋》又说:"王(楚王)将欲往见,必先斋戒,差时择日,……千里而逝。盖发蒙往自会,思万方,忧国害,开贤圣,辅不逮,九窍通郁,精神察滞,延年益寿千万岁。"所谓"九窍通郁,精神察滞",就是要通过修炼的功夫,使阻滞和郁积的精气得以流动畅通,从而消除发病因素,达到延年益寿,甚至长生千万岁的效果,这是他们讲求的养生长寿之道。

东方海中神山和西方黄河之源昆仑山 战国方士寻求成仙的地方有东西两处,一是东方海中神山,这是燕齐海上方士所寻求的,一是西方黄河之源的昆仑山,这是中原巫师所寻求的。据说渤海中有蓬莱、方丈、瀛洲三神山,上有用金银造的宫阙,有白色禽兽,住着仙人并有"不死之药"。齐威王、宣王和燕昭王曾先后派人入海找寻,据说"未至,望之如云,及到,三神山反居水下,临之,风辄引去,终莫能至"(《史记·封禅书》)。秦始皇二十八年派齐人徐市("市"即"芾"字,同"韨")率领童男童女数千人入海求仙人,三十二年又派燕人卢生求羡门高,又使韩终、侯公、石生求仙人不死之药。秦始皇多次派方士入海求神仙,主要目的在于求得不死之药,未能求得。后来方士侯生、卢生认为始皇为人贪于权势,未可为求仙药,因而逃亡,秦始皇因而大怒,坑杀方士和儒生四百六十多人。

西方昆仑所以成为寻求神仙的地方,因为古神话中,昆仑是上帝的"下都",既是黄河的发源地,又具有天梯性质,由此可以上升天堂。据说昆仑"面有九门",东门有"身大类虎而九首"的开明兽守着,开明以东就有巫彭等六巫"皆操不死之药"(《山海经·海内西经》)。山上有增(层)城九重。在不同层次,从上而下建设有倾宫旋室、县(悬)圃、凉风(一作阆风)、樊桐。县圃是空中悬挂着的花园,"清水出泉,温和无风,飞鸟百兽所饮食"(《穆天子传》)。向上到凉风之山"登之而不死";再向上到县圃"登之乃灵,能使风雨",更向上就是上帝之宫,也就是黄帝之宫。这是战国时代流行的神话。《楚辞·天问》问到:"昆仑县圃,其居安在? 增城九重,其高几里? 四方之门,其谁从焉?"昆仑以北的玉山,有西王母掌有不死之药,相传后羿曾从西王母取得"不死之药",被姮(嫦)娥窃走而出奔月中(《淮南子·览冥篇》)。这个神话战国已有,《天问》曾问到:"安得夫良药不能固藏?"①

屈原的神游昆仑和两幅楚帛画　楚大夫屈原因楚王听信谗言而被流放,因作《离骚》以表达清白坚贞。他愤慨地要离开人间,随着巫彭、巫咸之所居,要随从到昆仑一带神灵的圣地去。他说:"朝(早)发轫于苍梧兮,夕余至于县圃",接着望见太阳所入的崦嵫,使马饮于太阳浴所的咸池,又到了日出的扶桑。他又说:"吾令帝阍开关兮,倚阊阖而望予。"这是说他请上帝的看门者开启天门,让上帝凭倚而望我。他更说:"世溷(混)浊而不分兮,好蔽美而嫉妒;朝(早)吾将济于白水兮,登阆风而缥焉。""阆风"一作凉风,就在县圃的下一层地方。《离骚》后段又讲到,由于灵氛(即方士)的吉卜,巫咸准许他升降上天下地之间,于是他"朝(早)发轫于天津兮,夕余至于西极。……忽吾行此流沙,遵赤水而容与;麾蛟龙使梁津兮,诏西皇使涉予,……路不周以左转兮,指西海以为期。"这是说神魂西行,经流沙、遵赤水,经西皇的准许,渡"津"之后,经不周山左转而到达西海目的地。

一九四九年长沙陈家大山楚墓出土帛画《龙凤妇女图》,描写女的墓主在龙凤引导下西行情景。一九七三年长沙子弹库楚墓出土帛画《男子御龙图》,描写男的墓主乘着蛟龙西行情景。②这都是描写墓

---

①　王孝廉《中国神话世界》第三章《仙乡传说》,作家出版社一九九一年版。

②　孙作云《战国时代楚墓出土帛画考》(《开封师范学院学报》一九六〇年五月号),萧兵《引魂之舟:战国楚帛画与楚辞神话》(收入马昌仪《中国神话学文论选萃》二二三至二六〇页)。

主的灵魂正在龙凤引导下或驾御蛟龙西行而上天堂的。这与屈原在《离骚》中描写他神魂西行的情景是相同的。屈原描写他的神魂"驷玉虬以乘鹥兮,溘埃风余上征。朝发轫于苍梧兮,夕余至于县圃"。虬就是龙的别名,鹥就是凤的别名,这是说乘龙凤驾的车西行到昆仑的。屈原描写他的神魂再次西行,"为余驾飞龙兮,杂瑶象以车"。"麾蛟龙使梁津兮,诏西皇使涉予"。这是说先乘飞龙驾的车西行,再乘蛟龙渡天津而到达目的地。蛟龙是一种有脚的龙,便于游泳渡过天津的。洪兴祖《楚辞补注》引郭璞曰:"蛟似蛇,四足,小头,……龙属也。"子弹库出土的《男子御龙图》,这条龙正昂首向西游泳,这条龙的腹下确有一脚作游泳形象,同时脚的前面正有一鱼向前游,当即蛟龙无疑。由此可见《离骚》所描写的正是这样的情态。过去人们对这张画误解,以为是一条龙舟,其实只是一条蛟龙,这个男子就是乘着这条蛟龙昂首游泳渡过天津而西行的。《离骚》"麾蛟龙使梁津兮",五臣注:"麾,招也。"王逸《注》:"以蛟龙为桥,乘之以渡。"值得注意的是,神话中要到达昆仑这个神灵之地,前去的通道上有个"天津"阻隔着,并且由西皇这个神主管着这个天津,因此必须得到西皇的准许,乘着蛟龙才得渡过天津而进入目的地。这两幅楚帛画和《离骚》所描写神魂西行的情态虽然相同,但帛画是描写墓主死后灵魂西行,《离骚》则描写屈原学着神仙而神魂西行。

方士食六气的方技　《楚辞·远游》一篇,王逸以为这是屈原因方直而不容于世,"托配仙人,与俱游戏,周历天地"。从其内容看来,疑是屈原后学所作。屈原作《离骚》只是学着神仙而神魂西行,《远游》则进一步讲究方技而变成神仙了。《远游》以赤松子、王乔等仙人作为榜样,既要像"真人"那样的"登仙","化去而不见",又要修炼"食六气"的方技,"餐六气而饮沆瀣兮,漱正阳而含朝霞;保神明之清澄兮,精气入而秽气除"。这个"食六气"的方技,是方士对"引气"的气功疗法作了进一步的发展,主张按四季变化和每天时光变化,吸食六种不同的"气"而避食其他的"气",见于王逸《注》所引《陵阳子明经》,据说陵阳子明是楚国陵阳(今安徽青阳东南)的仙人,见于《列仙传》。马王堆汉墓出土帛书《却谷食气》也属于这个性质。"朝霞"是"日始欲出赤黄气",是平旦的气,春天所食。"正阳"是"南方日中气",夏天所食。"沆瀣"是"北方夜半气",冬天所食。还有"沦阴"是"日没以后赤黄气",秋天所食。《远游》还说:"壹气孔神兮于中夜存,虚以待之兮无为之先。"方士是很重视于半夜食气的,沆瀣就是夜半之气。

《远游》后段讲到"闻至贵而遂徂兮,忽乎吾将行。仍羽人于丹丘兮,留不死之旧乡"。这是说闻得至贵的讯息,于是急于前往仙乡,所谓"羽人"就是羽化而登仙的仙人,所谓"不死之乡",王逸以为"遂居蓬莱、处昆仑也"。《远游》篇接着有和《离骚》相同的叙述:"命天阍其开关兮,排阊阖而望予。召丰隆使先导兮,问太微之所居。集重阳之帝宫兮,造旬始而观清都。"天阍就是帝阍,阊阖是天门,丰隆是雷神,可知太微即是上帝,因为楚国方士把上帝称为太一或太微。

方士祝由的方技 方士在使用百药治疗的同时,还用"祝由"的巫术来治病。《素问·移精变气论》说:"余闻古之治病,惟其移精变气,可祝由而已。"王冰注:"祝说病由,不劳针石。""祝"当通"咒",咒诅,就是在神前咒诅致病的鬼怪,使病者"移精变气",精神状态变移,取得治疗效果。马王堆帛书《五十二病方》就夹杂有这种治病方技。往往使用喷水、吐沫、吐气、呼号、击鼓以驱逐鬼怪,或用椎、杵、斧等工具加以驱逐,或用土块、药物摩擦患处,或用猪、鸡尿及泥土涂抹患处,或用扫帚打扫患处再扔掉,或用"划地"、"禹步"(一种舞步)等巫术来禁避鬼怪,或用桃枝以避邪,同时在神前咒诅或威胁致病的鬼怪,说如不停止作祟,将要加以杀伤,从而使病人精神状态有所变移。

方士炼丹术的起源　《周礼·天官·玉府》讲到"王齐(斋)则共(供)食玉",郑玄注:"玉是阳精之纯者。"《楚辞·远游》说不死之乡,"吸飞泉之微液兮,怀琬琰之华英,玉色頩以脕颜兮,精醇粹而始壮"。这是说吸了飞泉的"微液",吃进了宝玉的精华,因而颜面美艳如同玉色,精神因而纯粹健壮。《盐铁论·散不足篇》讲到齐燕方士争趋秦都咸阳,"言仙人食金饮珠,然后寿与天地相保"。古神话中昆仑山下有"饮之不死"的丹水(《淮南子·地形篇》),昆仑山之阳崒山有"玉泉","是有玉膏,其原沸沸汤汤,黄帝是食是飨","玉膏所出,以灌丹水,瑾瑜之玉为良","君子服之以御不祥"(《山海经·西次三经》)。穆天子传讲到周穆王到昆仑山的县圃,"天子于是得玉荣",郭璞注:"玉荣,玉之精华也。《尸子》曰:龙泉有玉英。"最早的药物经典《神农本草经》,是汉代著作,就曾说玉泉"主五藏(脏)百病,柔筋强骨,安魂魄,长肌肉,益气,久服耐寒暑,不饥渴,不老神仙"。这是古老相传的传说。汉代铜镜铭文中常见"上有仙人不知老,渴饮玉泉饥食枣。"这种饮食丹水、玉泉、玉荣、玉膏可以成神仙的传说,就是方士谋求炼制"不死之药"的起源,方士的炼丹术就是由此开始的。《神农本草经》又说丹砂"主身体五藏百病,养精神,安魂魄,益气明目,杀精魅邪恶鬼,久服通神明",因而列为众药之首。很明显,这是方士的见解。

十六　术士依托鬼神的数术

数术的来源和特点　《汉书·艺文志》以为数术来自"明堂、羲和、史卜之职",著作分为六类,即天文、历谱、五行、蓍龟、杂占、形法。
"天文"一类,既包括日、月、五星、二十八宿等星象的分布和运行,属
于天文学的范围;又包括云气的观察,带有气象学的性质,更包括"星
气之占",就具有占星术的性质。"历谱"一类既包括历法的制订和颁
布,又包括君王世系和年谱,带有历史记载的性质。"五行"一类既包
括阴阳五行学说的发展。又包括四季十二月二十四节气的时令安
排,关系人民的生产和生活。"蓍龟"就是指筮占和龟卜,是古代流行
的迷信,用以判断行事吉凶。战国时代除了筮占和龟卜以外,也还
有使用"式盘"来占验的。"杂占"一类,包括"占梦"、"厌劾妖祥"(驱
鬼除邪)、"祝祷祈禳"。"形法"一类,包括相地形、相宅墓、相人、相刀
剑、相马以及相六畜等。

战国是连年战争的时代,有不少依托鬼神的数术被用于双方战
斗之中。这反映了当时执政者思想落后的一面。

星气之占和望气之术 战国时代各国君主常常以占卜决定发动
战争,也常以星象和气象的变化预测胜负。《韩非子·饰邪篇》曾有
大段文章,批评这些君主迷信这种"星气之占"是"愚莫大焉"。他列
举当时多次战争的结果,指出依靠"龟策鬼神不足举胜",按据星的
"左右背乡(向)不足以专战"。他说:"初时者,魏数年东乡(向)攻尽
陶、卫,数年西乡(向)以失其国,此非丰隆、五行、太一、王相、摄提、六
神、五括、天河、殷抢、岁星数年在西也,又非天缺、弧逆、刑星、荧惑、
奎台数年在东也。"因为当时占星家以为丰隆等星为吉星,天缺等星
为凶星,从其所在位置的移动可以据此判断战争的那方面胜负。马
王堆帛书《五星占》和《天文气象占》中,就有不少内容是占用兵的。
《五星占》提到太白(金星)最多,其次是荧惑(火星)。因为他们认为

金星和火星都是主兵的凶星。当时史官兼掌星气之占,因而常注意彗星出现以及金星、火星逆行,作为"天象灾异"的记录(参见第十一章第二节)。

当时兵家也很重视这种所谓"天象灾异",而且讲究"望气"之术。《六韬·王翼篇》主张将帅必须有股肱羽翼七十二人,其中"天文三人主司星历,候风气,推时日,考符验,校灾异,知人心去就之机"。《六韬·兵征篇》指出:"凡攻城围邑,城之气色如死灰,城可屠;城之气出而北,城可克;城之气出而西,城必降。城之气出而南,城不可拔;城之气出而东,城不可攻;城之气出而复入,城主逃北;城之气出而覆我军之上,军必病;城之气出高而无所止,用日长久。凡攻城围邑,过旬不雷不雨,必亟去之,城必有大辅。此所以知可攻而攻,不可攻而止。"这是很具体地说明"攻城围邑"的"望气"之术。马王堆帛书《天文气象杂占》讲到某种云"在师上,归",某种云"在城上,不拔",也是相同的"望气"之术。

后期墨家讲究守城的战术的著作中,有《迎敌祠篇》,讲到守城迎战敌人之前,当灵巫祈祷而用牲主祭四方之神以后,就必须由望气者"望气",并由巫单独将"望气之情"报告太守。据说:"凡望气,有大将气,有小将气,有往气,有来气,有败气,能得明此者,可知成败吉凶。"《墨子·号令篇》又说:"望气者舍必近太守,巫舍必近公社,必敬神之。巫、祝、史与望气者必以善言告民,以请(情)上报守,守独其请(情)而已。巫与望气妄为不善言,惊恐民,断弗赦。"所谓"断弗赦"是说要定罪不赦。据此可知,当时对"望气"非常重视,望气者以及巫、祝、史都必须以"善言"告民,望气者必须把望气所得实情保密而独自报告太守知道,如果泄密而告诉人民,就要定罪不赦。

听音预测之术　《周礼·春官》载太师之职,"大师,执同律以听军声而诏吉凶。"郑玄《注》引《兵书》曰:"王者行师出军之日,……大师吹律合音,商则战胜,军士强;角则军扰多变,失士心;宫则军和,士卒同心;徵则将急数怒,军士劳;羽则兵弱少威。"《兵书》,据孔颖达《正义》是武王出兵之书,当出于后人所伪托。相传周武王伐纣就曾"吹律听声"。《史记·律书》说:"王者制事立法,物度轨则,壹禀于六律,六律为万事根本焉,其于兵械尤所重,故云望敌知吉凶,闻声效胜负,百王不易之道也。武王伐纣,吹律听声,推孟春以至于季冬,杀气相并而音尚宫。同声相从,物之自然,何足怪哉?"所说"望敌知吉凶"是指"望气"之术,所说"闻声效胜负"是指"听音"之术,可知"听音"是和"望气"相配合的。

《六韬》有《五音篇》专讲这个"听音"预测之术。据说方法是,当天晴夜半时刻,轻骑前往敌军营垒的九百步外,持律管当耳静听,大呼一声惊动敌人,就"有声应管",可以辨出五音。同时听到鼓声就是"角",见到火光就是"徵",闻得金铁矛戟之声就是"商",听到人呼啸之声就是"羽",若寂静无声就是"宫"。

式盘(罗盘)的占验　战国时代已使用式盘来占验时日,因而式盘有"天时"之称。《周礼·春官》所载太史之职,"大师,抱天时与大(太)师同车"。郑玄《注》引郑司农曰:"大出师则太史抱式以知天时,处吉凶。"现在考古出土的式盘,年代最早是西汉初年的,一九七七年安徽阜阳双古堆出土,现藏阜阳博物馆,想必战国时代的式盘与之大体相同。这种式盘由上下两盘构成,上盘圆形,象征天,以北斗星居盘中心,四周环列十二月和二十八宿,称为天盘。下盘方形,象征地,由内向外,以天干、地支、二十八宿排列三层,称为地盘。天盘中心有轴可以扣置地盘中心穿孔而旋转。《汉书·艺文志》五行类,著录有

《羡门式》二十卷和《羡门法式》二十卷,都是托名战国著名方士羡门高而讲究式盘的占验的。

龟卜与筮占　龟卜是用烧灼龟甲来看"兆"以断吉凶,筮占是用竹木棍(策)或蓍草经过摆布而形成"卦"以断吉凶,都是从商代开始的,到战国时代还很流行。直到战国晚期相互战争,彼此都还要经过占卜。《韩非子·饰邪篇》指出,赵、燕两国相战,都是"凿龟数策,兆曰大吉",结果赵胜,"非赵龟神而燕龟欺也";接着赵又北伐燕,"兆曰大吉",结果秦乘机袭赵取得大胜,"又非秦龟神而赵龟欺也"。

一九八七年湖北荆门县包山楚墓中出土一批占卜竹简,记载墓主临死前三年(公元前三一八至前三一六年)求问病情和祭祷以及禳除的。从竹简内容看来,当时是龟卜和筮占兼用的,而主要用卜。筮占沿用商周以来的"数字卦",以"一"、"五"、"六"、"七"、"八"、"九"这样六个数字来表示的,所祭祷的神祇,"太"是众神之首,当即"太一"。其次是司命、司过、后土等。也还祭祀祖宗及亲属。表示"禳除"的词是"攻解"、"攻叙(除)"、"攻夺","禳除"的对象都是鬼怪和夭死、战死、淹死的冤魂,具有驱邪的巫术性质。

战斗中"避兵"的巫术　一九六〇年湖北荆门车桥战国墓出土巴蜀式铜戈,"内"部有"兵辟(避)太岁"的铭文,"援"部有"大"字形的戎装神像,头戴插有左右双羽的武冠(即鹖冠),穿甲,腰系带,双耳珥蛇,双手各执一龙,右手所执之龙双头,跨下又伏一龙,左足踏月,右足踏日。太岁是神名,指值岁的最高天神,当即方士所推崇的太一。太一为方士所推崇的上帝,统属日、月和北斗。汉武帝于元鼎四年信从方士,"始郊拜太一,朝(早)朝日,夕夕月"("朝日"谓早上朝拜太阳,"夕月"谓晚间朝拜月亮),次年伐南越,告祷太一,以画有太一和日、月、北斗的画幡称为灵旗，由太史举以指向所伐之国。这和"兵辟太岁戈"上的神像两足踏日月相合。所谓"兵辟"，是说举此可以避免兵器杀伤，具有巫术性质。马王堆帛书中有一幅带文字题记的图，上层中间所画太一神像也作"大"字形，跨下也有一黄首青身之龙，左右为雷公、雨师之像。中层为"禁避百兵"的四个"武弟子"像，下层为黄龙和青龙。这幅图画与上述戈援的神像相似，同样属于"避兵"的巫术性质。①

对敌国君主咒诅的巫术　当时宋秦等国流行在天神前咒诅敌国君主的巫术。他们雕刻或铸造敌国君主的人像，写上敌国君主的名字，一面在神前念着咒诅的言词，一面有人射击敌国君主的人像，如同过去彝族流行的风俗，在对敌战斗前，用草人写上敌人名字，一面念咒语，一面射击草人。

据记载，宋王偃曾铸造敌国君主之像，安放在所筑的台上，穿以甲胄，并用大皮囊盛着血挂在像上，于是在天神像前，一面咒诅，一面加以射击，要"弹其鼻"而"射其面"，还要射中盛血的皮囊，使鲜血下流，象征着射死了敌国君主，因而宋王左右观看的人，都欢呼："王之贤过汤、武矣"，一时室中、堂上、堂下的观众都高呼万岁了，甚至门外庭中也呼应了。这就是咒诅敌国君主的巫术的精彩表演。

当秦惠文王更元十二年（公元前三一三年）秦楚初次大战前，秦王曾使宗祝在巫咸和大沈厥湫两个神前，举行这样咒诅楚王的祭礼，北宋出土的《诅楚文》石刻，就是当时宗祝奉命所作，把楚王咒诅得如同商纣一样的暴虐残忍，请天神加以惩罚，从而"克剂楚师"。②

---

① 周世荣《马王堆汉墓神祇图帛画》，《考古》一九九〇年第十期。
② 详见拙作《秦诅楚文所表演的诅的巫术》，《文学遗产》一九九五年第五期。

第十一章　战国时代科学和
科学思想的发展

一　科学技术的发展和科学理论的探讨

原来贵族的文化知识,大多为世袭的各种官职所掌握,他们有保藏的档案和文献,有世代相传的统治经验和知识。所有科学知识如天文、历法、地理、医药等等,常常和巫术迷信相混杂。随着社会生产力的发展,社会经济的发展变革,科学技术也逐渐和巫术迷信分开,有了较大的进步。

科学技术和农业、手工业生产的发展　战国时代科学技术的进步,有力地促进了农业和手工业生产的发展。本书第二章谈到,由于冶铁鼓风炉的进步,铸铁冶炼技术的发明,铸铁制造工艺的进步,铸铁柔化技术的发明,渗碳制钢技术的发明,采矿技术的进步,使得冶铁手工业有了很大发展,铁器的产量和质量不断提高,便利了铁器的广泛使用,有助于农业和手工业生产的进一步发展。随着修筑堤防技术的进步，水利工程技术的发展，灌溉方法的进步，牛耕的推广，施肥技术的进步，谷物一年两熟制的推广，讲究改造土壤和栽培技术的农家之学的兴起，农业生产有着很大的进步。随着讲究手工业技术和操作规范的著作如《考工记》之类的出现，手工业生产也有很大的进步。由于农业和手工业生产的

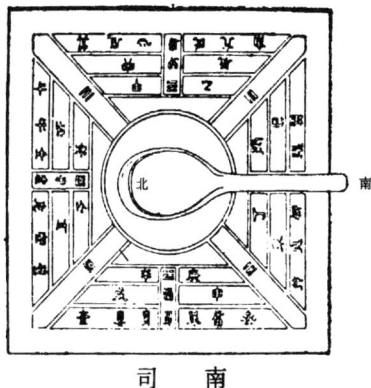

司　南

图五十八　王振铎推测制定
的"司南"模型

发展，需要科学技术来解决的问题就越来越多，有关科学技术的理论的探讨也就开展起来。

新器械的创造　春秋战国间，随着生产的发展和物质生活上的需要，由于劳动人民不断的创造，发明了不少新的器械。

这时已经发现磁石，《山海经·北山经》说：灌题之山，"匠韩之水出焉，而西流注于泑泽，其中多磁石"。秦始皇造阿房宫，就"以慈石为门"（《史记·秦始皇本纪·正义》引《三辅旧事》）。磁石的磁性作用已被发现，《吕氏春秋·精通篇》就曾说："慈石召铁，或引之也。"战国末年，已经利用磁石的指极性，发明了一种正方向、定南北的仪器，叫做"司南"。据《韩非子》说：这种司南的仪器是由于怕"东西易面而不自知"设置的（《有度篇》），显然是一种指南的仪器。这种仪器到汉代还称为司南，据说："司南之杓"投掷在地上，能自动指向南方（《论衡·是应篇》）。这个发明在世界文化上的贡

献是巨大的。①

这时已经发明了计时的仪器。《周礼·夏官》有挈壶氏，是掌管悬壶"以水火守之，以分日夜"的。这种计时仪器就是后世所谓滴漏。用一个盛水的壶倒挂着，使壶中的水通过一个小孔一点点地流到下面的器皿里，人们只要看水满到器皿上所刻的什么度数，就可以知道是什么时刻。

这时已创造能够取火于日的青铜凹面镜。《周礼·秋官》有司烜氏，掌管"夫燧取明火于日，以鉴诸取明水于月"。《考工记》说："金锡半，谓之鉴燧之齐。"郑玄注："鉴燧，取火水于日月之器也。"夫燧也称阳燧，鉴诸也称方诸。《淮南子·天文篇》说："阳燧见日而然（燃）为火，方诸见月而津为水。"《论衡·率性篇》说："阳燧取火于天。五月丙午日中之时，消炼五石，铸以为器，磨砺生光，仰以向日，则火来至，

---

① 《韩非子·有度篇》说："夫人臣侵其主也，如地形焉，即渐以往，使人主失端，东西易面而不自知。故先王立司南以端朝夕。"王振铎《司南指南针与罗经盘》说："司南即为一种器物，其在先秦究为何种用途？如韩非记先王用之'以端朝夕'。《周礼·考工记·匠人》云：'置槷以县，眡以景，为规识日出之景与日入之景，昼参诸日中之景，夜考之极星，以正朝夕。'郑玄注云：'槷古文臬，假借字，于所平之地中央，树八尺之臬，以县正之，眡之以其景，将以正四方也。'《周官》匠人营国，职在建筑营造，置槷眡影，以测日之出影入影，厘正日中之影，以定子午，而正四向。持郑注以释韩非之文，则司南为用，颇与冬官臬表测影以正四方之用相合。其所谓'以端朝夕'者即'以正四方'也。……汉之指南和先秦之司南，实为一物，皆为古人用以正方向、定南北之一种仪器。"（《中国考古学报》第三册）《论衡·是应篇》说："司南之杓，投之于地，其抵指南。"所谓"司南之杓"便是一种正方向、定南北的仪器。罗福颐《汉栻盘小考》（《古文字研究》第十一辑）对王氏所作"司南"复原模型提出反对意见，认为用汉代式盘作"司南"的地盘，并无考古的依据；并认为韩非所谓"司南"是北斗星的别名，也可能是式盘的别名。王氏以汉代式盘作地盘，出于推测，罗氏否定"司南"是正方向的仪器而是北斗星，亦属推测。韩非既说"先王立司南以端朝夕"，"司南"当为人工制作，不可能指天上的北斗星。战国末年既然已知磁石的指极性，就方便制作利用磁石的正南北的仪器，由此推定汉代"司南之杓"，战国末年已发明，应该是可取的。

此真取火之道也。"阳燧是青铜制的凹面镜，这种凹形的金属反射面，经过"磨砺生光，仰以向日"，就可以取火。这是人类最早利用太阳能的一种方法。

这时科学上的发明，往往被利用到兼并战争中去。利用机械轮轴制作的弩，已成为最有力的进攻手段。而且，弩的构造和性能还在不断地进步。战国末年已经出现了"连弩之车"。这种安置在车上发射的连弩是很大的，铜制的"机郭"重达一石三十钧（即一百五十斤，约合今三十四公斤），钩住弓弦的钩距（即牙）有三寸见方，箭长达十尺（约合今二点三米），用绳子系着箭尾如同"弋射"一样，发射后是用麻鹿（滑车）把它卷收回来的（《墨子·备高临篇》）。当然在这个弩的"机郭"中的机，也是够大的。这就告诉我们这时冶铸手工业的技巧已有了相当的水平。

战国时著名的新器械制造者公输般，除了创造了磨粉的硙以外，还曾替楚国制造攻城用的云梯和舟战用的钩拒。墨家为了加强防御战，也设计了许多守城的器械，著有《备城门》、《备高临》、《备梯》、《备水》、《备突》、《备穴》、《备蛾傅》等篇。在他们制作的防守器械中，广泛利用了简单的机械如滑车、杠杆、斜面之类。还常利用弹力和风力。在地道战中，他们已懂得利用鼓风设备把烟压送到敌方地道中去窒息敌人，同时也已懂得利用大陶罂，罂口蒙上薄皮，放到井中，"使聪耳者伏罂而听之"，以探听敌方挖掘地道之所在（《墨子·备穴篇》）。这是关于振动传播经验的具体运用。

据说公输般用竹木造成了鹊，飞起来"三日不下"，他"自以为至巧"。这个说法不免夸张，但要把木鹊造得能够借助于风力而起飞，必然有一些简单的机械装置，这在当时是要算"至巧"的。墨翟曾为此批评公输般说:这种木鹊不如他所造的车辖,一会儿雕刻三寸之木而能够"任五十石之重","利于人谓之巧"(《墨子·鲁问篇》)。又相传公输般为母亲制作木车马,"机关备具",由木人驾御,结果"载母其上,一驱不返,遂失其母"(《论衡·儒增篇》)。所说"一驱不返",不免夸大失实,但这是一种有简单机械装置的木车,当是事实。东汉时著名科学家张衡自称他的机巧有"参(三)轮可使自转,木雕犹能独飞"(《后汉书·张衡传》),该是受了公输般制作的影响。

数学的进步　战国时由于测量土地、计算租税和买卖上的需要,特别是由于制造器械的需要,数学也有了发展。除了一般的加、减、乘、除的计算以外,已能进一步作分数的计算,也能对面积和体积作精密的计算。我们举秦国卫鞅所监制的标准量器,即商鞅方升为例。根据它的铭文,这个升的容积是十六又五分之一立方寸,和新嘉量(即刘歆铜斛)升的铭文所说"积万六千二百分",是相同的。说明当时已经运用了"以度审容"的科学方法,反映了我国古代数学计算和器械制造方面的高度成就。

这时比例的运算已很成熟。例如《墨子·杂守篇》说:"斗食(每日食一斗的),终岁三十六石;参食(每日食三分之二斗的),终岁二十四石;四食(每日食四分之二斗的),终岁十八石;五食(每日食五分之二斗的),终岁十四石四斗;六食(每日食六分之二斗的),终岁十二石。斗食,食五升;参食,食参升小半;四食,食二升半;五食,食二升;六食,食一升大半。日再食。""日再食",是说原来一天吃的粮食用作两天吃,因在围城之中民食不足而减半供应。这说明了比例运算:

$$36:24:18:14.4:12=5:3\frac{1}{3}:2\frac{1}{2}:2:1\frac{2}{3}$$

手工业工人在各种器物的制造中,需要对各种角度进行测算。《考工记》对各种角度都有特定的名称:

"矩"是 $90°$

"宣"是 $\dfrac{1}{2} \times 90° = 45°$

"欘"是 $45° + \dfrac{1}{2} \times 45° = 67\dfrac{1}{2}°$

"柯"是 $\left(45° + \dfrac{1}{2} \times 45°\right) + \dfrac{1}{2}\left(45° + \dfrac{1}{2} \times 45°\right) = 101\dfrac{1}{4}°$

"磬折"指大于"矩"或"柯"一半的 $135°$或 $151\dfrac{7}{8}°$

《考工记》中,凡是等于直角的称"倨句中矩",大于直角的称"倨句外博",凡直角向内延小于直角时称"句于矩",凡直角向外伸大于直角时称"倨于矩"。

《考工记》还具体应用了勾股弦定理。例如说:

> 冶氏为杀矢,……戈广二寸,内倍之,胡三之,援四之,……是故倨句外博,重三锊。戟广寸有半寸,内三之,胡四之,援五之,倨句中矩,与刺重三锊。

如果三角形的三边的比例是 $2 : 3 : 4$,那末 4 的对角大于 $90°$,故称"倨句外博"。如果三边的比例是 $3 : 4 : 5$,那末 5 的对角等于 $90°$,故称"倨句中矩"。

手工业工人在制造器物中还需要对各种弧度进行测算。《考工记》中还有割圆和弧度的应用。例如说:

筑氏为削，长尺博寸，合六而成规。

弓人……为天子之弓，合九而成规；为诸侯之弓，合七而成规；大夫之弓，合五而成规；士之弓，合三而成规。

这是把圆形作九分、七分、五分、三分的不同分割，使构成不同的弧度。

这些都是从手工业制造中发展了数学。

墨家重视手工业生产，重视新器械的创造。当时手工业工人用"矩"（有直角的曲尺）制作方形，用"规"（圆规）制作圆形，用"绳"（拉直的墨线）制作直线，用"悬"（悬挂的线）制作垂直线，用"水"（水平仪）制作水平线（《墨子·法仪篇》）。后期墨家所著作的《墨经》，就在这个手工业制造应用测算技术的基础上，对"平"、"同长"、"中"（中心点）、"厚"（体积）、"直"（直线）、"圜"（圆形）、"方"（方形）、"倍"（倍数）下了定义。这就是我国最早的几何学定义。例如说：

平，同高也。（《经上篇》）

这是说，凡是同样高度的叫"平"。又如说：

同长，以正相尽也。（《经上篇》）

这是说，以二条直线相比，彼此长短完全相同的，才叫做"同长"。又如说：

中，同长也。（《经上篇》）

心中，自是往，相若也。（《经说上篇》）

这是说，一个有规则的面积或体积的中心点，必须是到相对两边的终点是"同长"的。也就是说，从一个中心点，到相对两边的终点，都该是长度相等的。又如说：

厚,有所大也。(《经上篇》)

这是说,有了有厚度的体积,才能有物体的大小。如果只有线或平面,就不能构成大小的体积。又如说:

直,参也。(《经上篇》)

这是说,中正不曲的叫直线。"参"是中正不曲的意思。又如说:

圜,一中同长也。(《经上篇》)

圜,规写交也。(《经说下篇》)

这是说,每个圆形只有一个中心点,从圆心到周围作直线(半径),都该是长度相等的。还认为,用圆规画成圆周,必须从一个起点画起,旋转一周,使起点和终点密合相交,才成正圆。又如说:

方,柱隅四讙也。(《经上篇》)

方,矩见交也。(《经说上篇》)

这是说,每个方形必须是四根垂直边线(柱)和四个直角(隅)相交接合(四讙)而成。用曲尺画方形,必须画成四个直角相互交合。又如说:

倍,为二也。(《经上篇》)

这是说,某数用二来乘,就可以得到倍数。

这些都是根据手工业工人的测算方法作了理论的概括。

声学知识的产生和应用　当时手工业工人从制造乐器的生产实践中得到了声学知识,用来指导乐器的制造。

《考工记》的《凫氏》说:

薄厚之所震动,清浊之所由出,侈弇之所由兴,有说。钟已厚则石,已薄则播,侈则柞(咋),弇则郁,长甬则震。

这是说:钟的厚薄,关系到声音的振动,这是钟声清浊的由来;这也和钟口的宽狭有关。钟太厚则声音发不出（石），钟太薄则声音扩散（播），钟口宽则声音大而向外（咋），钟口狭则声音不舒扬（郁），柄（甬）太长则振动太大（震）。这里清楚地说明了钟体厚薄、钟口宽狭和音调的清浊、高低的关系。《凫氏》还说：

> 钟大而短，则其声疾而短闻；钟小而长，则其声舒而远闻。

这是进一步说明板振动的振幅和声音响度的关系。钟大而短，振幅小，声音就急而小，不能远闻；反之，钟小而长，振幅大，声音就宽而大，能够远闻。这是我国有关板振动声学规律的最早论述。《考工记·韗人》所讲鼓的制造，也有相同的论述。

《考工记·磬氏》谈到校正石磬发声的办法是：

> 已上则摩其旁，已下则摩其端（端）。

因为石磬如果短而厚，发声就清，音调就高；如果广而薄，发音就浊，音调就低。因此检验磬的发声时，如果音调太高（"已上"），校正办法是磨它的两旁，使它薄一些；如果太低（"已下"），校正办法是磨它的两端，使它短而厚些。这种校正办法就是依据实践中得到的声学知识来制定的。

随着声学知识的进步，十二音律的制作也有了细密的办法。十二律中"黄钟"是标准音，《吕氏春秋·适音篇》说："黄钟之宫，音之本也，清浊之衷也。衷也者，适也。"这时已把十二律和十二月相配合，并且明确了十二律之间相生的关系。《吕氏春秋·音律篇》说：

> 黄钟生林钟，林钟生太簇，太簇生南吕，南吕生姑洗，姑洗生应钟，应钟生蕤宾，蕤宾生大吕，大吕生夷则，夷则生夹钟，夹钟生无射，无射生仲吕。

同时还指明这种相生关系，有"上生"和"下生"之别：

黄钟、大吕、太簇、夹钟、姑洗、仲吕、蕤宾为上，林钟、夷则、南吕、无射、应钟为下。

为便于说明起见，列为一表如下：

律　　　名	黄　钟	林　钟	太　簇	南　吕	姑　洗	应　钟
月　　　属	仲　冬	季　夏	孟　春	仲　秋	季　春	孟　冬
上生或下生	起　律	下	上	下	上	下
律　　　名	蕤　宾	大　吕	夷　则	夹　钟	无　射	仲　吕
月　　　属	仲　夏	季　冬	孟　秋	仲　春	季　秋	孟　夏
上生或下生	上	上	下	上	下	上

关于"上生"和"下生"的计算方法不同。《吕氏春秋·音律篇》说：

三分所生，益之一分以上生；三分所生，去其一分以下生。

这是说，以上一律之值再加以上一律的三分之一，就是"上生"；把上一律之值减去三分之一，就是"下生"。如果以 α 表示上一律之值，x 表示"上生"之值，y 表示"下生"之值，则得：

$$上生：x = \alpha + \frac{\alpha}{3} = \frac{4}{3}\alpha$$

$$下生：y = \alpha - \frac{\alpha}{3} = \frac{2}{3}\alpha$$

这就是《汉书·律历志》所说的"参（三）分益一"和"参（三）分损一"。也就是《淮南子·天文篇》所说："上生者四，以三除之；下生者倍，以三除之。"根据黄钟以当时尺度九寸为标准，按"上生"和"下生"的计算方法推算，十二律管的长度应是：

律　　名	黄　钟	林　钟	太　簇	南　吕	姑　洗	应　钟
管长(寸)	9	6	8	$5\frac{1}{3}$	$7\frac{1}{9}$	$4\frac{20}{27}$
律　　名	蕤　宾	大　吕	夷　则	夹　钟	无　射	仲　吕
管长(寸)	$6\frac{26}{81}$	$8\frac{104}{243}$	$5\frac{451}{729}$	$7\frac{1\,075}{2\,187}$	$4\frac{6\,524}{6\,561}$	$6\frac{12\,974}{19\,683}$

当时十二律的制作有这样细密的计算办法,这是和当时声学知识的进步分不开的。

力学知识的产生和应用　这时车辆的制造已很进步,已有运用杠杆的天平来称重量,也有运用杠杆的桔槔来汲水灌田,又有运用滑车来起重的。随着农业、手工业和城市建筑业的发展,力学也就发展起来了。

当时手工业工人在车轮的制造中已注意到滚动摩擦问题。《考工记·轮人》很细致地谈到制造车轮的要求,认为观察车辆必须先从"载于地"的"轮"开始,轮的制造"欲其朴属而微至"。所谓"朴属"就是牢固,所谓"微至"是说轮子和地面的接触面微小。所以要求"微至",是为了求其滚动快速。因为"不微至,无以为戚速也"。"戚速"就是"快速"的意思。这里提出了滚动物体(轮子)的滚动速度和滚动物体接触面积的多寡关系,认为接触面微小则滚动快速。怎样能达到"微至"呢?《考工记》说:"欲其微至也,无所取之,取诸圜也。"就是说没有别的办法,只有做得正圆才能使得接触面微小。这是有关滚动摩擦理论的萌芽。

当时手工业工人已懂得利用水的浮力来检查木材的质量是否均匀。《考工记·轮人》说:"揉辐必齐,平沈必均。"这是说三十条车辐制成后，必须放在水中测量它们的浮沉程度是否一致，浮沉程度务求一致，各条车辐的质量才算均匀。等到车轮全部制成后，还必须把整个轮子放到水中测量，再一次检查轮子各部分的质量是否均匀，"水之以眡其平沈之均也"。这是利用水的浮力来检验木材质量是否均匀。

这种检验办法，不但应用于造轮子，也还应用于造箭干。《考工记·矢人》说：

> 参（三）分其长，而杀其一；五分其长，而羽其一。以其笴厚，为之羽深。水之以辨其阴阳，夹其阴阳以设其比，夹其比以设其羽。参（三）分其羽，以设其刃，则虽有疾风，亦弗之能惮矣。

这段话叙述了箭干制作的全部工艺过程。"笴"是箭干，"比"是箭干末端扣住弓弦的义形的"栝"，"刃"是有锋刃的箭头。这是说：先要把箭干前部三分之一削好准备装箭头，再把后部五分之一做好准备装配羽毛，要根据箭干的厚薄，来决定装配羽毛的深浅，而关键在于用水来测量。要把按比例制作好的箭干投入一定装置的水中，测定它的沉和浮的部分（辨其阴阳），根据测定的情况来装置箭干末端的"比"，按照"比"的装置情况在周围装配羽毛，根据装配羽毛部分长度的三分之一来装配有锋刃的箭头。这样根据箭干在水中沉浮的程度来观测其各部分的比重，再具体地装置"比"和"羽"，这在当时是一种科学的办法。这样发射时即使遇到大风，仍然能使箭的运动保持稳定性。这里表明当时手工业工人已经认识到在空气中运动的物体，要使它运动保持稳定，这个物体的各部分的制作必须依照一定的轻重比例。《考工记·矢人》又说：

> 前弱则俯，后弱则翔，中弱则纡，中强则扬，羽丰则迟，羽

杀则趮。

这是说:箭干前轻("弱")或后轻会影响箭飞行的高("翔")低("俛"),中部轻或重会影响箭飞行的稳定性,使得飞行曲折("迂")或高飞("扬"),羽毛装配的多少也影响飞行速度和稳定性,羽毛太多则飞行速度缓慢,羽毛太少则飞行不准而斜向旁边("趮")。从此可见,当时劳动人民从箭在空中的飞行情况中,摸索到空气中飞行物体的各部比重和物体运动以及空气中阻力的关系。这是有关空气力学的萌芽。

《考工记·辀人》还讲到:"马力既竭,辀犹能一取焉。"这是说,马已经用尽力气,不再对车施加拉力而停止前进,但车还能向前跑一段路。这是惯性现象的较早记载。

力学和光学的理论的探讨 值得注意的是,后期墨家在手工业工人从生产实践中取得力学和光学知识的基础上,对力学和光学进行了理论上的探讨。他们的探讨,见于《墨子·经下篇》和《经说下篇》。这两篇著作,过去很少有人研究,再加上文字简略,比较难懂。近年来有不少自然科学工作者对此加以解释,还没有得到一致的结论。①

后期墨家解释了桔槔利用杠杆来起重的机械作用,也解释了斜面上物体所以能滑动的原因,还论述了力的平衡问题以及如何调节杠杆平衡的原理。

后期墨家对平面镜、凹面镜、凸面镜的成像和针孔成像进行了分

---

① 参见钱临照《论墨经中关于形学、力学和光学的知识》(《物理通报》第一卷第三期),洪震寰《墨经力学综述》(《科学史集刊》第七期),洪震寰《墨经光学八条厘说》(《科学史集刊》第四期),钱宝琮《墨经力学今释》(《科学史集刊》第八期)等。

析，已经认识到光的直线进行，影的成因，针孔里面屏上的像的成因，平面镜和球面镜成像的原因等等。

二 天文学和地理学的发展

历法的进步 因为天文历法和农业生产有密切关系，在我国，天文学很早就发达起来。中国的历法向来是阴阳合历，并不是纯阴历。古代的天文历法家主要的工作在于调和阴阳，在阴历年里适当地插入闰月，调节太阳节气，使四季的循环能够合适。战国时代著作的《尧典》曾说："期三百有六旬有六日，以闰月定四时成岁。"所谓"三百有六旬有六日"就是阳历年，从冬至或立春起算，以三百六十六日为一年。所谓"以闰月定四时成岁"，便是由于阴历年比阳历年每年要少十一天左右，必须设置闰月来加以调整。文化落后的秦国在秦宣公时（公元前六七五年至前六六四年）也已"初志闰月"（《史记·秦始皇本纪》）。春秋中期，由于采用立圭表测日影的方法，能够精确测定夏至和冬至，历法开始精确，以含有冬至之月为正月，以三百六十五又四分之一日为一年，并开始采用十九年插入七个闰月的办法。到春秋、战国间，各国应用着三种不同的历法，有以含冬至之月为正月的，叫做"周正"；有以此后一月为正月的，叫做"殷正"；有以此后二月为正月的，叫做"夏正"。春秋时代，晋国已应用"夏正"，因为"夏正"最符合于四季气候的转变，最便利于农业生产。孔子已说"行夏之时"（《论语·卫灵公篇》）。到战国时，对于天文历法的推算已很正确。孟子曾说："天之高也，星辰之远也，苟求其故，千岁之日至，可坐而致也。"（《孟子·离娄下篇》）古人称冬至、夏至为"日至"，根据孟子所说，可知战国时代测定阳历年的长短已极有把握了。

古代四分历,包括《颛顼历》和《殷历》等,是我国古代建立在严密科学基础上的历法。《颛顼历》的测定年代当在公元前三六〇年左右①。这种古四分历的岁实(回归年)是三百六十五又四分之一日,闰法为十九年七闰,是当时世界上最精确的历法之一。它的回归年长度与西方古代名历《儒略历》(创于公元前六四年)是相同的,但我国古四分历的创造要早三百年。《颛顼历》以十月为岁首,以十月初一为元旦,而闰月放在九月之后,有"后九月"之称。

春秋时,晋国用夏历,其他各国都用周历。战国时,魏、赵、韩三国沿用晋的夏历。魏的《竹书纪年》即用夏历,《魏户律》和《魏奔命律》(秦简《为吏之道》所附),所记"廿五年闰再十二月丙午朔",正合魏安釐王二十五年的夏历。《史记·赵世家》称三月丙戌三晋反灭知氏,知氏灭于周定王十六年(公元前四五三年),此年夏历三月丁丑朔,丙戌为初十。

据《秦本纪》与秦简《编年记》所载;月日干支参证,可知秦原用周历,从秦昭王四十二年(公元前二六五年)起,改用《颛顼历》,以十月为岁首。从秦昭王四十九年起又恢复以正月为岁首,但仍沿用《颛顼历》,闰月仍为"后九月",并沿用《颛顼历》的月日干支,直到秦始皇二

---

① 朱文鑫《历法通志》说:"今先证立春在营室五度,约在何时测定。试以营室零度合今室宿第一星。其赤经为三百四十五度十六分五秒半强(民国十六年),则营室五度当在赤经三百五十度十一分二十秒半强(古历以三百六十五度又四分之一为周天,故古之五度,合今四度五十五分十五秒,加入室宿第一星之赤经,为营室五度之赤经)。今立春在赤经三百十八度九分二十五秒弱,已在营室五度之西三十二度一分四十五秒,以岁差七十一年又八月差一度计之,约距今二千三百年,是在周烈王时也(约在西元前三百七十年)。"又说:"近时日人新城新藏博士,根据两《汉书·五行志》所载日蚀,由在晦在朔之差,以推《颛顼历》制定年代,约在西元前三百七十年左右,亦相去不远矣。"按新城新藏《东洋天文学史研究》第八编,推断《颛顼历》制定年代在公元前三百五六十年前。

十六年(公元前二二一年)再改以十月为岁首。①

　　楚国在春秋时用周历,楚称五月为夏炅,七月为夏夳,十月为冬夕,原是用周历时所定名。到战国时代改以夏正的十月为一月,和秦以十月为岁首相同,但是秦虽以十月为岁首,仍沿用夏正的月份,因此秦与楚的月份不同。云梦秦简《日书》中有"秦楚月份对照表"。兹将战国时代各国所用不同月份列表如下②:

	寅	卯	辰	巳	午	未	申	酉	戌	亥	子	丑
周历(邹、鲁等)	三	四	五	六	七	八	九	十	十一	十二	正	二
夏历(魏、赵、韩)	正	二	三	四	五夏至	六	七	八	九	十	十一冬至	十二
颛顼历(秦)	正	二	三	四	五	六	七	八	九	十岁首	十一	十二
楚　历	刑夷(四)	夏炅(五)	纺月(六)	七月(七)	八月(八)	九月(九)	十月(十)	爨月(十一)	献马(十二)	冬夕(一)	屈夕(二)	援夕(三)

　　据湖北荆门包山出土竹简,楚七月名为夏夳,月名有不同写法,如"刑夷"作"刑尸"、"刑尿","冬夕"作"冬夳","援夕"作"远夳"。据云梦秦简,"冬夕"或作"中夕",都是音近通用。

　　由于我国古代使用阴阳历,十九年七闰,对于农业季节的掌握不

---

　　① 秦从昭王四十二年起改用《颛顼历》,南宋吕祖谦《大事记》首先指出,清阎若璩又加论证。秦从昭王四十九年起又恢复以正月为岁首,清张文虎《校刊史记札记》首先指出,〔日本〕齐藤国治、小泽贤二《中国古代天文记录检证》(一九九二年版)详为论证。惟齐藤氏等,误以为秦始终使用同一历法,符合于董作宾《中国年历总谱》。因此秦简《编年记》始皇二十年七月甲寅,齐藤氏等以为"七月"乃"十月"之误。其实,《颛顼历》始皇二十年七月正是甲寅朔,可知秦简《编年记》不误,此时秦确用《颛顼历》。

　　② 参见曾宪通《楚月名初探》,《中山大学学报》一九八〇年第一期,王胜利《再谈楚国历法的建正问题》,《文物》一九九〇年第三期。

大方便,这时创立了二十四个节气。用二十四个节气注历,为农业生产服务,这是我国劳动人民的杰出创造。二十四个节气是战国时代观测黄河流域的气候定下来的(清代刘献廷《广阳杂记》卷三)。那时霜降节定在阳历十月二十四日。现在开封和洛阳秋天初霜在十一月三日到五日左右;那时雨水节定在阳历二月二十一日,现在开封和洛阳的终霜期在三月二十二日左右。战国时代原来定的二十四个节气,雨水在惊蛰之后,到西汉时才把雨水移到惊蛰之前。但无论如何,目前的终霜期总在战国雨水节之后。这表明战国时代的气候要比现在温暖得多。①

战国时代每日的记时,正由十二时制变为十六时制,见于云梦睡虎地秦简。到战国末年流行十六时制,次序为平旦、晨、日出、夙食、日中、日西中、日西下、日来入、日入、昏、暮食、夜暮、夜未中、夜中、夜过中、鸡鸣,见于甘肃天水县放马滩秦墓出土秦简《日书》。

对日月星辰运行规律的认识 过去的纪年法,一般都只按照王公即位年次来纪年,例如铜器铭文常有"唯王几年"的字句。到战国时代,由于天文学的发达,便开始用天文现象来规定年名。他们利用岁星(即木星)运行的规律来作为纪年之用。岁星在恒星星座中的位置是逐年移动的,循环一个周期,约需十二年。战国时的天文历法家便把黄道周围平均划分为十二"次"(古时称为"次",现在称为"宫"),十二次就是:星纪、玄枵、娵訾、降娄、大梁、实沉、鹑首、鹑火、鹑尾、寿星、大火、析木。他们以每年岁星在某一个"次"的天文现象来纪年,

---

① 参看竺可桢《中国近五千年来气候变迁的初步研究》,《考古学报》一九七二年第一期。

例如"岁在星纪"、"岁在玄枵"等。这种岁星纪年法,战国时代编著的
《左传》和《国语》两书曾应用过,据研究,当是两书作者根据当时岁星
所在的"次"而往上推定的,其推算年代当在公元前三六五年左右①。
到战国中期,天文历法家又进一步根据天文现象创造出了十二个太
岁年名,就是:摄提格、单阏、执徐、大荒落、敦牂、协洽、涒滩、作鄂、阉
茂、大渊献、困敦、赤奋若。例如《吕氏春秋·序意篇》记它的著作年
代,就说:"维秦八年,岁在涒滩。"屈原在《离骚》上记他的出生年月
日,就说:"摄提贞于孟陬兮,惟庚寅吾以降。"同时天文历法家又把十
二个太岁年名用十二辰名来代替,其次序为寅、卯、辰、巳、午、未、申、
酉、戌、亥、子、丑。这个岁星纪年法的普遍应用,就是这时期天文学
进步的具体表现。

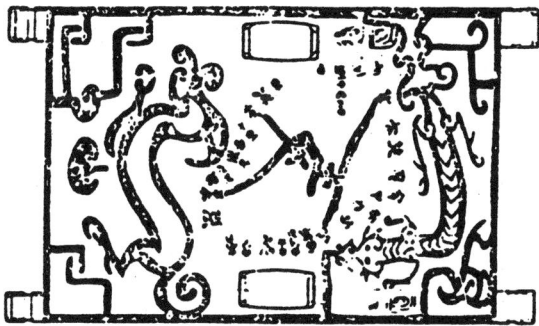

图五十九　　湖北随县曾侯乙墓出土漆箱盖上的青龙白虎二十八宿图

(采自《曾侯乙墓》上册)

---

①　实测岁星的周天率,是十一年又百分年之八十六,约八十四年超辰一次。岁星
应超辰,而《左传》所记的岁星纪年不超辰,可见《左传》岁星纪年,是作者根据当时岁星
所在的"次",往上推定的。据日本新城新藏推定,《左传》的推算年代当在公元前三六五
年。见新城新藏《东洋天文学史研究》第九编第五节。

至少春秋晚期已经确立二十八宿的体系，这对日、月、五星运行的测定，对恒星的观测以及编制较准的历法，都起重要作用。战国早期的曾侯乙墓出土的漆箱上有天文图，把二十八宿画成一圈，中间有北斗七星。《史记·天官书》所谓"斗为帝车，运于中央，临制四乡（向）"。北斗之柄的指向，随着四季变换而运转，因而可以凭斗柄指向来区分四季。《鹖冠子·环流篇》就曾讲明这点。①

到战国时代已有专门观测星辰运行的占星家，齐国有甘德，楚国有唐昧，赵国有尹皋，魏国有石申（《史记·天官书》以为甘德是齐人，《正义》引《七录》以为是楚人）。甘德著有《天文星占》八卷，石申著有《天文》八卷（《天官书·正义》引《七录》）。甘德和石申在战国中期（约公元前三六〇年左右）精密地记录了一百二十颗恒星的赤道坐标（入宿度和去极度）②。他们所测定的恒星记录，是世界上最古的恒星表。甘德测定恒星一百十八座，计五百十一颗星；石申测定恒星一百三十八座，计八百一十颗星（郑樵《通志·天文略》）。晋武帝时太史令陈卓曾综合甘德、石申、巫咸三家所命名的恒星，并同存异，合画成一张全天星图，总共有二百八十三组，一千四百六十四颗星（《晋

---

① 《鹖冠子·环流篇》说："斗柄东指，天下皆春；斗柄南指，天下皆夏；斗柄西指，天下皆秋；斗柄北指，天下皆冬。斗柄运于上，事立于下；斗柄指一方，四塞俱成，此道之用法也。""塞"读作"赛"，指春、夏、秋、冬四季报谢神的祭祠。《史记·封禅书》讲到名山大川，"春以脯酒为岁祠，因泮冻，秋涸冻，冬塞祷祠"。《索隐》谓"塞"与"赛"同，"今报神福也"。这是说：天上北斗星的斗柄运转，与地下春夏秋冬四季变换相应，斗柄轮流地指向一方，四季报谢神祠都就完成，也就是说四季变换相应地成功，这就是自然界发展变化的规律（道）具有一定的法则。

② 今本《甘石星经》（收入《汉魏丛书》）是后人伪造，唐代《开元占经》卷六五至卷七〇保存有甘氏石氏的言论，载有大约一百二十颗恒星至黄道的距离及其离北极的度数，可以从此看出他们的成就。详见日本上田穰著《石氏星经研究》和能田忠亮著《甘石星经考》（《东方学报》京都第一册）。

书·天文志》)。

长沙马王堆出土帛书《五星占》,记载了从秦始皇元年到汉文帝三年七十年间木星、土星、金星运行的观测记录。它所测定的金星会合周期是五百八十四点四日,比今测值大零点四八日;土星会合周期是三百七十七日,比今测值大一点零九日;木星会合周期是三百九十五点四四日,比今测值小三点四四日。距今二千一百多年前,对行星能作如此精确的观测,是世界上罕见的。《甘石星经》的测算,以"度"为基本单位,度以下的奇零用"半"、"太"、"少"、"强"、"弱"来表示,而《五星占》已采用一度等于二百四十分的进位制度,说明推算已较细密①。

所谓天象灾异的记载　长沙子弹库出土《楚帛书》中间十三行一篇,主要讲天象灾异,称彗星为"孛",还讲到"天棓将作伤","天棓"是一种彗星,因形状像棒棓而得名,"伤"就是说将有伤害。《开元占经》卷八八引甘氏说:"扫星见东方,名曰天棓。"又引石氏说:"彗星出西北,本类星,末类彗,长可四五尺至一丈,名曰天棓。"当时所谓天象灾异,主要是指彗星和火星、金星的逆行。《汉书·天文志》说:"至甘氏、石氏经,以荧惑、太白为有逆行。"荧惑、太白即火星、金星。

《史记》上详细记载有战国时代彗星出现的年代,都是依据《秦记》的。秦厉共公七年(公元前四七〇年)、十年都有"彗星见"(《六国年表》),秦孝公元年(公元前三六一年)"彗星见西方"(《六国年表》、《魏世家》),秦昭王二年(公元前三〇五年)、四年、十一年都有"彗星见"(《秦本纪》、《六国年表》),秦始皇七年(公元前二四〇年)"彗星先

---

① 徐振韬《从帛书五星占看先秦浑仪的创制》,《考古》一九七六年第二期。

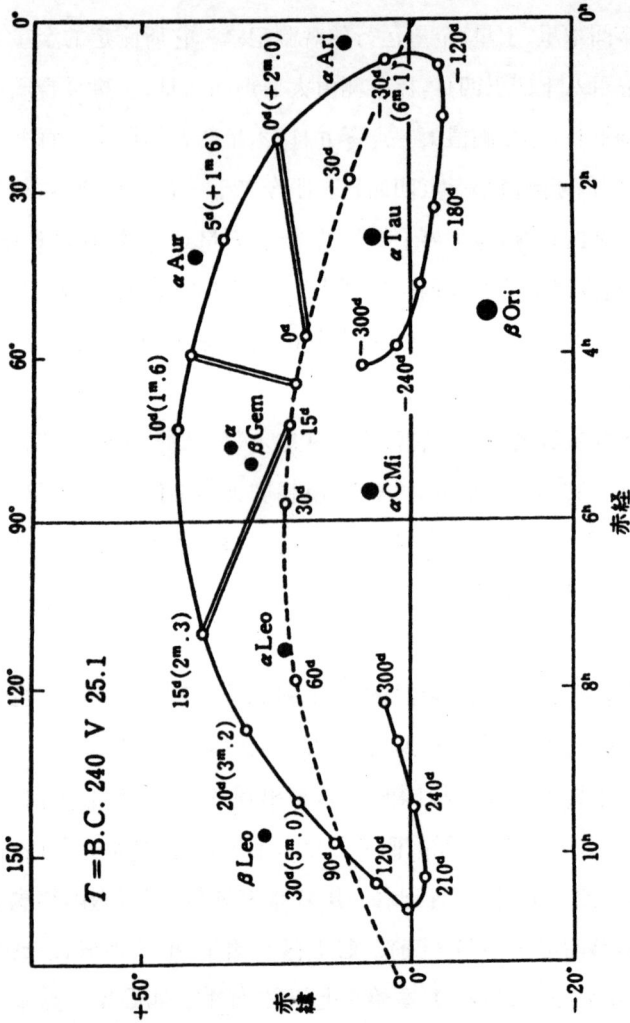

图六十　公元前二四〇年彗星运行轨迹图

（采自〔日本〕齐藤国治、小泽贤二《中国古代天文记录检证》）

出东方，见北方，五月见西方"。"彗星复见西方十六日"。秦始皇九年"彗星见，或竟天"，四月"彗星见西方，又见北方，从斗以南八十日"。十三年正月"彗星见东方"（《秦始皇本纪》）。据英国克劳密（Crommelin）的推算，秦厉共公七年和秦始皇七年所见彗星是哈雷（Hally）彗星，哈雷彗星每七十六年接近太阳一次。日本齐藤国治、小泽贤二推定秦始皇七年五月二十五日哈雷彗星先见于东方，六月三日见于北方，六月九日再见于西方，即所谓"五月见西方"，并画出彗星运行轨迹图（见所著《中国古代天文记录检证》）。

《史记·天官书》说："秦始皇之时，十五年彗星四见，久者八十日，长或竟天。其后秦遂以兵灭六王，并中国，外攘四夷，死人如乱麻，因以张楚并起，三十年之间兵相骈藉，不可胜数。"这是说彗星见有兵灾。从此长期流行这种说法。据《吕氏春秋·明理篇》，天上的云、日、月、星、气中，或有特异形状的，或有相互斗蚀的，或有特殊变化的，有种种不同的名目，都是天象灾异的性质。如星有荧惑、彗星、天棓、天欃、天竹、天英、天干，还有贼星、斗星、宾星等。马王堆帛书《天文气象杂占》属于同样性质。

《战国策·魏策四》记唐且说秦王："夫专诸之刺王僚也，彗星袭月；聂政之刺韩傀也，白虹贯日，……皆布衣之士也，怀怒未发，休祲降于天。""白虹贯日"和"彗星袭月"，都是对日月的侵袭，他们认为日月代表君王，因而成为君王被刺的预兆，这对刺客来说，是祥兆的显示，所以说"休祲（祥兆）降于天"。长沙马王堆帛书《天文气象杂占》画有一龙形的图，下有注文："赤虹冬出，主□□，不利人主。白虹出，邦君死之。""白虹"就是"邦君死"的预兆。《周礼·春官》"眂祲"下说："掌十辉之法，以观妖祥，辨吉凶。""辉"即"晕"字，是指太阳周围所绕的光气,这是观察太阳周围光气的变化来判断吉凶的,因为太阳是代表君王的。"十煇"中的第七煇叫做"弥",郑众解释说:"弥者白虹弥天也",郑玄又解释说:"弥,气贯日也。"可知"白虹贯日",实际上只是白色光气冲到了太阳,这与雨后所常见的彩虹不同。

西汉初年邹阳《狱中上书》讲到:"昔者荆轲慕燕丹之义,白虹贯日,太子畏之。卫先生为秦画(划)长平之事,太白食昴,昭王疑之。夫精诚变天地,而信不喻两主,岂不哀哉?"(《史记·邹阳列传》)。所谓"卫先生为秦画长平之事",是指白起大破赵于长平而要进兵灭赵,派遣卫先生进说秦昭王增发兵粮,结果为应侯所害,事因而不成(见《史记·集解》引苏林之说与《索隐》引服虔之说)。这是说:荆轲爱慕燕太子丹而为他入秦刺秦王,此事感动了天而有"白虹贯日"的天变,但因太子丹畏惧,支持不够而未成。卫先生为了秦灭赵而进说秦昭王,此事感动了天而有"太白食昴"的天变,但因昭王的疑惧,被应侯所害。据齐藤国治、小泽贤二《中国古代天文记录检证》,太白是金星,当公元前二六〇年长平大战前后,确有金星运行到昴宿的天象。

《秦始皇本纪》载:"三十六年荧惑守心。有坠星下东郡,至地为石,黔首或刻其石曰:始皇帝死而地分。"这是依据《秦记》所载的秦始皇将死的天变预兆。荧惑是火星,"守"是占居的意思,"荧惑守心"是说火星占居在心宿(《天官书·集解》引韦昭曰:"居其宿曰守")。因为他们认为火星有变化将有兵灾,二十八宿中心宿是"明堂",角宿是"帝廷",房宿是"府",如果火星占居心宿或房宿,就预兆君王将有大难。①

---

① 《史记·天官书》说:荧惑"出则有兵","心为明堂","房为府","角为天王帝廷"。又说:"火犯守角则有战,〔火犯守〕房、心,王者恶之也。"犯守即是占居,火星犯守房、心,君王将有大难,因而为君王所恶。

从天文现象来看,火星(荧惑)在运行中,相隔一定时间,将出现由顺行变为逆行,再由逆行变为顺行的过程。在逆行的转变过程中就有留滞在心宿或角宿的天象。据齐藤国治、小泽贤二的推算,秦始皇三十五年(公元前二一二年)二月九日火星由顺行变逆行之后,曾在角宿留滞;秦始皇三十七年(公元前二一〇年)三月二十一日火星由顺行变逆行之后,曾在心宿留滞。因此他们认为《秦始皇本纪》"三十六年"是"三十七年"之误。这是正确的。秦始皇死于三十七年七月,《秦始皇本纪》所记"三十六年荧惑守心",又记陨石或刻曰"始皇帝死而地分",接着又记有人持璧遮使者曰:"为吾遗滈池君,因言曰:'今年祖龙死',使者问其故,忽不见,使者具以闻,始皇曰:山鬼固不过知一岁事也。"所谓"祖龙"即指秦始皇。所谓"今年"即指秦始皇三十七年,始皇所谓"不过知一岁事"。可知《秦始皇本纪》"三十六年"的记载,都该是"三十七年"之误。因为秦始皇死的那年,正巧有"荧惑守心"的所谓天变,于是这个天变成为历代重视的凶兆。据统计,历代正史上就记载有二十四个这样的凶兆,根据检验,其中有十三个是符合于当时天象的。

全国性的地理志的发表　这时由于水利灌溉事业的发展,各种手工业所需原料的交流,商业的发展和各地土特产的交流,以及民族的融合,使得人们眼界宽广,地理知识大为丰富;同时为了适应统一事业的需要,就出现了全国性的地理志。其中以《禹贡》与《山海经》两书最为重要。

《禹贡》假托是夏禹治水时期的作品。它把全国疆土划分为九州,分别叙述了山脉、河流、土壤、草木、田赋和少数民族分布状况;还总叙了全国的名山大川,记载了分五服缴纳贡赋的制度。用九州来作为全国的区域规划，是适应即将建立的统一王朝的需要。所用九州的名称是新创的，有的采用了水名（如雍州、兖州），有的采用了山名（如荆州），也有采用古部族或古国名的（如徐州）。正因为九州的划分出于新创，《禹贡》的九州就和《周礼·职方氏》、《吕氏春秋·有始览》的九州不同，有如下表：

禹　贡　九　州	冀	兖	青	徐	扬	荆	豫	梁	雍		
职　方　九　州	冀	兖	青		扬	荆	豫		雍	幽	并
吕氏春秋九州	冀	兖	青	徐	扬	荆	豫		雍	幽	

《禹贡》虽然假托夏禹治水，全文只有一千二三百字，却是一部有系统的地理著作。它对各方面有系统的叙述，代表了当时中原地区人们的地理知识水平，它对九州土壤性质的分类已有较高的科学水平。它的写作年代当在战国中期以后。

《山海经》分《五藏山经》、《海外经》、《海内经》和《大荒经》四个部分。《五藏山经》的写作年代较早。它把全国疆土划分为南、西、北、东、中五个部分。《中山经》记述豫荆两州西部、南部和梁州地区，从它把这个地区作为天下之"中"来看，作者该是南方人。《中山经》记述汜水和役水同注于黄河，在这两水之间还有器难之水、太水、承水、末水注入役水。这是鸿沟开凿以前的情况。鸿沟开凿以后，不但器难之水等四条水不注入役水而注入鸿沟，甚至连役水也不注入黄河而注入鸿沟。因此可以断定《五藏山经》的写作年代当在战国初期。因为它是南方的作品，和《楚辞·天问》一样有很丰富的神话传说。它以记述各个地区的山脉为主，讲到了有关的水流、草木鸟兽和矿物等特产，第一次对我国广大山区的地理和蕴藏进行了探索，作了具体的记录。这书既有科学的内容，也糅杂有巫术迷信成分。书中载有祭祀各地山神的仪式和所用祭品，还述及许多草木鸟兽和矿物可以用来防止蛊疾、疫疾、五官病、皮肤、外科诸病、脏器诸病，可以强壮身体。①

邹衍的"大九州"学说　到战国末年，阴阳家邹衍创立了"大九州"的学说，这是对世界地理的一种推论性质的假说。西汉桑弘羊曾说他鄙夷儒、墨两家"不知天地之弘、昭旷（宇宙）之道"，因而创立这个学说"以喻王公"（《盐铁论·论邹篇》的）。邹衍"先列中国名山、大川、通谷、禽兽，水土所殖，物类所珍，因而推之，及海外人之所不能睹"（《史记·孟子荀卿列传》）。他先探究中国的地理和物产，由此作出推论。邹衍认为，中国叫赤县神州，九个像赤县神州那样大的州，合成一个大州，周围有裨海环绕着；这样的大州又有九个，周围又有大瀛海环绕着。邹衍说："此所谓八极。"在那里才有八个方面的终极之处。因此中国只是整个"大九州"中的八十一分之一。《尸子》说："朔方之寒，冰厚六尺，木皮三寸；北极左右，有不释之冰。"（孙星衍辑本下卷）已经推测到北极有常年结冰的情况。这种学说的创立，是和当时交通的发展和人们见闻的增长分不开的，有利于人们打破保守闭塞的成见。

三　后期墨家的朴素唯物的自然观

后期墨家和《墨经》　墨子主张"天志"、"明鬼"，认为物质世界之上有超自然力的上帝、鬼神统治着，他的兼爱学说是和宗教结合在一

---

①　参看蒙文通《略论山海经的写作时代及其产生地域》（《中华文史论丛》第一辑）和范行準《中国预防医学思想史》三《人民自己创造的预防医学》。

起的。但是他很重视物质生产的发展,科学技术的进步,新器械的不断创造,杠杆、滑车、斜面、轮轴等简单机械的应用,后期墨家对此有进一步发展,形成一种朴素唯物的自然观。他们著有《墨经》,分上下两篇。《经上》每句都先提出一个名词,再下定义,著作年代较早。《经下》每句先提出一个论点,再说明理由,大概著作在《经上》之后。另有《经说上》和《经说下》是解释《经上》和《经下》的。《墨经》中有后期墨家对自然界的分析和对自然科学的探讨的内容。这是一部有系统的著作,必须分成章节加以分析,才能正确理解其内容。近年有些解释《墨经》的著作,不顾上下文,只就单句加以解说,就不免穿凿附会。

对于物质世界的认识和分辨　后期墨家的朴素唯物的自然观,是和他们重视现实的认识论分不开的。他们认为感性知识的取得有四个步骤:首先要有求知的本能,即所谓"知(认识能力),材也"。其次要有求知的意图,即所谓"虑,求也"。再其次要能接触到事物,取得印象,即所谓"知,接也"。最后必须根据过去的经验加以分析综合,即所谓"恕(同"智"),明也"(《墨子·经上篇》、《经说上篇》)。他们又认为知识的来源有"闻知"、"说知"、"亲知"三种,"闻知"是传授得来的知识,"说知"是推论得来的知识,"亲知"是亲身经历得来的知识。在"闻知"中又可分为"传闻"和"亲闻"两种,在"亲知"中又可分为"体见"(只见一部分)、"尽见"(全部看见)两种。

他们认为理性知识的追求,应该着重于"故"、"法"、"佴"三方面。"佴"指现状,即所谓"佴,所然也"。"法"指怎样造成这现状的,即所谓"法,所若而然也"。"故"指为什么会造成这现状的,即所谓"故,所得而后成也"(《墨子·经上篇》、《经说上篇》)。

他们为了分辨事物,对于事物的同异也有了分析。曾经把"同"分为"重同"(两个名称同指一样实物的)、"体同"(同为一件东西的一部分)、"合同"(同放在一个场合的)、"类同"(有相类似之处的)四种。又曾把"异"分为"二"(名称和实物都不同的)、"不体"(不都是一件东西的一部分)、"不合"(不是同放在一个场所的)、"不类"(没有相类似之处的)四种(《墨子·经上篇》、《经说上篇》)。

关于物质构成和运动的学说　墨家曾经对物质世界进行具体的分析。他们把空间称为"宇",把时间称为"久"(即"宙")。如果一件实物所处区域的边际前,再也不容一线之地,这就是个别区域的空间穷尽之点。如果个别实物所处的空间中,始终保持一个静止固定状态,就没有时间性可言,这就是个别区域时间穷尽之点。①他们已认识到时间和物质运动不可分割的关系,脱离了物质运动就没有时间性可言,时间是指物质运动过程的持续性。这种看法具有素朴的辩证观点。

后期墨家认为"久"是由物质的运动而形成的,他们进一步对物质的运动作具体的分析。他们不但分析了运动的开始和停止或不停止,而且对运动的过程也作了分析。他们认为物质的运动共有六种方式,就是:(一)本质未变而外表已变,这叫做"化";(二)一部分物质

---

① 《墨子·经上篇》说:"久,弥异时也。宇,弥异所也。穷,或(域)有前不容尺也。……尽,莫不然也。"《经说上篇》解说道:"久:古今旦莫(暮)。宇:东西家南北。穷,或不容尺,有穷;莫不容尺,无穷也。尽:俱止动。"这里说"久"是古今旦暮的总称,即今时间的意思。"宇"是东西南北的总称,即今空间的意思。"穷"是承上"宇"而言的,"尽"是承上"久"而言的。"穷"指个别空间的终极,如果一个实物所处的区限前不容一线之地,就是这个空间的"穷"处。"尽"指时间的终极,如果在个别实物所处的空间中,始终静止在一个状态,即所谓"俱止动",也就是保持一个模样,即所谓"莫不然",这样就无时间性可言,就是个别空间的时间的终极。

从整体分离了去,这叫做"损";(三)另外有物质附加到原来的物体上去,这叫做"益";(四)循环旋转的运动方式,这叫做"儇";(五)在一个空间内物体的更换,这叫做"库";(六)一件物体所处的空间移动,这叫做"动"。他们把物质运动的各种形式归结为上述简单的六种运动的方式。①这样把物质运动区分为六种基本形式,和古代希腊哲学家亚里士多德(公元前三八四年至前三二二年)所说六种运动基本形式

---

① 《墨子·经上篇》说:"始,当时也。……化,征易也。……损,偏去也。……儇(环),俱柢。库,易也。动,或(域)徙也。止,以(已)久也。必,不已也。"《经说上篇》解说道:"始:时或有久,或无久,始当无久。化:若蛙(蛙)为鹑。损:偏也者,兼之体也。其体或去或存,谓其存者损。儇:昫民也("昫民"二字有误,不可解)。库:区穴若斯貌常。动:偏祭(际)徙,者(当作"若")户枢免瑟(虱)。止:无久之不止,当牛非马,若矢过楹。有久之不止,当马非马,若人过梁。必:谓台执者也。若弟兄,一然者一不然者,必不必也,是非必也。"在这一段中,开首的"始",是论运动的开始,末尾的"止"是论运动的停止,"必"是论运动的不停止,"化""损""益""儇""库""动"是论六种运动的过程。现在我们分别解释如下:(一)时有"有久"的时和"无久"的时,也就是说,有的经历若干时间,有的刚刚开端,未经历若干时间。所谓"始"就是运动的开端,正当"无久"的时。(二)"化"就是变化,变化是外表的征象变易而实质未变,所以说:"化,征易也。"《荀子·正名篇》说:"状变而实无别,而为异者谓之化。"意思是和这相同的。古时缺乏生物学的知识,误认为蛙可以变鹑,《淮南子·齐俗篇》说:"夫虾蟆为鹑,水蛆为蟌(蜻蜓),皆生非其类,唯圣人知其化。"《经说》为了解释"化",便举出了"蛙为鹑"这个不合科学的例子。(三)"损"就是损失。"兼"是整体,"体"是部分,所谓"偏"就是整体中的一部分。在一个整体中,有一部分离去,有一部分存在,就其存在者来说就是"损"。(四)"益"就是增益,增益的结果必然会使它扩大,所以说:"益,大也。"(五)"儇"就是旋转。孙诒让《墨子间诂》解说道:"以环为之物,旋转无端,若互为本,故曰俱柢。"也就是说:全部空间未动,仅各端把所处的空间转递罢了。(六)"库"就是更换,更换是空间照常而物已调换。(七)"动"就是徙动,徙动是所处的空间徙移,所谓"或(域)徙"。"偏祭(际)徙",是指一件物体的部分位置移动,例如门户转轴的转动。(八)"止"就是停止,停止就是停留若干时间,所以说:"止,以(已)久也。"凡是停止必须"有久","有久"才能算"止"。如果说"无久之不止",和说"牛非马"相当,这是当然的事。例如射箭过楹,毫无时间的停留。如果说"有久之不止",和说"马非马"相当,这是不对的。例如人走过桥,步步要停留到地,每步之间都有停留,严格地讲,就不能算"不止"。(九)"必"就是不停止,所以说:"必,不已也。"不停止是指没有时间停留而言。如果说弟兄两人,各执成见,一个认为对,一个认为不对,争论不休,这不是"必"的意思。

有类似的地方。《墨经》的"化"相当于亚里士多德的"改变",指质的变化。《墨经》的"损"和"益"相当于亚里士多德的"缩小"和"增大",指量的变化。亚里士多德把所有机械运动统称为"位移",而《墨经》则区分为"儇"(旋转)、"库"(更换)、"动"(移动)三种形式。亚里士多德还从质的变化中,区分出"产生"和"消灭"两种运动形式,而《墨经》则没有把"产生"和"消灭"列为运动形式,一概包括在"化"的里面。

后期墨家认为"宇"是由物质所构成的,于是就进一步对物质的组织构造作具体分析。他们认为宇宙间的万物是由人体器官所能感觉到的物质粒子构成的,由于物质粒子组织结合方式不同,也就产生了周围世界各式各样的物体。其组织结合方式共有五种:(一)有空隙的组织结合,叫做"有间"。(二)相互充满的组织结合,叫做"盈"。这是主要的组织结合方式,许多物质粒子到处充盈着,物体就可能积厚起来成为体积。例如有"坚"的属性的物质粒子和有"白"的属性的物质粒子到处充盈着,也就组织结合为"石"。(三)相接触连结的组织结合,叫做"撄"。如果接叠得完全契合,就和"盈"一样;如果只有一部分互相接叠起来,叫做"体撄"。(四)不规则的组织结合,叫做"仳"。这种组织结合有的接叠,有的不接叠,是杂乱得没有规律的。(五)有秩序的组织结合,叫做"次"。这种组织结合既没有空隙,也不相接叠,是有秩序地排列起来的。[①]

---

① 《墨子·经上篇》说:"有间,中也。间,不及,旁也。纑,间虚也。盈,莫不有也。坚白,不相外也。撄,相得也。仳,有以相撄、有不相撄也。次,无间而不相撄也。"《经说上篇》解说道:"有间:谓夹之者也。间:谓夹者也。尺,前于区穴而后于端,不夹于端与区穴。及,非齐之及也。纑:虚也者,两木之间,谓其无木者也。盈:无盈无厚。于尺无所往而不得。坚:得二异处,不相盈,相非,是相外也。撄:尺与尺,俱不尽;端与端,俱尽;尺与端,或尽或不尽。坚白之撄,相尽;体撄,不相尽。仳:两有端而后可。(续下页注)

后期墨家认为万物是多种物质粒子经过以上五种不同的组织结合方式构成的,而且认为这种物质粒子具有不可分割性,这和古代希腊唯物哲学家德谟克利特(约公元前四六〇年至前三七〇年)主张万物是由一种不可分割的基本粒子构成是一样的。《墨经》把几何学上的点叫做"端",同时也把这种不可分割的物质粒子称为"端",并且对

(续上页注①)次:无厚而后可。"现在我们分别解释如下:(一)"有间"、"间"、"纑"三句说的是有空隙的组织结合。"有间"是指夹在中间的物质粒子,"间"指不相连及的在旁的物质粒子。《经说》解说"间"就是在旁的"夹者",意思是相同的。"尺"是物体的边线,"区穴"是物体的表面,"端"是物体边线的顶端。《经说》为了解释"夹"起见,认为"尺"前于"区穴"而后于"端",但是"端"连及"尺","尺"又连及"区穴",就不能认为"尺"夹在"端"和"区穴"之间。《经说》又解释《经》文"及"字,认为《经》文的"及"不是解释作"齐"的"及",是连及的意思。"纑"是指中间的空隙,《经说》为了解释《经》文"虚"字,具体地用"两木之间谓其无木者也"来比喻。(二)"盈"句说的是相混合的组织结合。所谓"盈"就是指某几种物质粒子相互充满在一个物体之内,所以说:"盈,莫不有也。"也就是说,在物体的边线以内这几种物质粒子到处都有,所以《经说》又说:"盈,于尺无所往而不得。"物体所以有"厚"(即体积),就是由于这种组织结合方式形成的,如果没有这种组织结合方式,也就没有体积,所以《经说》又说:"无盈,无厚。"由于这种组织结合方式的重要,《经》文特别以"石"的组织构造为例,在"石"的中间,有"坚"属性的物质粒子和有"白"属性的物质粒子是相混合结合的,是不互相排斥的,所以说:"坚白不相外也。"《经说》为了明了起见,作了反面的解说:如果有"坚"、"白"两种属性的物质粒子分别开来,各有处所,不相混合,相互排斥,这就"相外"了。因为墨家在讲"盈"的组织结合方式时,举出这样一个"坚"、"白"相"盈"而成"石"的例子,名家就集中这一点加以驳斥,创出了"离坚白"的说法。"盈坚白"和"离坚白"的争论决不是随便兴起的,在战国时代所以会争论得那么热烈,就是由于争论的是物质构造问题。(三)"撄"句说的是相接叠的组织结合。《经说》对此曾作进一步的分析:如果是物质粒子构成的线条和线条相接叠,不必能尽相契合。物质粒子互相接叠,才能尽相契合。线和点相接叠,有时可以尽相契合,有时不能尽相契合。例如"坚"、"白"在"石"中相互接叠是尽相契合的,如果只有部分相接叠,就不能尽相契合了。(四)"仳"句是说不规则的组织结合,许多物质粒子之间,有相互接叠的地方,也有不相接叠的地方。所谓"有以相撄,有不相撄也"。在这种不规则的组织结合方式中,一定有彼此相接叠的物质粒子,也有彼此不相接叠的物质粒子,所以说:"两有端而后可。"(五)"次"句说的是有秩序的组织结合。这种组织结合没有空隙,又不相接叠,所谓"无间而不相撄也"。如果有接叠的地方,就会"厚"起来,如果有"厚",必然有接叠的地方。所以说:"无厚而后可。"

"端"的不可分割性作了具体解释。

后期墨家对物质世界作这样具体的分析,在中国哲学史上是空前的。

四　惠施含有辩证因素的自然观

惠施的"遍为万物说"　惠施,宋人,是名家的代表人物。他在公元前三三四年至前三二二年间(魏惠王后元元年到十三年)做魏的相国,主张联合齐、楚,尊齐为王,以减轻齐对魏的压力,曾随同魏惠王到齐的徐州,朝见齐威王。他为魏国制订过法律。到公元前三二二年,魏国被迫改用张仪为相国,把惠施驱逐到楚国,楚国又把他送到宋国。到公元前三一九年,由于各国的支持,魏国改用公孙衍为相国,张仪离去,惠施重回魏国。

惠施也和墨家一样,曾努力钻研宇宙间万物构成的原因。据说,南方有个奇人叫黄缭的,曾询问天地不塌不陷落以及风雨雷霆发生的原因,惠施不假思索,立刻应对,"遍为万物说"(《庄子·天下篇》)。庄子曾说惠施"以坚白鸣"(《庄子·德充符篇》),批评惠施"非所明而明之,故以坚白之昧终"(《庄子·齐物篇》)。可知惠施的论题,主要的还是有关宇宙万物的学说。他的著作已经失传,只有《庄子·天下篇》保存有他的十个命题。

含有辩证因素的观察和分析　惠施的十个命题,主要是对自然界的分析,其中有些含有辩证的因素。他说:"至大无外,谓之大一;至小无内,谓之小一。""大一"是说整个空间大到无所不包,不再有外部;"小一"是说物质最小的单位,小到不可再分割,不再有内部。这和后期墨家一样认为物质世界是由微小的不可再分割的物质粒子所构成。万物既然都由微小的物质粒子构成,同样基于"小一",所以说"万物毕同";但是由"小一"构成的万物形态千变万化,在"大一"中所处的位置各不相同,因此又可以说"万物毕异"。在万物千变万化的形态中,有"毕同"和"毕异"的"大同异",也还有事物之间一般的同异,就是"小同异"。他把事物的异同看作相对的,但又是统一在一起的,这里包含有辩证的因素。

惠施有些命题是和后期墨家争论的。后期墨家运用数学和物理学的常识,对物体的外表形式及其测算方式作了分析,下了定义。《墨子·经上》曾说:"厚,有所大。"认为有"厚"才能有体积,才能有物体的"大"。而惠施反驳说:"无厚,不可积也,其大千里。"认为物质粒子("小一")不累积成厚度,就没有体积;但是物质粒子所构成平面的面积,是可以无限大的。后期墨家曾经严格区分空间的"有穷"和"无穷",《墨子·经说下》说:"或不容尺,有穷;莫不容尺,无穷也。"认为个别区域前不容一线之地,这是"有穷";与此相反,空间无边无际,这是"无穷"。而惠施反驳说,"南方无穷而有穷",就是说南方尽管是无穷的,但是最后还是有终极的地方。后期墨家认为"中"(中心点)到相对的两边的终点是"同长"的。《墨子·经上》说:"中,同长也。"而惠施反驳说:"我知天下之中央,燕(当时最北的诸侯国)之北,越(当时最南的诸侯国)之南是也。"因为空间无边无际,无限大,到处都可以成为中心。后期墨家认为同样高度叫做"平",《墨子·经上》说:"平,同高也。"而惠施反驳说:"天与地卑("卑"是接近的意思),山与泽平。"因为测量的人站的位置不同,所看到的高低就不一样。站在远处看,天和地几乎是接近的;站在山顶上的湖泊边沿看,山和泽是平的。

惠施把一切事物看作处于变动之中，例如说："日方中方睨（"睨"是侧斜的意思），物方生方死。"太阳刚升到正中，同时就开始西斜了；一件东西刚生下来，同时又走向死亡了。这种看法在一定程度上认识了事物矛盾运动的辩证过程。但是他无条件地承认"亦彼亦此"，只讲转化而不讲转化的条件，这样就否定了事物的质的相对稳定性，不免陷入到相对主义的泥坑中去。

五　后期墨家和后期名家关于物质构成和运动的讨论

后期墨家的《墨经》的《经上篇》著作较早，对自然界物质结构和运动提出了一整套的看法，引起了名家的讨论和辩驳。后期墨家的《墨经》的《经下篇》著作较晚，是针对名家的辩驳而进一步阐明自己的见解的，而后期名家又进一步进行了讨论和辩驳。

关于自然界物质结构问题的讨论，有两个重点：一是构成万物的物质粒子是否可以再分割？二是"石"是否由有"坚"的属性的物质粒子和有"白"的属性的物质粒子相"盈"而组成？

物质粒子是否可以再分割的讨论　后期墨家提出万物由不可分割的物质粒子通过不同的组织结合而构成的学说。他们把物质粒子叫做"端"，说："端，是无间也。"（《经说下篇》，"间"原误作"同"，从梁启超校改）"无间"就是说不可再分割。后期名家对这个观点进行了反驳，后期墨家对此作了进一步的说明：

> 非半，弗斱则不动，说在端。（《经下篇》）
>
> 斱半，进前取也。前，则中无为半，犹端也。前后取，则端中也。斱必半。无与、非半，不可斱也。（《经说下篇》）

斱，斫断、分割的意思。"非半，弗斱则不动"，是说"端"是最小的物质粒子,没有内部结构,已不是两个半部所构成,有着"非半"的特性,因此不可能再分割("弗斲"),结果不可能加以分裂变动("不动")。"斲半,进前取也",是说把物质构成的线,从其中点砍掉一半,不断从前进的方向割取一半。"前,则中无为半,犹端也",是说不断地从前进方向割取一半,割取到最后,就会只剩下"中无为半"(中间没有分成两个半部)的物质粒子,结果还是剩下一个"端"。例如下图:

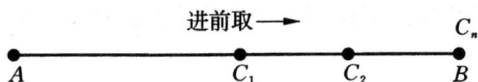

$\overline{AB}$ 为一条物质构成的线,先从 $\overline{AB}$ 的中点 C_1,砍掉 $\overline{AC_1}$,留取 $\overline{C_1B}$;再从 $\overline{C_1B}$ 的中点 C_2,砍掉 $\overline{C_1C_2}$,留取 $\overline{C_2B}$,这样不断割取,最后会剩下 C_nB,只剩一点,这就是"端"。

"前后取,则端中也",是说先把物质构成的线,从其中点分成前后两个半部;接着从后半部的中点砍掉一半,留取前进方向的一半;再从前半部的中点砍掉一半,留取后退方向的一半。这就是"前后取"的一种割取方法。这样的"前后取"方法,不断把后半部和前半部砍掉一半,割取到最后,就会只剩下中心的一个"端"。这个"端"的位置正好在全线的中点,所以说"端中也"。例如下图:

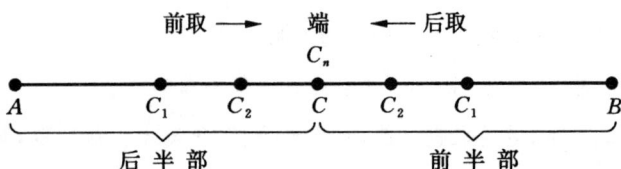

$\overline{AB}$ 为一条物质构成的线,先从它的中点 C 把全线分为前后两个

半部,再从前后两个半部的中点 C_1,砍掉 $\overline{AC_1}$ 和 $\overline{C_1B}$,留取 $\overline{C_1C_1}$;更从前后两半部的中点 C_2,砍掉 $\overline{C_1C_2}$ 和 $\overline{C_2C_1}$,留取 $\overline{C_2C_2}$;这样不断割取,最后会剩下 C_nC,只剩一点,这就是全线中心的"端"。"斱必半","半"是指可以分成两半的物质,这是说,必须是可以分成两半的物质才能分割。"无与、非半,不可斱也","无与"是说没有相关连的物质,孤零零的一个物质粒子;"非半"是指不可以再分割成为两半的物质粒子,这是说,如果是"无与"而"非半"就不可能再分割。这是后期墨家通过具体分析,对物质粒子的不可分割性所作的具体说明。

当时后期名家提出反驳说:

一尺之棰,日取其半,万世不竭。(《庄子·天下篇》)

棰,鞭子。后期名家认为一尺长的棰,每天砍掉一半,永远砍不完。具体说来,第一天剩下 $\frac{1}{2}$ 尺,第二天剩下 $\frac{1}{4}$ 尺,第三天剩下 $\frac{1}{8}$ 尺,到 n 天剩下 $\frac{1}{2^n}$ 尺。$\frac{1}{2^n}$ 的数值日益接近于零,但是永远不等于零。用高等数学上的符号 $\lim$(极限)和 ∞(无穷大)表示,就是:

$$\lim_{n\to\infty}\frac{1}{2^n}=0$$

事实上,物质是可以无限分割的。后期名家认为物质不断地可以一分为二,是朴素的辩证法的论断,要比后期墨家正确。

"石"是否由"坚"和"白"两种物质粒子相"盈"而构成的讨论　后期墨家认为万物由物质粒子经过五种不同的组织结合方式而构成,其中最重要的组织结合方式是"盈",就是相互充满的组织结合方式,可以由此累积起来构成有厚度的体积。还举出例子,认为"石"是由有"坚"的属性的物质粒子和有"白"的属性的物质粒子相"盈"而构成。不过这种假设只是直接观察的结果,缺乏可靠的科学依据。因此,就引起后期著名的名家公孙龙的反驳。

公孙龙,赵国人,曾在平原君门下为"客",先后游说燕昭王、赵惠文王"偃兵",又曾在平原君处同孔穿(孔子六世孙)辩论。公孙龙也根据直接观察,认为用手只能得到"坚"的感觉,用眼只能得到"白"的感觉,因此"坚"和"白"在"石"中是相"离"的。《公孙龙子》有《坚白论》,就是反驳"坚"、"白"相"盈"的说法,而主张"坚"、"白"相"离"的。《坚白论》中所反驳的论敌,就是指后期墨家。后期墨家说:"无久与宇,坚白,说在因。"(《经下篇》)"无久与宇",是说没有时间和空间的差别;"因",是说有着相互依存关系。这是说,"坚"和"白"在"石"中相"盈",是在同一时间和同一位置上存在,没有时间和空间的差别,有着相互依存的关系。公孙龙认为用手摸石,知坚而不知白;用眼看石,见白而不见坚,这样有知有不知,有见有不见,就可以证明"坚"和"白"相离的。后期墨家反驳公孙龙这个论点说:"于一,有知焉,有不知焉,说在存。"(《经下篇》)"石,一也;坚白,二也,而在石。故有智(知)焉,有不智(知)焉可。"(《经说下篇》)这是说,在一块"石"中,存在"坚"和"白"二者,尽管由于感觉器官的感觉范围不同,眼看时只能见到"白"而不能知道"坚",手摸时只能摸到"坚"而不能知道"白",有知道的,有不知道的,还是可以认为"坚"和"白"同时存在一"石"中。公孙龙在《坚白论》中讲到论敌驳他说:由于视觉和触觉的"异任"(不同职司),不能相互代替,因而"目不能坚,手不能白",但是不能否认"坚"、"白"同时存在一块"石"中,不能认为"坚"和"白"是相"离"的。公孙龙所说的正是《墨子·经下篇》的主张。这场争论曾哄动一时,引起学术界广泛注意,就是因为这是有关物质世界如何构成的问题。

关于运动和静止的讨论　后期墨家曾经对运动和静止下定义说:"止,以久也"。"必,不已也"(《经上篇》)。就是说,"止"是说停止,"以久"是说停留一些时刻,认为停止是指一个运动中的物体在某一位置上停留一些时刻。"必"是说坚持不停,"不已"是不停止,认为不停止是指一个运动的长期坚持不停。后期名家反驳这个说法说:"飞鸟之景(影),未尝动也。""镞矢之疾(快速),而有不行不止之时"(《庄子·天下篇》)。名家这样看法具有朴素的辩证观点。如果把飞鸟的运动所经过的时间和空间加以分割,分成许多小点,就可以见到"飞鸟之影"在某一刹那停留在某一小点上,所以是"未尝动也"。

六　阴阳五行家对事物发展规律的解说

阴阳五行学说的发展　阴阳五行学说是一种解释宇宙万物构造和发展变化规律的学说。五行学说企图把所有物质现实中复杂多端的形态,归结为金、木、水、火、土五种东西所构成;阴阳学说又企图用阴阳两气的矛盾和变化,来解释自然界和所有事物的变化,这是朴素的唯物观点。

这种学说在西周末年已经出现。当时史官伯阳父用阴阳失调来解释地震的原因,还曾用水土相调来解释农业生产,都是朴素的唯物观点。但是他把阴阳失调说成是由于"民乱之也"(《国语·周语上》),是一种"天人感应"的唯心论。伯阳父(简称史伯)在和郑桓公谈论西周灭亡原因时,指出"土与金、木、水、火杂,以成百物","和实生物",认为"百物"的产生是由于五行相"杂""和"的作用,这是朴素唯物观点;但是他说西周之所以灭亡是由于违反"和"的原则,主张统治者对人民要"和乐如一",要达到"和之至"的境界(《国语·郑语》)。他是想用调和矛盾的办法来挽救西周的灭亡,而把五行学说作为他的调和论的依据。

到战国时代,这种学说发展成一个思想体系,产生了阴阳五行家。《礼记·月令篇》原是他们的著作,而被儒家的阴阳明堂一派所采用的。它广泛地把各类事物归纳到五行系统之中。现在我们列表如下:

四时／五行	春	夏	中央	秋	冬
五　行	木	火	土	金	水
四　方	东	南	中	西	北
十　日	甲乙	丙丁	戊己	庚辛	壬癸
五　帝	太皞	炎帝	黄帝	少皞	颛顼
五　神	句芒	祝融	后土	蓐收	玄冥
五　虫	鳞	羽	倮	毛	介
五　音	角	徵	宫	商	羽
十　二　律	大簇 夹钟 姑洗	中吕 蕤宾 林钟		夷则 南吕 无射	应钟 黄钟 大吕
五　数	八	七	五	九	六
五　味	酸	苦	甘	辛	咸
五　臭	膻	焦	香	腥	朽
五　祀	户	灶	中霤	门	行
五祀祭先品	脾	肺	心	肝	肾
明　堂	青阳	明堂	太庙	总章	玄堂
五　色	青	赤	黄	白	黑
五　谷	麦	菽	稷	麻	黍
五　牲	羊	鸡	牛	犬	彘

这样有系统的说法，并不是一时所创造出来的。五神配合五行之说，春秋时晋太史蔡墨已曾谈过（《左传》昭公二十九年）。五神配合五行、五色、五虫之说，在春秋时也早已存在。例如晋的史嚚曾说：天的刑神蓐收白毛虎爪，执钺立于西阿（《国语·晋语二》）。五帝配合五行、四方、五色之说，也早有成说。例如秦国在秦襄公时自以为"主少皞之神，作西畤，祠白帝"；秦献公自以为得"金"瑞，曾在栎阳作畦畤，祠白帝（《史记·封禅书》）。四方和十日、五色相配之说，也早已有了。例如墨子说：上帝以甲乙日杀青龙于东方，以丙丁日杀赤龙于南方，以庚辛日杀白龙于西方，以壬癸日杀黑龙于北方（《墨子·贵义篇》）。《礼记·月令篇》就是采取了这些说法，而更加加以系统化。

这时五行学说有了进一步的发展，它把所有的事物归纳为五行的属性所派生。关于这一点，可以举他们所说的五行怎样派生五味为例。《尚书·洪范篇》说：水的属性是润下的，由于润下产生出了咸味；火的属性是炎上的，由于炎上产生出了苦味；木的属性是曲直的，由于曲直产生出了酸味；金的属性是从革（顺从和改革）的，由于从革产生出了辛味；土的属性是稼穑（播种和收获）的，由于稼穑产生出了甘味。润下产生咸味，该是从海水得来的观念；炎上产生苦味，该是从物质烧焦得来的；曲直产生酸味，该是从树木生长果实得来的；从革产生辛味，该是由于金属用来做兵器、刑具和外科医生开刀用的刀，使人感到痛楚；稼穑产生甘味，该是由于粮食用来酿酒得来。这也是一种朴素的唯物的自然观。

阴阳五行学说在战国时代十分流行。它和天文、历法、气象、生物、医学等自然科学的发展有密切的关系。《汉书·艺文志》阴阳家类著录二十一家,多数是战国著作。

月令的五行相生说　司马谈论六家要旨,指出阴阳家"序四时之大顺,不可失也"。《汉书·艺文志》也说:阴阳家"敬顺昊天,历象日月星辰,敬授民时,此其所长也"。阴阳家的著作,普遍为人民所采用的就是《月令》一类的作品。

《礼记》的《月令》(收入《吕氏春秋》作为《十二纪》的首篇),是战国后期阴阳五行家为即将出现的统一的中央集权王朝制定的行政月历。它分月记载了气候和生物、农作物的生长关系,相应地制定了保护、管理各种生产的政策和措施,具有一定的科学性。

《月令》用五行相生说来解释四时的运行和万物的变化。春季是草木萌芽和生长季节,气候温和,属于木德。由于木生火,所以春季就转变为夏季。夏季是万物成长旺盛季节,气候炎热,属于火德。由于火生土,所以夏季和秋季之间属于土德。由于土生金,接着就是秋季。秋季是万物开始凋零季节,有肃杀之气,对生物有杀伤作用,正如金属制造兵器和刑具对人起杀伤作用一样,因而秋季属于金德。由于金生水,所以秋季就转变为冬季。冬季是万物隐蔽蓄藏的季节,气候寒冷,正如水藏于地下和水性寒冰一样,因而冬季是水德。这种说法比较牵强附会,但在当时是反映了朴素的唯物观点。

《月令》中记载有比较丰富的物候观察的结果,体现了长期以来我国在物候学研究方面取得的成就。物候学是没有观测仪器时代的气象学和气候学。它研究一年中四季气候变化和草木抽芽生长开花结果、生物活动变化和候鸟春来秋往等等现象的关系。例如孟春之月"东风解冻,蛰虫始振,鱼上冰,獭祭鱼,候雁北";仲春之月"始雨水,桃始华,仓庚鸣",*"玄鸟(燕)至"。长期以来中原地区人民每年观测家燕的初来以测定春分的到来,春秋时郯国国君就曾对鲁昭公说:"玄鸟氏司分者也。"(《左传》昭公十七年)

《月令》按照四季气候和生物的变化,替即将建立的统一王朝规定调度农业和手工业生产活动的程序。例如规定春季禁止伐木,禁止焚烧森林,不准杀害刚生的鸟兽,不准竭泽而渔等等;夏季禁止大兴土木,不准伐大树等等;秋季准备收割、打猎等等;冬季修理农具,收藏谷物等等。所有这些,都是根据当时农业生产经验规定的,有一定的科学依据。

《月令》还规定了天子每个月在政治上应该做的大事。它有一个原则:"凡举大事,毋逆大数,必顺其时,慎因其类。"就是说,所有国家大事必须顺应阴阳五行的变化。春季是木德,万物开始生长,适宜多用赏赐,因此规定孟春之月"命相布德和令,行庆施惠,下及兆民"。夏季是火德,万物成长繁荣,适宜讲究教育,选举人才,所以规定孟夏之月"命太尉赞杰俊,遂贤良,举长大,行爵出禄,必当其位"。秋季是金德,对万物起杀伤的作用,适宜于选练军队和施用刑罚,所以规定孟秋之月"命将帅选士厉兵,简练杰俊,专任有功,以征不义";"决狱讼必正平,戮有罪,严断刑";仲秋之月"命有司申严百刑,斩杀必当,毋或枉桡"。冬季是水德,万物隐蔽蓄藏,因此规定仲冬之月"可以罢官之无事,去器之无用者,涂阙廷门闾,筑囹圄,此所以助天之闭藏也";季冬之月"令宰历卿大夫至于庶民土田之数"。这是把"天人感应"的说法进一步运用到政治上。

阴阳五行家著作这部《月令》,是适应即将出现的统一王朝的需要。《月令》中讲到天子所属,有相、太尉和将帅等官职,构成理想中的中央官僚机构。它着重提出的政事,如选举人才、选练军队、行庆施惠、决狱平正等等,都是统一王朝的大事。它要求"行爵出禄,必当其位","专任有功,以征不义","斩杀必当,无或枉桡",是认为统一王朝应该这样做的。《月令》规定仲春和仲秋之月,当昼夜一样长的时候,校正度量衡器,这是比较合适的。因为春分、秋分时天气不冷不热,在这时校正当时民间通行的竹木制的度量衡器,可以避免因温度变化而发生误差的现象。

楚帛书的月历性质和四季之神"创世"神话 阴阳家的著作属于"术数"性质,是科学思想和神话以及迷信相结合的。《汉书·艺文志》说:"阴阳家者流,盖出于羲和之官,敬顺昊天,历象日月星辰,敬授民时,此其所长也。及拘者为之,则牵于禁忌,记于小数,舍人事而任鬼神。"观察天文,制定历法,讲究时令,便利农业生产的发展;宣传天变灾异之说,鼓吹行事有适宜和禁忌,禁忌往往带有迷信的性质。战国时代民间流行的月历,有偏重讲究每月适宜行事和着重禁忌的,如《楚帛书》就是楚国民间流行的这种月历,如说二月"不可以嫁女、取(娶)臣妾",四月"不可作大事",六月"不可出师",八月"不可以筑室",十二月"不可以攻城"等。

《楚帛书》是一九四二年从湖南长沙子弹库地方楚墓中盗掘出土的,后来流入美国,现藏华盛顿赛克勒美术馆(Arthur M. Sackler Grallery)。这是在一幅略近长方形(47×38.7厘米)的丝织物上,四边绘有四季十二月的神像,附有"题记",记有月名和每月适宜行事和禁忌,"题记"末尾三字是说明这个月神的职司或执掌的事。如二月"曰:女,可以出师、筑邑,不可以嫁女、取(娶)臣妾,不火不得成。女此武"。所有十二月名和《尔雅·释天》所载基本相同:

（1）取（陬）

（2）女（如）

（3）秉（窝）司春

（4）余

（5）欲（皋）

（6）叡（且）司夏

（7）仓（相）

（8）臧（壮）

（9）玄司秋

（10）昜（阳）

（11）姑（辜）

（12）荼（涂）司冬

图六十一　湖南长沙子弹库楚墓出土《楚帛书》上的十二月神像（摹本）

十二月神像中包括有四季神像。现藏美国华盛顿赛克勒美术馆（The Arthur M. Sackler Gallery）

月份	正月	二月	三月	四月	五月	六月	七月	八月	九月	十月	十一月	十二月
帛书	取	女	秉	余	欱	叡	仓	臧	玄	昜	姑	荃
尔雅	陬	如	寎	余	皋	且	相	壮	玄	阳	辜	涂

从每月"题记"看来，十二月名来自神名。春、夏、秋、冬四季最后一月"题记"末尾三字，都载有这个月神的职司，如三月"秉司春"、六月"叡（且）司夏"、九月"玄司秋"、十二月"荃（涂）司冬"，而其他月份"题记"末尾三字，都只记每个月神执掌的事，如二月"女此武"，因为此月"可以出师"；四月"余取（娶）女"，因为此月可以"取（娶）女为邦□"。由此可见四季最后一月之神，既是此月之神，又是职司此季之神。秉、叡（且）、玄、荃（涂），就是春、夏、秋、冬四季之神。

帛书中心部位，配合四边所绘的四季神像，写有两篇文章，一篇十三行，一篇八行。八行一篇主要讲四季之神的创世神话，开头就讲到雹戏（即伏羲）生有四子，"长曰青□榦，二曰朱□兽，三曰翏黄难，四曰□墨榦"，就是四时之神（即四季之神）。可知秉即青□榦，叡（且）即朱□兽，玄即翏黄难，荃（涂）即□墨榦。这又是依据其色彩和形象来定名的。这样以春、夏、秋、冬四季和青、朱、黄、黑四色相配，是和《月令》以秋季为白色是不同的。

帛书三月"秉司春"的神像，面状正方而青色，方眼无眸，鸟身而有短尾，即所谓"青□榦"。这个春季之神，很明显就是《月令》所说春季东方的木神句芒。据说秦穆公在宗庙中见到的句芒之神，正是"鸟身，素服三绝，面状正方"的（《墨子·明鬼下篇》）。《山海经·海外东经》也说："东方句芒，鸟身人面。"句芒原是东方夷族崇拜之神，据说夷族的祖先"少皞氏有四叔"，"实能金木及水"，"重为句芒，该为蓐收，修及熙为玄冥"（《左传》昭公二十九年）。夷族原来就有崇拜玄鸟

(即燕,亦即凤鸟)图腾的信仰。这个春神主管着草木五谷的生长,因而名为句芒。"句芒"即是"句萌",就是描写植物屈曲生长的形容词,"秉"字像手执禾一束的形状,常用以指结穗的粮食作物,如《诗经·小雅·大田》以"遗秉"和"滞穗"并提。帛书称春季的木神为"秉",也由于他主管草木生长。

帛书六月"叔(且)司夏"的神像,人面兽身,面有红色边缘,无左右下臂和手,穿长袖衣隐蔽而拖着,身后有尾,并有雄性生殖器,即所谓朱□兽。这个夏季之神相当于《月令》所说夏季南方的火神祝融。祝融原是楚人祖先之神,因而楚人称之为叔(且),当即"祖"字。《山海经·海外南经》也说:"南方祝融,兽身人面。"古神话中祝融并非一个神名,而是一种神职的称号,因而先后有神为祝融。据说先是黎或重黎为高辛氏的"火正"而称祝融,接着重黎由于讨伐共工无功,被帝喾杀死而由其弟吴回为"火正"而称祝融(《史记·楚世家》)。据《山海经·大荒西经》,吴回"是无右臂",同时"日月所入"的日月山,"有神人面无臂,两足反属于头上,名曰噓",同时日月山上有黎所生的噎,"处于西极,以行日月星辰之行次"。从上下文来看,"噎"可能就是"噓"字之误。看来帛书所载无左右下臂的夏季之神祝融,就是吴回或噓。

帛书九月"玄司秋"的神像,是双首的四足爬行动物,双首似龟头,四足爬行似鳖,即所谓"蓼黄难"。这个"司秋"的"玄",当即水神玄冥,也就是古史传说中的鲧。鲧的传说原来出于玄冥神话的分化演变。"鲧"字古作"鮌",从"玄"声,本读若"昆"。鲧原与禹同样是使用应龙、鸱龟来治水的神。《楚辞·天问》说:"河海应龙,何尽何历?鲧何所营?禹何所成?"又说:"鸱龟曳衔,鲧何听焉?顺欲成功,帝何刑焉?"据说鲧因窃取上帝的"息壤"筑堤防水,因而受到上帝处罚而被杀死，见于《山海经·海内经》，就是所谓"殛鲧于羽山"。鲧有被杀后尸体复活变为"黄能"潜在水中成为水神的神话。据说晋平公有病，梦见黄能入于寝门，子产解释说："昔鲧违帝命，殛之于羽山，化为黄能，以入于羽渊，实为夏郊，三代举之。"(《国语·晋语八》，《左传》昭公七年大体相同)"黄能"今本误作"黄熊"(见《经典释文》)。据说"能"是三足鳖(见《尔雅·释鱼》)，其实三足是畸形，不可能成为鳖的一种。"能"字，金文像四足的爬虫，《说文》说"能"是"熊属"，是兽中贤能而强壮的。其实应该是龟鳖中贤能而强壮的。孔颖达《正义》说："能，如来反，三足鳖也。""如来反"是正确的。"能"古音读如"态"，与"难"音同通用。帛书称玄为翏黄难，"翏"当读作"戮"，"难"当读作"能"，就是说被杀而尸体复活、变成黄能而入于水中成为水神。

这个尸体复活变为黄能的神话，曾传到蜀国，成为鳖灵的传说。据扬雄《蜀王本纪》(《太平御览》卷八八八所引)，楚人鳖灵被杀，尸体漂流到蜀地复活，望帝(杜宇)用以为相，玉山洪水暴发，鳖灵"决玉山，使民得陆处"，后来望帝传位于鳖灵，号为开明帝。尸体复活变为黄能，原是楚人流传的传说，《楚辞·天问》说："化为黄能(今本"能"误作"熊")，巫何活焉?"所谓鳖灵，就是黄能，"鳖"即是"能"，"灵"即是神。古人所以特别重视龟鳖中贤能而强壮的"能"，因为古人认为特大的龟鳖是有特别强大的神力的。《楚辞·天问》说："鳌戴山抃，何以安之?"鳌是大龟，王逸《注》引《列仙传》说："有巨灵之鳌背负蓬莱之山而抃舞，戏沧海之中，独何以安之乎?"《列子·汤问篇》称东海有五神山，为仙圣所居，由于"五山之根无所连著"，上帝恐怕流于西极，"乃命禺强使巨鳌十五举首而戴之"，"五山始峙而不动"。特大的龟鳖既然有背负安定神山的神力，因而能够在开天辟地的创世工程中发挥作用。《列子・汤问篇》、《淮南子・览冥篇》都说:"女娲炼五色石以补苍天,断鳌足以立四极。""立四极"就是开天辟地的创世工程。

帛书十二月"荼(涂)司冬"的神像,人体正面站立,巨头方面大耳,头顶竖立有两根长羽毛,两手握拳而向左右张开,上身穿黑色短袖上衣,露出下臂,即所谓"□墨骿"。当即"能使巨鳌"的北海之神禺强。"禺"字像巨头动物之形。"荼"字从"余"声,与"禺"音近通用。《山海经・海外北经》和《大荒北经》都说:"北方禺强,人面鸟身,珥两青蛇,践两青蛇。""鸟身"当是"黑身"之误,旧注引一本作"北方禺强,黑身手足",《庄子・大宗师篇》引此亦作"黑身手足"。《庄子・大宗师篇・释文》和《列子・汤问篇》张湛注引《大荒经》,都说:"北海之神名曰禺强,灵龟为之使。"所谓灵龟即指巨鳌。《淮南子・地形篇》说:"隅强,不周风之所生也。"高诱注:"隅强,天神也。"隅强即是禺强。不周风是冬季从西北吹来的巨风。禺强的神力能够吹起不周风,足见其神力十分强大,因而能使用巨鳌参与创世的工程。

帛书中间八行一篇,是所见时代最早的创世神话文献。全文可分两节,上节讲远古时"梦梦墨墨"(一团混沌),"风雨是于(阏)",雹戏(伏羲)生下四子,就是四季之神。雹戏命令四神疏通山川四海,因而使得"朱(殊)有日月,四神相弋(代),乃步为岁,是惟四时(即四季)"。这是说经过四神的疏通,使得一团混沌分解,天地开辟,日月分明,四神得以轮流主管,春、夏、秋、冬四季得以运转,从而推步为一年。

下节又讲到千百年之后,由于"日月允生("允"读作"夋"),九州不平,山陵备侧",以致四神不能使四时正常运转。"允"古和"夋"音义相通。《说文》说:"夋,行夋夋也,从夂,允声。""日月夋生"是说日月不断产生。这是说由于天上日月不断产生,地下九州又不平,山陵倾斜,以致四季运转失常。接着又说:"天旁动攰,畀之青木、赤木、黄木、白木、墨木之精,炎帝乃命祝融以四神降,奠三天,□□思攰(敷),奠四极。"这是说天为此大为感动,因而赐给五木之精,于是炎帝就得命令祝融使四季之神从天下降,从而完成"奠三天"和"奠四极"的创世工程。看来上天赐给五木之精,就赐与祝融和四季之神的神力,因为青□榦、朱□兽、翏黄难和□墨榦等四季之神,就是执掌青、朱、黄、黑等方面的事业的,他们正是"奠三天"和"奠四极"的能手。所谓"三天"是指三重的天的结构,古神话以为昆仑原与上天连接,由此而上就是凉风之山,"登之而不死";再上就是悬圃,"登之乃灵";更上就是上天,"登之乃神,是谓太帝之居"(《淮南子·地形篇》)。这就是"三天"的结构,由四季之神所奠定的。所谓"四极"是指地的东、南、西、北四方的尽极之地,《淮南子·时则篇》讲到地有东、南、中、西、北"五极",是由五帝和五方之神所执掌的,可知古神话中"四极"原为四方的上帝和四季之神所执掌,而且就是四季之神在创世工程中奠定的。

帛书接着又载:"日非九天则大侧,则毋敢□天灵("灵"读作"命"),帝允,乃为日月之行,共攻□步十日,四时□□,□神则闰,四□毋思,百神风雨,晨祎乱作,乃□日月,以转□思,有宵有朝(旦),有昼有夕。"这节缺文太多,有些字句意义不明。大意是说祝融接受了炎帝命令,表示如果违反"九天"的意旨,将有更大的倾侧,为此不敢不顺从天命,经过炎帝的允诺,于是就开始做使日月正常运行的工作,经过共同努力推步"十日",调整"四时",终于使得日月运转分明,有夜有早,有昼有夕。特别要指出,"共攻□步十日"是说共同努力推步"十日",多数考释者把"共攻"读作"共工",以为是个神名,是不可信的。因为古神话中共工正是个破坏创世工程的主角,"怒而触不周之山,天柱折,地维绝"(《淮南子·天文篇》、《列子·汤问篇》等),是不可能参与创世工程的;而且祝融既然以四神下降而"为日月之行",不可能别有共工出来完成这项工作。

《楚帛书》所说祝融主持创世工程,确是有来历的。《尚书·吕刑》讲到,由于蚩尤作乱,"遏绝苗民",上帝"乃命重、黎绝地天通,罔有降格"。古神话以为天地原是连接相通的,崇山(即嵩山)有登天的通道,由于重、黎(即祝融)的"绝地天通",天地才开辟而不通。《山海经·大荒西经》说日月山是"天枢",有"天门日月所入",有神人面无臂"名曰嘘"。由于上帝命令重上天,黎下地,"下地是生噎("噎"当为"嘘"之误),处于西极,以行日月星辰之行次"。这和帛书所说祝融下降而"为日月之行"是相同的。

近年陕西神木县汉墓出土画像石,有春神句芒和秋神蓐收的画像。句芒人面鸟身,左手捧红色日轮于胸前,右手持矩,足下和身后各有一条青龙。蓐收也是人面鸟身,右手捧白色月轮于胸前,左手执规,耳部有蛇,足下和身后各有一只白虎。这是表示他们在创世工程中主持日月之行。《山海经·西山经·西次三经》有泑山,"神蓐收居之","是山也,西望日之所入,其气员("员"读作"圆"),神红光之所司也"。泑山,《文选·思玄赋》李善《注》引作"濛山",郝懿行《笺疏》以为就是《淮南子》所说"日至于蒙谷"。《尚书大传》作柳谷,郝懿行以为"柳"、"泑"之声又相近,总之这是日入之地。这是说蓐收之神在此地发出"红光"来掌管"日之所入",也就是说在主管日的运行。所谓"其气员(圆)",就是说蓐收发出的红光,能使日轮的运行循环圆通,使得日轮每天正常地回归日入之地。新出汉代画像石以蓐收为秋神,与《月令》相同,而与《楚帛书》所说"玄司秋"不同。因为《楚帛书》

所载是楚人的信仰，而汉代画像石所载是沿用中原人的信仰。

《楚帛书》中间十三行一篇，主要讲彗星出现，使日月星辰运行紊乱，造成四季变化失常，发生天灾祸害，由于"五正"（即四季之神和后土之神）的神明，得以调整恢复正常，使人民安居乐业。也是歌颂四季之神而要求人们恭敬祭祀的。

"五常"附会"五行"之说　《荀子·非十二子篇》曾批评子思、孟子一派儒家"案往旧造说，谓之五行，甚僻远而无类，幽隐而无说，闭约而无解，案饰其辞而祗敬之曰：此真先君子之言也"。杨倞注："五行，五常：仁、义、礼、智、信。"其实《孟子》书中并无五行之说，也未尝以仁、义、礼、智、信平列为五种德行，荀子所说"子思唱之，孟轲和之"，该是出于子思、孟子一派的后学所道。《孔子世家》谓子思作中庸，《中庸》起首讲："天命之谓性，率性之谓道"，郑玄《注》解释说："木神则仁，金神则义，火神则礼，水神则知，土神则信。"章太炎以为这是"子思之遗说"，并以为"古者《洪范》九畴举五行傅（附）人事，义未彰著，子思始善傅（附）会"。我认为子思只是以五种德行并列为说，以木、金、火、水、土附会五种德行，当出于思、孟一派后学所为。长沙马王堆出土帛书有《五行篇》，以仁、义、礼、智、圣为五行，就是思、孟一派后学所作。

《尚书·洪范》讲"九畴"，初一曰"五行"，即水、火、木、金、土，次二曰"敬用五事"，即貌、言、视、听、思，次三曰"农用八政"，次四曰"协用五祀"。并未指出"五行"与"五事"、"五祀"有连带关系。以"五事"附会"五行"，当出于后世儒家的附会，见于伏生的《尚书大传》和《洪范五行传》。伏生以为"貌属木，言属金，视属火，听属水，思属土"。这种附会之说，当即传自思、孟后学。

当战国时代,各派学者既相互争鸣,又相互融会贯通。阴阳五行家《月令》一派著作,讲究季节时令,符合生产需要,因而儒家、道家、法家都加采用,并有所融合和附会。例如楚道家《鹖冠子·道端篇》讲究使用人才治理国家,就说:"仁人居左,忠人居前,义人居右,圣人居后。左法仁而春生殖,前法忠则夏功立,右法义而秋成熟,后法圣而冬闭藏。"不仅以仁、忠、义、圣四种德行分配于左右前后四方,而且认为符合于春、夏、秋、冬四时的德行。又如齐法家所编著的《管子》,就有《四时》、《五行》、《禁藏》等篇,专门分析四方、四时、五行的关系及其德行所起的作用。《禁藏篇》就说:"春仁、夏忠、秋急、冬闭,顺天之时,行地之宜",与《鹖冠子》同样以春德是仁而生殖,夏德是忠而立功。《管子·四时篇》则详细分析了四季五行的德行所起作用,并没有以仁义等德行比附。今列为一表如下:

四时 五行 出　　处	春 木 东	夏 火 南	土 中	秋 金 西	冬 水 北
据《洪范五行传》	貌曰恭 恭作肃	视曰明 明作哲	思曰睿 睿作圣	言曰从 从作义	听则聪 聪作谋
见于《管子·四时篇》	其德喜嬴。	其德施舍修乐。	其德和平用均,中正无私。	其德忧哀、静正、严顺。	其德淳越、温恕、周密。
见《中庸》郑玄注	仁	礼	信	义	智
见帛书《五行篇》	仁	礼	圣	义	智
见《管子·禁藏篇》	仁	忠		急	闭
见《鹖冠子·道端篇》	仁 (生殖)	忠 (立功)		义 (成熟)	圣 (闭藏)

邹衍的"五德终始"说 邹衍,齐国人,到过临淄的稷下,号为"谈天衍"。也曾到过赵国,在平原君处同公孙龙争辩。最后到了燕国,在燕王喜那里做官(《韩非子·亡征篇》)。著有《邹子》四十九篇和《邹子终始》五十六篇,都已失传。他在地理方面创立了"大九州"说,又在历史方面创立了"五德终始"说。

原来探索五行之间的依存和制约关系的,有相生、相胜两种说法。五行相胜的说法也早已存在,后期墨家曾经批驳这个说法,认为五行相胜,不仅是由于质的相胜,更主要的是由于量的相胜(《墨子·经下篇》、《经说下篇》)。这时邹衍又运用五行相胜的说法,创立了"五德终始"说,用来解释历史上朝代兴替的原因。他把过去的朝代和开国帝王按照五行相胜的次序来排列,认为帝王将兴,上天必先显示祥瑞给人们看。黄帝之时是土德,因为木胜土,所以代黄帝所建的朝代而起的是"木气胜"的禹;因为金胜木,所以代禹所建的朝代而起的是"金气胜"的汤;因为"火胜金",所以代汤所建的朝代而起的是"火气胜"的周文王;因为"水胜火",所以代周文王所建的朝代而起的,必将是"水气胜"的。他运用五行学说来讲朝代的兴替,是对五行学说的发展。

这种历史观,把历史看作常变的,把新王朝的兴起看作五行相胜的必然结果,适应了建立新的统一王朝的政治需要。后来秦建立统一王朝,秦始皇就采用这个学说。这种学说忽视了历史变革的社会和经济的原因,把历史变化说成是循环的,并把五行相胜的原因归之为天意,结果就陷入唯心主义和神秘主义的迷信中去。

七 医学的发展

养生之道和生理卫生的讲究 由于和人体疾病作斗争的迫切需

要，战国时医学和生理卫生学都有了发展。

这时生理卫生学比较发展，是和当时道家讲究养生之道有关的。《吕氏春秋·十二纪》中春季三纪所附论文，都讲养生之道，大体是采取道家的学说。他们认为人体有三百六十节、九窍、五藏（脏）、六府（腑）。肌肤需要求其"比"（密致），血脉需要求其"通"，筋骨需要求其"固"，心志需要求其"和"，精气需要求其"行"。如果能这样，就"病无所居"了（《吕氏春秋·达郁篇》）。他们认为治身的方法，要"用其新，弃其陈"，要"精气日新，邪气尽去"，才能尽其天年，此之谓"真人"（《吕氏春秋·先己篇》）。这种"精气欲其行"、讲求"精气日新"的理论，是和当时著名的医学著作《素问》一致的。《素问》说：有所谓"真人"，"呼吸精气，独立守神，肌肉若一，故能寿敝天地，无有终时"（《上古天真论》）。所说"呼吸精气"，也是为了使得"精气日新"。《素问》还说："嗜欲无度，而忧患不止，精气弛坏，荣泣卫除，故神去之而疾不愈也。"（《汤液醪醴论》）就是说，不讲卫生，使得精气不能流通，循环发生障碍，"神"就会消失，病就不能治好。关于饮食方面，他们认为吃东西要有定时，要不饥不饱，这叫做"五藏之葆"。如果吃得"味"太厚太烈，吃浓酒，这叫做"疾首"（病的开端）。"肥肉厚酒"实际上是"烂肠之食"（《吕氏春秋·尽数篇》、《本生篇》）。如果"味"太多太好，胃吃得太满，就要"气不达"，就不能长生（《吕氏春秋·重己篇》）。关于运动方面，他们认为如果"形不动"就要"精不流"，"精不流"就要"气郁"，"气郁"在人体哪一部分，哪一部分就生病（《吕氏春秋·尽数篇》）。如果"出则以车，入则以辇"，太舒服，这叫做"招蹶之机"（《吕氏春秋·本生篇》）。关于情欲方面，他们认为如果太放纵，耳、目、口要生病，身体要胕肿，筋骨要沈滞，血脉要壅塞，九窍要不通（《吕氏春秋·情欲篇》）。"靡曼皓齿"的歌舞,淫荡的音乐,这叫做"伐性之斧"
（《吕氏春秋·本生篇》）。关于居住方面,他们认为"室大则多阴,台
高则多阳",过分的"多阴"、"多阳"也要生病（《吕氏春秋·重己篇》）。
当时人们已认识到住处潮湿的严重为害。《庄子·齐物论》说:"民湿
寝则腰疾偏死。""腰疾"是说风湿侵袭而腰酸背痛,"偏死"是说风湿
病严重,偏瘫而死。

当时人们已认识到气候失常能导致疾病的流行。例如《礼记·
月令篇》说孟春之月"行秋令,则民大疫";季春之月"行夏令,则民多
疾疫"。当时人们还认识到四时气候的变化,万物的变化,对人有利,
也有害。因此"养生"之道在于"知本",必须"察阴阳之宜,辨万物之
利以便生",使得"精神安于形而年寿得长焉"。大甘、大酸、大苦、大
辛、大咸是有害的,大喜、大怒、大忧、大恐、大哀也是有害的,大寒、大
热、大燥、大湿、大风、大霖、大雾都是有害的（《吕氏春秋·尽数篇》）。

经脉学说的逐渐形成 长沙马王堆汉墓出土了两种经脉学佚
书,即《足臂十一脉灸经》和《阴阳十一脉灸经》;还出土了两种诊断学
佚书,即《脉法》和《阴阳脉死候》;更出土了一种已佚的医方专书,即
《五十二病方》。五种古医学佚书,合写在一个帛卷上。从这些医书
的内容来看,都写成于《素问》和《灵枢经》之前。

《足臂十一脉灸经》和《阴阳十一脉灸经》的体例和《灵枢经》的
《经脉篇》很接近,它分别记述了每一条脉的名称、循行过程、主病病
候和灸法,但内容较《经脉篇》简略。《经脉篇》共列有十二条脉,较这
两部佚书多"手厥阴脉"一条。大体上,《阴阳十一脉灸经》要比《足臂
十一脉灸经》进步,而《经脉篇》更比《阴阳十一脉灸经》有发展。不但
有新增的脉名、脉数,而且彻底改变了脉的循行方向。《足臂十一脉

灸经》的脉的循行方向,由四肢末梢起始,止于躯体中心部(胸腹部或头部),即向心性的方向。《阴阳十一脉灸经》中这种循行方向的基本原则已不存在,开始出现个别的脉(肩脉和足太阴脉)的相反循行方向,由身躯中心部向四肢末梢部的方向循行,即远心性的方向。到了《经脉篇》就作了更大的调整,十二条脉中,六条(手三阳脉和足三阴脉)仍为向心性的循行方向,而其他六条(手三阴脉和足三阳脉)都改为远心性的循行方向。这具体地反映了经脉学说理论的发展由低级到高级的过程。这是相当长一个时期内不断总结实践经验而得到的结果。如果说,作为《黄帝内经》一部分的《灵枢经》成书在战国晚期,那末,这两种经脉学佚书,至少可以上溯到春秋、战国之际。两部灸经,都只用灸法,不用针法,但却有砭石疗法,可见它的成书时间,应在扁鹊施用针法之前。①

《五十二病方》中没有阴阳五行学说的痕迹,没有各个腧穴的名称,只提到"泰阴"、"泰阳"两个脉名;也只使用灸法和砭石疗法,不见针法。在使用灸法或砭石疗法时,只指出某一体表部位。病方上的药名,据初步统计有二百四十三种,不见于《神农本草经》和《名医别录》的接近一半,说明当时药物学已有很大成就。事实上当时已有汤剂、丸剂、散剂等,而且已有丸的名称。外治法在书中占很大比重,除了用药物外敷和灸法、砭法之外,还有药浴法、烟熏或蒸气熏法、熨法、按摩法、角法(类似后来的火罐疗法)等。②

---

① 中医研究院医史文献研究室《马王堆帛书四种古医学佚书简介》,《文物》一九七五年第六期。

② 钟益研、凌襄《我国现已发现的最古医方——帛书五十二病方》,《文物》一九七五年第九期。

对传染病的预防 战国时代已注意到对传染病的预防。例如《山海经·东山经》说:枸状山有汦水,北流注于湖水,其中多箴鱼,"食之无疫疾";又说:葛山有澧水,东流注于余泽,其中多珠鳖鱼,"食之无疠"。这是寻求防治传染病的药物的一种尝试。"疠"是瘤型麻风病。当人们接触麻风病人而抵抗力弱的时候,很容易传染得病,因而必须及时把病人隔离。我们的祖先很早就注意到这点。《秦律》已经规定:乡官发现乡里有麻风病人必须向官府报告,由官府派医生检查证实后采取措施。《秦治狱案例》有一条"疠"说:某里的里典(乡官)甲带同里人丙前来,报告说:怀疑丙患麻风病。讯问丙,丙说:头疮三年,眉毛脱落,不知何病。接着就命令医生丁诊断,丁诊断说:

> 丙毋(无)麋(眉),艮(根)本绝;鼻腔坏,刺其鼻不嚏(嚏);肘膝△△△到△两足下奇(踦),溃一所;其手毋胈;令澔(号),其音气败,疠殹(也)。

"艮本绝",是说鼻梁折断。这是说:官方医师根据病人没有眉毛,鼻梁折断,鼻腔损坏,刺鼻孔不打喷嚏,下肢从关节、膝部到脚向下瘫痪,并有一处溃疡,手上没有汗毛,呼号时声音气急败坏,从而断定病人患瘤型麻风。这说明当时医师对麻风的诊断已很有把握。《素问·风论》也说:"疠者,荣气热腑,其气不清,故使其鼻柱坏而色败,皮肤疡溃,风寒客于脉而不去,名曰疠风。"也把鼻梁坏、面色坏、皮肤溃疡等等作为麻风的主要特征。按照《秦律》,麻风患者必须迁到政府所设的"疠迁所"实行隔离。如果城旦、鬼薪(刑徒)患麻风,也应迁到"疠迁所";如果有人犯有该判城旦的罪,还没有判决而患麻风,也应迁到"疠迁所",或者迁到"疠迁所"以后再判死刑。如果麻风患者有罪,可以判决死刑,采取沉杀水中或活埋土中的办法(《法律答问》)。这说明当时已很重视防止麻风的传染。这样规定判决死刑的办法,也反映了当时法律的残忍。

　　"气功"养生之道的开创　特别值得一提的,就是战国时代开创了"气功"养生之道。这该与当时道家讲究养生有关。《庄子·刻意篇》说:"吹呴呼吸,吐故纳新,熊经鸟伸,为寿而已矣。此道(导)引之士、养形之人、彭祖寿考者之所好也。"所谓"导引",就是现在所说的气功。"吹呴呼吸"是说深长的呼吸。"吐故纳新"是说通过深长呼吸促进血液循环,达到加强新陈代谢的作用。"熊经鸟伸"是两种主要的导引动作,"鸟伸"是说像鸟那样把头颈频频上伸,"熊经"是说像熊那样前后左右不断动摇腰身。[①]长沙马王堆汉墓出土帛画《导引图》,有称为"信"的,"信"即"伸",弯腰而两手俯地,像鸟那样把头颈上伸,该即描写"鸟伸"的导引法;还有称为"熊经"的,跨足直立而两臂向前凌空环抱,像熊那样前后左右动摇腰身,就是描写"熊经"的导引法。

　　一九八四年湖北江陵张家山汉墓出土竹简《引

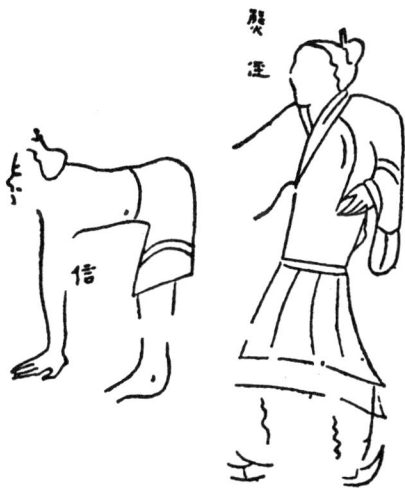

图六十二　帛画导引图中的"信"(伸)和"熊经"(长沙马王堆汉墓出土)

---

　　① 《淮南子·精神篇》:"熊经鸟伸",高注:"经,动摇也。伸,频伸也。"《淮南子·缪称篇》:"熊之好经",高注:"经,动,导引。"

书》说:"引背痛,熊经十,前据十,端立,跨足,前后俯,手傅地,十而已。"这是说导引可以治疗背痛,每次治疗可以使用"熊经"和"前据"两种导引动作十次。所说"端立,跨足,前后俯"就是"熊经"的动作,所谓"手傅地"就是"前据"的动作,是在"熊经"动作之后,两手向前伸再弯腰而两手俯地。

张家山出土《引书》讲到导引可以治疗身体各部分发生的病痛,《素问》讲到了导引的适应症有痿、厥、寒、热和息积①。同时,道家把导引作为养生、修道和延年益寿的方技,就是《庄子·刻意篇》所说"导引之士、养形之人、彭祖寿考者",所以《引书》把导引称为"彭祖之道"。彭祖是当时传说中最长寿者,《楚辞·天问》说:"彭铿斟雉帝何飨?受寿永多,夫何久长?"王逸《注》:"彭铿,彭祖也。"

《庄子·刻意篇》所说"吹呴呼吸,吐故纳新",就是讲究深长呼吸空气,从而加强全身"精气"的循环流通,起着"吐故纳新"作用,这是"气功"作养生之道的关键所在。这在古代称为"行气",可以静坐或卧着进行。同时也可以配合身体的运动来进行,借助于运动来加强全身"精气"的循环流通,这在古代称为"导引"。《庄子》所讲到的"熊经"和"鸟伸"是早期运用的两种动作,这是由于模仿熊和鸟的特殊动作而得名的,后来就发展为许多模仿各种鸟兽动作的方式,如马王堆汉墓出土帛画《导引图》所描写的以及华佗的"五禽戏"等。这种配合一种动作的"导引",就是现在"气功"中的所谓"动功"。至于不配合的"行气",就是现在"气功"中的所谓"静功"或"内功"。

----

① 《素问·异法方宜论》说:"中央者,其地平以湿,……故其病多痿、厥、寒、热,其治宜导引、按跻。"《素问·奇病论》说:"帝曰:'病胁下满气逆,二三岁不已,是为何病?'岐伯曰:'病名曰息积。此不妨于食,不可灸刺。积为导引、服药。药不能独治也。'"

图六十三　战国行气铭文拓本

（采自《三代吉金文存》卷二〇，四十九页）

这种"气功"的发明和推行，看来不仅和道家所讲"精气"学说有密切关系，而且和当时医学家的"经脉"学说有重大关系。医学家认为全身分布有阴阳相对的"经脉"，是"精气"循环流通的主要通道，所谓"行气"就起着加强"精气"在"经脉"中循环流通的作用，所谓"导引"就起着导引"精气"在"经脉"中循环流通的作用。天津艺术博物馆藏有一件战国时代十二面小玉柱，上刻有《行气铭》，原为安徽合肥李木公收藏，被误称为"玉刀珌"或"剑珌"，铭文拓本曾著录于邹安《艺縢》和罗振玉《三代吉金文存》。这个小玉柱下端有圆孔上通，顶端不穿透，侧面又有小圆孔可以穿钉，可能是老人所用手杖上端装配的玉首。原文如下：

> 行气：吞则蓄，蓄则伸，伸则下，下则定，定则固；固则萌，萌则长，长则复，复则天。天其本在上，地其本在下。顺则生，逆则死。（《三代吉金文存》卷二〇，第四十九页）[1]

---

[1]　郭沫若《行气铭释文》《沫若文集》卷十六，陈邦怀《战国行气玉铭考释》（《古文字研究》第七辑）。

这是讲练习气功的"行气"方法,讲的是深呼吸的一个回合,就是现在气功疗法中所讲沿任脉和督脉的循环一小周天。这是说"行气"要先吸气吞下,吸气吞下就会使得气积蓄起来,气积蓄就会使得气伸长,气伸长就会使得气往下沉,气往下沉就使得气定在丹田里,气定下来就会使得气在丹田里稳固下来,气在丹田稳固一段时间就会萌生新气,萌生了新气就会成长,这时气的行径就回转到背脊向上运行,一直上升到头顶。"天"原来就有头顶的意思。这样"行气"一个周天,既上行到"天",又下行到"地",顺着这样"行气"便可以长生,逆着这样"行气"就要短命。

所谓"得道"的"真人" 这种"引气"方法,现在称为"内功",古代称为"内业"。《管子·内业篇》就是专讲修养内心和修炼精气以求长寿之道的。这是齐国稷下道家的著作。他们认为"精气"就是"道",天地万物都由精气产生和生长,人的生命也以精气为根本要素。我们在上章第四节已经指明。《内业篇》可以说是一篇最早讲气功的精辟论文。他们认为内心虚静,去掉欲望,排除外来的诱惑,专心保持积蓄精气,就能得道。"心静气理,道乃可止"。"修心静意,道乃可得"。"心能执静,道将自定。得道之人,理丞(烝)而毛泄,匈(胸)中无败"。这是说"执静"的内功,能够使败坏之气从肌肤毛孔中蒸发排泄出去,使胸中没有败坏之气,从而精气得以储存积累而延年益寿。他们说:"平正擅匈(胸),论治在心,以此长寿。"他们认为饥饱不能失度,如果失度,太饱就要赶快活动,否则气血就不能通达。

值得注意的是,稷下道家所作《心术》上下、《白心》、《内业》四篇文章,主张"道"就是"精气",修炼精气就能"得道",同时他们把"得道"的人称为"真人"。《心术上篇》前半是"经",后半是"解",说明这

是他们的重要论文。经文说："大道可安而不可说，真人之言不义
（"义"读作"俄"）不颇"（"真"字原误作"直"，从《管子集校》改正）。解
文对"真人"作了进一步的说明，说"真人"是"言至"、"言应"、"言因"
而"言深囿"的。就是说得道的"真人"所讲的"道"，是达到了"道"的，
应合于"道"的，因循于"道"的，因而讲得不偏不颇的。稷下道家这样
讲究修炼精气，把修炼成功的称为"得道"，并把得道之人称为"真
人"，把"真人"看作修炼成功的最高境界。《吕氏春秋》讲养生之道的
几篇，都是采自稷下道家的。如《先己篇》说："凡事之本，必先治身，
啬其大宝。用其新，弃其陈，腠理遂通。精气日新，邪气尽去，及其天
年，此之谓真人。"所谓"大宝"就指精气而言。所说"腠理遂通"，就是
如《内业篇》所说："理丞而毛泄，胸中无败。"这样的人《内业篇》称为
"得道之人"，所以《先己篇》说"此之谓真人"。

民间医学的进步和名医扁鹊　这时医学已经分科。《周礼·天
官》冢宰的属官有医师（大医师）、食医（管理营养卫生的医生）、疾医
（内科医生）、疡医（外科医生），又有兽医。民间也已有各科医生，有
带下医（妇科医生）、小儿医（小儿科医生）、耳目痹医（耳目科医生）等
（《史记·扁鹊列传》）。这时疾医主要医治的流行病，春天有痟首疾
（头痛病），夏天有痒疥疾（疥癣、疖子等痒痛的皮肤病），秋天有疟寒
疾（疟疾），冬天有嗽上气病（咳嗽气喘病）。疡医主要医治的病有肿
疡（痈肿的疮）、溃疡（溃脓的疮）、金疡（刀伤）、折伤（骨折伤）。医生
诊断病情，"以五气、五声、五色眡其死生"（《周礼·疾医》），已经普遍
采用"切脉、望色、听声、写形、言病之所在"等方法（《史记·扁鹊列
传》），我国传统医学上临床观察的望、闻、问、切"四诊"方法，这时都
已有了。

当时民间流行"灸"和"针"的治疗方法，人们常用烧灼艾绒的"灸"法来治一般病痛。孟子说："今之欲王者（指希望统一天下的），犹七年之病求三年之艾也。"（《孟子·离娄上篇》）赵岐《注》："艾可以为灸人病，干久益善，故以为喻。"人们又常用石制的针来刺的"针"法来治病痛。《管子·法法篇》主张对罪行不赦，认为"毋赦者有小害而大利者也"，"毋赦者痤疽之砭石也"。砭石是石制的针，用来刺经脉的穴位来治病。据说扁鹊使其弟子子阳急救虢太子的昏厥，"厉（砺）针砥石，以取三阳五会"，一会儿太子就苏醒（《史记·扁鹊列传》）。这已使用金属的针，所谓"砺针砥石"，就是用金属的针在磨刀石上磨得锐利，所谓"三阳五会"，是指手足三阳经脉和督脉的交会穴，皇甫谧《针灸甲乙经》以为就是头顶正中的百会穴，百会穴确是治"厥症"的特效穴位。说明这时针灸学已发展到成熟的地步。这时内科的治疗方法，有服汤药的，有用药物来熨帖按摩的，有用针（针）石来针刺的，有服药酒的，中国医学上优良的传统医疗方法，在战国时已经奠定了基础。据说，病未深入的时候，一般用"汤"、"熨"的医疗方法，病到了血脉里得用"针石"的医疗方法，病到了肠胃里可以用"酒醪"的医疗方法（《史记·扁鹊列传》）。至于外科病的医疗方法，有用敷药的医疗方法，要"以五毒攻之"，"以五药疗之"。也有用开刀的医疗方法，有所谓刮（刮去脓血）、杀（割去烂肉）等手术名目（《周礼·疡医》），又有剔（用刀来剔疮）、揊（开刀）等手术名目。《韩非子·显学篇》说："婴儿不剔首则复（旧误作"腹"，从王先慎说校正）痛，不揊痤（恶疮）则寝益。"就是说：婴儿头上的疖子不剔掉就要更加痛，毒疮不开刀就要逐渐厉害。《尸子》说："有医竘者，秦之良医也。为宣王割痤，为惠王疗痔，皆愈。张子之背肿，命竘治之，谓竘曰：'背非吾皆也,任子制焉。'治之遂愈。绚诚善治疾也,张子委制焉。"(孙星衍辑本下卷)说明这时的外科医生,能够"割痤"、"疗痔"、治背肿。这时已有防止冬天手上生冻疮而皮肤皲裂的药,叫做"不龟手之药"。据说宋国有人善于制作这种药,因而能够世代干着冬天漂洗丝絮的事(《庄子·逍遥游》)。

扁鹊,即秦越人,齐国渤海鄚(今河北任丘北)人[①]。曾从长桑君处得到许多"禁方书"(不公开的丹方医书)。相传晋大夫赵简子生病,五天不省人事,请扁鹊诊治,扁鹊断定"血脉治"(血脉循环正常),不出三天会好转。又有虢国太子得急病暴卒,扁鹊进去诊察,发觉他耳朵里有声音而鼻翼扇动,两股内侧还是温的,断定是"尸厥"(昏迷假死),可以抢救。扁鹊就用针法、熨法和汤剂结合治疗,过了二十天太子就康复。当时人"尽以为扁鹊能生死人",扁鹊说:"非能生死人也,此自当生者,越人能使之起耳。"(《史记·扁鹊列传》)扁鹊主张早期发现病情,早日加以治疗,反对"信巫不信医"。他根据各地人民的需要而行医,在邯郸做"带下医",在洛阳做"耳目痹医",在咸阳做"小儿医"。秦国的太医令(官名)李醯妒忌他,竟把他刺杀了。

《素问》的医学理论　《素问》是我国第一部有系统的医学著作,相传是《黄帝内经》的一个部分。《素问》非一人一时之作,是一个学派在较长时期内写成的,主要部分写成于战国时代末期。《素问》八

---

① 　《史记·扁鹊列传》所记扁鹊事迹,年代错乱。《史记》说扁鹊先后为赵简子、虢国太子、齐桓侯治病。赵简子卒于公元前四七七年,而虢国被晋献公灭亡,在赵简子前一百多年。齐桓侯如果是田齐桓公,齐桓公立于公元前三八三年,又后赵简子九十多年。《战国策·秦策三》又说"扁鹊见秦武王",秦武王卒于公元前三一一年,又在齐桓公之后七十多年。扁鹊年寿不应如此之长。有人认为扁鹊是春秋战国之际的名医,后来名医多自称扁鹊,传说者把他们的事迹糅合在一起,所以年代相差这样远。

十一篇,原缺七篇。《天元纪》以下七篇《大论》,是东汉到南北朝时人作品,为唐王冰所补入。它假托黄帝所作。从它的思想体系看来,同当时的道家和阴阳五行家有着密切关系。

春秋时代的医师,已经开始运用"阴"、"阳"、"风"、"雨"、"晦"、"明"六气来解释疾病的原因。公元前五四一年秦国医和就提出了"淫生六疾"的理论,认为"寒"、"热"、"末"(四肢的病)、"腹"、"惑"、"心"六疾是由于感受六气过度而生(《左传》昭公元年)。《素问》对病源学说有了进一步的发展。它说:"夫邪之生也,或生于阴,或生于阳。其生于阳者,得之风雨寒暑;其生于阴者,得之饮食居处,阴阳喜怒。"(《调经论》)所谓"邪",是指致病因素。这是说,致病原因不外乎外因和内因,外因是风雨寒暑的侵袭,内因是饮食起居喜怒的不节,因而造成阴阳失调,引起疾病。《素问》特别重视造成疾病的内因。它说:"百病生于气也,怒则气上,喜则气缓,悲则气消,恐则气下,……惊则气乱,……思则气结。"(《举痛论》)又说:"暴怒伤阴,暴喜伤阳。""怒伤肝","喜伤心","思伤脾","忧伤肺","恐伤肾"(《阴阳应象大论》)。不但精神上的过度刺激和剧烈冲动,会影响身体而引起疾病;如果过度的劳心劳力,过度的追求享乐,纵情酒色,生活失常,也要导致疾病和早衰。

基于上述理论,《素问》作者首先重视疾病的预防。在预防体外疾病因素侵袭的同时,特别强调人体内在的预防因素。它一方面主张"虚邪贼风,避之有时";一方面又认为"恬惔虚无,真气从之,精神内守,病安从来"(《上古天真论》)。预防疾病,固然要防止外来的致病因素乘虚而入;更重要的是要注意修养,保养"真气",增强抵抗力量。它主张"外不劳形于事,内无思想之患,以恬愉为务,以自得为功"(《上古天真论》),目的在于克制情欲的冲动,防止内在致病因素的爆发。这种思想是和道家有相通之处的。

　　《素问》特别强调疾病的预防,较治疗更为重要。《四气调神大论篇》主张"不治已病、治未病,不治已乱、治未乱",认为"病已成而后药之,乱已成而后治之,譬犹渴而穿井,斗而铸锥,不亦晚乎!"它把四季的运行看作自然界"生"、"长"、"收"、"藏"有规律的变化,认为人们生活在这个有规律变化的自然环境里,必须相应地按照自然界变化的规律调节起居生活和精神活动,使得身体内部的阴阳顺应自然界的阴阳而变化,"春夏养阳,秋冬养阴,以从其根",这样就能保持健康,不生疾病,叫做"得道"。所谓"得道",不是别的,就是掌握和顺应自然界变化的规律。这种理论,是和当时的阴阳五行家和道家有相通之处的。为了便于理解,我们把《四气调神大论篇》内容,列为一表如下:

四　季	春三月	夏三月	秋三月	冬三月
自然界有规律的变化	此谓发陈。天地俱生,万物以荣。	此谓蕃秀。天地气交,万物华实。	此谓容平。天气以急,地气以明。	此谓闭藏。水冰地坼,无扰乎阳。
相应注意起居	夜卧早起,广步于庭。	夜卧早起,无厌于日。	早卧早起,与鸡俱兴。	早卧晚起,必待日光。
相应调节精神生活	被发缓形,以使志生。生而勿杀,予而勿夺,赏而勿罚。	使志无怒,使华英成秀,使气得泄,若所爱在外。	使志安宁,以缓秋形,收敛神气,使秋气平,无外其志,使肺气清。	使志若伏若匿,若有私意,若已有得,去寒就温,无泄皮肤,使气亟夺。
顺应变化之道	养生之道	养长之道	养收之道	养藏之道
逆后的反应	逆春气,则少阳不生,肝气内变。	逆夏气,则太阳不长,心气内洞。	逆秋气,则太阳不收,肺气焦满。	逆冬气,则少阴不藏,肾气独沉。
逆后的间接影响	夏为寒变,奉长者少。	秋为痎疟,奉收者少,冬至重病。	冬为飧泄,奉藏者少。	春为痿厥,奉生者少。

　　《素问》不但用阴阳失调来解释病因,也还用阴阳学说来阐述人体生理和说明病理。它认为,五脏属于阴,必须"藏精气而不泻";六腑属于阳,必须求其通达,"传化物而不藏"(《五藏别论》)。还认为,必须根据阴阳的变化来进行病理的分析,来判断虚实、寒热、内外等,从而确定辨证论治的准则。

　　《素问》认为"治病必求其本",必须把病因、病型和病所三者结合起来,全面考虑治疗方针。病势轻的可用"扬"(宣散)的方法,病势重的可用"减"(减除)的方法,体质衰弱的可以用"彰"(补养)的方法,形体不足的要"温之以气"(用气来温补),精气不足的要"补之以味"(用味来滋补);病在高处的可用"越"(催吐)的方法,病在下处的可"引而竭之"(引导下泻),病在中间腹部发的可以"泻之于内";有外邪入侵的可以"渍形以为汗"(熏蒸出汗),病在肌表的可以"汗而发之";病情慓悍的可以"按而收之"(加以抑制而使其收敛),结聚盘踞的可以"散而泻之"(《阴阳应象大论》)。总之,把祛邪扶正作为治疗的纲领。

　　《素问》这些医学理论,奠定了祖国医学优良传统的基础。

第十二章　战国时代文化的发展

一　文字的变革和书法的起源

文字的变革　战国时代随着生产力的提高,社会经济的发展变化,商品交换的发展,文字的应用日益频繁而广泛。文字在民间频繁而广泛的应用中,就不能不讲求简易速成,因而简化的、草率的字体大量流行。不但字形的变化十分显著,不同地区之间文字异形的现象也很突出。当时印玺、货币、陶器上的文字,铜兵器上的刻款,铜器上所刻工名,以及近年出土的竹简、帛书,都是草率的字体,它和青铜礼器上工整的铭文显然不同。大体上当时重要的青铜器上工整字体,还是沿用着西周以来传统的写法,而在一般日用器物上的草率字体,是出于当时各地民间的自由创造。正因为出于各地民间的自由创造,字的写法很不一致,连偏旁也有不同,出现了汉代许慎所说七国"文字异形"的现象(《说文解字叙》)。但是这种民间的"俗体",代表了文字发展趋势,富有生命力,它们将促使原来贵族化的文字走下

甲 乙

图六十四 湖北江陵楚墓出土玉印印文

一九七五年秋江陵凤凰山第七十号墓出土。墓中出土两个漆盘,盘底有"廿六年"和"卅七年"字样,推定为秦昭王时期制作。甲印为"小篆",乙印为"草篆"。乙印"泠"字偏旁用"三点水","令"也是简化体,"贤"字偏旁"臣"字两个短直画贯通成一画,"又"作方折而不拉长。两印同为一个人所用,而有两种字体,说明当时已通行两种字体。

舞台,并取而代之。

战国时代还没有字体的专名,但是在实际使用中已形成工整和草率两种字体。工整的一种就是篆书的起源;草率的一种可以称为"草篆",也可称为"古隶"①,它正是从篆书到隶书的过渡。我们以秦国为例,当商鞅变法时,所制造的"商鞅方升"上的铭文写得工整,是西周以来传统的篆书;但是"大良造镦"上的刻款就很草率,是属于草篆的字体。秦昭王时的两颗玉印(江陵凤凰山秦墓出土),都作"泠贤"两字,一个是小篆,另一个是草篆,近于隶书,"泠"字的偏旁已不从"水"而作"三点水"。战国后期秦"高奴禾石铜权"的铭文,已是隶书字体,"奴"字的"女"旁和"造"字的"辵"旁都已同于隶书。在秦始皇没有完成统一以前,实际上小篆和隶书两种字体都早已存在,"新郪虎符"的铭文是小篆,而湖北云梦睡虎地出土帛书《为吏之道》则近于隶书。隶书和小篆最大的区别,就是变圆笔为方笔,变弧线为直

---

① 《颜氏家训·书证》:"开皇二年五月长安民掘得秦时铁秤权,旁有铜涂镌铭两所,……其书兼为古隶。"

图六十五 秦"高奴禾石铜权"铭文拓本

一九六四年陕西西安阿房宫遗址出土,现藏陕西省博物馆。正面铸有突起的阳文："△三年漆工㠯,丞诎造,工隶臣牟。禾石,高奴。"字体已是隶书。

线,这样写的速度就可以加快。后来秦始皇统一全国文字,就是顺应了这个历史潮流,更广泛地把隶书加以推广。秦代庄重的石刻之类采用小篆,小篆可以说是象形文字的结束。同时大量官文书采用隶书,隶书可以说是改象形为笔画化的新文字的开始。

书法的起源 本来我国文字在殷周时代就具有艺术风味。殷代的甲骨文除了刀刻的"刻辞"以外,还有用笔写的"书辞"。西周的金文(铜器铭文)在铸造之前,先要写好字迹。其中有好些作品字体美观,可以说出于当时无名的书法家之手。但是,有意识地把文字作为艺术品,使文字艺术化,是从春秋末期开始的。春秋末年吴、越、蔡、楚等国往往在作为仪仗用的兵器上,镂刻(或者错金银)美术字体。它和当时的草率字体正好相反,力求工整美观,或者在笔画上加些圆点,或者故作波折,或者在应有的笔画之外附加鸟形的装饰。这就是"鸟篆"、"虫篆"或"缪篆"的起源。一九六五年湖北江陵楚墓发现的越王勾践剑,整个剑身满饰菱形暗纹,有铭文作"越王鸠浅自作用𬓾"八字;一九七七年湖南益阳县赫石庙战国墓中发现的一把铜剑,上下

图六十六　骉羌编钟铭文（摹本）

钟系韩国大臣骉羌所作，作于周安王二十二年（公元前四〇四年）。铭文述及这年三晋伐齐入长城的事。这是铭文的前半部："唯廿又再祀，骉羌乍（作）戎（𬭚），辈（厥）辟韩（韩）宗敔逑（率）征秦遻齐，入𨙶（长）城，先会于平险（阴），武侱寽力，富……。"摹本采自徐中舒《骉氏编钟考释》（一九三二年刊印）。

两面都铸有"越王州句（即朱句）自作用剑"的铭文，都是这种鸟篆字体。

战国时代除了广泛应用的草篆以外，许多重要铜器铭文都用工整的篆书，讲究美观。例如战国初期韩国制作的"骉氏编钟"，所有铭文都先划好方格，在方格内写着工整的篆书，很是精美。河北平山中山王墓出土铜器铭文也都是工整的篆书。这就是书法的起源。后来秦始皇统一全国文字也还沿用这个办法，除了广泛应用隶书以外，许多刻石和重要铜器上的文字都用小篆，也都写得工整美观。相传李斯就是个书法家，"号为工篆"，许多刻石和十二"钟镰金人"的铭文都出于他的手笔（《水经·河水注》引卫恒《叙篆》）。从这时起，作为书法艺术的文字和作为应用工具的文字，分别遵循着各自的道路而向前发展。

二　文体的变革和文学的发展

春秋、战国间，随着社会制度的变革、阶级结构的变动，文学也有了发展。这时文学所以会发生变化和发展，主要是由于新兴的政治家、军事家、思想家需要发表他们的观点和主张，需要比较广泛地进行宣传，需要在思想领域里开展斗争，需要展开"百家争鸣"，因此必须改革旧的文学形式，创造新的文学形式。这是新内容决定了新形式的表现。其次是由于这时期文人学者很多是出身于"贫贱"的，他们吸收了民间文学的养料，经过了提炼和加工，因而使文学作品能够脱出过去贵族文学的范畴，提高了思想性和艺术性。

散文的发展　春秋以前的散文，都出于贵族之手，都是很典雅的文章。原来贵族的散文，见于《尚书·周书》中的，不外乎"诰"和"誓"两种文体。"诰"是贵族为了政治需要而颁发的文告，"誓"是军队出发前的宣誓，比较起来，"誓"的文体比较接近于口语。到春秋时代，这类文章已逐渐趋向公式化，逐渐成为僵化的滥调。许多贵族往往脱离了口语，模仿古文作文。例如公元前六四八年周惠王对齐桓公使者管仲所说的话：

　　　　舅氏，余嘉乃勋，应乃懿德，谓督不忘。往践乃职，无逆朕命。(《左传》僖公十二年)

很明显的，这话是模仿古文的，和当时一般人的口语完全不同。这种模仿古文的官样文章，已经成为毫无生气的东西了。

到春秋后期，就出现了用"也"、"乎"、"焉"等语助词的文体。孔子招收学生讲学，所有讲学的记录和言行的记录都采用了当时的口语，《论语》一书便是采用这种文体写成的。孙武所著的《孙子兵法》，是采用这种文体来阐述军事思想的第一部著作。到春秋、战国间墨子讲学的时候，既用这种文体来记录言行，同时也用来作论文，甚至引用古书，为使人容易了解起见，也不免要加以改动。墨子的文章，着重于论证他的政治主张，逻辑性很强。到战国时代，这种文体的应用更广泛了，除了某些官样文章以外，几乎已完全代替了过去典雅的古文。

《左传》一书是战国初期的著作，它不同于专门解释《春秋》的《公羊传》和《穀梁传》，是中国第一部叙事生动而具有真实性的编年史。这本书不但有丰富的语言，记述春秋时人的对话，圆转曲折，极为活泼，而且叙述历史事件，特别是描写战争，都能绘影绘声，令人读了如同亲历其境。唐代著名的史学评论家刘知幾曾竭力称赞《左传》的叙事文，认为是"古今卓绝"的（《史通·杂说上》）。分国记录春秋时代贵族言论的《国语》，虽然文学技巧不及《左传》，文辞也是和《左传》相类的。

战国时代诸子的著作如《孟子》、《庄子》、《荀子》、《韩非子》等，也都是优秀的散文。不论叙述和描写事物还是说明道理，写作的技巧都已很成熟。《战国策》记录战国时代纵横家谈说之辞，"其辞敷张而扬厉，变其本而加恢奇焉"（章学诚《文史通义·诗教上》），也是一部文辞极生动的著作。

清代历史学家章学诚曾经说："盖至战国而文章之变尽，至战国而著作之事专，至战国而后世之文体备。"（《文史通义·诗教上》）的确，在战国以前是没有像战国以后的各种文体的。章学诚又说：战国时人的文章"长于讽喻"，"深于比兴"（《文史通义·易教下》），所谓比就是比喻，兴就是运用景物的描写来激动感情。因为战国时人已善于运用比喻、讽刺和描写，以激发读者感情，或者运用寓言、神话、故事等，以充实其内容，所以这些文章是很生动活泼的。

战国时代的散文，以《庄子》最为突出。庄子的后学曾说庄子的著作是"寓言十九"，"谬悠之说，荒唐之言，无端崖（摸不着边际）之辞"（《庄子·天下篇》）。司马迁也说他"善属书离辞，指事类情"，"其言洸洋自恣以适己"（《史记·老子庄子列传》）。庄子善于运用独特的语汇来描写事物，善于运用丰富的想象力来发挥他奔放的思想感情，善于运用变化多端的文辞来表达思想。鲁迅就曾赞美庄子的文章"汪洋辟阖，仪态万方，晚周诸子之作，莫能先也"（《汉文学史纲要》第三篇《老庄》）。

诗歌的发展　民间歌谣在春秋、战国间是非常流行的。《左传》、《国语》和诸子书，就时常称引民间的歌谣。由于歌谣的流行和发展，战国时代的诗歌，在内容和形式上都有新的成就。

这时诗歌的发展正如散文的发展一样，首先表现在文体的变革上。在春秋以前的诗歌总集《诗经》中，《雅》、《颂》是贵族文学，《国风》是民间文学。"兮"字的有无是区别当时贵族文学和民间文学的标准之一。在《国风》里常见用"兮"作语助词，《大雅》、《小雅》、《周颂》、《鲁颂》、《商颂》中就很少见。原来"兮"字古音读为"啊"，是古时民间歌谣中常用的语助词。到春秋、战国间，民间歌谣中出现了句法长短参差而生动活泼的歌辞，已不像《国风》那样多用整齐的四字句。这时民间的歌咏往往是用音乐来伴奏的，在音乐伴奏中，唱着长短参差而生动活泼的歌辞，是很能感动人的。荆轲从燕国出发入秦谋刺秦王时，路过易水，高渐离弹着一种叫做筑的竹制的弦乐器，荆轲歌唱道：

> 风萧萧兮易水寒，壮士一去兮不复还。

荆轲的歌和高渐离所弹的筑的音调是相和的，据说先为"变徵之声"（"变徵"是一种悲哀的音调），大家听了都流泪涕泣；后又"为忼慨羽声"("羽声"是一种慷慨激昂的音调),大家听了,都睁大眼睛,头发也好像竖立起来了(《战国策·燕策三》)。

这时南方民间的歌曲,更是曲折变化,悦耳动听。据说当孔子南游楚国时,听到一个小孩唱的歌:

> 沧浪之水清兮,可以濯我缨;沧浪之水浊兮,可以濯我足。

(《孟子·离娄下篇》)

据说楚顷襄王时,鄂君子晳泛舟于新波之中。钟鼓的声音刚停止,打桨的越人就一面打桨,一面歌唱,用越语唱出了三十二个字音的一首歌,因为鄂君听不懂,请人用楚语译出,成为这样一首楚辞:

> 今夕何夕兮,搴洲中流。今日何日兮,得与王子同舟。蒙羞被好兮,不訾诟耻。心几顽而不绝兮,得知王子。山有木兮木有枝,心悦君兮君不知。(《说苑·善说篇》)

由于诗歌的发展,南方的思想家就有用诗歌来阐明哲理的。《老子》五千言,大部分是用韵文写成的,语言精炼而生动,含义深刻。例如它对善于实行"道"的人的赞扬:

> 古之善为道者,微妙玄通,深不可识。夫唯不可识,故强为之容:豫兮若冬涉川,犹兮若畏四邻,俨兮其若客,涣兮若冰之将释,敦兮其若朴,旷兮其若谷,混兮其若浊。谁能浊以止,静之徐清?谁能安以久,动之徐生?保此道者不欲盈,夫唯不盈,故能蔽,不新成。(《老子》第十五章)

屈原创作的《楚辞》 战国时代大诗人屈原创作的《楚辞》,是当时南方新体文学的代表作,我国古代诗歌中的瑰宝。

屈原名平,生于公元前三三九年,出身于楚国贵族。楚怀王时,他做到左徒的高官,掌管出纳号令。他主张通过制定新法令来改革楚国的政治，联合齐国抵抗秦国。他认为"背法度而心治"，犹如无辔而御烈马，是很危险的；必须做到"明法度之嫌疑"，"国富强而法立"（《九章·惜往日》）。他要求"举贤而授能兮，循绳墨而不颇（偏邪）"（《离骚》），就是要选拔贤能担任官吏，按照法令的准则来办事而不能发生偏差。结果他遭到子兰（楚怀王幼子）、郑袖（楚怀王宠姬）和上官大夫等贵族的迫害。楚怀王听信谗言，免除他的官职，并把他流放。顷襄王继位后，他又再度被放逐。等到楚被秦攻破，国都郢失守，他就投汨罗江自杀了。

屈原不但是一位有抱负的政治家，而且是一位伟大的爱国诗人。他吸收了民间文学形式，采用了方言声韵，融合了神话传说，创作了长篇的诗歌。热烈的爱国情感，丰富无比的想象力，美丽的词藻，使得屈原的诗篇成为不朽的杰作。

《离骚》是屈原的代表作品，我国古典文学中最长的抒情诗。全诗二千四百多字。诗人通过对自己的战斗历程的回溯和未来道路的探索，表现了他追求崇高理想的坚贞意志和深挚的爱国主义感情，也揭露了楚国政治的腐败和黑暗势力的猖狂。诗中运用香草、美人的比喻，编织神游天上等幻境，文采绚烂，结构宏伟。鲁迅指出：屈原的《离骚》，"逸响伟辞，卓绝一世"。"较之乎《诗》，则其言甚长，其思甚幻，其文甚丽，其旨甚明，凭心而言，不遵矩度"，"然其影响于后来之文章，乃甚或在三百篇以上"（《汉文学史纲要》第四篇《屈原及宋玉》）。

屈原的光辉诗篇，继承了《诗经》的优秀传统，开拓了现实主义和浪漫主义的创作道路，对我国文学的发展，有着重大的影响。

在《楚辞》中除了《离骚》以外，主要的作品有《九歌》（包括《东皇太一》、《云中君》、《湘君》、《湘夫人》、《大司命》、《少司命》、《东君》、

《河伯》、《山鬼》、《国殇》、《礼魂》)、《天问》、《九章》(《惜诵》、《涉江》、《哀郢》、《抽思》、《怀沙》、《思美人》、《惜往日》、《橘颂》、《悲回风》)、《远游》等篇。《九歌》是祭祀鬼神的乐曲,原是楚国民间的创作,经过屈原重新创作或加工,就显得更美妙了。《天问》一篇所问的,从自然现象和神话一直问到远古的历史传说,是一篇美丽的史诗。原来在楚国的宗庙和神祠里,壁上往往绘有关于自然现象、神话和远古历史传说的大幅壁画,《天问》正是针对这些壁画所描写的神话传说来发问的。全诗一千五百多字,诗句大体以四言为主,一共提出了一百七十多个问题,表达了屈原对传统思想的怀疑和探索真理的精神。正如鲁迅所指出的:"怀疑自遂古之初,直至百物之琐末,为前人所不敢言。"(《坟·摩罗诗力说》)

屈原以后,楚国有宋玉、唐勒、景差等人继起创作《楚辞》,"然皆祖屈原之从容辞令,终莫敢直谏"(《史记·屈原列传》)。宋玉所作的《九辩》,是一篇比较优秀的作品。它描写一个失意文人在萧瑟秋风中触景生情,发泄怀才不遇的不平情绪。他用一连串凄凉悲哀的词句,细密地描绘秋天"萧瑟"、"沈寥"、"寂寥"、"寂寞"的情景,刻画出自己"憭栗"、"憯凄"、"怆怳"、"坎廪"、"廓落"、"惆怅"、"掩留"的哀怨感情。宋玉同情屈原的境遇,艺术技巧上学习屈原,但是他的作品只是用来抒写个人的哀伤,因此和屈原的创作相比,就差得远了。鲁迅评论《九辩》说:"虽驰神逞想,不如《离骚》,而凄怨之情,实为独绝。"(《汉文学史纲要》第四篇《屈原及宋玉》)宋玉的作品,还有《招魂》、《高唐赋》、《神女赋》、《登徒子好色赋》、《大言赋》、《小言赋》、《约赋》、《笛赋》等篇,见于《楚辞》、《文选》、《古文苑》等书。

荀况创作的赋曲 战国末年的大思想家荀况,在中国文学史上也有一定的地位。荀况创作的《成相篇》，是运用当时民间喜闻乐见的曲调来宣传他的政治理论的。"相"是一种用皮革制作、里面装着糠的小鼓，用手拍击，歌唱时用来调节节奏的①。《成相篇》包括三首歌，每首开场的第一句歌词是"请成相"，就是请准备打鼓而歌唱的意思。因为这种民间曲调，都用"请成相"开唱，"成相"就成为曲调的名词。《汉书·艺文志》有《成相杂辞》十一篇列"杂赋"中，也该是采用"成相"这种曲调创作的辞。"成相"的曲调，六句组成一章，第一、二句三个字，第三句七个字有韵，第四、五句四个字，多无韵，末句三个字必有韵。可以说，这是我国最古的鼓儿词，是后世大鼓书的开端。

《成相篇》的第一首从"请成相，世之殃"起，到"宗其贤良，辨其殃孽"为止，共二十二章。从当世之乱说起，前半首指出致乱的原因，后半首提出治理的办法。第二首从"请成相，道圣王"起，到"托于成相以喻意"为止，也是二十二章，通过讲历史故事来发表自己的政见。前半首叙述古代圣王故事，说明上世所以盛的原因，后半首叙述周幽王、周厉王故事，说明季世所以衰的原因。第三首从"请成相，言治方"起，到"后世法之成律贯"为止，只十二章。主要讲统治的方法。

---

①　宋代朱熹认为"相，助也，举重劝力之歌"(《楚辞后语》)。清代俞樾根据《礼记·曲礼篇》郑注"相，谓送杵声"，也认为"盖古人于劳役之事必有歌讴，以相劝勉"，"其乐曲即谓之相"(《诸子平议》卷十五)。近人朱师辙认为"相如鼓，可以手拍之"，"奏乐之时，先击相，是相犹今鼓板，每大鼓书开唱之始，则先击鼓，并拍板"。并列举下列资料作证：《礼记·乐记》："治乱以相。"郑注："相即拊也，亦以节乐。拊者以韦为表，装之以糠，糠一名相，因以名焉。今齐人或谓糠为相。"《释名·释乐器》："搏，拊也。以韦盛糠，形如鼓，以手拊拍也。"应劭《风俗通义》："相，拊也。所有辅相于乐。奏乐之时，先击相。"这个说法，见朱师辙《答杜国庠论成相篇很像凤阳花鼓词书》，收入杜国庠《先秦诸子的若干研究》，三联书店一九五五年版。

第一首有"春申道缀(辍),基毕输"的话,该写在公元前二三八年春申君被杀,荀况"知道不行,发愤著书"的时候。他所以要采用这种民间曲调体裁,就是想借民间文学形式来广泛传播他的政治主张。这在文学创作上是一种创举。例如他说:

> 治之经,礼与刑,君子以修百姓宁。明德慎罚,国家既治,四海平。(第十八章)

> 君法仪,禁不为,莫不说(悦)教名不移。修(当作"循")之者荣,离之者辱,孰它师?(第四十八章)

荀子的《赋篇》,是我国文学史上第一篇以"赋"名篇的文学创作。赋作为一种文体,就是从此开始的。这是从楚国民歌基础上产生的,同时又是《诗经》"体物写志"的"赋"的创作方法的重大发展。《赋篇》包括《礼》、《知》、《云》、《蚕》、《箴》(针)、《佹诗》和《小歌》七首。前五首通过对事物的具体描写,表达他的政治见解。后两首是针对"天下不治"的情景,抒发他的郁郁不平之感。它的艺术水平比不上《楚辞》,但是这种"体物写志"的创作方法和问答体的形式,给予后来汉赋不小的影响。

小说家的产生 《汉书·艺文志》有小说家者流,据说是"街谈巷语,道听涂说者之所造也",是"闾里小知者之所及","刍荛狂夫之议"。可知小说家是从当时民间产生的。桓谭《新论》说:"若其小说家,合丛残小语,近取譬论,以作短书,治身治家,有可观之辞。"(《文选》江文通《杂诗李都尉从军》注引)可知小说家采用一些"小语"和"譬论",创作一些"短书",都是有其"可观之辞",都是有它的用意,是为了适应当时人们"治身治家"的需要的。《汉书·艺文志》著录有《伊尹说》、《鬻子说》、《师旷》、《务成子》、《天乙》、《黄帝说》等小说十五家,都以古人命名,谈的该是有关这些人的故事小说。班固说这些著作"非古语","浅薄","迂诞",出于"依托",该就是依托这些古人而创作出来的故事小说。《伊尹说》二十七篇,今已失传。《吕氏春秋·本味篇》记述伊尹"说汤以至味",列举各地土产的美味,该即出于小说家的《伊尹说》①。孟子曾竭力驳斥"伊尹以割烹要汤"之说,该即出于小说家。《艺文志》还著录有《周考》,说是"考周事也";又有《青史子》,说是"古史官记事也",该属于野史性质。另外有《百家》一百三十九卷,大概是各家故事小说的汇编,所以卷帙特别多,到西汉末年经过刘向的整理校定。刘向在《说苑序》中说:"所校中书《说苑》杂事及臣向书、民间书,……除去与《新序》重复者,其余浅薄不中义理,别集以为《百家》。"司马迁曾说《百家》言黄帝,其文不雅驯"(《史记·五帝本纪赞》),大概指的就是《百家》这部小说,可知《百家》也是谈古人的故事的。在《艺文志》的小说家中,特别值得注意的,就是著录有宋钘所著《宋子》十八篇。宋钘是个著名的道家,为什么他的著作也列入小说家呢? 郭沫若根据《庄子·天下篇》谈到宋钘"接万物以别宥为始",指出《吕氏春秋·有始览》的《去尤篇》和《先识览》的《去宥篇》"殆采自《宋子》"。顾颉刚更指出这两篇有个特点,讲的故事多,他列举七个故事作为例证。例如:

　　人有亡铁者,意其邻之子。视其行步,窃铁也;颜色,窃铁也;言语,窃铁也;动作、态度,无为而不窃铁也。抇(掘)其谷而得其铁,他日复见其邻之子,动作、态度无似窃铁者。

---

① 《史记·司马相如列传·索隐》引应劭曰:"《伊尹书》云:箕山之东,青鸟之所,有卢橘夏熟。"《伊尹书》当即小说家的《伊尹说》。《吕氏春秋·本味篇》记述伊尹"说汤以至味",也讲到"箕山之东,青鸟之所,有甘栌焉"。可证《本味篇》即采自《伊尹说》。

> 齐人有欲得金者,清旦被衣冠,往鬻金者之所,见人操金,攫
> 而夺之。吏搏而束缚之,问曰:"人皆在焉,子攫人之金,何故?"
> 对吏曰:"殊不见人,徒见金耳。"

顾颉刚认为这类故事在《宋子》十八篇中想必不少,类于市井之谈,因而刘向父子校书时视为不雅驯,把它列入小说家中了。还认为宋钘所以这样列举市井之谈,为了便于向群众宣传他的主张,"含有通俗文学之意"。顾颉刚更认为宋钘以宋为氏,孟子曾在石丘和他相遇,石丘是宋地,该是宋国人。战国时代诸子书中讲宋人的故事特别多,可能都是"援引宋钘书以自张其说"①。不管战国时代诸子书中所讲宋人故事,是否出于宋钘书中,但是这类宋人故事,出于小说家的书中,是可以肯定的。东汉应劭《风俗通义》说:

> 案《百家》书,宋城门失火,取汲池中水以沃之,鱼露悉见,但
> 就取之。(《太平御览》卷八六八引)

这个宋国"城门失火,殃及池鱼"的故事,既然出于《百家》书中,可知类似这样的宋人故事,必然也是出于小说家的书中。在战国时代"百家争鸣"的思潮中,各派学者到处游说,著书立说,将自己的主张广为宣传。为了扩大宣传效果,各派学者常常引用譬喻,列举历史故事和民间故事,作为自己学说的例证。其中有些人着重于创作和编辑故事的,就发展成为小说家了。

战国时代人们常常提到《百家》之说,例如"甘茂事下蔡史举先生,学《百家》之说"(《史记·甘茂列传》)。史举是个里巷的"监门","大不为事君,小不为家室,以苟贱不廉闻于世"。甘茂从他学的《百

---

① 顾颉刚《史林杂识初编》五四《宋钘书入小说家》。

家》之说,并不是当时著名学派的学说,该即是出于"街谈巷语"的小说家之说。甘茂劝说秦武王伐韩宜阳的时候,一开始就举出了曾参杀人的故事:

> 昔者曾子处费,费人有与曾子同名族者而杀人,人告曾子母曰:"曾参杀人。"曾子之母曰:"吾子不杀人。"织自若。有顷焉,人又曰:"曾参杀人。"其母尚织自若也。顷之,一人又告之曰:"曾参杀人。"其母惧,投杼逾墙而走。(《战国策·秦策二》)

后来甘茂由于向寿等人排挤,从秦出奔齐,出关遇到苏代。他向苏代游说,一开始就讲江上处女的故事:

> 夫江上之处女,有家贫而无烛者,处女相与语,欲去之。家贫无烛者将去矣,谓处女曰:"妾以无烛,故常先至,扫室布席,何爱余明之照四壁者? 幸以赐妾,何妨于处女? 妾自以有益于处女,何为去我?"处女相语以为然而留之。(《战国策·秦策二》)

甘茂每次游说,一开始就讲故事,这就是他从史举那里学来的"《百家》"之说",这是当时小说家的特点。后来范雎也曾学过《百家》之说,他自称"五帝三代之事,《百家》之说,吾既知之"(《史记·范雎列传》)。范雎初次见到秦昭王,一开始就讲吕尚遇文王的故事和伍子胥出昭关的故事;后来他劝秦昭王向宣太后穰侯夺回大权,一开始就讲恒思少年和神丛赌博的故事:

> 亦闻恒思有神丛与? 恒思有悍少年,请与丛博,曰:"吾胜丛,丛籍我神三日;不胜丛,丛困我。"乃左手为丛投,右手自为投,胜丛,丛籍其神。三日,丛往求之,遂弗归。五日而丛枯,七日而丛亡。(《战国策·秦策三》)

这类故事,也该出于《百家》之说,出于小说家之手。

三 艺术的发展

战国时代的艺术，如同文学一样，是有飞跃的发展的。这时艺术的发展，首先表现在实用艺术品的进步上。

实用艺术品的发展 这时主要的实用艺术品是铜器、陶器和漆器。这个时期铜器制作的进步，我们在第二章第五节中已有叙述。这里需要补充说明的，就是这时铜器上的装饰艺术有长足的进步。

从西周中期到春秋中期的铜器，装饰花纹不外乎两种：一种是鸟兽形图案，往往只成为几条屈曲蟠绕的线条；一种是粗线条的几何形图案，花纹粗枝大叶，比较呆板地对称着。到这时，花纹就显得细致，显得生动活泼了。鸟兽纹的图案，不仅鸟兽的形象很具体，很生动，而且曲折飞舞，栩栩如生。几何纹的图案也很细致，而且变化多端。这时最突出的纹饰，便是车马狩猎、水陆攻战、宴乐等图像。这些图像都是描写当时现实生活的。这种描写现实生活的图像的出现，是艺术进步的具体表现。一九三五年河南汲县山彪镇战国墓葬中出土的水陆攻战纹铜鉴，全器共有红色金属嵌成的图像四十组，图像中共有二百九十二人，表现出了格斗、射杀、划船、击鼓、犒赏、送别等种种战时的动态，是一幅战国时代的战争图。一九五一年河南辉县赵固镇战国墓葬中出土的宴乐射猎纹铜鉴，图像以一座大建筑为中心，左右配列了乐舞者各一组，左边的人正在一面打编钟一面舞蹈，右边的人正在一面打编磬一面舞蹈。再下有厨房，有送递饮食的。另外有林园，有射猎的，有划船的，有替马洗浴的。总计全图有三十七人、三十八只鸟兽、六十六件器物，描绘出各种动态，是一幅战国时代描写官僚地主举行宴会和进行射猎的图。此外如故宫博物院所藏的桑猎宴乐壶和上海博物馆所藏的宴乐椭杯,也都有描写各种现实生活的画像。这些画像的绘画技法比较简练,常常抓住物像的主要特征加以适当的夸张。例如人物的臂、腿画得突出筋肉,战士画得腰粗有力,官僚地主画得身长悠闲,舞蹈者画得细腰长袖。每一幅画像,都有一个中心内容,画像上的每一个人物,都表示出一种动作。这说明当时的表现技法已比较进步。

同时,在铜器的造型艺术上,也很有发展。铜器的式样变化繁多,形象玲珑活泼,耳和足有作生动的鸟兽形的,更有一种尊,整个作

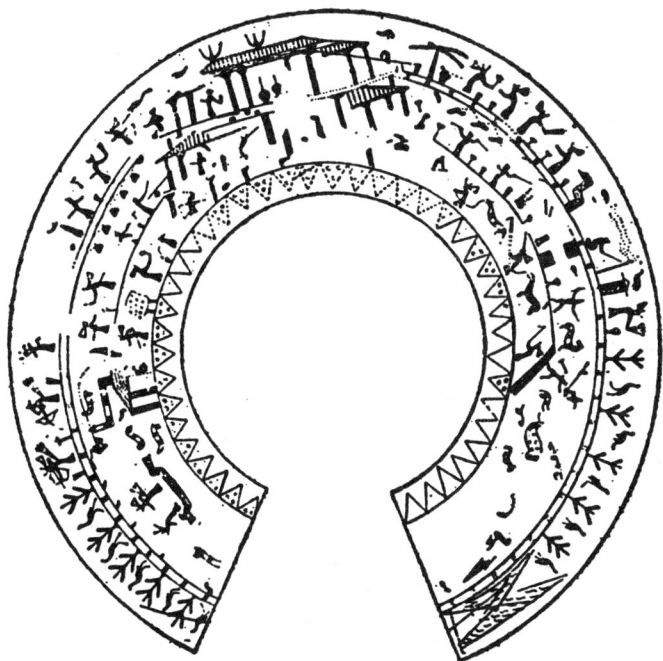

图六十七　宴乐射猎纹铜鉴上的宴乐射猎图(摹本)

宴乐射猎纹铜鉴,一九五一年河南辉县赵固镇战国墓葬出土。腹部刻有宴乐射猎图一周,这里摹绘的便是这一周宴乐射猎图。

鸟兽形的。例如山西浑源李峪村出土的牛尊(现藏上海博物馆),整个器形作水牛状,形象非常生动。

这时陶器上的装饰艺术也有了发展。黑色陶器上有一种暗花,它是趁陶胎半干时,先将表面打光,再用钝锋的竹木片在表面上磨画花纹,等到入窑烧制后,这些陶器的表面就发黑光,花纹则比较暗淡,仅隐约可见,成为一种很别致的暗花。例如一九五三年洛阳烧沟附近战国墓葬中出土的陶器,就有以弦纹、栉齿状纹、网状纹、锯齿状纹、人字形纹、S形纹、山状纹、螺旋状纹组织而成的美丽的暗花图案(见《考古学报》第八册王仲殊《洛阳烧沟附近的战国墓葬》)。战国时代陶器,也已有在烧好后绘上红色彩画,绘有各种几何纹或鸟兽纹的。

图六十八　战国时代陶豆的捉手和陶壶、陶鼎盖上的暗花纹(摹本)

陶器上的暗花纹是战国时代所特有的。这里摹绘的,是根据一九五三年洛阳烧沟附近战国墓葬所出土的陶器。见《考古学报》第八册王仲殊《洛阳烧沟附近的战国墓葬》。

　　这时瓦屋的建筑已比较普遍,古城遗址常有板瓦和瓦当的发现。河北易县燕下都出土的板瓦上有印蝉纹的,出土的半圆形瓦当有印饕餮纹、双兽纹和山云纹的。赤峰燕长城遗址和承德燕古城出土的半圆形瓦当,有印双兽纹、树木纹、三角纹、云纹和山云纹的。河北邯郸赵王城出土的圆瓦当有印三鹿纹和变形云纹的,河南洛阳周王城出土的半圆形瓦当有印各式云纹的,陕西咸阳秦古城遗址出土有各种动物图案的圆瓦当,如奔鹿、立鸟、四兽、三鹤等,都很生动。山东临淄齐古城遗址出土的半圆形瓦当,有印树木双兽纹和树木卷云纹的。各国城市遗址中建筑物上的瓦当图案,各不相同,反映了当时各国不同的艺术风格。

　　这时楚国漆器上的花纹图案有重大的发展,这是由于民间工艺美术家使用毛笔直接在器物上作画,充分发挥了艺术才能。所画的

图六十九　战国半瓦当

右列:临淄出土。中列:易县燕下都出土。左列:洛阳周王城出土。

龙凤云鸟纹,禽兽的眼睛都很传神,龙头昂起有威,凤翅飞舞生动。所画的狩猎图案,斗兽、追逐的神态逼真而生动。当时已经采用单线画法和平涂画法相结合的技法。平涂画法表现在几何纹图案上,它用堆漆的方式使花纹显得生动美丽;平涂画法用于描写人物禽兽图案上,有衬托明暗透视和神情动态的作用。线条的勾勒,有的是转折有力,有的如流水行云,表现了绘画技法的熟练。多数用褐黑色作底,深红色作衬色,以朱色与黄色作画,色彩配合得适当,显得富丽堂皇。

绘画的发展 战国时代绘画有很大的发展,这是和当时毛笔的进步分不开的。一九五四年六月在湖南长沙南门外左家公山的战国墓中发现一件竹篋,藏有竹筹、无字竹简、铜刀和毛笔。筹就是算,是计数的工具。铜刀就是削,也就是书刀。毛笔放在竹管里。笔杆是用竹削成的圆柱,长十七点八厘米,径零点五厘米,头部剖为数方,笔头即插入其中。笔头用兔箭(兔背上的毛)制成,插入笔杆头部之内,外缠细丝线,笔头露于外部的部分长四点二厘米。笔杆连笔头全长二十二厘米。这笔的杆很细,笔头的毛锋长,适宜于写字和绘画。这种笔的制造方法,汉代以后曾长期沿用。例如居延发现的汉代木笔(即所谓"居延笔"),也是笔杆头部剖成四方,笔头插入其中,外缠麻丝

图七十　战国时代
的毛笔和笔管

一九五四年长沙左
家公山战国墓葬出土。

线,再涂漆的。这样把笔杆头部剖成几方而插上笔头的办法,是便于随时更换笔头,和现在的钢笔可以随时更换笔尖的情况差不多。

战国时代绘画的发展,还和当时宗教风俗的变化有关。当时由于文化的进步,对鬼神可以降附人身的宗教信仰逐渐淡薄,废除了用活人为"尸"来祭祀的礼仪,改用画像来祭祀。与此同时,宗庙神祠中也已有大壁画。例如楚国的宗庙和公卿祠堂的壁上,都画有天地、山川、神灵及古圣贤、怪物行事(《楚辞·天问》王逸注)。

一九四九年长沙东南近郊五里陈家大山的战国楚墓里曾出土一张帛画《龙凤妇女图》。画上有一个侧面的成年妇人,腰极细。妇人面向左而立。头后挽着一个垂髻,发上有冠,冠上有纹饰。衣长曳地,下摆像倒垂的牵牛花,向前后分张。腰带很宽,衣袖很大。袖上有些繁复的绣纹,袖口较小。袖口和领襟都有黑白相间的斜条纹,衣裳也是黑白两色。在下裳的白色部分有些简单的旋纹。妇人的两手向前伸出,弯曲向上,合掌敬礼。妇人头上,在左前面飞翔着一只凤鸟。这只凤鸟面向左,头向上,两翅上张,尾上有两只长翎,向前弯曲,几乎和头部相接触。两只脚一只向前曲着,一只向后伸着,都露出了有力的脚爪。凤鸟的前面有一条一只脚的龙样的动物,头向上,和凤鸟正对着,头部左右有两只角,身子略作蜿蜒而竖垂。身子上有环纹六节。①

---

① 郭沫若《关于晚周帛画的考察》(《人民文学》一九五三年十一月号),认为一只脚的龙样动物是古代神话中一足的夔,是恶的神怪物,象征死亡;而凤鸟在古代神话中象征生命,画中凤鸟表现战胜者神态,夔则在绝望地拖垂着,这是善灵战胜了恶灵,生命战胜了死亡,而妇女站在凤鸟一边,正祷祝着生命的胜利。孙作云《长沙战国时代楚墓出土帛画考》(《开封师院学报》,一九六〇年五月出版)不同意郭说,认为一只脚的龙样动物是古代神话中的龙,古代青铜器图案花纹中的龙都描写侧面,只画一只脚。并认为这是一幅龙凤引魂升天的画。从后来楚墓出土男子御龙图看来,当以孙说为是。

图七十一　龙凤妇女图(摹本)

　　一九四九年湖南长沙陈家大山楚墓出土,现藏湖南省文物管理委员会。新摹本为熊传新所摹绘,见熊传新《对照新旧摹本谈楚国人物龙凤帛画》,《江汉论坛》一九八一年第一期。

　　一九七三年长沙城东子弹库的楚墓中又出土一张帛画《男子御龙图》。画的正中是一个有胡须的男子,侧身向左直立,手执缰绳,驾驭着一条龙。龙头高昂,龙尾翘起,龙身平伏,腹下有一脚正作游泳

图七十二　帛画男子御龙图

一九七三年湖南省长沙市子弹库楚墓出土。现藏湖南省博物馆。帛画是细绢地，长三十七点五厘米，宽二十八厘米，最上横边裹有一根很细竹条，上系棕色丝绳。一九七三年八月文物出版社编辑出版有《长沙楚墓帛画》一函。

形象。在龙尾上部站有一鹤，向右站立，圆目长喙，昂首仰天。画的上方有华盖，盖上有三条飘带随风拂动。画的左下角有一条鲤鱼，鱼头向左。画中华盖飘带、人物衣着飘带和龙的颈所系缰绳飘带，都是由左向右，表现了风动的方向。龙、驾御的男子以及鱼都是朝向左

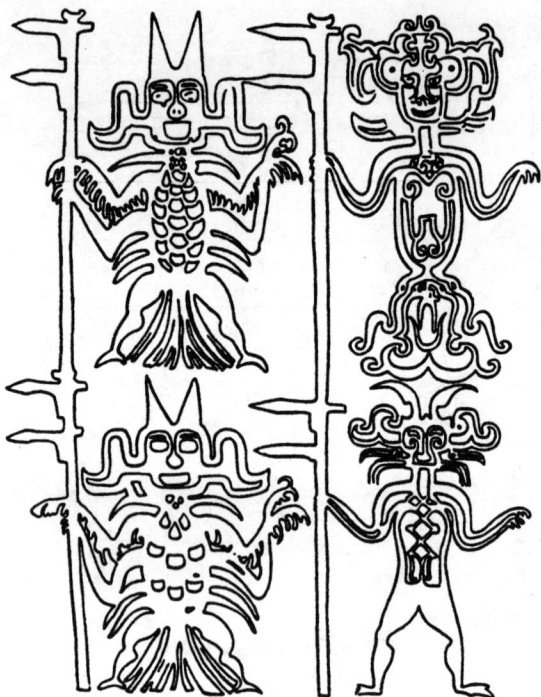

图七十三　湖北随县曾侯乙墓出土内棺上的神像

方,表现了行进的方向。驾御的男子高冠长袍,腰佩长剑,神采奕奕。
整幅画描写的是驾御龙的情景。所画人物的印象和各部分比例,都
相当准确;绘画技巧也相当成熟,用单线勾勒,线条流畅,毫不板滞。
设色为平涂和渲染兼用,龙、鹤、华盖基本上用白描,而人物略施彩
色。画上有的部分用了金白粉彩①。这些艺术上的成就,说明当时

① 湖南省博物馆《新发现的长沙战国楚墓帛画》,《文物》一九七三年第七期。萧
兵《引魂之舟:战国楚帛画与楚辞神话》(收入马昌仪《中国神话学文论选萃》)对此有详
细探讨,认为龙有独足是夔龙舟。我认为这种有脚的龙当为蛟龙,并非龙舟,就是《离
骚》所说:"麾蛟龙使梁津兮,诏西皇使涉予。"

绘画艺术已发展到相当高的水平。

当时画家已经懂得放映幻灯片的原理，把图画在透光的薄膜上，利用阳光放映成彩色的大幅画面。据说有人为周君画"荚"，"荚"是指豆荚、榆荚上的薄膜。画荚者一共画了三年，周君看不出画的是什么，因此发怒。后来画荚者教周君造了一个暗室，只在一面墙上凿了八寸见方的小窗口，等到清晨太阳出来，阳光射到这个小窗口时，把所画的荚放上去，这样就能利用阳光放映出各式各样的彩色的大幅画面。"望见其状，尽成龙蛇禽兽车马，万物之状毕具，周君大悦"（《韩非子·外储说左上篇》）。

雕刻的进步　战国时代的雕刻，也有发展。过去长沙楚墓中常出土木雕怪神像，或者称为"镇墓兽"，由鹿角、头面、方座三部分组成。一种是人首龙身，头戴鹿角，舌伸口外，没有手足，下承方座的。一种是身作钩状的龙，两爪上举到颡，作张口状，舌伸口外，头也戴角，下体也连方座的。一种通体有黑色薄漆，龙眼黄色，眼球红色，舌红色，身体有红、黄、白三色花纹。近年湖北江陵望山和天星观楚墓出土这种神像，都是左右双身，作钩状的龙形，头戴长的鹿角。其用途当是辟除邪鬼的。这类怪神像雕刻得很生动，把一副张牙舞爪的神情完全表达了出来。

这时秦、宋等国还流行着"祝诅"的巫术，在和敌国作战前，往往雕刻敌国国君的人像，一面在神前"祝诅"敌人，一面射着敌国国君的人像。这类木雕的人像我们已看不到，我们现在所能看到的只有墓中出土的陪葬用的木俑。战国时代的木俑共有两种。一种是雕得手臂可以活动的，身穿丝织衣服，男的穿戎装，手执弓、剑、矛、盾等武器，女的手执椭圆形竹篮。一种是雕得手足固定的，衣裳是彩绘的。

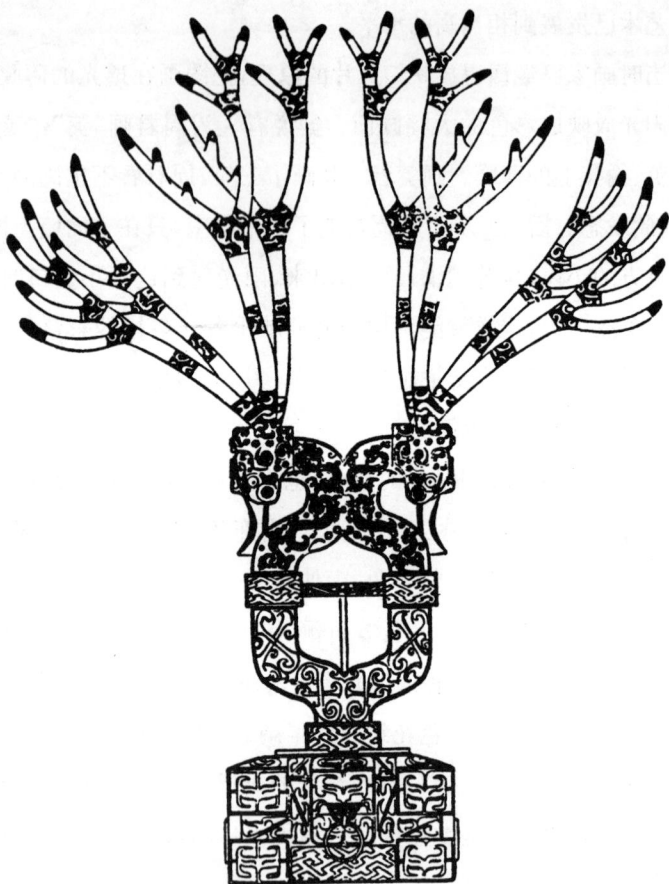

图七十四　湖北江陵天星观楚墓出土双首镇墓兽

（采自《江陵天星观一号楚墓》）

男的用墨画面目，红嘴唇，有胡子；女的脸上敷粉，红嘴唇，两颊有红点。从这里，我们也可了解这时木雕人像的艺术已有相当的进步。

这时木版透雕的技术也有相当进步。在长沙战国时代的楚墓中，内棺底部常有透雕花版发现，这种透雕花版所雕的各式几何纹图

图七十五　彩绘木鹿

一九七三年湖北江陵藤店一号墓出土。木鹿头高三十五点七厘米，长四十九点五厘米。头、身分别用整木雕成，头上有一对角，身子作卧状。通体绘有朱、金黄色卷云纹、三角形纹等图案。现藏荆州博物馆，见荆州地区博物馆《湖北江陵藤店一号墓发掘简报》，《文物》一九七三年第九期。

案，都很精致。一九六五年湖北江陵楚墓出土的彩漆木雕座屏，是这时木雕工艺的代表作。底座有平雕蛇蟒，屏上透雕有鹿、凤、雀、蛇相互角斗的形象，极为精细而生动。周身黑漆为底，并有朱红、灰绿、金银等漆的彩绘。座屏外框也用朱红、金银漆绘凤纹等图案，表现了高

图七十六　彩漆木雕座屏(右半部)

一九六五年湖北江陵望山一号楚墓出土。通高十五厘米,长五十一点八厘米,上宽三厘米,下宽十二厘米。彩漆木雕图像,左右两半对称。此为其右半部。出土情况,参看湖北省文化局文物工作队《湖北江陵三座楚墓出土大批重要文物》,载《文物》一九六六年第三期。

度的艺术创作水平。

　　楚墓出土的木制容器、乐器、饰物和葬具中,有加工雕刻的。木豆有盖和盘合成一只鸳鸯的,有木厄的盖上和本身周围雕刻蟠蛇的。有以雕刻的木虎座和凤架来悬挂鼓的,双凤立于双虎的背上,鼓悬挂于双凤之间,系于凤冠之上,很是精美。这种"虎座凤架鼓",多数出土于湖北江陵的楚墓中。江陵雨台山七座楚墓各出土木鹿一件,鹿侧首卧地,脚弯曲放在腹下,身首分雕合装,鹿角插接于首上,有的在臀侧插接小鼓,用作小鼓的木座。

　　音乐的发展　《诗经》原是可以用音乐伴奏歌唱的诗歌总集,大体上可以分为颂、雅、风三种曲调。"颂"是有舞蹈的祭神歌曲,伴奏乐器有琴、磬、钟、镈等。"雅"原是一种竹筒状的节奏乐器,因为这种曲调用"雅"节奏,"雅"就成为曲调名称。"雅"的伴奏乐器有琴、瑟、笙、钟、磬等。"风"是指各国民间流行的曲调,伴奏乐器有琴等。[①]不论是风、雅、颂,这在当时贵族看来,都是"雅乐"。到春秋后期,由于礼崩乐坏,就开始出现"新声"。"新声"就是一种新曲调。据说晋平公欢喜"新声",掌管音乐的师旷就说:"公室将卑乎!"(《国语·晋语八》)还据说,卫灵公到晋国去,经过濮水,夜半听见有人弹奏"新声",很是欢喜,把乐师师涓(当作师延)召来"静坐抚琴而写之",把这种新曲调记录下来。卫灵公到了晋国,晋平公设宴招待他,卫灵公便把师涓召来"援琴鼓之",没有等弹完,师旷就从旁制止,说:"此亡国之声,不可遂也。"(《韩非子·十过篇》)这种"新声",首先是从中原地区郑卫两国的民间产生的,因此也称为"郑卫之音",或者称为"桑间濮上之音"(濮上指濮水之上,桑间地在濮水之上,故称桑间濮上)。适应新曲调的需要,伴奏的乐器也有改变,战国时代流行的乐器除了琴、瑟、笙、钟、磬以外,还有竽、筝、筑等民间流行的乐器。

原来贵族的音乐,主要是配合着礼仪演奏的。这种配合礼的乐,是为了维护贵族的庄严,因此曲调讲究"中平"而"肃庄",荀况所谓"乐中平则民和而不流,乐肃庄则民齐而不乱"(《荀子·乐论篇》)。这种庙堂之上的"雅乐",伴奏的乐器以打击乐器鼓、钟、磬为主,也就是金石之音,所谓"鼓似天,钟似地,磬似水,竽、笙、箫、筦(管)、籥似星辰日月"(《荀子·乐论篇》)。随着民间的音乐的发展,出现了"新声"的曲调,婉转曲折而动听,这是音乐的进步。伴奏的乐器就以丝

竹之音为主。据说"临淄甚富而实,其民无不吹竽、鼓瑟、击筑、弹琴"(《战国策·齐策一》)。《韩非子·解老篇》说:"竽也者,五声之长者也。故竽先则钟鼓皆随,竽唱则诸乐皆和。"竽已成为带头吹奏的乐器。当时孔丘站在贵族立场,反对这种"新声",便说:"郑声淫","恶郑声之乱雅乐也"(《论语·阳虎篇》)。后来荀况也说:"郑、卫之音使人之心淫。"(《荀子·乐论篇》)《礼记·乐记篇》也是把"郑卫之音"看作"乱世之音",把"桑间濮上之音"看作"亡国之音"。但是历史的潮流是没法阻挡的,人们爱听的是"新声"而不是"古乐",是"郑卫之音"而不是"雅乐"。魏文侯就曾说:"吾端冕(穿礼服戴礼帽)而听古乐则唯恐卧;听郑卫之音则不知倦。"(《礼记·乐记篇》)齐宣王也说:"寡人非能好先王之乐也,直好世俗之乐耳。"(《孟子·梁惠王下篇》)齐宣王就有"好竽"的故事。李斯的《谏逐客书》,就曾指出原来的"秦声"是"击瓮叩缶,弹筝搏髀,而歌呼呜呜"的,而当时秦国已经采用了"郑、卫、桑间、《昭》、《虞》、《武》、《象》"等"异国之乐",这是因为"快意当前,适观而已矣"。

战国时代第一等大墓中陪葬乐器以编钟、编磬为主,因为这是"礼"的需要,当时很讲究用礼乐制度来维护统治。当时制作的编钟、编磬也有进步。根据对春秋晚期和战国时代编镈和编钟测音的结果,当时贵族日常享乐用的"歌钟"和旅行出征用的"行钟"是有区别的。"歌钟"是按照一定国家或地区的音乐歌舞所需的一定完整的音阶(或调式)定音而组成,以便于奏出婉转而动听的曲调。"行钟"不是按照完整的音阶(或调式)来组合,而是按照一个音阶(或调式)的骨干音来定音组合,因而形成大音程的跳跃,只能奏出简单而刚健明快的曲调,适于制造热烈激动的气氛。[①]

---

① 李纯一《关于歌钟行钟及蔡侯编钟》,《文物》一九七三年第七期。

一九七八年湖北随县擂鼓墩曾国君主的墓中,出土了一大批精美乐器,铜编钟有六十四件,包括钮钟十九件,甬钟四十五件。钟架分上中下三层。钮钟铭文为律名和阶名(如宫、商、角、徵、羽等),可能是用来定调的。甬钟正面隧、鼓部位(即钟口沿上部正中和两角部位)的铭文为阶名,是该钟的标音,准确敲击标音位置就能发出合乎一定音阶的乐音。每件甬钟都有两个乐音,能配合起来演奏;甬钟的下层在演奏中起烘托气氛与和声作用。甬钟反面各部位的铭文可以连读,记载了曾国与楚、周、齐、晋等国律名与阶名的相互对应关系。钟架中下层悬挂编钟的配件上和编钟所在的横梁部位,都刻有标音文字,以便演奏中根据一定音调的需要临时调换编钟位置,重新配合使用。经过对整套编钟每钟两音的测定,从低音到最高音,总音域跨五个八度之多。在中心音域三个八度的范围内,十二个半音齐全,而基本骨干是七声音阶结构。说明当时已懂得八度位置和增减各种音程的乐理。根据试奏结果,它已能演奏采用和声、复调和转调手法的乐曲。

桑猎宴乐壶(故宫博物院藏)上的图案,描写有吹竽、打击编钟和编磬、打鼓、弹琴瑟和舞蹈的情况。宴乐椭杯(上海博物馆藏)上的图案,也描写有一人坐着打击编钟,编钟一列挂在饰有龙头的架座上;下面有一人打鼓,鼓座作双鸟背立形,左方有一人坐着弹琴,右下方有两人细腰长袖,相对而翩翩起舞。由此可以看到战国时代乐队伴奏和舞蹈的情景。

这时打击乐器有鼓、鼙(小鼓)、钟、磬,弦乐器有琴、瑟,吹奏乐器有竽、笙、篪、箫、埙等。《吕氏春秋·古乐篇》称帝喾命有倕作为鼙、鼓、钟、磬、苓(通作"笙")、管、埙、篪。又称尧命瞽叟扩展五弦之瑟,

图七十七　悬挂在三层钟架上的编钟

一九七八年湖北随县擂鼓墩曾侯乙墓出土。共有钮钟十九件、甬钟四十五件、镈一件，分三层悬挂于钟架上。现藏湖北省博物馆。钟架为铜木结构，分上中下三层，呈曲尺形。西边的架长七点四八米，高二点六五米；南边的架长三点三五米，高二点七三米。木质架梁，在黑漆地上满绘红、黄色图案，两端都套着浮雕或透雕的龙鸟和花瓣形象的青铜套，起着装饰和加固作用。中下层架梁的两端和曲尺形的交接处，分别由三个佩剑铜人用头和双手承顶，下层铜人立于高三十五厘米、直径八十厘米的雕龙圆铜座上。整个钟架结构精美而牢固，故承担五千多斤重量经历二千多年而不倒。

作以为十五弦之瑟；舜立，仰延用瞽叟之所为瑟，益之八弦，以为二十三弦之瑟。这是古乐起源的传说。《楚辞·九歌·东君》载："缅瑟兮交鼓，箫钟兮瑶簴；鸣䚘（通作"篪"）兮吹竽，思灵保兮贤姱。"可知楚国祭祀日神，用瑟、鼓、箫、钟、簴、竽等六种乐器。湖北随县擂鼓墩曾国君主墓以及湖北、湖南的楚墓中发现了编钟、编磬、鼓、瑟、琴、篪、笙、箫。鼓的形式，主要是虎座、凤架的悬鼓，也有龙座、凤架的悬鼓。还有手执有柄的扁平小鼓，大小只有悬鼓二分之一到三分之一，当即是鼙。楚墓所出的瑟有二十三、二十四或二十五弦，曾墓所出是二十

图七十八　彩绘漆竹箫

　　一九七八年湖北随县擂鼓墩曾侯乙墓出土。现藏湖北省博物馆。箫用长短十三根竹管编排，再用剖开的细竹管分三道夹住箫管缠缚而成，上有黑漆为地的红色、金黄色三角形纹和绳纹图案的彩绘。至今尚能吹出清脆悦耳的声音，其音阶已超出五声音阶的范围。这是我国考古发掘中第一次出土完整的古箫。

　　五弦。曾墓所出的琴有十弦，楚墓所出有五弦或十弦。曾墓所出的笙有十二、十四或十八簧管。曾墓所出的篪，竹管有七孔，吹孔和出音孔上出，五个指孔侧出，与笛不同。曾墓所出排箫有十三管。

　　古代的"箫"就是现在所谓排箫，是以长短参差的竹管编排组成。《风俗通义》说："舜作箫"，"其形参差，像凤之翼，十管。"箫有大小和管多少的不同。刘熙《释名》说："大箫有二十三管"，"小箫有十六管。"管又有无底和有底两种，无底的有"洞箫"之称。《楚辞·九歌·湘君》："望夫君兮未来，吹参差兮谁思？"王逸注："参差，洞箫也。"以无底管组成的排箫称为参差，当即因长短参差而得名。后世称单管

图七十九　虎座凤架鼓

湖北江陵望山楚墓出土。

直吹者为洞箫，据说是从羌族传入中原的。《九歌·东君》所说与钟配合吹奏的箫，不可能是用单管直吹的乐器，因为音量太小了。

值得注意的是，"竽"是同"笙"性质相同的簧管乐器，比笙要高大而簧管较多。笙一般有十三簧管，竽有三十六簧管。一九七二年长沙马王堆汉墓所出竽（明器），有二十二簧管，分前后两排。竽由于簧管较多，转调便捷，表演气氛欢欣而活跃，因而成为当时带头吹奏的

图八十　桑猎宴乐壶上射雁宴乐图

　　桑猎宴乐壶是故宫博物院藏品。画面分三层，每层两组。这是第二层，左方描写缴射(用丝线系在矢上发射)雁鹅的情况。右方描写主人在楼上招待来宾，楼下有一女子在歌舞，旁有乐队伴奏，有打击编钟的，有打击编磬的，有吹竽的，有打鼓的，还有弹琴瑟的。右边下角还画有一犬，在音乐感动下亦站立起舞，用来烘托出音乐歌舞的优美。编钟和编磬悬挂在长架上，长架两端有龙头，两端有凤形架座，古人称为"簨虡"。从此可以看到当时乐队演奏情况。

乐器，并作为迎神降临的乐器。《九歌・东皇・太一》载："扬枹兮拊鼓，疏缓节兮安歌；陈竽瑟兮浩倡，芳菲菲兮满堂；五音纷兮繁会，君欣欣兮乐康。"这是说：在鼕鼕的击鼓声中，迎神的巫师缓缓地按着节奏而唱赞神的歌曲；在竽和瑟的大声吹奏中，巫师穿着姣好的服装而起舞迎神，使得芳香的气氛充满了神堂；在五音纷繁会合的节奏声中，东皇太一之神欢欣平安地降临了。

四　娱乐活动和武艺、体育锻炼的开展

　　民间娱乐活动的开展　古代一般平民只有在社祭和腊祭时才有机会参与群众性的娱乐活动。社祭是春季对社神的祭祀，目的在于祈求丰年。社一般设于树木茂盛的丛林中，筑有陈列石块或木块的土坛。腊祭是冬季酬谢有关收获的鬼神的祭祀，带有庆祝丰收的意义。当社祭和腊祭时，常常宰杀牲畜，男女齐集，举行酒会，开展各种娱乐活动，十分热闹。子贡说：腊祭时"一国之人皆若狂"；孔子又说：这是由于百日勤劳而给予"一日之泽"，"一张一弛，文(周文王)武(周

武王)之道也"(《礼记·杂记下》)。到战国时代,随着社会经济的发展变化,个体农民普遍成为农业生产的主要担当者,因而这种群众性活动更加活跃了。淳于髡说:"若乃州闾之会,男女杂坐,行酒稽留,六博投壶,相引为曹。"(《史记·滑稽列传》)农村中常常于社祭、腊祭时宰牛杀猪,花费很多,成为农民的一种负担。战国初年李悝估计农民生活,每户农民每年"社、闾、尝新、春秋之祠用钱三百"(《汉书·食货志》)。

同时,由于手工业、商业的发展,城市的兴起和发展,地主和商人聚集到城市中来,许多大的商业城市里也纷纷开展文娱活动。例如齐国都城临淄"甚富而实",居民除了从事音乐等娱乐以外,还"斗鸡走犬,六博蹹踘者"(《战国策·齐策一》)。

战国时代民间的娱乐活动,主要有下列六种:

(一)斗鸡　这是促使两只公鸡相斗的娱乐。春秋后期贵族已开始有这种娱乐。例如鲁国季孙氏和郈氏斗鸡,季孙氏用草芥装备鸡毛,郈氏用金属装配鸡爪,结果两家结成怨仇(《左传》昭公二十五年)。到战国秦汉之际,这种娱乐广泛流行于民间。据说汉高祖刘邦的父亲在其故乡沛县丰邑中阳里时,"生平所好皆屠贩少年,酤酒卖饼,斗鸡蹴踘,以此为欢"(《史记·高祖本纪》十年条《正义》引《括地志》)。

(二)走犬　这是驱使猎狗追逐兔子的娱乐。秦末李斯遭赵高陷害,临刑时对次子说:"吾欲与若复牵黄犬,俱出上蔡东门,逐狡兔,岂可得乎!"(《史记·李斯列传》)这样"牵黄犬"到郊外"逐狡兔",就是当时流行的一种民间娱乐。当时民间已培养出快跑的猎狗良种,如"周氏之誉","韩氏之卢"等;也已培养出快跑的兔的良种,如"东郭逡"等①。这种娱乐直到汉代还很流行。《淮南子·原道篇》说:"强弩弋高鸟,走犬逐狡兔,此其为乐也。"

（三）六博　这是一种掷采下棋的比赛。这种娱乐,春秋晚期已经流行。棋盘上有行棋的曲道,棋盘两端各排列有六只棋子,其中一只叫"枭",五只叫"散",以"枭"为贵。棋盘中间放有六粒骰子,叫做"博"或"箸"。骰子上刻有"五"、"白"、"黑"、"塞"等"采",以掷得"五"、"白"两采为贵。两人对着时,先用骰子掷采,再根据掷得的采行棋。掷采时,往往要喝采;行棋时,"枭"得便就可以吃掉对方的"散",同时"枭"在五"散"的帮助下可以杀掉对方的"枭",以杀"枭"为胜②。这种娱乐到汉代还很流行,常见于东汉石刻和砖刻画像中,秦、汉墓中也常有六博的棋盘和棋子出土,汉代铜镜常以六博棋盘曲道作为装饰图案(旧称"规矩纹镜"或"TLV 镜")。湖北云梦睡虎地秦墓出土棋子"大一五小",就是"一枭五散"。其他汉墓所出土棋子,

①　《战国策·秦策三》载范雎对秦昭王说:"以秦卒之勇,车骑之多,以当诸侯,譬若驰韩卢而逐蹇兔也。"韩卢是当时出名的猎狗品种,也称韩氏之卢。又《说苑·善说篇》载宾客对孟尝君说:"臣闻周氏之譽,韩氏之卢,天下疾狗也。"周氏之譽当是周氏培养出的名狗品种,韩氏之卢当是韩氏培养出的名狗品种。同时当时已培养出来快跑的兔的品种,例如淳于髡讲故事说:"韩子卢者,天下之疾犬也。东郭逡者,海内之狡兔也。韩子卢逐东郭逡,环山者三,腾山者五,兔极于前,犬废于后,犬兔俱罢,各死其处。"(《战国策·齐策三》)韩子卢就是韩氏之卢,东郭逡当是东郭氏培养出来的快跑的兔的品种。

②　《楚辞·招魂》说:"菎蔽象棋,有六簙些。分曹并行,遒相迫些。成枭而牟,呼五白些。""分曹并行"是说两人对着而进棋,"相迫"是说行棋相逼迫,"成枭而牟"是说杀枭为胜,"呼五白"是说呼喝掷得"五"、"白"的采。《战国策·秦策三》载应侯对秦昭王说:"恒思有悍少年,请与丛(神丛)博,……乃左手为丛投,右手自为投,胜丛。"说明两人对博,必须先投骰子掷采。《战国策·楚策三》载唐且见春申君说:"夫枭之所以能为者,以散棋佐之也。夫一枭之不能胜五散亦明矣。"《韩非子·外储说左下篇》载匡倩对齐宣王说:"博者贵枭,胜者必杀枭,杀枭是杀所贵也。"《史记·魏世家》载苏代对魏安釐王说:"王独不见夫博之所以贵枭者,便则食,不便则止矣。"详见拙作《六博考》,《文物周刊》第七十期(上海《中央日报》一九四八年一月)。

六只大小相同,其中一只行棋到一定位置竖起,即为"枭"棋(见《列子·说符篇》张湛注引《古博经》)。

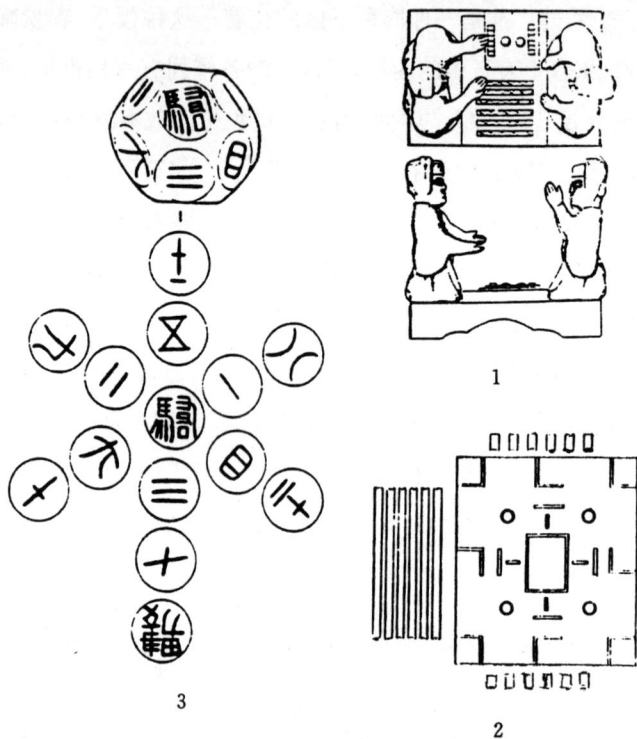

图八十一　秦汉墓中出土六博的博具模型

　　1. 河南灵宝张家湾汉墓出土釉陶六博俑　　2. 湖北云梦睡虎地秦墓出土六博棋盘和棋子　　3. 秦始皇陵园出土筹

　　(四)弈　弈就是围棋。这种娱乐,春秋后期在贵族中已很流行①。

---

　　①　《左传》襄公二十五年载:卫大夫宁喜允许帮助出奔齐国的卫献公回国复位。大叔文子就说:"今宁子视君不如弈棋,其何以免乎? 弈者举棋不定,不胜其耦。而况置君而弗定乎? 必不免矣。"

战国时,民间已出现精通这种棋艺的名家。孟子说:"弈秋,通国之善弈者也。"又说弈虽是小玩艺,不专心致志去学习就学不会(《孟子·告子上篇》)。弈和六博不同。六博要先掷采再行棋,决定胜负的关键在于掷采,因此要碰机会;而弈只是行棋,胜负决定于棋艺的高下[①]。围棋讲究争夺地盘和围死敌人,所以东汉桓谭说:"世有围棋之戏,或言兵法之类也",棋艺有上、中、下三等(严可均辑本《新论·言体篇》)。

(五)投壶　这是用矢投壶的比赛。战国以前贵族用行礼方式进行投壶的比赛,大体上和"射礼"相同。《礼记》有《投壶篇》,就是记载这种礼的。比赛时,分成"主党"和"宾党"两组,从远处用矢投入壶口,由"司射"统计投中次数,分别胜负,宣告"某贤于某"。不胜者要罚饮酒。到战国时,行礼方式已被忽略,成为一种民间娱乐。这到汉代也还流行,常见于东汉的石刻画像中。

(六)讴歌　古时劳动人民常常在劳动中歌唱,作为劳动的节奏,后来其中有些发展成为民间曲艺。荀况的《成相篇》,就是采用一种称为"成相"的民间曲调来作歌辞的。这种民间曲艺,一般只用一种打击乐器击节。因为出于民间艺人的创作,带有浓厚的民间生活气息,很受人民群众的欢迎。当时民间已有出名的歌唱家,有的甚至得到国君的赏识和喜爱。例如赵烈侯"好音",曾经要赏给郑的歌手枪、石两人各一万亩田,因相国公仲连反对而作罢(《史记·赵世家》)。而且民间艺人已辗转传授曲艺。例如宋王偃为了同齐国对

---

①　班固《弈旨》说:"夫博悬于投,不在于行;优者有不遇,劣者有侥幸。虽有雌雄,不足以为平也。至于弈则不然,高下相推,人有等级。"

抗,建筑讲习武艺的武宫,"讴癸倡(唱),行者止观,筑者不倦"。宋王因此奖赏他,讴癸说:"臣师射稽之讴又贤于癸。"宋王又把射稽召来当众讴歌(《韩非子·外储说左上篇》)。当时民间艺人选择艺徒,已有一套经验,先要加以考试,必须大声疾呼声音洪亮,低声慢唱声音清脆宛转的,才合格①。

这时的民间娱乐活动,除了上述六种比较普遍以外,也还有音乐、舞蹈等等。

这时民间的娱乐活动,多数带有比赛性质。司马迁说:"博戏驰逐,斗鸡走狗,作色相矜,必争胜者,重失负也。"(《史记·货殖列传》)这种带有比赛性质的娱乐活动不可避免地被地主阶级引上斜路,逐渐成为赌博性质。这时便开始出现以招揽顾客"博戏"为职业的人。信陵君在窃符救赵之后留在赵国,曾结交"藏于博徒"的处士毛公。所谓"博徒",该即招揽顾客"博戏"为业的。到汉代甚至有以经营这种"恶业"而发财致富的,所谓"博戏恶业也,而桓发用之富"(《史记·货殖列传》)。

宫廷的娱乐活动和戏剧的萌芽 春秋时代各国宫廷中有一种供国君娱乐的艺人,叫做"优"。这种艺人善于唱歌跳舞,尤其善于说笑话、演笑剧。例如晋献公时有优施,利用歌舞谈笑,帮助骊姬杀死太子申生(《国语·晋语二》)。又如齐、鲁夹谷之会,齐国派"优倡侏儒为戏而前"(《史记·孔子世家》)。到战国时代,政权的性质虽已改变,各国宫廷中依然供养有一批供国君娱乐的"俳优"。韩非说:"俳

---

① 《韩非子·外储说右上篇》说:"夫教歌者,使先呼而诎之,其声反清徵者,乃教之。"又说:"教歌者,先揆以法,疾呼中宫,徐呼中徵。疾不中宫,徐不中徵,不可谓(通"为")教。"

优、侏儒，固人主之所与燕也。"(《韩非子·难三篇》)同时贵族和大官僚家中也供养有这样的艺人。例如孟尝君就有"倡优侏儒处前"(《说苑·善说篇》)。

这时俳优、侏儒的说笑话、演笑剧，就是后世戏剧的萌芽。这种称为"优"的笑剧，原是出于社会上一般人民的创作和演出。例如公元前五四五年，齐国陈氏、鲍氏的"圉人"(奴隶)在国都的鱼里地方"为优"，庆氏的武士在喝酒的同时，"且观优，至于鱼里"(《左传》襄公二十八年)。这种由奴隶演出而为武士爱看的"优"，就是一种笑剧。当时宫廷中俳优、侏儒所表演的"优"，当即取材于民间所创作和演出的"优"。侏儒是身材矮小而滑稽的人，常常在笑剧中担任小丑的角色。

这种艺人因为接近国君，善于谈笑，常常在谈笑中对国君进行讽谏，如《史记·滑稽列传》所载秦始皇时的优旃等人。同时，这种艺人也常被利用来引诱国君干坏事，所以韩非把"优笑侏儒"连同"左右近习"，列为"八奸"之一(《韩非子·八奸篇》)。秦昭王说："吾闻楚之铁剑利而倡优拙。夫铁剑利而士勇，倡优拙而思虑远。"(《史记·范雎列传》)秦昭王也和韩非的观点差不多，认为国君接近倡优会扰乱自己的思虑，"倡优拙"就可以"思虑远"，所以他把"倡优拙"作为楚国的优点。

这种供奉贵族娱乐的倡优，社会地位很低。至于女子供奉娱乐的，地位更低下，成为后世倡伎的起源。司马迁说："吾闻冯王孙曰：赵王迁，其母倡也，嬖于悼襄王。"(《史记·赵世家赞·集解》引徐广曰：《列女传》曰：邯郸之倡)。赵王迁的生母原是邯郸歌女。司马迁在评论赵王迁"素无行"时，联系到他的生母是歌女，可见从战国到汉代，歌女一直是受歧视的。

武艺的讲究和体育锻炼　在春秋时代,军队以贵族作为骨干,以贵族下层的"国人"作为主力。每一个贵族和"国人"都是武士,因而他们很讲究武艺的训练。贵族以弓矢作为主要武器,以车阵作战为主要的战斗方式,这和他们进行集体围猎的方式基本相同。因此他们常常借用田猎作为军事演习的手段,把"射"的比赛和观摩作为军事训练的手段,形成了"大蒐礼"和"射礼"。随着社会制度的变革,中原各诸侯国军队改由郡县征发的农民组成,并从中考选武士作为常备兵,战争方式也改为步骑兵的野战和包围战。因此原来的"大蒐礼"和"射礼"已不能用来作为练习武艺的主要手段。尽管战国时代一些铜器的画像中还有描写这种礼的场面,但已经不是当时练习武艺的主要手段。《汉书·艺文志》有兵技巧家,讲究训练人的手足,掌握使用战斗器械的技巧,有射法、弋法、剑道、手搏、蹴鞠等门类。所有这些门类的武艺,战国时代都已开始讲究:

(一)射法　当时各国政府奖励人们学习射法。例如李悝为魏的上地守,曾下令道:"人有狐疑之讼者,令之射的,中之者胜。"因而人们就勤于习射,日夜不休(《韩非子·内储说上篇》)。"射的"的"的",就是指"侯"(布制箭靶)的中心点。韩非说:"设五寸之的,引十步之远",有"常仪的"而能射中的才是"巧"(《韩非子·外储说左上篇》)。《汉书·艺文志》兵技巧家有《逢门射法》二篇。逢门就是蠭门,是个和善御的造父齐名的善射者,沿用了传说中夏代善射者逢蒙的称号①。

---

①　传说中夏代善射者逢蒙是从羿学得全副射的本领的,《孟子·离娄下篇》说"逢蒙学射于羿"。而蠭门是由于坚定不移地向甘蝇学习而善射的。《吕氏春秋·听言篇》说:"造父始习于大豆,蜂门始习于甘蝇。御大豆、射甘蝇而不徙,人以为性者也,不徙之所以致远追急也。"足见蠭门不同于夏代的逢蒙,是沿用了逢蒙的称号。蠭门的年代不详,当在造父之后,大体上是春秋战国时人。

他由于坚定不移地学习,从老师甘蝇那里学得了远射的技艺。当时还传说春秋时楚国神射手养由基在百步之外射柳叶能够百发百中,采用的是"支左屈右"的射法(《战国策·西周策》,高诱注:"支左屈右,善射法也")。

(二)弋法　弋是用细线系在箭上射,使射中的鸟兽随着细线而很快被猎取。战国时代有不少人以弋射高空的飞鸟而著名。例如齐宣王曾问"弋"于唐易子,唐易子说"弋"的关键"在于谨廪"(善于躲藏隐蔽,《韩非子·外储说右上篇》)。又如"楚人有好以弱弓微缴加归雁之上者",楚顷襄王曾特地召见他(《史记·楚世家》)。故宫博物院所藏桑猎宴乐画像壶的第二层画像左方,就是描写弋射一群高空的归雁的情景,许多被射中的归雁连着箭上的细线正从高空掉下来。当时楚国著名的弋射者叫蒲且子。《列子·汤问篇》讲到"蒲且子之弋也,弱弓纤缴,乘风振之,连双鸧于青云之际。"《淮南子·览冥篇》说:"蒲且子之连鸟于百仞之上"(高注:"蒲且子,楚人,善弋射者。七尺曰仞")。"百仞"是说七百尺以上的高空,"连鸟"是说用细线把射中的鸟牵连着。《汉书·艺文志》兵技巧家有《蒲且子弋法》四篇。

(三)剑道　司马迁的祖先有在赵国传授剑道的。司马迁说:司马氏"去周适晋"之后分散,"在赵者以传《剑论》显"(《史记·太史公自序》)。《汉书·艺文志》兵技巧家有《剑道》三十八篇,没有作者姓名。

(四)角力　春秋末年各国已有奉养力士和挑选训练勇士的风气。晋国赵简子的戎右(坐在主人马车右边的保卫人员)少室周是个大力士,听说牛谈力气比他大,要求"与之戏","戏"就是"角力"。角力的结果,少室周"不胜",就把戎右的职位让给牛谈(《国语·晋语九》。韦注:"戏,角力也")。战国时各国政府很重视"讲武",并且把"角力"和"射御"同样作为"讲武"的重要项目。《礼记·月令》规定孟冬之月"天子乃命将帅讲武、习射、御、角力"。班固说:战国时代"稍增讲武之礼,以为戏乐,用相夸视(示),而秦更名角抵"(《汉书·刑法志》)。事实上,战国时早已有"角力"的名称①。这时角力不仅比赛体力,而且讲究技巧。《庄子·人间世篇》说:"且以巧斗力者,始于阳,常卒于阴,泰至则多奇巧。""阳"是指显见的技巧,"阴"是指隐秘的技巧。这是说:讲究用技巧进行角力的,开始用显见的技巧,终于用隐秘的技巧,到比赛的决定性阶段就多方面使用出奇制胜的技巧。《汉书·艺文志》兵技巧家有《手搏》六篇,"手搏"就是"角力",也就是现在的相扑或摔交。这在汉代叫做"卞"或"弁"②。

（五）蹴鞠　也称蹋蹹或蹋鞠。鞠是一种实心的皮球,蹴或蹋是踢的意思③。这种踢球游戏,不仅可以训练武士,还可以从中选拔有武艺的人材。《汉书·艺文志》兵技巧家有《蹴鞠》二十五篇。刘向《别录》说:"蹴鞠者,传言黄帝所作,或曰起战国之时。蹋鞠,兵势也,所以练武士,知有材也,皆用嬉戏而讲练之。"(《史记·苏秦列传·正义》引)所说"传言黄帝所作",这是出于假托;所说"起战国之时",当是事实。

---

① 《韩非子·外储说左下篇》有和《国语·晋语九》相类似的记载,只是把少室周说成赵襄子的力士;和少室周角力的,一说是中牟徐子,又一说是牛子耕。《韩非子》已用"角力"的名称。

② 《汉书·哀帝纪赞》说:"时览卞、射、武戏。"颜注引苏林曰:"卞,角力为武戏也。"《汉书·甘延寿传》说:"试弁为期门。""弁"即"卞"。

③ 《汉书·艺文志》颜注:"鞠,以韦为之,实以物,蹴蹹之以为戏也。蹴鞠,陈力之事,故附于兵法焉。"

（六）举鼎　这是一种举重的游戏和比赛。秦武王就喜好这种游戏，因此受伤而死。秦武王"有力好戏"，曾用力士任鄙、乌获、孟说为大官（《史记·秦本纪》）。公元前三〇七年八月，秦武王带了孟说到周的洛阳去举鼎①，举起龙文赤鼎，两目出血，绝膑（折断胫骨）而死，孟说致被灭族。据说孟说齐国人，力大"能生拔牛角"②。乌获"能举千钧之重"，千钧即三万斤，活到八十岁（《战国策·燕策一》苏代语）。任鄙不但力气大，还能"自极于权衡（严格遵守法制）"（《韩非子·守道篇》），到秦昭王时还得到重用，由于魏冉的推荐做到汉中郡守（《史记·白起列传》）。

由于统治者的奖励，民间出现了不少大力士。民间的大力士常常用很重的铁椎作武器，他们中间有被利用为刺客的。信陵君窃符救赵时，从隐士侯嬴那里得到了屠者朱亥。朱亥是个大力士，用藏在

①　《史记·秦本纪》说："王与孟说举鼎绝膑。"《史记·赵世家》又说："秦武王与孟说举龙文赤鼎，绝膑而死。"没有说秦武王在何处举鼎。《史记·甘茂列传》说："武王竟至周而卒于周。"《孟子·告子下篇·正义》引《帝王世纪》说："秦武王于洛阳举周鼎，乌获两目出血"。"乌获"两字当衍。《珊玉集》卷十二引《帝王世纪》说："秦王与之举鼎，两目出（脱"血"字），绝膑而死。"可知秦武王于洛阳举周鼎而死。

②　《孟子·公孙丑上篇·正义》和《珊玉集》卷十二引《帝王世纪》，都没有提到孟说，而说"齐孟贲之徒并归焉"，"齐孟贲及任鄙、焉（通"乌"）获之徒，皆往归焉"；又说"孟贲能生拔牛角"。似乎孟说即孟贲。但是，从其他史料来看，孟说和孟贲当非一人，孟说是力士，而孟贲是勇士。例如《史记·范雎列传》记范雎说："乌获任鄙之力焉而死，成荆孟贲王庆忌夏育之勇焉而死。"《集解》引许慎曰："孟贲卫人。"韩非多处以孟贲和夏育并提，如说："有乌获之劲，而不得人助，不能自举；有贲、育之强，而无法术，不能长生（当作"胜"）。"《韩非子·观行篇》又如说："故能使用力者自极于权衡，而务至于任鄙，战士出死，而愿为贲、育；……用力者为任鄙，战如贲、育，……则君人者高枕而守已完矣。"《韩非子·守道篇》韩非以孟贲、夏育的勇猛，和任鄙、乌获的力气大对比，又把孟贲、夏育作为"战士出死"的表率。很明显孟贲是个战斗的勇士，不是和任鄙、乌获同样的力士。《淮南子·主术篇》也说："勇服于孟贲。"《群书治要》引许注："孟贲，卫人。"《汉书·淮南王传》"奋诸、贲之勇"，颜注引应劭也说："卫孟贲也。"可见孟贲是卫人，与孟说之为齐人不同。据此可知《帝王世纪》所说的"孟贲"当是"孟说"之误。

袖中的四十斤重的铁椎打死了将军晋鄙,信陵君才夺得了兵权。后来张良又从仓海君那里得到力士,用重一百二十斤的铁椎狙击秦始皇,没有击中。

(七)杂技 《列子·说符篇》记载"宋有兰子者以技干宋元君"的故事。"兰子"是指"妄入宫掖"者,"兰"即"阑"的通假。《说文》说:"阑,妄入宫掖也,读若兰"。据说"宋元君召而使见,其技以双枝,长倍其身,属其胫,并趋并驰,弄七剑迭而跃之,五剑常在空中。"就是使用高跷一面趋驰,一面以双手轮流飞跃七剑,使五剑常在空中飞舞,这是使用高跷表现"弄剑"的杂技。

五 改进生活的技艺的进步

烹饪调味技术的进步 这时烹调技术已有蒸煮、爆烤、煎熬等种,主要食品除粥饭外,菜肴有肉类、蔬菜以及菜羹、肉羹等,羹比较普遍。饮食用具主要是箸(一作"梜",即筷子)和匕(即匙)。当时流行窄柄舌形的铜匕和漆匕。《礼记·曲礼》说:"羹之有菜者用梜,其无菜者不用梜。"这是说吃菜羹需用筷夹取汤中的菜来吃,没有菜的羹就不用筷而只用匙。

肉类原来只有富贵人家能吃到。孟尝君食客有三等,下等住"传舍"的"食无鱼",要中等住"幸舍"的才"食有鱼"。一般人民要七十岁才有可能吃到肉。孟子说:"鸡豚狗彘之畜,无失其时,七十者可以食肉矣。"(《孟子·梁惠王上篇》)"豚"是小猪,"彘"是大猪。当时所吃的肉,狗肉比较普遍,市上常有屠狗为职业的,称为"狗屠"。秦始皇的刺客荆轲的好友高渐离就是"狗屠",荆轲经常和许多"狗屠"同饮酒于市的。当时富贵人家也还有吃野生的熊的脚掌的,因为熊掌的

美味超过了鱼。孟子说："鱼我所欲也，熊掌亦我所欲也，二者不可得兼，舍鱼而取熊掌者也。"（《孟子·告子上篇》）

当时烹调技术已开始讲究调味，《吕氏春秋》有《本味篇》，载有伊尹以调味进说于汤的故事，这是小说性质，《汉书·艺文志》小说家著录有《伊尹说》二十七篇，《本味篇》即采自《伊尹说》的，所有伊尹所说调味技艺反映了战国时代的情况。伊尹说："夫三群之虫，水居者腥，肉玃者臊，草食者膻，臭恶犹美，皆有所以。"认为所吃的肉类有三种，水居动物的肉有腥味，食肉动物的肉有臊味，吃草动物的肉有膻味（羊臊气），它们虽然都有恶劣的气味，却能烹调出美味来。伊尹解释调味技艺说："凡味之本，水最为始。五味三材，九沸九变，火为之纪。时疾时徐，灭腥去臊除膻，必以其胜，无失其理。调和之事，必以甘酸苦辛咸，先后多少，其齐（剂）甚微，皆有自起。鼎中之变，精妙微纤，口弗能言，志不能喻。若射御之微，阴阳之化，四时之数。故久而不弊，熟而不烂，甘而不哝（"哝"当作"噮"，"噮"是太甜），酸而不酷，咸而不减（"减"通"咸"，"咸"是充满），辛而不烈，澹而不薄（"澹"通"淡"），肥而不䐉（"䐉"通"腴"，"腴"是过肥）。"所谓"五味"是指甘、酸、苦、辛（辣）、咸，所谓"三材"是指上述三种肉类。这是说调味要先加水，用火煮沸，必须加入克制"腥"、"臊"、"膻"的调味品，才能除去这些气味，再先后加入定量的调味剂，使得鼎中烹调的食物起着"精妙微纤"的变化，从而得到美味。既要烧得"熟而不烂"，又要调得五味适中，更要肥淡适当。还特别讲到了七种著名的调味品："和之美者，阳朴之薑，招摇之桂（桂花），越骆之菌（伞菌一类植物如蘑菇、香菇），鳣鲔之醢（鳣、鲔制成的肉酱），大夏之盐，宰揭之露，其色如玉，长泽之卵。""卵"可能是鱼卵制成的调味品。"其色如玉"的露也是一种调味品。

《本味篇》还列举许多美味的鱼、肉、蔬菜和水果，其中夹杂有神话，如说"昆仑之蘋，寿木之华（花）"（高注："寿木，昆仑山之木也。华，实也。食其实者不死，故曰寿木"）。也有当时著名的土产，如洞庭之鲋，云梦之芹，具区（今太湖）之菁（芜菁），江浦之橘，云梦之柚等。

《楚辞·招魂》讲到"食多方些"，五臣注："营造饮食亦多方略。"可见这时烹调已成为一种方技了。《招魂》讲到稻、粢（即稷，小米）、穱（早熟的麦）、麦，都可煮饭，只有选用黄粱（精良的黄米）最好（"挐黄粱些"）。太苦、太咸、太酸的食物，只有用甜辣的调味品才行（"辛甘行些"）。肥的牛蹄筋要煮得香嫩（臑若芳些）。羹要调和酸苦两味，就能成为吴地著名的"吴羹"（"和酸若苦，陈吴羹些"）。煮熟的鳖肉和炮制的小羊肉，要用甘蔗的甜汁来调味（"胹鳖炮羔，有柘浆些"，"柘"通"蔗"）。对于鹄、凫、鸿鸧、鸡和蠵（大龟），需要各种不同烹调技艺，有的要用膏来煎熬，有的要用露来调味，有的要做成肉羹（"鹄酸臇凫，煎鸿鸧些；露鸡臛蠵，厉而不爽些"）。可知当时以各种肉类作为主要的大菜。《招魂》又讲到，在这些大菜之后，就送上甜品了。"粔籹蜜饵，有餦餭些。"据《方言》说："饧谓之餦餭。""饧"就是古"糖"字，即是麦芽糖。粔籹、蜜饵和餦餭，都是用米麦粉调和蜂蜜或糖制成的甜糕。结尾是"瑶浆蜜勺，实羽觞些。挫糟冻饮，酎清凉些。华酌既陈，有琼浆些"。王逸《注》："言已食，复有玉浆以蜜沾之，满于羽觞，以漱口也。""言盛夏则为覆蹙乾酿，提去其糟，但取清醇，居于冰上，然后饮之。酒寒凉又长味，好饮也。"《招魂》这一席招待灵魂的大菜，既讲究调味，又很丰盛，具备各种肉类，结尾又有多种甜品和冷饮,反映了当时烹调技艺已较高明。

开造水井技术的进步　人类为了生活上水源的需要,很早就开造水井。新石器时代晚期水井已有"土井"、"木构井"、"竹圈井"三种类型。商代和西周时代开造水井的技术逐渐有进步,到春秋后期开造技术又有进一步发展,除了上述三种类型以外,又创造了"陶圈井"这种新类型。同时小井很是普及,在人口较密的地区水井分布非常稠密,水井的用途也已推广,除供生活饮用、作坊用水之外,又用于农田灌溉和冷藏食品等。战国时代由于制陶工艺的发展,陶圈井逐渐推广,到西汉时代就更流行了。

一九五六到一九五七年间北京西南地区蓟城遗址曾发现战国到西汉的"陶圈井"二百十六座,其中战国时代的有七十二座。因为这一带地方在接近地下潜水线,有一层流沙,为了防止流沙崩塌,在井筒下半部放置积叠的陶井圈,此中有一口保存"陶井圈"最多,共有十一节。大体上战国时代的"陶井圈"高而径小,西汉时期的"陶井圈"矮而径大。

一九七五到一九七六年湖北江陵县西北纪南城(即楚都郢)发现春秋晚期到战国早期的"陶圈井"一百七十六座,因为这一带的土质关系,井坑上半部容易塌方,在井筒上半部放置积叠的陶井圈,并在井筒中部设置木架予以承托。当时陶井圈的使用,既为了防止塌方,又可使井水清洁,有助于人民生活的改善。

丝织工艺的进步　这时黄河流域和长江中下游的农村里,普遍养蚕。从荀况所作《蚕赋》来看,当时养的是春蚕,是一种三眠蚕,人们已经掌握蚕儿生长发育的规律,认识到气候闷热、湿度高时,蚕儿容易生病。

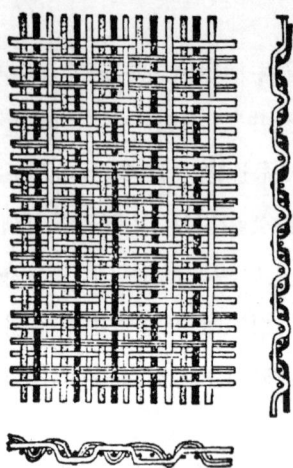

三重经锦组织结构示意图　　　　　二重经锦组织结构示意图

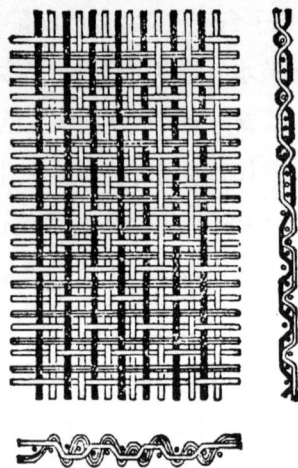

褐地矩纹锦纹样

图八十二　长沙左家塘楚墓出土锦的纹样和结构示意图

采自熊传新《长沙新发现的战国丝织物》,《文物》一九七五年第二期。

　　根据《禹贡》记载丝织物的贡品:兖州是"织文",是一种染色的丝织物;青州是"厴丝",是柞蚕的丝;徐州是"玄纤缟",是一种黑而细的丝织品;扬州是"织贝",是一种染色丝织品;荆州是"玄纁",是黑色和黄赤色的丝织品;豫州是"纤纩",是一种细的丝绵絮。这个记载说明战国时代黄河流域和长江中下游都生产丝织物。其中以齐鲁等国生

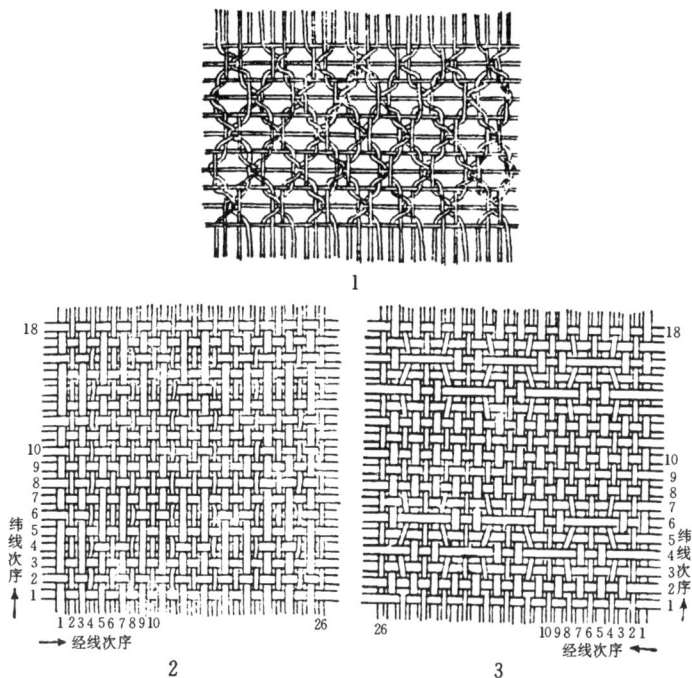

图八十三　湖北江陵马山楚墓出土素罗、彩条纹绮结构示意图

1. 素罗　2. 彩条纹绮正面　3. 彩条纹绮反面
（采自《江陵马山一号楚墓》）

产的比较精美。齐国女红（工）的纺织技术极为著名,生产出来的丝织物行销很广,所谓齐"冠带衣履天下"(《史记·货殖列传》)。

这时丝织技术已较进步,人们懂得用加草木灰的温水来练丝①,这不仅是为了漂白,也是为了除去蚕丝纤维表面的一层丝胶,使丝变

---

① 《考工记》说:"㡒氏湅丝,以涚水沤其丝。"郑注:"故书涚作湄,郑司农云:湄水,温水也。玄谓涚水,以灰所湅水也。"《考工记》又说:"湅帛,以栏为灰,渥淳其帛,实诸泽器,淫之以蜃。"栏,即楝。这是说用楝木的灰和蜃蛤的粉与水相和,用来练帛。

得更光泽更柔软。当时各诸侯国常用丝织物作赏品,多到"锦绣千纯"(《战国策·秦策一》、《赵策二》,"千纯"是五千匹)。

由于楚墓所在的地理条件和结构,有利于保存丝织品,近年楚墓中发现不少精美的丝织品。一九七五年湖南长沙左家塘楚墓出土了衣衾残片,有黄、棕、褐三色的平纹绢和二或三重经组织结构的锦①。一九八二年湖北江陵马山楚墓发现了完整的衣物三十五件和许多残片,大体可以分为八类:(一)细薄平纹的"绢",(二)比绢厚实的"绨",(三)方孔而平纹的"纱",(四)绞经而有网孔的"罗",(五)平纹上起斜纹花的"绮",(六)平纹而经线提花的"锦",(七)"绦"是丝织窄带,有两种,一种是纬线提花的,另一种是针织的。(八)"组"是用经线交叉编织的带状织物。丝织品的花纹可分为四种:(一)几何纹,多见的是菱形纹;(二)植物纹,多见的是花卉纹,偶尔也有树木纹;(三)动物纹,多见的是凤纹,其次是龙纹,偶有虎、马、鹿、犀兕等纹。(四)图案化的人物纹,仅见舞者、猎者、御者三幅。②

上述八类丝织品中,以绢的用途最广。用作衣衾夹里的绢较为稀疏,用作衣衾面和绣地的绢较为紧密。绢的经线密度为每厘米四十四至一百六十四根不等。纬线密度为每厘米二十至七十二根不等,厚度在零点零四至零点二五毫米之间。

染色工艺的进步 西周、春秋以来,人们已用各种染草制作染料,这时染草中应用最广的是蓝(《礼记·月令篇》、《吕氏春秋·仲夏纪》),蓝用来染青色,所谓"青,取之于蓝而青于蓝"(《荀子·劝学

---

① 见熊传新《长沙新发现的战国丝织物》,《文物》一九七五年第二期。

② 详张绪球《江陵马砖一号墓出土战国丝织品》,《文物》一九八二年第十期。张正明《楚文化史》第四章第二节,上海人民出版社一九八七年版。

篇》)。人们也已知道用矿物质作染料,例如用"涅"(青矾溶液)作黑色染料(见《论语·阳货》)。染色的方法也很讲究,为了染成各种颜色,有一染、再染甚至六染、七染的。据说三次入染可成纁(浅绛色),五次入染可成緅(赤黑色),七次入染可成缁(黑色,见《考工记》)。人们往往把丝麻染成各种颜色后,织成有文采的布帛。

刺绣工艺的进步　商代和西周都已有刺绣,陕西宝鸡曾发现西周刺绣品的印痕,针法是用"辫子股绣",先用单线勾勒轮廓,再在个别地方加上双线。颜色有朱红、石黄两种,大约是绣后涂上的。湖北江陵马山楚墓出土了刺绣品二十一件,都是用作衣衾的面和边缘的,绣地二十件是绢,只有一件是罗。针法全用"锁绣",绣线一般用双股合成,颜色有不同程度的棕、红、黄、绿、蓝等色,可以区分为十二种:棕、红棕、深棕、深红、朱红、橘红、浅黄、金黄、土黄、黄绿、绿黄、钴蓝。花纹的大小,大体上适应衣衾的需要,缘上较小,衣袍上的较大,衾面上的更大。由于不出于一人所绣,用针风格有不同,所绣的图案主题相同,格局也有不同。花纹的主体部分,大多用多行"锁绣"把绣地完全覆盖,也有些部位只用单行或多行"锁绣"排成稀疏线条。这比西周所用"辫子股绣",显然有很大的进步。从上述绣线染有十二种不同的颜色来看,也可见当时染色工艺有着很大发展。

所绣图案主要是凤和龙,在所见十八幅刺绣图案中,九幅是凤与龙,七幅是凤,一幅是龙。另有一幅是四个单元组成,每一单元是一凤斗二龙、一虎的形象,表示着凤得胜的姿态。

竹木器和漆器工艺的大发展　竹木器和漆器与人民生活关系密切,随着经济的发展,这时有很大发展。由于南方多竹林,楚国使用竹器是较多的。这时竹器有斫削而成的,又有加工雕刻的,更有劈成

图八十四 湖北江陵马山楚墓出土凤斗龙虎绣纹样

（采自《江陵马山一号楚墓》）

篾丝而编织成的,而且常常经过髹漆而成为漆器。近年战国楚墓中出土的竹器,可以见到当时竹器工艺的高超。春秋、战国之际楚墓曾出土一双竹筷(现藏湖北宜昌博物馆),是目前所见最早的竹筷,长短粗细以及上方下圆的式样,和我们今天所用的都相同,可知我们这种用筷作食具的习俗,确实历史悠久,这种式样的竹筷至少已有二千五百年的历史了。楚墓出土的竹枕,有素面的,也有方形镂孔和鸟形刻

图八十五　彩绘双凤纹漆盘(摹绘)

　　湖南长沙出土楚国漆器。这是俯视图。采自杨宗荣编《战国绘画资料》,中国古典艺术出版社一九五七年版。

图八十六　鸳鸯豆

江陵雨台山四二七号墓出土

纹,黑漆作底而饰有红黄两色云雷纹的。楚墓还发现有竹席、竹筥、
竹箱、竹盒、竹筐、竹篮、竹扇等,都是用篾丝编织而成。篾丝编成的
花纹有人字纹、回字纹、十字纹、矩形纹以及透空的菱形纹,更有用彩
漆篾丝编成工细图案的,工艺水平高超。

图八十七　四鹿四龙四凤铜座方案

　　一九七八年河北平山三汲中山王墓出土。高三十七点四厘米,长宽各四十八厘米。案是战国时开始流行的家具。此案的木质台面已朽毁,台面四边的铜边框及其相连的铜座保存完整。铜座底层有四只梅花鹿承托一个圆圈,在圆圈上有四龙和四凤盘绕成半球形,四条龙头从四角升起,顶住斗拱,承托着方案的台面。所有四鹿、四龙、四凤,姿态生动,并错有花纹图案。整个铜座表现了巧妙的工艺构思。

　　楚墓出土漆器很多,大都是木胎,实际上都是木器而经髹漆的,种类繁多,遍及生活的各个领域。如家具有床、几、禁、案、俎等,容器有笥、箱、盒、奁、匣、豆、樽、壶、杯、耳杯、卮等,葬具有棺、笭床、木俑、镇墓兽等,饰物有座屏、木鱼、木球、木璧等。此外乐器、兵器以及建筑上和舟车上的构件也都有髹漆。总的说来,楚墓出土的漆器,胎骨有木、竹、夹纻、皮革、藤的。夹纻胎的数量不多。皮革胎的是盾和甲,藤胎的是矛柲。漆的颜色有黑、朱、黄、紫、白、绿等十多种,大体上是用各种矿物质配合而成，往往在器物上用各色的漆画成各种图像和图案。通常以黑漆为地，以朱漆和其他各色漆描花，主要为几何纹和龙凤纹。其中如湖北江陵雨台山楚墓出土的鸳鸯豆，盖和盘合成一只鸳鸯，木雕而用红、黄、金、黑诸色漆绘，极其生动而精致，是一件杰出的精品。

北方各国出土的漆器不多，洛阳金村墓中曾有奁、盒等器出土，边缘常有镶金银或铜的，即所谓"金铜扣"。此外辉县固围村墓中发现有夹纻胎漆鉴，器形较大。

值得注意的是，这时人们已逐渐应用木案和漆案，反映了生活方式的进步。古人席地而坐，有几无案，盛食物的器皿放在地上，坐在地上饮食。在古文献中，案开始见于《考工记·玉人》，是一种有玉饰的木案。从考古发掘的出土文物来看，漆案开始较多地出土于战国墓中。自从有了案，食物就可以放到案上以供饮食。后来汉代就沿用这种生活习惯。

金银器和玉器工艺的进步　春秋时金器限于小型附配件如剑柄、带钩，这时已有金容器，工艺很有进步。擂鼓墩曾侯乙墓出土有碗、勺、杯等金器五件和一串十六节的玉饰，都很精致。金碗是目前所见先秦金器中最大最重的，高十点七厘米，口径十五点一厘米，重二千一百五十克。碗盖和器腹都铸蟠螭纹。碗内附有金勺。河北平山中山王墓出土一批金银器，如银俑灯、银双翼兽等，都很精美。这时铜器上金银错和红铜错的工艺都很流行，而且很精细。同时使用"汞齐"的鎏金工艺，也有很大发展，如山东曲阜出土的鎏金长臂猿、浙江绍兴出土的鎏金嵌玉扣饰等。这时水银不仅用于鎏金银工艺，还放置墓中用于防腐，用途较广，因而用丹砂炼制水银的工业兴起，有因此成为巨富的。当时流行一连串的玉饰,河南辉县琉璃阁战国墓中出土有两组玉珮。传为河南洛阳金村出土的金链玉珮以及银俑、银杯、银盒,都有较高工艺水平。

琉璃质量的提高　琉璃是半透明的早期玻璃,近代称为料器。我国很早就发明制作琉璃的技术。它的发明可能与当时发达的青铜冶炼技术有关。西周早中期墓中已发现琉璃管和琉璃珠,其外貌特征和化学成分都和西方古代玻璃有较大差别。经过化验,这是一种低熔点的含有铅、钡的玻璃,和西方的钠钙玻璃不同。这时琉璃质量已有显著提高,大都用来代替珠和玉器作为装饰品,有璧、瑗、环、珠和管,也还作剑首、剑珥和印玺。颜色有乳白、墨绿、浅绿、朱黄等,纹饰有云纹、谷粒纹、弦纹或涡纹等。长沙楚墓中出土最多。其中"蜻蜓眼式"的琉璃珠,上有蓝色和白色圆圈,或大小邻接,或大小套合,和西亚、南亚发现的琉璃珠纹饰风格很相似。

游乐"苑囿"建设的发展　君主建筑"苑囿"作为游乐场所,已有长久的历史,战国时代有了进一步的发展。各国君主既有供游乐的"离宫",又有规模较大的"苑囿",其中既建有宫殿和台、观,筑有鱼池,更栽培有花草树木,畜养着各种禽兽。如齐王既有离宫性质的雪宫,又有方四十里的苑囿。齐宣王曾接见孟子于雪宫,王曰:"贤者亦有此乐乎?"孟子在和齐宣王谈论中又讲到:"文王之囿方七十里,刍荛者往焉,雉兔者往焉,与民同之。""臣闻郊关之内有囿方四十里,杀其麋鹿者如杀人之罪。"(《孟子·梁惠王下篇》)当时君主把"苑囿"开放给人民游览,是看作"德政"的。例如秦孝文王元年"赦罪人,修先王功臣,褒厚亲戚,弛苑囿"(《史记·秦本纪》)。所谓"弛苑囿"就是开放苑囿。

　　当时各国君主的"苑囿",大都建筑在君主居住的宫城的旁边,也还有建筑在别的地方的。例如魏王既有梁囿建筑在国都大梁宫城西北,又有温囿建筑在温(今河南温县西)。公元前二九三年秦大败韩魏联军于伊阙(今河南洛阳南龙门),西周君到魏求救,回来时,见梁囿而乐之,随从的綦毋恢向西周君说:"温囿不下此,而又近,臣能为君取之。"后来经綦毋恢的游说,魏王就派人把温囿送给了西周君(《战国策·西周策》)。梁囿中建有高台叫文台,建有宫殿叫垂都。从公元前二八三年以后,秦七次围攻魏都大梁,五次攻入了梁囿,"文台堕,垂都焚,林木伐,麋鹿尽,而国(指国都大梁)以围"(《战国策·魏策三》、《史记·魏世家》)。一九五一年河南辉县赵固镇魏墓出土的铜鉴,腹部所刻宴乐射猎图,所描写的就是游乐于苑囿的情景。以一座宫殿为中心,上层正在鼓瑟投壶,下层有姬妾侍奉。左边挂着编磬,两个女乐正且击且舞,磬后有习射之圃,磬前有洗马之池。右边挂着编钟,两个女乐正载歌载舞。侧面有鼎豆罗列,烹饪鱼肉。隔墙树林中有鹤奔走,三人正弯弓射猎。旁边池沼中有二人正荡于舟中。

　　春秋时楚灵王所建章华台,当是一个高大的"苑囿"中的建筑群。战国后期楚顷襄王迁都于陈,又重建了章华台(《太平寰宇记》卷十引《春秋后语》)。战国时韩国有鸿台之宫、桑林之苑(《战国策·韩策一》),当是韩王的苑囿。在今河北邯郸中华路人民公园内有丛台,原为战国所建,西汉初年为赵王宫内游乐之处(《汉书·高后纪》高后元年),颜师古《汉书》注说:"连聚非一,故名丛台,盖本六国时赵王故台也。"今遗基尚在,高达二十六米,当即赵王的苑囿所在(参看拙作《中国古代都城制度研究》上编第七章第五节)。

六　史书的编著和史学的发展

史官的历史记载　远在商周时代,史官原是当时天子和诸侯的秘书性质。所有政治上的重要文件,都是由史官起草、书写和管理的。有关农业生产的时令和历法,也是由史官制订和掌管的。按年按月的国家大事,又是由史官记录的。史官也还要参与宗教仪式性质的典礼。因此,史官不但是当时的历史学家,而且是天文学家和宗教家。

在儒家把《春秋》这类史书用作教材以前,史书从来就是贵族的教科书。晋悼公因为听司马侯说叔向"习于《春秋》",懂得"德义",能够"以其善行以为恶戒",便把叔向召来"使傅太子彪"(《国语·晋语七》)。当楚庄王"使士亹傅太子箴"的时候,士亹去向楚大夫申叔时请教,申叔时对答说:"教之《春秋》,而为之耸善而抑恶焉,以戒劝其心;教之《世》,而为之昭明德而废幽昏焉,以休惧其动;教之《诗》,而为之导广显德,以耀明其志;教之《礼》,使知上下之则;教之《乐》,以疏其秽而镇其浮;教之《令》,使访物官;教之《语》,使明其德,而知先王之务,用明德于民也;教之《故志》,使知废兴者而戒惧焉;教之《训典》,使知族类,行比义(仪)焉"(《国语·楚语上》)。在这里,教育太子的教科书中,《春秋》居首要地位,其他如记录贵族宗谱的《世》,记述贵族言论的《语》,记载国家兴亡的《故志》,辑录重要历史文件的《训典》(即《尚书》的主要内容),和《诗》、《礼》、《乐》、《令》一样,都成为太子必读之书。贵族把历史书作为重要教科书,目的就在于从历史上吸取经验教训,作为他们进行统治的借鉴。

史书的记载,特别是《春秋》的记载,是为了从中吸取统治的经验和教训的,因此史官在记载历史时,无论内容和措辞,都必须着重于"劝戒",于是有所谓"《春秋》笔法"。所谓"《春秋》之称,微而显,志而晦,婉而成章,尽而不污,惩恶而劝善"(《左传》成公十四年)。为了达到"劝戒"的目的,除了讲究措辞以外,还要称引当时贵族中知名人士的评论,也还要用"君子曰"来加以评论。现存的春秋史书《左传》和《国语》,都有"君子曰"的评论。此后历代史学家,往往沿用这一体例来评论历史事件和历史人物。

战国时代各国沿用过去的制度,都设有史官记载史事。"御史"作为国君的侍从官,常常随从国君参与对内、对外的政治活动,并随时在旁从事记录。例如秦赵渑池之会,双方都曾命其御史记录。有些大臣也设有侍史从旁记录。例如"孟尝君待客坐语,而屏风后常有侍史,主记君所与客语"(《史记·孟尝君列传》)。当时各国都设有太史,作为史官之长,主管历史记录。晋代汲县魏墓中发现的《竹书纪年》,就是出于魏国史官的记录。司马迁曾根据《秦记》编制《六国年表》,据他说"《秦记》又不载日月,其文略不具";又说"余于是因《秦记》,踵《春秋》之后,起周元王,表六国时事"(《史记·六国年表序》)。这部《秦记》也是出于秦国史官的记录。《六国年表》所记事迹,有许多不见于《史记》别篇的记载,正因为司马迁采录了《秦记》的原文(详孙德谦《太史公书义法·综观篇》)。这种历史记载是编年体的,只按年记载大事,极其简括。

当时历史记载,除了编年体的大事记以外,还有纪事体一种,记述每个历史事件比较详细,既有具体情节,也还穿插有生动语言。《墨子·明鬼下篇》所引的周、燕、宋、齐四国《春秋》,讲鬼神的故事的,便属于这一种。也有着重记录贵族的言论的,叫做《语》。也还有记录贵族宗谱的，叫做《世》或《世系》，所谓"工史书世，宗祝书昭穆"（《国语·鲁语上》）。

　　春秋时代有一种瞎眼的贵族知识分子，博闻强记，熟悉历史故事，又能奏乐，善于传诵历史或歌唱史诗，称为瞽史，也称瞽矇①。他们世代相传，反复传诵，不断加工，积累了丰富的史实内容，发展成生动的文学作品。《左传》原称《左氏春秋》，司马迁以为左丘明所著。左丘明是孔子同时人，孔子曾称许他评论人物的观点。他之所以名明，据说是由于他的"失明"、"无目"（《史记·太史公自序》、司马迁《报任安书》）。徐中舒认为左丘明是当时很有修养的瞽史，《左传》最初即出于他的传诵，后来笔录下来，经子夏门下讲习，由子夏再传弟子搜集文献，编写成书②。这样把《左传》看作最初出于左丘明的传诵，只是一种推测。《左传》最后讲到晋国知伯被灭，事在公元前四五三年，距孔子之死已有二十六年，与孔子同时的左丘明，不可能传诵及此，看来《左传》不可能全出左丘明的口传。但是，像《墨子》所引四国《春秋》那样记事体的《春秋》，该即出于各国瞽史所传诵。《左传》作者就是依据各国瞽史所传诵的各国《春秋》加以整理编辑而成，用以作为《鲁春秋》的一种"传"的。

　　春秋时代历史书的编著　　现存的《春秋》，原是鲁国史官所编的编年体的大事记。以孔子为首的儒家沿袭过去贵族的教育制度，以《春秋》为教材，从中吸取统治的经验和教训。孔子死后，弟子子夏居

---

　　①　《国语·楚语上》说："临事有瞽史之导，宴居有师工之诵，史不失书，矇不失诵。"《周礼·春官》瞽矇"掌诵诗，世奠系，鼓琴瑟"。又小史"掌邦国之志，奠系世"。注："系世，谓《帝系》、《世本》之属是也。小史主定之，瞽矇讽诵之。"

　　②　徐中舒《左传的作者及其成书年代》，《历史教学》一九六二年十一期。

西河教授,并为魏文侯之师(《史记·仲尼弟子列传》),而且教授魏文侯"经艺"(《魏世家》)。子夏所教授的"经艺",《春秋》是其中重要的一经。子夏说:"《春秋》之记臣杀君、子杀父者,以十数矣,皆非一日之积也,有渐而以至矣",因此从中得出教训是:"善恃势者,蚤(早)绝奸之萌"(《韩非子·外储说右上篇》)。相传因为"子夏传公羊高"(徐彦《公羊传疏》载戴弘说),于是有《公羊传》,又因"子夏传穀梁赤"(应劭《风俗通义》),于是有《穀梁传》,但是公羊和穀梁都只是口说流传,要到汉代才写定成书。只有《左传》在战国初期已有成书,而且着重记述史事始末,前后贯通一致,成为一部有系统的历史著作,与《公羊》、《穀梁》二传着重于解释《春秋》字句的不同。《左传》也有解释《春秋》经文的话,但很少而是必要的。

刘向《别录》说:《左传》是"左丘明传曾申,申传吴起,起传其子期,期授楚人铎椒,铎椒作《抄撮》八卷,授虞卿"(《左传·杜预序》、《孔颖达疏引》)。司马迁又说:"铎椒为楚威王傅,为王不能尽观《春秋》,采取成败,卒四十章,为《铎氏微》。"(《十二诸侯年表序》)所谓《春秋》即是《左氏春秋》,亦即《左传》。可知铎椒因为《左传》篇幅太多,楚威王不能尽观,因而从大事的成败着眼,节抄《左传》原文,编成八卷,共四十章。据此可知楚威王以前《左传》早有成书。铎椒的《左传》既然传自吴起之子期,期又传自吴起,吴起当已有《左传》。姚鼐据此以为"《左氏》书非出一人,累有附益,而由吴起之徒为之者盖尤多"、"吴起始仕魏,卒仕楚,故《传》言晋、楚事尤详,而为三晋之祖,多讳其恶而溢称其美,又善于论兵谋,其书于魏氏事造饰尤多"(《左传补注序》)。章炳麟又因吴起卫国左氏(今山东定陶西)人,以为"《左氏春秋》者固以左氏名,或亦因吴起传其学"(《春秋左传读》)。所有这些见解，都是推测之说，并无确证。我们认为《左传》一书，大概是战国初期魏国一些儒家学者依据各国瞽史所编著的《春秋》，如《墨子》所引的四国《春秋》，加以整理按年编辑而成，用以作为《鲁春秋》的"传"的。

正因为《左传》是采取各国史书编成，它所叙述的各国史事格局各不相同，"晋则每出一师，具列将佐；宋则每因兴废，各举六卿"①。同时书中历法主要用"周正"以外，记载晋国史事常用"夏正"②。由于受到搜集到的史料的限制，这部名为解释《春秋》经的书，有些地方《传》和《经》不相符合，《经》自《经》而《传》自《传》③。同时由于编辑工作不够细致，有些地方把一件事误分为两件事，分载在两年中④。我们前面谈过，当时史官所编的《春秋》有两种体例，一种是编年体的，记事简要；另一种是纪事体的，记述历史掌故，出于各国瞽史的传诵，就是墨子所见到的《百国春秋》(《隋书·李德林传》载李德林答魏收书引《墨子》)，也就是《墨子·明鬼下篇》所引的周、燕、宋、齐等国的《春秋》。《左传》作者就是把《百国春秋》按年编辑起来，用来解释记

---

① 旧说《左传》是春秋时人左丘明所著，不可信。唐代啖助说："予观《左氏传》，自周晋齐宋楚郑等国之事最详，晋则每出一师，具列将佐，宋则每因兴废，各举六卿。故知史策之文，每国各异，左氏得此数国之史以授门人，……后代学者乃演而通之，总而合之。"(陆淳《春秋集传·纂例》卷一《三传得失议》引)这个说法是可信的。

② 顾炎武《日知录》卷四《春秋阙疑之书》："《左氏传》采列国之史而作者也。故所书晋事，自文公主盟政，交于中国，则以列国之史参之，而一从周正；自惠公以前则用夏正。"

③ 赵翼《陔余丛考》卷二《左传所本》条说："一年之内，经自经，传自传，若各不相涉者，盖亦因经所书之事，别无简策可考以知其详，故别摭他事以补此一年传文也。"

④ 见陆淳《春秋集传辩疑》卷一《定公元年晋人执宋仲几于京师》条，顾炎武《日知录》卷四《城成周》、《左氏不必尽信》条，于鬯《香草校书》卷四一校《左传》襄公十一年部分，崔适《春秋复始》卷三八《误析一事为二事》条。

事简要的编年体《春秋》，这样就使我们得到了比较丰富的春秋史料，这是《左传》作者对历史学的重大贡献。

我们以《春秋》三传略作比较，就可以看到《左传》一书之可贵。《公羊》、《穀梁》二传大多是解释《春秋》字句的空论，很少有价值的史料，既不能由此了解春秋时代历史的实际，更无从由此取得什么历史的经验和教训。我们今天能够了解春秋时代历史主要靠《左传》这部书。

要汇集春秋时代二百四十多年各国纪事体的史料，加以整理考订，按年编辑而写定，用以解释《春秋》每年的大事记，使前后贯通而系统化，这是一件很繁重而费时的工作，当战国初期要完成这样的工作很不容易。看来这与当时魏文侯推崇儒家、讲究"经艺"有关。魏文侯推崇子夏为师，并极力尊敬儒家学者段干木、田子方等人，并亲自从子夏学习"经艺"。把《春秋》等书称之为"经"，就是从此开始的。子夏所讲"经艺"就是"传"，大多是口说流传，《公羊》、《穀梁》就从此长期口说流传，直到汉代才写定成书。《公羊》、《穀梁》二传既都出于子夏弟子的传授，《左传》一书也该出于子夏弟子所编著。《汉书·艺文志》说："末世口说流行，故有《公羊》，《穀梁》，邹、夹之《传》。"《春秋》的《传》，除《左氏》外，其他都是口说流传。可知作为《经》的《传》，口说流传是常规，写定成书是特例。《左传》虽是《春秋经》的传，但是汇编各国纪事体的史书而成，不可能口说流传，惟有写定成书才行。

当战国初期，西河为一时儒家之学的中心，不但子夏在此教授，曾参也在此教授。子夏晚年丧子又丧明，曾参往吊，曾说："吾与女（汝）事夫子（指孔子）于洙泗之间，退而老于西河之上，使西河之民疑女（汝）于夫子。"（《礼记·檀弓上篇》）曾参死时，弟子乐正子春与曾

参之子曾元、曾申同侍。吴起从曾申学《春秋》亦当在西河。《史记·
儒林传》称："田子方、段干木、吴起、禽滑釐之属，皆受业于子夏之伦，
为王者师。是时独魏文侯好学。"《春秋繁露·俞序篇》讲到《春秋》之
义有曾子。看来曾参父子也曾在西河讲授《春秋》之义。由于魏文侯
的好学，子夏为王者师，《春秋》之义成为重要的改革政治的理论，不仅
从此有《公羊》、《穀梁》二传的口说流传，而且在这样的气候中，《左传》
一书也已编著完成，当吴起从曾申学习《春秋》时，《左传》已有流传了。

　　战国时代学者编辑春秋时代的历史书，目的在于分析过去统治
者的成败得失，用来作为当时统治者的借鉴。铎椒因为《左传》篇幅
太多，节抄《左传》原文，编成八卷。后来"虞卿上采《春秋》，下观近
世，亦著八篇，为《虞氏春秋》"（《史记·十二诸侯年表序》）。八篇是
《节义》、《称号》、《揣摩》、《政谋》等（《史记·虞卿列传》）。所谓"上采
《春秋》，下观近世"，就是要使得《春秋》适应"近世"政治上的需要而
把史事分门别类地加以辑录。司马迁又说："及如荀卿、孟子、公孙
固、韩非之徒，各往往捃摭《春秋》之文以著书"（《史记·十二诸侯年
表序》）。公孙固是个儒家，《汉书·艺文志》儒家类有《公孙固》一篇，
共十八章，班固自注说："齐闵王失国，问之，固因陈古今成败也。"由
此可知，公孙固是由于齐湣王向他请教，为了"陈古今成败"，采集春
秋史事编成十八章书的。其性质和《铎氏微》、《虞氏春秋》基本上
相同①。

---

　　①　《荀子·强国篇》引有"公孙子曰"一节，说楚国子发攻克蔡国后，回来向楚王报
告完成任务的情况很谦恭，辞谢赏赐又很坚决。"讯之曰：子发之致命也恭，其辞赏也
固。"这节该是荀况从《公孙固》中转引来的。罗焌《诸子学述·周秦诸子书目表》说："按
与马、班所说正合，其为《公孙固》书无疑。"

《国语》也相传为左丘明所著。《国语》的内容和《左传》不同，《国语》偏重于记载当时贵族的言论，很明显，这就是楚大夫申叔时所说《语》一类的历史书。当是战国学者汇编春秋时代各国的《语》而成，如同《左传》汇编《百国春秋》一样。这书所辑各国的《语》的内容，是各不相同的。清代姚鼐曾指出这点说："其略载一国事者，周鲁晋楚而已；若齐郑吴越，首尾一事，其体又异。辑《国语》者随所得繁简收之。"（《惜抱轩文集》卷五《辨郑语》）其中《晋语》篇幅最多，其次是《周语》、《鲁语》和《楚语》。《齐语》只记齐桓公的霸业，《郑语》只记郑桓公与史伯的对话，反映了西周末年"王室将卑"的情况，《吴语》只记吴王夫差伐越以至吴的灭亡，《越语》只记越王勾践灭吴。《国语》共一百九十六条记载，同于《左传》的有一百零四条，《左传》详于记事，而《国语》详于记言。就这书各国的《语》的文体来看，也各不相同。崔述指出这点说："《国语》周鲁多平衍，晋楚多尖颖，吴越多恣放，即《国语》亦非一人之所为也。"（《洙泗考信录·余录》）《国语》的编辑对历史学也有贡献，它为我们保存了不少春秋史料。

《穆天子传》的编著　《穆天子传》原称《周王游行记》，共五卷，并附有《周穆王美人盛姬死事》一卷。西晋初年汲县魏墓出土一批竹简，由整理者编辑而成。同时出土有《竹书纪年》等书都已失传，今能完整保存者唯有此书，是很值得珍视的。《竹书纪年》记事到魏襄王二十年（公元前二九九年）为止，此书的著作年代当在魏襄王二十年以前。此书记述周穆王西游，从成周（今河南洛阳，《穆天子传》称为宗周）启程，渡黄河北上，经太行山西行，经漳水和铏山（今河北井陉东南），又经隃之关隥（即今雁门山）而行，到达河宗氏（今内蒙古河套一带），从此由河宗氏首领作引导，长途西行，直到昆仑山（即今甘肃的祁连山），古时传说昆仑山是黄河发源地，再西行到西王母之邦及其北方一带，行程有一万三千多里。与《穆天子传》同时在魏墓出土的《竹书纪年》，记载有周穆王十七年"西征昆仑丘，见西王母"。并记到"北唐之君来见以一骊马，是生绿耳"。"绿耳"是载送周穆王西游的八骏之一。《史记·秦本纪》和《赵世家》又讲到秦、赵的祖先造父驾驶骥、温骊、骅骝、騄耳等四骏，载送周穆王"西巡狩，见西王母"。可知周穆王的长途西行，是由河宗氏和赵氏的首领引导护送的。

河宗氏原是貉族，是黄河上游的一支游牧部族，自称为河伯之神的后裔，到战国初期还存在，直到赵武灵王攻略胡地，才占有其地而被兼并。他们的祖先柏夭有这样引导周穆王长途西游的光荣历史，长期口说流传。当战国初期，魏国不仅是个儒家之学的中心，一时讲学和著作的风气很盛，魏史官既有编年史的编辑修订，就是后来魏墓出土的《竹书纪年》，看来同时还曾采访河宗氏部族所讲祖先柏夭引导周穆王西游的传说，就写成了这部《穆天子传》，并且把此事编入了《竹书纪年》。

黄河与中原人民生活息息相关，神灵的河源传说由来已久，想有作为的君王当然要关心追寻以及游览的。秦惠文王更元五年（公元前三二〇年），就是称王之后五年，"王北游戎地至河上"（《史记·六国年表》），所谓"戎地"，当即包括河宗氏所"游居"之地在内。周穆王的西游黄河之源昆仑一带，也该和秦惠文王一样，是要经历"戎地"的，要经历"戎地"就非有戎翟部族的首领引导和护送不可，原来长期"游居"于黄河上游的河宗氏首领是最合适的。

正因为《穆天子传》出于河宗氏长期口说流传的祖先传说，其中述及的许多人物都是真实的。例如其中讲到天子南还铏山，就命令毛班"先至于周,以待天子之命"。这个毛班不见于其他古书记载,却见于周穆王时的班簋铭文。班簋铭文记载"王命毛伯更(赓)虢城公服",接着"王令毛公以邦冢君……伐东国瘄戎"。毛班原为伯爵,因接替虢城公的职位,官升三级,爵位也由"伯"而升为"公",《穆天子传》卷五就称毛班为毛公。《穆天子传》这样和班簋铭文相符合,足见其真实性。《史记·周本纪》称周的开国之君叫古公亶父,而且连续地称之为古公,崔述《丰镐考信录》认为这是由于司马迁误解《诗经·大雅》"古公亶父"这句话,"古公亶父"犹如说"昔公亶父","公亶父"这称名称犹如"公刘"、"公季","周自公季以前未有号为某公者,何以大王独有号?"应称大王亶父为是。《穆天子传》讲到"大王亶父之始作西土,封其元子吴(虞)太伯于东吴(虞)",正作大王亶父,可据以订正《史记》之误。这也可见《穆天子传》所记大事的真实性。

但是必须指出,《穆天子传》出于战国初期河宗氏的祖先传说,河宗氏自称是河伯之神的后裔的,当然所讲经历作为河源的昆仑山一带,是充满着神话传说的色彩的,而且不免要把战国初期流行的神话传说混入进去。《穆天子传》讲到天子来到河宗氏所在地,先举行"沉璧"和"沉牛马豕羊"的祭礼,接着河宗柏夭就自称奉上帝之命呼号,说要周穆王到昆仑之丘去参观种种宝器,接着就让天子"披图视典","图"即"河图","典"即"河典",用作西游的向导的。等到"柏夭既致河典,乃乘黄之乘,为天子先,以极西土"。于是"天子西济于河,□爰有温谷乐都,河宗氏之所游居"。原来这一带是河宗氏经常"游居"的地方,由河宗氏带路是最合适的。在神话中,昆仑山是上帝的下都,《穆天子传》说有"黄帝之宫",这已是战国时代演变的传说。神话中昆仑具有天梯性质,顶上有"悬圃"是空中花园,《穆天子传》对此有一段描写,说"春山是唯天下之高山,孽木华(花)不畏雪","春山之泽,清水出泉,温和无风,飞鸟百兽之所饮食,先王所谓县圃"。天子在那里取得了"孽木华之实",要带回播种;天子又在那里取得"玉荣"(玉的精华),并为"铭迹于县圃之上"。见西王母也是西行的目的之一,《穆天子传》对此也有描写。

权变和游说故事的编辑　战国时代游说的风气很盛。各派学者为了争取国君的信任和重用,都要通过游说。儒家固然要周游列国,游说诸侯;墨家、法家、名家、阴阳家也都要游说国君,争取得到国君的有力支持。要争取一国国君的信任和重用,不但要说服国君,而且要驳倒反对派。韩非著有《说难篇》,专门陈述进说国君的困难,并分析了进说成功或失败的原因。要在外事活动中,进行争取与国和孤立敌国的斗争,更需要通过游说和争论。战国中期以后,在齐、秦两大国东西对峙的斗争形势下,合纵、连横的计谋策略很是重要,因而有讲究合纵、连横的纵横家产生。纵横家着重讲究游说。因为讲究游说,就有人按照当时政治斗争的需要,把历史上的权变故事和游说故事,以及说客游说君主的书信和游说辞汇编起来,编成各种册子以供学习模仿。到西汉末年刘向编辑《战国策》时,他从皇室的书库里发现有记录战国权变故事和游说辞的各种不同册子,有六种不同名称:《国策》、《国事》、《短长》、《事语》、《长书》、《修书》。有以国别分类编辑的,有按事迹分类编辑的。所谓《长书》、《修书》,该是《短长书》的简称,"短长"就是指计谋策略的短长。司马迁所谓"谋诈用而从(纵)衡(横)短长之说起"(《史记·六国年表序》)。

当时也已有专门辑录一个著名纵横家的言行的书。《汉书·艺文志》纵横家类,就著录有《苏子》三十一篇,《张子》十篇,《庞煖》二篇,《阙子》一篇和《国筮子》十七篇。张仪和苏秦,是战国纵横家的代表人物,他们的行动和游说辞常被作为学习模仿的榜样。特别是战国末年,由秦国来完成统一的趋势已经形成,东方六国常常图谋合纵抵抗秦国,以挽救自己的灭亡,庞煖所发动的合纵攻秦事件,就具有这样的性质。因此苏秦就成为东方六国纵横家着重学习模仿的榜样,有关他的游说故事和游说辞风行一时。《汉书·艺文志》纵横家类把《苏子》放在首位,篇数最多,不是偶然的。在今本《战国策》中,有关苏秦的资料,其数量也大大超过其他纵横家。长沙马王堆汉墓出土帛书《战国纵横家书》,也是战国末年有关战国权变和游说故事的一种汇编,共二十七章,可分三组,第一组十四章该即出于原始的一种《苏子》。

纵横家讲究"揣摩",《史记·苏秦列传》说苏秦"得《周书阴符》,伏而读之。期年,以出揣摩"。集解说:"《鬼谷子》有《揣摩篇》",《索隐》引王劭说:"《揣情》《摩意》,是《鬼谷子》之二章名,非为一篇也。"《鬼谷子》一书出于后人伪造,但是揣情摩意确是纵横家十分注意的。所有这些战国权变和游说故事的汇编,原是游说之士的学习资料,或者是练习游说用的脚本,对于有关历史事件的具体经过往往交代不清,有的只约略叙述到游说经过和游说的结果。其中有些编者着重于吸取历史的经验教训的,就比较能够注意历史的真实性。如果编辑起来只是用作练习游说的脚本的,就不免夸张失实,甚至假托虚构。正因为苏秦和张仪是纵横家学习模仿的榜样,他们的游说辞是练习游说用的主要脚本,其中就有许多是后人假托他们名义编造出来的,不但夸张虚构,而且年代错乱,矛盾百出。今本《战国策》中,既有和帛书《战国纵横家书》相合的比较原始的苏秦资料,也有后人伪造虚构的东西,可以说真伪参半。而《史记·苏秦列传》所辑录的,几乎全是后人杜撰的长篇游说辞。因为司马迁误信这些游说辞为真,误认为苏秦是和张仪同时对立的人物,反而把有关苏秦的原始资料抛弃了,或者把这些资料中的"苏秦"改成"苏代"或"苏厉",造成了混乱。《史记·张仪列传》和今本《战国策》所载张仪长篇游说辞,同样是不可信的。

除了纵横家以外,法家也搜集编辑历史上的权变故事。《韩非子》中有《说林》上下篇,《内储说》上下篇,《外储说》左上、左下、右上、右下四篇以及《十过》等篇,都是韩非搜集的春秋战国时代权变故事的汇编。"说林"是"广说诸事,其多若林"的意思,"内储说"和"外储说"是分内外两个方面积储起来说明的意思①。韩非把这些历史故事分类汇编起来,用来证明他的政治主张的正确。《内储说》、《外储说》和《十过》等篇都是先总挈大纲,分叙条目,然后列举历史故事来加以论证的。我们将《韩非子》中这类故事,同今本《战国策》作比较,就可以发现许多故事的内容是相同的,或者是大同小异的。以《说林上篇》为例,其中战国故事有十六节,与《战国策》相同的就有九节之多。所有这些战国权变故事,是后世研究战国历史的重要资料。

七　古文献的整理

《诗经》和《尚书》的编辑和流传　春秋战国时代所说的《诗》,是指自古流传下来的诗歌,大部分可以同音乐和舞蹈配合起来歌唱。

---

①　《史记·韩非列传·索隐》说:"《内储》言明君执术以制臣下,利之在己,故曰内也。《外储》言明君观听臣下之言行,以断其赏罚,赏罚在彼,故曰外也。储畜二事,所谓明君也。《说林》者,广说诸事,其多若林,故曰说林也。"

其中有贵族的宗教性颂诗,如《周颂》《鲁颂》之类;也有贵族宴飨时歌唱的诗,如《大雅》《小雅》之类;多数是反映社会生活的诗歌,如《国风》之类。春秋时代贵族常常在宴会中赋《诗》,在交际应对中,引用诗句,往往断章取义,借以表达自己的意思。后来儒家也还把《诗》作为学习的重要内容,同时作为宣传教育的重要手段。"三百五篇,孔子皆弦歌之"(《史记·孔子世家》)。据孔子自己说:"《诗》,可以兴,可以观,可以群,可以怨;迩之事父,远之事君;多识于鸟兽草木之名。"(《论语·阳货篇》)墨子也说:儒者"诵诗三百,弦诗三百,歌诗三百,舞诗三百"(《墨子·公孟篇》);还说儒者"弦歌鼓舞以聚徒","务趋翔之节以观众"(《墨子·非儒篇》)。流传到现在的《诗经》,司马迁说是孔子从"《诗》三千余篇"中"去其重"而编成的,不免夸大,但是,这部《诗经》出于儒家的整理和编辑,该是事实。我们查考《墨子》书中引《诗》十则,不见于今本《诗经》的有四则之多,和今本次序不同的有三则,字句不同的有二则,大致相同的只有一则,可知当时墨家所读的《诗》不同于今本《诗经》,今本《诗经》当出于儒家整理编辑。《诗经》是西周时期和春秋前期的诗歌总集,它标志着我国文学的光辉起点。

当时所说的《书》,是指自古流传下来的历史文献。流传到现在的《尚书》,出于西汉初年儒家伏生所传授。司马迁说是出于孔子的"编次",看来不可信。因为其中就收有战国时代的著作《尧典》和《禹贡》等篇。但是它出于战国时代儒家所编辑,该是事实。我们查考《墨子》书中引《书》二十九则,连篇名、文字都不见于今本《尚书》的有十四则之多,篇名、文字和今本《尚书》不同的一则,文字不见今本《尚书》的六则,引《泰誓》而不见今本的二则,与今本有出入者二则。说明墨家所读的《尚书》和儒家大不相同。《墨子》所引的《尚书》，主要是有关禹、启、汤、仲虺、周武王等人的文献；而今本《尚书》二十八篇中，《周书》要占一半，大多是西周初年的文献，其中有十篇记载着周公的长篇大论，主要宣扬的是文、武、周公之道，应该出于儒家编选的结果。

墨家引用《诗》《书》，用作他们的理论依据；儒家编辑《诗经》《尚书》，同样是为了用作他们的理论依据，同时还用作他们聚徒讲学的教材。

礼书的编辑　儒家主张礼治，礼书都出于儒家所编辑，主要有《仪礼》和《周礼》两书。

《仪礼》十七篇，是贵族所用各种主要礼节仪式的汇编，经过儒家的整理编辑，全书有严密的条例（详清代凌廷堪《礼经释例》）。其中主要是士一级贵族应用的礼节，所以又称《士礼》。这书有人认为是周公制作（如梁崔灵恩，唐陆德明、孔颖达、贾公彦等），有人认为是孔子订定的（如清代邵懿辰、皮锡瑞等），有人认为"作于战国之世"（崔述《读风偶识》卷一）。成书当在战国初期到中叶。"礼"原是贵族用来巩固贵族内部组织和统治人民的一种手段，目的在于维护贵族的宗法制度和君权、族权、夫权、神权，从而巩固统治的。当时经济和政治上的典章制度，往往贯串在各种礼仪的举行中，依靠礼仪的举行来加以确立和维护的。《荀子》的《礼论篇》，就是阐明这个道理的。详见拙作《籍礼新探》、《冠礼新探》、《大蒐礼新探》、《乡饮酒礼与飨礼新探》、《射礼新探》、《贽见礼新探》等文（收入拙著《古史新探》，一九六五年北京中华书局版）。

《周礼》是儒家编著的一部理想化的政典，分述各级官职及其相关的典章制度。汉代刘歆认为它是"周公致太平之迹",何休又"以为六国阴谋之书"(《周礼》贾公彦疏)。清代康有为等人认为出于刘歆伪造。实际上是战国时代儒家的著作①。这书是以西周、春秋的制度为基础,经过整齐划一,加以系统化和理想化而编成的,因此内容复杂,但是其中还是保存了不少有价值的古代史料。我们把这部书中的史料和其他可靠史料结合起来研究,从探索各种典章制度的起源和流变中,分析出哪些是比较古老的制度,哪些是起了变化的制度,哪些是以后掺入的系统化和理想化成分,这样就有助于我们对于古代历史的研究。

---

　　①　郭沫若著《周官质疑》(收入《金文丛考》),以西周铜器铭文中的官制和《周礼》比较,证明《周礼》不是西周作品,应是战国著作,"盖赵人荀卿子之弟子所为"。杨向奎著《周礼的内容分析及其制作时代》(《山东大学学报》一九五四年第四期),从《周礼》中的社会经济制度、政法制度和学术思想分析,认为这是战国时代齐国的作品。顾颉刚著《周公制礼的传说和周官一书的出现》(《文史》第六辑),从《周礼》中六乡重视"颁法"、"读法"和六遂重视"诛赏"以及力役赋税负担的加重,又推测这是出于齐国以及别国的法家。个人认为战国时代儒家的著作,是可能采用战国的政法制度和赋役制度的,不一定出于法家之手。

附录一 战国郡表

战国时代,除齐国以外,各国为了加强中央集权统治,并出于攻守的需要,先后在边地设郡。秦在统一六国过程中,又不断在新开拓的地区设郡。当时各国设郡的情况比较复杂,为便于了解起见,列为简表如下:

(一) 魏国设置的郡

郡　　名	所　　在　　地	设　置　经　过
河西郡	因在黄河之西得名。辖境相当于今陕西华阴以北,黄龙以南,洛河以东,黄河以西地区。	魏文侯时设置。吴起曾为西河守(《史记·匈奴列传》《吴起列传》)。
上　郡	因方位得名。辖境相当于今陕西洛河以东,黄梁河以北,东北到子长、延安一带。	魏有西河上郡,"以与戎界边"(《史记·匈奴列传》)。魏文侯时设置。李悝曾为上地守(《韩非子·内储说上篇》)。
河东郡	因在黄河之东得名。辖境相当于今山西沁水以西,霍山以南地区。	公元前三二八年后,秦逐步取得魏的上郡。魏为了抗秦,又设河东郡。

续表

郡　名	所　在　地	设　置　经　过
方与郡	因地名方舆得名。辖境相当于今山东嘉祥以南金乡等地，还包括今江苏丰县一带。	原为宋地。齐破宋后，为齐所占。公元前二八四年前，魏攻取其地设郡。楚人以弌进说楚顷襄王时提到（《史记·楚世家》）。
大宋郡	因宋国得名。辖境相当于今河南商丘及江苏砀山等地。	

（二）赵国设置的郡

郡　名	所　在　地	设　置　经　过
上党郡	因上党地区而得名。在今山西和顺、榆社等县以南，南与韩的上党郡相接。	原为晋地，三家分晋后，赵、韩各占一部分，都曾在那里设郡。赵的上党郡有二十四县（《战国策·齐策二》）。
雁门郡	因雁门山而得名。辖境相当于今山西北部神池、五寨、宁武等县以北到内蒙古一部分地区。	原为楼烦地。赵武灵王破楼烦、林胡后设郡（《史记·匈奴列传》）。
云中郡	因地名云中得名。辖境相当今内蒙古大青山以南，黄河南岸及长城以北地区。	原为林胡地。赵武灵王破楼烦、林胡后设郡（《史记·匈奴列传》）。
代　郡	因代国得名。辖境有今山西东北部和河北、内蒙古一部分地。	原为代国地，为赵襄子所攻灭。赵武灵王时设郡（《史记·匈奴列传》）。代郡有三十六县《战国策·秦策一》。
安平郡	因城邑安平得名。安平在今河北安平。	因与齐、燕、中山交界而设郡。上海博物馆藏有六年安平守剑（《商周青铜器铭文选》第四册）。六年为赵武灵王六年（公元前三二〇年）。

（三）韩国设置的郡

郡　名	所　在　地	设　置　经　过
上党郡	因上党地区得名。在今山西沁河以东一带地区，北与赵的上党郡相接。	原为晋地，三家分晋后赵、韩各占一部分，都在那里设郡。韩的上党郡有十七县（《战国策·秦策一》）。

续表

郡　名	所　在　地	设　置　经　过
三川郡	因有黄河、洛水、伊水三川而得名。辖境有今黄河以南,河南灵宝以东,中牟以西及北汝河上游地区。	韩宣王时设郡。张登曾图谋推荐费缫为三川守(《战国策·韩策三》)。
上蔡郡	因地名上蔡得名。在今河南上蔡一带。	韩釐王时设郡。楚人以弋进说楚顷襄王,谈到韩的上蔡郡(《史记·楚世家》)。

(四)楚国设置的郡

郡　名	所　在　地	设　置　经　过
宛　郡	因地名宛得名。以今河南南阳为中心,东南到息县。	楚悼王时设置。"吴起为苑(宛)守,行县,适息"(《说苑·指武篇》)。
汉中郡	因汉水得名。辖境有今陕西东南角,南到今湖北西北角。	楚怀王时设置。丹阳之战被秦夺取(《史记·楚世家》)。
新城郡	因地名新城得名。辖境有今河南伊川一带。	原为韩地,后为楚所得,楚怀王曾以新城为主郡(《战国策·楚策一》)。
江东郡	因地区名江东得名。辖境有今安徽东南部、江苏南部及浙江北部地区。	楚怀王灭越后,设郡。范蜎对楚王说:"故楚南塞厉门而郡江东"(《史记·甘茂列传》)。
黔中郡	因黔山得名。辖境有今湖南西部及贵州东北部。	楚威王时设郡(《史记·楚世家》、《战国策·楚策一》)。
巫　郡	因巫山得名,辖境有今湖北清江中、上游和四川东部。	楚怀王时已设郡(《史记·楚世家》、《战国策·楚策一》)。

(五)燕国设置的郡

郡　名	所　在　地	设　置　经　过
上谷郡	因在大山谷上边而得名。辖境有今河北张家口、小五台山以东,赤城、延庆以西及北京昌平以北地。	秦开破东胡后设郡(《史记·匈奴列传》),赵奢曾为上谷守(《战国策·赵策四》)。上谷有三十六县(《战国策·秦策一》)。

郡 名	所 在 地	设 置 经 过
渔阳郡	因在渔水之阳得名。辖境有今内蒙古赤峰以南、北京通县、怀柔以东及天津以北地区。	秦开破东胡后设郡(《史记·匈奴列传》)。燕设渔阳、辽东等郡,可能是燕昭王、燕惠王时陆续设置的。
辽东郡	因在辽水以东得名。辖境有今辽宁大凌河以东地区。	原为东胡地,秦开破东胡后设郡。
辽西郡	因在辽水以西得名。辖境有今辽宁大凌河以西,长城以南,河北迁西以东地区。	设置经过同辽东郡。
右北平郡	因在北平右面而得名。辖境有今河北承德、蓟县以东,辽宁大凌河上游以南,六股河以西地区。	设置经过同辽东、辽西郡。

(六) 秦国设置的郡

郡 名	所 在 地	设 置 经 过
上 郡	辖境较魏的上郡为大。有今陕西黄河以西,黄陵宜川以北,内蒙古伊金霍洛旗乌审旗以东地区。	公元前三二八年魏被迫献上郡十五县给秦。公元前三一二年魏尽献上郡给秦(《史记·秦本纪》、《魏世家》)。秦于公元前三〇四年设置上郡,郡治肤施(《水经·河水注》。肤施在今陕西榆林东南)。
河东郡	辖境相当于魏的河东郡。	公元前二九〇年魏被迫献河东地四百里给秦。秦沿设郡。郡治临汾(今山西曲沃北)。江西遂川出土秦戈铭文有称"临汾守"的。
汉中郡	辖境较楚汉中郡为大。有今陕西秦岭以南,湖北郧县、保康以西,大巴山以北地区。	原为巴蜀地,秦灭巴蜀后,公元前三一二年又加上部分新得楚汉中郡地,建为汉中郡(《史记·秦本纪》)。郡治南郑(《水经·沔水注》。南郑今陕西汉中)。

续表

郡　名	所　在　地	设　置　经　过
巴　郡	因巴国得名。辖境有今四川阆中以东,巫县以西,武隆、江安以北地。	原巴国地。公元前三一六年灭巴后设郡(《华阳国志》卷一《巴志》、《水经·江水注》)。郡治江州(今重庆北)。
蜀　郡	因蜀国得名。辖境有今四川阆中以西,松潘、天全以东,宜宾、石棉以北地。	原为蜀国地。秦灭蜀后,初设封国。公元前二八五年废封国,改设为郡(《华阳国志》卷三《蜀志》)。郡治成都(今四川成都)。
陇西郡	因陇山得名。辖境有今甘肃临夏、临潭以西,宕昌、礼县以北地。	原为义渠地。公元前二七九年设郡(《水经·河水注》)。郡治狄道(今甘肃临洮)。
北地郡	因方位得名。辖境有今宁夏青铜峡以东,包括今甘肃东北部马莲河流域。	原为义渠地。公元前二七一年攻破义渠后,设郡。郡治义渠(今甘肃宁县西北)。
南　郡	因方位得名。辖境有今湖北武汉以西,襄樊以南,监利以北以及四川巫山以东地区。	原为楚国都郢(今湖北江陵西北)及其周围地区。公元前二七八年被秦所攻取,设置为郡(《史记·秦本纪》、《六国年表》)。郡治郢(《水经·河水注》)。
南阳郡	因南阳地区而得名。辖境有今湖北襄阳、随县以北,河南栾川、鲁山以南,信阳以西,湖北均县、河南西峡以东地区。	原为韩、楚、魏三国交界地,公元前二七三年魏被迫献南阳地给秦,秦把所占韩、魏的南阳和楚的上庸地合建为郡(《史记·秦本纪》)。郡治宛(《水经·淯水注》)。宛即今河南南阳。
陶　郡	因陶邑(即定陶)得名。辖境有今山东宁阳到定陶一带。	原为宋地。齐灭宋后,为齐占有。五国合纵破齐后,为秦所得,作为魏冉封邑。魏冉死后,设立为郡(《史记·穰侯列传》)。公元前二五四年陶郡为魏所攻取。秦灭魏后,未再设郡。

郡　名	所　在　地	设　置　经　过
上党郡	辖境相当于赵和韩两国的上党郡。有今山西太行山以西、以北,和顺、榆社以南,沁源、沁水以东地区。	公元前二五九年长平之战后,秦攻占韩的上党郡(二年后为韩收复,公元前二四七年再度为秦攻占)。公元前二三六年秦又攻占赵的上党郡(《史记·秦本纪》、《秦始皇本纪》)。郡治长子(《水经·浊漳水注》。长子在今山西长子西)。
黔中郡	辖境较楚黔中郡为大。有今湖南洞庭湖以西,包括湖南沅水、澧水流域,湖北清江流域,四川黔江流域。	公元前二八〇年秦攻取楚的黔中,但不久被楚收复。公元前二七七年秦又攻取巫郡、黔中郡及江南地,设置黔中郡(《史记·秦本纪》、《水经·沅水注》)。但在次年又被楚收复十五邑(《史记·秦本纪》、《楚世家》),到战国晚期才全部为秦所有。郡治临沅(今湖南常德)。
太原郡	因地区在太原而得名。辖境相当于今山西句注山以南,霍山以北,五台、阳泉以西,黄河以东地区。	原为赵地。公元前二五九年为秦攻取,次年被赵收复。公元前二四七年秦又攻取这个地区三十七城,后二年设置太原郡(《史记·秦本纪》、《燕世家》)。郡治晋阳(《水经·汾水注》。晋阳在今山西太原西南)。
三川郡	辖境和韩的三川郡相当。	公元前二四九年秦攻韩,韩献成皋、巩地,界至大梁,重建三川郡(《史记·秦本纪》、《蒙恬列传》)。郡治洛阳(今河南洛阳东北)。
东　郡	因方位得名。辖境有今山东东阿、梁山以西,定陶、成武以北,河南延津以东,清丰以南,长垣以北地区。	原为魏地。公元前二四二年秦攻取这个地区,初建东郡。后又得卫的旧都濮阳等地,兼入东郡(《史记·秦始皇本纪》、《魏世家》、《卫世家》)。郡治濮阳(《水经·睢水注》。濮阳在今河南濮阳南)。

续表

郡　名	所　在　地	设　置　经　过
雁门郡	辖境和赵的雁门郡相当。	公元前二三四年前后，秦攻赵，取其地，重建为郡(《汉书·地理志》)。郡治善无(《水经·河水注》)。善无在今山西右玉南)。
云中郡	辖境和赵的云中郡相当。	公元前二三四年秦攻赵，取其地，重建为郡(《水经·河水注》)。郡治云中(今内蒙古托克托东北)。
颍川郡	因颍水得名。辖境有今河南登封以东，尉氏以西，包括舞阳、临颍等地。	原为韩地。公元前二三〇年秦灭韩，取其地设郡(《史记·秦始皇本纪》、《韩世家》)。郡治阳翟(《水经·颍水注》。阳翟今河南禹县)。
邯郸郡	因赵都邯郸得名。辖境相当于今河北沠河以南，河南浚县以北，山东冠县以西地区。	原为赵地。公元前二二八年秦灭赵后设郡(《汉书·地理志》)。郡治邯郸(今河北邯郸)。
巨鹿郡	因巨鹿泽得名。辖境有今河北白洋淀以南，南运河以西，晋县、任县以东，平乡、威县以北，山东德州、高唐以西地区。	原为赵地。公元前二二二年秦灭赵后设郡(《汉书·地理志》、《水经·浊漳水注》)。郡治巨鹿(今河北平乡西南)。
广阳郡	因地名广阳得名。辖境相当于今河北雄县、易县、房山及北京等地。	原为燕地。公元前二二六年秦灭燕，后二年设郡(《水经·漯水注》)。郡治蓟(今北京西南部)。
上谷郡	辖境相当于燕的上谷郡。	公元前二二四年秦灭燕，后二年重建为郡(《水经·圣水注》)。郡治在沮阳(今河北怀来东南)。
渔阳郡	辖境相当于燕的渔阳郡。	公元前二二五年秦破燕后，次年重建为郡(《水经·鲍丘水注》)。郡治渔阳(今河北密云西南)。
右北平郡	辖境和燕的右北平郡相当。	公元前二二六年秦灭燕后，次年重建为郡(《水经·鲍丘水注》)。郡治在无终(今河北蓟县)。

郡　名	所　在　地	设　置　经　过
辽西郡	辖境相当于燕的辽西郡。	公元前二二六年秦破燕后,次年重建为郡(《水经·濡水注》)。郡治阳乐(今辽宁义县西)。
砀　郡	因砀山得名。辖境有今安徽砀山以西、亳县以北,河南开封以东,山东巨野以南地区。	原为魏地。公元前二二五年秦灭魏,取其地设郡(《水经·睢水注》)。郡治砀(今安徽砀山南)。
楚　郡	因楚国在陈建都而得名。辖境有今河南平舆以北、柘城以南,包括淮阳、鹿邑等地。	原为楚地。公元前二二四年秦取陈以南至平舆,次年灭楚,在这一带设置楚郡(《史记·楚世家》)。《史记·陈涉世家》说陈涉攻陈(今河南淮阳)时,"陈守、令皆不在",因为陈是楚郡治所,所以有守有令。犹如秦的河东郡治所在临汾,秦戈铭文有称"临汾守"的。
泗水郡	因泗水得名。辖境有今安徽江苏淮水以北,宿迁以西,涡阳以东地区。	原为宋地,齐灭宋后,为齐所有,旋又为魏所得。秦灭魏后,于公元前二二四年设郡(《水经·睢水注》)。郡治相县(今安徽宿县西北)。
薛　郡	因薛国得名。辖境有今山东新汶、枣庄、济宁之间地。	原为薛国旧地。战国初年齐灭薛,后来作为田婴和田文的封邑。秦取得其地后,于公元前二二四年设郡(《水经·泗水注》)。郡治鲁县(今山东曲阜)。
九江郡	因地区名九江得名。辖境有今安徽淮河以南,赣江流域以东江西大部。	原为楚地。公元前二二三年秦灭楚后,设郡(《水经·淮水注》)。郡治寿春(今安徽寿县)。
长沙郡	因地名长沙得名。辖境有今洞庭湖以南,湖南大部和江西西部。	原为楚地。公元前二二三年秦灭楚后,设郡(《水经·湘水注》)。郡治临湘(今湖北长沙)。

郡　名	所　在　地	设　置　经　过
会稽郡	因会稽山而得名。辖境有今江苏长江以南,安徽黟县、旌德以东,及浙江金华以北地。	原为吴、越地。公元前二二二年秦攻取其地,设郡(《史记·秦始皇本纪》)。郡治吴(《史记·项羽本纪》。吴即今江苏苏州)。
代　郡	辖境和赵的代郡相当。	公元前二二八年秦攻破赵国,赵公子嘉出奔到代,自立为代王。公元前二二二年为秦所灭,重建为郡(《水经·㶟水注》)。郡治代(今河北蔚县西北)。
辽东郡	辖境相当于燕的辽东郡。	原是燕郡。公元前二二二年秦灭燕后,重建为郡(《水经·大辽水注》)。郡治襄平(今辽宁辽阳)。
齐　郡	因齐国得名。辖境有原齐国大部地区,以今山东淄博、益都、广饶、临朐等地为中心。	原为齐地。公元前二二一年秦灭齐后,设郡(《史记·田世家》、《汉书·地理志》、《水经·淄水注》)。郡治临淄(今山东淄博东临淄北)。
琅邪郡	因地名琅邪得名。辖境有今山东沂源以南,平邑以东,临沂以北地。	原为越地,后为齐地。公元前二二一年秦灭齐后设郡(《汉书·地理志》、《水经·汶水注》)。郡治琅邪(今山东胶南西南)。

　　附注:① 以上秦国的郡,除陶郡以外,共三十五郡,合京都地区的"内史",共三十六郡。《史记·东越列传》说:"秦已并天下,皆废为君长,以其地为闽中郡。"《水经·沂水注》说:"郯县故鲁城,东海郡治,秦始皇以为郯郡。"闽中郡和郯郡的设置年代不详。

　　②《战国策·楚策一》载城浑游说楚的新城令说:"郑魏之弱,而楚以上梁应之;宜阳之大也,楚以弱新城围(原误作"围")之。蒲反、平阳相去百里,秦人一夜袭之,安邑不知;新城、上梁相去五百里,秦人一夜而袭之,上梁亦不知也。……故楚王何不以新城为主郡也?"金正炜《战国策补释》认为"上梁"是"上蔡"之误,是正确的。据此可知楚原在上蔡设郡,后来韩得上蔡后在上蔡设郡,是沿袭楚国的。城浑以魏的安邑和楚的上蔡相比,可知魏曾在安邑设郡,安邑当为魏的河东郡治所。《水经·涑水注》说:"秦使左更白起取安邑置河东郡。"秦设河东郡当是沿袭魏国的。江西遂川出土秦戈,铭文中称"临汾守"的,可知秦后来把河东郡治迁到了临汾。

附录二 战国封君表

战国时代各国的封君,由于史料不充分,我们所能了解的,比较零星。兹列表如下:

(一)魏国的封君

受封者	封 号	封 邑	受 封 经 过 及 有 关 事 迹
魏 挚	中山君	中 山	公元前四〇六年魏文侯攻灭中山,命长子击守之。后三年,封少子挚于中山(《说苑·奉使篇》)。
乐 羊		灵 寿	为魏文侯将,公元前四〇六年攻取中山,因功封于灵寿(《史记·乐毅列传》)。
	中山君	中 山	公元前三四二年魏惠王任用中山君为相(《史记·六国年表》)。
	山阳君	山 阳	魏惠王时的封君。楚国大臣江乙为使楚宣王憎恨昭奚恤,曾为魏的山阳君请封于楚(《战国策·楚策一》)。
	碧阳君		魏襄王时封君。《开元占经》卷一一三引《竹书纪年》:"今王四年碧阳君之诸御产二龙。"

续表

受封者	封　号	封　邑	受 封 经 过 及 有 关 事 迹
	成陵君	成　陵	魏襄王时封君。公元前三一一年魏攻取卫二城,卫君害怕。如耳为卫君入魏游说,使魏退兵,并把成陵君免官(《史记·魏世家》)。
公子劲			魏襄王时封君。公元前二九九年"魏公子劲、韩公子长为诸侯"(《史记·秦本纪》)。
	成　侯		魏襄王时封君。到魏安釐王时,安陵君对信陵君的大使说:"吾先君成侯,受诏襄王以守此地也,……"(《战国策·魏策四》)。
魏无忌	信陵君	信　陵	公元前二七六年魏安釐王封其异母弟公子无忌为信陵君(《史记·六国年表》)。
	长信侯		曾为魏安釐王的相国。公元前二七三年秦大败赵魏于华阳,魏安釐王将入朝于秦,由于支期向魏相国长信侯游说,乃作罢(《战国策·魏策三》)。
	宜信君		魏安釐王时封君。由于鄢陵将被攻陷,说客向田俈建议,劝魏王离开大梁,退保单父。田俈因此派宜信君送他到大梁面见魏王(《战国纵横家书》二十六)。
	安陵君	安陵(一作鄢陵)	战国晚期封君,仅五十里地(《战国策·魏策四》,《说苑·奉使篇》作鄢陵君)。
魏　咎	宁陵君		魏被秦灭亡后出逃,秦汉之际一度称魏王(《史记·陈涉世家》、《魏豹列传》)。
	信安君		秦召魏相信安君,信安君不欲往,苏代曾为游说秦王(《战国策·魏策二》)。时间不详。
	济阳君	济　阳	是个狡猾的重臣(《韩非子·内储说下篇》)。受封时间不详。
	龙阳君		因是"美人"而受封,曾与魏王共舟而钓(《战国策·魏策四》)。受封时间不详。
李　宗		段　干	老子之子,为魏将,封于段干(《史记·老子列传》)。受封时间不详。

(二) 赵国的封君

受封者	封　号	封　邑	受 封 经 过 及 有 关 事 迹
赵　周	代成君	代	赵襄子封其兄伯鲁子周(《史记·赵世家》)。
	番吾君	番　吾	赵烈侯时的封君。公元前四〇三年番吾君自代来,向相国公仲连推荐牛畜、荀欣、徐越三人(《史记·赵世家》)。
赵　豹	阳文君		赵肃侯、赵武灵王时的封君。公元前三二五年,即赵武灵王元年,阳文君赵豹为相(《史记·赵世家》)。
赵　章	代安阳君	东安阳	赵武灵王的长子。公元前二九六年封为代安阳君,次年争夺君位作乱,被杀(《史记·赵世家》、《水经·漯水注》)。
赵　成	安平君		公元前二九五年与李兑一起平定公子章之乱,因功为相国,封安平君(《史记·赵世家》)。
李　兑	奉阳君		公元前二九五年与公子成一起平定公子章之乱,因功官为司寇,后来升为相国。封奉阳君(《战国策·赵策四》吴师道《鲍注补正》)。
赵　胜	平原君	东武城	赵惠文王同母弟。公元前二九八年封平原君(《史记·平原君列传》)。惠文王晚年和孝成王时为相。
田　文		武　城	田文原为齐相,封孟尝君。后又入魏为相。赵惠文王曾封田文以武城(《战国策·赵策一》)。
苏　秦	武安君		《史记·苏秦列传》说赵肃侯封苏秦为武安君,苏秦封为武安君当在赵惠文王时。
乐　毅	望诸君	观　津	乐毅为燕将破齐,封昌国君。后因燕惠王猜忌他,改用骑劫为将。他出奔赵国,赵封以观津,号望诸君(《战国策·燕策二》、《史记·乐毅列传》)。
赵豹(此为另一个赵豹)	平阳君	平　阳	赵惠文王同母弟。公元前二七二年封为平阳君(《史记·赵世家》)。
赵　奢	马服君		善于用兵。公元前二七〇年大败秦兵于阏与,受封为马服君(《史记·赵世家》、《赵奢列传》)。
	平陵君	平　陵	韩上党守冯亭以上党郡归赵,赵孝成王召平陵君与赵禹而告之(《史记·赵世家》)。平陵君必为当时重臣。

续表

受封者	封 号	封 邑	受 封 经 过 及 有 关 事 迹
	长安君		赵惠文后少子。公元前二六五年秦攻赵,赵向齐求救,以长安君入质于齐,齐乃出兵(《战国纵横家书》十八、《战国策·赵策四》、《史记·赵世家》)。
	庐陵君		赵孝成王时的封君。因燕国对他有意见,被赵王逐走(《战国策·赵策四》)。
冯 亭	华阳君		原为韩上党郡守,因秦的进攻威逼,以上党郡归赵,赵封为华阳君(《史记·白起列传》、《汉书·冯奉世传》)。
黄 歇		灵 丘	原为楚的令尹,封春申君。公元前二五九年秦围攻赵都邯郸,赵为了争取楚出兵来救,以灵丘封给春申君(《史记·赵世家》)。
	李 侯		李谈为平原君的传舍吏之子,邯郸之战,他与三千人赴秦军,力战而死,因封其父为李侯(《史记·平原君列传》、《说苑·复恩篇》)。
郑安平	武阳君		魏国人,被范雎任为秦将,攻赵邯郸,战败降赵,赵封武阳君。二年后去世,赵收其地(《史记·赵世家》)。
魏无忌		鄗	魏公子无忌为魏相,封信陵君。因救赵,赵以鄗为他的汤沐邑(《史记·信陵君列传》)。
廉 颇	信平君	尉 文	赵名将,官为相国。公元前二五一年赵孝成王把尉文封给他,号信平君(《史记·赵世家》)。
	建信君(兵器铭刻作"建邘君")		赵孝成王时封君,官为相邦。与秦的文信侯(吕不韦)同时(《战国策·赵策三》)。
乐 乘	武襄君		赵名将。公元前二五〇年封为武襄君(《史记·乐毅列传》)。
	春平君 平都侯	平 都	赵悼襄王时的封君。公元前二四三年秦召春平君到秦,把他扣留,世钧劝吕不韦释放春平君而扣留平都侯(《史记·赵世家》、《战国策·赵策四》)。
	长安君	饶	公元前二三九年秦王政弟长安君降赵,赵悼襄王封长安君以饶(《史记·赵世家》)。
李 牧	武安君		赵名将。公元前二三三年李牧大败秦军于肥,秦将桓齮出走,因功封武安君(《史记·赵世家》、《李牧列传》)。

(三) 韩国的封君

受封者	封 号	封 邑	受 封 经 过 及 有 关 事 迹
	安成君		韩宣惠王时封君。曾与公仲朋一起主张联合秦魏(《战国策·韩策三》)。
公子长			韩襄王时封君。公元前二九九年所封(《史记·秦本纪》)。
	山阳君	山 阳	韩釐王时封君,掌握韩的大权。公元前二七三年秦韩围攻魏的大梁,赵燕来救,有人劝说山阳君联合魏赵燕三国攻秦(《战国策·赵策一》)。
	成阳君	城 阳	韩釐王时封君。主张联合秦魏。公元前二九〇年入朝于秦(《史记·秦本纪》)。五国合纵攻秦时,由韩奔齐,旋又奔周(《战国策·秦策三》、《韩策二》、《韩策三》)。
	市丘君	市 丘	韩釐王时封君。五国合纵攻秦后,魏顺曾向他游说(《战国策·韩策一》)。
	阳城君	阳 城	韩桓惠王时封君。公元前二六二年秦兵分两路攻韩,韩派他入谢于秦,献上党求和(《战国策·赵策一》)。
韩 成	横阳君		战国末年封君。秦汉之际曾被项梁立为韩王,不久被项羽所杀(《史记·留侯世家》)。

(四) 齐国的封君

受封者	封 号	封 邑	受 封 经 过 及 有 关 事 迹
邹 忌	成 侯	成	齐威王即位不久,即起用邹忌为相,一年后封为成侯(《史记·田世家》)。
田 婴	靖郭君或称薛公	彭 城薛	齐的王族。齐威王时继邹忌为相,初封彭城。公元前三二二年改封于薛(《史记·孟尝君列传·索隐》引《竹书纪年》)。
田 文	孟尝君或称薛公	薛	田婴子。齐宣王晚年,继承田婴的爵位并担任相国。
陈 戴		盖	《孟子·滕文公下篇》:"仲子,齐之世家也;兄戴,盖禄万钟。"

续表

受封者	封　号	封　邑	受封经过及有关事迹
苏　秦	武安君		苏秦为武安君而相齐,在齐湣王末年(公元前二八四年)乐毅破齐之前。当时有人游说主持伐齐的秦御史起贾。讲到此时齐如投靠魏,是"武安君之弃祸存身之诀也"(《战国纵横家书》十七)。
田　单	安平君	安　平	齐的王族。公元前二七九年,田单一举收复齐的失地七十多城,因功封安平君。

（五）楚国的封君

受封者	封　号	封　邑	受封经过及有关事迹
公孙宁	析　君	析	楚惠王十二年(公元前四七七年)受封(《左传》哀公十八年)。
公孙宽	鲁阳文君	鲁　阳	楚惠王时封君(《国语·楚语下》)、鲁阳文君将攻郑,墨子闻而止之(《墨子·鲁问篇》)。
	鵩(阳)城君	阳　城	楚惠王时封君,见随县曾侯乙墓出土竹简,见裘锡圭《谈谈随县曾侯乙墓的文字资料》(《文物》一九七九年第七期)。
	坪(平)夜(舆)君	平　舆	同上。
	鄝(养)君	养	同上。
	鄗君		同上。
	鄔君		同上。
	郐君	徐	同上。
	析　君	析	同上。
	都　君	都	声王或悼王时封君,见于江陵楚墓出土竹简,载湖北江陵拍香山楚墓发掘简报(《考古》一九七三年第三期)。
	阳城君	阳　城	楚悼王时封君。楚悼王去世时,阳城君与群臣在丧所围攻吴起,射中王尸。楚将依法办罪,阳城君出走,楚收回封国(《吕氏春秋·上德篇》)。

受封者	封 号	封 邑	受 封 经 过 及 有 关 事 迹
昭奚恤	工(江)君	江	楚宣王时封君,官为相国(《战国纵横家书》二十七)。
	州 侯	州	楚宣王时封君。江乙为魏出使于楚,对楚宣王说:"州侯相楚,贵甚矣,而主断"(《战国策·楚策一》)。
	彭城君	彭 城	楚宣王时封君,曾与昭奚恤议于王前(《战国策·楚策一》)。
坛	安陵君		楚宣王时封君。以"色"侍奉楚宣王(《战国策·楚策一》)。《说苑·权谋篇》作安陵缠,在楚共王时。安陵为封号,无封邑。
潘勑(乘)	邸阳君	邸阳	宣王或威王时封君,见于江陵楚墓出土竹简,载《江陵天星观1号楚墓》(《考古学报》一九八二年第二期)。
启	鄂 君	鄂	楚怀王时封君。据安徽寿县出土鄂君启节铭文,他拥有舟车往来长江中下游,经过关卡时,凭节可免税。
	邸阳君	邸 阳	楚怀王时封君。见于一九八七年湖北荆门包山二号楚墓出土竹简,详见《包山楚墓》发掘报告以及附录何浩、刘彬徽《包山楚墓封君释地》。
	鄹 君	濮	同上。
	阴 君	阴	同上。
	喜 君		同上。
	噩 君	噩(鄂)	同上。
	鄐阳君	鄐 阳	同上。
	棻陵君	养	同上。
	鄱 君	潘	同上。
	郟 君	六	同上。
	蓛 君		同上。
	阳 君	阳	同上。

续表

受封者	封　号	封　邑	受　封　经　过　及　有　关　事　迹
	苟　君	苟	同上。
	鄅　君	鄅	同上。
	偌陵君	偌　陵	同上。
	郢　君	郢（黄）	同上。
	新野君	新　野	同上。
	茙沲君		同上。
	鄗　君	鄗	同上。
	坪（平）夜（舆）君	平　舆	同上。
	鄭　君	襄	同上。
	坪陵君	平　陵	同上。
	逆峇君	逆　峇	同上。
	郭　君	郭	同上。
	应　君	应	威王或怀王时封君。见《江西靖安出土春秋徭国铜器》（《文物》一九八〇年第八期）。
子　晳	鄂　君	鄂	楚顷襄王时封君。楚大夫庄辛曾和襄成君谈论到他，说："鄂君子晳，亲楚王母弟也，官为令尹，爵为执珪"（《说苑·善说篇》）。鄂君子晳和鄂君启可能是一人，启是名，子晳是字，因为"启"和"晳"的字义相通，时代又相当。
	襄成君	襄　城	楚顷襄王时封君。始封之日，楚大夫庄辛曾往拜谒（《说苑·善说篇》、《水经·汝水注》）。
	夏　侯 州　侯 鄢陵君 寿陵君	夏 州	楚顷襄王时封君，都是楚顷襄王的近臣。庄辛对楚顷襄王说："君王左州侯，右夏侯，辇从鄢陵君与寿陵君，专淫逸侈靡，不顾国政，郢都必危矣"（《战国策·楚策四》）。鄢陵、寿陵为封号，无封邑。
庄　辛	阳陵君	淮　北	庄辛曾规谏楚顷襄王。楚失郢都后，封他为阳陵君，给与淮北地（《战国策·楚策四》）。

续表

受封者	封 号	封 邑	受 封 经 过 及 有 关 事 迹
	阳文君		楚顷襄王的近亲,封为阳文君。楚顷襄王有病,楚太子留秦,黄歇怕阳文君二子继立为王,劝楚太子变服逃归(《史记·春申君列传》)。
	项 君	项	始封年代不详。《史记·项羽本纪》:"项氏世世为楚将,封于项,故姓项氏。"
黄 歇	春申君	淮北十二县后改封于吴	公元前二六二年楚考烈王封黄歇为春申君,赐给淮北地十二县。后因淮北靠近齐国,请改建为郡,献出淮北十二县;遂改封于吴(《史记·春申君列传》)。
	临武君		楚考烈王时封君。春申君曾经要使临武君为将(《战国策·楚策四》)。其后他曾与荀况议论军事于赵孝成王前(《荀子·议兵篇》)。 临武君当即楚名将景阳,说详本书第八章第六节。
	郳陵君	郳陵	战国末年楚封君,见于江苏省无锡出土郳陵君三铜器。详见《楚日郳陵君三器》(《文物》一九八〇年第八期)

(六) 燕国的封君

受封者	封 号	封 邑	受 封 经 过 及 有 关 事 迹
	襄安君		燕国王族。燕昭王时封君。昭王曾派他到齐国活动(《战国策·赵策四》、《战国纵横家书》四)。
苏 秦	武安君		《史记·张仪列传》称"苏秦封武安君相燕"。公元前二九五年燕昭王派苏秦出使齐国,即封以武安君,并授以相国名义。后来苏秦献书燕王说:"以求卿与封,王为有之两,臣举天下使臣之封而不惭。"(《战国纵横家书》四),即指此而言。
乐 毅	昌国君	昌 国	中山人,魏将乐羊后裔,由赵经魏入燕,公元前二八四年为燕将,攻破齐国,因功封昌国君(《史记·乐毅列传》)。

续表

受封者	封　号	封　邑	受封经过及有关事迹
乐　闲	昌国君		燕惠王使骑劫代乐毅为将,乐毅奔赵。惠王后悔,又以乐毅子乐闲为昌国君(《史记·乐毅列传》)。
公孙操	成安君		燕惠王时封君。公元前二七二年杀死燕惠王,拥立武成王(《史记·赵世家》)。
荣　蚠	高阳君		宋国人。燕武成王时封君(《战国策·赵策四》)。

(七) 秦国的封君

受封者	封　号	封　邑	受封经过及有关事迹
公子向	蓝田君	蓝　田	公元前三六七年秦献公封其子向为蓝田君(《水经·渭水注》引《竹书纪年》)。
卫　鞅	商　君	於商十五邑(於一作鄅)	卫的公族出身,由魏入秦,为秦孝公重用,实行变法。公元前三四〇年鞅用计大破魏军,秦孝公封给於商十五邑(於一作鄅),号曰商君(《史记·商君列传》)。
樗里疾	严　君	严	秦惠文王异母弟,因居樗里,称为樗里疾。公元前三一二年协助魏章大败楚军,取得汉中,因功封严君(《史记·樗里子列传》)。
	横门君		秦惠王时封君。善用兵(《战国策·秦策一》)。
张　仪	武信君		秦惠王封张仪五邑,号曰武信君(《史记·张仪列传》)。
公子通国(一作"通"、"鼹通")	蜀　侯	蜀	蜀王后裔。公元前三一四年秦惠王封他为蜀侯。后三年蜀相陈庄反叛,把他杀死(《史记·秦本纪》、《华阳国志》卷三《蜀志》)。
公子煇	蜀　侯	蜀	蜀王后裔。公元前三〇八年秦武王封他为蜀侯。公元前三〇一年遭后母陷害,被秦昭王派司马错逼得自杀(《史记·秦本纪》、《华阳国志》卷三《蜀志》)。

受封者	封号	封邑	受封经过及有关事迹
公孙绾	蜀侯	蜀	公子煇子。公元前三〇〇年封为蜀侯。公元前二八五年秦昭王怀疑他反叛,杀之(《华阳国志》卷三《蜀志》)。
魏冉	穰侯	穰 后加封陶	楚国人,芈八子(即宣太后)的异父弟。公元前三〇一年后,封于穰。公元前二八一年加封攻齐所得的陶邑(《史记·穰侯列传》)。
芈戎	华阳君 新城君	华阳 新城	楚国人,芈八子的同父弟。初封华阳,号华阳君。公元前二九九年秦取楚新城后,又封新城,号新城君。
公子市 (一作公子池)	泾阳君	泾阳 宛	秦昭王同母弟。初封泾阳,号泾阳君。公元前二九一年封于宛(《史记·秦本纪》)。
公子悝	高陵君	高陵 邓	秦昭王同母弟。初封高陵,号高陵君。公元前二九一年封于邓(《史记·秦本纪》)。
白起	武安君		秦人,善用兵。公元前二七八年攻取楚都郢,因功封武安君(《史记·秦本纪》、《白起列传》)。
范雎	应侯	应	魏国人,公元前二六六年为秦相,封于应,号应侯(《史记·范雎列传》)。
公子柱	安国君		秦昭王次子,封为安国君。公元前二六七年太子死,后二年安国君为太子。公元前二五四年昭王去世,继立为王,即秦孝文王。
蔡泽	刚成君		燕国人。入秦代范雎为相数月,号刚成君,居秦十多年(《战国策·秦策三》,《史记·蔡泽列传》作"纲成君")。
	阳泉君	阳泉	秦孝文王后华阳夫人之弟,封阳泉君(《战国策·秦策五》)。
吕不韦	文信侯	蓝田 十二县 河南洛阳 十万户 河间十城	卫濮阳人,通过游说拥立秦公子异人为太子。后异人即位(即秦庄襄王),以吕不韦为丞相,封文信侯。《战国策·秦策五》说他"食蓝田十二县",《史记·吕不韦列传》又说他"食河南洛阳十万户"。后来燕送给河间十城为封邑(《战国纵横家书》二十五)。

受封者	封　号	封　邑	受 封 经 过 及 有 关 事 迹
成　蛟 (一作盛桥)	长安君		秦王政之弟,封长安君。公元前二三九年率军攻赵,在屯留反叛,赵封成蛟于饶(《史记·秦始皇本纪》、《赵世家》)。
嫪　毐	长信侯	山　阳、河西(一作汾西)、太原郡	原是吕不韦的舍人,后为宦者,得太后宠幸,公元前二三九年封长信侯,赐与山阳地,又以河西太原郡作为封国(《史记·秦始皇本纪》)。
	昌平君		公元前二三八年与昌文君一起平定嫪毐的叛乱(《史记·秦本纪》)。公元前二二六年迁居某山而死(云梦秦简《编年记》)。
	昌文君		公元前二三八年与昌平君一起平定嫪毐的叛乱。公元前二二四年楚将项燕在淮南拥立他为楚王,抵抗秦军(《史记·秦始皇本纪》,原误作"项燕立昌平君为荆王"),战败身死(云梦秦简《编年记》)。

附记:① 战国铜器铭文中有许多封君的称号,由于国别和时代一时无法分辨清楚,姑且从略。

② 当时有些小国大臣因投靠大国而得封。如韩的山阳君,"秦封君以山阳,齐封君以莒"。又如"周佼以西周善于秦而封于梗阳,周启以东周善于秦而封于平原"(《战国策·韩策三》)。表中未列入。

附录三 战国大事年表

公元前	周	秦	魏	韩	赵	楚	燕	田齐	齐	晋	大 事
481	敬王 39	悼公 10				惠王 8	孝公 12		简公 4		齐左相陈恒（即田常）杀死右相监止，追执简公于舒州，也把他杀死。从此田氏"专齐之政"。
480	40	11				9	13		平公 1		楚令尹子西，司马子期伐吴，至桐汭。
479	41	12				10	14		2		楚白公胜杀死子西、子期，囚禁楚惠王。叶公率师反攻，白公胜失败自杀。
478	42	13				11	15		3		楚公孙朝率师灭陈。越伐吴，在笠泽大败吴师。
477	43	14				12	16		4		巴伐楚，围鄾，楚反攻得胜。
476	元王 1	厉共公 1				13	17		5		晋知瑶伐郑，齐救郑。楚沈诸梁伐东夷。赵襄子诱杀代王，灭代。襄子封其侄赵周为代成君。

续表

公元前	周	秦	魏	韩	赵	楚	燕	田齐	齐	晋	大　　事
475	2	2			赵襄子1	14	18		6		越围吴都。
474	3	3			2	15	19		7	出公1	
473	4	4			3	16	20		8	2	越攻破吴都，吴王夫差自杀，吴亡。越王勾践与齐、晋诸侯会于徐州，致贡于周，周元王命以为伯（霸主）。
472	5	5			4	17	21		9	3	晋知瑶伐齐，败齐师于犁丘。
471	6	6			5	18	22		10	4	
470	7	7			6	19	23		11	5	
469	8	8			7	20	24		12	6	
468	定王1	9			8	21	25		13	7	越迁都琅邪。鲁哀公欲借越国力量，除去三桓；反被三桓逐走。
467	2	10			9	22	26		14	8	
466	3	11			10	23	27		15	9	
465	4	12			11	24	28		16	10	越王勾践卒，鹿郢继立。
464	5	13			12	25	29		17	11	晋知瑶伐郑。

续表

公元前	周	秦	魏	韩	赵	楚	燕	田齐	齐	晋	大　事
463	6	14			13	26	30		18	12	郑声公卒,子哀公立。
462	7	15			14	27	31		19	13	晋知瑶在高梁筑城。
461	8	16			15	28	32		20	14	秦堑河旁。秦以二万兵伐大荔,取其王城。
460	9	17			16	29	33		21	15	
459	10	18			17	30	34		22	16	
458	11	19			18	31	35		23	17	晋知氏、赵氏、韩氏、魏氏共分范氏、中行氏地以为邑。知伯攻灭仇由。
457	12	20			19	32	36		24	18	晋知瑶伐中山,攻取穷鱼之丘。秦与绵诸交战。
456	13	21			20	33	37		25	19	秦在频阳设县。晋韩庞取得卢氏城。韩魏共灭伊洛阴戎。
455	14	22			21	34	38		宣公1	20	晋知瑶向赵索地不遂,因联合韩魏,围赵于晋阳。
454	15	23			22	35	成公1		2	21	
453	16	24			23	36	2		3	22	韩、赵、魏共灭知伯,瓜分知伯的领地。赵相张孟谈改革田亩制。
452	17	25			24	37	3		4	23	晋出公出奔到楚。

续表

公元前	周	秦	魏	韩	赵	楚	燕	田齐	齐	晋	大　　事
451	18	26			25	38	4		5	敬公1	秦左庶长在南郑筑城。
450	19	27			26	39	5		6	2	
449	20	28			27	40	6		7	3	越人来秦迎女。
448	21	29			28	41	7		8	4	越王不寿被杀,朱句继立。
447	22	30			29	42	8		9	5	楚灭蔡。
446	23	31			30	43	9		10	6	魏文侯初立。
445	24	32	文侯1		31	44	10		11	7	楚灭杞,向东扩展领土到泗水之上。
444	25	33	2		32	45	11		12	8	秦伐义渠,执其君。
443	26	34	3		33	46	12		13	9	
442	27	躁公元	4		34	47	13		14	10	
441	28	2	5		35	48	14		15	11	南郑叛秦。
440	考王元	3	6		36	49	15		16	12	周考王封其弟揭于河南,是为西周桓公。
439	2	4	7		37	50	16		17	13	

续表

公元前	周	秦	魏	韩	赵	楚	燕	田齐	齐	晋	大 事
438	3	5	8		38	51	闵公元		18	14	
437	4	6	9		39	52	2		19	15	
436	5	7	10		40	53	3		20	16	
435	6	8	11		41	54	4		21	17	
434	7	9	12		42	55	5		22	18	晋君仅有绛、曲沃等地,反而要向韩、赵、魏之君朝见。
433	8	10	13		43	56	6		23	幽公元	曾侯乙卒,楚惠王制作礼器,送往西阳祭奠。
432	9	11	14		44	57	7		24	2	
431	10	12	15		45	简王元	8		25	3	楚灭莒。
430	11	13	16		46	2	9		26	4	义渠伐秦,至渭水北岸。
429	12	14	17		47	3	10		27	5	秦躁公卒,其弟从晋归来即位,是为怀公。
428	13	怀公元	18		48	4	11		28	6	
427	14	2	19		49	5	12		29	7	
426	15	3	20		50	6	13		30	8	

续表

公元前	周	秦	魏	韩	赵	楚	燕	田齐	齐	晋	大　　事
425	威烈王元	4	21		51	7	14		31	9	秦庶长晁等包围秦怀公，怀公自杀。
424	2	灵公元	22	武子元	桓子元	8	15		32	10	赵迁都中牟。
423	3	2	23	2	献侯元	9	16		33	11	韩伐郑，杀死郑幽公。
422	4	3	24	3	2	10	17		34	12	秦作上下畤，祭黄帝、炎帝。
421	5	4	25	4	3	11	18		35	13	
420	6	5	26	5	4	12	19		36	14	
419	7	6	27	6	5	13	20		37	15	魏在少梁筑城，秦攻少梁。
418	8	7	28	7	6	14	21		38	16	秦、魏战于少梁。
417	9	8	29	8	7	15	22		39	17	秦在黄河边筑御防工程。魏再度在少梁筑城，秦攻之。
416	10	9	30	9	8	16	23		40	18	晋幽公被杀，魏用兵平乱。立幽公子止，是为烈公。
415	11	10	31	10	9	17	24		41	烈公元	秦修补庞城，筑籍姑城。韩迁都平阳。
414	12	简公元	32	11	10	18	简公元		42	2	越灭滕（《史记·越世家·索隐》引《纪年》。越朱句三十四年）。中山武公初立。

续表

公元前	周	秦	魏	韩	赵	楚	燕	田齐	齐	晋	大　　事
413	13	2	33	12	11	19	2		43	3	齐伐魏，攻毁黄城，包围阳狐。越灭郯。秦与魏战，败于郑。楚伐魏战，到上洛。
412	14	3	34	13	12	20	3		44	4	魏围攻秦的繁庞城，攻克后，"出其民"。齐伐取鲁的莒、安阳。
411	15	4	35	14	13	21	4		45	5	
410	16	5	36	15	14	22	5	悼子元	46	6	
409	17	6	37	16	15	23	6	2	47	7	魏伐秦，建筑临晋、元里两城。秦命令百姓（官吏）开始带剑。
408	18	7	38	景侯元	烈侯元	24	7	3	48	8	魏伐秦，完全占古河西地，筑洛阴、郃阳两城，沿洛水筑防御工程。筑重泉城。秦退守洛水。秦"初租禾"。魏伐中山。韩伐郑，取雍丘。齐伐鲁，取郕。
407	19	8	39	2	2	声王元	8	4	49	9	郑伐韩，攻韩兵于负黍。齐伐卫，取贯丘。
406	20	9	40	3	3	2	9	5	50	10	魏灭中山。
405	21	10	41	4	4	3	10	6	51	11	齐内乱，公孙会以廪丘叛入赵国，田布攻齐军。三晋联合击败，大败齐军。越灭缯（即鄫）。

续表

公元前	周	秦	魏	韩	赵	楚	燕	田齐	齐	晋	大　　事
404	22	11	42	5	5	4	11	和子元	康公元	12	三晋伐齐，进入齐的长城。魏文侯迫使齐侯会同三晋之君朝见周威烈王，要求周王命三晋之君为诸侯。
403	23	12	43	6	6	5	12	2	2	13	周威烈王命韩、赵、魏列为诸侯。
402	24	13	44	7	7	6	13	3	3	14	楚声王为"盗"所杀。
401	安王元	14	45	8	8	悼王元	14	4	4	15	秦伐魏至阳狐。
400	2	15	46	9	9	2	15	5	5	16	韩、赵、魏伐楚，到桑丘而回。郑围攻韩的阳翟。
399	3	惠公元	47	烈侯元	10	3	16	6	6	17	楚归还输关给郑。
398	4	2	48	2	11	4	17	7	7	18	郑国杀相国子阳，子阳之党起来反抗。楚围郑。
397	5	3	49	3	12	5	18	8	8	19	聂政刺杀韩相侠累（即韩傀）。
396	6	4	50	4	13	6	19	9	9	20	郑国子阳之党杀死郑编公。
395	7	5	武侯元	5	14	7	20	10	10	21	秦伐繻诸。（即绵诸）。
394	8	6	2	6	15	8	21	11	11	22	郑所占的负黍反叛，重归于韩。齐伐鲁，取最，韩救鲁。

续表

公元前	周	秦	魏	韩	赵	楚	燕	田齐	齐	晋	大　　事
393	9	7	3	7	16	9	22	12	12	23	楚伐韩，攻取负黍。魏伐郑，在酸枣筑城。魏败秦于注(旧误作"汪")。
392	10	8	4	8	17	10	23	13	13	24	齐迁康公于海上。
391	11	9	5	9	18	11	24	14	14	25	魏、赵、韩伐楚，打败楚军于大梁、榆关。秦伐韩的宜阳，攻取了六个邑。
390	12	10	6	10	19	12	25	15	15	26	秦和魏在武城交战。秦把韩改建为县。齐伐取魏的襄陵。
389	13	11	7	11	20	13	26	16	16	27	秦进攻魏的阴晋。田和和魏武侯在浊泽相会，请求立为诸侯。
388	14	12	8	12	21	14	27	17	17	桓公元	
387	15	13	9	13	22	15	28	18	18	2	秦伐蜀，取南郑。
386	16	出子元	10	文侯元	敬侯元	16	29	元	19	3	田和开始列为诸侯，改称元年。赵迁都邯郸。
385	17	2	11	2	2	17	30	2	20	4	秦庶长菌改迎立公子连(即秦献公)，杀其君出子。"止从死"，即废止殉葬。韩伐郑，取阳城。又伐宋，攻入彭城，俘房丁来侯(即宋悼公)。

续表

公元前	周	秦	魏	韩	赵	楚	燕	田齐	齐	晋	大　　事
384	18	献公元	12	3	3	18	31	侯剡元	21	5	齐攻魏于廪丘,赵救魏,大败齐人。
383	19	2	13	4	4	19	32	2	22	6	秦迁都栎阳。赵筑刚平城,以侵卫国。卫求救于魏,魏败赵军于兔台。
382	20	3	14	5	5	20	33	3	23	7	齐、魏助卫攻赵,卫取得的刚平,攻至中牟。
381	21	4	15	6	6	21	34	4	24	8	赵求救于楚,楚救赵伐魏,战于州西,出于梁门,一直攻到大河(黄河)。赵反攻,攻取魏的棘蒲、黄城。楚西攻百越,据有洞庭、苍梧一带,在此年稍前。楚悼王死,楚贵族攻吴起,吴起被车裂而死。
380	22	5	16	7	7	肃王元	35	5	25	9	齐伐燕,攻取桑丘;魏、赵、韩救燕。中山复国在这年前后。
379	23	6	17	8	8	2	36	6	26	10	齐康公卒,齐吕氏绝祀。秦把蒲、蓝田、善、明氏改建为县。
378	24	7	18	9	9	3	37	7		11	秦国"初行为市"。翟打败魏于浍。魏、赵、韩伐齐到灵丘。越迁都齐到吴。
377	25	8	19	10	10	4	38	8		12	蜀伐楚,攻取兹方,楚筑扞关来抵御。赵伐中山,战于房子。

续表

公元前	周	秦	魏	韩	赵	楚	燕	田齐	齐	晋	大　事
376	26	9	20	哀侯元	11	5	39	9		13	赵又伐中山,战于中人。
375	烈王元	10	21	2	12	6	40	10		14	秦"为户籍相伍"。魏伐楚取榆关。韩灭郑,徙都新郑。
374	2	11	22	懿侯元	成侯元	7	41	桓公元		15	韩山坚(韩严)杀死韩哀侯,韩若山继立,即韩懿侯。田午杀其君田剡和孺子喜而自立,即田桓公。
373	3	12	23	2	2	8	42	2		16	燕打败齐于林孤,魏伐齐到博陵,鲁伐齐入阳关。
372	4	13	24	3	3	9	桓公元	3		17	卫伐齐,攻取薛陵。赵伐卫,攻取了乡邑七十三个。魏败赵于蔺。
371	5	14	25	4	4	10	2	4		18	魏伐楚,攻取鲁阳。
370	6	15	26	5	5	11	3	5		19	赵进攻齐的甄。魏武侯卒,公仲缓与䓖争立。
369	7	16	惠王元	6	6	宣王元	4	6		20	韩、赵助魏公仲缓争立,围魏䓖于浊泽。其后韩因与赵不和而退兵,于是魏䓖战胜赵师与公仲缓,自立为君,即魏惠王。中山筑长城。

续表

公元前	周	秦	魏	韩	赵	楚	燕	田齐	大事
368	显王元	17	2	7	7	2	5	7	赵伐齐，攻到长城。赵和韩联合攻周，齐伐魏，攻取观。
367	2	18	3	8	8	3	6	8	西周威公死，公子根在东部争立，赵、韩用武力加以支持，从此西周分裂为西周、东周二小国。
366	3	19	4	9	9	4	7	9	魏、韩两国国君在宅阳相会。魏在武都筑城，为秦所打败。秦又败韩魏于洛阴。
365	4	20	5	10	10	5	8	10	魏伐取末的仪台。赵攻取卫的甄。
364	5	21	6	11	11	6	9	11	秦战胜魏于石门，斩首六万，赵救魏于石门。
363	6	22	7	12	12	7	10	12	秦攻魏少梁，赵救魏。
362	7	23	8	昭侯元	13	8	11	13	魏战胜赵、韩联军于浍北，擒赵将乐祚，取皮牢，又攻取列人、肥。赵成侯和韩昭侯在上党相会。秦伐魏少梁。
361	8	孝公元	9	2	14	9	文公元	14	魏在四月甲寅（即初三）徙都大梁。魏惠王和韩昭侯在巫沙相会。秦灭獂，杀獂王。
360	9	2	10	3	15	10	2	15	魏导河水人圃田泽，又开大沟引圃田的水。魏瑕阳人从峡山开导青衣水，使东与沫水相合。
359	10	3	11	4	16	11	3	16	卫鞅进说秦孝公变法。

续表

公元前	周	秦	魏	韩	赵	楚	燕	田齐	大　　　事
358	11	4	12	5	17	12	4	17	魏将龙贾率师筑长城于西边。秦败韩于西山。楚引河水灌韩长垣。
357	12	5	13	6	18	13	5	18	韩魏交换土地，魏得首垣（即长垣）、郑鹿等邑。宋攻取魏的黄池，魏攻取韩的朱。魏围改韩的宅阳，魏惠王和韩昭侯在巫沙结盟，解宅阳围。
356	13	6	14	7	19	14	6	威王元	鲁恭侯、宋桓侯、卫成侯、韩昭侯朝见魏惠王。赵成侯和齐威王、宋桓侯在平陆相会，和燕文公在阿相会（"阿"一作"安"）。秦用卫鞅为左庶长，下变法令。
355	14	7	15	8	20	15	7	2	邹忌以鼓琴进说齐威王，用法家改革，申不害相韩，用法家之"术"。昭奚恤为楚令尹而专断。韩从亥谷以南筑长城。魏惠王和秦孝公在杜平相会。宋司城子罕杀宋桓侯夺取政权，当在这年或稍后。
354	15	8	16	9	21	16	8	3	赵伐卫，攻取漆、富丘。魏救卫，进围赵都邯郸。秦攻取魏的少梁。
353	16	9	17	10	22	17	9	4	齐救赵攻魏，打败魏军于桂陵；又联合宋、卫，进围襄陵。魏攻入赵都邯郸。

续表

公元前	周	秦	魏	韩	赵	楚	燕	田齐	大　　　　事
352	17	10	18	11	23	18	10	5	秦进围魏的安邑,安邑降秦。魏调用韩军打败齐、末、卫联军于襄陵,齐请楚景舍向魏求和。
351	18	11	19	12	24	19	11	6	秦在商鞅、周攻魏的固阳,固阳降秦。魏归赵邯郸,魏赵在漳水上结盟。
350	19	12	20	13	25	20	12	7	齐扩建堤防为长城。秦从雍迁都咸阳,并普遍设县。秦开裂田的阡陌封疆。
349	20	13	21	14	肃侯元	21	13	8	秦在县初设秩史。
348	21	14	22	15	2	22	14	9	秦"初为赋"。魏惠王和赵肃侯在阴晋相会。
347	22	15	23	16	3	23	15	10	赵公子范袭邯郸,不胜而死。
346	23	16	24	17	4	24	16	11	
345	24	17	25	18	5	25	17	12	
344	25	18	26	19	6	26	18	13	魏惠王称王,召集逢泽之会,并率诸侯朝见周天子。秦派公子少官率师参与逢泽之会。齐带丁卿大夫到秦聘问。
343	26	19	27	20	7	27	19	14	赵攻魏的首垣。
342	27	20	28	21	8	28	20	15	魏攻韩,战胜于梁、赫,齐救韩伐魏。
341	28	21	29	22	9	29	21	16	齐将田忌大败魏军于马陵,魏将庞涓自杀,太子申被俘。

续表

公元前	周	秦	魏	韩	赵	楚	燕	田齐	大 事
340	29	22	30	23	10	30	22	17	齐、秦、赵三国攻魏。秦卫鞅用计擒魏公子卬,大败魏军。秦封卫鞅于於商,号为商君。
339	30	23	31	24	11	威王元	23	18	魏在大梁北郭开大沟,以通圃田的水。
338	31	24	32	25	12	2	24	19	秦孝公去世,卫鞅车裂而死。秦败魏于岸门,俘房魏将魏错。
337	32	惠文王元	33	26	13	3	25	20	楚、韩、赵、蜀四国君入秦朝见。
336	33	2	34	27	14	4	26	21	魏韩二国朝见齐威王于东阿。秦国"初行钱"。
335	34	3	35	28	15	5	27	22	魏韩二国君朝见齐威王于甄。秦攻取韩的宜阳。
334	35	4	惠王后元元	29	16	6	28	23	魏惠王采用惠施的策略,朝见齐威王于徐州,尊齐为王,齐亦承认魏称王。即所谓"会徐州相王"。
333	36	5	2	30	17	7	29	24	赵进围魏的黄,没有攻克。赵在漳水建筑长城。楚围攻齐的徐州,大败齐将申缚。
332	37	6	3	宣惠王元	18	8	易王元	25	魏献阴晋给秦,秦更名宁秦。齐、魏联合伐赵,赵决河水灌齐、魏联军。

续表

公元前	周	秦	魏	韩	赵	楚	燕	田齐	大　事
331	38	7	4	2	19	9	2	26	义渠内乱，秦派庶长操前往平定。
330	39	8	5	3	20	10	3	27	秦打败魏于雕阴，擒魏将龙贾。魏献河西地给秦。
329	40	9	6	4	21	11	4	28	秦攻取魏河东的汾阴、皮氏及焦等地。魏攻取楚的陉山。
328	41	10	7	5	22	怀王元	5	29	秦开始设置相邦，张仪为秦相。魏全献上郡十五县（包括少梁）给秦。
327	42	11	8	6	23	2	6	30	秦更名少梁为夏阳，归还给魏焦、曲沃等地。
326	43	12	9	7	24	3	7	31	赵肃侯去世。秦、楚、燕、齐、魏都派锐师各万人来参与葬礼。秦初腊。会龙门。
325	44	13	10	8	武灵王元	4	8	32	四月戊午秦惠文君自称为王。魏惠王会韩宣惠王于巫沙，尊韩宣惠王为王。齐战胜赵于平邑，俘虏赵将韩举。
324	45	更元元	11	9	2	5	9	33	秦张仪伐取魏的陕，筑上郡塞。魏惠王和齐威王会于东宛。
323	46	2	12	10	3	6	10	34	楚柱国昭阳攻魏，攻破襄陵，得八邑。秦派张仪、楚大臣在啮桑会盟。公孙衍发起燕、赵、中山和魏、韩"五国相王"。
322	47	3	13	11	4	7	11	35	魏采用张仪的策略，改用张仪为魏相，秦伐取魏的曲沃、平周，把惠施逐走。

续表

公元前	周	秦	魏	韩	赵	楚	燕	田齐	大　　事
321	48	4	14	12	5	8	12	36	张仪兼相秦魏。西汉南越王墓出土有"王四年相邦张仪(仪)戟"。
320	慎靓王元	5	15	13	6	9	王哙元	37	秦假道韩魏攻齐,齐威王使匡章为将应战。秦伐义渠,攻取郁郢。
319	2	6	16	14	7	10	2	宣王元	秦攻取韩的鄢。齐、楚、燕、赵、韩等国支持公孙衍为魏相。惠施回魏。
318	3	7	襄王元	15	8	11	3	2	宋王偃自立为王。魏、赵、韩、楚、燕五国合纵攻秦,不胜而回。燕王哙把君位让给相国子之。
317	4	8	2	16	9	12	4	3	秦败三晋联军于修鱼。齐联合宋攻魏,打败魏于观泽。
316	5	9	3	17	10	13	5	4	秦派司马错伐蜀,蜀亡。秦攻取赵的中都、西阳。
315	6	10	4	18	11	14	6	5	秦攻韩,战于浊泽(一作浊黄)。燕发生内乱,将军市被、太子平进攻子之。
314	赧王元	11	5	19	12	15	7	6	秦大败韩于岸门。燕子之反攻,杀死将军市被、太子平。齐派匡章伐燕,五旬攻下燕国。赵召燕公子职于韩,派乐池送入燕,立为燕王,即燕昭王。秦攻义渠,得二十五城。

续表

公元前	周	秦	魏	韩	赵	楚	燕	田齐	大事
313	2	12	6	20	13	16	8	7	秦派樗里疾攻赵，俘房将赵庄，攻取蔺。
312	3	13	7	21	14	17	9	8	楚景翠围韩雍氏，秦助韩反攻景翠。秦魏章战胜楚于丹阳，房屈丐，取汉中地。齐、宋围魏煮枣。秦、魏围楚于蓝田，韩、楚攻齐到濮水之上，俘房声子(或作贺子)。秦胜楚于蓝田，韩、魏攻楚到邓。
311	4	14	8	襄王元	15	18	昭王元	9	秦樗里疾助魏伐卫。秦伐楚取召陵。
310	5	武王元	9	2	16	19	2	10	秦伐义渠、丹犁。
309	6	2	10	3	17	20	3	11	秦初置丞相，樗里疾、甘茂为左右丞相。
308	7	3	11	4	18	21	4	12	秦攻取韩的宜阳。
307	8	4	12	5	19	22	5	13	赵武灵王实行"胡服骑射"。赵攻中山到房子。秦开始设置将军，以魏冉为将军。
306	9	昭王元	13	6	20	23	6	14	赵攻中山到宁葭，攻略胡地到榆中。楚灭越，设郡江东。
305	10	2	14	7	21	24	7	15	赵攻中山丹邱、华阳、鸱之塞、鄗、石邑、封龙、东垣，中山献四邑请和。
304	11	3	15	8	22	25	8	16	秦、楚在黄棘会盟，秦归还楚上庸。

续表

公元前	周	秦	魏	韩	赵	楚	燕	田齐	大事
303	12	4	16	9	23	26	9	17	秦攻取韩的武遂。秦攻取魏的蒲阪、晋阳、封陵。齐、魏、韩攻楚，楚派太子入质于秦，秦救楚。
302	13	5	17	10	24	27	10	18	赵攻取河宗氏、休溷诸貉之地，设九原、云中二郡。赵迁吏大夫奴于九原。魏襄王、韩太子婴入秦朝见。
301	14	6	18	11	25	28	11	19	秦攻取韩的穰。齐派匡章、魏派公孙喜、韩派暴鸢，共攻楚方城，杀楚将唐眛，韩、魏取得宛、叶以北之地。
300	15	7	19	12	26	29	12	湣王元	秦攻楚，拔新城，杀楚将景缺。赵再攻中山。
299	16	8	20	13	27	30	13	2	楚怀王受骗入秦，被秦王扣留。赵武灵王传位给王子何（即惠文王），自号主父。孟尝君田文入秦为相。
298	17	9	21	14	惠文王元	顷襄王元	14	3	秦攻取楚析等十多城。赵派楼缓入秦为相，派仇郝到宋为相。孟尝君由秦回齐。齐、韩、魏攻秦到函谷关。
297	18	10	22	15	2	2	15	4	赵武灵王出巡，西遇楼烦王子西河而致其兵。齐、韩、魏联军继续攻秦。
296	19	11	23	16	3	3	16	5	齐、韩、魏联军攻入秦的函谷关，秦求和，归还韩河外及武遂，归还魏河外及封陵。齐伐燕，"覆三军，获二将"。赵灭中山，迁中山王于肤施。

续表

公元前	周	秦	魏	韩	赵	楚	燕	田齐	大　事
295	20	12	昭王元	釐王元	4	4	17	6	赵公子章争夺君位，失败后逃入主父宫；公子成、李兑包围主父宫，主父饿死。秦楼缓免相，魏冉为相。燕昭王使苏代入齐，助齐攻宋。
294	21	13	2	2	5	5	18	7	齐用五大夫吕礼为相。齐田甲劫王，孟尝君出走。
293	22	14	3	3	6	6	19	8	秦左更白起大胜韩、魏联军于伊阙，斩首二十四万，房魏将公孙喜。
292	23	15	4	4	7	7	20	9	秦大良造白起攻魏取垣。
291	24	16	5	5	8	8	21	10	秦白起攻韩取宛。秦左更司马错攻魏取轵，攻韩取邓。秦封公子市于宛、公子悝于邓。
290	25	17	6	6	9	9	22	11	魏献给秦河东地方四百里。韩献给秦武遂地方二百里。
289	26	18	7	7	10	10	23	12	秦攻取魏六十一城。
288	27	19	8	8	11	11	24	13	魏昭王入赵朝见，并献阴成、葛孽（在这年或稍前）。十月，秦魏冉约齐并称帝，齐为东帝，秦为西帝。十二月，齐用苏代计，自动取消帝号，合纵接秦。
287	28	20	9	9	12	12	25	14	苏代约赵、齐、楚、魏、韩五国改秦，呈于成皋。秦归还部分给赵、魏地的新垣、曲阳。

续表

公元前	周	秦	魏	韩	赵	楚	燕	田齐	大　　事
286	29	21	10	10	13	13	26	15	秦攻魏的河内，魏献安邑给秦。赵将韩徐为攻齐，魏败韩于夏山。齐灭宋，未王懼死于魏的温。
285	30	22	11	11	14	14	27	16	秦昭王和楚顷襄王在宛相会，和赵惠王在中阳相会。秦将蒙骜攻齐，夺得九城。
284	31	23	12	12	15	15	28	17	秦昭王和楚昭王在宜阳相会，和韩釐王在新城相会。燕将乐毅攻齐入都临淄。魏攻乐取旧宋地，五国合纵攻齐，楚收复准北地。
283	32	24	13	13	16	16	29	襄王元	赵惠文王和燕昭王相会。赵攻齐阳晋。秦昭王和楚顷襄王先后在鄢、穰相会。秦攻魏，到大梁，燕、赵救魏。
282	33	25	14	14	17	17	30	2	秦昭王和韩釐王在新城相会，和魏昭王在新明邑相会。秦攻赵，取蔺、祁二城。赵攻魏伯阳。
281	34	26	15	15	18	18	31	3	秦把攻齐所得的陶（定陶）封给魏冉。赵攻齐，取光狼。秦派白起攻赵，伐魏。
280	35	27	16	16	19	19	32	4	秦派司马错由蜀攻取楚黔中，楚献汉北及上庸地给秦。赵攻取齐的麦邱。

续表

公元前	周	秦	魏	韩	赵	楚	燕	田齐	大　　事
279	36	28	17	17	20	20	33	5	燕昭王死，燕惠王改用骑劫代乐毅。齐田单反攻，一举收复齐的失地七十多城。秦派白起和赵惠王在渑池相会修好，攻取鄢、邓，西陵。黔中郡楚将庄蹻越过黔中郡，一直攻到滇池。
278	37	29	18	18	21	21	惠王元	6	秦白起攻下楚都鄢郢，焚烧夷陵、安陆、建立南郡，向南又攻取洞庭五渚，江南，楚迁都到陈。
277	38	30	19	19	22	22	2	7	秦派蜀守张若再度攻取巫郡，黔中郡。
276	39	31	安釐王元	20	23	23	3	8	楚收复黔中十五邑，重新建郡抗秦。赵派廉颇攻取魏的几，秦攻取魏一城。
275	40	32	2	21	24	24	4	9	赵派廉颇攻取魏的防陵，安阳。秦攻魏到大梁，韩派暴鸢任救，被秦大败，魏献温给秦求和。
274	41	33	3	22	25	25	5	10	赵派燕周攻取齐的昌城，高唐。秦攻魏蔡，中阳等四城。
273	42	34	4	23	26	26	6	11	赵、魏联合攻到韩到华阳，秦派白起、胡阳救韩，大胜于华阳，打跑魏将芒卯，攻取卷、蔡阳等城，又战败赵将贾偃。秦又围攻魏的大梁，赵、燕来救，魏献南阳给秦求和。
272	43	35	5	桓惠王元	27	27	7	12	燕相公孙操杀了燕惠王，拥立武成王。秦灭又楚。秦，楚助韩，魏攻燕。
271	44	36	6	2	28	28	武成王元	13	赵相蔺相如攻齐到平邑。

续表

公元前	周	秦	魏	韩	赵	楚	燕	田齐	大　　　　　事
270	45	37	7	3	29	29	2	14	秦派客卿灶（或作造）攻取齐国的刚、寿。
269	46	38	8	4	30	30	3	15	秦派胡阳通过韩的上党攻赵的阏与，赵将赵奢往救，大破秦军。
268	47	39	9	5	31	31	4	16	秦派五大夫绾攻取魏的怀。
267	48	40	10	6	32	32	5	17	
266	49	41	11	7	33	33	6	18	秦攻取魏的邢丘。秦起用范睢为相。
265	50	42	12	8	孝成王元	34	7	19	秦攻赵三城。秦攻取韩的少曲、高平。
264	51	43	13	9	2	35	8	王建元	秦派白起攻取韩汾水旁的陉城。
263	52	44	14	10	3	36	9	2	秦攻取韩太行山南的南阳。
262	53	45	15	11	4	孝烈王元	10	3	秦攻取韩的野王，切断上党通韩都新郑的道路。韩上党郡守冯亭归赵。
261	54	46	16	12	5	2	11	4	秦左庶长王龁攻取上党，赵将廉颇拒秦于长平。秦攻取韩的缑氏、纶。楚攻取鲁的徐州。
260	55	47	17	13	6	3	12	5	赵用赵括代廉颇为将，秦将白起大败赵于长平，活埋战俘四十多万人。
259	56	48	18	14	7	4	13	6	秦派王龁攻取赵的武安、皮牢，司马梗攻取太原。秦派五大夫王陵进攻赵都邯郸。

续表

公元前	周	秦	魏	韩	赵	楚	燕	田齐	大　事
258	57	49	19	15	8	5	14	7	秦派王龁代王陵继续攻邯郸。
257	58	50	20	16	9	6	孝王元	8	秦相范睢起用王稽为河东守，郑安平为将军。魏信陵君魏无忌，楚春申君黄歇救赵。秦将郑安平降赵。秦又在河东大败。
256	59	51	21	17	10	7	2	9	楚灭鲁，迁封鲁君于莒。秦灭西周，西周君迁居于𢝫狐。周赧王卒。秦攻取韩阳城、负黍。
255		52	22	18	11	8	3	10	秦河东郡守王稽因罪被杀。秦相范睢死。
254		53	23	19	12	9	王喜元	11	秦向魏河东反攻，攻取吴。魏向东攻取秦孤立在东方的陶郡，灭卫国。
253		54	24	20	13	10	2	12	楚临时徙郢到巨阳。
252		55	25	21	14	11	3	13	
251		56	26	22	15	12	4	14	燕派栗腹、庆秦带六十万人攻赵，为赵将廉颇、乐乘所败。赵进围燕都。
250		孝文王元	27	23	16	13	5	15	赵再度进围燕都。
249		庄襄王元	28	24	17	14	6	16	赵又围攻燕都。秦用吕不韦为相国。秦灭东周，攻取成皋、荥阳，建立三川郡。
248		2	29	25	18	15	7	17	

续表

公元前	周	秦	魏	韩	赵	楚	燕	田齐	大　事
247		3	30	26	19	16	8	18	秦攻取了魏的高都、波。秦攻取赵榆次、新城、狼孟等三十七城。魏信陵君合五国兵攻秦，打败蒙骜于河外。
246		始皇帝元	31	27	20	17	9	19	秦又全部改占韩的上党郡。秦派蒙骜平定晋阳，重建太原郡。
245		2	32	28	21	18	10	20	赵派廉颇攻取魏的繁阳。秦再度攻取魏的卷。
244		3	33	29	悼襄王元	19	11	21	秦派蒙骜攻取韩十三城。秦攻取魏的畼、有诡。
243		4	34	30	2	20	12	22	赵派李牧攻燕的武遂、方城。
242		5	景湣王元	31	3	21	13	23	燕派剧辛攻赵，赵庞煖反攻，杀死剧辛。秦蒙骜攻取魏酸枣、燕、虚、桃人等二十城，建立东郡。
241		6	2	32	4	22	14	24	楚迁都寿春。秦攻取魏的朝歌。秦把卫角迁到野王，作为秦的附庸。赵庞煖率赵、楚、魏、燕、韩五国兵攻秦，至蕞。
240		7	3	33	5	23	15	25	秦攻取赵的龙、孤、庆都。秦攻取魏的汲。
239		8	4	34	6	24	16	26	秦长安君成蟜(盛桥)攻取赵的上党，成蟜在屯留叛降赵国，赵封成蟜于饶。
238		9	5	王安元	7	25	17	27	秦派杨端和攻取魏的首垣、蒲、衍氏。秦长信侯嫪毐叛乱，为秦王所平定。

续表

公元前	周	秦	魏	韩	赵	楚	燕	田齐	大　事
237		10	6	2	8	幽王元	18	28	秦免除吕不韦相职。
236		11	7	3	9	2	19	29	赵派庞煖攻燕，攻取狸、阳城。秦派王翦、桓齮、杨端和攻赵，攻取阏与、橑阳、邺、安阳等九城。
235		12	8	4	王迁元	3	20	30	秦征发四郡的兵，助魏攻楚。
234		13	9	5	2	4	21	31	秦将桓齮攻赵的平阳、武城，杀赵将扈辄。
233		14	10	6	3	5	22	32	桓齮继续攻赵赤丽、宜安，被赵将李牧大败于肥，桓齮出奔。韩派韩非入使秦国，劝秦先伐赵，旋即被迫自杀。
232		15	11	7	4	6	23	33	秦大举攻赵，一军由太原攻到番吾，为赵将李牧所败。
231		16	12	8	5	7	24	34	韩南阳假守腾投献于秦，秦升以为内史。
230		17	13	9	6	8	25	35	秦派内史腾攻韩，俘房韩王安，把韩国灭亡，建立为颍川郡。
229		18	14		7	9	26	36	秦派王翦率上党兵，直下井陉；派杨端和率河间兵，进攻邯郸，另有羌瘣带兵助战。赵起用赵葱、颜聚代李牧。
228		19	15		8	10	27	37	秦大破赵军，任东阳俘房赵王迁。赵公子嘉出奔代，自立为代王。

续表

公元前	周	秦	魏	韩	赵	楚	燕	田齐	大事
227		20	王假元		代王嘉元	王负刍元	28	38	秦派王翦、辛胜攻燕、代，在易水以西打败燕、代联军。燕王喜、代王嘉迁都辽东。燕太子丹派荆轲刺秦王，没有成功。
226		21	2		2	2	29	39	秦攻下燕都蓟，燕王喜迁都辽东。秦派王贲击楚，取十余城。新郑叛秦，韩王安死。
225		22	3		3	3	30	40	秦将王贲围攻魏都大梁，决河和大沟的水灌大梁，大梁城坏，魏王假降，魏亡。秦将李信、蒙武击楚，李信败还。秦设右北平郡、渔阳郡、辽西郡。
224		23			4	4	31	41	秦将王翦、蒙武大破楚军，楚将项燕自杀。秦设上谷郡、广阳郡。
223		24			5	5	32	42	秦军攻入楚都寿春，俘虏楚王负刍，楚亡。秦设置楚郡。
222		25			6		33	43	秦军定楚江南地，设会稽郡。秦王贲攻取燕的辽东，俘虏燕王喜，燕亡。又攻取代，俘虏代王嘉，赵亡。
221		26						44	秦派王贲从燕南攻齐，俘虏齐王建，齐亡。秦统一中原地区。

战国大事年表中有关年代的考订

    战国时代各国史事，是用国君在位的年数来纪年的。我们为了弄清楚历史事件发生的年代，除了用公元来纪年以外，不得不附上各大国国君在位年数，以便查考。但是《史记·六国年表》所载各国国君的世次年数有很多错误，过去许多学者曾根据《古本竹书纪年》来加以考订，校正了不少错误。然而所有的考订都是不够完善的，因此我们在编排这个大事年表时，不能不作一些必要的考订。

一、关于魏文侯、魏武侯、魏惠王、魏襄王的年代。

    《史记·六国年表》记魏文侯元年在周威烈王二年，即公元前四二四年。记魏武侯元年在周安王十六年，即公元前三八六年。记魏惠王元年在周烈王六年，即公元前三七〇年。记魏襄王元年在周显王三十五年，即公元前三三四年。又有魏哀王元年记在周慎靓王三年，即公元前三一八年。《史记》将魏文侯、魏武侯、魏惠王、魏襄王的年代如此安排，是错得厉害的。

    《孟子》记有梁惠王对孟子说的一席话："晋国，天下莫强焉，叟之所知也。及寡人之身，东败于齐，长子死焉，西丧地于秦七百里，南辱于楚。寡人耻之，愿比死者一洒之，如之何则可？"(《梁惠王上篇》)这里所谓"东败于齐，长子死焉"，就是指《史记·魏世家》所载魏惠王三十年太子申战死马陵之役；至于"西丧地于秦七百里"，当是指魏献西河、上郡给秦的事；"南辱于楚"，当是指楚柱国昭阳破魏于襄陵的事。可是照《史记》说来，魏献西河给秦已是魏襄王五年的事，魏献上郡给秦已是魏襄王七年的事，楚破魏于襄陵已是魏襄王十二年的事，魏惠王怎么能把身后的事说给孟子听呢？很显然的，是《史记》把年代弄错了。

《史记·魏世家》说：魏惠王三十六年卒，子襄王立；襄王十六年卒，子哀王立；哀王二十三年卒。而《竹书纪年》（以下简称《纪年》）却说"惠王三十六年改元，从一年始，至十六年而称惠成王卒"（杜预《春秋经传集解后序》），《世本》也说"惠王生襄王，襄王生昭王"（《史记·魏世家·索隐》引），其间并无哀王一代。原来魏惠王到三十六年没有死，只是改元又称一年，又十六年才死的。《史记》误把惠王改元后的年世当作襄王的年世，又误把襄王的年世作为哀王的年世。自从《纪年》出土以后，历来研究战国史的都根据《纪年》来纠正《史记》的错误，这是正确的。因为《史记》的错误，从《史记》本身也可以见到。《史记·赵世家》说："武灵王元年……梁惠王与太子嗣、韩宣王与太子仓来朝信宫。"这年据《史记·六国年表》是魏襄王十年，可是魏襄王名嗣（《史记·魏世家·索隐》引《世本》，《苏秦列传·索隐》引《世本》也说"魏惠王子名嗣"）。如果这年真是魏襄王十年的话，太子就不该是嗣。这年魏太子是嗣，分明这年率太子嗣朝赵的是梁惠王了。如果根据《纪年》，这年是魏惠王后元十年，那末，这时太子正是嗣。从这里，我们也可以看到《纪年》的正确性。

　　是不是依照前人的考订，根据《纪年》把《史记》魏襄王的年世改作魏惠王改元后的年世，把《史记》魏哀王的年世改作魏襄王的年世，问题就解决了呢？如果我们把《纪年》和《史记》所载魏惠王时的事校对一下，两者的年代还是不能相合的，有的相差二年，有的相差一年，这是什么原因呢？

　　《纪年》和《史记》所载魏惠王时的事相差一年的有五件事：

　　（一）《水经·河水注》和《路史·国名纪丁》注引《纪年》："梁惠成王二年齐田寿率师伐赵，围观，观降。"而《史记·魏世家》作"惠王三年齐败我观"。

　　（二）《史记·魏世家·索隐》引《纪年》："鲁恭侯、宋桓侯、卫成侯、郑釐侯来朝皆在〔梁惠王〕十四年。"而《史记·魏世家》和《六国年表》作"惠王十五年鲁、卫、宋、郑君来朝"。

　　（三）《史记·孙子吴起列传·索隐》记王劭引《纪年》说："梁惠王十七年，齐田忌败梁于桂陵。"《水经·济水注》引《纪年》也说："梁惠成王十七年齐田期（即田忌）伐我东鄙，战于桂阳（《水经注》说：桂阳"亦曰桂陵"，"阳"乃"陵"字之误），我师败逋。"而《史记·魏世家》作："惠王十八年，拔邯郸。赵请救于齐，齐使田忌、孙膑救赵，败魏桂陵。"《六国年表》略同。

　　至于《魏世家·索隐》说："《纪年》二十八年，与齐田肦战于马陵；上二年，魏败韩马陵；十八年，赵（当作齐）又败魏桂陵。桂陵与马陵异处。"这段话上文引的是《纪年》，下文"上二年"、"十八年"云云，只是根据《魏世家》上文用来说明"桂陵与马陵异处"的。前人每多把《索隐》的"上二年"、"十八年"云云作为《纪年》的文字，是错误的。我们不能据此认为《纪年》和《史记》相合。

　　（四）《水经·淮水注》引《纪年》说："梁惠成王十七年，宋景敳、卫公孙仓会齐师围我襄陵。十八年，王以韩师败诸侯师于襄陵。"而《史记·魏世家》作惠王"十九年，诸侯围我襄陵"。《六国年表》同。

　　（五）《水经·浊漳水注》和《路史·国名纪己》引《纪年》说："梁惠成王三十年秦封卫鞅于邬，改名曰商。"《史记·商君列传·索隐》也说："《纪年》云：秦封商鞅在惠王三十年。"而据《史记·六国年表》"秦封大良造商鞅"在秦孝公二十二年，即魏惠王三十一年、楚宣王三十年。《秦本纪》也说："孝公二十二年封鞅为列侯，号商君。"《楚世家》也说："宣王三十年秦封卫鞅于商。"

　　《纪年》和《史记》所载魏惠王时的事，相差二年的有两件：

　　（一）《史记·孙子吴起列传·索隐》记王劭引《纪年》说："（梁惠王）二十七年十二月，齐田肦败梁于马陵。"《魏世家·索隐》引《纪年》又说："〔梁惠王〕二十八年与齐田肦战于马陵。"《孟尝君列传》"败之马陵"下《索隐》也说："《纪年》当梁惠王二十八年。"而《史记·魏世家》作："〔惠王〕三十年……太子果与齐人战，败于马陵。"《六国年表》略同。

　　（二）《史记·魏世家·索隐》引《纪年》说："〔惠王〕二十九年五月，齐田肦伐我东鄙。九月，秦卫鞅伐我西鄙。十月，邯郸伐我北鄙。王攻卫鞅，我师败绩。"《水经·泗水注》引《纪年》也说："梁惠王二十九年五月齐田肦及宋人伐我东鄙，围平阳。"《史记·商君列传·索隐》也说："梁惠王二十九年秦卫鞅伐梁西鄙。"而《魏世家》作："〔惠王〕三十一年，秦、赵、齐共伐我。"《六国年表》也说："〔魏惠王〕三十一年秦商君伐我，虏我公子卬。"又说：这年齐"与赵会，伐魏"。

　　我们把《纪年》和《史记》所载魏惠王时的事两相校对，相差一年的有五件，相差两年的有两件，年代相合的一件事也没有。前人做考订的，对于这个问题也曾接触到（如雷学淇《竹书纪年义证》等），或者认为《史记》所据的是《秦记》，用的是"周正"，《纪年》用的是"夏正"，因为这些事都发生在"夏正"的仲冬或季冬，由"周正"来计算已是次年的一月、二月了，但是何以《纪年》上所载梁惠王时的事恰巧都在仲冬、季冬发生的呢？何以《纪年》和《史记》的年代竟没有一件事不相差呢？或者认为一件事可能连续两年，战争是可能连续到次年的，但是秦封商君这样的事是不可能跨年度的；鲁、卫、宋、郑四国国君朝见魏惠王的事，也不可能持续到第二年。我们知道，《史记》所根据的是《秦记》，大事的年代既不会错；《纪年》是魏国的历史记录，所记的魏国的历史事件年代也不会错，那末，《纪年》和《史记》所记魏惠王时的事怎样会相差一年至二年呢？如果不把这个问题弄清楚，要想根据《纪年》来校正《史记》的年代是不可能正确的。这是校订战国年代的关键问题。

　　不仅《纪年》和《史记》所载魏惠王时的事年代有相差，所载魏文侯、魏武侯时的事年代也还有相差的。《史记·魏世家》和《六国年表》记魏文侯在位三十八年，魏武侯在位十六年，而《魏世家·索隐》于"文侯卒"下说："《纪年》五十年卒。"于"武侯卒"下又说："《纪年》云：武侯二十六年卒。"雷学淇《竹书纪年义证》和王国维《古本竹书纪年辑校》，都认为《纪年》为是，都根据《史记》武侯的卒年，就《纪年》的年数上推文侯、武侯的年世，因而定文侯元年在周定王二十三年（公元前四四六年），武侯元年在周安王六年（公元前三九六年）。可是《史记·魏世家·索隐》引《纪年》说："魏武侯元年当赵烈侯之十四年。"赵烈侯元年在周威烈王十八年（《史记·赵世家》、《六国年表》在烈侯后误多武公一代），烈侯十四年应是周安王七年。为什么雷学淇、王国维的推算又和这相差一年呢？如果说《史记》魏武侯的年世较《纪年》短少了十年，那末《史记》和《纪年》所载魏武侯时的事应该相差十年。可是我们校对的结果只是相差九年。例如：

（一）《史记·魏世家》说："〔武侯〕二年城安邑、王垣。"而《索隐》引《纪年》作"十一年城洛阳及安邑、王垣"。

（二）《史记·韩世家》说："韩哀侯二年灭郑，因徙都郑。"《史记》韩哀侯二年当魏武侯十二年。而《索隐》引《纪年》说："魏武侯二十一年韩灭郑，哀侯入于郑。"

为什么按照雷学淇、王国维所考订的魏武侯年代和《史记·索隐》所引的《纪年》又相差一年呢？我们认为这和前面所说的《纪年》和《史记》所载魏惠王时的事相差一年是有关连的。

《史记·魏世家》说："襄王元年与诸侯会徐州相王也。"《秦本纪》也说这年"齐、魏为王"（《史记·田齐世家》和《孟尝君列传》略同）。《史记》既把惠王改元当作襄王元年，可知这年的惠王改元是由于齐、魏两国相互尊王号的缘故，正同秦惠文君因称王而改元一样。《纪年》既说惠王三十六年改元又称一年，那末魏惠王在三十六年改元时没有逾年改元，正同田和的称侯改元一样。如此说来，魏惠王改元前的第三十六年，也就是改元的元年，如果把这年算作改元的元年，改元前实只三十五年。由于司马迁把"魏惠王三十六年改元"误作了"三十六年卒"，于是《史记》魏惠王在改元前的年世就多出了一年，把魏惠王纪元和魏武侯的卒年都提上了一年。《纪年》和《史记》所载魏惠王时的事的年份所以会相差一年，雷学淇、王国维考订的魏文侯、魏武侯年代和《史记·索隐》所引《纪年》的年份所以会相差一年，都是由于这个缘故。至于《纪年》和《史记》所载魏惠王时的事相差二年的，都是关于战争的记载，这是由于战争连续到了次年，《史记》根据的是《秦记》，《秦记》是秦国的史记，对于他国战争只记胜负之年，所以都记在次年了。

我们说《史记》魏惠王的纪元误上一年，也还有科学的根据。《史记·六国年表》说："秦献公十六年民大疫，日蚀。"照《六国年表》的年代，这年已是魏惠王二年。可是《开元占经》卷一〇一引《纪年》说："梁惠成王元年昼晦。"昼晦即是日蚀，《六国年表》谓"秦厉共公三十四年日蚀昼晦"，"秦献公三年日蚀昼晦"，都把日蚀和昼晦连称，可为明证。查这年是公元前三六九年，四月十一日十三时九分确是日有环食（朱文鑫《历代日食考》中《战国及秦日食考》）。《纪年》既说魏惠王元年昼晦，那末魏惠王元年决在公元前三六九年。《六国年表》定魏惠王元年在周烈王六年，即公元前三七〇年，显然是误上了一年。

《魏世家》"襄王卒，子哀王立"下《集解》说："荀勖曰：和峤云：……今案古文，惠成王立三十六年改元称一年，改元后十七年卒。"《索隐》也说："《纪年》云：惠成王三十六年又称后元一，十七年卒。"《魏世家》"惠王卒"下《索隐》又说："《纪年》云：惠成王三十六年改元称一年，未卒也。"《田世家》"魏惠王卒"下《索隐》也说："此时梁惠王改元称一年，未卒也。"这都足以证明《纪年》的记载确是魏惠王三十六年改元。雷学淇认为魏惠王在改元前实只三十五年，这是很对的。但是据此便认为改元后有十七年，那就错了。《史记·集解》和《索隐》的"十七年"该都是"十六年"之误，杜预《春秋经传集解后序》引《纪年》作"十六年"，可以证明。魏惠王因"齐、魏相王"而改元，改元后只有十六年。《史记》虽然把魏惠王的后元误作魏襄王的年世，但十六年是不错的。

总之，《史记》短少了魏文侯的年世十二年，又短少了魏武侯的年世十年，把"魏惠王三十六年改元"误作"魏惠王三十六年卒"，把魏惠王的纪元和魏武侯的卒年提上了一年，又误把"魏惠王改元后的年世作为魏襄王的年世，因而在魏襄王之后多出了一个魏哀王，把魏襄王的年世算作了魏哀王的年世。《史记》上这一连串的错误，我们是可以根据《纪年》来加以校正的。

我们根据上面的考订，可以明确知道：（一）魏文侯元年应在周定王二十四年，即公元前四四五年。（二）魏武侯元年应在周安王七年，即公元前三九五年。（三）魏惠王元年应在周烈王七年，即公元前三六九年，到魏惠王三十六年即公元前三三四年，改元又称一年，即是魏惠王后元元年。（四）魏襄王元年应在周慎靓王三年，即公元前三一八年。

二、关于齐威王、齐宣王、齐湣王的年代。

《史记·六国年表》记齐威王元年在周安王二十四年，即公元前三七八年。记齐宣王元年在周显王二十七年，即公元前三四二年。记齐湣王元年在周显王四十六年，即公元前三二三年。《史记》将齐威王、齐宣王、齐湣王的年代如此安排，也是错得很厉害的。

我们看《战国策·燕策一》说："子之三年，燕国大乱，……储子谓齐宣王'因而仆之'，……王因令章子（即匡章）将五都之兵，以因北地之众伐燕"（《史记·燕世家》同）。《战国策》认为伐燕子之的是齐宣王，可是《史记·六国年表》记这事在周赧王元年，照《六国年表》所排列的齐国年代，这年已是齐湣王十年了。究竟伐燕子之的是齐宣王还是齐湣王呢？据《孟子》记载：沈同曾私下问孟子："燕可伐与？"孟子说："可。子哙不得与人燕,子之不得受燕于子哙。"(《孟子·公孙丑下篇》)接着"齐人伐燕","五旬而举之",齐宣王曾为此问孟子应否"取之"。后来"齐人伐燕取之,诸侯将谋救燕",齐宣王又为此问孟子"何以待之"(《孟子·梁惠王下篇》)。接着"燕人畔",王说:"吾甚惭于孟子。"(《孟子·公孙丑下篇》)那末伐燕子之的一定是齐宣王。很显然的,《史记》所排列的齐国年代有错误。前人也曾注意到这个问题,想校正《史记》齐国的年代,例如《资治通鉴》曾把齐威王的年世加多十年,把齐宣王的年世移后十年。《大事记》又把齐湣王的年世缩短十年,把齐宣王的年世延长十年。目的都在求齐伐燕的年代能和《孟子》、《战国策》相合,但是这样的移动都是勉强凑合,没有根据的。

我们要纠正《史记》齐国年代的错误,正如同纠正《史记》魏国年代的错误一样,唯有根据《纪年》了。《史记·索隐》引《纪年》说:"齐康公五年田侯午生,二十二年田侯剡立,后十年齐田午弑其君及孺子喜而为公。"(《史记·田世家·索隐》引《纪年》)"梁惠王十二年当齐桓公十八年,后威王始见,则桓公立十九年而卒。"(《史记·田世家·索隐》引《纪年》。《魏世家·索隐》说:"按《纪年》,齐幽公之十八年而威王立。""幽公"当是"桓公"之误。)"威王十四年,田朌伐梁,战马陵"(《史记·田世家·索隐》引《纪年》)。《孙子·吴起列传·索隐》引《纪年》说:"〔梁惠王〕二十七年十二月齐田朌败梁于马陵")。"梁惠王后元十五年齐威王薨"(《史记·孟尝君列传·索隐》引《纪年》)。据此可知,《史记》在田太公(田和)和田桓公之间脱漏了田侯剡一代,《史记》所说桓公在位年数六年和威王在位年数三十六年,都是错误的。田侯剡立于齐康公二十二年,即周安王十九年,其元年当在周安王二十年,即公元前三八二年。桓公元年在周烈王二年,即公元前三七四年。桓公十八年相当于魏惠王十三年,即周显王十二年,这年齐威王始立,那末齐威王元年当在周显王十三年,即公元前三五六年。马陵之役在齐威王十四年,相当于魏惠王二十七年,即周显王二十六年,亦即公元前三四三年。到魏惠王后元十五年即周慎靓王元年,齐威王卒,齐宣王始立,那末齐宣王元年当在周慎靓王二年,即公元前三一九年。总计田侯剡在位首尾十年,田桓公在位首尾十九年,齐威王在位首尾三十八年。《史记》总共短少了田侯剡九年、田桓公十二年、齐威王一年,因而把齐威王、齐宣王和齐湣王的年世都拉上了,于是所记历史事件的年代不能和《孟子》、《战国策》相合了。

根据《纪年》,齐宣王元年既在周慎靓王二年,即公元前三一九年。那末周赧王元年(即公元前三一四年)的齐伐燕事件,是在齐宣王六年。这样,和《孟子》、《战国策》所有齐宣王伐燕的记述也完全符合了。《战国策·齐策二》载:"韩、齐为与国,张仪以秦、魏伐韩。齐王曰:‘……吾将救之。'田臣思(即田忌)曰:‘……子哙与子之国,百姓不戴,诸侯弗与。秦伐韩,楚、赵必救之,是天以燕赐我也。'王曰:‘善。'乃许韩使者而遣之。韩自以为得交于齐,遂与秦战。楚、赵果遽起兵救韩,齐因起兵攻燕,三十日而举燕国。"所记也是这件事。而《史记·田世家》也有一段和这相似的记载,记在"桓公午五年"。这是由于司马迁误把这事和周安王二十二年"齐伐燕取桑丘"的事并为一谈,又误定田桓公元年在周安王十八年,就误以为田桓公五年的事了。

齐宣王的卒年,《史记·索隐》没有引《纪年》来比勘。据《史记·田世家》,齐宣王在位十九年,依《纪年》将齐威王的卒年下推,那末齐宣王的卒年和齐湣王的即位年份应在周赧王十四年,即公元前三〇一年。这年齐相田文曾联合韩、魏,派匡章攻楚的方城,杀楚将唐蔑于沘水旁的垂沙。据《荀子·王霸篇》,"破楚"已是齐闵王(即湣王)的事,可证这年齐湣王已即位。如此说来,齐湣王元年应在周赧王十五年,即公元前三〇〇年。

我们根据上面的考订,可以明确知道:(一)齐威王元年在周显王十三年,即公元前三五六年。(二)齐宣王元年在周慎靓王二年,即公元前三一九年。(三)齐湣王元年在周赧王十五年,即公元前三〇〇年。

特别要指出,近人有把齐威王、宣王、湣王三王的年世改作齐威宣王和宣湣王两王的年世,更改《六国年表》而自称新表的,这完全出于凭空设想,毫无史料的根据,不符合历史事实,已在本书第六章第八节"沿用谥法的礼制"及注解中加以明辨,请注意。

三、关于赵襄子、赵烈侯的年代。

《史记·六国年表》赵国年表中赵襄子、赵桓子、赵烈侯三个国君的年代有错误。

《史记》把赵简子的卒年定在晋出公十七年,即公元前四五八年,这是不可信的。《史记·赵世家》一方面说:"晋出公十七年简子卒,太子毋恤代立,是为襄子。"一方面又说:"赵襄子元年越围吴,襄子降丧食,使楚隆问吴王。"查《左传》记越围吴事在鲁哀公二十年、晋定公三十七年,即公元前四七五年。这年赵襄子正居简子的丧,可知赵简子已去世,而赵襄子元年应在公元前四七四年。

《史记·赵世家》说:"〔烈侯〕九年烈侯卒,弟武公立。武公十三年卒,赵复立烈侯太子章,是为敬侯。"《索隐》说:"谯周云:《世本》及说赵语者,并无其事,盖别有所据。"查《魏世家·索隐》引《纪年》说:"魏武侯元年当赵烈侯十四年。"可知赵烈侯九年并未去世,《史记》所说"弟武公立"事,是不可信的。《赵世家》说赵烈侯名籍,赵敬侯名章,只是武公没有名字,而且赵烈侯、赵敬侯都称侯,何以其中会夹着一个称公的国君呢?分明是《史记》中多出了武公一代,把赵烈侯年世划分了十三年给武公。因此我们决定取消《六国年表》中武公这一代,把武公的十三年归还给烈侯。

还有,《史记·晋世家·索隐》引《纪年》说:"韩哀侯、赵敬侯并以桓公十五年卒。"晋桓公十五年即魏武侯二十二年,亦即公元前三七四年,较《六国年表》所记赵敬侯卒年要迟一年。因为没有其他更精确的材料来校订,姑且仍从《六国年表》。

四、关于韩哀侯、韩懿侯、韩昭侯的年代。

《史记·六国年表》记韩哀侯在位六年,卒年为周烈王五年,即公元前三七一年。记韩庄侯在位十二年,卒年为周显王十年,即公元前三五九年。而韩昭侯元年,即在次年。《六国年表》这样安排韩君的年世,是有错误的。

《韩世家》记哀侯六年"韩严弑其君哀侯,而子懿侯立"。《索隐》说:"《年表》懿侯作庄侯。又《纪年》云:'晋桓公邑哀侯于郑,韩山坚贼其君哀侯而立韩若山。'若山即懿侯也,则韩严为韩山坚也。"又说:"《纪年》:魏武侯二十一年韩灭郑,哀侯入于郑。二十二年晋桓公邑哀侯于郑。"《晋世家·索隐》说:"《纪年》云:魏武侯以桓公十九年卒,韩哀侯、赵敬侯并以桓公十五年卒。"可知韩哀侯的卒年在魏武侯二十二年。晋桓公十五年,即周烈王二年,亦即公元前三七四年。

韩懿侯,《水经·沁水注》引《纪年》又作韩懿侯若,《史记·晋世家·索隐》和《水经·浊漳水注》引《纪年》又作韩共侯。韩懿侯在公元前三七四年杀死哀侯而自立,应该没有隔年改元。

《水经·济水注》引《纪年》说:"〔梁惠成王九年〕王会郑釐侯于巫沙。"郑釐侯即韩昭侯。梁惠王九年当公元前三六一年。《史记·赵世家》说:赵成侯十三年"成侯与韩昭侯遇上党"。赵成侯十三年当公元前三六二年。可知《韩世家》把韩昭侯元年定在公元前三五八年是错误的。我们没有正确的材料可据,姑且定韩昭侯元年在公元前三六二年。

五、关于秦简公、秦惠公的年代。

《史记·六国年表》记秦简公在位十五年,秦简公之后是秦惠公,秦惠公在位十三年。而《古本竹书纪年》所记也有所不同。《史记·秦本纪·索隐》说:"又《纪年》云:简公九年卒,次敬公立,十二年卒,次惠公立。"《秦始皇本纪·索隐》说:"王劭案《纪年》云:简公后次敬公,敬公立十三年乃至惠公。"王劭是连敬公即位的一年计算的,司马贞只计敬公改元后的年数,所以两人同样引《纪年》,敬公的年数会有出入。《六国年表》记简公、惠公二人共在位二十八年,如果按照《纪年》的记载,简公只有九年,简公之后加上敬公十三年,那末惠公只剩七年了。因为这方面没有足够的材料订正,姑且依从《六国年表》。

六、关于燕国国君的年代。

《史记·六国年表》记燕献公在位二十八年,燕孝公在位十五年,燕成公在位十六年,燕湣公在位三十一年,燕釐公在位三十年,燕桓公在位十一年,燕文公在位二十九年。而《古本竹书纪年》所记大有不同。《史记·燕世家·索隐》说:"王邵按《纪年》:简公后次孝公,无献公。""按《纪年》,智伯灭在成公二年也。""按《纪年》作文公二十四年卒,简公立十三年而三晋命邑为诸侯。""《纪年》作简公四十五年卒。"从这里我们可以了解,关于燕国国君的年代是这样的:(一)燕国世系中没有献公一代。(二)燕成公元年在三晋灭知伯的上一年,即周定王十五年,亦即公元前四五四年。(三)《纪年》燕潜公作燕文公,在位二十四年;其次是燕简公,在位四十五年。(四)燕简公的即位年在"三晋命邑为诸侯"前的十三年,其元年应在周威烈王十二年,即公元前四一四年;由此上推,可知燕文公元年在周考王三年,即公元前四三八年。至于燕简公以后的燕国年代应怎样改订,已没有正确的材料可据,只得依从《六国年表》。但据《纪年》,燕简公卒于公元前三七〇年,这年在《六国年表》已是燕桓公三年,因此我们在这里只能缩短燕桓公的年世三年了。

后　记

　　这本《战国史》,初版印行于一九五五年,共二十多万字。原以为这样一部断代史,发行量不会很多。出版后出于意料之外,不但国内销行较广,而且海外也很有人需求,在香港一地,就发现有三种盗版印行。我曾收到国内外不少读者和史学工作者的来信,有的加以鼓励,有的提出不同意见,有的提出问题,有的希望再作补充。史学界的朋友们有作介绍评论的,有对个别问题相与商讨的,也有对一条注解的考证提出意见的。这就促使对其中许多问题作进一步的探索和明辨。七十年代在考古工作中,先后发现了多种重要的战国新史料,如湖南长沙马王堆汉墓出土的帛书《战国纵横家书》、湖北云梦睡虎地秦墓出土的竹简《编年记》和《秦律》等,其中有些新史料足以证明我过去所作某些论断是正确的,也有足以证明我过去的某些看法有偏差而需要改正的。例如我主张苏秦不是如《史记·苏秦列传》所说那样和张仪同时而对立的,断定苏秦为齐相在诸侯合纵攻齐和燕将乐毅破齐之前;苏秦组织合纵攻秦,当在公元前二八八年齐湣王、秦昭王并称东西帝之后。唐兰先生和徐中舒先生先后有相同的见解。新发现的《战国纵横家书》中的原始苏秦书信，证明这个论断是确实的，但是苏秦组织合纵攻秦和赵相李兑发动五国伐秦，应该是一件事，是由苏秦从中奔走组织，而由李兑带头发动的。我过去看作先后两件事，是个错误而必须纠正的。而且这些新史料对于我有新的启发，有不少重要历史事件需要重新加以探讨而作修订补充。

战国时代是个连年战争的时期，七强之间合纵连横的形势，变化复杂多端。我们要明辨当时战争形势的复杂变化，必须首先考定七强所占有的疆域以及许多重要都邑的地理位置。我曾在七十年代初期专门从事于先秦历史地理的研究，与钱林书合作编绘了一册先秦历史地图，作为谭其骧主编的《中国历史地图集》的第一册。其中编绘了商、西周、春秋和战国时代的地图，包括战国时代的《诸侯称雄形势图》、《韩魏》、《赵中山》、《齐鲁宋》、《燕》、《秦蜀》、《楚越》的图。同时，战国时代是文化学术上飞跃发展的时期，我又对于这时的科学技术分别进行了专门的探索，对于其中重要的技术如冶铁炼钢技术，曾经作为长期进行研究的目标，先后出版了多种有关这方面的专著。

在上述继续研究的基础上，一九八〇年我就对这部《战国史》，作了很大的补充、修订和改写，作为第二版印行。因为此书已成为广大读者的读物，在改写过程中，力求写得脉络分明，条理清晰，行文流畅，深入浅出。这第二版扩展为四十二万多字，到一九八三年先后印刷十次，共印行五万七千多册，其中平装本印八次共四万七千多册，精装本印两次共一万册，这是我所有学术著作中印数最多的，影响较大的。

我把战国时代作为深入探索的一个重点，因为这是中国历史上一个重大变革而发展的时期，清代学者王夫之在其名著《读通鉴论》

中，早就指出这是"古今一大变革之会"。我们认为，中国历史有其独特的历史发展规律，既没有经历像希腊、罗马那样的典型奴隶制，也没有经历像欧洲中世纪那样的领主封建制。春秋以前实行的是贵族统治下的"井田制"的生产方式，战国以后变革为小农经济的生产方式，从此小农经济成为立国的基础，君主政权就建立在这个基础上，并且由此开创了秦汉以后中央集权的统一政治体制。战国时代的重大变革，正是体现了中国历史特有的历史发展规律。战国时代小农经济的发展、中央集权的政治体制的形成、文化学术的繁荣、九流十家的思想，对于后世有着深远的影响，可以说直到如今。

我从事战国史的探索，开始于四十年代，从一九四一年起，就着手搜辑史料加以编年而作考订。因为战国史料的情况特殊，既没有像春秋时代那样有一部编年而详确的《左传》，更没有像汉代以后历朝有完整的历史记载，这是秦始皇焚书、烧毁了东方六国历史记载的严重后果。当司马迁作《史记》时，所见战国史料只有《秦记》和纵横家书，《秦记》既简略，纵横家书又非历史著作，所载纵横家游说之辞和献策之书，原是供纵横家的后学揣摩学习的，其中就不免有夸大失实之处，甚至有伪托著名纵横家的作品夹杂其中。司马迁早已指出："世言苏秦多异，异时事有类之者皆附之苏秦。"因此传世的战国史料，不但很多残缺，年代有错乱，而且真伪混杂，不但《史记》和《战国策》中真伪混杂，甚至《资治通鉴》的战国记载也多出于后人伪托。因此我们只有全面搜辑史料加以编年考订，才能去伪存真，从而辨明整个历史发展的过程，从中看清合纵连横形势的复杂变化。

从一九四六年到一九四九年间，我曾依据考订史料的成果，对一些重要历史事件和重要历史人物作了必要的考辨，先后写成三十篇

短文,发表在当时上海出版的《益世报·史苑周刊》(顾颉刚主编)和
《东南日报·文史周刊》(魏建猷主编)。其中比较重要的,有《梁惠王
年世》、《再论梁惠王年世》、《楚怀王灭越设郡江东考》、《苏秦合纵摈
秦考》和《乐毅破齐考》。《梁惠王年世》(一九四六年八月《文史周刊》
第六期)曾引起讨论,钱穆先生发表《关于梁惠王在位年岁之商榷》
(《文史周刊》第十期),对我说提出商榷,接着我再发表《再论梁惠王
的年世》(一九四六年十月《文史周刊》第十四期)作了答辩。《楚怀王
灭越设郡江东考》(一九四六年九月《史苑周刊》第四期),赞成清代学
者黄以周主张楚灭越在楚怀王二十三年或稍前,并作了进一步论证。
《苏秦合纵摈秦考》(发表于《史苑周刊》,期数忘记)把《战国策》中不
同于《史记·苏秦列传》的苏秦史料加以整理,断言苏秦合纵攻秦和
出任齐相,当在齐湣王和秦昭王并称东西帝之后。《乐毅破齐考》(一
九四六年十二月《文史周刊》第二十四期),主张乐毅趁五国合纵伐齐
时机,作为联军统帅,先率联军由赵东边出击,大破齐的主力军于济
西,然后独率燕师乘胜由济西向东长驱直入,攻破齐都临淄。所谓乐
毅《报燕惠王书》所述乐毅率燕师先攻克齐燕接境的河北,再经济上
而攻入齐都,是后世游士为了夸大乐毅破齐的功绩而伪托的。

　　我从四十年代以来,所做战国史料的编年考订工作一直在继续
进行中,随着新史料的发现,不断有补充修订;随着综合新旧史料钻
研的深入,所作考订也有进一步的发展,使我对当时合纵连横形势的
变化有了进一步的认识。初版和第二版《战国史》都是在这样的基础
上写成的。我向来欢迎不同意见的提出,认为互相展开讨论,这是推
动学术研究进展的必要途径。一九八五年李学勤先生发表关于《楚
灭越年代》(《江汉论坛》一九八五年第七期,收入一九八九年出版的
《李学勤集》)不同意楚怀王灭越,认为严格说来,越始终未被楚吞灭,

越君系统在先秦未绝,闽越王无诸是战国末年越王退居闽中的。当时我因忙于别的研究工作,没有注意到此文,直到一九九一年有位《战国史》的读者来信,询及这个问题,我因此写了《关于越灭亡年代的再商讨》(《江汉论坛》一九九一年第五期),再次确认楚怀王灭越是事实,《史记·越世家》误把"楚怀王灭越"作为"楚威王灭越",当楚灭越前,齐国使者游说越王的话,所谈当时战争形势和参与战争的楚将,都足以作为明证。此后所谓越君系统,只是降服于楚而保留的。当秦始皇派王翦平定楚江南而创建会稽郡时,还曾"降越君",使成为降服于秦的越君,这时独立的越国早已不存在了。战国时代已有所谓"百越",包括闽越在内,闽越之君原为越所别封之君,无诸是战国末年的闽越之君,并非越王退居闽中的。

　　拙作《关于越灭亡年代的再商讨》发表后,承蒙谭其骧先生来函,认为楚怀王灭越从此可以成为定论,我们在《中国历史地图集》第一册上《战国时代全图》中绘有瓯越、闽越等百越,是正确的。他写这封信正当第二次"一过性中风"发作之后,来信说他常感头晕,有不少见解没有发表而感到遗憾。后来他在一九九二年八月就和我们永别了。我为此很感伤,因此想到我从事战国史的探索经历了半个世纪,尚有不少见解没有写进我的《战国史》中,应该及时作大规模的补充修订和改写,作为"增订本"出版,是必要的。

　　七强连年进行合纵连横的外交活动和发动兼并战争,是战国时代的主要特点,纵横家往往从中起着特定的作用。所谓纵横家,不仅参与纵横的游说和决策,而且十分讲求对外战争胜利的策略和权变,甚至直接参与间谍活动而阴谋颠覆敌国。杰出纵横家一次重要的连横和合纵的决策和行动,往往造成兼并战争形势的重大变化,甚至造成七强之间强弱的变化。因此我在这次补充修订中,对第八章"合纵连横和兼并战争的变化",重新全部改写,大加补充,成为全书中最长的一章。例如战国初期秦和楚、齐对峙的局势中,张仪为秦相而主谋与韩、魏连横成功,于是发兵三路出击,先是中部大破楚军,接着中路和西路会合攻取了楚的汉中地区,然后东路越过韩、魏大败齐军于濮水之上,使秦的声势大振。我对整个过程作了较详的叙述,并附有示意的地图。又如战国中期秦、齐、赵三强鼎立而争夺宋地的斗争中,苏秦向燕昭王献计,由燕派苏秦出使齐国,以助齐灭宋为饵,骗取齐湣王的信任,出任齐的相国,作为燕的间谍图谋攻破齐国。苏秦发动五国合纵攻秦,以便齐乘机攻灭宋国,使齐在攻灭宋国过程中,打得大损实力,从而加深齐和赵的矛盾,使燕得以和秦赵两强合谋,发动五国合纵攻齐,终于由燕赵两国"共相"乐毅取得破齐的结果,从此齐就削弱了。苏秦因此以"反间"罪而被车裂而死。关于苏秦为燕"反间"的经过,我在这次补订中作了详确的说明。

对于比较重要的战争,如赵武灵王攻取胡地和中山,乐毅为赵燕"共相"和五国联军统帅而攻破齐国,秦的围攻魏都大梁而赵燕联军前来救解,秦将白起攻取郢而大破楚国,秦在和赵长平决战中得胜,秦的围攻赵都邯郸而魏、楚前来救解,也都有较详的叙述和分析,并附有示意的地图。

战国之世是思想界百家争鸣的特殊时代,为此我对第十章"战国时代的百家争鸣",作了很大补充,与一般思想史的叙述不同。道家方面除对老子学说作分析以外,补充了稷下道家的"精气"为"道"之说与"水"为万物本原之说,增补了鹖冠子的"大同"学说,认为他所说"大同"已不是指原始社会而是一种高级的理想。儒家方面补充了两大节,一节依据《大戴礼记》所载《曾子》十篇,阐明了孔子弟子曾参修身治国的学说,指出《礼记》中的《大学》和《中庸》也是这派著作。《中庸》是子思所作，推尊孔子为"祖述尧舜、宪章文武"的"至圣"，孟子是子思的再传弟子，接着就鼓吹从尧舜到周文王以及孔子以来的"圣人"道统。另一节阐明《易系辞传》的学说，认为这是《易传》流传到楚国，楚国经师在传授中以儒家学说融合了道家学说产生的结果。法家方面增加了齐法家学说一大节，依据齐法家所编著的《管子》来分析的。此外特别增加了方士的"方技"一节和术士的"数术"一节，方术之士过去是不被列入诸子百家中的。

古人所谓"方技""数术"，是科学技术和迷信巫术相混合的，为此我在第十一章天文学一节中，增加了"天象灾异的记载"一大段；又在"阴阳五行家"一节中，增加了"具有月历性质的《楚帛书》"一大段。我认为《楚帛书》四周所画十二月神像中，包涵有四季的神像；中间八行一段所谓伏羲生下四子，就是四季之神，炎帝命祝融使四神共同奠定"三天"和"四极"，使日月正常运行，这是太阳神的创世神话。世界上有不少原始民族有太阳神的创世神话。接着又增加了"五常附会五行之说"一段。又在"医学的发展"一节中，补充说明了气功疗法。

同时我在第十二章"艺术的发展"一节中，对当时乐器，依据新出土乐器结合文献，作了补充说明；还增加了"改进生活的技艺的进步"一大节，对于烹饪调味、开造水井、丝织、染色、刺绣、竹木器和漆器、金银器和玉器、琉璃器等工艺，大都依据考古发现有所阐释。又在"史书的编著"一节中，对春秋时代历史书的编著，作了进一步的分析。并对《穆天子传》的编著提出了新的看法。

作　者

一九九七年三月

图书在版编目(CIP)数据

战国史/杨宽著.—上海:上海人民出版社,
2016
(杨宽著作集)
ISBN 978 - 7 - 208 - 13757 - 8

Ⅰ.①战… Ⅱ.①杨… Ⅲ.①中国历史-研究-战国
时代 Ⅳ.①K231.07

中国版本图书馆 CIP 数据核字(2016)第 087479 号

责任编辑 高笑红
封面设计 夏 芳

战国史

杨 宽 著

出   版 上海人民大版社
             (201101 上海市闵行区号景路 159 弄 C 座)
发   行 上海人民出版社发行中心
印   刷 江阴市机关印刷服务有限公司
开   本 625×880 1/16
印   张 51.25
插   页 5
字   数 560,000
版   次 2016 年 7 月第 1 版
印   次 2024 年 3 月第 10 次印刷
ISBN 978 - 7 - 208 - 13757 - 8/K · 2503
定   价 128.00 元